『위대한 전환』은 강렬하고 충격적이면서도 종국에는 우리를 통합으로 이끌어줄 새로운 정치적 대화의 틀을 제공해서 희망에 물꼬를 튼다. 우리 사회에는 그러한 대화의 틀이 절실히 필요하다. 옳은 일을 위해 행동하고자 하는 사람이라면 모두가 읽어야 할 책이다.

밴 존스Van Jones, "엘라 베이커 인권 센터Ella Baker Center for Human Rights" 사무총장

이렇게 선지자적인 책을 써주다니 우리에게 얼마나 좋은 선물인가! 후기 근대의 인류가 처한 위기를 종합적으로 다룬 이 책에서, 데이비드 코튼은 훌륭한 연구와 치밀한 논증을 통해 우리가 제국의 부와 권력에 등을 돌리고 나와 지구공동체를 일궈야만 하는 이유를 유려하게 설명한다. 활동가, 현대의 미국에 대해 알고자 하는 사람, 그리고 "세상을 바꾸는 문화 창조자들" 모두가 꼭 읽어야 할 책이다.

폴 H. 레이Paul H. Ray, 『세상을 바꾸는 문화 창조자들The Cultural Creatives』 공저자

코튼은 역사학, 심리학, 경제학, 영성적 전통, 그리고 상식까지 모든 지적 자원을 총동원해서 인간 종種이 처한 딜레마를 짚어내며, 나아가 현재의 수렁에서 벗어날 수 있는 실행가능하고 효과적인 방법들을 제시한다. 이 책은 공감에 대한 촉구이자 생존을 위한 청사진이다. 21세기판 성경이라고도 부를 만한 이 책은, 현명하게 선택하고 행동할 수 있는 용기와 도덕적 상상력이 있다면 우리가 어디에 도달하게 될지 보여주는 계시다.

매튜 폭스Matthew Fox, 교육자이자 신학자,
『원복Original Blessing』, 『새로운 종교개혁A New Reformation』 저자

인류 위에 드리운 생태적, 사회적 위기에 대한 책을 딱 한 권만 읽어야 한다면 이 책을 권한다. 단순히 현재의 문제를 진단하는 것을 넘어(물론 문제도 정확하게 진단한다) 대담하게 '큰 그림'을 파악하고자 하면서, 그와 동시에 정의롭고 지속가능한 글로벌 사회로 들어갈 수 있는 현실적인 방법도 제시한다.

데이비드 콥David Cobb, 2004년 미국 녹색당 대통령 후보

코튼이 *다시 한 번* 해냈다. 삶이냐 죽음이냐의 역사적 갈림길에서 방향을 찾게 도와주는 거대한 사고를 담아 대작을 내놓았다. 흥미로운 비유, 관심을 사로잡는 이야기, 유려한 분석을 통해, 코튼은 우리가 우리에게 존재하는 가장 좋은 면들을 신뢰하고 육성할 수 있으리라는 믿음을, 또한 늦은 감은 있으나 종국에는 생명과 삶을 선택하리라는 믿음을 가지고 대담하게 행동에 나설 수 있게 해준다.

프랜시스 무어 라페*Frances Moore Lappé*,
『희망의 경계*Hope's Edge*』, 『민주주의의 경계*Democracy's Edge*』 저자

정치 담론이 코앞의 문제들에만 매몰되어 있는 시점에, 코튼은 우리가 잠시 멈춰서 "온전히 인간적이 된다는 것"의 의미를 성찰해보도록 촉구한다. 엄정한 분석서이지만 읽다 보면 이 책의 신성성에 감동받게 될 것이다. 깊이 있는 정치적, 경제적 시사점을 담은 영적 성찰로서, 이 책은 우리가 기품과 존엄함을 가지고 모든 이의 평등과 존엄, 그리고 무엇보다, 변치 않는 사랑의 새로운 공간을 향해 나아가도록 독려한다. 우리 모두 위대한 전환을 하게 되기를!

오사게포 우후루 세코우*Osagyefo Uhuru Sekou* 목사, 『도시의 영혼*Urbansouls*』 저자

꼭 나왔어야 하는 책이다. 정치, 경제, 역사, 그리고 문화적 패턴에 대한 논의를 한데 엮어서 미국의 역사가 모든 정치인과 학자들이 "회상"하는 민주주의의 모델이 **아니었음을** 보여준다. 실제의 미국 역사는 제국적 권력과 지배의 유산이었다. 이제 달라져야 할 때다. … 우리는 다음으로 넘어가야 하고 다른 종류의 이야기에 힘을 실어야 한다!

조지아 켈리*Georgia Kelly*, "프락시스 평화 연구소*Praxis Peace Institute*" 설립자이자 소장

인류의 긍정적인 미래를 만들어가고자 하는 사람이라면 반드시 읽어야 할 책이다. 코튼은 전작 『기업이 세계를 지배할 때』에서 기업이 주도하는 경제적 세계화가 수반하는 부패에 관심을 환기하면서 강력한 글로벌 저항 운동이 촉발되는 데 일조했다. 그리고 이 책 『위대한 전환』에서 그는 경제적 세계화의 재앙은 지난 5000년간 이어져온 제국적 통치의 가장 최근 형태일 뿐이라고 말한다. 현명하고 심오하고 실용적이고 새로운 통찰이 가득하다. 매우 영향력 있었던 코튼의 전작들보다도 더 영향력 있는 책이 될 것이다.

아니타 로딕*Anita Roddick*, 더바디샵*The Body Shop* 창업자

『위대한 전환』은 엄정한 연구에 바탕한 저술이면서 눈길을 잡아끌도록 흥미롭기도 하다. 이 책에서 코튼은 희망과 통찰의 이야기를 엮어냈다. 민주주의자들이여, 보라! 여기에 우리가 밀고 나가야 할 비전의 청사진이 있다! 또한 이 책은 시적인 마무리로 행동을 북돋운다. 상황은 절망적이지 않다. 세상은 위대한 전환을 하고 있다. 우리는 그에 맞춰 함께 전환하기만 하면 된다.

달 라마냐Dal LaMagna, 트위저맨Tweezerman 창립자이자 CEO

『위대한 전환』은 물질적-기계론적인 뉴튼의 고전 물리학과 전체론적인 현대의 양자 물리학이 각각 상징하는 대조적인 두 세계관의 문화적, 사회적, 정치적 중요성을 드러낸다. 심원한 면들을 다루는 동시에 실천적인 영감도 주는 대작이다. 코튼은 우리가 권력을 좇는 금권 귀족정의 제국 논리를 벗어나 생명을 고양하고 지속적으로 다양성을 높여가며 협력적으로 통합되는 지구공동체로 나아가야 할 필요성을 유려하게 역설한다.

한스 페터 듈Hans-Peter Dürr, 전 막스 플랑크 물리 연구소 소장,
1987년 대안노벨상Right Livelihood Award(the Alternative Nobel Prize) 수상자

제국과 지구공동체가 벌이는 투쟁의 서사가 조지 루카스 영화처럼 장대하게 펼쳐지면서, 코튼의 이야기는 우리 시대의 위대한 사회운동들을 한데 엮어낸다. 『위대한 전환』은 역사의 결정적인 분기점이 될 이 시대에, 생각하고 행동하고 사랑하는 인간으로서 우리가 우리 앞에 놓인 운명적인 역할을 수행하도록 촉구한다.

주디 웍스Judy Wicks, 화이트독 카페,
"살아있는 지역경제를 위한 비즈니스 연맹Business Alliance for Local Living Economies, BALLE" 공동 대표

우리가 기다려온 바로 그 책이다! 이 책은 우리가 잃어버렸던 이야기와 잊고 있었던 맥락을 제공함으로써 단편적이던 분석과 해법을 넘어서게 해준다. "5000년에 걸친 제국의 역사"라는 분석 틀은 노예화와 억압이라는 주제에 대해 우리의 눈을 새롭게 띄워준다.

잰 로버츠Jan Roberts,
"지구헌장 미국 공동체 이니셔티브Earth Charter USA Communities Initiatives" 디렉터

막대하게 중요하며 막대하게 인상적인 책이다! 코튼의 전작들보다도 더 많은 독자에게 닿으리라고 확신한다.

라피 카부키언Raffi Cavoukian, 가수, 저술가, 생태운동가, 아동존중센터Child Honoring 설립자

데이비드 코튼은 생명, 지구, 공동체를 위해 싸우는 전사다. "21세기의 혁명과 진화"에 대해 전체론적인 개괄을 제시하는 이 혁신적인 책은, 평범한 시민들이 행동에 나설 수 있도록, 또 행동에 나선 사람들이 장거리 주자가 될 수 있도록 희망과 영감을 줄 것이다.

그레이스 리 복스*Grace Lee Boggs*,
『20세기의 혁명과 진화*Rovolution and Evolution in the 20th Century*』 공저자

토머스 프리드먼과 제프리 삭스가 설파하는 기술적 해법의 세계에서 나와, 자신의 권리를 확보하고 더 나은 세상을 만들기 위해 스스로 조직화해나가는 공동체의 세계로 들어오라. 이렇게 방대한 사상가들의 지혜를 모아서 이렇게 훌륭하게 새로운 이해, 새로운 가능성, 새로운 영감, 새로운 희망으로 통합해낸 책을 나는 이제껏 본 적이 없다.

존 캐버나*John Cavanagh*, 정책연구소*Institute for Policy Studies* 소장,
"세계화에 관한 국제 포럼*International Forum on Globalization*" 이사회 의장

진실로 놀라운 책이다. 『위대한 전환』은 우리들이 인류가 밟아갈 수 있는 진화의 여러 가능성 중 가장 따뜻하고 열린 마음의 경로를 가도록 북돋위준다.

빌 카우스*Bill Kauth*, "맨카인드 프로젝트*ManKind Project*" 공동 창립자,
『남성의 모임*A Circle of Men*』 저자

뛰어나고, 도발적이고, 희망과 영감을 주고, 실용적이고, 영적이고, 학구적인 책이다. 이번에도 데이비드 코튼은 날카로운 분석과 유려한 지혜로 우리의 통념에 도전한다. 이 책은 지속가능한 사회적 전환을 분명하게 촉구하면서 "지금과는 다른 이야기를 살아가도록" 우리를 안내해주는 시의적절한 초대다. 코튼은 현재의 두려움과 마비 상태를 다뤄나가기 위해 꼭 필요한 이야기를 들려준다. 이 책을 읽고, 변화를 일굴 수 있다는 희망을 얻으시기 바란다.

빌 필립스*Bill Phipps* 목사, 캐나다연합교회*United Church of Canada* 전 최고지도자

영적이고 윤리적인 비전을 바탕으로, 코튼은 21세기의 인류 앞에 폭력적인 과거를 등지고 나와 정의롭고 참여적이고 지속가능하고 평화로운 미래를 향해갈 수 있는 고유한 기회가 존재함을 설득력 있게 보여준다. 생태, 경제, 사회, 심리, 문화적 분석을 유려하게 결합해 전환의 길을 이끌어갈 지역공동체들과 글로벌 시민사회를 강력하게 일깨운다.

스티븐 C. 록펠러*Steven C. Rockefeller*,
"지구헌장 국제 운영위원회*Earth Charter International Steering*" 공동 위원장

데이비드 코튼이 또 해냈다!! 『위대한 전환』은 역사에 대한 면밀한 연구와 개인적인 성찰, 그리고 거짓 신화를 깨뜨리는 분석을 통해, 미국이 이제까지 어떠했으며 앞으로 어떻게 될 수 있을지에 대해 미국인들이 이전과는 완전히 다른 인식을 하도록 자극한다. 반드시 읽어야 할 책이다!

타냐 도킨스Tanya Dawkins, "글로벌-로컬 연결 프로젝트Global-Local Links Project" 창립자이자 소장

데이비드 코튼의 아이디어는 곡괭이나 삽처럼 비관주의와 변화에 대한 두려움으로 뒤덮인 표면을 깨고 들어가게 해주는 도구다. 거기에서 우리는 사랑스러운 공동체 지구에 대한 깊은 희망을 발견하게 되고, 우리가 내릴 선택과 그 선택의 결과에 대해 개인적이고 집합적인 "쿨레아나kuleana(하와이어로 "책임"이라는 뜻이다)"를 받아들일 수 있는 가능성을 발견하게 된다.

푸아나니 버제스Puanani Burgess, 하와이의 작가이자 시인

데이비드 코튼은 충분히 "다수"를 형성할 수 있을 만큼 강력하게 떠오르고 있는 새로운 대중에 대해 명백한 청사진을 보여준다. 이 책은 미국이 더 나은 쪽으로 변화하는 데 도움을 줄 것이다.

데니스 J. 쿠시니치Dennis J. Kucinich, 미국 하원의원

이 책을 읽고 나면 당신은 아는 사람 모두에게 이 책을 소개하고 싶어질 것이다. 이미 지구공동체로 전환하고 있는 사람들에게는 강력한 희망과 지침의 원천이고, 아직 제국의 제도에 잠겨 있는 사람들에게는 그들 앞의 선택지가 더 분명하게 보이도록 밝혀주는 불빛이다.

알리사 그라비츠Alisa Gravitz, "코업 아메리카Co-op America" 사무총장

일러두기

1. 이 책은 David C. Korten의 『THE GREAT TURNING: From Empire to Earth Community』를 완역한 것이다.
2. 인명 등 외래어는 외래어 표기법을 따랐으나, 일부는 관례와 원어 발음을 존중해 그에 따랐다.
3. 단행본은 겹낫표(『 』)로 잡지, 논문, 영화 등은 홑낫표(「 」)로 표기하였다.
4. 매끄러운 이해를 돕고자 더해진 저자의 첨언은 소괄호(( )) 안에, 원문에 없는 내용을 추가한 역자의 첨언은 대괄호([ ]) 안에 적었다.
5. 영어판에서 이탤릭으로 강조된 것은 동일하게 이탤릭으로 표기하였다.
6. 본문에 언급되는 인물들의 직함은 원서 출간 시점(2006년)을 기준으로 하였다.

위대한　전환

THE

GREAT

TURNING

THE GREAT TURNING :
FROM EMPIRE TO EARTH COMMUNITY

위대한 THE 전환

GREAT

TURNING

데이비드 C. 코튼 지음
김승진 옮김

지금 우리가 해야 할 일은 무엇인가

가나

모든 사람에게는 신성한 목적이 있다는 것을 알려주신
할머니 리디아 보엘 코튼*Lydia Boehl Korten*,
그 부름에 응할 수 있게 해주신
아버지 테드 코튼*Ted Korten*과
어머니 마가렛 코튼*Margaret Korten*,
내가 소홀히 한 가족의 의무를 떠맡아준
동생 로버트 코튼*Robert Korten*,

인류 앞에 놓인 선택지를 파악하는 작업에서
그들의 뛰어난 분석과 영감과 어휘를 마음껏 참고할 수 있게 해준
토머스 베리*Thomas Berry*,
리안 아이슬러*Riane Eisler*,
조애나 메이시*Joanna Macy*,

내가 65세가 되었을 때 노년으로의 진입을 축하하는 의례를 베풀어주고
노년기에 펼쳐질 삶을 더 명확히 볼 수 있게 해준
티모시 이스토와노파타키와*Timothy Iistowanohpataakiiwa*,

마지막으로,
민주 국가를 자처하는 미국이 애써 부인해온
제국적 그림자를 너무도 적나라하게 드러냄으로써,
젊은 시절에 가졌던 순진한 미몽을 마지막 한 조각까지 깨뜨리고
이 책을 쓰도록 강력한 동기를 부여해준 조지 W. 부시에게

이 책을 바칩니다.

『위대한 전환』에는 46년도 더 전이던 대학 4학년 때 이래로 세상을 탐구하는 학문적 여정에서 내가 만났던 다양한 사상의 흐름이 담겨 있다. 그때 이후로 접하게 되었던 분들 거의 모두가 이 책을 통해 내가 나누고자 하는 숙고와 생각에 영향을 미쳤다. 그중에서도 이 책 작업에 집중했던 지난 3년여 사이에 직접적으로 교류하는 귀한 기회를 가질 수 있었고 나의 사고에 특히 중요한 영향을 미친 분들께 이 지면을 빌려 감사를 전하고자 한다.

아내이자 삶의 동반자 프랜 코튼Fran Korten은 내 여정의 모든 면을 함께 했을 뿐 아니라 책의 내용을 개념화하는 작업부터 각 장을 꼼꼼히 읽고 편집과 퇴고에 조언을 해주는 일까지 이 책을 쓰는 모든 단계에 크게 기여했다. 책의 뼈대가 된 사상은 다음 분들의 연구와 저술에 많은 빚을 졌다: 재닌 베니우스Janine Benyus, 토머스 베리Thomas Berry, 마커스 보그Marcus Borg, 리안 아이슬러Riane Eisler, 매튜 폭스Matthew Fox, 호매완

Mae-Wan Ho, 마조리 켈리Marjorie Kelly, 프랜시스 무어 라페Frances Moore Lappé, 조애나 메이시Joanna Macy, 니키 펄라스Nicky Perlas, 폴 레이Paul Ray, 엘리자벳 사토리스Elisabet Sahtouris, 반다나 시바Vandana Shiva, 메그 휘틀리Meg Wheatley, 월터 윙크Walter Wink. 또한 새러 반 겔더Sarah van Gelder는 책의 개념을 잡고 줄기를 구성하는 초기 작업을 함께 해주었다.

베럿-쾰러 출판사Berrett-Koehler Publishers의 설립자이자 발행인 스티브 피어산티Steve Piersanti는 기획부터 인쇄까지 이 책이 만들어지는 전 과정을 너무나 훌륭히 지원해주었고 궁금한 것이 있을 때면 언제나 응답해주었다. 베럿-쾰러 출판사의 다른 분들께도 감사를 전한다. 그들의 열정과 지원이 없었다면 이 책은 나오지 못했을 것이다. 1983년 이래로 내 저술을 출판해왔으며 나와 계속해서 좋은 관계를 이어가주고 있는 크리슈나 손디Krishna Sondhi 및 쿠마리안 출판사Kumarian Press 분들께도 깊이 감사드린다.

데니 글로버Danny Glover, 로버트 제프리스Robert Jeffries, 벨비 룩스Belvie Rooks는 미국 역사에서 인종이 차지하는 핵심적인 중요성을 더 깊이 깨닫게 해주었다. 라피 카부키언Raffi Cavoukian은 화합이 불가능해보이는 보수와 진보 사이의 정치적 간극에 다리를 놓을 수 있는 가능성으로서 "아동"에 대한 인류 보편의 관심에 눈을 뜨게 해주었다. 래리 댈로스Larry Daloz, 샤론 파크스Sharon Parks, 엘리자벳 핀초Elizabeth Pinchot, 데이비드 워멜도프David Womeldorff, 도나 세이존Donna Zajonc은 인간 의식의 발달 과정에 대한 대한 지식, 그리고 인류의 잠재력을 온전히 실현시킬 수 있는 가능성과 관련해 이러한 지식이 제공하는 광범위한 시사점을 알려주었다.

이 책을 집필하는 동안 「예스!」 매거진 이사회와 직원들이 1차적인 지식 공동체가 되어주었다. 이미 언급한 분들 외에 다음 분들께 감사를 전한다: 가르 알퍼로비츠Gar Alperovitz, 로드 아라카키Rod Arakaki, 디 액셀로드Dee Axelrod, 질 뱀버그Jill Bamburg, 리처드 콘린Richard Conlin, 킴 코리건Kim Corrigan, 타냐 도킨스Tanya Dawkins, 캐롤 에스테스Carol Estes, 케빈 퐁Kevin Fong, 수전 글리슨Susan Gleason, 알리사 그라비츠Alisa Gravitz, 캐롤린 매코넬Carolyn McConnell, 기포드 핀초Gifford Pinchot, 마이클 라모스 Michael Ramos, 댄 스피너Dan Spinner, 오드리 왓슨Audrey Watson.

"살아있는 지역경제를 위한 비즈니스 연맹Business Alliance for Local Living Economies, BALLE"과 "세계화에 관한 국제 포럼International Forum on Globalization, IFG"동료들도 지식과 정보의 중요한 원천이었다. BALLE의 동료들 중에서는 다음 분들께 특히 감사드린다: 로리 해멀Laury Hammel, 미셸 롱과 데렉 롱Michelle and Derek Long, 리처드 펄Richard Perle, 돈 섀퍼 Don Shaffer, 마이클 슈먼Michael Shuman, 주디 웍스Judy Wicks. IFG의 동료들 중에서는 다음 분들께 특히 감사드린다: 데비 베이커Debi Barker, 존 캐버나John Cavanagh, 모드 발로Maude Barlow, 월든 벨로Walden Bello, 로빈 브로드Robin Broad, 토니 클라크Tony Clarke, 에드워드 골드스미스Edward Goldsmith, 랜디 헤이스Randy Hayes, 콜린 하인스Colin Hines, 마틴 코어 Martin Khor, 앤드류 킴브렐Andrew Kimbrell, 제리 맨더Jerry Mander, 헬레나 노버그-홋지Helena Norberg-Hodge, 새러 라레인Sara Larrain, 사이먼 레털락 Simon Retallack, 마크 리치Mark Ritchie, 반다나 시바Bandana Shiva, 빅토리아 타울리-코푸즈Victoria Tauli-Corpuz, 로리 월러치Lori Wallach.

미셸 버카트Michelle Burkhart는 집필 초기에 자료 조사 인턴으로 큰 도움을 주었다. 마크 도위Mark Dowie, 톰 그레코Tom Greco, 토드 만자Todd Manza, 가브리엘라 멜라노Gabriele Melano, 테드 네이스Ted Nace, 힐러리 파워스Hilary Powers는 베럿-쾰러 출판사의 편집 과정에서 귀한 피드백을 제공해주었다. 더그 피벨Doug Pibel은 최종고가 제출되기 전에 원고 전체를 읽어주고 뛰어난 편집과 교정 실력을 유감 없이 발휘해주었다. 교정교열 담당자 캐런 세리구치Karen Seriguchi는 전문성과 협업적인 업무 스타일 덕분에 함께 일하는 것이 더없이 즐거웠다.

초고를 읽고 유용한 의견을 보내준 다음 분들께도 감사를 전한다: 피터 바우어Peter Bower, 수전 캘런Susan Callan, 리안 아이슬러Riane Eisler, 로버트 어윈Robert Erwin, 매튜 폭스Matthew Fox, 빌 카우스Bill Kauth, 에릭 쿠너Eric Kuhner, 돈 매킨지Don MacKenzie, 수 맥그레거Sue McGregor, 빌 핍스Bill Phipps, 마커스 레너Marcus Renner, 엘리자벳 사토리스Elisabet Sahtouris, 로저 심슨Roger Simpson, 멜리사 스튜어트Melissa Stuart, 라마 소모 Lama Tsomo.

다음 분들로부터도 많은 아이디어와 영감을 얻을 수 있었다: 메디아 벤자민Medea Benjamin, 데이비드 콥David Cobb, 존 콥 주니어John Cobb Jr., 케빈 대너허Kevin Danaher, 한스 페터 듈Hans-Peter Dürr, 톰 하트만Thom Hartmann, 밥 하세가와Bob Hasegawa, 짐 하이타워Jim Hightower, 조지아 켈리Georgia Kelly, 달 라마그나Dal LaMagna, 댄 메클Dan Merkle, 아니타 로딕 Anita Roddick, 쥴리엣 쇼어Juliet Schor, 톰 트레셔Tom Thresher, 린다 울프 Linda Wolf.

캐롤린 노스Carolyn North가 "위드베이 연구소Whidbey Institute"의 세미나에 초청해준 덕분에 초기의 원고들에 대해 다음 분들로부터 귀한 피드백을 받을 수 있었다: 스카이 번Skye Burn, 엘런 카민Ellen Camin, 더그 카마이클Doug Carmichael, 엘리자베스 데이비스Elizabeth Davis, 하림 던스키Halim Dunsky, 커트 회틀링Kurt Hoelting, 스테파니 라이언Stephanie Ryan,

매릴린 손더스Marilyn Saunders, 밥 스틸거Bob Stilger. 토론을 이끌어준 샤론 파크스Sharon Parks와 기록을 맡아준 래리 댈로스Larry Daloz에게도 감사를 전한다.

"긍정적인 미래 네트워크Positive Future Network"가 진보적인 사회지도자들을 초청해 시리즈로 진행한 세미나 "가능한 것들의 상태State of the Possible"에서도 많은 영감을 얻을 수 있었다. 다음 분들께 감사를 전한다: 섀리프 압둘라Sharif Abdullah, 레베카 애덤슨Rebecca Adamson, 브람 아흐마디Brahm Ahmadi, 네인 알레한드레스Nane Alejandrez, 네긴 알마시Negin Almassi, 카를 앤소니Carl Anthony, 케니 아우수벨Kenny Ausubel, 레이철 배그비Rachel Bagby, 존 벡John Beck, 줄리엣 벡Juliette Beck, 에드젯 베트루Edget Betru, 그레이스 복스Grace Boggs, 옐레나 복서Yelena Boxer, 척 콜린스Chuck Collins, 수전 데이비스Susan Davis, 존 드 그라프John de Graaf, 드루 델린저Drew Dellinger, 브라이언 데르도우스키Brian Derdowski, 이본 다이온-버팔로Yvonne Dion-Buffalo, 신디 도밍고Cindy Domingo, 로니 더거Ronnie Dugger, 멜 던컨Mel Duncan, 셰리 던 베리Sheri Dunn Berry, 마크 드워킨Mark Dworkin, 말레이카 에드워즈Malaika Edwards, 짐 엠브리Jim Embry, 크리스 갤러허Chris Gallagher, 북다 가이사르Bookda Gheisar, 톰 골드투스Tom Goldtooth, 션 곤잘베스Sean Gonsalves, 샐리 굿윈Sally Goodwin, 일레인 그로스Elaine Gross, 허먼 기르Herman Gyr, 한 샨Han-shan, 로즈마리 하딩Rosemarie Harding, 빈센트 하딩Vincent Harding, 데브라 해리Debra Harry, 폴 호켄Paul Hawken, 프라밀라 자야팔Pramila Jayapal, 돈 헤이즌Don Hazen, 프란시스코 에르난데스Francisco Hernandez, 프란시스코 에레라Francisco Herrera, 케이시 호프만Cathy Hoffman, 멜빈 후버Melvin Hoover, 엘리슨 혼Ellison Horne, 토머스 헐리Thomas Hurley, 티모시 이토와노파타키와Timothy

Iistowanohpataakiiwa, 벌렌 존스Verlene Jones, 돈 케글리Don Kegley, 피터 켄트Peter Kent, 데니스 쿠치니크Dennis Kucinich, 월리스 라이언 쿠로이와 Wallace Ryan Kuroiwa, 메이추 루이Meizhu Lui, 캐롤린 루켄스마이어Carolyn Lukensmeyer, 마르크 루익스Marc Luyckx, 멜라니 맥키논Melanie MacKinnon, 제프 밀첸Jeff Milchen, 존 모호크John Mohawk, 빌 모이어Bill Moyer, 찰리 머피Charlie Murphy, 에릭 넬슨Eric Nelson, 닉 페이지Nick Page, 수전 파트노Susan Partnow, 니콜 피어슨Nicole Pearson, 닉 페니먼Nick Penniman, 켈리 커크Kelly Quirke, 자말 라흐만Jamal Rahman, 폴 레이Paul Ray, 조 라일리 Joe Reilly, 아니타 리오스Anita Rios, 미셸 로빈스Michele Robbins, 오션 로빈스Ocean Robbins, 잰 로버츠Jan Roberts, 비키 로빈Vicki Robin, 시본 로빈송 Shivon Robinsong, 조너던 로우Jonathan Rowe, 페기 사이카Peggy Saika, 오사게포 우후루 세코우Osagyefo Uhuru Sekou, 프리실라 세티Priscilla Settee, 론 셰르Ron Sher, 니나 시몬스Nina Simons, 앨리스 슬레이터Alice Slater, 마크 솜너Mark Sommer, 린다 스타우트Linda Stout, 댄 스위니Dan Swinney, 클레이톤 토머스-뮐러Clayton Thomas-Müller, 바바라 발로코어Barbara Valocore, 로베르토 바르가스Roberto Vargas, 존 본John Vaughn, 새러 윌리엄스Sara Williams, 레이 윌리엄스Ray Williams, 아카야 윈드우드Akaya Windwood, 멜리사 영 Mellissa Young.

이 책은 민중중심발전포럼People-Centered Development Forum, PCDForum 의 프로젝트로 집필되었다. PCDForum은 자발적인 시민 행동을 통해 정의롭고 포용적이며 지속가능한 사회를 일구고자 하는 단체와 활동가들의 비공식 연대다. PCDForum은 순수하게 자발적인 참여로 이뤄지며 참여자에게 임금을 지급하지 않는다. 나는 이 책을 준비하는 과정에서 어디로부터도 개인적으로 금전적인 보수를 받지 않았으며 이 책의

저자 인세는 PDCForum("살아 있는 경제 포럼living Economies Forum"이라고
도 불린다)의 지속적인 활동을 위해 그곳에 기부될 것이다. 여기에 실린
견해는 나의 견해이며 "감사의 글"에 언급된 분들이나 PDCForum, 그
밖에 내가 관여하고 있는 단체들의 견해를 꼭 대표하는 것은 아님을 밝
혀둔다.

　여기까지 오는 데 도움을 주신 친구와 동료 모두에게 깊은 감사를
전하며, 미처 이 지면에 언급하지 못한 분들께 사죄의 말씀을 드린다.

데이비드 C. 코튼

www.davidkorten.org

www.greatturning.org

http://www.livingeconomiesforum.org

인류의 문명사적 전환에서 한국의 위치

『위대한 전환: 지금 우리가 해야 할 일은 무엇인가』가 한국어로 한국 독자분들과 만날 수 있게 되어 너무나 기쁩니다. 저는 이 책을 희망과 가능성을 전하는 책으로서 집필했고, 제 오랜 친구이자 동료인 인도 출신의 글로벌 활동가 반다나 시바와 2002년 7월에 나눈 대화에서 직접적으로 영감을 얻었습니다.

반다나가 미국을 방문한 2002년 7월은 뉴욕의 세계무역센터를 붕괴시킨 테러리스트의 공격(2001년 9.11 테러)이 있은 지 얼마 되지 않은 시점이었고, 조지 W. 부시 당시 미 대통령이 아프가니스탄에 불합리하고 실패할 수밖에 없는 침공을 시작한 무렵이었습니다.

부시 행정부의 핵심 인사들은 9.11 테러를 정당화의 근거로 삼으면서 고대 로마 제국이 했던 방식으로 세계에 "팍스 아메리카나"의 질서를 강제해야 한다고 주장했습니다. 그들은 로마의 제국적 책략을 빌려와서 이라크, 북한, 이란, 시리아, 리비아에 군사적 개입을 해야 한다고 목소리를 높였습니다.

그 전에 반다나와 나는 세계 곳곳의 시민사회 동료들과 함께 글로벌 기업의 지배를 강화하기 위해 무역 협정들이 남용되는 것에 반대하는 활동을 해왔습니다. 글로벌 기업의 지배는 저의 전작『기업이 세계를 지배할 때』의 주제이기도 합니다. 반다나는 전통적인 제국적 국가의 군사적 지배와 현대판 제국적 기업의 경제적 지배 사이에 존재하는 연결점을 짚어냈습니다. 둘 다 지배층의 지배를 무력으로 보장하려 하고 사람과 지구에 매우 파괴적인 정치, 사회, 환경적 영향을 일으킵니다.

이와 관련해, 풀리지 않는 질문이 자꾸만 떠올랐습니다. 대체 무엇이 인간으로 하여금 자기 자신에게, 그리고 모든 살아있는 존재가 궁극적으로 의존하는 "살아있는 지구공동체"에 이토록 파괴적인 결과를 가져올 선택을 하게 만드는가? 이제 전지구적으로 상호의존적인 종이 된 인류가 더 나은 선택을 하려면 무엇이 바뀌어야 하는가?

『위대한 전환: 지금 우리가 해야 할 일은 무엇인가』는 조직심리학 연구자로서, 또 사랑과 창조에 대한 인간의 잠재력을 탐구해온 사람으로서의 관점으로 이 질문을 탐구한 결과물입니다.

저는 경제에 대해 글을 쓰기 때문에 경제학자라고 잘못 불리곤 합니다. 1955년에 스탠포드 대학에 입학했을 때 경제학을 희망 전공으로 적어내긴 했지만, 경제학 과목들을 들으면서 제가 배우고 있는 내용이 저의 경험 세계와 명백한 관련성이 없는 것 같다는 생각이 들었습니다.

그 이후로 저는 대부분의 대학에서 가르치는 경제학이 [현실 세계와 관련성이 없는 것이 아니라] 현실 세계에서 막대한 영향을 미치고는 있는데, 경제학이 가르치는 것을 현실 세계에 적용했을 때의 영향이 사회에 득이 되지 않는 경우가 많다는 것을 알게 되었습니다. 그 이유는 간단합니다.

표준적인 경제학은 돈 만드는 법에 집중합니다. 마치 돈이 실질적인 가치인 것처럼요. 대개의 경제학자들은 돈이 실질적인 가치를 가진 무언가를 교환할 때 우리가 받아들이기로 한 숫자일 뿐이라는 사실을 고려하지 않는 것처럼 보입니다. 그들은 권력, 제도, 그리고 인간과 살아있는 지구의 진정한 속성과 근본적인 니즈에는 놀라울 정도로 관심을 기울이지 않고 있는 것 같습니다.

저는 학부 전공을 심리학으로 바꾸었고 대학원에서는 조직학을 공부했습니다. 그리고 현재는 생명과학의 최신 논의들을 공부하는 데 많은 관심을 쏟고 있습니다. 특히 생명이 인간의 화폐 제도나 시장 제도에 상응할 만한 메커니즘을 사용하지 않고도 자신의 존재와 번성을 위해 꼭 필요한 조건들을 창출하고 유지하기 위해 어떻게 자가 조직화를 하는지와 관련해 빠르게 발전하고 있는 연구들에 크게 흥미를 느끼고 있습니다.

『위대한 전환』에서 저는 인간 역사 중 지난 5000년의 거의 모든 기간 동안 권위주의적 통치를 지탱하고 지원해온 기저의 심리적 과정을 탐구했습니다. 또한 인류로서 우리가 진정으로 생명에 복무하는 생태적 문명으로 전환할 잠재력을 갖도록 인간 정신을 성숙시키는 길이 무엇일지 고찰하고자 했습니다.

이 책은 "지구공동체"를 이야기합니다. 이것은 지구헌장에서 가져온 용어로, 이 책을 쓰고 있었을 때는 제가 아직 "생태 문명ecological civilization"이라는 용어를 알지 못했습니다. "생태 문명"은 살아있는 지구공동체의 문명을 일컫는 현재의 용어이며, 이에 대해서는 제가 최근에 정리한 보고서 "생태 문명: 이머전시[비상사태]에서 이머전스[창발]로

Ecological Civilizatioon: From Emergency to Emergence"를 참고해주시기 바랍니다(https://www.clubofrome.org/blog-post/korten-eco-civilisation/).

『위대한 전환』은 인류로서의 목적을 인식하면서 우리의 미래를 선택하자는 촉구입니다. 이것은 예측이 아닙니다. 우리가 어떤 결과를 갖게 될지는 앞으로 우리가 집합적으로 내릴 구체적인 선택들의 조합에 달려 있습니다. 그러한 선택들이 어떤 것일지는 예측할 수 없고 따라서 그 구체적인 결과가 무엇일지도 예측할 수 없습니다.

환경 위기에 대한 과학계의 경고는 이제 새로운 것이 아니지만, 날마다 더욱 긴급해지고 있습니다. 인간이 지구 환경 시스템에 부과하는 부담을 2030년까지 유의미한 규모로 줄이기 시작하지 못한다면 아마도 너무 늦으리라는 것이 현재 과학계의 견고한 합의입니다. 실패했을 때의 결과는 수십 년에 걸쳐 전개되겠지만, 종국에는 인간 종의 자기 절멸로 귀결될 가능성이 큽니다. 그렇습니다. 우리 앞의 문제는 이 정도로 심각합니다.

생명을 사랑하고 돌보는 인간 종의 창조적 잠재력이 막대하게 미실현되고 있고 따라서 그 잠재력이 계속해서 창조적으로 펼쳐질 가능성도 미실현되고 있음을 생각할 때, 우리의 실패로 발생할 상실은 우리 인간만의 상실이 아닐 것입니다.

[2006년에 출간된] 이 책을 읽으시다 보면 현대의 커뮤니케이션 역량과 전지구적인 연결망이 공공선을 진전시키는 방향으로 우리를 한데 모아줄 수 있으리라는 데 제가 큰 희망을 걸고 있음을 보시게 될 것입니다. 그러한 긍정적인 잠재력은 여전히 존재합니다.

하지만 너무나 비극적이게도, 현재로서 이 테크놀로지가 가장 두드러지게 적용되고 있는 영역을 보면, 사상과 생각의 통제, 사이버 범죄,

사이버 전쟁에 남용될 파괴적인 잠재력을 보여주는 것 같습니다. 집합적인 학습을 빠르게 진전시켜줄 커뮤니케이션 역량을 우리는 아직 제대로 건드리지 못하고 있습니다. 이러한 미실현된 잠재력이 우리에게 남아있고 우리는 그것을 활용할 수 있습니다.

상호의존적인 오늘날의 세상에서 우리가 함께 번성하거나 함께 절멸하거나의 갈림길에 있다는 사실을 그 어느 때보다도 많은 사람들이 인식하고 있습니다. 대개 이러한 깨달음을 가진 사람들은 "모두에게 살 만한 세상"을 만들고 지탱하기 위해 자신이 할 수 있는 일을 하도록 이끌어주는 성숙한 의식에 도달한 사람들입니다.

덜 성숙한 사람들, 즉 모두의 후생을 위해 협력하기보다 착취를 위한 경쟁을 선택하는 사람들이 훨씬 더 눈에 띄고 그들이 이기고 있는 것처럼 보이기도 합니다. 하지만 그러한 선택들로 인한 환경적, 사회적 붕괴가 펼쳐지면서, 전세계에서 전에 없이 많은 사람들이 공동의 대의에 동참하고 있으며 생명에 기여할 수 있는 방향으로 자신의 자리를 찾으려 하고 있습니다.

유한하고 살아있는 지구에서 이제 전지구적으로 상호의존적인 종이된 인류가 모든 사람과 지구의 본질적인 후생을 위해 협력하는 법을 배울 수 있느냐에 우리의 미래가 달려 있습니다. 그러려면 지식과 테크놀로지를 다른 공동체들과 공유하는 동시에 환경적으로 건전하고 자립적인 지역공동체를 조직하는 법을 알아내야 합니다.

이것이 우리 시대의 과제입니다. 우리는 우리가 가야 할 경로에 지침이 되어줄 지역적인, 또 국가적인 사례들이 절박하게 필요합니다.

생명력 있는 인류의 미래로 전환하려면 가치, 제도, 테크놀로지, 인프라를 단지 여기저기 땜질하는 것보다 훨씬 많은 일이 필요합니다. 우리 공동의 미래는 인간이 서로와 그리고 지구와 관계 맺는 현재 방식의 모든 측면을 근본적으로 변혁하는 데 달려 있습니다. 그 변혁은 우리를 탄생시키고 양육해주는 살아있는 지구와 생성적이고 균형잡힌 관계를 맺으며 살아가는 모든 사람이 물질적인 충분함과 영적인 풍부함을 누리는 미래로의 문명사적 전환을 의미합니다. 죽은 지구에서는 승자가 있을 수 없습니다. 여기에서 우리는 모두가 함께입니다.

그러면, 한국은 이 전환과 어떤 관련이 있을까요? 저는 지난 수십 년간 여러 차례 한국을 방문하면서 한국인들이 범상치 않은 창조성과 역량과 의지로 야심찬 목표들을 세우고 이뤄내는 데 비범한 역량이 있다는 사실을 알게 되었습니다. 오늘날 세상은 여러분의 역량과 주도력과 창조성을 그 어느 때보다도 절실히 필요로 합니다.

"글로벌 생태발자국 네트워크Global Footprint Network"의 추산에 따르면, 현재의 소비 수준에서 인간 종을 유지하려면 지구가 1.6개 필요합니다(https://www.footprintnetwork.org/our-work/ecological-footprint/). 그런데 우리에게는 지구가 하나밖에 없으며 우리가 지구에 부과하는 부담을 더 빠르게 가중시킨다면 지구의 회복 역량을 더 빠르게 소진시키게 될 것입니다. 그와 동시에, 여전히 전세계의 수많은 사람들이 적절한 식품, 주거, 깨끗한 공기와 물, 위생시설, 안정적인 기후 등 기본적으로 삶에 꼭 필요한 것들에 안정적으로 접근하지 못하고 있습니다.

우리 앞의 선택지는 명백하고 단순하며 이것이 함의하는 바는 막중합니다. 하등 본질적이지 않고 심지어 해롭기까지 한 물질적 소비를 늘리기 위해 지구상에 아직 남아있는 물, 공기, 토양, 거주가능한 장소를 마지막 한 톨까지 차지하고자 더 맹렬하게 경쟁한다면, 인류는 인류가 자초한 여섯 번째 대멸종의 희생자 대열에 서게 될 것입니다.

낭비를 없애고 지구 생명 시스템의 건강을 회복시키는 동시에 모든 곳의 모든 이에게 물질적 충분함과 영적 풍성함을 보장하는 것은 충분히 우리가 할 수 있는 범위 안에 있습니다. 하지만 앞에서 언급했듯이 여기에는 모든 일상에서 인간이 서로와 맺는 관계, 또 인간을 지탱해주는 생성적 시스템으로서의 지구와 맺는 관계의 양상을 결정하는 가치, 제도, 테크놀로지, 인프라의 근본적인 전환이 필요합니다. 현재 작동하고 있는 개인주의적 경쟁의 동학은 협력적인 공동체의 동학으로 대체되어야 합니다.

우리는 협력적인 지구공동체가 사람과 지구의 복리를 위해 작동하게 하는 데 능통해져야 합니다. 오늘날 우리가, 즉 개인, 기업, 국가가, 모든 것이 이윤을 위해 작동하게 하는 데 능통한 것만큼 말입니다. 우리의 목표는 모든 사람이 전체의 후생을 위해 함께 일하고 함께 살아가는 세상입니다.

수많은 곳에서 각자의 아이디어를 적극적으로 시험해보고 그렇게 해서 알게 된 것들을 신속하게 서로 공유하면서, 種으로서 인류 전체가 전례없이 빠르고 깊이 있고 목적의식적으로 집합적인 학습을 해나가야만 여기에 성공할 수 있습니다. 인간은 "선택"의 역량을 가진 고도로 지적인 종인 만큼, 이것은 충분히 우리가 해낼 수 있는 범위 안에 있습니다. 우리가 그러기로 선택만 한다면 말입니다.

한국의 여러분은 상대적으로 교육 수준이 높고 문화적으로 동질적인 인구가 비교적 작은 면적에 살고 있다는 장점이 있습니다. 빠르게 혁신을 일구는 여러분의 역량도 이미 입증되어 있습니다. 그와 동시에, 한국은 인류가 극복해야 할 전지구적인 당면 문제를 극명하게 보여주는 곳이기도 합니다.

대부분의 고소득국이 그렇듯이, 한국의 소비 수준은 생태적으로 허용 가능한 여력을 훨씬 넘어서 있으며 그와 동시에 빈부 간의 간극은 점점 더 벌어지고 있습니다. "글로벌 생태 발자국 네트워크"에 따르면 현재 한국인의 소비 속도는 한국의 자연 시스템이 지탱할 수 있는 것보다 6.3배나 빠릅니다(http://data.footprintnetwork.org/#/countryTrends?cn=117&type=BCpc.EFCpc). 전세계 인구 모두가 한국인 수준으로 소비한다면 현재의 세계 인구를 지탱하는 데 지구가 4개나 있어야 합니다(http://data.footprintnetwork.org/#/countryTrends?cn=117&type=earth).

　　그렇다면 이 책은 여기에 어떤 관련이 있을까요? 앞에서 언급했듯이, 이 책을 집필했던 시기는 저의 사고에 근본적인 전환이 있던 시기였습니다. 1960년대 초 이래로 저는 인류가 처한 깊은 위기와 그 기저에 있는 원인을 살펴보고자 했고 그 내용을 『기업이 세계를 지배할 때』에 담았습니다.

　　그 다음에는 우리가 모두를 위해 잘 작동하는 방식으로 서로와 또 지구와 공생할 수 있는 방법에 대해 살아있는 생명 시스템이 주는 교훈을 알아보기 시작했고, 그 내용을 『탈기업 세계: 자본주의 이후의 삶』에 담았습니다.

　　다시 그 다음에는 지금 우리가 함께 항해해가야 할 문명사적 전환에 대한 질문들을 탐구했고 이 책을 집필했습니다. 이 책은 우리가 과거에 가졌던 성공과 실패를 알아보고 그로부터 우리 앞의 길에 대해 어떤 교훈을 얻을 수 있을지 함께 생각해보자는 초대입니다.

　　미래에 가본 사람은 없습니다. 미래를 향한 길은 지금 우리가 찾아내고 닦아가야 합니다. 지금 해야 할 일이 정확히 무엇인지, 그것의 구체적인 결과가 정확히 무엇일지 안다고 자처하는 사람은 문제의 복잡성과 깊이를 제대로 이해하지 못하고 있음을 드러내는 것입니다. 전체 속에서 각자의 자리를 찾아내고 각자 해야 할 몫을 전체에 기여하면서 함께 미래를 창조해나가는 과정에서만 우리는 그 미래를 알 수 있을 것입니다.

데이비드 C. 코튼

https://davidkorten.org/

_____ **지구헌장** _____

The Earth Charter (2000년)

지구의 역사에서 우리는 인류가 스스로의 미래를
선택해야만 하는 결정적인 순간에 서있다.
세상의 상호의존성과 취약성이 점점 더 높아지면서
우리의 미래에는 거대한 위험과 거대한 희망이 동시에 존재하게 되었다.
앞으로 나아가려면, 삶의 형태와 문화가 보이는
놀라운 다양성 속에서도 우리가 공동의 운명을 가진 하나의 가족이며
하나의 지구공동체라는 사실을 인식해야 한다.
우리는 자연에 대한 존중, 보편적인 인권, 경제적 정의,
그리고 평화의 문화에 토대를 둔 지속가능한
글로벌 사회를 일구기 위해 힘을 합해야 한다.
이 목적을 위해, 우리, 즉 지구의 모든 인종과 민족은,
서로에 대해, 더 큰 생명 공동체에 대해, 그리고 미래 세대에 대해
우리가 가지고 있는 책임을 지금 선언해야만 한다.

위대한 전환

위대한 전환

그들이 살 수 있을 만한 세상이 여전히 존재한다면, 우리 시대를 되돌아볼 미래 세대는 생명을 지원하는 사회로 문명사적 전환을 해낸 시기를 보게 될 것이다. 그리고 그 시기를 위대한 전환의 시기라고 부를 것이다.[1]

조애나 메이시

　　우리의 아이들, 또 아이들의 아이들은 우리 시대를 무엇이라 부르게 될까? 분노와 좌절로 이 시대를 돌아보면서 "거대한 해체"의 시대라고 부르게 될까? 이를 테면, 과도하게 낭비적인 소비로 생태계 붕괴를 가속화하고, 남아있는 지구 자원을 마지막 한 줌까지 차지하려 폭력적인 경쟁을 벌이고, 쇠락한 인구가 대대적으로 줄어들고, 남은 인구는 경쟁하는 지역 군벌들이 난립하는 무자비한 통치와 전쟁 속에서 서로 분절되어 살아간 시기였다고 기억하게 될까?

　　아니면, 기쁘게 돌아보면서 "위대한 전환"을 해낸 고귀한 시대였다고 말하게 될까? 이를 테면, 그들의 선조들이 위기를 기회로 바꿔내고, 인간 본성의 가능성 중 더 높은 차원의 잠재력을 기꺼이 선택하고, 서로와 또 살아있는 지구와 창조적인 파트너십의 관계 속에 살아가는 방법을 터득함으로써 인간 가능성의 새 지평을 연 시기였다고 기억하게 될까?

우리가 돌이킬 수 없을 선택을 해야만 하는 결정적인 순간에 서있다는 것이 이 책『위대한 전환: 지금 우리가 해야 할 일은 무엇인가』의 기본 전제다. 인간 종이 생존해있는 한에서, 앞으로 우리 시대가 어떻게 기억될지는 우리 인류가 집합적으로 어떻게 대응하느냐에 따라 판가름 날 것이다. 현시대에 우리가 개인으로서 또 사회로서 내리는 모든 선택이 미래 세대에게 어떤 세계를 물려줄지에 대한 투표나 다름없다는 사실을 우리 모두 인식해야 한다. 위대한 전환은 예언이 아니라 가능성이다.

프롤로그

가능성을 찾아서

인간이 생명을 받아 세상에 나올 때 하느님 아버지께서는 있을 수 있는 모든 종류와 모든 방식을 아우르는 삶의 씨앗을 주신다. 그중에서 각자가 어떤 씨앗을 뿌리고 가꾸는지에 따라 그에 맞는 열매가 맺힐 것이다.[1]

조반니 피코 델라 미란돌라Giovanni Pico della Mirandola(1486년)

우리가 실제로 하는 것과 우리에게 할 역량이 있는 것 사이의 차이는 세상 문제의 대부분을 해결하기에 충분할 것이다.

모한다스 K. 간디Mohandas K. Gandhi

1995년에 『기업이 세계를 지배할 때』의 프롤로그에서 나는 평범한 사람들 사이에 팽배해 있던 분위기 하나를 언급한 바 있다. 그들은 그들의 삶이 의존하고 있는 중요한 제도들이 그들을 위해 작동하고 있지 않다고 느끼고 있었으며, 이는 어디를 가든 거의 예외 없이 목격할 수 있는 분위기였다. 높아지는 빈곤과 실업, 불평등, 폭력적인 범죄, 가정의 해체, 환경 파괴 모두가 미래에 대한 두려움을 가중시키고 있었다.

그런데 지금 보니 그때가 차라리 좋은 시절이었다. 그 이후로, 1990년대 말에는 아시아, 러시아, 남미에 금융 충격이 닥쳤고, 21세기로 들어서던 무렵에는 주식시장의 버블이 터졌으며, 기업 스캔들이 연이어 발생했다. 이러한 사건들은 1995년에 『기업이 세계를 지배할 때』에서 내가 묘사했던 정도를 훨씬 뛰어넘는 글로벌 경제의 부패한 실상을 사람들의 시야에 드러냈다.

여전히 논평가들은 경제성장, 일자리 창출, 주식시장 호전에 대해 낙관적으로 이야기하지만, 의료와 주거 비용이 감당 불가의 수준으로 치솟으면서 노동을 해서 살아가는 평범한 가정은 맞벌이라 해도 가계부 맞추기가 점점 더 힘들어지고 있으며 점점 더 많은 빚에 짓눌리고 있다. 우리는 한때 당연하게 여겼던 기본적인 것들, 가령 생활 가능한 수준의 임금 및 부가급부가 제공되는 일자리, 아이들을 위한 양질의 교육, 가난한 사람들을 위한 사회안전망과 의료, 환경 보호, 공원, 예술에 대한 정부 지원, 공영 방송, 노년층을 위한 연금 같은 것들을 우리 사회(국가)가 더 이상 제공할 여력이 없다는 이야기를 듣고 있다. 경제학자들은 우리가 부유해지고 있다고 말하지만 날마다 우리의 경험이 말해주는 바는 그와 다르다. 동시에, 우리[미국]는 글로벌 테러리즘, 가파른 유가 상승, 극단적인 기후 교란, 치솟는 무역 적자와 달러 가치 폭락의 위험에도 직면해있다.

도처에서 파국에 대한 이야기가 떠돈다. 미국에서는 예수가 재림해 멸망한 세상에서 신자들을 들어 올릴 종말의 날에 대한 소설이 수천만 부나 팔렸다. 주요 경제지들은 석유의 종말에 대한 기사를 비중 있게 싣고 있다. 환경 재앙에 대한 경고는 더 이상 환경론자만의 이야기가 아니어서, 미 국방부도 종말적일지 모를 기후변화의 결과를 경고하는 섬찟한 보고서를 펴냈다.

『기업이 세계를 지배할 때』가 나오고 가장 많이 접한 반응은 이 책이 희망을 주었다는 말이었다. 의외여서 처음에는 놀랐다. 불평등 증가, 환경 파괴, 사회의 해체 등에 대해 시스템상의 원인을 밝히는 과정이 내게는 참으로 암울한 경험이었기 때문이다. 하지만 독자들은 그 책이 자신이 겪고 있는 어려움의 원인을 분석하고 인간 사회가 다른 경로를 선택할 수 있음을 보여줌으로써 변화가 가능하다는 희망을 주었다고 했다.

그래도 위기는 계속 심화되었고, 나는 『기업이 세계를 지배할 때』에서 다룬 현상이 훨씬 더 깊은 역사적 패턴의 최근 형태에 불과하며 경로를 바꾸려면 글로벌 기업이 자신이 일으킨 사회적, 환경적 결과에 책무를 지게 하는 것보다 훨씬 더 많은 일이 필요하리라는 것을 깨달았다. 『위대한 전환: 지금 우리가 해야 할 일은 무엇인가』는 그 "더 깊은 역사적 패턴"에 대한 책이다. 지난 5000년간 인류가 밟아온 잘못된 방향에 대해 이 책이 간단한 해법을 제시하지는 않는다. 하지만 그 잘못된 방향이 불가피한 운명은 아니었으며 오늘날 인류가 현실적으로 선택할 수 있는 범위 안에서 긍정적인 미래를 일굴 길을 얼마든지 찾을 수 있다는 점만큼은 명백히 설명하고자 했다. 그런 면에서, 『기업이 세계를 지배할 때』가 희망적이었다면 『위대한 전환』은 더욱 희망적일 수 있을 것이다.

전작들에서와 마찬가지로, 순진한 무지 속에 살던 젊은 시절부터 인류가 마주하고 있는 장대한 기회를 어느 정도나마 새로이 이해하게 된 오늘날까지 내가 지나온 경로를 여러분과 나누면서 앞으로 살펴보게 될 주제들을 소개하고자 한다.

작아지는 지구에서 커간 성장기

나는 커뮤니케이션 혁명으로 지구가 작아지고 오랫동안 사람들을 섬처럼 고립된 문화권들로 분리했던 지리적 장벽이 없어지면서 문화, 경제, 정치 모두에서 근본적인 변화를 경험한 전환기 세대에 속한다. 이

혁명은 인간이 하나뿐인 작은 지구에서 하나의 운명을 공유한 하나의 가족이라는, 완전히 새로운 현실 인식을 불러왔다. 내가 개인적으로 경험한 깨달음의 이야기는 우리 세대 사람들 사이에서 결코 독특한 이야기가 아니다.

전환기 세대

나는 1937년생이며 백인 중산층 가정의 지극히 보수적인 분위기에서 자랐다. 할아버지, 할머니, 삼촌, 고모 등 친척 대부분이 미국 북서부 구석의 작은 마을에 모여 살았다. 어린 시절에 나는 백인이 아닌 사람을 거의 본 적이 없었고 무슬림, 힌두교도, 불교도는 한 번도 본 적이 없었다. 대학을 마치면 당연히 고향으로 돌아와 집안의 소매점을 운영하며 여생을 보내게 될 것이라고 생각했고 식구들도 모두 그렇게 생각했다. 근처 산이나 해변에 가는 것 말고는 여행에도 관심이 없었고, 대학 졸업 무렵이 되기 전까지는 미국 시민이라는 혜택을 가진 사람이 왜 미국 국경을 넘어 모험을 하고 싶어 하는지 잘 이해가 가지 않았다. 훗날 내가 20년 넘게 아프리카, 남미, 아시아에서 살고 일하게 될 거라고는 스쳐가는 공상으로도 생각해본 적이 없었다.

어린 시절과 청소년기의 내 경험과 내 딸들의 경험은 40년도 안 되는 사이에 지구가 얼마나 극적으로 작아졌으며 인간의 경험이 얼마나 대대적으로 변모했는지를 단적으로 보여준다. 내 딸들은 고등학교를 졸업했을 무렵에 이미 니카라과, 필리핀, 인도네시아, 미국에서 살아본 적이 있었고 국제학교에서 총 60개국이 넘는 나라 출신의 매우 다양한 인종적, 문화적, 종교적 배경을 가진 친구들과 공부해본 경험이 있었다. 내 딸들은 부모를 제외하면 혈연으로 연결된 친척과는 그다지 연결되지 않은 채로 많은 곳을 돌아다니며 생활했다. 고등학교를 다닐 때에도 미국에서 인도네시아에 가면서 중간에 한국에 들러 관광을 한다는 계획을 세우는 것 정도는 예사였다. 한국은 영어 쓰는 사람이 거의 없던 나라였는데도 말이다. 그 아이들은 문화적 차이를 다루는 데 있어서 해외 여행이 매우 느리고 말도 못하게 비싸고 흔치 않던 시절에 자란 내가 이해할 수 있는 범위를 완전히 넘어서는 글로벌 의식과 능력을 갖추고 있었다.

이제는 교환학생, 자원봉사 프로그램, 그리고 초국적 정부기관, 비정부기구, 기업의 해외 일자리가 대거 생겨나서, 상이한 문화를 피상적이지 않은 수준으로 접할 수 있는 기회를 수백만 명에게 꾸준히 제공하고 있다. 이에 더해 1990년대 초부터 인터넷이 널리 쓰이면서 국제 커뮤니케이션이 거의 비용이 들지 않고 즉각 이뤄질 수 있는 것이 되었고, 이로써 한층 더 다양한 국제 교류와 협력의 가능성이 열렸다.

진화적 시간의 단위에서 보면 실로 찰나의 순간에 인간이 과거의 조건에서 대대적으로 이탈한 것이다. 이는 인류의 가능성을 상상 초월의 수준으로 증폭시켰지만 전에 없던 새로운 어려움도 불러왔다. 이 급격한 단절과 도약의 시기를 내가 어떻게 경험했는지 조금 더 이야기를 풀어보고자 한다.

"고향 마을"에서 "지구촌"으로

심리학과 4학년이던 1959년에 나는 전공이 아닌 수업을 반드시 하나 들어야 했다. 저명한 정치학자 로버트 노스Robert North 교수님의 근현대 혁명에 대한 세미나 수업에 관심이 동했다. 매우 보수주의적이던 마음에서 나는 공산 혁명이 미국적 삶의 방식을 위협한다고 우려하고 있었는데, 그것에 대해 무언가를 배워볼 유용한 기회 같았다. 노스 교수님의 수업을 들으면서 공산 혁명이 가난한 사람들이 처한 비참한 조건의 산물임을 알게 되었다. 이에 대해 곰곰이 생각하다가 나는 인생을 바꾸게 될 결정을 내렸다. 미국의 경제적, 정치적 성공 비결을 알려주어서 다른 나라의 가난한 사람들도 미국 사람들처럼 자유롭고 풍요롭게 살 수 있게 하자. 그래서 그들이 혁명에 대한 생각을 버리게 하자.

나는 이후 30년 동안 국제개발 분야의 주요 기관에서 일하면서 세계관이 완전히 달라지는 경험을 했다. 가르치러 나갔지만 가르친 것보다 배운 것이 훨씬 의미 있고 중요했다. 나는 나 자신과 나의 나라 미국에 대해, 그리고 미처 실현되지 못한 인간 잠재력의 비극에 대해 알게 되었고, 세계를 접하며 알게 된 교훈을 나의 나라인 미국 사람들과 나눠야 한다는 것을 깨달았다.

그래서 1992년에 아내이자 삶의 동반자인 프랜과 함께 마닐라에서 뉴욕으로 돌아왔다. 프랜은 계속 포드 재단Ford Foundation의 프로그램 관리자로 일했고 나는 연구를 시작했다. 그 연구의 결과물이 1995년에 출간된 『기업이 세계를 지배할 때』다.[2]

지금까지도 나는 거대 정부에 대해 보수주의자로서의 의구심을 가지고 있다. 하지만 이제는 거대 기업과 거대 금융에 대해서도 마찬가지로 의구심을 갖게 되었다. 나는 여전히 노조와 복지 프로그램이 가진 문제점들에 비판적이다. 하지만 이제는 거대 기업과 글로벌 금융의 영향으로 난타 당하는 세상에서 노조와 복지 프로그램이 그마저 없었다면 아무 방어 수단을 갖지 못했을 노동자들의 권리와 후생을 보호하는 데 얼마나 긍정적이고 필수적인 역할을 수행하는지를 훨씬 더 많이 인정하게 되었다.

나는 나의 나라 미국과 미국이 가진 가능성을 여전히 깊이 믿지만, 이제는 미국을 순진한 무지의 눈으로 보지 않는다. 나는 미국의 경제, 군사 정책이 국내외 모두에서 경제적 정의, 민주주의, 환경의 지속가능성에 심대한 악영향을 미치고 있는 것을 목격했다. 또한 이러한 경험을 통해, 모두를 위해 작동하는 세상을 만드는 운동의 리더십은 잘못된 정책의 결과를 직접 겪어서 알고 있는 평범한 사람들의 정치적 행동과 창조적인 혁신으로부터, 즉 아래로부터 나올 수 있으며 아래로부터 나와야만 한다는 것도 알게 되었다.

요컨대, 나는 어린 시절에 보수주의적 가치라고 여기며 받아들인 대부분의 것들을 여전히 굳게 믿고 있지만, 계급 간의 전쟁, 재무적인 무책임, 개인의 자유에 대한 공권력의 침해, 해외에서의 무모한 군사 행동 등을 보수의 아젠다라고 주장하는 극우 극단주의자들과는 아무 공통점이 없다.

실현되지 못한 잠재력의 비극

내 경력의 상당 부분은 실현되지 못한 인간 잠재력의 비극을 탐구하는 과정이었다고도 말할 수 있다. 나는 공식적인 조직이 질서와 예측가능성을 확보하기 위해 모든 것을 중앙집중식으로 통제하려 하는 끈질긴 경향을 수많은 상황에서 목격했다. 기업도 정부도 모두 마찬가지였다. 이 경향은 너무나 만연해서 우리 대부분은 이를 당연하고 불가피하다고 여긴다.

1970년대 초에 나는 프랜과 함께 중미 국가들에서 진료소 기반 가족계획 프로그램의 운영을 개선하기 위한 프로젝트에 참여했는데, 여기에서 "잃어버린 잠재력"이 유발하는 비용에 처음으로 눈을 뜨게 되었다. 그 프로그램은 원조 기관이 고용한 외국인 전문가나 국가의 중앙 본부에서 일하는 전문가가 조직과 운영을 관리하고 있었는데 그들 중 누구도 그 프로그램이 도와야 할 대상인 여성들과 직접 접촉하지 않았다. 수혜 여성 수, 현장 직원의 사기, 이용자 만족도 등의 지표가 나타내는 성과는 끔찍하게 형편없었다.

대조적으로 유독 성과가 좋은 진료소 한 곳이 눈에 띄었는데, 용감하고 혁신적인 간호사 한 명이 공식적인 절차에는 크게 신경 쓰지 않고 이용자가 필요로 하는 바에 더 잘 반응하면서 이용자에게 편리하도록 진료소를 운영하는 데 초점을 맞추고 있었다. 그곳의 프로그램은 아주 잘 돌아갔고 직원들의 사기도 높았다.[3] 하지만 안타깝게도 본부의 관리자들은 이러한 방식을 독려하기는커녕 적극적으로 만류했다.

남아시아와 동남아시아 곳곳에서, 그리고 의료 서비스, 농경지 확장, 관개, 숲 조림, 토지 개혁, 교육, 공동체 개발 등 다양한 프로그램에서, 경직된 중앙집중식 통제가 만드는 갑갑한 결과를 계속 볼 수 있었다. 가난한 사람을 돕겠다고 마련된 프로그램들이 정작 그 사람들에게 별로 도움이 안 되는 일에 상당한 인력과 자원을 소모하고 있었다. 더욱 황당하게도, 프로그램들이 진행되는 과정에서 마을 공동체와 지역민들이 자신의 자원을 관리하고 통제할 수 있는 능력은 훼손되기 일쑤였다.

일례로, 아시아 전역에서는 수 세기 동안 소규모 가족농들이 공동으로 자체적인 관개 시스템을 짓고 운영해오고 있었고 이 중에는 운영의 효율성과 공학적 독창성이 매우 뛰어난 것들도 있었다. 하지만 당국이 관개 역량 실태 조사에 나섰을 때 그들은 정부가 지은 시스템만 관개 시설로 간주했고, 마을 공동체가 짓고 운영해오던 시스템을 중앙에서 관리하는 더 비싸고 덜 효율적인 시스템으로 교체했다. 대개 새 시스템 도입에 필요한 자금은 세계은행이나 아시아개발은행에서 들여온 수백만 달러의 차관으로 충당되었는데, 이 돈은 훗날 이 농민들의 아이들이 세금으로 갚아야 하는 돈이었다.

프랜과 나는 지역 공동체와 지역민의 통제력을 강화하는 접근법의 가능성을 보여주기 위해 필리핀 관개청Philippine National Irrigation Administration, NIA을 혁신하는 10년짜리 프로젝트에 참여했다. 관개청을 상의하달식의 탑다운 방식으로 돌아가는 공학기술적 관료 조직에서 각 지역공동체의 관개 조합이 현장에서 맞닥뜨리는 운영상, 기술상의 필요에 맞춰 해법을 제시하는 서비스 조직으로 전환하려는 것이었다. 중앙 관개청이 정한 절차를 각 현장에 부과하던 데서 농민과 파트너로서 문제를 해결해나가는 쪽으로 초점을 옮기기 위해서는 관개청의 구조, 절차, 목적, 직원 배치, 역량 모두에서 변화가 필요했다. 이러한 전환은 현지 농민과 관개청 직원 모두에게서 이제까지 실현되지 못하고 있었던 창조적인 잠재력의 물꼬를 텄다. 관개의 성과도 좋아졌고, 직원의 사기도 높아졌으며, 지역민의 통제력과 민주적인 참여도 강화되었고, 공공 자원도 더 효율적으로 사용할 수 있게 되었다. 이 프로젝트는 이후 포드 재단이 세계 곳곳에서 도입한 접근법의 모델이 되었다.[4]

아시아에 머물던 15년 동안 프랜과 나는 동일한 교훈을 주는 사례를 반복적으로 목격했다. 권력이 지역공동체와 지역민들에게 놓여 있으면 삶과 혁신이 번성했다. 반면, 권력이 저 멀리 있는 정부 기관이나 기업에 집중되어 있으면 공동체에서 생명력이 빠져나갔고 서비스는 사용자가 아니라 제공자의 편의와 필요에 따라 조직되었다. 번성하는 쪽은 멀리서 의사결정을 내리는 사람들이었고 그 결정이 야기하는 피해를 감당하는 쪽은 지역공동체 사람들이었다. 우리가 여기저기에서 목격한 개별 현상들이 반복적인 패턴의 일부로서 파악되기 시작했다. 또한 우리는 권력과 권한이 집중되느냐 탈중심화되느냐는 "선택"의 문제라는 것도 알게 되었다.

권한의 집중이 누군가의 불순한 의도에서 발생하는 경우는 거의 없었다. 대개 사람들은 그 일이 가져올 결과를 알지 못한 채 그저 자신이 맡은 일을 하고 있었고 일이 잘못 돌아가면 으레 문제는 지역에 있다고 여겨졌다. 이를 테면 지역민들이 중앙에서 알려준 절차대로 따르지 않아서 생긴 문제라고 말이다. 이에 대한 표준적인 해법은 지역민들을 더 교육하고 더 엄격하게 통제해서 규정대로 잘 따르게 만드는 것이었는데, 이는 다시금 중앙 관리자들의 권위와 전문성을 긍정하고 지역민들은 무능하다는 인식을 공고히 하는 결과를 낳았다.

점차로 나는 이 패턴이 시스템의 모든 수준에서 벌어지고 있음을 알게 되었다. 해외 원조 시스템 자체도 자신이 서비스를 제공해야 할 사람들이 느끼는 필요에서 지구 반바퀴나 떨어져 있는 본부의 글로벌 관료제로 통제력을 넘기고 있었다. 또 글로벌 경제의 주요 기관들은 의사결정의 권한을 지역공동체와 지역민들에게서 떼어내 자신의 결정이 지역에 유발할 사회적, 환경적 결과를 인식하지 못하는 거대 기업과 금융기관으로 넘기고 있었다. 이러한 패턴이 지구상의 모든 곳에서, 또 조직의 모든 수준에서 벌어지고 있었다.

아시아의 비정부기구들에서 일하는 명민한 동료들의 도움으로, 1980년대 말 경에 나는 공식 원조기구들이 (의도한 것은 아닐지라도) 어떻게 지역의 통제력과 역량을 적극적으로 훼손하게 되는지와 관련해 더 큰 구조를 보기 시작했다. 하지만 비영리기구에서조차 대부분의 지도자는 이러한 큰 이슈에 관심을 기울이는 것 같지 않았다.

마닐라에서 일하던 1990년에 나는 필리핀 동료들과 함께 민중중심 발전포럼People-Centered Development Forum을 만들었다. 공적 원조 정책의 파괴적인 결과를 알리기 위해 일하던 사람들이 각자 고립적으로, 또 종종 수세에 몰린 채로 활동하는 것을 넘어 서로를 돕기 위해 만든 네트워크였다. 연구와 분석을 할수록, 미국이 전에 내가 생각했던 글로벌 자선 국가가 아니라 지극히 파괴적이고 반反민주주의적인 개발 모델을 추동하는 주범임이 점점 더 분명해졌다.

인도 출신 동료 스미투 코타리Smitu Kothari와 이야기를 나누다가 이 모든 교훈이 하나로 꿰어졌다. 그는 미국으로 돌아가서 미국 사람들에게 미국 정부의 잘못된 정책이 세계 각지에서 일으키고 있는 심각한 결과들을 알리는 것이 가난한 아시아 사람들의 삶을 향상시키기 위해 내가 할 수 있는 더 나은 일일 것 같다고 예의 바르게 말해주었다. 다른 동료들과도 이야기를 나누고 곱씹어 생각해보면서 나는 코타리의 말이 맞다는 것을 깨달았다. 내 인생에서 또 하나의 커다란 전환점이었다.

기업이 주도하는 경제적 세계화에 저항하기

1992년에 미국으로 돌아온 뒤로는 내 경험에서 얻은 교훈을 미국의 동료 시민들에게 알리는 일에 관심을 쏟았다. 이 무렵이면 나는 어느 모로 보나 역기능적인 경제 정책들이 기업의 이해관계에만큼은 매우 잘 복무하고 있다는 사실을 점점 더 분명히 깨닫고 있었다. 나는 매디슨가와 월가 사이에 있는 유니온스퀘어 근처 아파트에 살았는데, 기업과의 연결고리에 초점을 맞추기에 참으로 이상적인 장소가 아닐 수 없었다. 그 아파트에서 『기업이 세계를 지배할 때』를 집필했다.

이어서 1994년에 국제 교역과 국제 투자의 양상을 우려하는 활동가들의 모임에 초청을 받았다. 이 모임은 "세계화에 관한 국제 포럼 International Forum on Globalization, IFG"의 창립으로 이어지게 된다. 글로벌 거대 기업이 촉진하는 "무역[교역]" 협정들이 교역을 자유로워지게 하는 데보다는 공공에 대한 책무로부터 기업을 자유로워지게 하는 데 관심이 있다는 점을 전 세계에 알리기 위한 모임이었다. 대개 무역 협정은 지역공동체가, 심지어는 국가마저도 자신의 경제적, 사회적 우선순위를 결정하지 못하도록 체계적으로 역량을 박탈하면서 그러한 결정의 권한을 글로벌 금융가와 거대 기업 CEO와 국제무역 법률가들의 손에 넘기고 있었다.

1995년 10월에 나온 『기업이 세계를 지배할 때』는 상당히 좋은 타이밍에 출간된 셈이었다. 미국과 그 밖의 세계 사이의 관계에서 무언가가 옳지 않게 돌아가고 있다는 인식이 미국 사람들 사이에서 높아지고 있었다. 기업 CEO들이 수천 명을 해고하고 멕시코나 인도네시아 같은 저임금 국가의 노동 착취 공장들로 일자리를 이전하면서 수백만 달러의 보너스를 챙기고 있다는 이야기는 이미 꽤 많이 알려져 있었다. 『기업이 세계를 지배할 때』는 이러한 이야기들을 하나로 연결해 사람들이 목격하고 있는 바에 대해 일관성 있는 분석을 제공했다. 이렇게 해서, 갑자기 나는 떠오르고 있는 글로벌 저항 운동의 일원이 되었다.

1999년 11월에 세계무역기구World Trade Organization에 맞서서 이곳이 진행하는 비밀스러운 협상을 교란하기 위해 5만 명이 시애틀을 가득 메우고 시위에 나서면서, 글로벌 저항 운동이 많은 사람들에게 가시적으로 알려지게 되었다. 또한 이 시위는 평범한 사람들이 기업 권력에 대적할 때 생각만큼 무력하지는 않다는 것을 보여주었다. 이때 이후로 기업 지배층과 그들의 법률가들은 무역 협정으로 민주주의를 제약하고자 시도할 때마다 대대적인 시위에 맞닥뜨려야 했다. 종종 경찰이 폭력 진압으로 대응했는데, 이는 역사에서 무수히 반복되어온 현실을 많은 이들이 다시금 자각하는 계기가 되었다. 민주주의를 운운하는 온갖 이야기에도 불구하고 재산의 권리와 사람의 권리가 충돌할 때면 공권력은 대개 재산의 권리 편에서 움직인다는 현실 말이다.

글로벌 저항 운동에 참여하면서 나는 인간의 의식이 더 높은 차원으로 각성되었을 때 생기는 힘을 믿게 되었다. 불과 10년 남짓한 사이에 글로벌 저항 운동은 소수의 열성적이지만 주변적인 운동가들 사이에서 벌어지던 불안정한 교류에서 세계의 가장 강력한 기관들에 도전할 수 있는 운동으로 성장했다. 내게 이 경험은 인간의 미래가 달라질 수 있다는 희망의, 그리고 그 변화는 아래로부터 새로운 문화적, 제도적 현실을 일궈나가는 수백만 명의 리더십으로부터 나오리라는 믿음의 가장 큰 원천이다.

"노"가 있다면 반드시 "예스"도 있을 것이다

1970년대에 성장 주도형 발전 모델에 대한 비판들이 많이 있었지만, 담론 수준에서만 영향력이 있었을 뿐 현실에서는 거의 영향력을 발휘하지 못했다. 1980년대 초에도 이미 이러한 상황은 꽤 명확해보였다. 현실 단에서는 다들 거의 예외 없이 신빙성을 이미 잃어버린 과거의 이론 틀로 되돌아왔다. 지침으로 삼을 다른 틀이 없었기 때문이다.

단순하게 말해서, 기업이 주도하는 경제적 세계화의 기저에는 경제에 국경을 없애고 시장에 규제를 없애서 제약받지 않는 시장의 힘에 의해 경제의 우선순위가 결정되고 자원이 배분되고 성장이 추동되게 할 때 인간의 진보가 가장 잘 달성될 수 있다는 이론이 깔려 있다. 얼핏 들으면 탈중심화를 말하는 것 같지만 그렇지 않다. 국경과 규칙이 없는 시장은 지역공동체와 지역민들의 자기결정권과 자유를 희생시키면서 가장 거대하고 경제적으로 가장 강력한 행위자들의 자유를 압도적으로 증가시키며 따라서 이들이 한층 더 거대하고 강력해지게 만든다. 거대 기업과 금융시장의 핵심 행위자들이 의사결정을 내리고 그 결정의 과실을 가져가며, 그들의 결정이 환경과 사람들에게 일으키는 비용은 지역공동체에 떠넘겨진다.

점점 커지는 비용을 몸으로 겪으면서, 수백만 명의 사람들이 공동체의 건강은 경제적 우선순위를 스스로 결정하고 경제적 자원을 스스로 통제할 수 있느냐에 크게 좌우된다는 것을 깨닫게 되었다. 충분한 물질적 수단과 탄탄한 공동체야말로 번영과 안정의 진정한 토대이고 의미의 본질적인 원천이다. 거리의 시위는 이러한 깨달음의 표현이다. 기업의 법적 구조를 개혁하라는 요구도 이러한 깨달음의 표현이다. 이보다는 덜 가시적이지만 더 중요한 것으로, 지역경제와 공동체를 아래로부터 다시 짓고자 하는 움직임도 퍼져나가고 있다.

아래로부터의 이러한 노력이 거대한 조류를 막기에는 미미하고 무용한 일로 보일지 모른다. 하지만 이러한 움직임이 모든 이들에게서, 또 경제 영역만이 아니라 문화와 정치 영역까지 삶의 모든 영역에서 나오고 있으며 다른 세상이 가능하다는 것을 명백한 결과들로 보여주고 있다는 것을 생각하면, 더 이상 미미하고 무용한 움직임으로 보이지 않을 것이다. 그러한 결과들이 한층 더 가시적으로 드러나게 된다면 새로운 가능성에 대한 사람들의 각성을 더욱 가속화할 수 있을 것이고 이는 다시 아래로부터의 움직임을 더 많이 촉발할 수 있을 것이다.

이러한 목적을 염두에 두고, 1996년에 새러 반 겔더Sarah van Gelder 및 몇몇 동료와 함께 "긍정적인 미래 네트워크Positive Futures Network, PFN"를 만들었다. 이곳에서는 「예스!: 긍정적인 미래 저널YES! A Journal of Positive Futures」이라는 잡지를 펴내는데, 창조적인 사회 혁신가들의 사례를 널리 전함으로써 새로운 가능성에 대한 각성을 촉진하고 사람들의 참여를 독려하며 더 많은 연대를 일구는 것이 목표다. 나는 설립 이래로 이곳의 이사회 의장을 맡고 있다. 설립에 가장 크게 관여한 겔더는 편집장을 맡았으며 나중에 프랜이 사무총장 및 발행인으로 합류했다. 1998년에 프랜과 나는 뉴욕에서 PFN 사무실이 있는 워싱턴 주 퓨젯사운드의 베인브리지 아일랜드로 이사했다.

「예스!」 매거진은 지구공동체의 새 시대를 열고자 하는 사람들에게 귀중한 자료원 역할을 해왔다. 펼쳐지고 있는 움직임에 대해 새 소식을 알고 싶거나 새로운 연대의 기회, 또는 참여할 방법을 알고 싶은 분들은 「예스!」 매거진 웹사이트(http://www.yesmagazine.org/)를 참고하기 바란다.

살아있는 지역경제

『기업이 세계를 지배할 때』를 완성하기 전에도 기업의 과도함을 제어하는 것만으로는 내가 제기한 문제에 적절한 해법이 될 수 없다는 것을 알고 있었다. 저항을 통해 피해를 늦추거나 완화할 수는 있겠지만 진정한 변화가 있으려면 이윤 동기로 움직이고 기업이 기획하며 기업이 운영하는 현재의 글로벌 경제에 대해 강력하고 설득력 있는 대안을 제시할 수 있어야 할 터였다. 자연계의 건강한 생명 시스템에서 통찰을 얻을 수 있지 않을까 싶었지만 기존의 표준적인 생물학은 주로 생명을 물질적 메커니즘으로 설명하고 있었고 적자생존의 경쟁이 진화 과정의 핵심이라고 이야기하고 있었다. 이러한 이야기에서는 명백한 도움을 얻을 수 없을 것 같았다.

그러던 중, 뛰어난 여성 생물학자 두 명을 알게 되었다. 미생물학자 호매완Mae-Wan Ho과 진화생물학자 엘리자벳 사토리스Elisabet Sahtouris로, 이들은 생명이란 근본적으로 협력적이고 지역에 뿌리를 두면서 스스로 연결되고 조직화해나가는 실체이며 각 개체는 지속적으로 개체의 이해관계와 전체의 이해관계 사이에 균형을 잡아나간다는 점을 밝히면서, 완전히 근본적인 수준에서 생명을 연구하고 있었다.[5] 내가 찾던 생태계 모델이 바로 여기 있었다. 생명은 수십억 년 동안 협력적이고 지역에 뿌리를 둔 자기조직화의 장점을 터득해왔다. 그렇다면 우리 인간에게도 그렇게 할 수 있는 역량이 있지 않을까?

이러한 통찰은 "중앙이 소유하고 정부가 관리하는 사회주의 경제"와 "중앙이 소유하고 부유한 금융인과 기업 경영자들이 관리하는 자본주의 경제"라는 매력 없는 두 가지 경로 말고, 민주적이고 시장에 기반하며 공동체를 위해 작동하는 또 다른 경로가 있음을 깨닫는 데 핵심이다. 이 대안적인 시장경제는 자본주의 경제와 다르다. 제대로 작동하는 시장경제는 공동체를 보호하는 경계 막과 규제 하에서, 그리고 지역적으로 형평성 있게 분산된 소유권 하에서 돌아가며 민주적 책무성을 갖는 정부로부터 공적인 감독을 받는다. 나는 1999년 3월에 출간된 『탈기업 세계: 자본주의 이후의 삶』에서 이러한 시장경제의 원리를 제시했다.

같은 해에 나는 "세계화에 관한 국제 포럼" 주관으로 존 캐버나John Cavanagh와 제리 맨더Jerry Mander가 책임을 맡은 컨센서스 보고서 「경제적 세계화에 대한 대안들Alternatives to Economic Globalization」 작성 위원회에 참여했다. 이 보고서는 2002년에 완성되었고 2004년에 개정판이 나왔으며, 지역적인 소유와 통제에 토대를 둔 민주적이고 시장 기반의 글로벌 경제 시스템을 일구기 위한 제도적, 정책적 틀을 종합적으로 제시했다.

창발을 통한 변화

하지만 나는 방법론과 관련해서는 여전히 고전하고 있었다. 기업 주도의 글로벌 경제 시스템을 살아있는 지역경제에 토대를 둔 공동체 주도의 지구적 시스템으로 가장 잘 전환시킬 방법은 무엇인가? 그러던 중 2001년 초에 에살렌 연구소Esalen Institute의 초청 세미나에 참석할 기회를 얻게 되었다. 엘리자벳 사토리스와 생체모방 개념을 주창하는 생물학자 재닌 베니우스Janine Benyus가 발표를 하기로 되어 있었다. 사토리스와 베니우스는 숲 생태계의 진화에서 볼 수 있는 천이succession 과정이 경제적 전환에 한 가지 모델이 될 수 있을 것이라고 말했다. 숲 생태계의 형성 초기인 식민화 단계에서는 주로 빠른 성장과 공격적인 경쟁을 특징으로 하며 거쳐 지나가는 종들이 숲을 구성한다. 하지만 차차 더 인내심 있고 협력적이며 그 숲에 정착하고 에너지 효율적인 종들이 나타나 이전의 종들을 대체하고 성숙 단계의 숲 생태계를 구성하게 된다.

이 모델은 "창발과 대체"를 통한 변화 전략을 가리키고 있었다. 살아 있는 시스템의 작동 과정에서 발견한 "창발과 대체" 개념을 전략적 토대로 삼아, 로리 하멜Laury Hammel과 주디 윅스Judy Wicks는 그해에 "살아있는 지역경제를 위한 비즈니스 연맹Business Alliance for Local Living Economies, BALLE"을 설립했다. 하멜과 윅스는 기업의 합당한 목적은 생명과 공동체에 기여하는 것이라고 생각하면서 이 비전을 위해 열정적으로 활동하는 사업가다.

곧 미국과 캐나다 전역에서 지역경제 운동 단체들이 BALLE에 지부로 참여했다(더 많은 정보는 다음을 참고하라. http://www.livingeconomies.org/). BALLE의 지부는 지역에 뿌리를 두고 생명을 위해 작동하는 성숙한 경제를 일구기 위해 지역의 사업체와 비영리기구, 지역 정부의 역량을 강화하고 이들을 서로 연결하는 일에 헌신하고 있다. 뿌리를 내리지 않고 기회주의적이며 돈으로 추동되고 궁극적으로 자기파괴적인 기업 주도의 글로벌 경제를 대체할 잠재력을 가질 수 있도록 말이다. 나는 이 개념이 얼마나 강력하게 운동을 조직할 수 있는지 직접 보았고, 이 경험은 인류의 미래에 희망을 갖게 해주는 또 하나의 원천이 되었다.

저명한 경영학자이자 "긍정적인 미래 네트워크"의 창립자인 기포드 핀초Gifford Pinchot와 리바 핀초Libba Pinchot는 BALLE이 설립되었던 때에 베인브리지 경영대학원을 설립했다. 베인브리지 경영대학원은 기업인들이 진정으로 생명을 지원하는 기업 활동을 펼 수 있도록 역량과 감수성을 함양하기 위한 MBA 프로그램을 제공한다. 더 큰 목적은 경영학 교육 자체를 바꾸는 것이다. 베인브리지 경영대학원은 긍정적인 사회적, 환경적 결과를 일구는 것을 기업 운영의 핵심 목적으로 삼는 기업인을 양성하기 위해 기존의 경영대학원에서 가장 창조적인 교수들의 지혜를 모아 새로운 교과 과정을 개발하고 있다. 나는 2005년에 이곳 이사회에 합류했다. 그해에 「비즈니스위크」에 전체적으로 경영대학원 지원자가 크게 줄었다는 기사가 실렸는데, 베인브리지 경영대학원은 지원자가 세 배로 늘었다.

위대한 전환으로 가는 길

경제 제도의 전환은 인간의 미래에 결정적으로 중요하다. 하지만 나는 문화와 정치 역시 전환이 필요하다는 것을 깨달았다. 그리고 이와 관련해서도 전지구적인 논의의 장이 생겨나고 있으며 사람들이 만들어가고자 하는 세상이 어떤 세상인지에 대해 점점 더 많은 사람들 사이에 놀라운 합의가 생겨나고 있는 것을 목격할 수 있었다.

합의를 일깨우기

1980년대 말과 1990년대 초에 나는 비정부기구들이 주최하는 국제 컨퍼런스에 참여할 기회가 많았다. 이러한 컨퍼런스에서는 지역공동체와 지역민들이 자신의 자원에 대해 갖는 권리를 보장하는 데 우선순위를 두도록 개발 프로그램의 실행 양식을 근본적으로 바꾸어야 한다고 촉구하는 선언문이 발표되는 경우가 많았다. 특히 글로벌 남부 국가의 비정부기구들이 주최한 컨퍼런스에서 이러한 요구가 더욱 높았다. 그들이 외국의 원조 공여자나 전문가, 혹은 중앙의 당국자들에게 요구하는 것은 지역공동체의 평범한 사람들이 자신의 생계수단에 접할 수 있는 권리를 보장하고 존중하라는 것이 거의 전부였다.

이러한 시민 컨퍼런스들은 1992년 "국제 비정부기구 포럼International NGO Forum"으로 이어졌다. 이 포럼은 리우데자네이루에서 유엔환경개발회의UN Conference on Environment and Development, UNCED가 공식적으로 열리던 동안 나란히 개최되었으며, 거의 모든 국적, 인종, 종교, 사회 계층을 아우르는 1만 8000명의 시민이 모여 공동의 가치와 목표를 명시적으로 밝힌 시민 "조약"을 작성했다.

나는 리우에서 열린 NGO포럼에서 최종 선언문 작성에 참여하는 영예를 얻었다. 리우의 시민 포럼은 내게 영향을 미친 가장 중요한 사건 중 하나였으며, 막대한 다양성 속에서도 여기에 모인 사람들 모두가 그들이 만들고자 헌신하고 있는 정의롭고 지속가능하고 포용적이고 민주적인 세계에 대해 비슷한 비전과 비슷한 가치를 가지고 있음을 강렬히 깨닫게 된 계기이기도 했다.

이어서 전 세계 수백 곳의 단체와 수천 명의 개인이 참여하는 논의의 장을 조직하기 위해 민간 위원회가 꾸려졌고 이를 통해 전 세계적인 합의를 지어나가는 과정이 한층 더 진전되었다. 그리고 이는 "지구헌장"의 탄생으로 이어졌다. "상호의존성 선언Declaration of Interdependence"이라고도 불리는 지구헌장은 지구공동체의 네 가지 커다란 원칙을 천명하고 있다: 첫째, 생명 공동체를 존중하고 보호한다. 둘째, 생태적 온전성을 추구한다. 셋째, 사회 경제적 정의를 추구한다. 넷째, 민주주의, 비폭력, 평화를 추구한다.[6] 지구헌장은 우리가 서로에 대해, 또 살아있는 지구에 대해 가지고 있는 보편적인 책임의 선언이기도 하다. 영예롭게도 나는 2001년 9월 29일에 미국의 지구헌장 선포식에서 기조 연설을 맡게 되었다.

이러한 경험을 통해 나는 "깨달음의 과정"에 대해 더 잘 알게 되었다. 막대한 다양성 속에서도 모든 인간이 하나의 작은 행성에서 하나의 운명을 공유하고 살아가는 하나의 종이라는 현실을 우리가 어떻게 깨달아가는지, 그리고 우리가 서로에 대해, 또 우리 모두를 지탱해주는 전체 생명의 망에 대해 성숙한 책임을 받아들일 수 있으며 받아들여야만 한다는 것을 어떻게 깨달아가는지 말이다.

시대에 이름을 붙이기, 이야기를 바꾸기

"긍정적인 미래 네트워크"는 1999년부터 2004년까지 전문가들을 초청해 비공개 세미나 시리즈를 열었다. 다양한 사회운동 단체에서 변화를 일구고 있는 200명 가량의 리더들이 참여해, 공동의 목적을 짚어내고, 상호 신뢰에 기반한 관계를 일구고, 우리가 하는 일이 영성적인 속성과 연결되어 있음을 깨닫고, 새로운 연대를 촉진하기 위해, 깊이 있는 논의를 전개했다. 우리는 이 세미나의 이름을 "가능한 것들의 상태 The State of the Possible"라고 붙였다.[7]

불교학자이자 교육자인 조애나 메이시도 참여했는데, 우리는 메이시가 제시한 용어 "위대한 전환"이 우리 시대에 대해 우리가 느끼고 있는 감각, 즉 지금이 문명사적인 전환기라는 인식을 잘 포착하고 있다고 생각했다. 또한 모임 주최자 중 한 명인 허먼 기르Herman Gyr는 옛 것이 죽고 새 것이 탄생하는 모습을 서로 연결된 두 개의 소용돌이 이미지로 형상화했다. 소용돌이 하나는 스스로를 소진시키면서 안으로 향하고 있었고 다른 하나는 에너지와 잠재력이 커지면서 밖으로 확장되고 있었다. 메이시는 위대한 전환이 우리가 서로와, 그리고 생명을 가진 지구의 모든 존재와 영적으로 연결되어 있다는 깨달음에서 나오는 영적 혁명이라고 말했다.

또 다른 참가자인 필리핀의 시민운동 지도자이자 전략가 니카노 펄라스Nicanor Perlas는, 이 전환을 진전시키는 데서 시민사회가 갖는 강점은 진정한 문화적 가치가 갖게 마련인 도덕적인 힘에서 나온다는 단순한 진리를 깨닫게 해주었다. 펄라스 덕분에 나는 현재의 제도가 갖는 경제적, 정치적 지배력은 현실과 동떨어진 가치와 믿음으로 사람들 사이에 문화적 최면 상태를 지속시키는 능력에서 나온다는 사실을 알게 되었다. 가짜 문화의 최면을 깨뜨려서 진정성이 결여된 문화의 가치를 돈에 대한 사랑이 아니라 생명에 대한 사랑에 기반한 진정한 문화의 가치로 대체한다면, 사람들은 삶의 에너지를 그에 맞게 재조정할 것이고 생명을 지원하는 새 시대의 제도를 일구기 시작할 수 있을 것이다. 핵심은, 우리가 스스로를 규정하는 데 사용하는 "이야기"를 바꾸는 것이다. 물론 말이 쉽지 실제로 이루는 데는 어려움이 많겠지만, 나는 이것이 전략적으로 매우 강력한 통찰이라는 점을 계속해서 확인할 수 있었다.

제국의 유산을 직시하기

2002년 7월에 프랜과 나는 인도 출신의 세계적인 과학자, 저술가, 농민 지도자, 글로벌 평화와 정의 활동가이며 우리의 동료이자 친구인 반다나 시바Vandana Shiva를 베인브리지 아일랜드로 초대했다. 2001년 9월 11일 바로 이듬해의 여름이었다.

9.11 테러 공격이 있고서 불과 며칠 만에 미국 정부는 "테러에 대한 영구적인 전쟁"을 선포했고 시민적 자유를 후퇴시키기 시작했으며 문제를 제기하는 사람들에게 테러리스트 지지자라는 딱지를 붙였다. 미국의 선례를 따라 많은 다른 나라 지도자들도 냉큼 각자의 나라에서 저항을 억누르고 권력을 강화하는 일에 나섰다. 기업 주도의 세계화에 맞서서 일었던 저항의 목소리는 일시적으로 침묵 속에 빠져들었다.

반다나 시바가 베인브리지 아일랜드를 방문했을 무렵이면 미국 행정부는 아프가니스탄 공격을 시작한 뒤였고 이라크, 북한, 이란, 시리아, 리비아에 대해서도 선제 타격 가능성을 이야기하고 있었다. 저명한 정책 분석가들이 미국 제국의 장점과 미덕을 설파하고 있었고, 행정부 핵심 인사들이 고대 로마처럼 미국이 일방적인 군사 행동을 통해 "팍스 아메리카나"의 세계 질서를 강제해야 한다고 대놓고 언급한 문서들이 나돌았다.

베인브리지를 방문한 자리에서 반다나 시바는 민주주의를 잠식하기 위해 무역 협정을 오남용하는 데 맞서서 일어난 글로벌 시민사회 운동은 세계화에 대한 비판 담론이 그때 이미 널리 공감대를 얻고 있었기 때문에 가능했다는 사실을 상기시켜주었다. 우리 모두가 이런저런 방식으로 기업 중심 세계화에 대한 비판의 논지를 마련하는 데 기여한 경험이 있었다. 하지만 명시적인 군사적 지배가 자유와 민주주의에 대해 일으키는 더 크고 심각한 위협에 대해서는 아직 시민사회에 널리 합의되어 있는 논의의 틀이 존재하지 않았다. 반다나 시바와 나, 그리고 우리의 부탁으로 동참한 펄라스, 이렇게 세 사람은 토론용 논문인 「글로벌 시민사회: 우리 앞의 길Global Civil Society: The Path Ahead」을 공동으로 작

성했다.[8]

이 논문을 쓰면서 우리는 또 다른 동료인 문화역사학자 리안 아이슬러Riane Eisler의 연구에 주목하게 되었다. 아이슬러는 고전 반열에 오른 역작『성배와 칼The Chalice and the Blade』에서 인간 사회의 두 가지 조직 원리인 "지배자 모델"과 "파트너십 모델" 사이의 갈등을 긴 역사적 맥락 위에 놓고 이를 젠더 관점으로 분석함으로써, 정의, 평화, 환경을 위해 우리가 벌이고 있던 정치적 싸움이 훨씬 더 깊은 뿌리를 가지고 있음을 드러내주었다. 아이슬러의 시간 단위로 보면 내가 30년간 현장에서 목격했던 동학, 즉 창조적 잠재력을 억압하는 동학은 사실 지난 5000년간 가족부터 국제사회까지 인간 사회 조직의 모든 수준에서 계속되어온 패턴이었다. 아이슬러는 이 비극의 기원을 먼 과거에 남성성이 여성성을 종속시키고 지배자 원칙에 기반한 조직 양식이 파트너십 원칙에 기반한 조직 양식을 밀어내었던 과정에서 찾았다. 아이슬러의 연구가 우리의 투쟁과 어떻게 관련되는지 깨닫고 나니 우리가 다루고 있는 사안들이 생각보다 훨씬 더 깊은 역사적 뿌리를 가지고 있다는 사실이 명백해졌다. 이 깨달음이『위대한 전환』을 집필하는 계기가 되었다.

이 책의 목적은 우리가 살아가고 있는 이 독특한 시대의 가능성을 이해하기 위해 역사적 사실에 기반한 분석 틀을 제공함으로써 새로운 시대로의 경로를 그려볼 수 있게 돕는 것이다. 이러한 이해가 없다면 고쳐서는 될 일이 아니고 다른 것으로 대체되어야 하는 시스템의 문화와 제도를 헛되이 고치거나 보존하려 하면서 귀중한 시간과 자원을 계속 낭비하게 될 것이다.

이 책 전체에서 "제국"은 지배자 원칙에 기초해 조직된 인간 관계의 위계적 질서를 일컫는 용어로 사용했다. 제국의 정신은 지배층만을 위한 물질적 과잉을 추구하고, 죽음과 폭력의 지배자 권력을 영예화하며, 여성성의 원칙을 부인하고, 인간의 성숙한 잠재력을 실현하지 못하게 억누른다.

"지구공동체"는 파트너십 원칙으로 조직된 인간 관계의 민주적이고 평등한 질서를 일컫는다. 지구공동체의 정신은 모두를 위한 물질적 충분성을 추구하고, 생명과 사랑의 생성적 힘을 영예화하며, 여성성의 원칙과 남성성의 원칙 사이의 균형을 추구하고, 인간 본성에 내재된 성숙한 잠재력을 실현하도록 지원한다.

이 책의 내용을 여러분 각자의 경험과 지식에 비추어 적극적이고 비판적으로 읽어주시기 바란다. 또 관련된 사안들에 대해 친구나 동료들과 논의를 시작함으로써 전체적으로 토론의 장이 확대되는 데 참여해주신다면 기쁘겠다. 이 책을 권하는 것도 논의를 시작하는 한 가지 방법이 될 수 있을 것이고, 토론 모임도 조직해 볼 수도 있을 것이다. 토론 가이드 및 기타 참고자료는 다음 웹사이트에서 볼 수 있다(http://www.greatturning.org/). 인류의 경로를 다시 잡으려면, 침묵을 깨고, 고립을 끝내고, 이야기를 바꿔야 한다.

(책의 내용에 대해 저와 직접적으로 소통을 원하시는 분들께는, 개별적으로 모두 응답을 드릴 여력이 되지 않을 수 있음에 이 자리를 빌려 양해를 구합니다. 마음은 그렇지 않지만, 아쉽게도 개인적인 연락에는 답장을 드리기 어려움을 양지해주시기 바랍니다).

주장의 개요

인류는 극적이고 어쩌면 재앙적일 수도 있는 변화의 시기에 들어서고 있다. 이것은 우리 자신이 만들었으나 이제는 우리의 통제를 대체로 벗어난 요인들의 결과다. 하지만 이 위기를 인류가 가질 수 있는 더 높은 차원의 성숙과 잠재력을 향해 갈 기회로 삼고자 한다면, 우리가 현실적으로 가지고 있는 수단 안에서 긍정적인 변화는 충분히 가능하다.

우리가 도달할 결과가 무엇일지는 재앙적인 현 시기에 대한, 즉 현재의 원인과 앞으로의 가능성에 대한 우리의 인식을 규정할 "이야기"에 달려있을 것이다. 우리가 해야 할 작업의 가장 어렵고도 본질적인 부분은 우리의 "이야기"를 바꾸는 것이다.

성공한다면 미래 세대는 이 시기를 근본적인 전환을 일궈낸 "위대한 전환"의 시기라고 부를 것이다. 실패한다면 우리 시대는 "거대한 해체"의 비극적인 시기로 기억될 것이다.

제국의 세계에서 끝없이 벌어지는 전쟁, 음모, 속임수의 승자가 쓴 역사는 제국의 성취를 크게 과장하고 그것이 유발한 비용과 잃어버린 기회는 무시한다. 오늘날 세계의 제국적 지배 계층이 자신의 권력과 특권을 지키기 위해 취하는 행동은 필수적인 사회 시스템과 환경 시스템의 붕괴를 가속화하고 있으며 인간 문명의 생존, 어쩌면 인간 종 자체의 생존까지도 위협하고 있다.

우리는 5000년간 이어져온 제국의 시대를 마침내 끝낼 수 있는 수단을 가지고 있다. 제국은 인간 사회 조직의 모든 수준에서 지배-종속의 위계를 재생산해왔다. 하지만 전지구적인 문화적, 영적 각성으로부터 민주적인 파트너십 모델의 지구공동체를 탄생시킬 추동력이 생겨나고 있다. 이러한 각성은 희망의 이유를 제공해준다.

어떤 이들은 제국에서 나타나는 폭력과 탐욕이 인간 본성의 핵심적인 특징이며 권력과 부를 놓고 벌이는 가차 없는 경쟁은 불가피하다고 한다. 따라서 질서가 존재하려면 인간의 충동이 중앙의 권한이나 시장에서의 경쟁으로 규율되어야 한다고 말한다. 그런데 중앙의 권한과 시장 경쟁 모두 권력의 위계를 만들어 다수의 인간을 비참한 상황에 처하게 하고 인류의 창조적 잠재력이 실현되지 못하게 억압한다.

하지만 진실은 이보다 더 복잡하고 더 희망적이다. 인간 본성은 폭력과 탐욕부터 사랑과 봉사까지 매우 폭넓은 스펙트럼의 가능성을 담고 있다. 현재의 인간 사회는 사랑과 봉사의 고차원적인 본성을 발현하지 못하고 있지만, 이것은 인간 본성에 내재된 결함 때문이 아니라 제국의 지배-종속 관계가 그러한 잠재력의 발달과 표현을 적극적으로 억누르고 있기 때문이다. 이제 우리는 제국에 단호히 "노"라고 말하고 성숙한 어른으로서의 책임을 받아들여야 할 절박한 필요와 그럴 수 있는 기회 모두를 가지고 있다.

망가지고 있는 사회 시스템과 환경 시스템이 우리 앞에 절박한 필요를 던져놓고 있다면, 교통과 통신에서 벌어진 전지구적인 혁명이 기회를 만들어내고 있다. 그리고 전 세계에서 제국의 거짓 약속에 등을 돌리고 나오기로 선택한 사람들, 문화와 경제와 정치를 지배-종속 관계에서 파트너십 관계로 전환하는 일에 참여하기로 선택한 사람들로부터 그 가능성을 실현시킬 리더십이 생겨나고 있다.

문화적 전환: 위대한 전환은 문화적, 영적 각성에서 시작된다. 경제와 정치의 전환은 문화적 가치가 돈과 물질적 과잉에서 생명과 영적인 충족으로, 지배-종속 관계에서 파트너십 관계로, 인간의 한계에 대한

믿음에서 가능성에 대한 믿음으로, 차이에 대한 두려움에서 다양성에 대한 환호로 전환되어야만 가능하다.

경제적 전환: 문화적 전환을 통해 가치가 이동하면 우리의 후생은 요트 크기나 은행 잔고가 아니라 가족, 공동체, 자연 환경의 건강으로 측정해야 할 것이다. 그러면 우리는 꼭대기층 사람들을 더욱 위로 끌어올리는 경제 정책에서 바닥층 사람들을 끌어올리는 경제 정책으로, 경제적 귀족정에서 경제적 민주주의로, 배타적인 축적에서 공유와 나눔으로, 소유할 권리에서 보살피고 보호할 책임으로 이동하게 될 것이다.

정치적 전환: 경제적 전환은 화폐의 민주주의에서 사람의 민주주의로, 수동적인 시민에서 적극적인 시민으로, 개인의 이득을 위한 경쟁에서 상호 이득을 위한 협력으로, 응보적 정의에서 회복적 정의로, 강압을 통한 사회 질서에서 상호 책임과 책무를 통한 사회 질서로 전환하는 데 꼭 필요한 조건들을 창출하게 될 것이다.

비판적인 독자들 중에는 "코튼은 모든 것을 바꾸려 한다"고 지적할 사람도 있을 것이다. 하지만 그러한 비판은 핵심을 잘못 짚은 것이다. 모든 것은 바뀔 것이다. 문제는 그 변화가 점점 더 파괴적인 방식으로 이뤄지게 둘 것이냐 아니면 깊어지는 위기를 우리 시대의 고유한 기회로 삼을 것이냐다. 우리는 우리의 창조적인 잠재력을 전에 없이 대대적으로 풀어내야 하며 그 잠재력을 우리의 문화와 제도를 민주화하고 인간과 인간 사이에, 또 인간과 지구 사이에 균형을 이루는 데 사용해야 한다. 아마도 이것은 인간 종이 직면해온 창조성의 과제 중 가장 커다란 도전일 것이다. 성공한다는 것이 허황된 꿈처럼 보일 수도 있다. 하지만 지구 전역에서 이미 추동력이 생겨나고 있음을 생각한다면 더 이상 그렇게 보이지 않을 것이다.

이 책의 구성

이 책에서 다루는 사안은 전지구적이고 보편적이지만 나는 분석의 초점을 미국에 두기로 했다. 미국은 위대한 전환의 절박한 과제와 관련해 가장 큰 어려움에 직면해있는 나라다. 자신의 여력을 이렇게나 많이 넘어서서 지출하는 데 버릇이 들어있는 나라는 없다. 자신이 특별한 미덕과 권리를 가지고 있다는 생각으로 이렇게나 가득 차 있는 나라도 없다. 정치 지도층이 전지구적인 현실에서 이렇게나 동떨어져있고 자신의 행동이 일으킨 결과에 대해 이렇게나 책임을 지지 않으려 하는 나라도 없다. 미국의 전지구적인 영향력을 생각하면, 현재의 절박한 과제에 미국이 제국의 논리로 대응하느냐 지구공동체의 논리로 대응하느냐는 모든 나라에 막대한 영향을 미칠 것이다. 무엇보다, 미국은 내가 태어난 나라이며 따라서 내가 가장 잘 알고 가장 사랑하며 세계에서의 역할에 대해 내가 가장 크게 책임감을 느끼는 나라다.

이 책은 총 5부로 구성되어있다. 제1부 "우리는 미래를 선택할 수 있다"에서는 우리 앞에 놓인 선택지를 탐색하면서 우리가 직면한 절박한 과제와 우리에게 주어진 고유한 기회의 속성 및 시사점을 살펴본다.

제2부 "우리가 선택해온 길: 제국의 슬픔"은 생명을 존중하고 여성성의 생성적인 힘을 찬양했던 초창기 인류 사회가 폭력과 지배를 추구

하는 사회로 전환하게 된 조건을 살펴본다. 또한 그후 5000년간 이어진 제국의 경험을 일별함으로써 제국의 자기복제적인 사회 동학을 살펴보고 현대 시기에 제국이 선호하는 도구가 군주정의 제도에서 글로벌 경제 시스템의 제도로 달라졌음을 분석한다. 이어서, 과도하게 이상화되곤 하는 제국의 성취가 어떤 비용을 수반했는지 살펴보고, 끝으로 고대 아테네에 있었던 대중 민주주의의 실험과 아테네의 대표적인 철학자들이 개진한 사상에서 시사점을 찾아본다.

제3부 "아메리카, 미완의 프로젝트"에서는 다시 미국으로 돌아와서 미국이 직면한 어려움의 역사적 맥락을 살펴본다. 미국의 제도와 국제 사회에서 미국이 관철하려는 의도에 대해 미국인들이 가지고 있는 위험한 안주의 신화를 깨기 위해, 미국이 우리[미국인]가 생각하는 민주주의 사회였던 적이 결코 없으며 언제나 미국은 제국적 야망을 추구한 나라였음을 보여줄 것이다. 또한 미국 사람들에게 울리는 일종의 경종으로서, 유독 부패하고 무능했던 행정부의 행위를 상세히 밝힘으로써 미국인들이 역사적 현실을 직시하고 미국의 건국 이상인 민주주의 사회를 정말로 일구기 위해 아래로부터의 조직화에 나서도록 촉구할 것이다.

제4부 "위대한 전환"은 제국과 지구공동체 각각의 기저에 깔린 가치, 가정, 이야기를 대조함으로써 위대한 전환에 필요한 과업의 범위를 개괄할 것이다. 제국 쪽에는 부의 집중과 위계적 지배를 정당화하는 체제가 있고 지구공동체 쪽에는 파트너십, 나눔, 상호 학습을 통한 네트워크의 체제가 있다. 나는 과학과 종교 모두의 더 깊은 통찰을 바탕으로 학습과 파트너십이 생명뿐 아니라 창조 전체에 필수적인 요소임을 보여줄 것이다.

제5부 "지구공동체를 탄생시키기"에서는 지구공동체의 새로운 시대를 불러오기 위한 전략을 개괄적으로 살펴본다. 나는 풀뿌리 리더십에 기반한 시민운동의 자기조직적인 과정이 민중의 손에 권력을 주고 인간 종의 창조적인 잠재력을 해방시킬 문화적, 경제적, 정치적 민주화의 의제들을 진전시킬 수 있다고 주장할 것이다. 또한 가족과 공동체의 가치와 아동에 대한 보편적인 관심에서 이러한 운동이 충분히 "정치적 다수"를 형성할 수 있는 기반을 가지고 있음을 보여줄 것이다.

위대한 전환

우리는 미래를
선택할 수 있다

미래를 예상하고 선택을 내리는 역량은 인간 종의 고유한 특징이다. 커뮤니케이션 테크놀로지의 전지구적 확산과 점점 분명해지는 지구 환경의 한계가 결합해, 인류로서 우리가 집합적으로, 또 목적의식적으로 이 역량을 사용해야 할 절박한 필요와 그럴 수 있는 기회를 가져왔다.

우리 앞의 선택지에는 인간사를 조직하는 두 가지 대조적인 모델이 있다. 각각을 제국과 지구공동체라고 부르기로 하자. 제국은 지배-종속에 의한 조직화를 특징으로 하며, 지난 5000년간 가장 강력하고 가장 큰 영향력을 행사했던 사회들의 대표적인 특징이기도 하다. 제국은 사회가 생산한 잉여의 상당 부분을 지배층의 권력과 지배층 사이의 경쟁 시스템을 유지하는 데 할당한다. 인종차별, 성차별, 계급차별은 제국의 만성적인 특징이다. 반면, 지구공동체는 파트너십에 기초한 조직화를 특징으로 하며, 인간에게서 창조적 협업의 잠재력을 풀어놓고 사회가 생산한 잉여를 전체의 생성적 잠재력을 높이는 일에 할당한다.

제국을 옹호하는 사람들은 인간이 본성상 자기중심적이고 종국에는 자기파괴로 귀결될 나르시시즘에서 벗어날 수 없는 존재라고 말한다. 이들이 선호하는 조직 모델은 인간 의식이 더 높은 차원으로 고양되는 것을 억압하며 그럼으로써 "자기실현적 예언"을 일으킨다. 대조적으로, 지구공동체의 조직 모델은 책임감을 가지고 서로와 전체에 대해 봉사하는 역량, 제국이 부정하는 이러한 고차원의 인간 역량이 계발되고 표현될 수 있도록 지원한다. 인류 역사의 현 시점에 독특하게 나타난 절박한 과제와 커다란 기회의 수렴은 인류로서 우리가 삶에서의 실천을 통해 제국의 방식을 뒤로 하고 지구공동체의 새로운 시대를 탄생시키기로 선택할 수 있는 무대를 제공한다.

제국과 지구공동체라는
선택지

○

에너지는 언제나 둘 중 하나로 흐른다. 하나는 희망, 공동체, 사랑, 너그러움, 상호적인 인정과 감사, 영적인 생명력으로 흐르는 것이고, 다른 하나는 절망, 냉소, 충분치 않다는 두려움, 타인의 의도에 대한 강박적 공포, 통제를 위한 야망으로 흐르는 것이다.[1]

마이클 러너*Michael Lerner*

모든 사회는 지배-종속 모델의 패턴을 따라 구성되거나(이 모델에서 위계는 무력, 혹은 무력을 행사하겠다는 위협을 통해 유지된다) 파트너십 모델의 패턴을 따라 구성되며 그 사이에 정도에 따라 여러 형태가 존재한다.[2]

리안 아이슬러*Riane Eisler*

니카라과의 중앙아메리카 경영대학원에서 강의하던 1970년대 초에 나는 코스타리카에 있는 소 목장을 몇 차례 방문한 적이 있다. 그곳을 "아시엔다 산타 테레사"라고 부르기로 하자. 간단하지만 매우 설득력 있는 이곳의 이야기는 국가 간, 국가 내, 인종 간, 성별 간, 가족 내, 개인 간의 관계를 막론하고 사회 조직의 모든 수준에서 볼 수 있는 "실현되지 못한 인간 가능성의 비극"을 단적으로 보여준다. 이름들은 가명이지만 이야기는 실화다.[3]

아시엔다 산타 테레사

1970년에 후안 리카르도가 아시엔다 산타 테레사의 운영을 맡게 되었을 때, 이곳은 땅, 길, 울타리, 건물 할 것 없이 유지 보수가 제대로 되어 있지 않았다. 소들은 필수 미네랄 보충제와 백신이 부족해서 건강 상태가 좋지 않았다. 소를 치는 일꾼인 "사바네로"들은 대체로 미혼 남성이었는데, 페인트도 칠해져있지 않고 무너질 듯 보이는 방 하나 짜리 합숙소의 널빤지 위에서 잠을 잤다. 단순노동을 하는 잡일꾼인 "페온"들도 비슷하게 생긴 별도의 건물에 묶었는데 이들은 널빤지조차 없이 바닥에서 잤다. 사바네로와 페온 모두 약간의 임금과 쌀, 콩, 라드, 커피, 그리고 때때로 토르티야용 옥수숫가루를 지급받았다. 당시에 그 지역에서 표준적이던 보수와 노동 조건이었다.

사바네로들은 서로 친인척인 경우가 많았고 매우 조밀한 집단을 이루고 있었다. 대개 사바네로가 페온보다 깔끔하고 숙소 관리에도 더 신경을 썼다. 그렇다 해도 개인 위생은 허술했고 대체로 건강이 좋지 않았다. 사바네로들은 정직하고 일을 잘 한다는 평판을 가지고 있었으며 목장주들로부터 마지못해서나마 어느 정도 존중을 받았다. 먼 목초지에서 소들을 돌보려면 사바네로에게 의존해야 했기 때문이다.

이 지역 노동자 대부분이 그랬듯이 아시엔다 산타 테레사의 사바네로들은 자신의 도구를 스스로 장만해야 했다. 도구의 유지 보수 상태는 좋지 않았다. 말에 씌우는 굴레에서는 재갈이 빠져 있기 일쑤였고 밧줄은 온통 낡았으며 폭우가 잦은 지역인데도 비옷이 없었다. 말은 목장에서 제공했는데 사바네로들은 아주 최소한으로만 말을 돌보았다. 말굽을 다듬는 법도 몰랐고 말 가죽에서 진드기를 제거할 생각도 하지 않았다.

페온은 울타리를 세우고 길을 고치고 땅을 치우고 가축 우리와 헛간을 짓는 일 등을 했다. 어떤 이들은 상당한 기술과 숙련을 가지고 있었다. 하지만 다들 페온은 구제불능의 도둑이어서 엄격한 관리감독이 필요하다고 생각했다. 또 그들은 어떤 지시를 내려도 고분고분 따라야 한다고 여겨졌다. 3개월 이상 고용이 지속된 경우에만 노동법이 적용되었기 때문에 많은 목장주가 페온을 3개월 이상 고용하지 않았다. 사바네로들은 그들 생각에 더럽고 규율이 잡혀 있지 않고 무책임하고 무지해 보이는 페온을 무시하고 업신여겼고, 페온에게 임의로 지시를 내릴 권한이 자신에게 있다고 생각했다.

리카르도는 상당수의 페온이 근면하고 시급으로 보수를 받기 때문에 자발적으로 추가 근무를 많이 해서, 월급으로 보수를 받는 사바네로보다 돈을 더 버는 경우도 있다는 것을 알고 있었다. 하지만 페온은 완전히 불결한 환경에서 살고 있었고 본인의 후생과 안락에 직접 영향을 미치는 문제에 대해서조차 주도적으로 무언가를 하려 하지 않았다. 하루 일이 끝나면 별도의 지시가 없는 한 그 자리에 도구를 그냥 내려놓고 숙소로 돌아갔다가 다음 날 나와 지시를 기다렸다. 소가 울타리 구멍으로 나가는 것을 본다 해도 소를 데려오라는 지시를 받지 않는 한 멀뚱히 보고만 있을 게 틀림없었다. 그리고 좀도둑질은 그치지 않는 골칫거리였다.

리카르도는 목장주와 노동자 모두가 "실현되지 못한 가능성"의 문제를 겪고 있다고 생각했다. 그는 노동자들을 책임 있는 성인으로 대하면 그들도 책임 있는 성인답게 반응하리라고 보았고 이 가설을 테스트하는 일에 착수했다. 우선 건강 상태를 개선하기 위해 비옷과 매트리스를 지급했고 달걀, 고기, 야채, 치즈를 식사에 추가했다. 그리고 사바네로의 임금은 25-30%, 페온의 시작 임금은 20%씩 인상했으며, 도구를 잃어버리면 비용을 임금에서 차감하기로 했다.

또한 리카르도는 사바네로 중 한 명을 비공식 리더로 정해 임금을 추가로 올려주고 손목시계를 지급했다. 그리고 각 사바네로에게 할당하던 말을 그 지역에서 일반적이던 10-15마리에서 3마리로 줄였다. 대신 새 안장을 지급했고 말 가죽에서 진드기를 제거하는 법과 말굽 다듬는 법을 가르쳤다. 각자가 관리하는 말의 숫자가 줄면서 처음에는 사바네로들이 지위에 타격을 입었지만 곧 그 지역에서 가장 좋은 말을 가지고 있다는 자부심으로 바뀌었다.

리카르도는 페온에게도 비슷한 접근 방법을 도입했다. 단순히 아침에 모이면 일을 지시하는 것이 아니라 더 먼저 처리해야 할 일이 무엇이라고 생각하는지(가령 밭을 먼저 치워야 할지, 푯대 세울 땅을 먼저 파야 할지 등) 의견을 물었다. 처음에는 다들 혼란스러워했다. 한 명은 너무 많은 의사결정을 요구한다고 불평하며 그만두었다. 어떤 이들은 의견을 말하는 것에 익숙해지자 과도하게 논쟁적이 되었고 리카르도가 보기에는 명백히 더 시급한 일이 있는데도 지금 하는 일을 끝내지 않으면 새 업무를 시작할 수 없다고 주장하곤 했다. 리카르도는 이것이 전환기에 나타나는 정상적이고 꼭 거쳐야 하는 과정이라고 생각했다.

내가 그 목장을 마지막으로 찾았을 때는 리카르도가 운영을 맡은 지 2년이 된 시점이었는데, 굉장한 전환이 진전되고 있었다. 사바네로들은 규칙적으로 소의 기생충을 관리하고 백신을 놓고 동물이 핥을 소금을 제공하고 새끼를 뱄는지 확인하고 교배와 출산을 관리하고 있었다.

리카르도는 사바네로와 페온 각자에게 목장의 먼 구역을 관리하는 책임을 맡겼다(사바네로는 해당 구역에서 소 치는 일을 담당했고 페온은 해당 구역에서 울타리와 초지 관리를 담당했다). 결혼한 노동자에게는 시멘트 건물로 된 가족용 숙사를 별도로 제공해서 자기 구역에서 가족과 함께 살 수 있게 했다. 또 가능할 경우 페온의 지위도 트랙터 운전사나 목수 등으로 높여주었다. 페온 중 한 명은 중장비 유지관리를 책임지는 사람이 되었다.

2년 사이에, 노동자를 늘리지 않고도 소 마릿수가 700마리에서 1,300마리로 늘었다. 분만율도 33%에서 62%로 증가했고 리카르도는 다음 해 말이면 85%가 될 것으로 예상하고 있었다.

가능성을 보여주기

지배와 멸시에 기반한 관계를 파트너십과 상호 존중에 기반한 관계로 대체함으로써 리카르도는 목장의 자연적인 생산 시스템과 억압되어 있던 노동자들의 잠재력을 깨울 수 있었고, 소와 말도 포함한 목장 구성원 모두의 삶과 목장 전체의 삶을 증진시킬 수 있었다.

모멸적이고 비하적인 생활에 오래도록 조건화되어 있었기 때문에 사바네로와 페온이 리카르도의 새 접근 방식에 반응하는 데는 시간이 걸렸다. 어떤 이들은 자신에게 숙련과 자기주도력을 갖출 잠재력이 있다는 사실을 받아들이는 것 자체가 감당하기 힘들어서 그만두고 떠났다. 하지만 다른 이들은 용기를 내어 리카르도가 제시한 기회를 붙잡았다.

나는 인간의 본성을 개인주의, 이기심, 탐욕으로만 설명하려 하는 사람들이 꼭 알아야 할 중요한 교훈이 이 이야기에 담겨있다고 생각한다. 누군가가 리카르도가 처음 도착한 시점에 이곳 노동자들을 보았다면 게으르고 주도적으로 일할 역량이 없는 것이 이곳 노동자들의 본성이라고 판단했을 것이다. 누군가가 3년 뒤에 이곳에 와 보았다면 근면과 자기주도성이 이곳 노동자들의 본성이라고 생각했을 것이다. 타당한 관찰이지만, 두 결론 모두 노동자들의 "가능성"을 이야기하는 것이지 그들의 "본성"을 이야기하는 것은 아니다. "본성"에 대해 말하자면, 환경에 따라 적응하는 역량이 매우 뛰어나다는 것이 인간의 본성이다.

이러한 소규모 실험 이야기는 개발 분야에서 거의 클리셰처럼 흔한 이야기다. 사려 깊고 경험이 풍부한 관리자들이 수많은 경우에 수많은 조건에서 이러한 실험으로 긍정적인 결과를 성취했다. "제국의 조직 원리에서 지구공동체의 조직 원리로 전환하라. 그러면 오래도록 억압되었던 창조적 에너지가 흘러나와 막대한 잠재력이 달성될 것이다." 하지만 이러한 작은 실험의 결과가 지속성까지 달성하는 경우는 거의 없다. 왜 그런지는 제국의 지배-종속 원칙으로 조직된 세계에 대해 중요한 사실을 알려준다.

위의 아시엔다 산타 테레사 이야기에 아직 언급되지 않은 더 큰 진실이 있다. 진짜 권력이 사바네로와 페온이 아니라 멀리 미국에 사는 목장 소유주에게 있었다는 사실이다. 심지어 운영자인 리카르도도 실질적인 권력을 가지고 있지 않았다.

소유주는 미국에 사는 세 명의 부유한 한량이었다. 그들은 이 목장을 절세 수단으로 사용했고, 목장에 있는 거대하고 우아한 저택은 가끔씩 개인 비행기로 미국 여자친구들을 데리고 와서 세금 공제가 되는 휴가를 즐기는 장소로 쓰였다. 리카르도도 유럽계 미국인이었다. 리카르도는 그의 일과 목장 노동자들에게 일으킨 변화를 자랑스러워했지만, 그는 소유주가 아니었고 언젠가는 미국에 돌아가야 할 터였다. 그가 일구어낸 혁신이 무엇이건 간에 그곳에서는 여전히 지배-종속 사회의 법률적 관계가 작동하고 있었다.

이를테면, 리카르도는 언제든 노동자를 해고할 수 있는 권한을 가지고 있었고 노동자들은 이에 대해 별다른 방어 수단이 없었다. 마찬가지로 목장 소유주는 원한다면 언제든 리카르도를 해고하고 옛 방식으로 되돌릴 수 있었다. 게다가 리카르도와 노동자들이 추가로 일궈낸 이윤은 이곳에 머물지 않는 부재 소유주에게 흘러갔다. 미국에 사는 소유주는 그 목장이 수익성 있는 사업체로 거듭나는 데 아무런 한 일이 없는데도 말이다. 그리고 그들에게는 이곳의 혁신으로 얻은 추가적인 이윤이 어쩌다 생긴 소소한 횡재일 뿐이었다.

따라서 이 사례는 인간 가능성의 방대한 범위를 잘 보여주는 사례이긴 하지만 조직 구조의 맥락에서 보면 제국적인 글로벌 질서의 불의를 잘 보여주는 사례이기도 하다. 그렇더라도, 언젠가 실제로 노동을 하는 사람들이 "노동자-소유주"가 되어서 자기 운명의 진정한 주인이 되는 가능성을 상상해볼 수는 있다.

나는 아시엔다 산타 테레사 이야기가 "지배하는 자"와 "종속되고 배제되고 주변화되는 자"로 나누어진 세계의 인간 조건을 말해주는 우화라고 생각한다. 여기에 "실현되지 못하고 있었던 가능성"을 포개어 생각해보면, 오늘날 우리가 알고 있는 인간 조건이 우리가 스스로에게 저지른 비극적인 범죄임을 분명히 깨닫게 된다.

또한 이 이야기에서 현실 정치와 관련된 중요한 교훈도 찾을 수 있다. 구성원 각자가 인간으로서의 잠재력을 온전히 실현하도록 지원하는 사회를 만드는 것은 딱히 진보적이거나 딱히 보수적인 대의가 아니다. 리카르도의 접근은 진보의 가치와 보수의 가치 모두를 존중하고 있다. 그는 개인의 주도성과 성취를 북돋우는 동시에 공동체와 상호 간의 책임에 대한 감수성도 고양했다. 목장의 수익과 생산성을 높이는 동시에 목장이 훨씬 더 평등하고 민주적이고 생명력을 갖게 만들었다. 리카르도의 혁신은 자유와 규율, 그리고 자신을 위한 개인의 책임과 전체를 위한 집단의 책임을 모두 증진했다.

다른 이들을 능가하려는 경쟁도 많이 벌어졌지만 더 진정한 의미에서의 협업도 많이 벌어졌다. 리카르도는 이데올로기를 추구하지도 않았고 본인 개인의 권력을 추구하지도 않았다. 그는 인간의 가능성에 대한 성숙한 비전을 추구했고 사람과 동식물 모두를 포함하는 살아있는 생명 공동체가 가져다줄 이득을 추구했다. 그 과정에서 리카르도는 자신의 인간성 또한 확인하고 표현할 수 있었다.

결정적인 선택

소유권 구조상의 한계를 잠시 논외로 하면, 아시엔다 산타 테레사의 사례는 인간 사회를 조직하는 두 가지의 기본 모델을 보여준다. 하나는 고전적인 지배 위계 모델로, 탑다운으로 지시를 내리는 방식이다. 다른 하나는 이와 매우 다르게 팀워크와 자기주도를 강조하는 방식이다. 문화역사학자 리안 아이슬러는 이를 각각 *지배자* 모델과 *파트너십* 모델이라고 불렀다.[4] 전자는 인간의 창조적인 자기주도력과 협업 능력, 전체를 위해 자발적으로 봉사할 수 있는 능력을 부인하고 억누르는 반면, 후자는 이러한 역량을 육성하고 환영한다. 각 모델은 각자의 "자기실현적 예언"을 만들며, 아시엔다 산타 테레사 사례가 보여주듯이 이는 매우 놀라운 차이로 이어질 수 있다.

이 책 전반에서 제국과 지구공동체라는 용어는 이 대조적인 두 가지 조직 모델을 일컫는 일반 명칭으로 사용했다. 각각은 그것을 지탱하는 문화적 가치, 제도적 형태, 정당화 내러티브를 갖는다. 인간사의 복잡한 세계에서 두 모델 모두 순수한 형태로는 존재하지 않으므로 제국과 지구동동체를 서로 경합하는 두 개의 경향이라고 생각하면 좋을 것이다.

표 1에 각각의 핵심 특징을 요약했다. 두 모델의 대조적인 속성과 결과를 인식한다면 우리는 문화적, 경제적, 정치적 선택을 내릴 때마다 그것이 무엇에 기여할지에 대해 더 의식적이 될 수 있을 것이다.

인간 공동체와 그것을 지탱해주는 자연 공동체 사이의 관계가 인류의 미래에 몹시 중요하다는 사실을 강조하기 위해 "공동체"보다 "지구공동체"라는 표현을 사용했다. 지구공동체라는 표현은 모든 종교, 문화, 인종, 언어, 국적을 아우르는 수백 개의 단체와 수천 명의 사람들이 오랜 협업을 통해 만든 지구헌장("상호의존성과 보편적 책임에 대한 선언 Declaration of Interdependence and Universal Responsibility"이라고도 불린다)에서 빌려왔다.[5]

표 1 우리 앞의 선택: 제국이냐 지구공동체냐

제국	지구공동체
• 생명은 적대적이고 경쟁적이다	• 생명은 협력적이고 지원적이다
• 인간은 오류가 있고 위험한 존재다	• 인간은 많은 가능성을 가지고 있다
• 지배 위계에 의한 질서	• 파트너십에 의한 질서
• "경쟁하거나 죽거나"의 시스템	• 협력하고 공생하는 시스템
• 권력 지향	• 생명 지향
• 자신의 권리를 옹호	• 모두의 권리를 옹호
• 남성성이 지배	• 여성성과 남성성의 균형

경합하는 내러티브들

제국과 지구공동체는 극명하게 대조적인 세계관에서 나온다.[6] 제국의 내러티브는 지배자의 위치를 차지하기 위해 증오, 배제, 경쟁, 지배, 폭력을 행사하는 인간의 역량을 강조한다. 이 내러티브는 인간이 책임 있는 자기주도력을 발휘할 수 없으며 사회 질서는 강압적인 수단을 통해 강제되어야 한다고 가정한다. 반면, 지구공동체의 내러티브는 돌봄, 공감, 협력, 파트너십, 그리고 생명을 위한 공동체를 일굴 수 있는 인간의 역량을 강조한다. 이 내러티브는 인간에게 자기주도력과 스스로 조직화해나가는 능력이 있으며 이를 통해 급진적으로 민주적인 사회를 일굴 수 있다고 가정한다. 두 내러티브가 상정하는 인간의 역량 모두 수많은 사례에서 입증되었다. 이 두 내러티브는 우리 모두가 가지고 있는 심리적 긴장의 두 측면을 나타낸다. 하나는 우리를 분열시키고 두려움과 (종종 폭력적인) 경쟁으로 이끄는 요인에 초점을 둔다. 다른 하나는 우리를 통합시키고 신뢰와 협업으로 이끄는 요인에 초점을 둔다.

서로 경합하는 이 두 가지 경향은, 위험에 부닥쳤을 때 서로를 보호하기 위해 주로 연대하는 여성성의 성향과 주로 "도망가거나 맞서 싸우거나"의 결정을 하는 남성성의 성향 사이의 긴장으로 나타나기도 한다. 하지만 특정한 개인이나 사회가 어느 한 쪽 성향을 상대적으로 더 많이 발현할 수는 있어도 모든 개인과 사회는 두 경향을 모두 가지고 있다. 이 사실은 인간 경험의 방대한 다양성을 설명해준다. 사회가 건강하게 기능하는지는 두 경향이 균형을 유지하느냐에 달려있다. 남성성이 지배해온 5000년간의 제국의 역사는 두 경향 사이의 불균형이 낳은 비극적인 결과를 보여준다.

경합하는 두 내러티브는 문화마다 신에게 어떤 속성을 부여하는지에서도 엿볼 수 있다. 한 쪽 극단에서는 노여움에 종종 휩싸이는 제국의 신이 배타적인 충성을 요구하고, 하나의 민족을 다른 민족보다 선호하며, 자신의 피조물에서 멀리 떨어져 존재하면서 자신이 정한 지상의 대리인을 통해 피조물을 통치하고, 자신을 믿지 않는 자와 적에게 끔찍한 보복을 가한다. 다른 쪽 극단에서는 모두에게 사랑을 베푸는 지구공동체의 신이 성별을 초월해 존재하는 살아있는 영혼으로서 만물에 내재하며 창조의 모든 면에서 스스로를 발현한다.

사랑과 두려움 모두 중요한 인간 본성이며 우리의 온전한 발달에 꼭 필요하다. 사랑은 응집을 가능하게 해주는 영적인 요인으로, 우리가 생명의 창조적인 가능성에 마음을 열게 해준다. 두려움은 실질적인 위험에 대해 경고하고 관심을 환기시켜서 우리가 생존에 꼭 필요한 점들을 간과하지 않게 해준다. 그러나 두려움은 위험으로부터 보호해주는 방어적인 힘이기도 하지만, (심지어는 사랑하는 대상에 대해서까지) 매우 폭력적이 될 수 있는 역량을 일깨우는 힘이기도 하다. 사랑과 두려움의 긴장을 어떻게 해소하는가는 우리가 가게 될 경로와 우리의 정치에 커다란 영향을 미칠 것이다. 지구공동체의 핵심인 평등한 시민적 참여와 급진적 민주주의는 상호신뢰, 책임, 돌봄을 중심으로 하는 성숙한 감수성에 달려있다.

제국에서의 관계

제국은 권위주의를 향한 충동에 표현형을 제공하며 아이슬러가 말한 *지배자* 권력을 추구하려는 동기에 의해 조직되는 것이 특징이다. 지배자 권력은 강압적인 수단으로 취하고 통제하고 파괴하는 권력이다. 제국은 사회 조직의 모든 관계를 권력, 통제, 지위, 특권의 위계에 따라 조직한다. 여기에서 지속적인 초점은 아래에 있는 수많은 사람으로부터 권력을 찬탈하고 독점해 더 많은 권력을 획득하는 데 놓이며, 그 과정에서 종종 전체에 막대한 비용을 일으킨다.[7] 많은 문화권에서 남성들은 지배자 권력의 육성에 특화하는 방향으로 사회화되어왔다.

제국의 문화적, 제도적 시스템은 지배 계층이 자원을 독점하도록 지원한다. 그리고 지배 계층의 삶은 지배 위계의 꼭대기 자리를 두고 벌이는 경쟁으로 소모된다. 권력 투쟁이 그치지 않고 여기에는 종종 배반이 따르기 마련이므로, 인간 관계는 상당한 불신, 두려움, 표리부동의 특성을 띠게 된다. 두려움은 제국의 친구다. 확실성과 통제, 그리고 구조화된 관계를 원하는 심리적 욕구를 만들어내기 때문이다. 이는 아래쪽 사람들이 입을 다물고 따르는 쪽을 택하도록 유도한다.

제국은 꼭대기쪽 사람들의 자유와 권리를 확대하며 아래쪽 사람들의 자유와 권리는 부인한다. 제국적 논리에서는, 가장 영리하고 강인한 자가 수단과 방법을 가리지 않고 권력을 쟁취해 혼란스러운 세상에 평화와 질서를 부여하는 것이 그의 권리이자 의무이며 모든 이의 이해관계에도 부합하는 일이다. 이러한 내러티브를 받아들이면, 권력자는 자신이 그러한 역할을 수행하므로 마땅히 더 많은 권력과 부를 가질 자격이 있다고 생각하게 된다. 이러한 정당화의 문화는 강력한 승자의 미덕을 찬미하고 불운한 패자가 처하게 되는 여건에 대해서는 개인적인 성품의 결함이나 무능을 탓한다. 또한 강력한 지배 계층이 통치하는 것 이외의 대안은 혼란뿐이라는 메시지를 전파하는데, 이 메시지는 신뢰, 공감, 협력은 멍청이 아니면 겁쟁이들이나 하는 말이라는 멸시의 메시지 또한 암묵적으로 전달한다.

사회적 병리

제국의 지배 위계는 질서와 안전의 착각을 만들어낸다. 하지만 제국의 지배 위계는 폭력적이고 자기파괴적인 경쟁에 불을 지피고 창조적 잠재력을 억누르며 자원을 막대하게 비효율적으로 사용하게 만드는 사회적 병리다. 자신이 만들어낸 착각을 계속 주입받으면서 제국은 집합적 중독과 비슷한 상태가 된다. 지배, 폭력, 물질적 과잉에 대한 심리적 의존성이 높아지는 것이다. 제국의 중독에 걸린 사람들은 그것에 필사적으로 의지한다. 비극적으로 자기파괴적인 방식이긴 하지만, 권력과 안전의 감각에 대한 욕구를 충족시켜주기 때문이다.

제국은 국가와 사람 모두를 로마 시절 콜로세움 경기장에 서게 된 불운한 검투사 같은 상태로 만든다. 하루 더 살아남을 확률을 위해 싸우거나 아니면 지금 곧바로 죽거나의 선택지에 처한 것이다. 죽이지 않으면 죽는다. 승자가 되지 않으면 패자가 된다. 지배하지 않으면 지배당한다. 제국의 황금률은 "황금을 가진 자가 지배한다"이다. 그러니 황금을 찾으러 나서야 하고 다른 이들보다 더 많이 갖기 위해 분투해야 한다.

승자독식이 기본적인 동학으로 자리잡고 나면 정치분석가 조너던 셸Jonathan Schell이 "적응하거나 죽거나의 시스템"이라고 부른 것이 생겨난다. 더 정확하는 "경쟁하거나 죽거나의 시스템"이라고 말해야 할 것이다. [일단 시스템이 고착되면] 어느 한 개인이나 사회가 개별적으로 이 시스템을 깨고 나오기는 지극히 어렵다. 수천 년의 인류 역사가 보여주듯이, 승자독식의 경쟁에 참여해 그것의 가혹한 규칙을 따르든지 아니면 패자의 운명인 억압과 배제를 겪든지 해야 하는 것이다.[8] 여기에 걸려 있는 것이 워낙 막중하므로 무슨 수를 써서든 이기고자 하는 데에 강력한 유인이 생기고, 따라서 윤리 기준을 아래로 내리누르는 강한 압력이 발생한다. 이것은 제국적 사회의 모든 수준에서 끝없이 되풀이되는 패턴이다. 문화와 제도에 제국의 동학이 일단 자리 잡고 나면 지구공동체의 생성적 동학은 선택지에서 밀려난다.

제국의 동학과 그 결과는 앤드류 슈무클러Andrew Schmookler가 사회과학의 고전인 『부족의 우화The Parable of the Tribes』에서 잘 설명한 바 있다.[9] 평화로운 부족들이 수세대에 걸쳐 조화롭게 살고 있었는데 어느 날 공격적인 전사 문화를 가진 부족이 나타나 평화로운 부족들을 덮치고 세력을 확장하기 시작한다. 평화롭던 부족들은 자신 또한 폭력적인 부족의 방식을 받아들이든지, 도망가든지, 아니면 살육당해야 하는 처지에 몰린다.

제국의 병리는 이러한 과정을 통해 한 사회에서 다른 사회로 퍼진다. 그러면 감염된 사회도 파트너십에 기초한 관계를 지원하고 독려하던 기존의 문화와 제도에서 지배에 기초한 관계를 지원하는 문화와 제도 쪽으로 바뀌게 된다.

부족 지도자들에게 선택지는 한 가지만 남는다. 이웃을 정복해서 복속시키거나 이웃에게 정복당해 복속되거나. 그리고 어느 지배자의 부와 권력이 많아질수록 내부와 외부의 적들은 그가 가진 부와 권력을 더 탐내고 감망하게 된다. 그러면 지배자는 자신의 영역을 보호하기 위해 군사가 더 많이 필요해지고 부와 권력을 유지하는 데 자신이 의존하고 있는 가신 계층의 영원히 채워지지 않는 욕구를 충족시키기 위해 더 많은 땅과 사람을 정복해 복속시켜야 한다. 모두의 이익을 위해 사회 전체의 잠재력을 키우는 일은 지배 시스템을 유지하는 일에 밀려난다. 사회가 이런 식으로 잃어버리게 되는 생명, 자원, 기회의 비용은 우리가 계산할 수 있는 범위를 넘어설 것이다. 아니, 이해할 수 있는 범위를 넘어설 것이다.

역사에서 현명하고 어진 군주를 찾아보기가 그토록 어려운 데는 이유가 있다. 가장 가차 없이 야망을 추구하는 사람이어야 제국의 시스템에서 최고 권력의 자리에 오르는 데 필요한 폭력과 배반을 거리낌 없이 행할 수 있을 것이기 때문이다. 건전한 정신과 호혜적인 윤리에 대한 감수성이 있는 사람이라면 권력 투쟁의 장을 자발적으로 떠날 것이다. 만약 성숙한 감수성을 가진 사람이 자신의 원칙을 저버리려 하지도 않고 권력 투쟁의 장에서 나가지도 않는다면, 덜 성숙한 감수성을 가진 사람에 의해 제거될 것이다. 이것은 단순히 "절대권력은 부패한다"는 말이 아니다. 그보다, "부패한 사람이 절대권력의 추구에 가장 강하게 동기부여된다"는 것이 더 정확할 것이다.

제국은 승자에게도 파우스트의 거래를 제안한다. 인간성을 온전히 발달시킬 수 있는 특질을 포기하는 대가로 부와 권력을 주는 것이다. 제국은 사회적인 고통일 뿐 아니라 심리적인 고통이기도 하다. 그리고 이 고통은 우리가 집합적으로 인간 잠재력의 실현에 실패한 원인이자 결과다. 이러한 실패는 인류가 지배 관계에 기초한 제국에서 민주적인 파트너십 관계에 기초한 지구공동체로 이행하지 못하게 막는 결정적인 장애물이다. 전환을 위해 여러 어려움들을 성공적으로 헤쳐나가는 데는 모든 사람의 창조적인 기여가 필요할 것이기 때문이다.

지구공동체에서의 관계

지구공동체는 민주적 충동에 표현형을 제공하며, 아이슬러가 말한 *파트너십* 권력을 추구하려는 동기에 의해 조직되는 것이 특징이다. 파트너십 권력은 창조하고 공유하고 양육하는 권력이다. 지구공동체는 합의에 기반한 의사결정, 상호적인 책무성, 그리고 개인의 책임을 통해 조직된다. 여기에서 초점은 상호 신뢰, 돌봄, 역량 강화, 권력과 자원의 평등한 분배를 촉진하는 데 놓인다. 이것은 더 충족적이고 효율적이며 궁극적으로 더 인간적이다. 또한 지구공동체에서는 가용한 잉여의 상당 부분을 지배 위계를 유지하는 데보다 모두의 삶을 향상시키는 데 쓰도록 재할당할 수 있다.

많은 문화권에서 여성이 파트너십의 관계를 육성하는데 특화되는 방향으로 사회화되는 경향이 있었으므로 지구공동체의 가능성을 인식하는 것이 남성보다 여성에게 더 쉬울 수 있다. 사실 제국의 병리는 상당 부분 여성성을 억압하는 데서 나온다. 아시엔다 산타 테레사 사례에서 중요하게 볼 수 있는 변화 하나는 남성만 살던 숙소를 가족이 살 수 있게 바꾸어서 아내와 아이들도 목장 사회에 포함될 수 있게 한 것이었다. 오늘날 전 세계에서 더 균형 잡힌 남녀 관계로의 전환이 이뤄지고 있는데, 이는 인류의 미래에 대해 희망을 갖게 해주는 중요한 원천이다.

지구공동체의 황금률은 "모두에게 더 나은 삶을 창출하기 위해 함께 노력해 나갈 때, 이웃이 당신에게 해주었으면 싶은 대로 당신도 이웃에게 행하라"이다. 봉사, 공감, 협력은 필수적인 공공선으로서 가치를 인정받으며, 건강한 성숙의 척도로 여겨진다. 각각의 사람들이 전체의 생성적 힘을 증가시키기 위해 봉사와 나눔을 수행하는 데서 내재적으로 나오는 보상을 얻는 경험을 한다면, 신뢰, 공감, 협력이 자기강화적인 경로를 탈 수 있을 것이다. 갈등도 존재하겠지만 창조적인 학습의 기회로 받아들여질 것이다. 확장된 협력에서 얻을 수 있는 상호 이득의 기회가 더 많아지리라고 사람들이 예상한다면 협력적인 관계의 범위는 당연히 점점 더 넓어질 것이다.

지구공동체에서는 지배 권력을 획득하기 위한 폭력과 경쟁이 불합리하다고 여겨질 것이다. 개인과 사회의 후생에 꼭 필요한 협력적이고 양육적인 관계를 파괴하기 때문이다. 그러한 행동이 도덕적으로 옳지 않다는 점 또한 자명하다고 여겨질 것이다. 생명을 파괴하기 때문이다.

날마다의 경험을 통해, 사람들은 모두의 후생을 보장하는 방식으로 생명의 창조적인 가능성을 탐색하기 위해 자원과 권력이 평등하게 공유될 때만 삶의 의미와 목적을 찾을 수 있다는 것을 알게 될 것이다.

지구공동체의 *문화적* 원칙은 창조 전체에 내재된 통합적인 영성과 상호연결성을 긍정한다. 이 원칙은, 존재하는 모든 것에 대한 존중, 비폭력, 공동체에의 봉사, 그리고 미래 세대를 위해 공동의 자원을 세심하게 보살피는 것에 우선순위를 둔다. 지구공동체의 *경제적* 원칙은 모든 사람이 생계수단에 접할 기본권을 가지며 다른 이의 자원을 무단으로 탈취하지 않고 지구에서 자기가 있어야 할 자리에서 균형 잡힌 관계를 맺을 책임이 있음을 인식한다. 이 원칙은, 지역적인 통제, 공동체의 자립, 그리고 호혜적인 교역과 나눔에 우선순위를 둔다. 지구공동체의 *정치적* 원칙은 모든 개인에게 내재된 가치와 잠재력을 긍정하고 모두가 자신의 삶에 영향을 미칠 의사결정에서 목소리를 낼 권리가 있음을 인정한다. 따라서 이 원칙은, 포용적인 시민 참여, 협력적인 문제 해결, [응보 위주가 아닌] 회복적 정의에 우선순위를 둔다.

마지막의 자유

다른 모든 종과 마찬가지로 인간도 유전자에 각인된 물리적 제약을 가지고 살아가야 한다. 하지만 인간의 가능성을 제약하는 한계는 유전적인 것이라기보다 심리적이고 문화적인 것이며 대개는 스스로가 부과한 것이다. 개인으로서 또 집단으로서 느끼는 두려움 때문에 우리가 우리 자신과 생명이 가진 창조적 가능성을 보지 못하게 된 결과인 것이다.

도저히 극복이 불가능해 보이는 상황에서도 인간이 폭넓은 선택의 역량을 가지고 있음을 유럽의 저명한 정신분석학자 빅터 프랭클Viktor Frankl이 나치 시기 아우슈비츠와 다하우의 절멸 수용소에서 겪은 경험을 기술한 글에서 찾아볼 수 있다.[10] 수감자들에게 수용소의 삶은 박탈과 비인간화의 악몽이었다. 임의적이고 즉각적이고 무의미한 죽음의 위협이 늘 드리워져 있었다. 어느 면에서, 이러한 수용소는 제국에서 작동하는 비인간화의 동학이 가장 극단적으로 존재하는 환경에서 인간이 보일 수 있는 반응의 다양성을 관찰할 수 있는 잔인한 학습장이었다. 수감자와 간수 모두 그들 중 누구도 선택하지 않은 환경에서 방대하게 다양한 반응을 보인다는 사실이 프랭클에게 깊은 인상을 남겼다. 어떤 이는 성인처럼 행동했고 어떤 이는 돼지처럼 행동했다.

> 선택의 여지는 언제나 있었다. 매일, 매시간, 결정을 내릴 기회가 주어졌다. 그것은 당신이 당신의 자아 자체를, 즉 당신의 내면의 자유를 박탈하겠다고 위협하는 권력에 굴복할 것인가 아닌가를 판가름하는 결정이었다. 당신이 환경의 노리개가 되어 존엄과 자유를 버리고 전형적인 수감자의 모습이 되어갈 것이냐 아니냐를 판가름하는 결정이었다. …
>
> 사람은 단순히 존재만 하는 것이 아니라 자신이 어떤 존재가 되어갈지, 바로 다음 순간에 자신이 어떤 존재가 될지에 대해 늘 결정을 내린다.[11]

프랭클에 따르면, 어떤 수감자는 맹렬히 간수의 비위를 맞추려 하면서 동료 수감자를 고자질하고 수용소 내의 관리자, 요리사, 재고 관리자, 치안 담당자 역할을 맡았다. 그러한 지위에서 그들은 동료 수감자에 대한 임의적이고 모욕적인 취급에 가담했을 것이다. 하지만 어떤 수감자는 결연히 자신의 존엄과 인간성을 지켰다. 그들은 "숙소를 돌아다니며 다른 이들을 위로하고 자신이 가진 마지막 빵 한 조각까지 나눠주었다. 숫자로는 소수였을지 모르지만, 모든 것을 빼앗아가더라도 인간에게서 단 하나만은 빼앗을 수 없다는 사실을 입증하기에는 충분하다. 그 하나는 인간의 자유 중 가장 마지막의 자유다. 어떤 상황에서도 자신의 태도를 선택할 수 있는 자유, 자신의 길을 스스로 선택하는 자유 말이다."[12]

간수들의 반응에서도 그에 못지 않게 광범위한 다양성을 볼 수 있었다. 어떤 이는 정신병리학적 의미에서 정말로 사디스트가 되어 수감자에게 신체적, 정신적 고통을 가하는 데서 쾌감을 느꼈다. 이들이 누구인지는 수용소의 상사와 수감자들 모두에게 알려져 있었고 이들이 고문과 처벌을 가하는 일을 맡았다. 하지만 간수 중에서도 어떤 이는 수용소라는 잔혹한 환경에서도 사디스트적 행동에 가담하기를 거부했다. 어떤 이는 수감자에게 진정한 공감의 행위를 보였다. 한 나치 친위대 장교는 상당한 액수의 자기 돈을 들여 수감자들을 위해 인근 도시에서 몰래 의약품을 구매해왔다.

우리 각자가 내리는 선택은 환경에 의해 제약을 받지만 인간의 환경은 종종 인간 자신이 집단적으로 구성한 것이고 따라서 집단적인 선택에 의해 달라질 수 있다. 어떤 선택에 대해 "그것이 인간 본성"이라고 핑계 대는 것은 어린아이가 "다른 애들도 다 한단 말이야!"라고 떼쓰는 것 이상의 도덕적 무게를 가질 수 없다. 우리의 본성은 선택을 내리는 존재가 되는 것이다. 인간 본성의 궁극적인 설계자는 우리 인간이다.

제국과 지구공동체는 국가 간, 가족 구성원 간, 일터의 동료들 간, 또 그밖에 사회의 모든 수준에서 인간 사이의 관계가 조직되는 양식의 두 가지 모델을 일반화한 명칭이다. 제국은 지배-종속 위계로 질서를 조직한다. 여기에서는 권력이 상류층에 독점적으로 집중되어 아래로부터 생명의 에너지를 뽑아가고 따라서 나머지 사람들의 창조적 잠재력이 억압된다. 지구공동체는 공동체 전체와 구성원 개인 모두의 창조적 잠재력과 복리를 높이기 위해 권력을 평등하게 분배하는 파트너십의 네트워크를 통해 인간 관계의 질서를 조직한다. 두 모델 다 우리의 선택지 안에 있다. 최종적으로 그중 선택을 내려야 하는 것은 우리다.

냉소적인 사람들은 인간 사회가 파트너십의 원리에 따라 조직될 수 있다는 생각이 우리가 할 수 있는 역량 이상의 것을 꿈꾸는 이상주의적 난센스라고 생각한다. 인간은 본성적으로 폭력적이고 개인주의적이며 더 높은 선을 위해 협력할 능력이 없다는 것이다. 냉소주의자들은 우리의 본성이 수많은 가능성을 담고 있다는 사실을 인정하지 않은 채 즉각적으로 관찰되는 저차원의 가능성만 이야기하면서 더 높은 차원의 가능성은 간과한다. 우리는 더 높은 차원의 가능성을 실현할 수 있다. 하지만 먼저 더 높은 차원의 가능성이 존재한다는 것을 인정해야 한다.

선택이 만드는 가능성

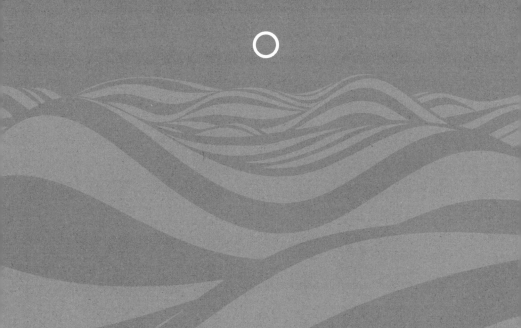

통념에 따르면, 인간은 본성적으로 제멋대로에 자기중심적인 종이어서 폭력과 무법 상태로 빠지기 쉽기 때문에 인간 사회에 질서를 가져오려면 지배의 위계가 꼭 필요하다고 한다. 따라서 지배층이 부과하는 규율과 탈규제된 시장에서의 경쟁이 사회에 질서를 부여하게 해야 한다고 한다. 사실 이것은 절반뿐인 진실이지만, 인간의 가능성에 대한 우리의 생각을 틀지우고 우리가 선택하게 될 제도의 구조와 우리가 적절하다고 여기게 될 정치 담론의 범위를 틀지우면서 "자기실현적인 예언"이 된다.

1장에서 우리는 두 개의 내러티브를 살펴보았다. 하나는 제국의 지배자 권력 내러티브이고 다른 하나는 지구공동체의 파트너십 내러티브다. 두 내러티브는 인간의 조건과 본성에 대해 극명하게 대조되는 가정에서 나왔다. 하지만 정반대인 것처럼 보여도 두 내러티브 모두 우리가 발현할 수 있는 가능성을 규정한다. 지배자 권력 내러티브는 미성숙한 의식의 제한적인 가능성을, 파트너십 내러티브는 성숙한 의식에서 나오는 훨씬 더 큰 가능성을 규정한다. 하지만 둘 중 어느 쪽도 우리의 운명을 규정하지는 않는다.

긍정적인 잠재력의 실현이 가로막혀 있는 이유는 우리의 본성 때문이 아니라 제국의 사회적 동학 때문이다. 그리고 이제 우리에게는 이 치명적인 중독에서 우리를 해방시킬 수 있는 기회가 있다. 이와 관련해, 신생아기에서 노년기까지 인간 개체의 의식이 발달해가는 과정은 더 성숙한 인간 사회를 실현하는 경로와 그것의 본질에 대해 풍성한 통찰을 제공한다.

의식을 깨우기

인간 개체에게 의식의 첫 경험은 엄마의 자궁에서 시작된다. 태아는 아무런 노력을 들이지 않는 채로, 편안하고 따뜻한 액체와 구분되지 않은 일체로서 양막낭 속을 떠다닌다. 수없이 반복된 인간 신체의 발달 과정은 이제 막 생겨나기 시작한 태아의 의식이 파악하거나 영향을 미칠 수 있는 역량을 한참 벗어난 세포 수준에서 벌어진다. 이 과정은 인간의 의식적인 정신에 어떤 요구도 하지 않으며 어떤 책임도 지우지 않는다. 시작도 없고 끝도 없다. "나"도 없고 "나 아닌 것"도 없다. 존재하는 것만으로 충분하다.

그러다 인정사정없고 트라우마적인 비자발적 통과의례가 우리를 낯설고 대체로는 불편한 감각들의 세계로 냅다 밀어낸다. 일반적으로 우리의 첫 반응은 분노다. 분노는 상실된 것에 대한 슬픔의 원초적인 표현이다. 이제 우리는 새로운 환경에 적응해야 하는 도전에 직면해있으며 소음에서 리듬의 질서를 찾아내고 시야에서 이미지의 질서를 찾아내며 소음과 리듬, 시야와 이미지의 차이를 구분하는 법을 배워야 한다. 우리는 담요를 꺼끌꺼끌하고 불쾌하거나 부드럽고 유쾌하다고 경험한다. 하지만 이러한 감각이 외부의 물체에서 오는 것이라고는 인식하지 못한다. 축축한 기저귀는 불편한 느낌을 일으키지만 아직 우리는 그 느낌을 외부의 물체나 원인과 연결시키지 못한다. 엄마 젖을 빨 때는 편안함을 느끼지만 엄마의 가슴과 나의 입술이 분리되어 있다는 감각은 아직 알지 못한다.

그다음의 중요한 도전은 "나"와 "나 아닌 것"의 차이를 인식하는 것이다. 이것은 세상과 관계 맺는 법을 배우는 첫 단계이고, 가장 중요하게, 타인과 관계 맺는 법을 배우는 첫 단계다. 살아가면서 우리는 신체적 욕구를 충족시키고 물리적 위협에서 자신을 보호하기 위해서뿐 아니라 인지적, 도덕적, 감정적인 양심을 발달시키는 데서도 타인과의 관계에 의존한다. 따라서 타인과 관계 맺는 법을 배우는 것은 우리의 생존을 보장하는 데도, 우리가 인간으로서의 잠재력을 실현하는 데도 필수적인 토대다.

이 장에서 나는 인간 개체의 의식이 가장 미성숙한 수준부터 가장 성숙한 수준으로 발달해가는 경로를 다섯 단계로 살펴볼 것이다. 이를 위해 래리 댈로스Larry Daloz, 에릭 에릭슨Erik Erikcon, 캐롤 길리건Carol Gilligan, 스탠리 그린스펀Stanley Greenspan, 로버트 케이건Robert Kegan, 로렌스 콜버그Lawrence Kohlberg, 에이브러햄 매슬로Abraham Maslow, 롤로 메이Rollo May, 샤론 파크스Sharon Parks, 장 피아제Jean Piaget, 칼 로저스Carl Rogers 등 인간의 발달 과정을 연구한 저명한 학자들의 저술을 참고했다. 이 다섯 단계의 설명은 위대한 전환에서 "의식의 정치"가 갖는 핵심적인 위치를 이해하기 위한 틀을 제공해줄 것이다.[1]

첫 번째 차원: 마법 세계적 의식

마법 세계적 의식은 2-6세의 어린아이에게서 나타난다. 세상을 마법적 존재(선한 존재와 사악한 존재 모두)의 변덕에 의해 움직이는 흐름으로 경험하며 아직 인과관계는 파악하지 못한다. 환상과 실재의 경계도 모호하다. 산타클로스, 이의 요정, 이스터 버니의 세계에 빠져드는 연령대가 이 시기다. 우호적인 영과 사악한 도깨비의 세계가 펼쳐지는 고전적인 동화는 유아기에 경험되는 풍성한 환상의 삶에 표현형을 제공한다.

마법 세계적 의식은 지속되는 자아와 순간적인 감정의 충동을 구분하지 못하므로 이 시기의 행동은 충동적이고 즉각적이며 감정적 요인에 의해 일어난다. 또한 자신의 행동과 그것이 미래에 일으킬 결과를 연결시키지 못하므로 마법처럼 일들을 바로잡아주는 외부의 존재에 의존하며, 그러리라고 믿은 보호자가 일을 해결해주지 못하면 배신감을 느낀다. 그리고 자기 행동의 결과를 인정하거나 그것에 대해 책임을 받아들이지 못한다.

두 번째 차원: 제국적 의식

마법 세계적 의식에서 제국적 의식으로의 전환은 대개 6-7세에 일어난다. 이제 아이는 현실의 사건과 상상의 사건을 구별하는 능력을 더 많이 갖게 되고, 많은 관계가 예측 가능하다는 것을 알게 되며, 행동에는 결과가 따른다는 것을 알게 된다. 세상에서 질서, 규칙성, 안정성을 발견하는 능력을 갖기 시작했다는 것은, 유동적이고 예측 가능하지 않아 보였던 현실을 통제할 수 있는 가능성이 열리기 시작한 중대한 진전을 의미한다.

이 단계의 주된 학습 과제는 관계와 결과를 이해하는 능력을 발달시키고 자신의 행동을 통해 세상에 영향을 줄 수 있는 역량을 탐색하는 것이다. 제국적 의식에도 마법 세계적 의식이 남아있어서, 슈퍼히어로와 동일시하면서 자신에게 초능력이 있다는 환상을 펼쳐내기도 한다. 마법 세계적 의식도 그렇듯이 제국적 의식의 관점은 (전적으로는 아니라 해도) 주로 자기참조적self-referential이며 때로는 나르시스트적이기도 하다.

　제국적 의식으로 전환하는 과정에서, 다른 사람은 나와 다른 관점을 가지고 있다는 것과 내가 원하는 것을 얻는 데는 일반적으로 모종의 호혜적 교환이 필요하다는 것을 알게 된다. 제국적 의식의 수준에서 이것은 "내가 네 등을 긁어줄 테니 너도 나의 등을 긁어다오"의 기본적인 시장 교환을 의미한다. 이 단계에서 정의 개념은 원초적이고 개인적으로 집행하는 종류의, "눈에는 눈, 이에는 이"식 응보 개념을 벗어나지 못한다. 감정적 충동(가령 분노)을 곧바로 행동으로 드러내지 않고 의식적으로 통제하는 역량은 아직 제한적이다.

　제국적 의식은 다른 이의 관점을 파악하고 인정할 수 있지만, 이는 자신이 원하는 것을 획득할 방법을 알기 위해서다. 충성심, 감사, 정의 등의 개념은 여기에 거의 작동하지 않는다. 케이건이 제시한 사례가 이를 잘 보여준다. 범죄를 저지른 한 청소년에게 판사가 "어떻게 당신을 신뢰하는 사람의 것을 훔칠 수가 있습니까?"라고 물었더니 그 청소년은 진심으로 이렇게 대답했다고 한다. "그런데요, 판사님, 나를 신뢰하지 않는 사람에게서 훔치는 것은 매우 어렵습니다."[2]

　제국적 의식의 단계에 있는 아이들 대부분은 "다른 이가 너에게 행하기를 바라는 대로 다른 이에게 행하라"는 규칙을 주저 없이 이야기할 수 있지만 역지사지는 아직 어렵게 느낀다. "누가 와서 너를 때리면 어떻게 해야 하지?"라고 물으면, 적어도 남아의 경우에 전형적인 대답은 "나도 한 대 쳐야죠", "나에게 한 것대로 돌려줘야죠"일 것이다.[3]

　제국적 의식은 권위자의 기대에 순응하면 일반적으로 보상이 온다는 것을 알고 있다. 좋은 행위는 이타적으로 타인의 필요를 생각하거나 윤리 법칙을 내면화한 데서 나오기보다 자신의 지위를 높이거나 밀려 나는 것을 피하기 위해 타인을 기쁘게 해주려는 동기에서 나오는 면이 더 크다. 제국적 의식은 "피해를 끼치려는 의도는 없었다"거나 "다들 그 렇게 한다"는 변명으로 잘못된 행위를 정당화한다.

세 번째 차원: 사회화된 의식

제국적 의식에서 사회화된 의식으로의 전환은 일반적으로 11-12세 에 시작된다. 부모의 권위에 반항하는 사춘기가 시작되는 시기이기도 하다. 이 전환의 특징은 더 큰 준거집단의 문화적 규범을 내면화하는 것 이다. 또한 정서적 지능이 발달하고, 적대적일 수도 있는 세계에서 자기 집단 사람들끼리의 상호적인 충성에 개인의 안전이 달려있다는 인식을 갖게 된다. 사회화된 의식은 "저들이 나를 받아들여주는가"가 자신이 스 스로의 가치를 평가할 때 중요한 기준이 되는 특정한 사람들과의 관계 를 통해 스스로를 규정한다.

사회화된 의식에서는 다른 이의 눈으로 자신을 보는 능력이 생긴다. 다른 이의 관점을 자신의 목적을 위한 계산 차원에서만 고려하는 제국적 의식과 달리 사회화된 의식은 공감의 능력이 있다. 즉 다른 사람이 경험 하고 있는 감정을 충분히 느끼고 그것에 신경을 쓸 수 있어서 다른 이들 을 위해 자신의 필요와 욕망을 억누를 수 있다. 또한 사회화된 의식은 즉 각적인 개인의 이해관계를 초월하는 집단의 이해관계를 인식할 수 있다.

사회화된 의식은 규칙, 법, 적절하게 구성된 정치적, 종교적 권위 등 이 사회적, 제도적 질서를 유지하는 데 꼭 필요하다는 것을 점점 더 인 정하게 되며 "규칙에 의한 게임"과 "법과 질서" 류의 도덕률을 내면화한다. 사회화된 의식의 관점에서 공정함이란, 사회가 열심히 일하는 사람에게 보상하고 게으른 사람은 그 결과를 감수하도록 내버려 두며 잘못을 저지른 사람은 벌금, 수감, 처형 등으로 사회에 진 빚을 갚게 하는 것이다. 복잡한 관계의 시스템에서 어떤 계층의 사람들은 일자리를 유지하거나 법의 올바른 쪽에 계속 있기가 매우 어려울 수 있다는 현실을 아직 이해하지 못하므로, 사회화된 의식은 "회복적 사법"을 처벌받지 않고 규칙을 어길 수 있다며 규칙의 위반을 부추기는 격이라고 생각한다.

사회화된 의식은 1차 준거집단을 통해 정체성을 형성한다. 성별, 나이, 인종, 민족, 종교, 국적, 계급, 정당, 직업, 고용주, 응원하는 스포츠팀 등이 여기에 해당할 수 있을 것이다. 자기 집단을 결사적으로 보호하려 하고 자기 집단에 대한 어떤 비판도 심각한 모욕으로 받아들인다. 죄책감과 부끄러움을 피하려는 노력에서 자신이 동일시하는 준거집단에서 문화적으로 규정된 도덕 규칙을 적극적으로 받아들이고 그것에 집착하지만 그 규칙 자체를 비판적으로 성찰하는 능력은 부족하다. 지배적인 문화 규범과 기대에 매우 잘 반응한다는 점에서, 사회화된 의식을 "동화된 의식"이라고도 부를 수 있을 것이다. 이것은 준거집단이 규정하는 "작은 세계"의 관점으로 살아가는 "좋은 시민"의 의식이다. 이들은 확립된 규칙을 따르며, 자신과 가족과 공동체를 동화시키는 대가로 어느 정도의 품위 있는 삶을 기대한다. 이들은 어떤 문화적 프레임이 지배적이 되느냐에 따라 우리 사회가 제국을 향해 갈지 지구공동체를 향해 갈지를 판가름하게 될 스윙보터다.

지배적인 문화와 제도에 매우 잘 적응하는 사회화된 의식은 전통적인 의미에서 말하는 "좋은 시민"의 토대다. 하지만 광고, 프로파간다, 정치 선동에 영향을 받기 쉽고, 다른 사람에게는 인정하지 않을 권리를 자기 집단 사람들은 가져야 한다고 요구하려 들 수 있다는 단점이 있다.

네 번째 차원: 문화적 의식

성인기에는 자신의 정체성 집단과는 상이한 문화와 믿음을 가진 사람들을 많이 만나게 된다. 그럴 때 초기의 반응은 대체로 쇼비니스트적인 문화적 우월 의식이며 "우리 집단의 방식이 유일하게 옳은 방식"이라고 생각하는 문화적 절대주의로 빠질 수도 있다.

하지만 사회화된 의식에서 정체성이 충분히 탄탄하게 확립되어 있다면, 문화 자체가 사회적 구성물이고, 각각의 문화는 자신의 논리를 가지며, 상이한 문화적 "진리"들이 개인과 사회에 상이한 결과들을 가져오고, 지배적인 문화적 규범은 집합적인 선택에 의해 달라질 수 있다는 사실을 깨달을 수 있다. 이것은 성찰된 도덕 원칙들에 토대를 둔 "진정한 도덕 의식"을 발달시키는 데서 근본적으로 중요한 단계다. 또한 이것은 문화적 혁신의 역량이 발달하는 출발점이기도 하다.

문화적 의식은 도덕적 성숙이 부족한 소시오패스의 약탈적 행동으로부터 사람들의 안전과 질서를 보호하기 위해 그러한 행동에 대한 법적인 제재가 필요하다고 인정한다. 제국적 의식이 자신의 안전과 이익을 지키고 증진해줄 법에만 주로 관심을 갖는다면 문화적 의식은 자신이나 자신과 비슷한 종류의 사람들만이 아니라 모든 이를 위한 정의에 관심이 있고 불의한 법은 고치거나 철폐하기 위해 노력한다.

30세 이전에는 문화적 의식이 달성되는 경우가 흔치 않고 현대의 제국적 사회에서는 대부분의 사람이 평생 동안에도 달성하지 못한다. 기업, 정당, 교회, 노조, 심지어 교육 기관마저 문화적 의식을 적극적으로 독려하지 않는 것이 한 이유다. 이러한 기관들 각각은 저마다 구성원에게 충성을 요구하는 믿음 체계를 가지고 있으며 문제 제기하는 사람은 입지를 잃거나 완전히 거부될 수도 있다. 하지만 문화적 의식을 획득한 사람은 제국의 역기능적인 문화적 전제에 대해 문제 제기할 역량이 있으므로, 사회화된 의식을 가진 사람들이 기성의 사회적, 도덕적 질서에 위협이 된다고 여겨 억누르려 하는 문화적 성숙과 재생의 필수적인 엔진이 된다. 문화적 의식을 달성한 사람은, 포용적이고 생명을 긍정하고 모든 이를 위해 작동하는 종류의 사회가 가능함을 인정하는 "포용적 세계"의 관점을 갖는다. 이들은 "문화"를 우리가 의식적인 선택을 통해 바꿀 수 있는 사회적 구성물로 본다(4장에서 더 자세히 설명할 것이다). 따라서 이들을 폴 레이Paul Ray와 셰리 앤더슨Sherry Anderson이 말한 "문화 창조자"라고 부를 수 있을 것이다.[4]

다섯 번째 차원: 영적 의식

인간으로 존재한다는 것의 의미를 가장 높은 수준에서 표현하는 영적 의식은, 복잡하고 다층적이고 상호연결되어 있으며 지속적으로 펼쳐지는 전체로서의 "창조"를 깨달았음을 의미한다. 우리는 한 바퀴를 돌아 자궁에서 경험한 하나됨의 감각으로 다시 돌아온다. 하지만 이번에는 사람, 동물, 식물, 바위 등 모든 것에 현현하는 창조 전체의 복잡성과 장엄함에 대한 풍성하고 섬세한 이해를 바탕으로 한 하나됨의 감각이다. 자궁에서의 경험은 전적으로 수동적이다. 하지만 영적 의식을 달성한 사람은 계속해서 진화해가는 "통합적 세계"에 존재하며 "창조"가 스스로의 가능성을 실현해가는 지속적인 과정에서 그것의 적극적인 파트너 혹은 공동 창조자로 참여하는 데서 의미를 발견한다. 이들을 "영적 창조자"라고 부를 수 있을 것이다.

영적 의식은 가장 숭앙 받는 종교적 예언자들의 가르침에 공통적으로 드러나는 정의, 사랑, 공감의 보편 원칙을 토대로 면밀히 성찰된 도덕률을 따르는 원로 정치가, 스승, 부족 지도자, 종교 지도자 등의 의식이다. 영적 의식은 갈등과 모순과 역설을 극복해야 할 문제로보다는 더 깊은 학습의 기회로 본다.

한 차원 더 높은 의식으로의 전환이 모두 그렇듯이, 문화적 의식에서 영적 의식으로의 전환도 생명의 가능성에 대해 더 깊은 이해를 추구하면서 다양한 사람 및 상황과 관련을 맺는 과정에서 획득된다. 이러한 만남 각각은 전에는 의식에 포착되지 않고 숨겨져 있었던 현실의 조각들을 볼 수 있는 창문이 되어준다. 한때는 분절적인 조각으로 보였던 경험들이 점차 한데 연결되면서 창조 전체가 영적으로 통합된 하나의 실체라는 깊은 깨달음을 얻게 된다.

영적 의식으로의 전환은 인간 발달 과정의 최종점이 아니라 새로운 학습 기회로의 길을 열어주는 단계다. 심리학자인 존 프리엘John Friel과 린다 프리엘Linda Friel이 언급했듯이 "노인들이 창조와 관계를 맺는 폭과 깊이는 경이로우며, 이것은 그가 삶의 경로를 거치는 내내 점점 더 나르시시즘을 기꺼이 벗어놓을 수 있어야만 생겨날 수 있다."[5]

사회화된 의식의 눈으로 보면 영적 의식을 달성한 사람이 사회와 거리를 두고 살아가는 은둔 사색가로 보이기 쉽다. 어떤 집단이나 정체성에도 충성을 이야기하지 않기 때문이다. 하지만 이것은 잘못된 해석이다. 영적 의식은 일반적인 집단 충성심이 갖는 배타성을 초월해 전체와 그것의 수많은 구성요소들을 아우르는 포용적인 정체성을 갖고자 한다. 따라서 이것은 더 큰 전체로의 확장이다. 한때는 의무감과 충성심이 직접적인 가족, 친지, 민족, 국가, 종교 등으로만 한정되었지만 이제는 전체로 확장된다. 영적 의식을 가진 사람에게는 전체에 창조적으로 봉사하는 삶이 주는 충족이 그 자체로 보상이다.

영적 의식은 사회적 관계에 대해 전체론적인 관점을 가질 수 있으므로 응부적 사법이 징의롭거나 실용적이라고 보지 않는다. 무한한 보복의 연쇄를 불러올 뿐 개인이나 사회의 후생을 가져오지는 않기 때문이다. 영적 의식은 되도록이면 회복적 사법에 초점을 두고, 과거의 범죄자와 미래의 잠재적인 범죄자가 해로운 행동을 하는 것을 억지하면서 피해자가 온전히 회복되고 잘못을 저지른 사람이 갱생할 수 있게 하고자 한다. 제국적 의식과 사회화된 의식의 관점에서 보면 범죄자를 너무 무르게 대하거나 심지어는 범죄자의 편을 드는 것으로 보일 수 있다. 전체의 후생이라는 더 큰 개념으로 생각하고 행동하는 데 필요한 포용적인 시스템의 관점이 없기 때문이다.

문화적 의식처럼 영적 의식도 불의한 법은 바꾸려 한다. 그런데 불의에 공모하지 않기 위해, 또 불의에 대중의 관심을 촉구하기 위해, 때로는 원칙에 기반하고 비폭력적인 "시민 불복종"의 행동이 반드시 필요하다는 점을 인정한다. 영적 의식은 감수해야 할 법적인 결과들을 충분히 인지한 채로 그러한 불복종 행동에 나선다.

제국의 심리학

위대한 전환의 과업에서 우리는 한 가지 딜레마에 처하게 된다. 지구공동체의 파트너십 원칙에 헌신하는 성숙한 사회의 중요한 역할 하나는 모든 개인이 성숙한 인식을 계발해나갈 수 있도록 지원하는 것이다. 그런데 성숙한 사회를 창조하려면 성숙한 의식을 가진 사람들의 리더십이 필요하다.

여기에 문제가 있다. 제국의 중독에 영향을 받은 문화와 제도는 성숙한 의식을 획득해가는 길을 적극적으로 가로막으며 제국적 의식 하에서 움직이는 리더를 선호한다. 아이의 발달 과정에서는 제국적 의식이 자연스럽고 필수적인 단계지만 성인기에 발현되면 제국적 의식은 소시오패스의 특징이 된다.

성인기에 발현되는 마법 세계적 의식

성인에게서 마법 세계적 의식은 기본적인 인과관계에 대한 모호한 인식, 초자연적 능력을 소유하고 있다는 환상, 잘못된 일을 마법처럼 바로잡아줄 수호자에 대한 믿음 등으로 나타난다. 마법 세계적 의식 하에서 움직이는 성인은 이 세계에서 자신이 가진 책임과 의무를 부인하면서 "다른 세계"에서 살아간다. 대표적인 사례는 시장이 마법처럼 탐욕을 공공선으로 변모시켜주는 환상의 세계에 사는 일부 경제학자와 지성의 병폐에 대해 먼 곳의 신을 탓하며 자신이 공모한 행위에는 스스로 면죄부를 주는 일부 종교인을 들 수 있을 것이다. 성인기에 나타나는 마법 세계적 의식은 제국적 의식의 숨어 있는 이면이나 배경으로 경험되는 경우가 많다.

성인기에 발현되는 제국적 의식

제국적 의식의 자기참조적인 도덕 관념이 성인기에 나타나면 상당히 문제를 일으킬 수 있다. 케이건은 상습적으로 소매치기를 하고 복지 급여를 훔치고 다른 이의 신용카드를 사용하다가 수감된 록산느라는 여성의 사례를 들었다. 심층 인터뷰에서 록산느는 훔치는 것은 나쁘지만 자신의 경우에는 꼭 필요해서 훔친 것이니 나쁜 행동이 아니라고 말했다. 만약에 다른 사람이 꼭 필요해서 록산느의 복지 급여를 훔친다면 그것은 나쁜 행동이 아닌 것이냐고 묻자, 록산느는 그 돈은 록산느 자신에게 필요한 돈이니 그것을 훔쳐 가는 것은 나쁜 행동이라고 대답했다[6] 수백만 달러의 정부 보조금을 세사로 요구하면서 정부의 도움을 받는 가난한 사람들을 맹비난하는 지배 계층은 이와 동일한 자기참조적인 이중 기준을 대대적인 규모로 드러내고 있는 것이다.

제국적 의식이 성인기에 발현되면 자기참조적 도덕률에 의해 세상을 친구와 적으로 나누게 된다. 나에게 도움이 되는 사람이 아니라면 나에게 도움이 되지 않는 사람이다. 선과 악의 구분도 이와 비슷하게 자기중심적이다. 선은 자신의 이익에 부합하는 것이고 악은 자신의 이익과 충돌하는 것이다. 제국적 의식은 거의 모든 사안에서 "나의 세계"적 관점을 갖는다. 즉 매 상황을 자신에게 득이 되는 것이 무엇이고 손해가 되는 것이 무엇인지를 기준으로 판단한다. 이들은 강한 사람에게 아부하고 약한 사람을 착취하는 권력 추구자다.

마법 세계적 의식과 제국적 의식이 성인기에 나타나면 아동기에 나타날 때보다 훨씬 복잡한 형태를 띤다. 이 두 종류의 저차원 의식 하에서 작동하는 성인은 공감에 기반한 윤리적 행동을 할 역량은 없더라도 복잡한 정치적 전략을 구상하고 실행할 수 있는 고도의 지적 역량은 가지고 있을 수 있다. 또한 종종 이들은 매우 뛰어난 거짓말쟁이여서, 자신이 지지를 이끌어내고자 하는 대상에 맞춰 상대의 감정적, 도덕적 감수성에 부합하게 들리는 윤리적 주장을 만들어내는 데 달인이다. 자신의 개인적인 이해관계와 사회의 집합적인 이해관계를 구분하지 못하고, 자신의 오류를 인정하지 못하며, 자신의 행동이 일으킨 결과에 대한 책임을 받아들이지 못하고, 자기가 유발한 피해에 대해 죄책감이나 후회를 느끼지 못하므로, 이들은 아마 자신이 속임수를 쓰고 있다는 사실을 스스로에게조차 인정하지 못할 것이다. 그들이 진실이기를 원하는 것이 그들에게 진실이 된다. 자신의 거짓말을 진심으로 믿기 때문에 이들은 매우 진실되게 거짓말을 할 수 있다.

도덕적, 정서적으로 미성숙한 제국적 의식에 고도의 지능이 결합되면, 마키아벨리적 정치 조작에 매우 능한 사람이 나타날 수 있다. 그러한 사람들은 자신의 목적을 달성하기 위해 계획을 수립하고, 협상하고, 다른 이들의 마음을 조작하고, 전략을 세우는 데 매우 뛰어날 것이다. 또한 이들은 지배자 권력을 개인의 이득을 위해 사용하는 데도, 자신의 이익을 위한 이기적인 행동을 더 큰 공동체를 위한 이타적인 행동인 것처럼 보이게 하는 논리를 개발해 정당성을 부여하는 데도 매우 뛰어날 수 있다. 누군가가 조금이라도 그들의 주장이 진실되지 않다고 지적한다면 자신의 고결성이 의심받았다며 길길이 뛸 것이다.

이러한 사람들은 자신의 실수를 인정하지 못하고, 더 못난 존재들에게 적용되는 규칙에서 자신은 고고하게 면제된다고 주장하고, 습관적으로 희생양을 찾아 "사악한 적"으로 삼고서 자신의 도덕적 결함을 그들에게 투사하려 하는 등의 행태로 쉽게 알아볼 수 있다. 그렇게 희생양을 만듦으로써 이들은 두려움과 분노에서 나온 행동을 고결한 임무를 위한 행동인 양 정당화한다. 또한 이들은 보복에 대한 감정적 충동이 너무 강해서, "적"으로 삼은 대상에게 실제로 죄가 있는지 아닌지는 상관없는 질문이라고 치부해버리기도 한다.

9.11 테러 공격이 있고서 얼마 뒤에 우연히 비행기에서 미국 유수 기업의 고위 임원과 나란히 앉게 되었다. 그때는 미국이 막 아프가니스탄을 침공했을 때였다. 나는 전쟁이 무고한 아프가니스탄 사람들에게

끼치게 될 비용을 이야기하며 아프가니스탄 침공에 대해 느껴지던 거리낌을 그에게 말했다. 그러자 그는 "그들"이 우리 국민 5000명을 죽였으니(이것은 초기 추산치였고 나중에 3000명 정도로 재추산되었다) 우리 미국도 그들을 5000명은 죽어야 공평해진다고 말했다.

나는 우리가 아프가니스탄에서 죽이게 될 사람들 대부분은 테러 공격과 아무 상관이 없다고 반박했다. 그러자 그는 세계무역센터에서 사망한 사람들도 무고한 사람들이었기 때문에 상관없다고 했다. 나는 너무 놀랐다. 그는 교육 수준이 높고 상당한 권력과 권한을 갖는 지위에 있었으며 나이는 50-60대 정도 된 사람이었다. 그런데도 무고한 사람에 대한 보복이 원래의 테러 공격만큼이나 비도덕적인 일이고 무의미한 폭력만 증가시키게 될 뿐임을 인식할 수 있는 도덕적 성숙을 보이지 않고 있었다. 이 에피소드는 오랫동안 내가 부인해왔던 현실을 내 눈앞에 정면으로 갖다 댔다.

예전에는 글을 쓰거나 강연을 할 때 현재의 지배적인 제도가 드러내는 실패는 나쁜 시스템의 결과이지 나쁜 사람들의 결과가 아니라고 말하곤 했다. 하지만 2002년과 2003년에 기업과 정부의 최고위층에 만연해있던 부패를 폭로하는 기사들이 쏟아졌는데, 이는 우리의 가장 강력한 기관들이 윤리적으로 문제 있는 사람들의 손에 좌지우지되고 있을지도 모른다는 점을 시사한다.

도덕적 자기 폐쇄

거대 미디어는 그러한 스캔들을 한두 명의 나쁜 사람이 저지른 예외적인 일로 보이게 하고자 무던히 노력했지만, 부패의 규모가 어마어마했으며 윤리적 감각에 깊이 문제가 있는 사람들에 의해 수행되었다는 사실이 곧 명백해졌다. 이들이 꼭 남에게 피해를 입힐 의도로 저지른 일은 아닐 수도 있다. 그보다는, 어린아이들에게서 일반적으로 나타나는 순전히 자기참조적인 관점에서 나온 행동이었을 것이다. 가톨릭 신학자 대니얼 매과이어Daniel Maguire는 이러한 양상을 도덕적 자기 폐쇄라고 표현했다.[7]

앞에서 언급한 청소년 범죄자처럼, 제국적 의식 하에서 움직이는 성인은 나를 믿는 사람에게서 물건을 훔치는 것이 가장 쉽다는 사실을 아는 사회적 지능은 획득했지만 그것이 그 자체로 나쁜 일이며 건강한 사회적 관계를 유지하는 데 핵심인 신뢰를 무너뜨린다는 윤리적 인식의 역량은 가지고 있지 못할 수 있다. 제국적 의식 하에서 움직이는 성인이 사회경제적으로 낮은 계층 사람일 경우, 지배 계층은 일반적으로 그를 소시오패스라고 부르면서 감옥이나 정신병원에 가둔다. 그런데 제국적 의식 하에서 움직이는 성인이 사회 경제적으로 높은 계층 사람일 경우, 지배 계층은 그가 제국적 권력을 가진 정치 조직이나 기업 조직을 이끌기에 매우 적합한 사람이라고 판단하는 경향이 있다. 또한 제국적 의식을 가진 사람들은 그러한 권력의 자리에 오르기 위해 가차 없는 경쟁의 판에서 오래 버티는 데 가장 강하게 동기부여되는 사람들이기도 하다. 제국의 지배자 문화와 제도의 산물로서, 발달 과정상의 심각한 문제를 지닌 사람들이 제국의 문화와 제도를 위해 복무하는 사람이 된다.

지구공동체의 심리학

제국적 의식과 대조적으로, 문화적 의식과 영적 의식은 전체를 위한 책임이라는 틀 안에서 인간이 가진 창조적인 자기주도력과 선택의 역량을 발현할 수 있다. 이러한 역량은 문화적 혁신, 민주주의, 그리고 인간 본성의 더 고차원적인 가능성의 토대가 된다. 잠재적으로는 모든 인간이 닿을 수 있는 의식이지만, 개인이 의식적으로 노력하고 공동체가 지원해야 달성될 가능성이 가장 높을 것이다. 문화 간 교류의 밀도가 높아지고, 20세기의 위대한 사회운동들이 벌어지고, 세계의 상호의존성에 대한 자각이 높아지면서, 고차원의 의식을 달성하는 사람들이 빠르게 늘고 있다(4장에서 살펴볼 것이다).

성숙한 세계관을 바탕으로 성찰적인 삶을 살아가는 사람들은 복잡성을 이해할 수 있고, 자신의 후생을 전체의 후생과 함께 생각하며, 임의적인 권력을 획득하는 데 관심이 없고, 광고나 프로파간다나 선동에 잘 휘둘리지 않는다. 그들은 매우 폭넓게 확장된 개인의 정체성 안에서 전체를 받아들이며, 분쟁을 평화적으로 해결하고 공공선을 증진할 수 있는 기회들을 발견한다. 이러한 기회는 마법 세계적 의식이나 제국적 의식의 눈으로는 볼 수 없다. 가장 높은 수준에서, 그들은 지구공동체의 비전과 성숙한 민주적 시민의식의 지혜를 담지하고 있는 사람들이다.

어느 차원의 의식에서 움직이는지에 따라 민주주의의 속성과 의미를 매우 다르게 이해한다. 제국적 의식은 민주적 참여를 개인의 이득을 위해 권력을 잡기 위한 경쟁이라고 보며 자신의 가치와 선호를 다른 이들에게 강요할 수 있는 기회라고 보기도 한다. 사회화된 의식은 민주적 참여를 인기 투표에서 표를 던지는 것이나 스포츠에서 홈팀을 응원하는 것과 비슷하게 여긴다. 둘 다 성숙한 자치의 건전한 토대가 되기는 어렵다. 대조적으로, 문화적 의식과 영적 의식은 민주적 실천을 전체의 후생과 잠재력을 증진시키기 위한 집합적인 문제 해결 과정으로 본다. 이 두 의식을 *민주적 차원의 의식*이라고 말할 수 있을 것이다.

문화 정치

의식의 다섯 단계에 대한 간단한 모델은 가능성의 범위를 보여주며 위대한 전환의 문화 정치를 이해하는 틀을 제공한다. 마법 세계적 의식과 제국적 의식은 제국의 지배자 문화를 지원하고, 문화적 의식과 영적 의식은 지구공동체의 파트너십 문화를 지원한다. 어느 쪽이 글로벌 사회의 주류 문화가 되느냐에 따라 인류가 어느 방향으로 발달해 갈지, 즉 미래 세대가 우리 시대를 거대한 해체의 시기와 위대한 전환의 시기 중 무엇으로 기억하게 될지가 결정날 것이다.

스윙보터를 잡기 위한 경쟁

대부분의 미국 성인이 해당되는 사회화된 의식은 당대의 지배적인 문화가 말하는 가치와 사회적 역할에 적응한다. 사회화된 의식은 스윙보터나 마찬가지여서, 위대한 전환으로 가는 문화 정치에서 결정적으로 중요하다. 제국의 지배자 문화에도 적응할 수 있고 지구공동체의 파트너십 문화에도 적응할 수 있기 때문이다(그림 1 참고).

제국의 문화가 사회의 주류 문화라면 사회화된 의식은 제국의 정치 아젠다를 지지하는 쪽으로 기울게 될 것이다. 지구공동체의 문화가 사회의 주류 문화라면 사회화된 의식은 지구공동체의 정치 아젠다를 지지하는 쪽으로 기울게 것이다. 스윙보터를 잡기 위한 경쟁에서 제국과 지구공동체는 각기 고유한 강점이 있다.

제국이 갖는 강점

탄탄하게 확립된 문화적, 제도적 헤게모니를 가지고 있다는 점은 제

그림 1 문화와 의식

다섯 번째 단계: 영적 의식
"영적 창조자"들은 복잡하고 진화해가는 "통합된 세계"에서 공동 창조자로서 기여하며 살아간다.

네 번째 단계: 문화적 의식
"문화 창조자"들은 "포용적 세계"에서 살아간다. 모두를 위해 작동하는 포용적이고 생명을 긍정하는 사회를 창출할 가능성이 있음을 인식한다.

세 번째 단계: 사회화된 의식
"좋은 시민"들은 "작은 세계"에서 살아간다. 자신이 동일시하는 정체성 집단의 규칙에 따라 살아가며 공정한 보상을 기대한다. 이들은 스윙보터다.

두 번째 단계: 제국적 의식
"권력 추구자"들은 "나의 세계"에서 살아간다. 강한 자에게 아부하고 약한 자를 착취한다.

첫 번째 단계: 마법 세계적 의식
"환상 속 거주자"들은 "다른 세계"에서 살아간다. 마법처럼 문제를 해결해주고 자신을 지켜줄 수호자를 믿는다.

(세로축 위: 지구공동체의 문화 / 세로축 아래: 제국의 문화)

국의 결정적인 강점이다. 제국의 또 다른 중요한 강점은 사회화된 의식에 도달한 사람이라면 모두 제국적 의식의 눈으로 세상을 보는 과정을 지나왔기 때문에 제국의 조직 원리에 익숙하다는 점이다. 이와 달리, 문화적 의식이나 영적 의식에 도달해서 근본적으로 민주적인 지구공동체의 가능성을 온전히 이해하는 것은 사회화된 의식의 단계를 넘어선 사람에게만 가능하다. 또한 제국적 의식을 가진 성인들이 타인을 지배할 수 있는 제도적 권력의 자리에 오르기 위한 경쟁적 투쟁에 더 끌리는 경향이 있으며 따라서 제국의 동학을 재생산하게 된다는 점도 제국이 가진 유리한 점이다.

끝으로, 직업 불안정성, 극단적인 기후, 테러 위협 등 우리 시대의 불확실성도 제국에 유리하게 작용한다. 두려움은 더 원초적인 의식으로의 퇴행을 일으키고, 두려움과 불안정을 자극하는 데 달인인 광고 업자나 선동가에게 더 잘 휘둘리게 만든다. "내 제품을 구매하면 당신에게 아름다움과 사랑을 가져다줄 것이다.""나를 뽑으면 당신에게 번영을 가져다주고 사악한 적들로부터 보호해줄 것이다.""나의 신을 믿으면 그 신께서 당신을 당신의 죄에서 구원해주시고 내세에서 영원한 은총을 주실 것이다.""당신의 무제한적인 탐욕과 자기탐닉을 모두를 위한 공공선으로 바꿔주는, 규제 없는 시장의 마법을 믿으라." 우리 모두의 내면에는 두려움에 질린 어린아이가 있으며, 이러한 메시지는 그 내면의 아이에게 익숙한 공포와 환상을 자극한다.

제국의 문화와 제도는 심리적 미성숙과 역기능을 먹고 자라며 그것에 대해 보상한다. 그리고 세대를 이어 그러한 미성숙과 역기능을 재생산한다. 이를 통해 제국의 문화와 제도는 빠르게 변화하는 환경에 적응하는 데 필요한 건강한 인간 발달과 창조적인 역량을 질식시킨다. 이것은 지난 5000년 동안 인간 사회의 만성적인 여건이었으며 오늘날 인간 종의 생존 자체를 위협하고 있다. 성숙한 상태로 이행할 수 있으려면, 우리의 본성 중 우리가 부인해온 어두운 면에 대해 개인과 사회 모두가 책임을 받아들이고 치유를 위한 상호 지원의 시스템을 창출해야 한다. 지배와 폭력에의 심리적 의존증을 벗어나는 데 필요한 정서적 지원을 제공한다는 의미에서, 이러한 상호 지원의 시스템을 전지구적 차원의 알코올 중독자 재활 모임이라고 생각해볼 수 있을 것이다.

지구공동체가 갖는 강점

제국이 막강한 강점을 갖고 있는 듯 보이지만, 네 가지 상황이 궁극적으로 지구공동체 쪽에 유리한 점을 제공한다. 첫째, 인류의 잠재력을 온전히 실현하도록 이끄는 동력은 우리 본성에 내재되어 있다. 둘째, 상당수의 사람들이 이미 사회화된 의식을 달성했거나 그 이상을 달성했으므로 협소하게 정의된 개인의 이해관계를 넘어서는 공공선의 개념을 이해할 수 있고 그것을 달성하기 위해 협력이 필요하다는 것도 이해할 수 있다. 셋째, 우리는 생태적, 사회적으로 절박한 과제에 직면해있다(3장에서 상세히 설명할 것이다). 이것은 우리 시대 특유의 상황이며 우리가 더 고차원적인 잠재력의 가능성을 받아들이게끔 강제하는 요인이 된다. 넷째, 전지구적인 커뮤니케이션 테크놀로지의 혁신과 상호의존성에 대한 새로운 이해가 고차원 의식으로의 각성을 전례 없이 빠르게 일으키고 있다(4장에서 상세히 설명할 것이다). 성숙한 의식을 가진 사람들은 지배자 권력을 위한 투쟁을 꺼리는 경향이 있지만 제국의 지배에 도전하는 운동에서 리더십을 발휘하는 데는 강하게 매력을 느낀다.

　지구공동체의 가치가 궁극적으로 우세해지리라는 점을 보여주는 가장 좋은 지표는 오늘날 제국의 선동가들이 보이는 행태일 것이다. 지배층의 권력과 특권을 지키기 위한 제국적 아젠다에 일반 유권자의 지지를 끌어오려면 자신의 진짜 목적을 숨기는 전술을 쓸 수밖에 없다. 대중의 정치적 지지를 얻으려면 제국의 선동가들도 일단은 지구공동체의 가치에 해당하는 것들(아동, 가정, 공동체, 정의, 민주주의, 환경 보호 등)을 증진하겠노라고 공언해야 하는 것이다. 나를 믿는 사람에게서 물건을 훔치는 게 가장 쉽다는 것을 알고 있었던 청소년처럼, 이들은 사람들이 자신의 지도자에게 자연스럽게 갖게 되는 신뢰를 악용한다. 한동안은 이러한 속임수가 먹힐 수 있겠지만, 신뢰가 계속해서 배반당하는 경험을 하고 나면 민중은 그 신뢰를 철회하게 될 것이다.

* * * * *

어떤 이들은 인간이란 폭력과 탐욕의 삶을 살도록 운명 지어진 존재라고 주장하지만, 우리의 본성은 자신의 이익과 필요 외에는 고려할 줄 모르는 범죄적 사이코패스의 행동부터 예수, 간디, 부처, 마틴 루터 킹 등이 보여준 지극히 사회적이고 영적인 감수성까지 매우 폭넓은 잠재력을 담고 있다. 태어났을 때 인간은 성인으로 기능하는 데 필요한 신체적 역량을 가지고 있지 않다. 성인으로 기능하기에 적합한 의식도 가지고 있지 않다. 인간 개체가 책임감 있는 성인이 되는 데 필요한 고차원의 도덕적, 감정적 상태로 성숙해가는 과정은 우리 삶에서 가장 굉장한 모험일 것이다. 아시엔다 산타 테레사 사례에서 보았듯이, 성숙한 의식의 달성에서 중요한 관건은 그것을 지원해주는 환경이 있는지, 그리고 성숙한 의식을 가진 멘토들의 지침을 얻을 수 있는지다.

인간 의식의 다섯 가지 차원에 대한 모델은 인류가 가게 될 정서적, 도덕적 성숙의 경로를 가늠해보게 해주는 틀이다. 낮은 차원인 마법 세계적 의식과 제국적 의식은 제국의 문화를 산출하며, 높은 차원인 문화적 의식과 영적 의식은 지구공동체의 문화를 산출한다. 대부분의 사람들이 해당되는 사회화된 의식은 무엇이 사회의 주류이냐에 따라 제국의 가치와 기대에도 적응할 수 있고 지구공동체의 가치와 기대에도 적응할 수 있다. 20세기 중반 이후 인간 조건이 극적으로 달라지면서, 인류의 앞에 지구공동체의 문화로 전환해야 할 절박한 과제가 생겨났고 동시에 그것을 실현할 수 있는 가능성도 생겨났다.

제
3
상

우리 앞에 놓인
절박한 과제

○

아우슈비츠를 통해 우리는 인간이 무엇을 할 수 있는지 알게 되었고 히로시마를 통해 여기에 걸려있는 것이 무엇인지 알게 되었다.[1]

빅터 E. 프랭클Viktor E. Frankl

심각한 문제를 겪고 있는 이 행성은 가장 폭력적인 대조를 가진 킹.오.다. 보상을 받는 사람들이 부담을 떠밀는 사람늘로부터 완전히 분리되어 있는 것이다. 이것은 현명한 리더십이 아니다.[2]

스폭Spock, 「스타트렉Star Trek」 "클라우드 마인더스The Cloud Minders" 화 등장인물

SF 드라마 「스타트렉」의 "클라우드 마인더스" 화는 "아르다나"라는 행성에서 펼쳐진다. 이 행성의 지배자들은 아득히 높은 곳에 매달린 아름다운 공중 도시 "스트라토스"에서 평화롭고 풍요롭게 산다. 행성의 황량한 표면에서 살아가는 "트로글라이트"들은 비참하고 폭력적인 여건에 처해 있지만 지배자들은 이들의 현실에서 아주 멀리 떨어져있다. 트로글라이트들은 행성 간 교역에서 지불수단 역할을 하는 광물 "제나이트"를 채굴하기 위해 탄광에서 일한다. 이들이 노예 같은 노동 조건에서 생산하는 제나이트는 스트라토스의 지배층이 즐기는 사치품 수입에 사용된다. 지배층은 자신의 특권이 전적으로 합당하다고 생각한다. 우월한 지능과 세련된 문화, 그리고 도덕적 감수성을 가지고 있는 자신들이 트로글라이트와는 전적으로 다른 존재라고 생각하기 때문이다.

이 단도직입적인 정치적 은유는 출입이 통제되는 거대한 주거지에 살면서 근사한 고층 건물로 출근하고 개인 비행기로 출장지와 화려한

휴가지를 다니는 지배층과 그들의 사치를 가능하게 하기 위해 고되게 노동하는 사람들 사이의 거대한 분리를 가리킨다. 제국적 시스템의 불의를 정당화하기 위해 지구 행성의 스트라토스 거주자는 그들이 가진 "성품"의 우월함을 설파하면서 지상의 하찮은 존재들에게 책무성 따위는 지지 않아도 되도록 자신을 높이 들어올려주는 제도와 자신의 위대한 통치를 영예화하는 이야기들을 지어낸다. 통치자들이 그들이 내리는 의사결정의 부담을 짊어지는 사람들로부터 이렇게 멀리 떨어져 있을 때, 현명한 통치는 사실상 불가능하다.

그 결과는 치명적일 수 있다. 특히 지배층이 너무나 고립되어 있어서 새로운 인간 조건의 현실에 적응해야 할 절박한 과제를 불러오고 있는 극적인 변화를 인식하고 대응하는 것이 원천적으로 불가능할 때는 더욱 치명적일 것이다. 그런데 바로 이것이 지금 인간이 처한 상황이다. 과도하게 낭비적인 소비는 우리의 삶이 의존하고 있는 지구의 생명 시스템을 파괴하고 있다. 또한 현대의 무기는 전쟁을 인류의 자기파괴 수단이 되게 만들었다.

급격히 달라지고 있는 현실의 맥락에서 멀리 떨어져서, 그리고 제국적 문화의 믿음 체계에 매몰되고 제국적 제도의 안위에 협소하게 집착하면서, 구름 위의 통치자들은 생명과 문명, 그리고 현재의 사회 질서를 유지하는 제도 등에 대해 점점 높아지고 있는 위험을 외부의 적이나 기존 권위에 도전하는 반항꾼 탓으로 돌린다. 문제의 근원은 그들의 특권을 보장하는 제국의 제도들이지만, 그들은 이 진실을 깊이 부인하면서 5000년간 제국의 지배자들이 해왔던 것과 똑같은 방식으로 반응한다. 자신의 권력을 더욱 확대하고 공고화하려 하면서 가뜩이나 임박한 붕괴를 한층 더 가속화하는 것이다.

우리 시대에 닥친 절박한 과제는 인류의 긴 역사에서 오래전부터 만들어지고 있었다. 인류의 가장 초기 조상인 호모 하빌리스는 260만 년 전에 지구에 나타났다. 이들은 평원과 숲에 사는 여러 동물 중 하나였다. 신체적으로도 보잘것없었고 후세의 인류에게서 나타나게 될 선택과 자기성찰의 역량도 거의 가지고 있지 않았다. 하지만 우리의 조상들은 매우 느리지만 꾸준히 속도를 높여가면서 자신의 역량을 개발하고 사용하는 법을 터득해나갔고 우리는 지구를 함께 공유하고 있는 다른 종들로부터 점점 멀어졌다.

20세기의 100년 동안 인간이 새로운 기술력으로 서로와 또 지구와 맺는 관계를 변화시킨 속도는 그 이전 260만 년 동안의 기술 진보를 다 합한 것을 능가할 정도다. 100년 사이에 우리는 다른 천체에 도달했고, 먼 시초로 거슬러올라가 우주의 기원을 탐구했고, 아원자 입자 세계의 깊은 신비들을 탐험했고, 유전자 코드의 신비를 풀어 신과 같은 파괴와 창조의 힘을 갖게 되었다. 하지만 우리는 이 힘을 현명하게 사용하지 않았다. 우리가 권력을 양도한 지배자들이 계속 저 멀리 구름 위에서 통치했기 때문이다.

이 장에서는 막대한 제도적 실패가 불러일으킨 우리 시대의 절박한 과제를 개괄하고, 다음 장에서는 그와 동시에 생겨난 기회를 알아보기로 하자.

기능 장애를 일으키는 부담에 짓눌린 지구

대략 1980년 정도에 인간 종은 진화상의 중대한 경계선 하나를 넘었다. 인간이 지구의 생명 지원 시스템에 부과하는 부담이 지속가능한 한계를 넘어선 것이다. 숫자들은 아찔하다. 1950년 이후 불과 50여 년 사이에 전 세계 인구는 26억 명(1950)에서 64억 명(2005)으로 두 배 넘게 늘었다. 전 세계의 경제적 산출은 1950년 6.7조 달러에서 2002년 48조 달러로 증가했다(미국 고정달러로 환산).[3] 자동차 대수는 1950년 이래 열 배가 되었다.[4] 화석연료 사용은 다섯 배, 담수 사용은 세 배로 늘었다.[5] 물질적 풍요를 누리고 있는 주력 소비 계층 17억 명(전체 인구의 27%)을 주 대상으로 하는, 그래서 이들이 소비를 심지어 더 늘리게 하려는 광고 지출은 1950년부터 2002년 사이에 열 배 가까이 늘었다.[6]

2002년 무렵 인간은 식품, 물질, 에너지를 지구 1.2개가 생산하는 만큼의 속도로 소비하고 있었다.[7] 인간의 소비량과 지구의 재생 역량 사이에 차이가 난다는 말은 지구의 자연 자본이 그만큼씩 고갈된다는 뜻이다. 재생가능하지 않은 광물이나 화석연료는 물론이고, 숲, 어획 자원, 토양, 물, 기후 시스템처럼 재생가능한 자본도 그렇다. 우리는 우리의 아이들과 아이들의 아이들을 희생시키면서 현재의 소비를 지탱하기 위해 지구에서 지속가능하지 않은 보조금을 뽑아 쓰고 있다.

세계야생생물기금World Wildlife Fund, WWF은 세계의 삼림, 담수, 해양, 해안 생태계의 건강이 어떻게 달라지고 있는지 추적하기 위해 정기적으로 지구생명지수Living Planet Index를 발표한다. 1970년부터 2000년까지 30년 사이에 지구생명지수는 37%나 하락했다. 하지만 이 지수가 0으로까지 떨어지지는 않을 것이다. 그것은 죽은 지구를 의미하는데, 그렇게 되기 한참 전에 지구가 문제를 일으키는 종을 제거할 것이기 때문이다.[8]

1인당 경작지가 충분치 않아 수입 식품에 의존하는 국가의 인구는 (2004년의 보고서에 따르면) 4억 2000만 명 정도인데, 인구는 계속 증가하고 있고 양질의 경작지는 줄어들고 있으므로 2025년이면 이 숫자는 10억 명이 넘을 수도 있다. 또 이 보고서에 따르면 현재 5억 명이 넘는 사람이 만성적으로 가뭄을 겪기 쉬운 지역에 살고 있는데, 2025년이면 이 숫자가 많게는 34억 명에 달할 것으로 예상된다.[9]

생태계 교란, 영양 부족, 깨끗한 물에 대한 접근성 부족, 생태적 경계를 넘나들며 이뤄지는 사람과 재화의 빠른 이동 등이 겹치면서 HIV/AIDS 같은 새로운 질병이 전례 없는 속도로 확산되었다. 한때 거의 종식되었다고 여겨졌던 말라리아나 결핵은 더 치명적인 형태로 다시 돌아왔다. 또한 기후 교란과 즉각적으로 활용할 수 있는 값싼 석유(현재의 물질적 과잉은 값싸게 추출할 수 있는 석유에 의존하고 있다)의 임박한 종말은 위기를 한층 더 가속화하고 우리가 위기를 다룰 수 있는 역량을 제약하게 될 것이다.

기후 교란

기후변화가 실제로 일어나고 있으며, 상당 부분이 인간의 활동으로 유발되었다는 것에 대해 강력한 증거들이 점점 더 많이 쌓이면서 과학계의 합의도 매년 더 높아지고 있다. 평균 지표 온도는 20세기를 거치면서 0.6도 올랐고 21세기에는 더 빠른 속도로 오를 것으로 보인다.[10] 온난화는 북반구, 특히 북극 지역에서 심각할 것으로 예상된다. (2005년의 보도에 따르면) 지난 20년 사이 극지방 빙하가 46%나 얇아졌고 이르면 2020년부터도 여름에는 완전히 녹아버릴지도 모른다. 멕시코 만류를 일으켜 유럽의 기온을 온화하게 유지해주는 대서양의 해양열이 약화되어 멕시코 만류의 속도가 늦어지거나 완전히 멈출지 모른다는 우려도 나온다. 그렇게 되면 유럽 국가들에 재앙적인 결과를 초래하게 될 것이고 특히 유럽의 농업이 막대한 피해를 입을 수 있다.[11]

평균 기온이 약간만 올라가도 기후에는 막대한 영향을 미친다. (2001년의 보고서에 따르면) 지난 50년간 강력한 허리케인, 가뭄, 홍수 등의 심각한 기후 사건이 계속 증가한 데서 알 수 있다. 전 세계적으로 1950년대에는 심각한 기후 사건이 13건뿐이었는데 1990년대의 첫 9년 동안에는 무려 72건이나 있었다. 이러한 피해가 유발한 비용도 1950년대에 연간 30억 달러이던 데서 1990년대에는 연간 400억 달러에 달했다.[12] 2005년에 미국 멕시코만 일대를 쑥대밭으로 만든 허리케인 카트리나와 리타는 앞으로 계속 닥칠 일의 예고편일 뿐이다.

기후변화와 그로 인한 해수면 상승이 농업을 교란하고 대대적인 인구 이동을 일으키는 상황은 이미 임박해있다. 미 국방부의 의뢰로 진행된 한 연구는 21세기에 지구온난화가 "인간을 지탱해줄 수 있는 지구 환경의 수용 역량을 심각하게 감소시킬 수 있으며" 잠재적으로 "지정학적 환경도 불안정해질 수 있다"고 경고했다. 그렇게 되면 "자원의 제약으로 인해 소규모 접전, 심지어는 전쟁이 벌어질 수도 있다. … 교란과 분쟁은 우리 삶의 만성적인 조건이 될 것이다."[13]

석유의 종말

2004년과 2005년에 유가가 급등한 데다 셸 등 석유회사들이 확인된 원유 매장량을 체계적으로 과대 추산했다는 사실이 드러나면서, 석유 수요와 석유 추출 비용이 모두 증가하는 상황에서 전세계 석유 생산량이 가차없이 줄어들기 시작하는 시점이 언제일지에 대한 논쟁이 촉발되었다. "피크 오일peak oil"(석유 생산량이 최고점을 치고 줄어들기 시작하는 시점)이 오면 에너지 가격이 치솟아 지난 100년간 많은 지역에서 경제 성장의 기반이었던 값싼 석유라는 형태의 보조금이 사라지면서 경제가 커다란 탈구를 일으키리라는 우려가 높아졌다.

(2004년)「포춘」에 따르면, 가장 낙관적으로 추정했을 경우 피크 오일은 길게 잡아 35년 정도 남은 것으로 예상된다. 하지만 또 다른 전문가들에 따르면 그 운명의 시점이 이미 2005년에 지나갔을 수도 있다. 한편, 1980년에는 개인 자가용이 거의 없는 나라이던 중국에 2005년경에는 2,400만 대가 있을 것으로 추산되며 중국은 향후 상당 기간 기하급수적인 성장을 계속할 것으로 예상된다.[14] 2004년에 중국은 일본을 능가하는 세계 2위 석유 소비국이었다.[15] 물론 1위 석유 소비국은 미국이다.「포춘」이 정확히 지적했듯이, 피크 오일이 이미 지났는지 35년이 남았는지는 중요한 것이 아니다.[16] 세계 경제가 석유 의존에서 벗어나게 하고 온실가스의 축적을 거꾸로 돌리는 것이 지금 우리의 가장 본질적이고 긴급한 우선순위가 되어야 한다.

인간이 행동에 나서기로 스스로 선택하지 않는다면 지구가 시장의 모든 자기조정 기능을 움직여 우리 대신 선택을 내릴 것이다. 보조금이 시장에서 자원 배분상의 문제를 일으킨다는 시장 원리, 무한한 성장은 유한한 시스템에서 지속될 수 없다는 시스템 원리, 적시에 균형 회복을 위한 조치를 취하지 않으면 "오버슈팅에 이은 붕괴"를 가져온다는 사이버네틱스의 원리 모두가 우리에게 끔찍한 교훈이 될 것이다.[17] 조금 더 쉬운 말로 풀어보면 우리 인간은 값싼 석유라는 보조금을 써서 지구 자원의 지속불가능한 소비에 의존하는 경제와 라이프스타일을 만들어왔다. 우리의 소비는 여러 면에서 이미 지속가능한 한계를 상당히 넘어섰다. 즉시 교정에 나서지 않는다면 경제는 곧 붕괴할 것이다.

지구생명지수로 판단해보건대 우리는 1970년경부터 이미 생태적 오버슈팅 상태였다. 사실 이 과정은 인간의 경제가 본격적으로 석유에 의존하는 방식으로 전환한 약 100년쯤 전부터 이어져왔다. 그 이후로 우리는 값싼 석유에 의존하는 인프라를 짓는 데 온 힘을 기울였고, 그럼으로써 접근 가능한 원유 매장고의 고갈을 가속화했으며 온실가스를 대기 중에 내뿜었다.

20세기는 제국이 가장 낭비적으로 잉여를 누린 시기였다. 그리고 이제 우리는 그것의 끔찍한 비용을 치러야 한다. 석유 중독의 인사불성 상태에서 서서히 깨어나자 극심한 숙취가 맹렬한 기세로 시작되었다. 이제 우리는 5000년간 이어져온 제국의 유산뿐 아니라 지난 100년간 값싼 석유가 가능케 했던 제국적 과잉의 결과도 다뤄야 한다. 제국의 방식을 버리고 지구공동체의 방식으로 전환하는 것을 미룰수록 붕괴는 너 재앙적일 것이고 우리가 치러야 할 비용도 더 커질 것이다.

현실의 공격

20세기는 석유의 세기였다. 추출 비용이 많이 들지 않았고 거의 고갈되지 않을 것 같은 매장고에 접할 수 있었기 때문에 우리는 석유와 천연가스를 공짜 자원처럼 취급하면서 추출, 가공, 운반 비용으로만 가격을 계산했다. 온실가스를 내놓는 환경 비용은 대수롭지 않게 여겼고 석유와 천연가스가 인간의 시간 단위 안에서 유한하고 재생가능하지 않은 자원이라는 사실은 무시했다.

전후의 경제 발전은 식량 증산을 위한 녹색 혁명부터 수출 주도의 산업화 정책까지, 또 교외 주거지 개발과 자동차 의존적인 교통 시스템까지 아주 많은 면에서 세상을 석유와 천연가스에 의존하는 상태로 바꾸는 과정이었다고 말해도 과언이 아니다. 2001년에 세계 석유 소비는 1950년 수준의 7.5배에 달했고 [2003년 보고서에 따르면] 오늘날 세계 에너지 사용의 24%를 차지하는 천연가스 소비는 1950년 수준의 12.9배로 늘었다.[18]

지구는 인간의 생명과 후생이 의존하고 있는 진정한 부를 창출한다. 우리는 그러한 자연의 부를 우리가 사용할 수 있는 것들로 바꾸어서 소비한다. 20세기를 거치면서 인간은 점점 더 강력한 기술을 연마해서, 자연이 창출한 부를 우리의 소비로 바꾸는 속도를 기하급수적으로 높여왔다. 우리는 한계 없이 부를 창출하는 비밀을 알아냈다고 생각했지만, 사실 소비를 가속화한 것에 비해 부의 창출을 가속화하지는 못했다. 우리의 소비는 자연의 부를 고갈시키고 살아있는 지구의 자본을 잠식해서 지탱되었다. 또한 우리는 세계의 소비 계층이 칭송하는 낭비적인 삶의 양식이 인류의 뛰어난 경제적, 기술적 역량을 보여주는 척도라고 생각했지만, 그러한 삶의 양식은 지속가능하지 않았다. 더 정확하게 말해서 그것은 우리의 짧은 생각과 자기기만의 역량을 보여주는 척도였다. 그리고 이제 우리는 현실이 가하는 심각한 공격에 직면했다.

저널리스트인 제임스 하워스 쿤슬러James Howard Kunstler는『긴 비상사태The Long Emergency』에서 이 상황을 상세하게 설명했다.[19] 자동차, 컴퓨터, 합성섬유, 플라스틱, 건설 및 제조 공정, 중앙 난방, 실내 공기 조절, 항공 여행, 산업적 농경, 국제 교역, 교외 주거지, 현대식 전쟁 등 현대 생활의 사실상 모든 면이 값싼 석유에 의존하고 있다. 석유가 없으면 교외 주거지, 글로벌 교역 시스템, 그리고 산업화된 식량 생산 및 가공, 분배 시스템 등 현대의 삶을 떠받치고 있는 주요 인프라 모두가 사용할 수 없는 자산이 된다.[20]

여기에 더해, 기후변화로 인한 경제의 탈구와 절박해진 사람들의 테러로 인한 교란은 값싼 석유라는 보조금이 사라지면서 발생하게 될 결과를 한층 더 악화시킬 것이다. 규모를 줄이고 지역화하는 쪽으로 경제적 인센티브가 급격히 이동할 것이다. 높은 이동성보다는 각자 현재의 장소에서 삶을 계속 유지하는 쪽에 초점을 두게 될 것이다. 1만 2000마일[약 1만 9000킬로미터]의 공급망에 기반한 비즈니스 모델은 유지 비용을 점점 더 감당할 수 없게 될 것이고 따라서 에너지 효율적인 소규모의 지역적 생산이 더 유리해질 것이다.[21] 살고 일하고 휴식을 취하고 필요한 것들을 사고파는 장소가 한자리에 모일 수 있는 조밀하고 자립적인 공동체가 점점 더 강점을 갖게 될 것이다. 풍력, 태양열, 소규모 수력이 1차적인 에너지원이 될 것이다. 경작 가능한 땅은 식량과 섬유 식물을 재배하는 데 쓰일 것이고 저투입 농경법이 사용될 것이다.

어느 모로나 쉬운 전환은 아닐 것이다. 이러한 조정은 폭력적이고 자기파괴적으로 최후의 한 사람이 남을 때까지 경쟁하는 제국의 방식으로 펼쳐질 수도 있다. 아니면, 충분성과 나눔의 기술, 평화적인 갈등 해결의 기술을 터득해나가고, 인간이 가진 창조력을 전체의 생성력을 키우는 쪽으로 활용하며, 공동체를 다시 일구기 위해 협업하는, 지구공동체의 방식으로 펼쳐질 수도 있다. 어느 쪽일지는, 우리가 현재의 국면을 기회의 순간으로서 받아들일 만한 용기와 비전을 찾을 수 있느냐에 달려있다.

지구 행성의 클라우드 마인더들은 현실에서 너무 동떨어져 있어서 자신이 통치하는 사회의 토대를 제 손으로 훼손한 것이 유발한 결과를 인식하지 못한다. 그래서 이들은 전형적인 제국의 방식으로 반응한다. 실제의, 혹은 상상된 적을 향해 전쟁을 선포함으로써 안전을 위협하는 진짜 요인들로부터 사람들의 관심을 돌려놓으려 하는 것이다. 인간 조건의 변화가 전쟁 자체를 무용하고 불합리한 자기파괴적 행동이 되게 만들었다는 사실은 생각하지 않은 채로.

자기파괴의 전쟁

로마 제국의 전투는 칼, 창, 화살을 가지고 치러졌다. 우리의 전쟁은 폭격기, 탱크, 미사일, 집속탄, 지뢰, 원폭, 고성능 폭약, 레이저, 컴퓨터, 열화우라늄탄을 가지고 치러진다. 살상의 효율성이 증가하면서 20세기는 인간 역사 중 가장 피비린내 나는 세기가 되었다. 현대 무기의 살상력은 계속 커지고 있으며 공격의 대상인 사람들뿐 아니라 그 무기를 사용하는 사람들에게도 점점 더 재앙적인 결과를 낳고 있다.

자기파괴의 무기

세계보건기구에 따르면 20세기에 전쟁으로 7200만 명이, 인종학살로 또 다른 5200만 명이 사망한 것으로 추산된다. 이 둘을 합한 숫자를 많게는 2억 300만 명으로 추산하는 자료도 있다.[22] 그리고 사망자 1명당 3명꼴로 부상을 입었다. 많은 경우에 "부상"은 평생에 걸쳐 장애를 가지고 살아가야 할 정도의 부상이다.[23] 또 다른 수백만 명이 심각한 신체적 부상은 피했어도 영구적인 정신 장애를 겪었다. 도시 전체가 폐허가 되었고, 경제가 무너졌고, 소중한 문화유산이 파괴되었고, 수많은 사람이 고향을 잃었고, 지구의 부가 생명을 북돋우기 위해서가 아니라 파괴하기 위해서 소비되었다. 최악인 것은, 현대의 무기 중 어떤 것은 전투가 종식된 후에도 오랫동안 계속해서 사람들을 죽이고 방대한 지역을 거주 불가능하게 만든다는 점이다.

매설 지뢰는 50년 이상 계속해서 활성 상태를 유지하기도 한다. 1996년의 유엔 추산치에 따르면 70개국에 1억 1000만 개의 지뢰가 활성 상태로 묻혀 있다. 1년에 지뢰로 사망하거나 부상을 입는 사람이 2만 4000명이다. 대부분은 민간인이고 심지어는 아동이다.[24] 열화우라늄탄은 장갑차를 뚫을 수 있도록 고성능 포탄의 화력을 강화할 용도로 사용되는데, 분진으로 대기 중에 퍼져 적군 아군 할 것 없이 모두를 서서히 병들고 죽게 만든다. 또한 그들의 아이들을 기형이 되게 하며 방대한 땅이 영구적으로 인간의 거주에 부적합해지게 만든다.[25] 1996년에 유엔은 결의안을 통해 열화우라늄탄을 불법적인 대량살상무기로 규정했다. 그런데도 미국 등 여러 나라에서 여전히 열화우라늄탄을 대량으로 사용하고 있다.

1991년 이라크 전쟁 때 페르시아만에서 복무한 미군 69만 6778명 중에서 교전 중에 혹은 사고로 사망하거나 부상한 사람은 760명이었다. 하지만 2005년 5월까지 미 보훈처는 1991년에 페르시아만 지역에서 근무했던 군인 중 총 16만 8011명을 전투와 관련된 부상이나 질병을 겪고 있는 "상이 군인"으로 분류했고 그 외에 복무와 관련된 원인으로 사망한 사람이 8306명이라고 밝혔다. 즉 2005년까지로 기간을 잡아 보면 1차 걸프 전쟁의 사상자 비율은 무려 25.4%이며, 이 숫자는 계속 커지고 있다. 1차 걸프 전쟁 이후에 오염 지역의 제염 작업을 담당했던 전 미육군 소령 더그 로케Doug Rokke 등 몇몇 전문가들은 이러한 인명 피해의 상당 부분이 열화우라늄탄 때문이라고 보고 있다. 미 국방부 대변인은 이에 대해 부인했다. 하지만 진짜 원인이 무엇이건 미군이 치러야 했던 비용은 막대했다. 오염된 지역에서 살아가야 하는 이라크 사람들이 치르고 있는 비용은 물론 훨씬 더 막대할 것이다.[26]

승리자가 입는 피해는 신체적인 데서 그치지 않는다. 국가가 젊은이들을 전쟁터로 보낼 때는 먼저 그들을 훈련소로 보낸다. 살상의 기술을 가르치기 위해서이기도 하지만 사람을 죽이는 것에 대한 도덕적 거리낌을 없애기 위해서이기도 하다. 전투의 끔찍함을 겪고 살아돌아온 사람들은 갈등을 폭력적으로 해결하도록 훈련받고 실행한 경험을 한 채로, 또한 죽음의 이미지가 마음에 가득한 채로 돌아온다. 2차 걸프 전쟁에서 살아돌아온 군인들에 대한 한 연구에 따르면, 6명 중 1명이 심각한 우울증, 범불안장애, 또는 외상 후 스트레스 장애를 겪는 것으로 나타났다.[27] 작아진 세계에서 커다란 무기들은 전쟁을 대규모의 자기파괴 전략이 되게 만들었다.

핵폭탄 대 상자칼

고성능 폭약, 자동화기, 견착식 로켓, 핵물질, 생화학물질, 휴대전화, 인스턴트 메신저, 인터넷 등이 존재하는 시대에는 아무리 강력한 군사력을 가진들 작심한 소규모의 테러리스트 네트워크나 헌신적인 민중의 저항 운동을 상대로 승리할 수 없다. 이러한 무기는 저항 세력이 외국 군대가 들어와 장기간 점령 상태를 유지하는 것을 불가능하게 만들고 그 외국 군대의 본토를 상당한 위험에 몰아넣을 수 있는 수단을 제공한다. 무장 저항 세력을 테러리스트, 게릴라, 자유의 전사, 민병대 등 무엇이라고 부르든 간에, 테러와 게릴라전에 능통한 헌신적인 저항 세력을 상대로 제국의 군사 기계는 쓸모가 없다. 프랑스는 알제리와 베트남에서, 소련은 아프간에서, 이후에 러시아는 체첸에서 이러한 현실에 직면했다.

미국은 나라 하나를 통째로 절단낼 수도 있는 무력을 가지고 있지만, 미국의 가공할 화력도 은밀한 국제 테러 네트워크를 찾아내거나, 점령한 나라 국민들이 자발적으로 점령군을 따르게 하거나, 정예 테러리스트의 공격으로부터 민간인의 안전을 보호하는 데는 별 소용이 없다. 경제사학자 이매뉴얼 월러스틴Immanuel Wallerstein이 지적했듯이, 미군은 1945년부터 2002년 사이에 한국 전쟁, 베트남 전쟁, 1차 걸프 전쟁 등 세 개의 주요 전쟁을 치렀는데 한국 전쟁과 1차 걸프 전쟁에서는 비겼고 베트남 전쟁에서는 패했다. 세 경우 모두 미국의 상대는 세계적인 군사 강국과는 거리가 멀었다.[28] 이러한 경험에서 명백한 교훈을 얻기는커녕 미국은 2005년에 아프간과 이라크에서 비용은 막대하게 들고 이길 수는 없는 전쟁을 시작해 수렁에 빠졌다.

기존의 군대는 영토의 통제를 염두에 두고 조직되어 있으며 그에 맞게 장비를 갖추고 군인을 훈련시킨다. 그런데 테러 네트워크는 모든 곳에 있는 동시에 어느 곳에도 있지 않으므로, 영토의 통제가 관건이 아니게 된다. 테러 공격에 기존의 군사력으로 대응하면 생명과 재산에 막대한 피해를 일으킬 수는 있지만, 테러를 막는 전략으로서는 매우 비생산적이다. 테러를 꺾을 수 있는 유일한 방법은 테러에 동기를 부여하는 조건을 제거하는 것뿐이다.

오늘날의 전쟁은 기묘한 역설을 제기한다. 현대의 테크놀로지가 세계의 지배 계층에게 지구 전체를 거주 불가능하게 만들 수도 있을 만한 힘을 주었지만, 그와 동시에 무력으로 그들의 뜻을 다른 사람들에게 강요할 수 있는 역량을 그들에게서 제거하기도 한 것이다.

이리한 현실을 알지 못하고서, 지배 계층은 자신의 한복판에 있는 대량살상무기는 무시한 채 이라크 등지에서 대량살상무기를 찾으라고 명령한다. 항공기, 화학공장, 석유정제시설, 핵시설, 송전망, 가스관, 도시의 상수 시스템 등은 작심한 정예 테러리스트가 소박한 도구를 사용해서 쉽게 죽음과 교란의 도구로 바꿀 수 있다. 2001년 9월 11일에 미국에서 벌어진 테러 공격이 너무나도 가시적으로 보여주었듯이 말이다. 은유적으로 말하자면, 핵폭탄과 상자칼의 경쟁에서 상자칼이 전략적 우위를 가지고 있는 셈이다.

지정학 분석가인 조너던 셸이 주장했듯이, 이제 우리는 "정복"이 불가능한 세상에 살고 있다.[29] 폭력의 원인을 제거해서 평화롭게 살아갈 방법을 알아내지 못한다면 영속적인 두려움과 불안정 속에서 살아가게 될 것이다. 하지만 지구 행성의 지배자들은 폭력의 근원을 다루기는커녕 자신의 안전을 위해 병력을 강화하고 자신이 살고 있는 구름 위의 도시를 한층 더 높은 궤도로 들어올려서 지상에서 퍼져가고 있는 대대적인 파괴로부터 더더욱 멀어지려 한다.

더 높은 궤도로 멀어지다

1950년 이래 6배나 증가한 전 세계의 경제적 산출이 평등하게 분배되었다면 빈곤은 지금쯤 과거 이야기가 되었을 것이고 민주주의가 안전하게 자리 잡았을 것이며 전쟁은 먼 기억 속에나 존재했을 것이다. 하지만 지배 권력이 느끼는 필요에 따라 움직이는 제국의 제도들은 이 막대한 성장의 이득 중 80% 이상을 가장 운 좋은 20%에게 몰아주었다.

증가하는 격차

1990년대에 세계의 가장 가난한 54개국에서 1인당 소득이 감소했다. 조사가 이뤄진 67개국 중 37개국에서 원래도 높던 빈곤율이 증가했다. 2003년 발표된 유엔 보고서에 의하면, 12억 명이 하루 1달러 이하로 살아가고 세계 인구의 거의 절반인 28억 명이 하루 2달러 이하로 살아간다.[30]

스펙트럼의 반대쪽 끝을 보면, 전 세계 억만장자[10억 달러 이상] 인구가 1991년 274명에서 2005년 691명으로 늘었다. 이들의 순자산 총합은 2.2조 달러였다.[31] 2003년 기준 소비 사회에서 물질적 풍요를 누리고 있는 인구는 전 세계 인구 중 27%인 17억 명 정도로 추산된다.[32] 점점 더 큰 자동차와 집으로 선호가 옮겨가면서 이들의 소비 수요는 계속해서 증가하고 있다. 현재 유럽의 소비 수준을 전 세계 인구에게 보장하려면 지구가 적어도 서너 개는 더 있어야 한다. 이에 더해, 2003년 보고된 유엔의 추산에 따르면 2050년까지 세계 인구가 현재의 64억명에서 89억명으로 증가할 것으로 보인다.[33] 그렇다면 유럽 수준의 소비를 모든 인구에게 보장하는 데 추가적으로 지구 한두 개가 더 필요하다. 인류는 문자 그대로 아이들의 미래를 소진시키고 있다. 그와 동시에 수십억 명을 비참한 처지로 몰아넣고 있으며 인간 종의 생존 자체를 불확실하게 만들고 있다.

실로 암울한 숫자다. 이에 대해 성층권 궤도의 거주자들이 취하는 대응은 조세 부담을 투자자 계급으로부터 노동자 계급으로 한층 더 이

전하고, 임금을 아래로 한층 더 내리누르고, 금융 투기와 독점적 수익에 대한 제약을 완화하고, 기업을 자신이 일으킨 사회적, 환경적 비용 부담에서 자유롭게 만들어주는 것이다. 이러한 정책에 반대하는 사람이 나타나면 계급 전쟁을 옹호하는 거냐고 비난하면서, 꼭대기를 아래로 내리기보다 꼭대기가 더 많은 부를 창출하도록 해서 바닥을 위로 올려야 한다고 주장한다.

클라우드 마인더들은 꼭대기를 더 높이 들어올리면 전체적으로 부가 늘어나서 궁극적으로 바닥에도 이득이 된다고 계속해서 주장하지만 이것은 잔인한 속임수다. 내재적으로 부정의하고 지속가능하지 않은 시스템 안에서는 정의와 지속가능성이 달성될 수 없다.

거대한 착각

이 속임수의 핵심은 돈이다. 화폐가 어떻게 작동하는지 알려면 "실질적 부"와 "금융적 부"의 차이를 분명히 구분해야 한다.

실질적 부는 음식, 토양, 에너지, 지식, 기술, 숲, 아름다움처럼 실질적 효용이나 예술적 가치가 있는 것을 말한다. 지구의 자연 시스템은 모든 실질적 부의 토대다. 우리의 생명 자체가 그것에 의존하고 있기 때문이다. 자연 시스템이 없다면 다른 모든 형태의 부도 있을 수 없고 인간의 노동과 기술도 있을 수 없다.

이와 달리 화폐는 내재적인 유용성이나 예술적 가치가 없다. 화폐는 종이에 쓰인 숫자이거나 컴퓨터에서 전자적으로 추적될 수 있는 신호다. 이것은 사회적 관습에 의해서만, 즉 사람들이 그것과 실질적인 가치를 교환하기로 기꺼이 받아들이는 한에서만 가치를 갖는 회계상의 기법이다. 그렇지만 거의 모든 실질 가치에 접하는 데 화폐가 필요한 사회에서, 화폐는 화폐를 창출하고 분배하는 사람들에게 막대한 권력과 이득을 준다.

클라우드 마인더들은 환경이 점점 더 훼손되던 바로 그 시기에 금융 자산의 빠른 성장에서 막대한 이득을 누렸다. 금융적 부가 증가하면서 그들은 지구와 사회의 실질적 부 중에서 점점 더 많은 부분을 자신의 몫으로 취할 수 있게 되었다. 금융적 부의 증가는 우리 모두가 부유해지고 있다는 착각을 만들어냈다. 실제로는 그 반대인데도 말이다. 일례로, 금융 자산의 가치에 대한 주요 지표 중 하나인 시가총액을 보자. 1977년에서 2003년 사이에 전 세계 주요 증권시장의 시가총액은 0.8조 달러에서 22.6조 달러로 증가했다.[34] 이는 나머지 사람들에 비해 지배층이 갖는 구매력이 막대하게 증가했음을 뜻한다. 하지만 시가총액의 증가는 경제 정책들이 사회의 실질적 부를 사실은 고갈시키고 있는데도 거꾸로 증가시키고 있다는 착각을 일으킨다.

미국에서 어떤 형태로든 주식을 소유한 가구가 절반도 안 된다는 사실을 기억할 필요가 있다. 가장 부유한 1%가 전체 주식 가치의 42.1%를 소유하고 있고 이것은 하위 95% 가구가 소유한 것의 총합보다 많다[2002년 보고서 기준].[35] 정확한 숫자는 알 수 없지만 1%도 훨씬 안 되는 전 세계의 최상위 부유층 가구가 주식의 상당 부분을 소유하고 있을 것이다.

불행히도 대부분의 사람들은 이러한 불평등의 진정한 함의를 놓치곤 한다. "돈이 곧 부"라고 생각하는 습관이 들어 있기 때문이다. 사회의 권력 배분을 이해하려면 화폐적 부와 실물적 부를 구분해야 하지만 자본, 자산, 자원, 부와 같은 금융의 언어는 금융적 부와 실물적 부를 구분 없이 일컫기 때문에 그것으로는 권력 배분을 잘 표현하기 어렵다.

만약 둘의 차이를 사람들이 잘 이해하고 있다면 금융 전문가라는 사람이 나와서 주식시장 상승이 "부를 창출하고 있다"고 말할 때, 가장 부유한 가구들이 실질적인 부 중에서 그나마 우리에게 남아있던 부분에 대해 청구권을 주장할 수 있게 되었다는 의미임을 간파할 수 있을 것이다. 그러면 그 전문가가 신나서 하는 말에 동조하고 싶지 않아질 것이다.

빌린 돈으로 흥청망청 살기

1990년대의 거품 경제에 홀려서 망상에 빠진 클라우드 마인더 계층의 전문가들은 [경제를 아래로 끌어당기는] 경제의 중력 법칙이 종말을 고했다고 선포했다. 그들에 따르면, [경기불황을 수반하는] 경기변동은 고대의 유물이 되었다. 미국의 무역수지 및 금융수지 불균형은 더 이상 문제가 아니었다. 환경이 부과하는 한계도 초월되었다. 현실주의자들이 금융 버블의 가능성을 우려하면 아무것도 모르는 비관주의자들이 새로운 정보 경제가 만들어낸 기적을 알지 못해서 하는 무식한 소리라고 치부했다. 그들은 실질적인 부가가치는 금융, 마케팅, 엔터테인먼트, 정보기술, 지적재산권에서 창출된다고 말했다. 따라서 가장 수익성 있는 경제 전략은, 원자재를 수입해서 적절한 생계 임금을 요구하는 국내 노동자들을 고용해 완제품을 제조하기보다 노조가 없어서 노동비용이 싼 가난한 나라들에서 생산된 완제품을 수입해오는 것이라고 주장했다.

2004년에 미국의 무역적자는 연간 6650억 달러에 달했고 계속 증가하는 추세였다. 이 적자분은 해외에서 평일 하루당 26억 달러씩 빌려와서 메우고 있었다.[36] 이 때문에 2002년경부터 달러 가치의 급락이 가속화되었고 2004년 말이면 달러 가치가 거의 3분의 1이나 떨어졌다.[37]

2002년에 프랑스 인구학자 엠마뉴엘 토드Emmanuel Todd는 유럽에서 베스트셀러가 된 『제국 이후After the Empire』에서 "상품과 자본을 모조리 빨아들이면서 그만큼의 재화를 내놓지는 못하는 일종의 블랙홀"이라고 미국을 묘사했다.[38]

21세기 초입에 기업 스캔들이 연이어 터지면서 사람들은 1990년대 미국 경제의 기적이라고 여겨졌던 것들이 대부분은 주식 거품이었고 회계 부정과 근거 없는 낙관에 기반한 것이었음을 알게 되었다. 미국 무역적자의 심화도 기업이 단기 이익 극대화를 목표로 교역을 좌지우지하는 개방 경제 시스템이 글로벌 시스템에 위험천만한 불안정성을 가져올 수 있음을 드러냈다. 하지만 이러한 문제에 대해 신경 쓰기는커녕 클라우드 마인더들은 거품을 또다시 일으키기 위한 노력에 박차를 가했고 계속해서 제조 시설과 일자리를 해외로 내보냈다. 곧 첨단 연구개발 분야도 포함해 기술 역량마저 밖으로 내보내기 시작했다. 제조 시설, 노동자, 기술을 점점 더 해외에 의존하게 되면서 미국의 무역적자와 대외 부채는 더욱 가파르게 증가했다.

1990년대 중반까지만 해도 미국은 자국 내 소비의 90%를 생산하고 있었다. 그런데 2004년에는 이 숫자가 75%로 줄었고[39] 이 추세는 가속화되고 있었다.[40] 미국의 컴퓨터 하드웨어 수출은 2000년 450억 달러에서 2004년 280억 달러로 줄었다. 미국 회사들은 국내에서는 새로운 역량을 위한 투자를 매우 적게 했고 미국의 엔지니어 인력 풀도 매우 적어졌다.[41] 경력을 계획하는 젊은 미국인들은 빠르게 반응했다. 이전까지 증가하던 트렌드가 역전되어서, 미국의 컴퓨터 과학 및 소프트웨어 엔지니어 분야 학부 과정들에 지원자 수가 2년 사이에 많게는 30%나 줄었다. [2004년의 보도에 따르면] 이제는 인도와 중국의 컴퓨터 과학

분야 졸업생이 미국보다 많다.[42]

미국의 수출 흑자는 이제 석유, 씨앗, 곡물, 철강, 목재 펄프, 종이, 동물 가죽 등 대부분 원자재에서 나온다. 미국이 중국에서 수입하는 주요 품목은 컴퓨터 부품이고 중국이 미국에서 수입하는 주요 품목은 대두다.[43] 미국의 교역 구조는 원자재를 수출하고 완제품을 수입하는 제3세계의 양상과 점점 더 비슷해지고 있다.[44]

미국 클라우드 마인더들의 협소한 경제적 시야에서 보면, 글로벌 경제에서 미국의 적합한 역할은 외국에서 빌려온 돈으로 대금을 지불해서 다른 나라의 노동착취 공장에서 생산된 제품과 기술을 소비하는 데 특화하고, 그럼으로써 이윤과 실업은 높게, 임금은 낮게 유지하며, 여기에서 발생할 문제의 비용은 미래 세대로 전가하는 것이다. 경제학자 고故 케네스 보울딩Kenneth Boulding의 말을 빌리면, 이것이 장기적으로 승리하는 경제 전략이라고 생각하는 사람은 제정신이 아니거나 신자유주의 경제학자일 것이다.

경제의 퍼펙트스톰

경제의 퍼펙트스톰을 불러올 먹구름이 모여들면서 기업 주도의 글로벌 경제가 심각하게 교란될 가능성이 높아졌으며, 지역적인 생산과 자립적인 지역경제 쪽으로 재조정을 추동하는 요인도 강화되고 있다. 다음의 네 가지 조건이 모여 기존의 경제 구조에 전례 없는 위협을 제기하고 있다.

1. 석유 생산이 정점을 치고 감소하기 시작하면 기업이 주도하는 글로벌 경제의 주요 인프라 모두가 의존하고 있는 값싼 에너

지 형태의 보조금이 사라질 것이다.

2. 지구온난화로 기후변화가 발생하고 극단적인 기후 사건이 잦아지면서 식량 생산과 글로벌 공급망에 교란이 발생할 것이다.

3. 미국 달러 가치의 붕괴는 자신의 여력을 넘어서지 않는 선에서 작동하도록 미국 경제에 압력을 가하게 될 것이다. 미국 시장으로의 수출을 중심으로 경제를 성장시켜온 나라들은 자국의 국내 시장 쪽으로 방향을 돌려야 할 것이다.

4. 전쟁의 양상이 달라지면서 군사적으로 강한 나라가 약한 나라의 자원을 아무런 피해 없이 강탈할 수 있는 능력이 사라질 것이다.

이러한 조건들은 글로벌 공급망을 선호하던 쪽에서 지역적 생산과 자립적인 지역경제를 선호하는 쪽으로 경제적 인센티브를 이동시키게 될 것이다. 하지만 그 과정에서의 조정은 담수가 부족해지고 숲과 어획 자원이 고갈되고 경작 가능한 땅이 줄어들고 토양이 소실되고 토양의 비옥도가 감소하고 인구가 계속 늘면서 더욱 어려워질 것이다. 해외의 노동, 자원, 신용에 의존해 자신의 여력을 훨씬 넘어서는 수준으로 생활하는 데 익숙해져 있는 미국 같은 나라에서는 이 전환이 특히 더 어려울 것이다.

오늘날의 변화하는 환경에 인류가 어떻게 반응하기로 선택하느냐에 따라 마지막 한 줌까지 지구 자원을 놓고 전쟁을 계속하게 될지 모두의 필요를 위해 평등하게 분배한다는 윤리에 기초해 협업의 새 시대를 열게 될지가 판가름날 것이다. 2001년 말에 아르헨티나에 경제 충격이 닥쳤을 때 그들은 하나의 공동체로서 후자를 선택하기 위해 결집했다. 이를 다룬 다큐멘터리 「아르헨티나: 어려운 시절의 희망Argentina: Hope in Hard Times」과 「더 테이크The Take」에서 희망을 주는 당시의 이야기를 볼 수 있다.[45]

역사가 말해주는 바로 미루어보건대, 지배층의 클라우드 마인더들은 제국에 너무나 중독된 나머지 지구 자원이 다 소진될까지 그것을 놓고 경쟁하는 제국적 패턴 이외의 방식으로는 대응하지 못할 것 같아 보인다. 그들의 착각은 2005년에 맨해튼 연구소Manhattan Insitute의 피터 험버Peter Humber와 디지털파워캐피털Digital Power Capital의 마크 밀스Mark Mills가 쓴 『바닥 없는 우물: 연료의 황혼, 낭비의 미덕, 그리고 우리의 에너지가 결코 고갈되지 않는 이유The Bottomless Well: The Twilight of Fuel, the Virtue of Waste, and Why We Will Never Run Out of Energy』에 잘 요약되어 있다. 마법 세계적 의식에 찬가를 바치면서, 험버와 밀스는 "우리가 에너지를 더 많이 뽑아내 사용할수록 더 많은 에너지를 발견하고 뽑아내는 방법을 알게 될 것"이라고 주장했다.

모두를 위해 작동하는 세계를 만드는 리더십은 클라우드 마인더보다는 실제의 현실 세계에 발 붙이고 살아가는 사람들, 불의, 폭력, 환경 파괴 등 제국이 만들고 있는 문제를 직접 겪어서 알고 있는 사람들에게서 나올 가능성이 크다.

위대한 과업

제국의 특권을 계속해서 유지하려는 시도는 합리적이지 않다. 우리는 붕괴가 자연적인 경로를 따라 가도록 내버려두는 쪽을 선택할 수도 있다. 그러면 로마 제국이 붕괴한 이후의 상황처럼 인구가 급감하고 남은 인구는 여기저기서 일어난 군벌들이 할거하는 가운데 분절되어 살아가게 될 것이다. 아니면, 인간을 둘러싼 환경이 불가역적으로 변하고 있으며 이에 대응하기 위해 우리 모두가 하나의 지구에 사는 하나의 종이라는 인식으로 반드시 연대해야 한다는 것을 받아들이고, 번영과 안전과 의미의 진정한 토대인 탄탄한 가족과 공동체에 기초한 지구공동체의 시대를 향해 나아가기로 선택할 수도 있다.

신학자 토머스 베리Thomas Berry는 지구공동체를 향한 선택을 "위대한 과업"이라고 불렀다. 이 과업을 이루려면 다음과 같은 사항을 실천해야 한다.

- 생명 시스템이 치유되고 복원될 수 있도록 인류의 물질적 소비가 지구의 생태적 역량과 균형을 이루게 해야 한다. 이를 위해,
- 경제적 우선순위를 부자들을 위해 화폐적 부를 창출하는 것이 아니라 모든 사람이 자신과 가족의 생계를 위해 적절하고 유의미한 수단에 접할 수 있게 하는 쪽으로 재조정해야 한다. 평등은 건강하고 지속가능한 사회의 필수적인 조건이므로, 이를 위해,
- 경제 제도를 포함한 인간의 모든 제도를 민주화해서 평범한 사람들과 공동체가 권력을 갖게 하고 탐욕, 경쟁, 물질주의, 돈에 대한 사랑을 특징으로 하는 지배 문화를 협력, 돌봄, 영성, 생명에 대한 사랑 등 생명을 긍정하는 가치들의 문화로 대체해야 한다. 창조 전체의 영적인 통합성을 인식하는 것이 살아

있는 모든 존재의 권리와 필요를 존중하는 토대가 되고 이러한 존중에 위와 같은 과제의 달성이 달려있으므로, 우리는 개인적으로 또 집합적으로

- 우리 존재의 물질적 측면과 영적 측면의 통합적인 관계를 깨달음으로써 온전히 인간적이 될 수 있어야 한다.

* * * * *

20세기의 기술 혁명은 인간과 지구의 관계, 그리고 인간 사이의 관계를 근본적으로 변모시켰고, 유한한 자원과 지구의 생성력을 고갈시키는 데 의존하는 지속불가능한 경제를 만들어내었으며, 인간 종을 스스로 자초한 자기파괴의 위험으로 몰아넣었다. 하지만 제국의 특권적 지배층은 이러한 변화가 일으키는 부정적인 영향에서 너무 멀리 떨어져 있어서 현재 벌어지고 있는 일들에 대해 적절한 리더십을 발휘하는 것은 고사하고 상황의 심각성을 이해하지조차 못하고 있다.

인류의 미래에 대한 희망은, 제국이 아래로부터 새로운 리더십이 생겨나는 조건 또한 만들어내고 있다는 데서 찾을 수 있다. 위기를 불러온 기술 혁명이, 생명의 상호의존성, 인간 본성의 미실현된 가능성, 그리고 인류가 집합적인 선택으로 문화적, 경제적, 정치적 전환을 일굴 수 있는 기회에 대해 전지구적으로 문화적, 영적 각성을 촉진하는 역할 또한 하는 것이다. 리카르도가 아시엔다 산타 테레사에서 한 일을 전지구적인 규모로 하는 것이라고도 볼 수 있을 것이다. 그리고 이미 전 세계에서 수백만 명이 이 일에 나서고 있다.

어떤 이들은 고대의 영적 지혜를 새로이 일깨우는 것이라고 표현할 것이고, 어떤 이들은 죽음에 가까이 가는 경험 후에 깨닫게 되는 삶의

아름다움과 경이로움에 대한 경외감에 비유할 것이다. 무엇이라 부르든 이러한 깨달음은 새로운 차원의 사회적, 지적, 영적 각성으로 진화적 도약을 할 수 있는 길을 열어준다. 다음 장에서, 우리 앞에 장대하고 고유한 기회가 놓여있음을 보여주는 증거들을 살펴보기로 하자.

변화의 기회

○

피부색이 흰 종족은 양갈랫길에 서게 될 것이다. 옳은 길을 선택하면 일곱 번째 불길이 여덟 번째이자 마지막인 영원의 불길, 평화와 사랑과 우애의 불길을 피울 것이다. 잘못된 길을 선택하면 그들이 불러낸 파괴가 그들에게 되돌아와 극심한 고통과 죽음과 파괴를 일으키게 될 것이다.[1]

우지브웨 인디언이 일곱 개의 불길에 대한 예언

우리는 어느 누구의 상상도 훌쩍 능가할 만큼 중요한 순간을 경험하고 있다. … 산업화된 기술 낙원의 왜곡된 꿈이 밀려나고 늘 새로이 생성되는 유기체적인 지구공동체에서 인간이 서로를 북돋우며 살아가는 더 현실적인 꿈이 그 자리에 들어서고 있다.[2]

토머스 베리*Thomas Berry*

위대한 전환에 대해 자연에서 찾을 수 있는 가장 강력한 은유는 황제나비 애벌레가 나비로 변하는 탈태와 변태의 과정일 것이다. 이 이야기는 진화생물학자 엘리자벳 사토리스의 저술을 통해 널리 알려졌다. 애벌레는 자연의 풍성함을 게걸스럽게 섭취하는 소비자다. 그렇게 해서 스스로를 다 채우면 나뭇가지에 고치를 짓고 그 안에 스스로를 가둔 채 단식을 한다. 고치 안에서 애벌레는 세포 조직이 유기적 용액으로 해체되기 시작하면서 위기를 겪는다.

그러나 깊은 내면의 지혜가 주는 지침에 따라 수많은 *조직화 세포들*이 활발히 움직이면서 다른 세포들을 불러모아 *성충아*imaginal bud를 형성하기 시작한다. 처음에는 각기 독립적인 다세포 구조물이었던 성충아들은 점차 새로운 피조물의 여러 기관들을 이루기 시작한다.[3] 옛 질서가 위협 당하고 있다는 것은 정확하게 인식했지만 그 위협의 원인을 잘못 파악한 애벌레의 기존 면역계는 성충아를 외부의 침입자라고 간주

제1부 우리는 미래를 선택할 수 있다 **151**

해 공격한다.

성충아들은 서로 연결되어 협력함으로써 이 전투에서 승리하고 이전의 존재와는 비슷한 점이 거의 없는 아름다운 새 존재를 만들어낸다. 이렇게 재탄생된 나비는 지구에서 가볍게 살아간다. 그리고 식물 수분의 매개체로서 생명의 재생에 기여하며, 땅에서 생활하던 애벌레 시절에는 상상도 해보지 못한 방식으로 삶의 가능성을 경험하기 위해 수천 마일을 이동한다.

제국의 익숙하던 문화적, 제도적 표지판들이 우리 주위에서 해체되기 시작하면서, 우리 인간도 황제나비 애벌레의 재탄생 못지 않게 극적인 재탄생의 문턱에 서있게 되었다. 황제나비의 탈태와 변태는 신체적인 것이지만 인간의 탈태와 변태는 제도적이고 문화적인 것이다. 황제나비 애벌레는 그 이전에 셀 수 없이 많은 세대에 걸쳐 반복된, 그리고 미리 정해져 있는 결과로의 문턱에 서있었지만, 인간은 미답의 영역으로 들어가는 문턱에 서있고 그 다음의 경로를 스스로 개척해나가야 한다. 우리의 재탄생은 공상 속의 소망이 아니다. 3장에서 설명한 우리 시대의 절박한 과제와 인간 의식의 문화적, 영적 각성이 수렴하면서, 재탄생은 이미 벌어지기 시작했다.

황제나비 애벌레에게도 그랬듯이 인간의 재탄생이 벌어지는 과정에도 상실감과 트라우마가 가득할 것이다. 특히 제국의 잉여 속에서 흥청망청하는 데 익숙해진 우리[미국인]에게는 더욱 고통스러울 것이다. 하지만 우리의 고통은 제국에 의해 인간성과 권리를 잔혹하게 부정 당했던 사람들이 5000년간 겪어온 터무니없고 불필요했던 고통에는 비할 바가 못 된다. 혜택을 입어온 우리가 현재를 부인하기보다 새로운 기회의 순간으로 받아들인다면, 비극을 기회로 바꾸어 우리의 인간성을 되찾고 공동체의 진정한 번영과 안전과 의미도 되찾을 수 있을 것이다.

인간의 탈태와 변태를 가능케 할 토대인 문화적, 영적 각성은 두 가지 흐름이 만나면서 추동된다. 하나는 인간 문화의 다양성이고 다른 하나는 지구 생대 시스템의 한계다. 문화를 가로지르는 교류의 깊이와 빈도가 급격히 증가하면서, 우리는 "문화"가 인간이 구성해낸 산물이고 의도적인 선택에 의해 달라질 수 있는 것임을 깨닫고 있다. 그리고 자연 시스템의 실패가 확산되면서, 우리는 모든 생명이 상호연결된 존재임을 깨닫고 있다.

이 두 흐름은 더 고차원적이고 더 민주적인 인간 의식으로의 각성을 추동하면서, 인간의 가능성에 대한 우리의 감각을 확장하고 지구공동체의 새 시대를 탄생시키고자 하는 강력한 글로벌 사회운동을 형성시키고 있다. 이러한 각성의 본질과 중요성을 이해하려면 먼저 "문화"의 속성과 기능을 알아야 한다.

문화적 의식

뇌의 가장 중요한 기능 중 하나는 방대한 감각 정보를 개체의 생존에 유의미한 정보로 변환하는 것이다. 가령 먹을 것이나 위험, 혹은 잠재적인 성적 파트너의 존재를 감지할 수 있도록 말이다. 그런데 인간의 뇌는 감각 정보들을 위와 같이 개체의 생존에 유용한 정보로도 추리고 변환하지만 사상, 가치, 영적인 이해와 같이 창조력, 사회적 응집, 그리고 의미에 대한 감각을 얻는 데 필요한 복잡한 추상 개념으로도 추리고 변환한다.

감각 정보를 유의미한 정보로 바꾸려면 관련성 있는 것과 관련성 없는 것을 가려내는 작업이 필요하다. 그래야만 의식적인 정신이 뇌의 필터가 더 중요하다고 판단해서 골라낸 것들에 집중할 수 있다. 따라서 의식적인 정신에 나타나는 정보는 부분적으로는 원래의 감각 정보에 의해, 부분적으로는 뇌의 필터링을 거친 정보에 의해 결정된다. 그리고 뇌의 필터링 메커니즘은 유전자, 개인의 학습, 집단의 문화에 영향을 받아 형성된다.

문화는 특정한 인간 집단 안에서 구성원 사이에 *공유된* 학습이 체계화된 믿음, 가치, 인식, 사회 관계를 일컫는다. 이는 해당 집단에서 질서 있는 사회적 기능이 이뤄지는 데 필수적이다. 뇌의 해석 메커니즘에서 유전적 요소에 비해 개인적, 문화적인 학습의 요소가 클수록 그 종이 새로운 환경에 빠르게 적응할 수 있는 역량이 커진다.

인간 종의 경우, 개인적, 문화적 학습의 요소가 상당히 크다. 그 덕분에 우리는 개인과 집단의 학습을 통해 환경에 적응하고 혁신하는 능력이 다른 종을 압도적으로 능가할 정도로 높아질 수 있었다. 우리가 문화를 비판적 성찰과 의도적인 선택으로 바꿀 수 있는 "사회적 구성물"로 여길수록, 우리의 미래를 선택할 수 있는 역량도 커질 것이다.

사회적 구성물

문화는 대체로 무의식 수준에서 우리의 인식과 감각을 형성한다. 내가 속한 곳의 문화적 렌즈를 통해 인식되는 현실이 "진짜" 현실인지 질문해봐야 한다는 생각을 우리는 잘 하지 못한다. 진화생물학자 엘리자벳 사토리스에 따르면,

20세기 전반기까지도 사람들은 자신의 세계관을 자신이 만들 수

있다고는 생각조차 하지 못했다. 역사 내내 인간은 그들이 보는 대로의 세계가 *있는 그대로의 세계*라고 생각했다. 즉 그들은 *자신의 세계관이 진짜* 세계관이며 다른 모든 세계관은 잘못된 것이고 따라서 거짓이라고 생각했다.[4]

다른 문화에서 온 사람들을 처음 접하면 우리는 그들이 이상하고 이해하기 어렵고 때로는 위험한 존재라고 생각하기 쉽다. 하지만 문화 간 교류의 경험이 많아지면 문화에 대해 더 깊은 진실을 알게 된다. 문화란 사회적 응집에 필요한 공동의 세계관을 규정해주는 조직 원리로서 "만들어진" 것임을 깨닫게 되는 것이다. 문화가 사회적 구성물임을 깨닫는 것은 사회화된 의식에서 문화적 의식으로 결정적인 전환을 이루는 데서 핵심이다.

인간의 환경이 급변하고 있는 시대인 만큼 문화적 의식으로의 각성이 더 널리 일어나게 하는 것은 특히나 중요하다. 문화적 의식이 확산되어야 상이한 문화권의 사람들이 작은 지구에서 평화롭고 상호 이득을 주는 관계를 맺으면서 살아갈 수 있다. 또한 인간의 문화 중 적극적으로 자기파괴적인 부분을 짚어내고 바꾸어내며 지구공동체의 새로운 문화를 목적의식적으로 일궈내는 데도 문화적 의식의 확산이 필수적이다.

지난 5000년간 제국의 지배자들은 자신의 권력이 공포, 소외, 학습된 무기력, 그리고 위대한 통치자의 권력에 대한 의존성을 불러일으키는 거짓 문화를 만들어내는 능력에 달려있다는 것을 직관적으로 알고 있었다. 그러한 거짓 문화는 일종의 문화적 최면 상태를 일으키며, 그 안에서 우리는 인간에게 내재된 자기주도력, 나눔, 협력의 역량을 부인하도록 조건화된다. 그런데 이러한 역량은 민주적 자기 통치의 필수 요소다. 제국적 문화의 최면은 우리가 지배자와 정서적 유대를 갖게 만들면서 우리를 서로로부터, 또 살아있는 지구로부터 소외시키며, 호혜적인 자조의 관계를 잠식하고, 리카르도가 아시엔다 산타 테레사에 처음 갔을 때 사바네로와 페온들에게서 볼 수 있었던 것과 비슷한 자포자기의 의존 상태로 우리를 축소시킨다.

문화적 각성

미국에서는 사회적 구성물로서 문화가 수행하는 역할을 깨닫는 중요한 단계 하나가 1950년대와 1960년대에 민권운동의 형태로 나타났다. 민권운동에 참여하면서 많은 이들이 인종 간의 관계가 사실과는 거의 관련이 없는 문화적 코드에 의해 규정되어 있었다는 사실을 깨달았다. 인종 관계에서 이렇게 "실재"와 "성찰되지 않은 믿음" 사이에 괴리가 있었음을 알게 되자 남녀 관계에서도, 사람과 환경의 관계에서도, 이성애자와 동성애자 사이의 관계에서도, 사람과 기업의 관계에서도 이와 비슷한 왜곡이 있다는 것을 더 쉽게 간파할 수 있었다.[5] 이런 면에서, 민권운동이 이후의 사회운동에 길을 닦아주었다고도 말할 수 있을 것이다.

전지구적으로는 국제 이동, 교류, 교역, 통신이 급격히 증가하면서 수백만 명이 때로는 불편하지만 대체로는 풍성함을 더해주는 타문화와의 만남을 경험하게 되었고 이는 자신의 문화와 더 큰 세계를 새로운 시각에서 볼 수 있는 계기가 되었다. 문화적 각성의 경험은 전염성이 있어서, 전지구적으로 인종, 계급, 종교의 장벽을 초월해 수억 명이 문화적 각성을 경험하는 흐름에 물꼬가 트였다.

다양한 문화 각각은 더 깊은 진리의 이런저런 요소들을 담고 있지만 인간의 감각이 산출해내는 정보를 해석하는 수많은 방법 중 하나씩만을 나타낼 뿐이다. 문화 간 교류에 지속적으로 노출되면 자기 문화의 최면 상태에서 깨어나 인류로서의 잠재력과 인간 경험의 다양성을 더 잘 인식하고 받아들일 수 있게 된다. 프롤로그에서 이야기한 나의 인생 경로는 20세기 후반의 통신 혁명이 어떻게 인간 의식의 해방을 가속화시키는 조건을 창출했는지를 잘 보여주는 사례다.

각성된 문화적 의식은 기업형 미디어, 광고, 정치 선동 등이 촉진하는 왜곡된 문화적 조건화에 비교적 면역이 되어 있어서 영향을 덜 받으므로 인종주의, 성차별, 동성애 혐오, 소비주의를 그 본질대로 궤뚫어보기가 더 쉬워진다. 그것들이 지배, 착취, 생명에 대한 폭력을 정당화하는 기제이며 지구공동체의 가능성이 실현되지 못하게 가로막는 장벽이라는 것을 말이다. 우리 시대의 위대한 진보 운동 모두가 기저에 가지고 있는 암묵적인 문화적 전제는 파트너십의 세계가 가능하다는 것이다.

영적 각성

지리적 공간을 대폭 축소시킨 교통과 통신의 혁신은 문화적 의식으로의 각성도 가속화하지만 한 단계 더 위인 영적 의식으로의 각성도 가속화한다. 세계 곳곳을 다니며 그 장소와 그곳 사람들의 삶에 진지하게 관련을 맺어본 사람들은 문화적 다양성이 주는 활력뿐 아니라 생명들이 상호 연결되어 있는 망으로서 지구가 갖는 아름다움도 경험하게 된다. 우주에서 지구 행성을 찍은 상징적인 사진은 우리 모두가 어둡고 방대한 우주에서 유일하게 생명이 존재하는 외로운 우주선에 탑승해 있는, 공동의 운명을 가진 하나의 종이라는 근본적인 현실을 시각적으로 극명하게 보여준다.

생명의 상호연결성을 인식하고 나면, 모든 생명이 동일한 영성적 원천에서 흘러나왔으며 제국이 생명에 대해 벌이는 전쟁은 우리 자신에 대한 전쟁이나 마찬가지라는 더 깊은 진리도 쉽게 이해할 수 있다. 영적 의식으로의 이러한 각성은 실천적인 면에서 매우 중요한 함의를 가진다. 다음과 같은 문화적 전환의 토대가 되기 때문이다.

- 지구가 인간에게 속해 있고 우리가 원하는 대로 지구를 소비할 수 있다는 믿음으로부터 지구는 우리의 신성한 집이며 지구의 존중할 만한 파트너가 되는 것이 우리의 책임이라는 인식으로의 전환
- 본성상 인간에게는 책임 있는 자치의 역량이 없다는 믿음으로부터 우리의 본성에는 많은 가능성이 내재되어 있으며 여기에는 책임 있는 자치의 역량과 민주적인 시민의식의 가능성도 포함된다는 인식으로의 전환
- 나와 다른 사람들이 나의 안전과 삶의 방식에 위협이 된다는 믿음으로부터 모든 인간이 동일한 영성적 원천에서 생겨났으며 존중을 받을 권리와 행복을 추구할 권리를 동등하게 갖는다는 인식으로, 또한 문화적, 인종적 다양성은 배움과 창조력의 원천이라는 인식으로의 전환
- 우리 편은 선하고 우리에게 반대하는 사람들은 악한 적이라는 자기정당화의 믿음으로부터 우리 모두가 제국의 구조에 내재된 폭력의 희생자인 동시에 가해자라는 인식으로의 전환

전지구적인 현상

다양한 자료가 문화적 의식과 영적 의식으로의 각성이 확산되고 있음을 보여준다. 가치관에 대해 연구하는 폴 레이Paul Ray와 페미니스트 저자 셰리 앤더슨Sherry Anderson의 저술도 그러한 자료 중 하나다. 레이와 앤더슨이 미국인의 가치관에 대해 설문조사를 진행한 결과, 점점 더 많은 미국 성인이 사회적 포용성, 환경 보호, 영성과 관련된 실천 등에 가치를 두는 새로운 문화를 받아들이고 있는 것으로 나타났다. 레이와 앤더슨은 이렇게 새로운 문화를 받아들인 사람들을 "문화 창조자"라고 부른다. 그들은 1990년대 말 현재 미국에 약 5000만 명의 문화 창조자가 있는 것으로 추산했는데, 이는 미국 성인 인구의 26% 정도다. 이에 더해 유럽연합 국가들에도 8000만-9000만 명의 문화 창조자가 있다고 추산했다.[6] 설문 문항과 답변으로 미뤄볼 때, 레이와 앤더슨이 말하는 문화 창조자는 2장에서 설명한 의식의 다섯 단계 중 적어도 문화적 의식으로의 각성을 달성한 사람들이고 상당수는 영적 의식까지 달성한 것으로 보인다. 이후의 장에서 나는 문화적 각성을 달성한 사람들을 때때로 문화 창조자라고 일컬을 것이다.

국제적인 여론조사도 세계에 수억 명의 문화 창조자가 있음을 보여준다. 1993년에 갤럽은 24개국에서 "지구의 건강 조사Health of the Planet Survey"를 진행했는데, 선진국과 개도국 모두에서 사람들이 환경에 대해 상당한 관심을 가지고 있는 것으로 나타났다. 응답자 중 다수가 환경 보호가 경제성장보다 중요하다고 답했다.[7]

1970년에서 1994년까지 43개국에 대해 종단간 데이터를 수집한 세계가치관조사World Values Survey에 따르면, 경제적 안정성을 상당 수준으로 달성한 나라의 경우 정부, 과학, 종교 등 기존의 권위 원천에 도전하면서 스스로 숙고한 가치와 더 큰 자기표현의 자유를 선호하는 쪽으로 가치관이 이동하는 경향이 강하게 나타났다. 또한 여성의 동등한 권리를 받아들이고, 물질적 이득에 비해 삶의 질에 더 관심을 갖고, 가정 생활이 개인과 공동체의 후생에 중요하다고 인식하는 사람들이 점점 많아졌다. 교회에 나간다고 답한 응답자는 일반적으로 줄어드는 추세였지만, 삶의 의미와 목적에 대해 자주 생각한다고 답한 사람의 비중은 증가했다.[8] 이러한 결과들 모두 문화적 의식과 영적 의식으로의 각성이 확산되고 있음을 시사한다.

레이와 앤더슨은 문화 창조자 중 사회적, 환경적 가치를 위한 깊은 헌신을 모종의 영성적 실천과 결합하고 있는 사람이 절반 정도 될 것으로 추산했다. 이들은 "창조"의 내적, 외적 발현 모두에서 "창조" 전체와 자신을 연결시켜주는 통합적인 영성을 인정한다. 2장에서의 분류를 적용하면 이들을 영적 각성을 달성한 영적 창조자라고 부를 수 있을 것이다. 레이와 앤더슨은 "핵심 문화 창조자"라는 표현을 사용했다. 레이와 앤더슨은 미국에서 진보적 사회운동을 이끄는 지도자들 모두가 사실상 핵심 문화 창조자라고 결론내렸는데, 이는 위대한 전환의 과정에 영적 각성이 매우 중요함을 다시금 말해준다. 수백 명의 사회운동 지도자들을 만나본 나의 경험으로도 미국과 해외 모두에서 레이와 앤더슨의 평가는 대체로 타당해보인다.

레이와 앤더슨에 따르면, 문화 창조자는 모든 인종, 종교, 계급, 정당에서 나온다. 인구통계학적 구분 중 유일하게 구별되는 범주는 성별이었다. 이들의 분석에서, 문화 창조자 중 60%, 영적 창조자 중 67%가 여성이었다.

영적 창조자는 제국이 행사하는 전지구적인 폭력과 경제적 불의에 맞서는 "저항"에서만 리더십을 발휘하는 것이 아니다. 이들은 지구공동체의 성충아를 성장시키는 "선제적인" 움직임에서도 리더십을 발휘하고 있다. 민주주의, 평화, 환경권, 인권, 민권, 경제적 정의, 성평등, 전체론적인 건강, 성소수자 권리, 유기농, 자발적인 단순한 삶 등의 운동을 이끄는 리더십은 영적 창조자들에게서 나온다. 종합적으로 이들은 모종의 영성적 감각에 기반해 평화, 정의, 민주주의, 생명을 긍정하면서, 이를 바탕으로 파트너십의 새로운 정치를 일궈나가고 있다. 많은 수가 공식적으로 종교를 가지고 있지는 않고 자신의 영성적 지향을 공개적으로 말하는 일도 거의 없지만, 상당수가 실제로 깊이 영적이며 자신의 일을 영성적 실천의 한 형태로서 행하고 있다.

제도적, 기술적 수단들

인류는 문화적 전환에 필요한 문화적, 영적 각성을 경험하는 것과 동시에, 이를 경제적 전환과 정치적 전환으로 바꾸어낼 수 있는 제도적, 기술적 수단들 또한 획득해나가고 있다. 문화적 전환은 경제적, 정치적 전환의 조건을 창출한다. 역사적 맥락에서 보면 이러한 발달의 장대한 속성을 더 잘 이해할 수 있다.

국제기구와 국제 제도

국가 간의 협력을 증진시킬 목적으로 만들어진 최초의 국제기구 국제전신연합International Telegraph Union은 1865년에야 설립되었다. 이어서 국제우편연합Universal Postal Union이 1874년에 생겼다. 선구자적인 두 국제기구가 국제적인 커뮤니케이션의 역량을 확장하기 위해 세워졌다는 점이 주목할 만하다.

얼마 뒤인 1899년에는 헤이그 만국평화회의International Peace Conference가 열리면서 전쟁을 국가적 정책 수단으로 사용하는 것을 철폐하기 위한 노력이 시작되었다. 여기에서 "국제 분쟁의 평화적 해결을 위한 협약Convention for the Pacific Settlement of International Disputes"이 채택되었고 이 협약에 근거해 분쟁의 평화적 해결을 위한 수단을 제공하기 위해 상설중재재판소Permanent Court of Arbitration가 세워졌다. 1919년에는 "베르사유 조약Treaty of Versailles"이 체결되어 국제노동기구International Labor Organization와 짧게 존재한 국제연맹League of Nations이 설립되었다.

전 세계 모든 국가가 참여하는 상설 회의체를 구성해 세계의 광범위한 문제들을 다루려는 목적에서 유엔이 설립된 것은 이 글을 쓰고 있는 지금으로부터 불과 60년 전인 1945년이다. 그리고 세계 상당수의 인구에게 통신의 지리적 장벽을 사실상 없애주고 인류가 집합적으로 정보에 기반한 선택을 내릴 수 있는 역량을 전에 없이 높이고 있는 전자적 커뮤니케이션이 시작된 것은 심지어 훨씬 더 최근이다.

커뮤니케이션 테크놀로지

상당 부분 제국의 권력은 사람들이 자신과 자신의 상황을 규정하는 데 사용하는 정보의 내용과 흐름을 지배 계층이 통제할 수 있다는 데서 나온다. 꽤 최근까지도 평범한 사람들은 아무 보조도구 없이 구어로 소통하는 것을 빼면 소통 수단이 사실상 전무했다. 자신이 사는 마을 바깥의 누군가와 연락을 하는 경우는 굉장히 드물었다.

현생 인류인 호모 사피엔스는 약 20만 년 동안 존재해왔지만 평범한 사람들이 우편 서비스를 이용할 수 있게 된 것은 불과 200년 전이다. 전화는 1900년대 중반까지도 일반인들에게 드문 물건이었고 장거리 전화는 1980년대까지도 사치품이었다. 상업용 비행기가 처음 대서양을 가로지르게 된 깃은 1930년대였고 국제 여행이 급격히 증가한 것은 1958년에 최초로 제트 항공기가 대서양 노선에 취항하면서부터였다. 위성 인터넷, 텔레 컨퍼런스, 동영상 컨퍼런스 등의 기술로 세계를 아울러 쌍방향적이고 즉각적이며 여러 사람이 참여할 수 있는 대화가 가능해진 것은 1990년대에서야 나타난 일이다. 월드와이드웹이 개발되기 시작한 것은 1990년 즈음이고 널리 사용된 최초의 웹 브라우저 모자이크Mosaic는 1993년 3월에 나왔다.

디지털 격차는 여전히 심각하지만, 그렇더라도 이러한 테크놀로지는 세계의 수많은 사람들을 연결하면서 쌍방향 커뮤니케이션의 방대한 망을 형성하고 있다. 이제 수백만, 수천만 명이 이러한 기술을 사용해 인종, 계급, 종교, 국적의 경계를 넘어 인류가 공유하는 양심으로서 기능하는 역동적이고 자기조직적인 사회적 실체를 창출하고 있다. 컴퓨터 통신 혁명은 10년 남짓 밖에 되지 않았다. 너무나 새로운 현상이라서 참여하는 사람들조차 대부분은 자신이 참여하고 있는 전환의 근본적인 중요성을 잘 인식하지 못할 정도다.

또한 컴퓨터 통신 혁명은 전례 없는 민주화를 통해 뉴스와 논평을 제공하는 미디어의 속성을 변모시키고 있다. 사회 단체들은, 거의 광고 수익만을 염두에 두고 운영되는 소수의 상장회사가 전통적인 인쇄매체, 라디오, 텔레비전을 독점하고 있는 상황을 우려한다. 그런데 컴퓨터 통신 혁명으로 대중의 생각에 대한 접근을 독점하고 중앙집중화하려는 미디어 기업을 에둘러갈 수 있는 우회로가 생겨나고 있다. 인터넷에 연결된 컴퓨터만 있으면 어느 곳의 누구라도 전 세계의 주요 인쇄매체, 라디오, 방송 뉴스에 접근할 수 있고, 독점 기업의 통제나 인허가의 필요성으로부터 자유롭게 자신의 뉴스레터를 발행하고 라디오 방송이나 동영상 방송을 할 수 있다. 블로그(blog. 웹web과 기록 일지를 뜻하는 로그log를 합한 말이다) 운영자들은 주요 이슈에 대한 전문적인 뉴스들을 주기적으로 가져와 게시하고 있으며, 많은 이들이 곧바로 다운로드해서 휴대용 디바이스로 들을 수 있는 음성이나 동영상 형태로 뉴스와 논평을 제공한다.

인터넷 접근성이 확대되면서, 모든 목소리가 잠재적인 채널을 찾을 수 있고 선택할 수 있는 뉴스와 논평의 원천이 거의 무제한으로 존재하는 "민주적 미디어 네트워크"의 가능성이 생겨나고 있다. 여기에서는 매스 커뮤니케이션과 개인 커뮤니케이션의 구분이 흐릿해진다. 기사, 분석, 논평들이 수백 만의 독립적인 뉴스 원천이 연결된 커뮤니케이션 망으로 흘러 들어가고 특정한 관심사를 공유하는 사람들이 신뢰하는 웹사이트가 정보를 종합하고 선별해 믿을 만한 관문[포탈] 역할을 하는 구조가 자기조직화의 과정을 통해 생겨나고 있다. 미디어의 급진적인 민주화는 어느 한 개인이나 집단이 가짜 문화를 만들어 사회를 통제할 목적으로 문화적 생산과 재생산의 장을 독점하는 것을 점점 더 어렵게 만든다.

컨텐츠의 질과 신뢰성은 계속 문제가 되겠지만 아마도 현재 상업 웹사이트에서 신뢰성과 정직성을 평가하기 위해 사용하는 사용자 피드백이나 평가 메커니즘을 통해 해결되어갈 것이다. 사실상 무제한의 방송과 출판 채널이 생김으로써, 미디어를 독점하거나 뉴스와 견해를 억압하는 것은 점점 더 불가능해지고 있다.

의식에서 행동으로

우리를 분열시키는 자기제약적인 문화와 달리 생명의 영성적 기원과 더 깊은 가치에 대한 인식은 우리를 연대하게 해준다. 인류로서 우리가 전자를 넘어 후자의 문화로 넘어가는 본질적인 단계를 밟을 수 있는 조건은 이미 형성되어 있다.

당신은 미친 것이 아니라 인간적인 것이다

교육자 파커 파머Parker Palmer는 문화적 의식을 각성한 개인의 경험이 개인의 실천으로, 그리고 궁극적으로는 멈출 수 없는 변혁의 힘으로 발달해가는 과정을 설명한 바 있다.[9] 이 과정은 사회화된 의식 안에 있던 개인이 지배 문화의 최면 상태에서 깨어나면서 시작된다. 대체로 이러한 각성을 하고 나면 가정, 일터, 공동체 생활에서 성찰 없이 받아들여지던 예전의 가치들과 성숙한 의식의 성찰을 거친 진정한 가치들 사이의 깊은 단절을 절감하게 된다. 그 개인에게 이러한 단절은 순응할 것이냐 진정성을 따라갈 것이냐의 고통스러운 선택지를 제시한다.

파머에 따르면, 자신의 삶을 진정한 가치와 합치시키기로 선택하는 사람은 식구들, 친구들, 동료들 사이에서 고립을 느끼게 된다. 아직 다른 이들의 견해는 옛 문화의 규율을 따르고 있기 때문이다. 따라서 각성과 전환을 겪고 있는 사람은 가족 모임이나 동창회 등에서 외계에서 온 것마냥 동떨어진 심정이 된다. 하지만 시간이 지나면 비슷한 갈등과 고립을 느끼고 있는 사람들이 또 있음을, 심지어는 늘 가까이 접해온 가족, 친구, 동료 중에도 있음을 발견하게 되고, 파머의 표현을 빌리면 "일치의 공동체community of congruence"를 구성하게 된다. 처음에는 두세 명이 때때로 함께 이야기를 나누거나 식사를 하는 간단한 모임으로 시작될 것이다. 모임에서 이들은 정신 나간 쪽은 자신들이 아니라 많은 제도가 "정상"이라고 보는 것들이 사실은 정신 나간 것임을 알 수 있게 서로 돕는다.

이러한 공동체의 핵이 형성되고 나면 차차 여기에 끌리는 사람이 생기고 북클럽, 공부 모임, 영성 모임, 토론 카페, 퀼트 모임 등으로 정규적인 형태를 만들어 갈 수 있다. 그곳에서 자신의 삶을 각성된 의식과 일치시키기 위해 고투하는 사람들이 어려움을 나누고 서로를 지지한다. 미국 민권운동의 경우에는 흑인 교회들에서 이러한 일치의 공동체가 주로 생겨났다.

전 세계에서 일치의 공동체가 수백만 개나 생겨나고 있다. 황제나비 은유를 다시 들어보면, 이러한 공동체들을 "새로운 문화의 성충아"들이라고 생각해볼 수 있을 것이다. 점차 일치의 공동체들은 밖으로도 손을 내밀어 서로서로 연대를 맺으면서 식품협동조합이나 농민시장 같은 더 큰 문화적 공간을 만든다. 이러한 공간들은 새로운 경제를 위한 성충아들을 창출하고 사람들에게 더 진정성 있고 충족적인 삶을 경험하게 해준다. 그리고 점차로 지배 문화의 제도를 변혁하거나 대체할 수 있는 힘을 갖게 된다.

20세기 후반기에 일치의 공동체와 이 공동체들 사이의 연대가 굉장히 활발히 형성되었고 국가의 독립, 인권과 민권, 여성의 권리, 평화, 환경 보호, 경제적 정의 등을 추구하는 거대한 사회운동들을 진전시켰다. 불과 50년 남짓한 사이에 이러한 운동은 유럽의 식민지 시스템을 해체했고, 국제법에 인권을 명시했고, 국가들이 법률을 바꾸게 했고, 남녀 간, 인종 간, 국가 간, 그리고 서로 다른 생물종 간의 관계에 대해 문화적 규범을 재규정했다. 이제 이러한 연대는 인간 경험 전체를 아우르면서 어느 때보다 강력하고 진정으로 전지구적인 사회운동으로 힘을 키워가고 있다.

글로벌 시민사회의 탄생

포괄적인 글로벌 운동을 탄생시킨 연대의 과정은 리오데자네이루에서 유엔환경개발회의UN Conference on Environment and Development, UNCED가 열린 1992년에야 처음으로 가시화되었다. 이때 세계 정상들이 지구정상회담Earth Summit을 위해 모였는데, 이 회의는 인류의 경험에서 기념비적인 사건이었다.

그런데 리우 회의가 갖는 의미는 공식적인 회담에서 나온 결과 때문이 아니었다. 공식적인 회담은 "지속가능한 발전을 위한 비즈니스 카운실Business Council on Sustainable Development"과 "국제상공회의소International Chamber of Commerce"의 이름 아래 모인 글로벌 기업들이 입김을 행사해서 기업의 이익에 해가 될 수 있는 결론은 내놓지 못하게 하는 바람에 효과가 크게 제약되었다. 하지만 공식 회담과 별개로 리우의 또 다른 곳에서 다양한 인종, 종교, 사회 계층, 국적을 아우르는 1만 8000명의 시민들이 그들이 일구고자 하는 아젠다를 천명한 비공식 "시민 조약"의 작성에 참여하면서 역사를 만들고 있었다.

나도 리우에서 시민 포럼에 참여하는 영예를 가졌다. 이것은 삶을 바꾸는 경험이었다. 훗날 "글로벌 시민사회"라고 불리게 될 운동을 이끄는 수천, 수만 명의 리더가, 우리 사이의 수많은 차이와 다양성에도 불구하고 기저에는 생명 전체를 위해 작동하는 세계에 대한 공동의 꿈이 있다는 사실을 발견했다. 그리고 우리는 그 꿈을 실현시키기로 다짐했다.

리우에서의 시민 포럼은 앞으로 살아가고 싶은 세상이 무엇인지에 대해 전 세계의 다양한 사람들이 공통된 비전을 가지고 있다는 것을 보여주었다. 이들은 인간의 문화와 제도가 대대적으로 변혁되어야 한다고 촉구했는데, 이러한 합의의 골자를 담은 "민중의 지구 선언: 미래를 위한 선제적인 아젠다People's Earth Declaration: A Proactive Agenda for the Future"는 다음과 같은 선언으로 끝을 맺고 있다.

> 우리, 즉 세계의 민중은, 정의롭고 지속가능하고 참여적인 인간 사회를 추구하는 수많은 사회운동을 하나로 묶어주는 공동의 아젠다를 통해 초국가적인 시민사회의 힘을 모아낼 것이다. 그렇게 함으로써, 인간 진보의 의미와 속성을 재규정하고 우리의 필요에 더 이상 반응하지 않는 제도를 변혁하기 위한 수단과 과정을 스스로 만들어갈 것이다. 살아있는 지구와 그것이 지탱해주는 인간 사회의 이익을 위해 평화롭고 민주적인 변화를 일구는 일에 동참하고자 하는 모든 사람을 환영한다.[10]

이 소박한 시작에서 출발해 글로벌 시민사회는 규모와 역량 모두 놀랄 정도로 성장했고 전지구적인 전환을 추동하는 도덕적 힘으로서 점점 더 영향력이 커졌다.

떠오르고 있는 전지구적인 합의를 확인하고 기록하는 작업은 지구 정상회담 이후로도 계속되었고, 이는 지구헌장로 이어졌다. "상호의존성 선언"이라고도 불리는 지구헌장은, 1992년에 리우에서 시작해 약 10년간 다양한 문화의 사람들이 공동의 목적과 가치에 대해 논의한 끝에 도달한 결과이며 세계 전역에서 수천 명의 개인과 수백 곳의 단체가 참여한 열린 논의의 과정을 통해 작성되었다.[11]

지구헌장은 정부들 간에 합의된 문서가 아니라 민중이 만든 헌장이어서 법적 구속력은 없다. 지구헌장은 현 문제에 대한 요구나 처방의 목록이라기보다 떠오르는 시대의 가치에 대한 선포다. 지구헌장은 모든 생명을 돌보고 존중하며 급진적 민주주의, 인권, 경제적 정의, 평화라는 새 시대의 가치에 헌신하는 세계를 향한 통합된 비전의 선포다. 지구헌장은 "기본적인 욕구가 충족되고 나면 인간의 발달은 더 많이 소유하는 것보다 더 진정성 있게 존재하는 것과 관련이 있다"는 데 동의한다. 지구헌장은 개인의 자유, 탄탄한 공동체, 그리고 지구 환경에 대한 존중이 서로 충돌하는 것이 아니라 불가분으로 연결되어 있다고 인식한다. 지구헌장의 도덕적 원칙들은 모든 위대한 종교의 가르침이 말하는 지혜와 일치한다.

또 하나의 슈퍼파워

글로벌 시민사회가 유의미한 "정치 세력"으로서의 힘을 분명히 드러낸 것은 1999년이었다. 이때 전 세계에서 시애틀에 모인 5만 명의 시위대가 세계무역기구 제3차 각료회의를 성공적으로 교란했다. 이 시위는 기업의 지배력은 꺾을 수 없다는 신화를 종식시켰고, 그 이후로 기업 지배층이 장막 뒤에서 이뤄지는 회담을 통해 기업 제국의 이익을 증진시키려 할 때마다 많게는 수십만 명까지도 참여하는 대규모 국제 시위가 조직되었다. 이를 통해 *전 세계의 민중이 보고 있으며 우리는 민주주의, 정의, 지구에 대한 당신들의 공격을 더 이상 묵인하지 않겠다*는 강력한 메시지를 전했다.

2001년에 글로벌 시민사회는 자체적으로 세계사회포럼World Social Forum이라는 이름의 대규모 포럼을 조직하기 시작했다. 슬로건은 "또 다른 세상은 가능하다Another World is Possible"였다. 브라질 포르투알레그레에서 열린 2001년 포럼에는 2만 명이 참여했고, 제3차 포럼에는 10만 명 이상이 참여했다. 인도 뭄바이에서 열린 제4차 세계사회포럼에는 132개국에서 8만 명이 참여했는데, 특히 인도의 전통 카스트 제도에서 불가촉천민이라 불리던 달리트들의 참여가 눈에 띄었다. 다시 포르투알레그레에서 열린 2005년 제5차 세계사회포럼은 참가자가 무려 15만 명이었다.

또한 세계사회포럼은 각지에서 지역별, 국가별 사회포럼을 열도록 독려했다. 2002년 11월 유럽사회포럼European Social Forum에서, 그리고 2003년 1월 세계사회포럼에서 명시적으로 그러한 촉구가 있었고, 미국이 이라크 침공 준비에 박차를 가하던 2003년 2월 15일에 세계 전역의 마을, 소도시, 도시 등에서 1000만 명이 넘는 사람들이 평화를 위한 시위에 나섰다.[12] 이 시위와 그것의 영향력에 대해 보도하면서 「뉴욕타임스」는 이렇게 설명했다. "세상에는 지금도 두 개의 슈퍼파워가 있는 것 같다. 하나는 미국이고 다른 하나는 세계의 여론이다."[13]

매우 통찰력 있는 논평이었다. 하지만 지금 벌어지고 있는 슈퍼파워 사이의 투쟁은 인류 역사에 전례가 없었던 새로운 양상의 투쟁이다. 국가 간의 패권 투쟁이 아니라 인간의 가능성에 대해 서로 극명하게 대비되는 비전을 바탕에 둔 "두 세계화 사이의 투쟁"인 것이다. 이것은 제국적 세계화와 민주적 세계화 사이의 투쟁이다. 국가 권력과 기업 권력이 결탁해 글로벌 제국의 비전 하에 편재되는 세계화와 민중의 권력이 지구공동체의 비전 하에 편재되는 세계화가 대결을 벌이고 있다. 제국 쪽은 제도 권력의 면에서 강점이 있고 지구공동체는 진정한 문화적 가치와 성숙한 의식에서 나오는 도덕 권력의 면에서 강점이 있다.

글로벌 시민사회가 드러내는 민중 권력의 연대는 특정한 이데올로기나 카리스마적 지도자를 중심으로 조직되기보다 새로이 합의된 가치를 중심으로 조식된다. 하지만 이것은 리더가 없는 운동이 아니다. 오히려 리더가 가득한 운동이며, 전자적 통신에 의해 이음매 없이 매끄러운 망으로 연결된 수십만 명의 리더에 의해 스스로 조직되는 운동이다. 이러한 운동은 인종, 성별, 국적, 민족, 종교를 초월해 진정성 있고 생명을 긍정하는 가치들에 기반해 스스로를 민주적으로 통치하는, 떠오르는 사회적 조직화의 특징을 보여준다. 이와 같은 민주적 자기통치 양식은 인류의 경험에서 전적으로 새로운 것이다. 글로벌 시민사회운동의 상호학습 역량, 합의에 도달하는 역량, 전지구적인 일관성을 일구고 유지하는 역량이 얼마나 빠르게 성장하고 있는지를 보면, 우리 앞에 놓인 인간의 가능성을 실감할 수 있을 것이다.

이보다 덜 극적이고 덜 가시적인 움직임도 있다. 아래로부터의 민주적 참여와 지역공동체 제도의 재건을 위해 지역 차원에서 연대를 일구고 있는 수백만 명의 움직임이다. 덜 극적이고 덜 가시적이지만 이것이야말로 가장 중요한 움직임일지 모른다. 새로운 시대의 문화와 제도를 그 문화와 제도에 따라 직접 살아감으로써 창조하는 움직임이기 때문이다.

이러한 도전에 대해 제국의 제도들은 탈태의 과정에서 해체 위기에 직면한 황제나비 애벌레의 면역계처럼 대응해왔다. 글로벌 시민사회가 강해지고 있는 상황에서 자신의 지배력을 다시 확보하기 위해 체계적인 공격에 나선 것이다. 제국이 행사하는 조직화된 폭력이 지구공동체의 시대에 부합하는 평화와 정의로 대체될지, 아니면 사회가 해체되고 혼란스러운 폭력이 벌어지며 생존한 사람들은 서로 반목하는 군벌들이 할거해 지배하는 지역들로 분절되어 살아가게 될지, 우리는 아직 알 수 없다. 어느 쪽이든, 제국적 글로벌 권력이 보여온 대응 패턴은 한계에 도달했고 지속될 수 없다. 소진된 지구 행성과 정치적으로 의식화된 민중이 그러한 권력을 더 이상 지탱시켜주지 않을 것이기 때문이다.

* * * * *

인류의 새 시대를 열 가능성은 이미 존재한다. 우리가 향후 몇십 년간 내리게 될 선택이 성공과 실패를 판가름할 것이다. 민권 운동가 마일스 호튼Miles Horton이 말했듯이 "우리는 걸어가면서 길을 낸다."

현생 인류는 지구에 20만 년 가까이 존재해왔다. 그런데 지배자 권력이 제국의 시대를 만들고 소수의 특권과 사치를 지탱하기 위해 생명, 자원, 인간의 가능성을 가차 없이 낭비한 것은 그중에서 가장 최근의 5000년에 불과하다.[14]

늘 인간은 자신의 통제를 벗어난 자연의 행동으로부터 고통과 박탈을 겪어왔다. 하지만 노예제와 빈곤은 자연의 행동으로 생긴 것이 아니다. 노예제와 빈곤은 의도적으로 배제의 조건이 만연하게 만드는 "사회적 구성물"이다. 5000년 동안 어떤 지배 계층도 빈곤과 노예제, 기타 그와 비슷한 것을 없애겠다는 약속을 지키지 않았다. 그 약속이 실현되면 지배층의 특권을 놓치게 될 것이기 때문이다. 복종하는 계급이 없으면 지배하는 계급도 있을 수 없다. 지배 시스템을 유지하려면 폭력, 혹은 폭력을 행사하겠다는 위협을 통해 극단적인 계급 간 분리를 유지해야 한다.

이제 문화적 의식과 영적 의식으로 각성된 평범한 시민 수백만 명이 전지구적으로 나서서 5000년이면 됐다고 외치고 있다. 하지만 제국적 권력의 브로커들이 자신의 권력을 곧바로 내려놓지는 않을 것이다. 제국의 중독을 뒤로 하고 앞으로 나가야 하는 이 시점에, 제국의 깊은 뿌리와 세국의 역사가 말해주는 교훈을 살펴보면 우리 앞에 놓인 과제의 속성과 규모를 더 잘 이해할 수 있을 것이다.

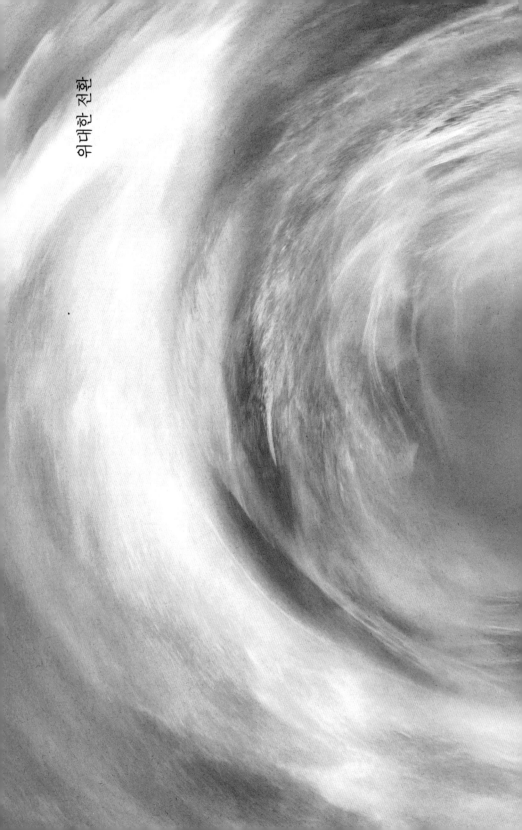

위대한 전환

제2부

우리가
선택해 온 길:
제국의 슬픔

인간 역사에서 우리가 알고 있는 모든 제국은 이와 같은 권력의 우상화에 굴복했다.[1]

코넬 웨스트*Cornel West*

제국의 역사가들에 따르면 문명, 역사, 인간 진보는 최초의 위대한 제국들에서 지배자 권력이 확립되고 공고화되면서 시작되었다. 제국적 문명의 영광스러운 성취와 그 문명들의 흥망을 가져온 영웅적인 전투는 역사에서 수없이 많이 이야기되었지만, 그 위대한 기념물을 지은 노예들이 겪은 잔혹함, 인종차별, 여성에 대한 억압, 자유농의 농노나 소작농으로의 반강제적인 전환, 전투에서의 대학살, 그치지 않는 침략과 약탈로 인한 희망과 생명의 파괴, 패배한 사람들이 겪은 불필요한 재앙 등은 거의 이야기되지 않았다. 이것들은 "제국의 슬픔"의 긴 목록 중 일부다.

사실 우리가 가장 자랑스러워할 만하고 인류에게 오래도록 영향을 미친 지적, 문화적 성취는 제국의 시대 이전, 더 평등하고 여성이 중요한 리더의 역할을 맡았던 사회들에서 이루어졌거나, 제국을 특징 짓는 억압과 전제적인 폭력이 잠시 완화되었던 시기, 아니면 민주적 개혁이 이뤄진 가장 최근의 200년 사이에 이루어졌다. 인류의 역사에 대해 우리가 알아야 할 진리는, 제국이 인간 본성의 가능성을 실현시켜나가는 과정에서 파괴적이고 자기제약적인 옆길이었다는 사실이다.

제국의 자기제약적인 지배 패턴에서 우리 스스로를 해방시키려면, 제국의 동학과 그 동학의 파괴적인 결과를 인식해야 하며 제국이 오랫동안 부인해온 인간의 가능성에 대한 진실을 받아들여야 한다. 또한 오늘날의 민주주의가 가진 한계를 인식해야 하고, 겉모습만 상대적으로 온건하게 바꾸면서 지배는 계속 유지하기 위해 "제국적 국가"의 제도가 "제국적 기업"의 제도로 형태를 바꿔 진화하는 과정도 파악해야 한다.

제국이 구름 위의 지배 계층을 제외한 모든 사람에게 얼마나 잔인하게 파괴적이었는지를 상기하기 위해, 그리고 지구공동체의 특징인 성숙한 민주주의의 가능성, 속성, 딜레마를 더 깊이 이해하기 위해, 2부에서는 인류의 역사를 간략히 살펴보기로 하자. 또한 "게임에 참가하거나 죽거나" 식의 제국적 동학이 일단 자리 잡고 나면 그것을 깨고 나오기가 얼마나 어려운지도 역사를 통해 다시금 상기할 수 있을 것이다.

제
5
징

신이 여성이었을 때

신석기 시대의 예술은, 그리고 더 발달된 미노스 문명의 예술은 더더욱, 우주를 관장하는 신비로운 권력의 1차적인 기능이 복종, 처벌, 파괴가 아니라 베풂이라는 견해를 나타내는 듯하다.[1]

리안 아이슬러*Riane Eisler*

초창기 인류의 학습은 소통을 촉진하기 위해 복잡한 언어 기법을 발달시키는 것, 인간의 정신적, 신체적 역량을 확장할 수 있는 도구와 기술을 발견하는 것, 인구 증가에 따라 점점 더 대규모의 사회적 단위에서 살아갈 수 있도록 사회 조직의 기법을 발달시키는 것, 이 세 가지 도전을 중심으로 이루어졌다. 초창기의 인류는 불을 사용하는 법, 동식물을 길들이는 법, 나무, 돌, 가죽, 구운 진흙 등으로 집을 짓는 법을 터득했다. 그들은 복잡한 언어와 사회적 규범을 만들었다. 그들은 대륙 전역으로, 또 대륙을 넘어 이주해 지구상의 모든 곳에 살게 되었고, 도착하는 곳의 환경에 따라 방대하게 다양한 물리적 지형과 기후에 적응했다. 그 과정에서, 무리를 지어 떠돌아다니던 채집수렵[2] 생활에서 마을과 도시를 짓고 정착해 생활하는 농경 생활로 전환했고, 오늘날까지도 인간 문명의 토대가 되는 학문적, 기술적, 사회적 기반을 구축했다. 매 단계마다 인류는 정글과 평원과 숲에서 살아가는 여러 동물 중 하나이던 데서 점점 멀어져서 "인간" 종 특유의 속성을 갖게 되었다.

오늘날 우리는 이러한 성취를 너무나 당연하게 여겨서 여기에 얼마나 엄청난 학습 능력과 상호 공유 능력이 관여되어 있는지를 잊곤 한다. 또한 이 모든 것이 제국의 시대에 진입하기 전, 대부분의 역사가들이 소홀하게 생각하는 여신과 여사제의 시대에 일어났다는 고고학적 증거를 무시하거나 부인한다.

잘 숨겨져온 비밀

문화사학자 리안 아이슬러는 "역사에서 가장 잘 숨겨져온 비밀 하나는 인류 문명에 근본적으로 중요한 물질적, 사회적 테크놀로지가 사실상 모두 지배자 사회가 세워지기 전에 발달했다는 사실"이라고 지적한 바 있다.[3] 농경과 가축화, 식량의 생산과 저장, 구조물의 건축, 의복의 생산 등이 모두 아이슬러가 "위대한 파트너십 사회"라고 부르는 사회의 발명품이다. 이러한 사회에서는 중요한 테크놀로지를 발명하고 적용할 때 종종 여성이 리더 역할을 했다.[4] 이 사회들은 복잡한 사회 조직의 토대가 되는 법률, 정부 제도, 종교 제도를 발달시켰고, 춤, 도기 제조, 바구니 제조, 직조, 가죽 세공, 금속 세공, 의례에서의 연극, 건축, 도시 계획, 선박 건조, 도로 건설, 구전 문학 등의 복잡한 기예도 발달시켰다.

역사학자들이 초기 인류의 성취를 서술하는 것 자체도 드물지만, 그 드문 경우에도 비교적 평등했던 사회 구조를 언급하는 경우는 거의 없다. 또 아주 최근까지도 초기 인류 사회에는 남성밖에 없었나 싶을 정도로 남성 중심적인 묘사가 일반적이었다. 일례로, 1958년에 출간되어 대학 교재로 널리 쓰인 한 역사서는 제국 이전 시대의 인류에 대해 다음과 같이 설명했다.

> 이때까지는 모든 남성men이 단지 식량의 채집자였던 반면, 신석
> 기 남성man은 *식량 생산자*였다. 땅을 경작하고 가축을 돌보게 되
> 면서 그he는 더 안정적으로 의존할 수 있는 식량 원천을 확보할
> 수 있었고 때때로 그he는 잉여도 산출할 수 있었다.[5]

오늘날에는 역사 교재를 이렇게 서술한다는 것을 생각하기 어렵다.
성차별적인 언어 때문에도 그렇지만, 인간 경험에서 젠더를 중요한 차원
으로 여기지 않고 있으며 초창기 인류의 발달 과정에서 여성이 수행한
중대한 기여를 간과하고 있어서이기도 하다. 인간 종이 "인간화"되어가
는 초창기 과정에서 여성이 결정적인 역할을 수행했음을 인식하고 나면,
제국이 5000년간 여성을 억압해온 것이 얼마나 막대한 비용을 일으켰
을지, 지구공동체를 일구는 과정에서 여성 지도자들의 역할이 얼마나 필
수적일지, 또 젠더의 균형이 얼마나 중요할지를 더 쉽게 이해할 수 있을
것이다.

고고학적 증거를 젠더 관점에서 분석해 기존의 역사 서술이 남성 쇼
비니즘에 기반하고 있음을 드러내고 인간의 경험과 가능성을 더 온전히
이해할 수 있게 한 역사학자들은 대체로 여성이며 아이슬러도 그중 한
명이다. 1987년에 아이슬러는 자신의 연구를 여성주의 저술의 혁신적인
고전 『성배와 칼』로 펴냈다. "성배"는 여성적 속성과 흔히 연결되는 권력
의 상징으로, 베풀고 양육하고 궁극적으로는 창조하는 권력을 의미한다.
"칼"은 남성적 속성과 흔히 연결되는 권력의 상징으로, 지배하고 생명을
소멸시키고 궁극적으로는 파괴하는 권력을 의미한다.

물론 초기 인류 시기에는 문자가 없었으므로, 고고학적 유물이나 초기 부족 사회들에서 구전되다가 훗날 기록된 전설, 그리고 "살아있는 기록"으로서 오늘날까지 석기시대의 문화를 유지하며 살아가는 부족들의 관습을 통해 유추해보는 수밖에 없다. 초기 인류의 사고, 가치관, 영적인 믿음, 삶의 양식도 그렇게 유추해야 한다. 하지만 제국 이전의 결정적인 시기에 인류가 비교적 평등한 사회를 이루고 살았으며 생성과 재생을 관장하는 여신의 권력을 숭배했고 가정과 공동체 생활의 많은 면에서 여성의 리더십에 의존했음을 강하게 시사하는 증거들이 존재한다.

자료는 모호하고 인간 경험은 다양하므로 기록 시대 이전의 삶에 대한 해석들은 서로 상당히 다를 수 있고 어떤 해석도 반론이 제기될 가능성에서 자유롭지 않다. 이 장에서 나의 의도는 상충하는 해석들을 나열하거나 상충을 해소하는 것이 아니라 지난 5000년간의 제국의 역사를 더 큰 맥락에, 인류 발달의 긴 경로 위에 놓는 것이다.

인류의 시작

존재하는 화석 증거로 추정할 때, 인간과 유사한 가장 초창기 종은 400만-500만 년 전에 아프리카에서 나타났으며 현생 인류인 호모 사피엔스는 10만-20만 년 전에 역시 아프리카에서 나타나 지구 곳곳으로 퍼져나갔다.[6]

초창기 인류의 삶은 비교적 명료하게 개괄할 수 있다. 빙하기가 끝난 기원전 1만 1000년까지는 대부분의 인간이 5-80명 규모의 남녀 성인과 아이들로 무리를 이루어 살았다. 그들은 "생산"을 해서 식량을 조달하기보다 자연에 있는 것들을 "거두어서" 조달했다. 그들은 야생 과일을 따고 식용 가능한 뿌리를 캐고 야생 동물을 사냥하고 물고기를 잡아서 생활했다. 여성들은 아이를 낳고 영유아를 기르고 식량을 채집하면서 부족의 재생산에 기여했다. 남성들은 일반적으로 몸집이 더 크고 강했으므로 자연스럽게 사냥과 전사의 역할을 담당했다. 무리의 구성원들은 가용한 식량과 공동체 생활의 여러 이득을 함께 공유했다.[7]

채집수렵 생활에서는 인구 밀도가 어느 정도 이상으로는 높아질 수 없으므로 대부분의 환경에서 인구가 늘면 [채집수렵으로 확보할 수 있는 식량 원천이 고갈되어] 주기적으로 식용 가능한 식물이나 뿌리, 또 야생 포도와 같은 열매를 찾아, 그리고 아마도 계절에 따라 이동하는 사냥감을 따라 무리가 이동해야 했다.

어떤 무리들은 빙하가 물러가고 수면이 상승하면서 물고기, 조개, 물새가 풍부한 서식지들이 새로 생겨난 데서 득을 얻었다. 기후가 온화해지면서 무성한 숲이 형성될 수 있었고 채집할 만한 과일 및 식용 가능한 식물도 다양하고 풍성해졌다. 인간 공동체가 더욱 성장하면서 사람들은 씨앗을 모아두었다가 심는 등 자연의 생성 과정에 적극적으로 관여해 자연의 선물을 더 늘리는 법을 터득해나갔다. 또한 영구적인 정착지를 건설해 정주 생활을 하게 되면서, 이동을 하던 채집수렵 생활에서는 가능하지 않았던 부의 축적이 촉진되었다.

한편, 이동하는 야생 동물을 따라 이동하며 생활하던 또 다른 무리들은 동물을 길들여 가축화함으로써 사냥의 불확실성을 줄여나갔다. 이들은 유목민이 되어서 염소, 양, 소, 말떼를 몰고 초원을 찾아 이동했다. 가축과 함께 주기적으로 이동해야 했으므로 잉여는 운반이 가능한 정도까지만 축적할 수 있었고, 따라서 유목 부족들에게는 가축떼의 규모가 부의 척도였다.

여신 문명

기원전 7000년 경부터 유라시아, 사하라 이남 아프리카, 아메리카의 자연 여건이 좋은 지역에서 정착 농경 중심지들이 생겨나기 시작했다. 또한 더 비중 있는 정착 사회들이 오늘날의 튀르키예, 이라크, 그리스, 시리아 등지에 해당하는 근동과 중동 지역 및 지중해 일대에 다수 생겨났고, 북쪽으로 멀리 잉글랜드에서도 정착 사회가 생겨났다. 그리스와 튀르키예 사이의 에게 해 일대에서 크레타 섬을 중심으로 발생한 고대 에게 해 문명은 가장 초창기의, 그리고 가장 오래 지속된 문명 중 하나다.[8]

정착 농경

정착 농경이 가능했다는 말은 식물에 대한 지식이 놀라울 정도로 축적되어 있었다는 의미다. 현대의 인종생물학자들에 따르면 식물 지식의 축적은 채집수렵민의 특징이었다. 이는 이들이 수천 년에 걸쳐 세대를 거듭하며 수많은 사람들 사이에 지식을 공유해왔음을 뜻한다. 이렇게 축적된 지식을 바탕으로, 채집을 주로 담당하던 사람 중 일부가 유용한 식물 종의 씨앗을 골라내고 모아두었다가 경작하는 실험을 해보았을 것이다. 채집이 주로 여성의 일이었으므로, 초창기 경작 기술의 발달에서 여성이 주도적인 역할을 했을 것이다.

정착 농경 사회는 상대적으로 더 높은 인구 밀도를 지탱할 수 있었으므로 기술 혁신이 가속화되었고, 상당한 규모의 촌락이 생겨나면서 복잡한 형태의 사회 조직을 구성하고 관리할 필요가 생겼다. 또한 정착 농경에서는 잉여가 산출되었으므로, 소수가 배타적으로 사용하기 위해

잉여를 징발할 가능성도 생겨났다.[9]

존재하는 증거들을 토대로 최선의 추정을 해보았을 때, 초창기 인간 공동체에서는 직업, 지위, 권력이 비교적 분화되어 있지 않았던 것으로 보인다. 개인의 재산은 부족이나 무리의 재산과 함께 증가하고 감소했다. 재생산, 치유, 식량의 채집과 관련된, 그리고 성공적인 사냥을 위해 동물의 영에게서 호의를 확보하는 것과 관련된 생성적 권력이 공동체 생활의 중심이었다. 여성성의 형태를 한 창조의 권력을 인정하고 기리는 상징과 의례들은 인간 고유의 의식consciousness을 보여주는 가장 이른 표현 중 하나다.

농경 이전의 사회에서는 특화된 직업이 드물었는데, 그 드문 예외 중 하나가 샤먼이다. 샤먼은 영적인 세계와의 교신을 통해 치유의 힘을 보여주는 존재로, 남성일 수도, 여성일 수도 있었다. 아마도 이것이 최초의 직종 전문화 사례일 것이다. 이 시기라고 폭력과 경쟁으로부터 자유로웠던 것은 아니었지만, 무리나 부족 전체의 집합적인 역량을 우선시하는 문화가 일반적이었다. 이 시기에는 영성이 가진 생성적 권력이 사회적 조직화의 토대였다. 즉 생성적 권력을 협업적으로 추구하는 것이 사회를 조직하는 지배적인 원리였다.

여신의 사원

사회 단위의 규모가 커지면서 한 명의 샤먼이 수행하던 기능은 일군의 남녀 사제들로 구성된 조직이 수행하게 되었고 사원이 공동체 전체의 행정을 담당하는 제도 권력의 첫 중심지가 되었다. 사원이 수행하는 행정 기능은 토지의 분배부터 분쟁 조정, 상서로운 파종 시기의 결정과 축성까지 상당히 범위가 넓었다.

아이슬러는 제국 이전의 대규모 신석기 농경 문명에서 나온 고고학적 증거를 보면 육중한 방어 시설이나 발사형 무기의 흔적이 존재하지 않으며, 이는 사람들이 평화롭고 비교적 평등하게 살았음을 말해준다고 설명했다. 전쟁으로 인한 피해를 시사하는 흔적도 거의 발견되지 않았다. 이 시기 매장의 관습을 나타내는 흔적, 그리고 대개 동일한 크기와 디자인을 하고 있는 집들의 흔적도 (훗날의 인간 사회를 특징짓게 될) 계급, 인종, 성별에 따른 분화가 거의 없는 평등한 사회였음을 시사한다. 신석기 유적에서 출토된 다양한 예술 작품에서도 비슷한 결론을 도출할 수 있다. 전투 장면, 고귀한 전사의 이미지, 노여워하는 신의 이미지, 정복자가 생포한 사람들을 족쇄로 묶어 끌고가는 이미지 등이 발견되지 않는다.

반면 여신 숭배와 관련된 여성의 형상이나 자연을 상징하는 이미지는 풍부하게 발견된다. 여성의 출산을 나타내는 이미지가 이 시기의 주된 종교적 이미지였던 것으로 보이는데, 지구가 그렇게 하듯이 여성이 생명을 창조하고 양육하는 것을 상징한다. 아이슬러는 "이렇게 물질적, 사회적 테크놀로지가 최초로 위대한 도약을 보인 곳들에는 하나의 공통점이 있다"며 그것은 "여신 숭배"라고 설명했다. 농경이 시작된 세 중심지(소아시아 및 남동부 유럽, 태국, 중앙아메리카) 모두에서도 이와 비슷한 여신의 상징물이 발견되었다.[10]

예술가이자 예술사학자인 멀린 스톤Merlin Stone은 『신이 여성이었을 때When God Was a Woman』에서 가나안, 아나톨리아, 아라비아, 호주, 에스키모인, 일본인, 인도의 카시족 들 사이에서 태양의 여신에 대한 이야기가 전해져오는 것을 발견했다. 수메르, 바빌론, 이집트, 아프리카, 호주, 중국에서는 최초의 인간뿐 아니라 지구 전체와 하늘의 천체까지 창조한 여신 이야기가 전해진다.[11] 아이슬러와 스톤 등과 같은 연구자들은, 채집수렵 사회와 농경 사회 모두에서 초기 종교의 우주론은 생명의 원천이자 자연의 위협적인 요인으로부터 보호를 제공하는 원천이 "위대한 이미니 여신"을 중심으로 한 우주론이었다고 결론내렸다.

제국이 등장하기 전 길게 잡아서 약 6000년 동안 여신 사회는 생명을 양육하는 테크놀로지를 개발하고 적용하는 데 중점을 두었다.[12] 인간은 자연의 생산 과정에 파트너십의 관계로 참여하는 존재로 상정되었고, 인간 종의 생명을 창조하는 존재로서 여성이 이러한 활동에 특히 친화성을 갖는다고 여겨졌다.[13]

아이슬러는 초창기 여신 숭배 사회들이 모계 사회였다는 증거가 있지만 이것이 꼭 남성을 종속적인 위치에 두는 가모장 사회였다는 의미는 아니라고 주장했다.

> 남성과 여성 모두가 여신의 자녀였고 가정과 부족을 이끄는 여성의 자녀였다. 물론 모계라는 점은 여성이 상당한 권력을 갖게 해주었겠지만, 현재의 엄마와 자녀 관계를 통해 유추해볼 때 억압, 특권, 공포에 의한 권력이었다기보다는 책임과 사랑의 권력이었을 것으로 보인다.[14]

아이슬러는 여신 숭배 사회가 다 평화롭고 평등한 사회였으리라고 암시하는 결론이 과도한 일반화라는 비판을 받기도 했다. 페미니스트 역사학자 중에서도 이러한 반론이 나왔다. 이를 테면 멀린 스톤Merlin Stone은 여신 숭배 사회 중 적어도 일부는 모계 사회였을 뿐 아니라 가모장 사회여서 남성을 열등하고 종속적인 위치에 두었다고 설명했다.

스톤은 여사제가 신전의 운영을 장악함으로써, 상속, "도시에서의 장인과 거래인의 활동, 농촌에서의 농민, 목축인, 어민, 과일 채집인의 활동,"[15] 그리고 토지의 매매와 임대 등을 통제했으리라 짐작케 하는 증거들을 제시했다.[16]

또한 스톤은 몇몇 사회에서 여성이 (종종 종교적 의례의 맥락에서) 여러 애인을 두었으며 그럼으로써 성적 자유를 확보하고 아버지를 흐릿하게 해 여성을 통해서만 이어질 수 있는 승계 라인을 만들었음을 시사하는 증거도 제시했다.[17] 더 이후에 리비아, 아나톨리아, 불가리아, 그리스, 아르메니아, 러시아 등에서 전해지는 전설에서도 여신을 용감한 전사이자 군의 지도자라고 묘사한 부분들이 발견되었다.[18]

파트너십 사회에서 지배 사회로 전환이 일어나고 수천 년이 지난 뒤인 기원전 49년에 그리스 역사가인 시칠리아의 디오도로스Diodorus Siculus는 북아프리카와 근동 지방에 다녀와 여행기를 남겼는데, 에티오피아에는 무기를 든 여성들이 있고 공동 혼인과 공동 육아를 해서 때로는 여성들조차 누가 누구의 엄마인지 헛갈리기도 한다고 전하고 있다. 또한 그는 리비아에서는 여성 전사들이 군을 조직해 이웃 나라를 침략했다고도 기록했다.[19]

우리에게 중요한 부분은, 여성이 이끈 사회가 언제나 더 평화롭고 평등했느냐가 아니라, 초창기 인류의 경험이 매우 다양했으며 여기에는 평화롭고 평등하고 고도로 놀라운 성취를 이룬 큰 규모의 사회에서 여성이 남성 못지 않은 리더의 역할을 했던 경우도 분명히 포함된다는 사실이다.

제국으로의 전환: 젠더 관점에서의 설명

아이슬러에 따르면, 유목민과 정착 농경민은 서로 다른 경로를 밟아가면서 서로 다른 세계관과 사회 구조를 발달시켰다. 정착 농경 사회는 우리가 흔히 여성성과 연결시키는 생성적 파트너십 권력을 중심으로 조직되었다. 생명의 여신을 숭배했고, 남성 지도자만이 아니라 여성 지도자도 인정했으며, 생명을 지탱하고 고양하기 위한 테크놀로지를 발견하고 개발하는 데 창조적 에너지를 사용했다. 어떤 역사학자들은 성경에서 말하는 에덴 동산, 즉 여성과 남성이 목가적인 삶을 살아가는 공간이 이러한 먼 시대의 집합적인 기억을 반영하는 것이라고 보기도 한다.[20]

대조적으로, 유목 부족들은 우리가 흔히 남성성과 연결시키는 지배자 권력을 숭배하는 사회를 조직했다. 폭력적인 남신을 숭배했고, 전사를 높이 대우했으며, 여성을 남성의 재산으로 여겼고, 상당한 창조적 에너지를 점점 더 효과적인 무기를 만드는 데 사용했다. 아이슬러에 따르면, 그들은 "생산의 기술을 발달시킴으로써가 아니라 더 효과적인 파괴의 기술을 발달시킴으로써" 자신의 여건을 향상시키고자 했다. 이는 이후에 더 풍족했던 농경 사회들과의 전투에서 매우 유리하게 작용했고, 점차 이들이 정복을 통해 농경 부족들의 토지와 노동력을 차지하게 된다.[21]

여성성의 거부
결국, 여신을 숭배하던 초창기의 농업 문명은 남신을 숭배하던 유목 부족의 침략을 받았다. 이 과정은 이르게는 기원전 4300년부터 본격화되었고 기원전 2800년까지 여러 차례 지속적으로 벌어졌다. 침략자들은 호변이나 강변의 비옥한 지역에 형성되어 있던 최초의 위대한 농경 문명을 공격해 남성을 죽이고 여성을 노예로 삼았으며 비교적 평등하고 생명 중심적이고 파트너십 지향적이던 종교, 문화, 제도를 노여워하는 남신, 전사 문화, 지배의 제도, 파괴의 기술로 대체했다. 대지의 여신은 천상의 남신에게 밀려났다.

이렇게 해서, 아이슬러가 "5000년에 걸친, 지배자 권력의 피비린내 나는 우회로"라고 표현한 과정이 시작되었다. 제국 이전의 사회가 "생명을 주는 권력"을 영예화했다면 제국의 사회는 "생명을 취하는 권력"을 영예화했다. 왕과 황제는 자신이 신성하다고, 혹은 자신의 직위를 신이 내리셨다고 주장하며 다른 이들의 복종을 요구했다.[22] 지배자 권력을 나타내는 "분노하는 남신"이 생성적인 권력을 나타내는 여신과 남신을 대체했다. 점차 여사제는 권력을 잃었고 그 자리를 남사제가 차지했다. 아내는 남편의 도구가 되었고, 빈곤한 사람은 부유한 사람의 하인이 되었다. 영성의 생성적 권력은 칼의 지배자 권력으로 대체되었다. 사람들은 지배를 권능으로 착각했고 사회를 조직하는 원리로서 지배가 파트너십을 대체했다. 제국의 시대가 탄생했다.

아이슬러에 따르면, 침략이 있은 뒤에는 일반적으로 문화적 퇴행과 정체의 시기가 이어졌다. 마을과 도시가 해체되고 여신 문명에 존재했던 놀라운 채색 도기, 신전, 벽화, 조각품 등은 방치되거나 파괴되었다.[23] 장식품과 도구에 주로 쓰이던 금속은 이제 무기에 주로 쓰이게 되었다.[23] 이 시기 유적지에서 출토된 유물에는 중무장을 한 남성 전사 신을 묘사한 것이 많다. 또 정복이 흔히 행해지던 시기의 무덤에서는 유독 키가 크고 뼈대가 굵은 남성 골격과 다양한 무기, 그리고 아내나 첩, 또는 노예였다가 함께 묻힌 여성의 골격이 함께 발견되곤 한다. 점점 더 위계적이고 권위주의적이 되어가는 사회 구조에서, 권력의 꼭대기에 올라갔을 법한 사람은 신체적으로 가장 강하고 아마도 가장 가차 없이 잔혹한 사람이었을 것이다. 문화적으로 또 제도적으로 여성은 "남성이 통제하는 생산 및 재생산 수단"으로 축소되었다.[24]

시간이 지나서 정복 당한 사회들도 새로운 물질적 생산과 축적의 시대로 들어가게 되었지만, 분배의 양상에서 예전과 극명한 차이가 생겼다. 전에는 공동의 작업을 수행하고 모두의 생활 수준을 향상시키는 데 우선순위가 있었지만, 이제는 꼭대기층 사람들이 부와 권력의 상당 부분을 가져갔고 그들의 지배를 받는 사람들은 나머지를 가지고 근근이 살아가는 수밖에 없게 되었다. 정복지 사람들이 가졌던 부를 파괴하고 징발해 권력의 자리를 차지한 사람들은 충성하는 자들에게 전리품을 배분하면서 징발과 탈취의 패턴을 지속했다. 이 패턴은 오늘날의 우리에게도 익숙하다.[25]

노예화

잉여를 생산할 수 있는 역량이 증대되면서 지배자들은 유목민이 동물을 길들여 가축화할 수 있었던 것처럼 사람도 가축처럼 길들일 수 있다는 것을 알게 되었다. 포로를 죽이기보다 강제 노동에 사용한 것이다. 노예가 가축을 돌보고 땅을 경작하면서 지배층은 고된 노동을 면할 수 있었다. 이렇게 해서, 생산의 새로운 방식으로서 노예제가 탄생했다. 또한 노예제는 패배한 적을 벌하고 모멸하는 수단이기도 했다. 농업 생산물을 판매할 도시의 시장이 커지고 판매의 수익성도 높아지면서 노예와 그밖의 예속 노동자에 대한 수요도 증가했다.

지배자들이 노예제의 이득을 알게 되면서 외부의 적만이 아니라 자신과 동일한 집단에 속한 사람들 중 범죄자들을 예전처럼 죽이거나 가두어 처벌하는 대신 시민의 자격을 박탈하고 노예로 강등시키기 시작했다. 돈을 빌려주는 제도 또한 노예를 만들어내는 시스템으로 기능했다. 가난한 사람들은 최후의 수단으로 자신의 노동이나 자녀의 노동을 걸고 돈을 빌렸고 갚지 못하면 노예가 되었다. 너무나 절박한 사람들은 굶어 죽느니 노예가 되는 쪽을 "자발적으로" 선택했다. 오늘날 절박하게 가난한 많은 사람들이 "자발적으로" 노동 착취 공장에서 노예나 다름없는 노동 조건을 받아들이거나 "자발적으로" 군에 들어가는 것과도 비슷하다. 노예에 대한 수요가 늘면서 사람을 납치해 노예로 파는 경우도 늘었다. 이러한 인신 매매는 이 시기에 가장 수익성 있는 상업 형태 중 하나였다.[26]

제국으로의 전환: 규모 관점에서의 설명

제레드 다이아몬드Jared Diamond는 『총, 균, 쇠Guns, Germs and Steel』에서 아이슬러의 설명과 다른 관점을 제시했다. 제국으로의 전환이 친족 관계가 아닌 다수의 인구가 평화롭고 응집된 사회적 단위를 조직하려 할 때 나타나는 문제들에 대한 실용적인 대응으로서 일어났다는 것이다.

작은 것이 평등하다

채집수렵을 하던 초창기에는 거동이 가능한 모든 구성원이 식량의 채집에 기여해야 무리가 생존할 수 있었고, 이러한 상황에서는 계급 기반의 사회적 계층화가 출현할 수 없었다. 땅과 기타 자원은 공동으로 소유되었다. 마찬가지로, 수백 명 정도의 부족 집단으로 구성된 초창기의 정착 농경 사회에서도 거동이 가능한 모든 구성원이 땅을 갈거나 수확을 하는 등의 육체적 노동에 참여해야 했고 필요할 경우 마을을 지키는 데도 모두가 참여해야 했다. 바구니를 짜고 옷을 만들고 그릇을 굽고 깔개를 만들고 단순한 금속 물품을 만드는 것은 가정에서 날마다 벌어지는 일상 생활의 일부였다. 자산과 노동을 공유했다는 사실, 그리고 즉각적인 필요를 충족하는 것 이외의 용도로 사용될 수 있는 잉여 생산물이 부족했다는 사실이 결합해, 이들 사회에서는 어느 개인이 다른 사람들에 비해 압도적으로 부유해지는 것이 원천적으로 불가능했다.

부족 마을의 규모는 여전히 작아서 대부분의 사람들이 서로 누가 누구인지 알고 있었다. 따라서 공식적인 법률과 법 집행 시스템 없이도 갈등이나 관계를 조정하는 일이 비교적 수월하게 이뤄질 수 있었다. 통치 메커니즘은 비공식적이고, 상당히 평등했으며, 주요 의사결정이 성인 구성원 전원이 모인 곳에서 이뤄졌고, 명백한 지도자가 없는 상태로 모든 정보가 자유롭게 공유되고 유통되었다. 특화된 직업적 기능도 없었고, 모든 사람이 노동에 참여했으며, 노예 등 특화된 비천한 역할도 없었다. 오늘날에 존재하는 부족 사회를 방문해본 사람들은 이와 같은 순수한 형태의 민주주의가 실행되는 것에 놀라곤 한다.

친족 집단을 넘어서

인간에게 신뢰와 집단정체성은 오랫동안 중요한 이슈였고 지금도 그렇다. 우리의 본성이 끔찍한 폭력부터 자기희생적인 사랑까지 매우 폭넓은 가능성을 담고 있기 때문이다. 인구가 집중되면서 구성원 모두가 혈연이나 혼인으로 연결되거나 누가 누구인지 서로가 다 아는 것이 불가능할 정도로 집단의 규모가 커지자, 어떻게 낯선 사람의 의도를 파악하고 폭력의 가능성을 줄일 것이냐의 문제가 대두되었다.

제레드 다이아몬드에 따르면, 족장이라는 공식적인 세습 직위를 만드는 것이 해법이었다. 족장은 중앙집중화된 권위를 영속적으로 갖는 존재로, 모든 중요한 의사결정을 내렸고 무력을 사용할 권리를 독점적으로 소유했다. 이웃 부족과의 관계에 대한 중요한 정보를 통제했고, 미래의 수확에 대해 신탁을 받았다. 또한 족장임을 나타내는 상징과 휘장을 지녔고, 낮은 계급 사람들로부터 높이 떠받들어질 것으로 기대되었다.

족장은 일반 업무를 보는 가신으로 구성된 한두 단계의 관료 조직을 거느렸다. 이들이 공물을 거두고, 관개를 관리하고, 공공 사업에 노동력을 동원하는 등의 일을 했고, 그 대가로 공물의 일부를 분배 받았다. 대개 족장의 직위는 정치 지도자와 종교 지도자의 역할이 결합된 것이거나, 공물을 징발할 수 있는 권한을 정당화하기 위해 족장에게 신성성이 있음을 확인해주는 사제의 지원을 받았다. 전문화된 사제 집단이 이러한 일을 수행했고, 그 대가로 공물의 일부를 분배 받았다.

강압적 권력에 수반되는 위험

인구가 친족 기반의 조직화가 가능한 규모를 넘어서게 된 이래로 질서 유지를 위해 강력한 지배자를 세운다는 해법은 복잡한 딜레마를 야기했다. 지배자는 질서 유지 기능을 수행하려면 자신의 의지를 강제할 수 있는 권리와 수단이 필요하고 강압적인 힘을 사용해 공물을 강제로 취할 수 있어야 한다. 그러려면 충성스러운 전사와 조세를 거둘 수하가 필요하다. 또한 자신의 권위를 정당화하는 상징들을 만드는 데도 자원을 투자해야 하고 대중이 그의 신성함과 고결함을 말하는 이야기에 계속해서 홀려 있을 수 있도록 문화적 작업을 수행하는 사람들에게도 자원을 투자해야 한다. 농민, 장인, 교역인 등 실질적인 생산 활동을 하는 사람들이 창출한 잉여로 위와 같은 기능을 수행하는 사람들을 부양하는 것이 가능해야 한다.

측근 계층의 충성과 피지배자의 복종, 그리고 강압적 권력의 독점을 유지하기 위해 지배자는 정치의 기예에 능통해야 하며, 그와 동시에 자신의 자리를 노리는 내부의 경쟁자와 외부의 적을 막아낼 수 있어야 한다. 국가의 규모가 커질수록 안보를 포함해 필수적인 공공 기능을 유지하는 비용도 커지며 이러한 기능에 대해 대중의 지지를 끌어내야 할 필요성도 커진다. 다시 이는 강압적 권력에 대한 의존을 높이는데, 지배자와 그의 측근이 행사할 수 있는 강압적 권력이 커질수록 그 권력을 개인의 이익을 위해 남용하고 싶은 유혹도 커진다.

제레드 다이아몬드가 지적했듯이, 대개 "국정 운영"과 "도둑 정치 kleptocracy" 사이의 차이는 조세나 조공으로 추출한 잉여가 공공의 목적과 지배층의 자기탐닉 사이에 어떻게 분배되느냐의 차이다. 질서 유지와 공물 징발을 위해 강압적인 권력을 사용할 권리를 갖게 되면, 이 권리는 거의 저항이 불가능한 남용의 유혹을 수반한다.

작고 균형 잡힌

다이아몬드와 아이슬러 모두 인간 경험의 문화적, 제도적 현실에 대해 중요한 통찰을 제공한다. 다이아몬드는 규모의 관점을, 아이슬러는 젠더의 관점을 제시한다. 어느 쪽도 그 자체만으로 완벽하지는 않다. 규모의 관점은 상호의존적인 세계에서 인구가 더 조밀해지면서 젠더 사안과 상관없이 생겨나는 조직적 난제의 복잡성에 관심을 갖게 해준다. 젠더의 관점은 조직상의 과제를 인간 종의 잠재력과 생명에 부합하는 방식으로 해결하려면 남성적 원칙과 여성적 원칙이 균형을 이뤄야 한다는 깊은 진리를 말해준다.

생명을 위한 안보

남성적 원칙만 영예화하는 사회는 약탈적 경쟁과 폭력의 파괴적인 악순환에 빠질 위험이 있다. 여성적 원칙만 영예화하는 사회는 남성적 원칙만으로 조직된 사회의 침략을 부르는 격이 될 위험이 있다. 사회가 생명력 있게 유지될 수 있으려면 내부와 외부의 약탈자로부터 자신을 온전하게 지켜낼 역량이 있어야 한다.

여성성의 원칙을 억누르고 생명의 파괴와 지배에 우선순위를 두는 사회보다 생명의 양육이라는 목적을 위해 남성성의 원칙과 여성성의 원칙 사이에 균형을 이뤄내는 사회가 인간의 이로움에 더 잘 부합하는 기술 진보를 이룰 수 있을 것이고 이를 통해 더 생산적이고 번영하는 사회가 될 수 있을 것이다. 여성적 원칙과 남성적 원칙의 균형을 잡는 것은 우리가 이뤄야 할 문화적 전환의 핵심 과제다.

영적 정체성

젠더적 관점은 인간의 영적 표현에 대해서도 중요한 통찰을 제공하며, 우리의 정체성, 삶의 의미, 현대의 정치, 인류가 현재 직면한 선택지 등에서 "영성"과 "젠더"가 갖는 핵심적인 중요성을 말해준다. 지구의 여러 종 중 인간은 자신의 필멸성을 성찰할 수 있고 창조의 의미를 숙고할 수 있으며 "왜?"를 질문할 수 있는 고유한 역량을 가지고 있다. 우리는 이에 대한 답을 가지고 우리 자신을 규정하고, 우리의 가능성을 규정하고, 우주에서의 우리의 위치를 규정한다.

불가해한 것을 이해하고 소통하려 할 때, 우리는 묘사할 수 없는 것을 묘사하기 위해 익숙한 비유에 의존한다. 우리가 선택하는 비유가 무엇이건, 그것이 환기시키는 신성함의 이미지는 무한한 전체 중 아주 작은 부분만 드러낼 수 있다. 하지만 우리가 어떤 비유를 선택하는지는 우리의 정치적 지향과 영적 성숙도에 대해 아주 많은 것을 말해줄 수 있다.

여성이 상당한 권력을 가지고 있었을 때 사람들은 여성성과 흔히 연결되는, 즉 생명을 주고 양육하는 이미지로 표현되는 여성적인 신을 선택했다. 남성이 여성을 종속시켰을 때, 사람들은 생명을 양육하는 여신을 폭력적인 남신으로 대체했다. 남성에게만, 혹은 여성에게만 신성을 부여한다면, 성별을 초월해 존재하는 영성의 실재를 너무 축소하는 것이다.

가모장과 가부장 모두 인간 가능성의 범위 안에 존재한다. 어느 쪽도 인간 사회의 필연적인 조건이 아니다. 아이슬러의 연구가 시사하듯이, 미래를 위해 우리가 직면한 과제는 가모장, 가부장, 군주제, 또 그밖의 모든 지배자 정치를 넘어 젠더 간에 더 평등한 사회로 이행할 수 있느냐다. 이를 이해하는 것은 온전한 인간 존재가 되기 위한 우리의 노력에 중요한 토대가 되며 통합적인 영적 의식을 반영하는 온전하고 균형 잡힌 사회를 창출하기 위한 노력에도 중요한 토대가 된다.

히-스토리

우리 인간은 우리의 기원과 본성을 규정하는 이야기들에 의해 살아간다. 남성 역사가들이 쓴 역사는 꽤 문자 그대로 "히-스토리"[His-story, 남성의 이야기]다. 영웅적인 남성 전사, 남성 군주, 남성 대통령, 남성 종교 지도자, 남성 철학자, 남성 예술가에 대한 이야기인 것이다. 때때로 히-스토리에 여왕, 여제, 잔다르크, 여류 작가, 여류 시인, 여류 화가도 등장하지만 정상에서 돌출된 예외로서 포함될 뿐이다. 히-스토리를 들으며 자란 우리는 남성이 지배하고 여성이 복종하는 것을 당연히 여기게 된다.

또한 대부분의 히-스토리는 하나의 제국적 지배자가 또 다른 제국적 지배자를 정복하거나, 제국적 권력을 놓고 경쟁하면서 하나의 분파가 다른 분파를 정복하는 이야기를 담고 있다. 이러한 이야기에만 노출되면 경쟁, 탐욕, 폭력이 자연스러운 질서라고 생각하게 되고, 얼마나 파괴적이든 간에 그것이 기술적, 사회적 진보의 필수적인 추동력이라고 생각하게 된다. 또한 지배와 파괴를 위한 "남성적" 권력이 선하고 정당한 것으로 여겨지고 생명을 창조하는 여성적 권력은 위험하고 기만적이며 죄악과 자기파괴로 이끄는 악으로 여겨지게 된다. 그러면 남신을 숭배하는 것은 "독실한" 것이 되고 여신을 숭배하는 것은 "이단"이 된다.

현대의 페미니즘 학자들은 우리에게 몇 가지 대담한 질문을 제기한다. 왜 생명을 파괴하는 권력이 생명을 생성하는 권력보다 우위여야 하는가? 왜 남신을 숭배하는 것이 여신을 숭배하는 것보다 진보된 것으로 여겨져야 하는가?

우리가 당연하다고 여기게 된 많은 것들이 사실은 운명이 아니라 선택이다. 아이슬러 등이 개진한 젠더적 관점이 모든 세부사항까지 정확한지 아닌지와는 별개로, 그리고 모든 초창기 사회에 대한 설명으로 참인지 아닌지와는 별개로, 젠더를 고려한 분석은 인간 경험의 가능성과 다양성을 보여준다는 점에서 우리에게 중요하다.

젠더적 관점은 여성이 리더 지위에 더 많이 참여하는 것이 합당한 일일뿐 아니라 종으로서의 우리가 암울하고 자기제약적인 제국의 조직 원리에서 스스로를 해방시키는 데도 필수적일 수 있다는 생각에 마음을 열게 해준다. 어느 경우든, 제국의 시대가 인간이 자신을, 그리고 자신의 가능성을 탐구해온 400만-500만 년의 시간 중 불과 5000년의 짧은 순간이었다는 사실을 받아들이는 것은 우리가 수행해야 할 위대한 과업의 필수적인 첫 단계일 것이다.

* * * * *

초창기 인류의 경험은 인간이 굉장히 방대한 스펙트럼의 가능성을 가진 복잡한 종임을 강력하게 상기시켜준다. 역사에서 가장 잘 숨겨져 온 비밀 중 하나는, 우리가 "인간으로서의" 특성을 발달시켜온 과정에서 가장 중요한 진전들이 인간과 인간, 인간과 지구 사이의 관계가 비교적 균형 잡혀 있고 생명을 육성하는 여신의 권력을 숭배하던 시기에 이뤄졌다는 사실일 것이다. 제국으로의 전환은 부분적으로는 인구 증가에 따라 낯선 사람들 사이의 관계에 질서를 부여해야 할 필요에서 나온 실용적인 반응이었다. 이것이 규모 관점에서의 설명이다. 하지만 더 깊은 수준에서, 제국으로의 전환은 남성적인 지배 권력이 여성적인 생성 권력을 억압한 결과다. 이것이 젠더 관점에서의 설명이다.

규모 관점과 젠더 관점은 각각 우리 시대에 중요한 교훈을 준다. 규모 관점은 평등과 합의에 기반한 의사결정이 장소에 뿌리를 둔 자립적 공동체에서 가장 자연스럽게 이뤄진다는 사실을 알려준다. 이러한 사회는, 사람들이 서로 간의 신뢰와 돌봄에 기반한 인간 관계를 맺으며 자신의 삶이 의존하고 있는 자원을 스스로 통제할 수 있는 사회다. 인구 증가로 생겨난 새로운 문제에 대해 제국의 지배-종속 관계로 전환하는 잘못된 해법을 받아들이는 바람에, 인간 잠재력의 온전한 실현에 필수적인 신뢰와 돌봄의 관계가 훼손되었고 자원의 통제가 지배층의 손으로 넘어가게 되었다.

한편, 젠더 관점은 인간 사회의 건강하고 역동적인 기능이 여성성과 연결되는 생성적이고 양육적인 권력과 남성성과 연결되는 더 자기 관철 중심의 지배자 권력 사이의 균형에 달려있음을 말해준다. 제국의 시대에는 이 균형이 단순히 교란된 것을 넘어 여성성이 적극적으로 비난받고 부인 당했으며 이는 인류가 생명 자체를 폭력적으로 공격하게 되는 결과를 낳았다.

제국은 5000년 동안 계속해서 만들어져온 사회적 병리다. 생명을 파괴하는 제국의 문화와 제도를 생명을 지원하는 지구공동체의 문화와 제도로 대체하려면 오늘날에도 민주적 제도의 가면 아래 여전히 제국이 존재하고 있다는 것을 인정해야 하며, 제국이 유발하는 비용을 인식해야 하고, "자기실현적 예언"을 일으켜 인간의 가능성을 축소시키는 지배의 동학이 작동하고 있다는 것을 알아야 한다. 우리는 우리의 역사를 알아야 한다.

고대 제국: 지배하거나 지배 당하거나

세계 전역의 영적 지도자들은 이때가 오고 있음을 알고 있었다. 모든 여성적인 것들, "어머니 지구"에 기반한 모든 문화와 여성성에 기반한 영성, 그리고 여성 모두가 착취되고 파괴되고 부서지는 시기가 오리라는 것을.… [예언이 말하기를] 인간이 마음을 충분히 열어야만, 오로지 그때가 되어야만 신성하고 비밀스러운 가르침에 진정으로 닿을 수 있는 깊은 재연결이 가능할 것이다.[1]

일라리온 메르쿨리에프Ilarion Merculief

제국적인 헤게모니가 평화, 안정, 효과적인 공공 서비스를 가져다준다는 믿음은 널리 받아들여지고 있는 신화다. 하지만 이것은 말 그대로 신화다. 역사에 그러한 사례가 없었던 것은 아니다. 이를 테면, 고대 로마에는 비교적 어질고 현명한 다섯 명의 황제가 다스린 84년간의 "5현제 시대"가 있었다. 하지만 그런 사례는 매우 드물어서 신기한 변칙 현상으로 여겨진다. 현명하고 어진 성품은 절대권력을 쟁취하고 유지하는 데 성공한 사람들 사이에서 매우 드문 특질이다. 제국은 반란을 억압하고 내부의 권력 투쟁을 억누르기 위해, 또 지배를 확장하기 위해 끝없이 전쟁을 벌이면서 그 자신의 폭력을 만들어낸다.

위대한 업적을 위한 기술을 발명하는 경우에도, 제국은 만들어졌을 때보다 더 빠르고 완전하게 그 기술을 파괴하는 기술 또한 발명한다. 게다가 더 우려스러운 사실은, 제국이 인간 의식의 성숙한 발달을 억압하는 문화를 강제하는 경향이 있다는 것이다.

5000년간 제국이 인간의 삶을 더 낫게 만드는 데 기여한 부분은 제국 이전의 사회들이 기여한 것에 비하면 미미하며, 20세기 들어 민주적 개혁이 대대적으로 벌어지면서 인구 다수의 잠재력이 활용될 수 있게 되었을 때 이뤄진 기술 진보에 비해서도 미미하다. 요컨대, 제국이 줄 수 있는 이득은 과장되었고 제국이 일으키는 비용은 과소평가되었다. 제국이 꼼꼼하게 구성해낸 신화의 이면에는 지난 5000년간 인간의 진보가 쇠락해왔다는 어두운 진실이 놓여있다.

아시아, 아프리카, 중앙아메리카, 남아메리카 모두에 고대 제국이 있었다. 지금은 모두 쇠락해서 폐허가 되었고 흔적도 거의 남아있지 않다. 나는 중동과 지중해의 고대 제국, 그리고 서유럽과 북미의 근현대 제국에 초점을 맞추고자 한다. 이 제국들이 현대의 인간 경험을 구성하는 데 크게 영향을 미쳤고 우리 종을 자기파괴 직전으로 몰아가는 데도 크게 영향을 미쳤기 때문이다.

이 장과 다음 장에서 제시할 역사적 개괄은 영광스러운 전투, 위대한 왕, 용감한 전사, 제국의 성취 같은 것을 읊는 데 여념이 없는 역사 서술에서 간과되었던 제국의 현실에 대한 자료들을 바탕으로 작성했다. 하지만 모두 표준적인 역사 교재와 문헌에서 찾아볼 수 있는 내용이다.[2] 이 장에서는 먼저 제국 특유의 문화, 경제, 정치 제도의 동학과 구조를 단적으로 보여주는 고대 메소포타미아와 이집트 도시국가 제국들의 흥망을 살펴본다. 이어서 우리 시대 미국의 지배 계급이 모델로 삼고자 하는 로마 제국의 흥망을 알아본다. 마지막으로 로마 제국 붕괴 이후 봉건제와 종교 분쟁으로 퇴락한 유럽의 중세로 넘어가서, 로마 제국을 거버넌스의 모델로 삼아 따라하려는 사람들에게 우리 앞에 놓인 선택을 맡길 경우 되풀이될지 모를 상황을 살펴볼 것이다.

메소포타미아

기원전 40세기 중반 경 티그리스와 유프라테스 강 유역에 성벽이 쳐진 열두 개의 도시국가가 생겨났다. 각각의 주변에는 그 국가의 보호를 받는 촌락들이 있었고, 도시는 보호를 제공하는 대가로 촌락들에서 잉여 식량을 공물로 징수해 도시의 유지에 사용했다. 각 도시국가는 각자의 신을 섬겼고 그 신의 신전이 도시의 중심 구조물이었다.

역사학자들은 열두 개 도시국가 모두에서 처음에는 사람들이 비교적 평등하게 권력을 공유했고 여성도 신전의 업무에서 중요한 역할을 했을 것으로 보고 있다. 신전은 종교 권력뿐 아니라 행정 권력과 경제 권력의 중심지 역할도 겸하고 있었다. 어려운 시기에 농민들은 생존을 위해 신전에 빚을 졌다. 점차로 빚을 갚지 못한 농민의 땅이 신전에, 궁극적으로는 도시국가에 넘어갔다. 신전은 비옥한 땅을 방대하게 소유하게 되었고 역내 교역과 해외 교역에서도 주된 역할을 담당하게 되었다. 어려운 시기에는 고리대금업자가 승자가 된다는 원칙을 보여주는 초창기 사례라 할 만하다.

이 지역은 토지가 비옥했고 강물이 안정적으로 풍부한 수자원을 제공했다. 하지만 작물이 자라는 기간에 비가 부족했기 때문에 대규모 관개가 필요했고 이는 행정력이 더 중앙집중화되는 결과를 가져왔다. 광물, 돌, 나무 등 기본적인 자연자원이 부족해서 장거리 교역이 필요했고, 먼 곳의 자원을 두고 경쟁을 벌이던 다른 도시국가들과 연결된 항로를 상단이 무사히 다닐 수 있게 하려면 조직된 군사력이 필요했다. 관개와 군사를 유지해야 할 필요는 농민, 장인 등 생산 인력으로부터 조세를 더 거둬야 할 필요로 이어졌고, 이에 더해 농민과 장인은 보조를 받아들어오는 값싼 수입품과의 경쟁에도 노출되었다. 이러한 구도에서, 권력은 점차 강력한 군주에게 집중되었고 남성성의 권력이 여성성의 권력을 몰아내게 되었다.

상업과 행정은 기록의 필요성을 불러왔고 설형문자와 최초의 학교가 생겨났다. 학교는 신전 지구에 딸려 있었고 그곳에서 장래의 필사가들이 읽고 쓰는 법을 배웠다. 문자는 권력을 집중시키는 한편, 읽고 쓰기라는 강력한 기술을 훈련받은 사람들에게 특별한 우위를 제공했다.

신의 힘과 속성에 대한 종교적인 믿음도 사회 관계에서 발생한 변화를 반영해 달라졌다. 사람과 자연이 더 친밀한 관계 속에 살았던 이른 시기에는 태양, 비, 바람, 비옥함과 같은 자연력을 나타내는 여신이 숭배되었다. 자연, 원소, 성적인 사랑의 신인 이슈타르 여신이 그중에서 가장 높은 여신이었다. 그러다 도시 문명과 남성 군주의 지배가 발달하면서 자연력보다 (선함과 악함 모두의 역량을 포함해) 인간적인 특질들을 갖는 남신이 두드러진 지위로 떠오르게 되었다. 지상의 왕이 더 강력해지면서 메소포타미아의 신은 정치적인 속성을 갖기 시작했고 모든 것을 지배하는 전능한 신이라는 개념이 주되게 떠올랐다.[3]

경합하는 도시국가의 왕들은 국내적으로 권력을 공고히 해나가는 한편으로 도시국가들 사이의 지배력을 놓고 경쟁하기 시작했다. 기원전 2800년 경에 한 명의 왕 아래로 통합되었지만 권력 투쟁은 지속되어서 이 지역은 여전히 분열되어 있었고 외부의 침입을 받기 쉬운 상태였다. 수세기가 지나면서 이런저런 제국적 왕조가 때로는 외부의 침략에 의해 때로는 내부의 반란에 의해 차례로 부상했다가 쇠락했다. 침략, 반란, 정복의 연쇄 속에서 거대한 도시들이 지어지고 파괴되고 다시 지어지는 일이 되풀이되었고 막대한 생명과 자원이 소모되었다. 이 시기의 가장 위대한 통치자들은 거대함과 잔혹함 모두에서 새로운 기준을 만들었다.

메소포타미아의 최북단에 정착해 살던 아시리아 사람들이 기원전 1225년에 바빌론과의 싸움에서 승리하고 메소포타미아에 대한 지배력을 확보했다. 왕권에 도전할지 모르는 부유하고 교육받은 계층이 생기는 것을 막기 위해 아시리아는 외국인만 상업에 종사할 수 있게 했다. 또한 여성을 완전한 종속의 위치에 놓았다. 아내는 공식적으로 남편의 재산이 되었다. 남성은 여러 아내를 둘 수 있었고 이혼할 권리도 남편에게만 있었다. 결혼한 여성은 얼굴을 가려야만 공적인 장소에 나올 수 있었다.[4] 여성에 대한 완전한 억압이 제도화되었다. 이 시기의 노예에 대해서는 자료가 거의 없지만 노예가 존재했다는 것은 확실하고 그들에게는 권리가 없었으며 작은 잘못만 저질러도 신체를 훼손하는 잔인한 방식으로 처벌받았다는 것도 알려져 있다.[5]

제국의 장엄함과 성취를 말하는 신화에 근거가 전혀 없는 것은 아니다. 아시리아는 공학, 제조, 학문, 식물 관리 등에서 굉장한 역량을 가지고 있었고 오늘날의 기준으로 보아도 놀라운 대형 사업들을 해냈다. 센나케립Sennacherib의 치세 때(기원전 705-기원전 681년) 아시리아는 티그리스 상류 지역에 니네베라는 도시를 세우고 수도로 삼았는데, 거대한 성벽이 7.5마일(약 12킬로미터)이나 이어져있었고 안에는 장엄한 신전과 방이 71개나 되는 왕궁이 있었다. 성벽 밖에는 과수원과 동물원이 있었는데 먼 곳에서 가져온 희귀한 동식물들이 있었다. 방대한 수로를 건설해 멀게는 50마일(약 80킬로미터)이나 떨어진 산에서부터 담수를 끌어와 도시에 공급했고, 니네베의 도서관은 이 지역의 모든 학문과 문학의 저장고였다.

하지만 초창기의 제국적 도시국가들이 성취한 전설적인 위대함은 오래 지속되지 않았고 그만큼이나 전설적인 잔혹함을 수반했다. 제국이 지은 것을 제국이 다시 파괴했다. 기원전 689년에 센나케립은 장엄함으로 유명했던 도시 바빌론에서 일어난 반란을 진압하고서 이렇게 자랑했다. "나는 바빌론을 홍수가 파괴할 수 있는 것보다 더 완벽하게 파괴했다."[6]

아시리아가 공포스럽도록 잔혹한 군사 행동을 한 것은 상대의 마음에 굴종적인 공포를 심기 위한 것이었다. 2003년에 미국이 바로 이 지역을 침공하면서 폭탄과 로켓을 가지고 수행한 "충격과 공포shock and awe" 전술의 초창기 버전인 셈이다. 아시리아인 본인들이 남긴 기록에 따르면, 그들은 적의 가죽을 산 채로 벗기고 신체를 꼬챙이에 꿰었으며 귀와 코와 성기를 잘랐고 신체가 훼손된 사람을 아직 항복하지 않은 도시에서 잘 보이도록 전시했다. 공포를 심는다는 목적은 달성했지만 막대한 증오를 함께 심는 비용을 치렀다. 그 증오에서 지속적인, 그리고 결국에는 성공적인 저항이 일어났다.[7] 죄 없는 사람의 신체가 훼손되는 것은 오늘날 현대 무기에 의해 벌어져도 결코 덜 잔인하지 않으며 미국의 "충격과 공포" 공격이 끝난 뒤 바그다드에서 볼 수 있었듯이 동일한 반응을 일으킨다. 우리는 교훈을 배우는 게 어쩌면 이토록 더딘가!

센나케립의 아들은 대체로 자기 위신을 세울 목적에서 아버지가 파괴한 바빌론을 재건했다. 그런데 기원전 651년에 바빌론에서 다시 한 번 반란이 일어났고 기원전 648년에 센나케립의 손자가 반란을 진압하면서 다시 한 번 도시를 파괴하고 사람들을 도륙했다. 할아버지를 연상시키면서, 손자는 시신을 토막내 개와 돼지와 독수리에게 먹이로 주었다고 자랑했다. 그리고 다시 한 번 공포는 증오와 저항으로 이어졌다.[8]

주변의 모두에게 증오를 사는 바람에 군사력을 동원한 아시리아의 잔혹한 통치는 한 세기도 지속되지 못했다. 기원전 612년에 메소포타미아 남부에 살던 사람들은 이란 지역에서 세력을 확보한 인도-유럽 부족과 연맹을 맺고 니네베로 쳐들어와 이곳 사람들을 살육했다. 이렇게 해서 아시리아 제국은 종말을 맞았고 새로운 바빌론 제국이 생겼다. 인간과 자연의 잠재력이 창조되었다가 파괴되었다가를 반복하는 패턴이 이후 수천 년에 걸친 제국의 시대를 특징짓게 된다.

메소포타미아 문명이 달성한 긍정적인 성취로는 대형 관개 시설의 건설, 초창기 문자의 발명, 바퀴 달린 교통 수단의 발명, 달력의 발명 등을 꼽을 수 있다. 후기에는 수학과 천문학도 발달해서 항성과 행성의 움직임을 추적하고 예측할 수 있었다.

하지만 "비옥한 초승달" 지역과 동부 지중해 지역의 초창기 제국 문명들은 처음에 가지고 있었던 유리한 자연 조건을 유지하지 못했다. 제레드 다이아몬드의 말을 빌리면 "자신의 자원 기반을 파괴함으로써 생태적 자살을 했기 때문"이다. 그들은 목재 생산과 농경을 위해 숲을 개벌했는데, 과도한 방목과 숲의 파괴로 토양이 소실되었고 강 계곡에 침전물이 쌓였다. 또한 건조한 땅에서 생산을 하려면 관개에 의존해야 했는데, 이는 토양에 염분을 증가시켰다. 토양이 더 이상 많은 인구를 지탱할 수 없게 되자 이 지역은 쇠락했고 다시는 회복되지 못했다.[9] 이것은 인류가 지역적인 수준에서 생태적 자살을 한 초창기 사례라고 볼 수 있다. 오늘날 우리는 생태적 자살을 전지구적 규모로 하고 있는데, 고대의 사례와 오늘날의 상황 모두 단기적 이득의 장기적 결과를 고려하지 않아서 생긴 일이다.

제국의 지배자 권력은 자신이 천하무적이라는 오만을 키우고 이것은 자기파괴의 씨앗이 된다. 오만은 부패를 불러오고 종속당한 사람들의 반란을 불러오며 환경의 파괴를 불러온다. 제국의 동학에 휩쓸리지 않았다면, 그래서 지구 환경을 더 잘 돌보고, 서로를 향한 폭력을 버리고, 놀라운 지적, 건축적, 창조적 에너지를 이웃과 조상이 성취한 것을 주기적으로 파괴하는 데 쓰는 것이 아니라 더욱 발전하는 데 썼더라면 초기의 메소포타미아 문명이 얼마나 더 많은 것을 이룰 수 있었을까? 우리가 지구공동체로의 전환에 성공하지 못한다면, 미래 세대 역시 우리를 돌아보면서 왜 그렇게 명백한 것들에 눈을 감고 있었는지 의아해하게 될 것이다.

이집트

파라오의 제국적 통치 시기 이전인 선왕조 시대에 나일강 유역은 생명을 불어넣고 보호하는 여신 이시스가 지배했다고 전해진다. 기원전 3000년 경에 메네스Menes가 최초로 나일강 유역을 통일해 왕조를 세우고 현재의 카이로 근처인 멤피스를 수도로 삼았다. 어떤 역사학자들은 상형문자 시스템이 발달해서 국가의 통일이 가능했고 나일강 상하류로 자유롭게 상업이 이뤄지는 데 통일된 국가가 꼭 필요했으리라고 설명한다.

900년 동안 이집트는 착취보다 협업의 필요에 기초해 국가의 통합을 유지하면서 평화와 번영을 누렸다. 한동안은 계속해서 이시스가 지배했고, 여성들이 높은 법적 지위와 사회적 자유를 누렸으며, 재산은 모계로 상속되었다. 또 두 사막 사이에 비옥한 토양이 끼어 있는 지형이어서 이웃 국가들과의 경쟁을 피할 수 있었다. 하지만 파라오들의 통치 시기로 이어지면서 여신 이시스의 남편 오시리스가 태양신 "레"와 더불어 두드러진 지위로 부상했다. 점차 이집트 사람들은 "레"가 이집트 국가에 불멸성을 부여했고 파라오가 레의 살아있는 현신이라고 여기게 되었다.

파라오가 신성화되고 내세에 대한 관심이 높아진 것과 함께, 이집트 지배자들 사이에 나르시시즘의 성향이 커졌고 가용한 부의 상당 부분이 지배자가 사후에 편안히 내세에 들어갈 수 있도록 피라미드 같은 자기영예화의 기념물을 만드는 데 들어갔다. 기원전 2200년 경에 시작된 기후 재앙으로 일련의 흉작이 닥치면서, 이집트는 통합된 국가를 유지하지 못하게 되었다. 도적떼가 창궐하고 지역 족벌들이 각축을 벌이는 혼란 상태로 빠져들었고 사막 부족들의 침략도 계속 이어졌다.

그 다음에는 200년간 비교적 민주적인 체제가 이어졌다. 기원전 1990년부터 기원전 1786년까지의 이 시기를 이집트의 황금기라고 부른다. 농민, 상인, 공직자, 장인의 연합에 의해 질서가 복원되었다. 이 연합은 귀족 세력을 견제하고 인구 전체에 도움이 되는 관개나 배수 같은 공공 사업을 지원했다. 사회적 정의도 비교적 양호하게 지켜졌고 학문적인 성취도 있었으며 상당한 번영도 누렸다. 어떤 학자들은 이를 인류 최초의 민주적 왕국이라고 부른다.[10]

이어 서아시아의 힉소스족이 이집트를 침략해 이집트를 점령했다. 이는 이집트 선주민의 한 세기 이상에 걸친 반란을 촉발했고, 이집트는 막강한 군사력을 가진 강력한 파라오들의 통합 국가로 다시 태어났다. 하지만 이집트 선주민들이 힉소스족을 몰아냈을 무렵에는 예전 이집트의 평화적이고 비교적 고립되어 있던 문화가 공격적인 군사적 확장을 추구하는 힉소스족의 문화로 바뀌어 있었다. 이집트는 외부 정복에 나섰고 곧 유프라테스강부터 남쪽으로는 나일강에 이르는 넓은 영역에 지배력을 확보했다.

상당한 인력이 군에 동원되어야 했으므로 국내 경제에 필요한 노동력을 확보하기 위해 노예 수요가 크게 늘었다. 이는 깊은 사회적 분열과 지배 계급의 부패를 가져왔다. 이집트인들이 이집트 영토에 살던 히브리인을 노예화한 것이 이러한 맥락에서였다. 오늘날 국내 노동자의 임금을 내리누르기 위해 일자리를 해외로 아웃소싱하거나 이주 노동자들을 고용하곤 하는데, 이것의 고대 버전이라고도 말할 수 있을 것이다. 오늘날에도 절박한 노동자 계급 사람들은 비참한 빈곤을 피할 방법으로 군대를 선택한다.

점차 이집트 제국의 영토는 지배층의 관리 역량을 넘어설 정도로 확장되었다. 변경에서의 그치지 않는 반란, 정복한 외부 지역에서 흘러들어오는 부, 그리고 군사력에만 의존해 권위를 세우는 시스템은 부패를 가속화하고 국가의 직조를 약화했다. 외부의 침략에도 취약해졌다. 기원전 950년 경에는 리비아인이 침략했고, 그 다음에는 남쪽에서 누비아가 쳐들어왔으며, 이어서 아시리아가, 나중에는 페르시아(기원전 525년)가, 그 다음에는 그리스와 로마가 이집트를 침략했다.

황금기 이후 제국적 팽창 시기에 벌어진 국가의 부패는 사제 계급의 부패로도 이어졌다. 현세에서 좋은 행동을 하는 것보다 종교 기득권이 판매하는 마법을 구매하는 것이 사후에 레의 왕국에 들어갈 수 있는 더 확실한 방법으로 선호되었다.[11] 내세에서의 구원이 상업화되면서 종교의 도덕적 토대가 잠식되었다.

수백년 뒤, 부패한 로마 교회도 천국으로 가는 통행증이라며 면죄부를 판매했다가 저항적인 사제 마틴 루터Martin Luther의 반란을 불러일으켰다. 더 나중에는 북아메리카로 넘어온 칼뱅주의자들이 [현세에서의] 일이 아니라 신앙과 십일조만이 천국의 문을 통과할 수 있는 방법이라고 설파했다.

이집트 제국은 잔혹한 통치자의 허영을 충족하기 위한 과시적이 기념물을 짓고 정복 전쟁과 부패한 지배층(정치와 종교 모두)의 사치를 위해 생명과 자원을 징발해 낭비해버리는 제국의 패턴을 전형적으로 보여준다. 파트너십과 생명의 문화와 제도는 지배와 죽음의 문화와 제도에 밀려났다. 세부사항은 다르지만 일단 확립되면 이러한 패턴은 이후의 제국들에서도 놀랍도록 비슷한 양상을 보였다.

메소포타미아와 이집트에 이어, 페르시아 제국(이란)의 키루스Cyrus가 거대 제국 수립의 대열을 이어갔다. 키루스는 기원전 559년에 권력을 잡았고 사망했을 무렵이면 페르시아 제국의 영토는 오늘날의 이란, 아프간, 파키스탄, 이라크, 시리아, 레바논, 이스라엘, 튀르키예까지 포함하고 있었다. 기원전 529년에는 그의 아들 캄비세스Cambyses가 이집트 전체를 정복해 페르시아 영토에 포함시켰다.

한편, 기원전 359년에는 마케도니아의 필리포스Philip of Macedonia가 북부 그리스에서 그리스어권 지역을 장악하고 왕위에 오른 뒤 빠르게 전문적인 군을 구성해 그리스 전체로 지배력을 확대했다. 필리포스가 살해당하고서 통치권은 스무 살인 아들 알렉산드로스Alexandros에게로 넘어갔다. 그는 왕위를 위협할 만한 잠재적 경쟁 상대를 모조리 죽이고 이전 페르시아 제국의 땅 전체를 점령해 그리스에 복속시켰다.

알렉산드로스에게 영감을 받아서, 인도의 모험가 찬드라굽타 마우리아Chandragupta Maurya가 기원전 4세기 말에 최초의 인도 제국을 세웠다. 그는 60만 보병과 3만 기병, 코끼리 9000마리, 첩보 부대 등으로 구성된 군을 조직했다. 군은 그가 점령한 지역의 산출물의 4분의 1에서

2분의 1을 절반을 내도록 한 토지세로 유지되었다.[12] 기원전 2000년 경에 전쟁과 제국적 통치에 기초한 초기 도시 문명이 중국에서도 생겨났다. 또한 아프리카의 몇몇 지역(기원후 첫 1000년 사이)과 아메리카(기원후 1000년 전후)에도 제국적 문명이 존재했다는 증거가 있지만 이들의 사회 구조에 대해 알려주는 고고학적 증거는 드물다.

로마

제국의 옹호자들에게 로마 제국은 제국적 통치가 가져다주는 영광스러운 이득과 성취를 대표하는 상징이다. 지구공동체의 옹호자들에게 로마 제국은 억압적이고 파괴적이며 생명을 부정하는 제국적 부패의 상징이다.[13] 오늘날 미국의 지배 계층은 선망을 가득 담아 고대 로마 제국의 통치를 언급하곤 한다. 그러니 로마 제국의 신화에 가려진 현실을 명확히 알아둘 필요가 있을 것이다.

공화정

로마는 기원전 753년에 세워졌고 처음에는 사회 질서와 군의 효율성 유지를 주 임무로 삼는 왕들이 통치했다. 당시는 이탈리아 반도에서 여러 도시국가가 거의 끊이지 않고 서로 간에 전쟁을 벌이던 시기였다. 초창기 로마인들은 자부심이 강하고 호전적인 사람들이었고 빠르게 증가하는 인구 때문에 토지가 필요했다. 2차 대전 시기 이탈리아 파시즘의 토대가 된 개념과 매우 비슷하게, 이들에게는 국가가 무엇보다 중요했고 국가에 복무하는 것이 개인의 의무였다.

기원전 500년 경에 귀족 대표로 구성된 숙의기구인 원로원이 공화정을 선포했다. 전에는 권한이 거의 없었던 원로원이 국가 예산의 지출을 통제하고 집정관을 선출할 권한을 갖겠다고 주장했다. 집정관은 이전의 왕과 비슷한 권한을 갖지만 원로원에서 면직시킬 수 있다는 점이 달랐다.

집정관의 주된 임무는 이웃 도시들과의 전쟁에서 군대를 이끄는 것이었고 원로원의 주된 관심은 자의적 권력이 너무 극단적으로 남용되지는 않게 하는 것이었지 개인의 권리를 보장하거나 권력을 민주화하는 것은 그다지 관심사가 아니었다.

이 시기 로마는 귀족이 통치하는 사회였다. 평민, 소농, 상인은 명확히 규정된 권리를 가지고 있지 않았다. 부유하더라도 로마에 정착한 지얼마 안 된 외국 출신 가문이면 역시 권리가 없었다. 평민은 군에 복무했지만 공직에는 나갈 수 없었다. 또한 성문법이 없어서 지배 귀족은 사법 절차에서 규칙을 자신의 이익에 맞게 마음대로 해석했다.

계속해서 전쟁을 일으키고 전쟁에서 승리해 점점 더 많은 영토가 로마에 복속되면서, 전사와 무력의 정신이 점점 더 고양되었다. 기원전 265년이면 로마는 이탈리아 반도 전체를 지배 하에 넣었고 북아프리카의 해양 제국 카르타고의 지배하에 있던 시칠리아로 관심을 돌렸다(카르타고는 카르타고대로 북아프리카의 자원을 거래하고 착취해 세워진 제국이다). 기원전 146년에 로마는 카르타고 공격을 개시했다. 승리한 로마 군인은 집집마다 다니며 카르타고 시민들을 학살하고 융성하던 도시를 폐허로 만들었다. 생존한 5만 5000명은 노예로 팔았고 땅에는 소금을 뿌려 비옥도를 잃고 인간 거주지로 기능하지 못하게 만들었다. 이어서 로마는 유럽과 중동의 상당 부분을 포함해 지중해 전역으로 지배를 확장했다.[14]

초기 공화정 시기에 대부분의 로마인은 농민이었고 상업과 수공업에 종사하는 사람은 소수였다. 그러나 끝없는 전쟁에 동원되면서 많은 농민이 땅을 돌보지 못해 빚을 지게 되었고 빚을 갚지 못해 농지를 넘기게 되었다. 점점 더 많은 토지를 소유하게 된 채권자들은 정복을 통해 획득한 노예 노동력에 의존해 영지를 경작했다. 채권자는 돈을 갚을 방도가 없는 채무자를 노예로 팔아 돈을 회수할 수 있는 권리도 가지고 있었다. 이는 징집된 사람들을 상대로 이윤을 얻는, 전쟁 시기에 폭리를 취하는 행태 중에서도 특히나 혐오스러운 행태다. 이는 현대 미국에서 이라크 전쟁에 파병된 군인이 빚을 갚지 못해 채권자에게 자산을 압류당한 사례를 떠올리게 한다.

기원전 150년 경이 되면 로마 공화국의 농촌은 노예로 가득 차게 되었고 도시는 일자리가 없어 국가의 구휼에 의존하며 어떻게든 생존하고자 고투하는 예전의 농민들로 가득 차게 되었다. 기원전 2세기경에는 로마의 노예 인구가 100만 명에 달해 "역사상 가장 심각하게 노예에 의존하는 경제"가 되었다.[15] 이로 인해 사회적 긴장이 고조되자 원로원은 빚 때문에 땅과 일자리를 빼앗긴 사람들을 정착시킬 새로운 땅을 확보하기 위해 더 많은 해외 정복을 요구했다.

정복한 영토에서 점점 더 많은 부와 노예가 흘러들어오면서 로마 귀족들 사이에서 전통과 규율이 무너졌다. 특권을 누리면서 애지중지 자란 로마의 지배층은 막대하게 자기탐닉적이고 쾌락적인 생활을 했으며 공민적 에너지는 세금을 피하고 자녀의 군 복무 면제를 확보하는 데 쏟았다.

귀족들 간에 권력 투쟁이 수시로 이어지면서 암살, 정치적 반대파에 대한 살육, 심지어는 경합하는 장군들 사이에 병사들을 동원한 무장 전투까지 벌어졌다. 대규모의 노예 반란도 국가의 안정을 위협했다. 2년에 걸쳐 이탈리아 반도 남부를 휩쓴 한 대규모 노예 반란을 진압하고서 로마 당국은 생포한 6,000명을 카푸아부터 로마까지 이르는 150마일[약 240킬로미터]의 길에서 십자가형에 처하고 사람들이 보도록 그대로 전시했다. 콜로세움 등 원형경기장에는 수천 명의 청중이 모여 인간 살육의 검투 대결을 펼치거나 야수에게 인간이 희생되는 것을 구경했다. 한때는 자유농 중심의 공화정이었던 사회가 점차로 음모, 잔혹함, 반란으로 점철되고 부자와 빈자가 깊은 간극으로 분열된(점점 더 소수의 부유층에게 부가 집중되었고 점점 더 많은 사람이 점점 더 비참한 삶의 여건으로 떨어졌다), 복잡하고 계층적으로 분화된 사회가 되었다.

로마의 평화라는 신화

로마 제국은 종종 "팍스 로마나"(Pax Romana, "로마의 평화")라고 불리는 시기에 대해 찬사를 받는다. 이 시기는 아우구스투스 카이사르Augustus Caesar의 통치기(기원전 27년-기원후 14년)부터 마르쿠스 아우렐리우스 Marcus Aurelius 황제가 사망한 서기 180년까지의 200여 년을 일컫는다. 훗날 영국은 팍스 로마나를 대영 제국의 모델로 여겼으며, 더 훗날 조지 W. 부시 행정부 시기 외교, 군사 정책을 좌우한 미국의 신보수주의 군사주의자들도 그랬다. 이들은 "팍스 아메리카나"의 질서를 세계에 부과해야 한다고 공공연하게 주장했다. 팍스 로마나로 불리는 200여 년 동안 로마의 지배력이 미치는 영역에서 실제로 해상 전투는 벌어지지 않았다. 하지만 그것을 제외하면 "로마의 평화" 시기는 거의 평화롭다고 말할 수 없었다.

아우구스투스 카이사르는 에티오피아와 아라비아로 그리 성공적이지 못한 군사 원정에 나서는 것으로 그의 통치를 시작했다. 그후에 스위스, 오스트리아, 불가리아, 독일, 엘베 등에서의 원정은 비교적 성공적이었다.[16] 티베리우스(Tiberius, 기원후 14-37년 통치)는 광적인 충동에 휩쓸려 자신의 장수들과 원로원 의원들까지 마구잡이로 맹렬히 고문하고 처형하면서 자신의 통치기를 마감했다. "칼리굴라Caligula"라는 이름으로 더 잘 알려진 가이우스 카이사르 아우구스투스 게르마니쿠스(Gaius Caesar Augustus Germanicus, 기원후 37-41년 통치)는 잔인함, 낭비벽, 방탕함, 압제의 면에서 전설적으로 유명하며, 많은 학자들이 그가 정신병리학적으로 질환을 가진 상태였다고 본다. 그는 자신의 사령관과 측근을 예사로 처형했고 과도하게 낭비적인 생활을 유지하기 위해 귀족들의 영지를 징발했다.

클라우디우스(Claudius, 기원후 41-54년 통치) 시기에는 반란이 여러 차례 일어났고 황제에 대한 암살 시도도 많았다. 그는 기원후 43년에 잉글랜드를 정복해 로마 제국에 편입시켰고 북아프리카와 소아시아에서도 추가적으로 영토를 넓혔으며 한동안은 로마에서 유대인을 몰아냈다. 네로(Nero, 기원후 54-68년 통치)는 낭비와 사치, 그리스도교도에 대한 박해, 그리고 자신의 어머니와 첫 아내를 살해한 것으로 악명이 높다. 비슷한 패턴이 베스파시아누스(Vespasian, 69-79년 통치), 티투스(Titus, 79-81년 통치), 도미티아누스(Domitian, 81-96) 통치기에도 계속되었다.[17] 이 모두가 그토록 찬사 받는 팍스 로마나 시기에 벌어진 일이다. 평화라는 단어를 퍽 기이한 의미로 사용하고 있는 셈이다.

팍스 로마나의 후기인 "5현제 시대"(96-180년)가 되어서야 로마 제국은 합리적인 기준에서 평화와 좋은 통치의 모델이라고 부를 수 있을 만한 사회가 되었다. 5현제 중 첫 번째인 네르바(Nerva, 96-198년 통치)는 자신의 아들이 황제가 되기에는 자질이 부족하다는 것을 알고서 유전의 운을 믿기보다 후계자가 될 만한 뛰어난 젊은이를 황제가 양자로 들이는 제도를 도입했다. 따라서 이 다섯 황제의 시기에 각각의 황제는 가장 뛰어나고 덕성 있는 사람 중 후계자를 골라 육성해야 할 책임이 있었다.

5현제 중 네르바 이후 나머지 네 명은 트라야누스(Trajan, 98-117년 통치), 하드리아누스(Hadrian, 117-138년 통치), 안토니우스 피우스(Antoninus Pius, 138-161년 통치), 마르쿠스 아우렐리우스(Marcus Aurelius, 161-180년 통치)다. 이들은 이전의 황제들에 비해 지혜로운 성군이었고 미덕, 온전한 정신, 겸손한 베풂의 태도를 가지고 있었다. 행정, 인프라, 사법, 빈민의 후생 등에서 여러 긍정적인 성취를 이룩한 명군이기도 했다. 또한 이들은 원로원을 굉장히 존중했다. 모두 독재적 권력을 가지고 통치했고 반란, 정복, 궁중 암투, 처형도 계속 이어졌지만 빈도와 잔혹성은 줄었다. 대외 팽창은 속도가 줄었고, 상대적으로 고정된 국경을 유지하면서 국내의 안정과 좋은 통치에 관심을 더 많이 기울였다.

마르쿠스 아우렐리우스까지는 황위 계승도 비교적 합리적으로 이루어졌다. 하지만 마르쿠스 아우렐리우스는 아들 콤모두스Commodus가 굉장히 능력이 없다는 것을 인정하지 못하고 그를 후계자로 지명하는 잘못을 저질렀다. 콤모두스(180-192년 통치)의 통치는 네로와 칼리굴라 시기로 되돌아간 것처럼 잔혹했다. 궁중 쿠데타가 일어나 콤모두스가 목이 졸려 암살당하면서 로마 제국의 쇠퇴가 시작되었다. 기아와 질병이 만연했다. 그리고 284년에 로마 제국의 몰락은 거의 기정 사실이 된다.[18]

그 모든 과도함과 폭력 속에서도 로마 제국이 인간의 진보에 긍정적인 기여를 하긴 했다. 방대한 영토를 통치하기 위해 성문법과 규칙에 기반한 근대적 행정 시스템을 도입했고, 상업, 농업, 군사적 이동을 위해 빠른 교통수단을 개척했다. 로마의 도로 체계는 이후 여러 국가에서 모델이 되었다. 도시 계획과 인프라 면에서도 중요한 공헌을 했고, 특히 배관, 하수, 댐, 수로 등은 공중 위생의 새로운 기준을 만들었다.

하지만 로마 제국을 세계 평화와 좋은 통치의 모델로 이야기하는 사람들은 이를 뒷받침하기에 그다지 탄탄한 근거를 가지고 있지 못하다. 로마의 성취는 다른 어느 문명도 필적하지 못할 정도로 막대한 생명과 자유의 희생과 극심한 부패의 비용을 수반했다. 긍정적인 성취들은 대개 5명의 현명한 황제가 통치했던 84년간의 운 좋은 시기에, 즉 다행히도 황제들이 건전한 정신을 가지고 있었던 덕분에 수백 년의 잔혹하고 광기 어린 통치 사이에 잠깐 생길 수 있었던 휴지기 동안 이뤄진 일이었다.

역사의 아이러니

로마가 쇠락하던 시기에 역사의 가장 큰 아이러니라 할 만한 반전이 하나 벌어졌다. 콘스탄티누스Constantine 황제(312-337년 통치)가 그리스도교도가 되면서 그리스도교를 공식 종교로 선포하고 제국 전역에 교회를 지은 것이다. 국가의 적이라며 예수라는 이름을 가진 히브리 예언자를 처형한 바로 그 제국이 예수의 종교를 받아들인 것이다.

예수는 생애 내내 폭력을 거부했고 무조건적인 사랑을 설파했으며 가난하고 억압받는 이들의 편에 섰다. 그는 자신을 따르는 이들에게 제국의 방식과 반대되는 가치에 따라 살라고 가르쳤다. 제국에서 벌어지는 영혼의 부패에 "적극적인 불참여"의 삶을 촉구함으로써, 예수는 종교적, 세속적 측면 모두에서 제국의 기득권 질서에 매우 실질적인 도덕적 도전을 제기했다.

유대 지방에 파견된 로마 총독 본시오 빌라도Pontius Pilate가 예수를 처형한 뒤에도 예수의 사도들은 예수의 메시지를 더욱 널리 전파했고 신도 수도 점점 늘었다(하지만 콘스탄티누스가 개종하기 전까지는 로마 당국의 권위에 위협이 될 만큼 신도 수가 많아지지는 않았다). 하지만 머지 않아 유럽 전체를 아우르는 주된 제도 권력으로서 부패한 로마 교회가 부패한 로마 제국의 자리를 차지하게 된다.

콘스탄티누스는 예수의 삶과 가르침의 의미를 본인과 제국의 목적에 부합하게 재구성했다. 즉 사랑, 평화, 정의에 대한 예수의 도덕적 권위를 탈취해 자신과 제국의 권위로 삼았다. 그리스도교 저자인 월터 윙크Walter Wink에 따르면,

> 그리스도교가 제국의 종교가 되자 … 교회의 성공은 제국의 성공과 연결되었고 *제국을 보존하는 것이 윤리적 행동의 결정적인 기준이 되었다.* … 교회는 더 이상 악이 제국 내에 똬리를 틀고 있다고 보지 않았고 악은 제국의 적에게 있다고 보았다. 죄의 사함을 받는 것은 신도와 신 사이의 개인적인 거래가 되었다. 사회 자체가 그리스도교적이라고 가정되었으므로 예수 그리스도가 했던 일이 사회에 매우 급진적인 비판을 가하는 일이었다는 개념도 대체로 버려졌다.[19] (강조 표시는 원문대로다).

오늘날까지도 그리스도교는 사랑과 용서에 대한 예수의 원래 가르침을 그리스도교의 도덕적 토대로 여기는 사람들과 예수의 이름을 들먹이며 고결함을 가장한 보복, 제국적 정복, 권위주의 통치를 추구하는

사람들로 나뉘어 있다.

봉건 군벌 사이의 경쟁

700년 경이 되면, 한때 지중해 전역을 다스리던 로마 제국이 서로 각축을 벌이던 비잔틴, 이슬람, 그리고 서유럽 그리스도교 제국들에 밀려나게 된다. 이로써 유럽의 중세가 시작되었다. 유럽의 중세는 로마 제국이 멸망한 뒤부터 유럽에서 근대 국민국가가 탄생하기까지를 일컫는다. 이 시기에는 유럽 전체를 아우르는 지배력을 가진 지배자나 국가가 나타나지 않았다.

중세 초기인 600-1050년은 암흑기Dark Ages라고도 불린다. 이때는 고전적인 봉건제 시기로, 경합하는 여러 군벌 사이에 권력이 분산되어 있었다. 로마 제국 시기에 지어진 도로, 식수 공급망, 그 밖의 공공 인프라와 문화는 쇠퇴했다. 로마의 교회만이 (세속의 통치자들과 이런저런 정치적 연합을 맺으면서) 방대한 관료제와 영적인 삶에 대한 영향력을 바탕으로, 과거 로마 제국의 통치력 하에 통합되어 있었던 유럽 전체를 아우르는 유일한 권력으로 기능했다.

이 시기 사람들의 삶은 매우 힘겨웠다. 기아와 질병이 만연했고 학문과 예술에서는 두드러진 성취가 이뤄지지 못했다. 바이킹, 헝가리, 무슬림의 침략도 끊이지 않았다. 여기에 비하면 이전 로마 제국의 세속적 통치 시기는 훨씬 더 안정적이고 안전하며 번영을 구가한 시기로 보였다.

그러다 중세 전성기High Middle Age라고 불리는 1050-1300년에는 삶의 힘겨움이 점차 누그러졌다. 농경법이 개선되고 물과 동물의 힘을 사용할 수 있게 되면서 인구가 증가했고 유럽 사회는 농업 중심이던 데서 도시 문명을 짓는 쪽으로 점차 발달해갔다. 귀족 계층 사이에서는 삶의 질도 상당히 높아졌다. 또한 각축을 벌이던 지역 군벌들을 누르고 국가를 통합한 왕이 권위를 갖기 시작했다. 대개 백성이나 군벌이 왕에게 맹세하는 충성보다 로마 교회에 맹세하는 충성이 더 우선순위가 높긴 했지만 말이다.

종교 기득권과 정치 기득권 모두가 제국적 권력을 차지하기 위해 경쟁을 벌이면서 부패는 여전히 만연했다. 또한 이 시기는 대략 재앙적이었던 십자군 운동의 시기이기도 했다. 십자군 운동은 지휘자가 딱히 없는 채로 교황의 요구에 반응한 여러 군주와 독립적으로 활동하던 도적 무리들에 의해 일어난 운동이었다. 안정적인 정치 기반도, 응집된 리더십도 없었던 십자군 운동은 대체로 폭력적인 모험주의의 형태를 띠었고 새로운 영토를 제국적 구조에 편입시킬 만한 역량은 없었다.

중세 후기인 1300-1500년은 농경지가 황폐화되고 흉작이 들면서 기아가 닥치고 흑사병이 돈 시기다. 지배하거나 독립을 달성하기 위해, 또 전리품을 획득해 개인적으로 부를 쌓기 위해 왕, 군벌, 귀족 사이에 전쟁도 그치지 않았다. 사망률이 치솟았고 부는 계속해서 들고 나기를 거듭했다. 하지만 이탈리아를 필두로 예술, 문화, 철학이 새로이 번영을 맞은 유럽 르네상스가 시작된 시기이기도 했다. 점차로 르네상스 운동은 세속적, 종교적 영역 모두에서 절대진리의 원천으로 보였던 권위를 크게 뒤흔들게 된다.

1517년 10월 31일에 저항적인 가톨릭 사제들이 로마 교회가 종교적 권위를 독점하는 데 맞서 반란을 일으키면서 종교개혁이 시작되었다. 이로써 향후의 유럽 정치에 불안정과 분열의 요소가 하나 더 보태졌다. 마틴 루터는 부패한 로마 가톨릭이 도덕적 정당성을 잃고 자기탐닉적인 제국적 권력이 되었다고 비판하면서 독일 비텐부르크의 캐슬 교회 문 앞에 "95개조의 반박문"을 내걸었다. 그는 영적인 권위는 궁극적으로 양심의 권위이지 교회의 권위가 아니라고 선언했다. 1560년부터 1660년까지 100년 동안 가톨릭의 개신교 박해와 개신교의 가톨릭 박해가 반복되었고 종종 정치적인 이익을 위해 세속의 정치 지도자들이 이쪽 혹은 저쪽에서 종교 박해를 독려하고 지원했다. 이 시기는 파괴적인 전쟁의 시기였고 약탈적인 조세 징수의 시대였으며 노략하는 군인들의 시대였다.[20]

점차 서유럽 국가들은 근대 국민국가 제도 하에서 국왕을 중심으로 권력을 통합하면서, 경합하던 군벌들 사이의, 그리고 반목하던 종교 분파 사이의 투쟁과 모략을 해소하게 된다. 대부분의 사람들에게 이것은 봉건 시기의 혼란이 누그러진, 매우 환영할 만한 상황이었다.

* * * * *

중세를 살아갔던 사람들에게는 상대적으로 더 질서 있고 더 많은 인프라가 있었던 로마 제국이 더 나은 시기로 보였을 것이고, 충분히 그럴 만하다. 특히 5현제 시대는 자신이 살아가는 시대보다 훨씬 더 좋은 시절로 보였을 것이다. 하지만 로마 제국을 민주주의의 이상으로 찬양하는 사람들은 속임수, 불의, 폭력이 로마 시기 통치의 특징이었다는 사실을 기억해야 한다. 메소포타미아, 이집트, 로마는 역사에서 가장 찬양받는 세 개의 제국이다. 물론 이들 모두에 위대한 순간들이 있었다. 하지만 폭력적인 통치자들이 "게임에 참가하거나 아니면 죽거나," "지배하거나 아니면 지배 당하거나," "죽이거나 아니면 죽거나"의 논리에 따라 가차없는 제국의 드라마를 펼치면서 생명, 자연의 부, 인간의 가능성이 막대하게 희생되는 비용이 따랐다.

죽음의 신이 생명의 신을 대체하고 칼의 지배가 성배의 지배를 대체하면서, 사회적 병리로 여겨져야 마땅할 것들이 정상으로 여겨지게 되었다. 인류의 창조적 에너지는 공동체 전체의 생성적 힘을 일구는 쪽보다 전쟁과 지배의 수단을 개발하는 쪽으로 흘러갔다. 제국은 위대한 문명을 건설했지만 질투심 많은 승자가 폭력과 파괴로 이전의 기억을 쓸어버리려 하면서 그 문명은 다시 파괴되어 사라졌고 이 양상은 계속해서 되풀이되었다.

신성한 것은 속된 것의 하인이 되었다. 비옥하던 토양은 의도적이거나 약탈적인 방치로 사막이 되었고, 공포에 의한 통치는 분노를 촉발시켜 폭력적인 보복의 악순환을 불러왔다. 전쟁, 교역, 부채는 소수가 다수의 삶을 찬탈하는 수단이 되었고, 많은 이들을 노예 및 기타 예속 상태에 빠뜨렸다. 그 결과로 나타난 권력의 불균등은 자신에게 신이 부여한 특권과 이 세상을 초월한 권력이 있다고 믿은 사이코패스적 통치자의 망상적인 오만과 방탕으로 한층 더 심화되었다. 현세에서 인간의 가능성을 실현하는 것에서 내세의 특권을 확보하는 쪽으로 관심이 옮겨갔다.

지배층은 종교 제도를 통한 문화적 통제, 교역과 신용 시스템을 통한 경제적 통제, 규칙을 만드는 제도와 조직화된 군사력을 통한 정치적 통제로 지배를 유지했다. 그들 사이에 맹렬한 경쟁이 벌어지기도 했지만 집합적인 특권을 보장하는 제도를 유지하려는 공동의 목표를 위해 정략 결혼 등의 수단을 활용하며 대체로는 연합했다.

고대의 왕, 파라오, 황제가 드러내는 많은 패턴이 민주주의가 역사적 형태로서의 군주제를 종식시킨 우리 시대와 희한하게도 비슷하게 여겨진다면, 이는 제국의 지배 문화와 제도가 민주적 도전에 직면해 새로운 형태로 모습만 바꾸었기 때문이다. 제국의 치명적인 손아귀에서 우리가 스스로를 해방시키려면 제국의 역사적 뿌리만이 아니라 현대에 제국이 어떤 형태로 발현되는지도 살펴보아야 한다. 다음 장에서는 근대 유럽의 국민국가에서 식민 제국이 어떻게 생겨났으며 20세기 말에 제국이 민주주의의 도전을 회피하면서 권력과 특권을 유지하기 위해 어떻게 다시 "글로벌 기업 제국" 형태로 모습을 바꾸었는지 알아보기로 하자.

근현대 제국:
돈의 힘에 의한 전환

○

한 사람이 두 주인을 섬기지는 못할 것이니, 한 쪽을 미워하고 다른 쪽을 사랑하거나 한 쪽을 중히 여기고 다른 쪽을 경히 여기게 됨이라. 너희는 하나님과 재물을 겸하여 섬기지 못하느니라.

마태복음 6장 24절

자본주의의 영혼을 찾기 위해 더 깊이 들여다보면, 미국의 자본주의가 평범한 인간 존재가 생각하는 의미에서의 영혼을 가지고 있지 않다는 사실을 발견하게 된다. 경제 영역에서는 효율성이 공동체성을 누르고 승리했다. 수익 극대화가 가족이나 개인에 대한 충심보다 앞선다. 하나의 영역에서는 돈으로 매길 수 없는 가치라고 여겨지는 것이 다른 영역에서는 마구 낭비되고 파괴되기도 한다.[1]

윌리엄 그라이더*William Greider*

서구 역사가들의 설명에 따르면 근대는 1500년에 시작되었다. 끝없고 무의미한 전쟁 속에서 대체로 개인의 이득을 목적으로 경합하던 귀족 분파들은 결국 모두가 소멸될 때까지 싸웠다. 그리고 질서를 부여할 수 있는 강력한 권력을 가진 군주의 지배가 회복되었을 때, 사람들은 이를 환영할 준비가 되어 있었다.

1500년 이전의 제국들은 군사적 정복을 통해 한 명의 황제나 왕이 통치하는 중앙 도시국가의 행정적, 군사적 통제 하에 새로운 영토를 복속시켜 영토의 경계를 넓히는 방식으로 구성되었다. 중앙과 주변은 영토적으로 연결되어 있었고 그 사이의 경계는 그리 두드러지게 구획되어 있지 않았다. 토지와 교역이 부의 원천이었고 군주의 국가 기관은 중심과 주변 모두에 대해 조세를 징수하고 토지소유권과 교역권을 배분할 수 있는 권력을 통해 통치하고 그로부터 이득을 얻었다. 상업에 특화한 독립 사업체들은 개별적으로 보면 규모가 아직 작아서 주권자인 국왕의 권력에 도전할 정도가 되지 못했다.

이와 달리, 근대 시기의 제국 모델에서는 분명히 그어진 국경선과 잘 규정된 중앙 정부를 특징으로 하는 국민국가가 도시국가를 대체하게 된다. 근대 유럽 국가의 군주들은 유럽 내에서 국경선을 다시 긋기 위해 싸우다가 결국에는 서로를 모두 소진시킬 군사 행동을 펴기보다, 유럽 내에서는 비교적 안정적인 국경을 유지하면서 장거리 항해를 통해 먼 지역의 땅, 사람, 자원을 지배함으로써 제국적 확장을 도모하는 쪽으로 옮겨갔다. 제국의 논리로 보면 이들은 어마어마한 성공을 거두었다. 1878년 경에 유럽계 인구는 전 세계 인구 중 차지하는 비중은 크지 작은데도 지구 표면의 토지 중 67%를 지배하고 있었다.[2]

도시국가에서 국민국가로의 전환은 군주정의 국가 제도에 점점 더 어려운 도전을 불러오기도 했다. 국가 기관이 책무성을 가져야 한다는 요구가 높아지면서 군주의 절대권력이 점차 잠식되었고, 결국 군주제는 종말을 고한다. 하지만 제국은 새로운 형태로 모습을 바꿔 지배를 계속 유지했다.

범죄 군주와 범죄 조직

국가의 군사력과 정복지의 행정적 통치는 제국의 새로운 모델에서도 여전히 중요했지만 근대 시기의 유럽 군주들은 대부분 자신이 선호하는 모험가, 해적, 기업체에 일을 의뢰해 권력을 행사했다. 모험가, 해적, 기업체는 전리품을 전리품의 일부를 떼어가기 위한 사적인 이해관계에서 여기에 참여했다. 이로써 제국적 군주에 의한 통치가 제국적 사업체에 의한 통치로 바뀌기 시작했다. 돈이 세계를 지배하게 된 과정을 간략히 살펴보기로 하자.

모험가들

우리 대부분은 유럽이 식민지 확장에 대대적으로 나선 시기를 위대한 모험가들의 이름을 통해 알고 있다. 이들은 각자 자기 나라 주권자의 의뢰로 주권자의 자금 지원을 받아 대항해에 나서서 새로운 땅을 발견했고 그곳에서 약탈과 살육을 저질렀다. 서쪽 항로를 개척해 아시아로의 새 교역로를 뚫으려던 크리스토퍼 콜럼버스Christopher Columbus(1451-1506)는 1492년에 오늘날의 아이티와 도미니카 공화국에 해당하는 서인도 제도의 이스파니올라에 도착해 이곳을 스페인령으로 선포했다. 중미에서 노예 무역으로 이름을 알리기 시작한 에르난도 데 소토Hernando De Soto(1496-1542)는 1532년에 프란시스코 피사로 Francisco Pizarro와 연합해 페루의 잉카 제국을 장악했다. 같은 해에 포르투갈은 브라질에 첫 정착 식민지를 건설했다. 데 소토는 당대 최고 갑부 중 한 명이 되어 스페인에 돌아왔다. 그가 약탈에서 얻은 몫은 피사로의 절반밖에 안 되었는데도 말이다.[3] 1521년 경에는 에르난 코르테스 Hernán Cortés가 멕시코의 몬테주마 제국을 스페인령으로 접수했다.

중남미에서 너무 많은 금을 가져온 것이 결국에는 스페인 경제를 망치는 독이 되었고 유럽 전역에 인플레이션을 불러왔다. 금이 많아져서 다른 곳에서 생산된 것을 살 구매력이 높아지면서 스페인 자체는 생산력이 잠식되었고 수입품에 크게 의존하게 되었다. 이렇게 해서 쇠퇴한 국내 경제는 다시 회복되지 못했다. 오늘날 수입품 의존적인 미국 경제에서 너무나 비슷하게 되풀이되고 있는 패턴이다. 차이점이라면, 미국은 훔쳐온 금이 아니라 외국에서 빌려오는 돈으로 수입품의 대금을 메우고 있다는 점이다.

국왕에게 의뢰를 받긴 했지만 이들 모험가들은 독립적으로 활동했다. 마치 범죄 집단의 두목처럼, 이들은 어떤 잔혹한 행동에도 주저함이 없었으며 개인적인 이익과 영예를 위해 필요에 따라 이합집산을 반복했다. 이들의 임무는 어떤 수단을 동원해서라도 해외의 땅에서 물질적 부와 사람을 획득해오는 것이었다. 그러한 수단에는 현지의 지도자를 살해하고 토착민들을 살육하고 노예화하는 것도 포함되었다. 그렇게 해서 얻은 전리품을 자신의 군주와 나누었다. 나중에는 정착지 용도로 땅을 확보하는 것이 중요해지지만 초창기에는 정착지 건설을 염두에 두고 있지는 않았다.

항해술의 발달에 힘입어 포르투갈과 스페인이 먼저 길을 개척했다. 1500년대 중반 무렵이면 스페인은 중남미 거의 대부분을 통제하고 있었다. 이러한 정복 활동은 포르투갈과 스페인에 매우 큰 수익을 가져다 주었지만 식민화된 곳들에는 말할 수 없는 비용을 초래했다. 스페인이 아메리카 정복에서 막대한 이득을 얻자 이에 자극받은 영국, 네덜란드, 프랑스 등의 군주들도 제국적인 모험에 나섰다. 곧 이들은 아프리카, 아시아, 북미를 식민지로 나눠 갖게 되며, 여기에서도 식민지와의 교역 및 강탈을 통해 본국이 득을 보는 것이 목적이었다.

해적과 사략선 업자들

해외 전리품을 두고 유럽 열강들이 벌이던 경쟁 속에서, 고대의 해적 행위가 중요한 사업으로 고귀하게 둔갑했다. 합법화된 해적이라고 할 수 있는 사략선을 왕과 부유한 상인 모두가 국가의 주요 정책 수단이자 선호하는 투자처로 삼은 것이다. 더 쉬운 방법이 있는데 왜 고되게 직접 나서서 정복을 하고 교역을 하는가? 전리품을 싣고 유럽의 항구로 돌아오는 배들을 공격해 그 전리품을 빼앗는 것이 훨씬 쉽지 않겠는가?

종종 국왕들은 민간이 소유하고 민간이 자금을 대고 민간이 운영하고 무장을 갖춘 선단에 면허를 하사해 이 일을 맡기면 매우 득이 된다는 것을 발견했다. 이들 민간 업자들은 현금이 쪼들리는 군주에게 중대한 이점을 제공했다. 국왕의 공식적인 함대가 다른 배들을 공격하는 경우보다 공식적인 책임을 회피하기가 더 쉬웠고 경비 지출을 할 필요가 없었던 것이다. 선장, 선원, 민간 투자자, 그리고 일을 의뢰한 국왕이 약탈의 수익을 나눠 가졌다. 국왕의 면허는 약탈이 합법성의 모양새를 갖추게 해주었고 사략선이 항구에 안전하게 들어올 수 있게 해주었다. 새로운 시대가 열리기 시작했다.

영국, 네덜란드, 프랑스 모두 국왕의 의뢰를 받은 민간 해적선을 통해 경쟁국의 배, 땅, 전리품을 약탈했다. 특히 스페인 배들이 자주 타깃이 되었다. 엘리자베스 1세 시절에 영국의 사략선은 처음에 카리브해 연안에서 스페인 배들을 약탈해 신세계의 부를 가져오려 했다. 엘리자베스 1세 본인은 아일랜드 정복에 신경을 쓰느라 바빠서 영국의 사략선을 지원하거나 감독하지 않고 알아서 하도록 내버려두었다.[4]

영국의 유명한 사략선 업자로는 존 호킨스 경Sir John Hawkins(1532-1595), 프랜시스 드레이크 경Sir Francis Drake(1540-1596), 헨리 모건 경Sir Henry Morgan(1635-1688) 등이 있는데[5] 사략선 운영은 영예로운 직업이었을 뿐 아니라(이름 앞에 다 "경sir"이 붙어있다) 수익성도 매우 높은 직업이었다. 훗날 영국 경제학자 존 메이나드 케인스John Maynard Keynes는 드레이크가 세 차례의 굵직한 사략선 사업으로 번 수익이 "영국 해외 투자의 기원이자 샘물"이었다고 말했다. 1790년의 세금 기록을 보면 보스턴의 상위 5대 납세자가 그해 소득 중 적어도 일부를 사략선 투자에서 얻었음을 알 수 있다. 이들 중에는 독립선언문에 아주 큰 글씨로 서명을 해서 유명해진 존 행콕John Hancock도 있다.[6]

몇몇 사략선 업자들은 강력한 해군의 기능도 했다. 1670년에 모건은 36척의 배와 거의 2000대의 포를 가지고 파나마시티를 공격해 스페인의 대군을 무찌르고 도시에 불을 질러 폐허가 되는 동안 도시를 약탈했다.[7]

1856년에 스페인을 제외한 주요 유럽 열강들이 사략선 운영을 불법화하는 파리선언Declaration of Paris에 서명했다. 미국은 사략선에 해상 군사력을 주로 의존하고 있었고 사략선이 초창기에 상업적 이득의 주요 원천이기도 했기 때문에 전쟁 시 스스로를 보호할 충분한 해군력이 없다는 이유로 협정 참여를 거부했다. 오늘날에도 국제적으로 법치를 보장하기 위한 조약을 걸핏하면 인정하지 않기로 유명한 미국은, 19세기 말 까지도 민간 사략선 업자들에게 계속해서 일을 의뢰했다.[8]

칙허를 받은 기업

점차 군주들은 식민지를 확장하고 경영하고 약탈하는 수단으로 모험가와 해적보다 칙허로 설립된 기업체를 더 선호하게 되었다. 영국에서 이러한 전환이 맨 초창기의 민주적 시도에 대한 대응으로 나온 면이 있다는 데 주목할 필요가 있다.

영국 의회는 국왕의 자의적인 권력을 제한하려는 최초의 근대적 시도에서 생겨났으며 17세기 초입이면 국왕의 조세 징수와 세출에 대한 감독 권한을 가지고 있었다. 의회의 제약이 껄끄러웠던 국왕 엘리자베스, 제임스 1세, 찰스 1세 등은 자신이 선호하는 투자자에게 칙허를 하사해 독점권과 그 밖의 특권을 가진 기업체를 설립하면 의회의 감독을 회피할 수 있는 수수료와 세금으로 안정적인 소득원을 확보할 수 있다는 것을 알게 되었다. 또한 국왕은 대개 자신이 칙허를 하사한 회사의 주식을 개인적으로 소유했다.[9]

칙허로 설립된 기업들이 대사관 운영, 요새 운영, 군 시설 및 교역 시설 운영 등과 관련해 마땅히 국가의 권한 하에서 이뤄져야 할 지출을 직접 결정하고 집행하는 경우도 있었다. 한때는 영국 사업체들이 특정 영토 내에 거주하는 영국인들에 대해 사법 관할권까지 가지고 있었다.[10]

훗날 미국이 되는 초창기의 영국 정착 식민지 상당수가 왕실 칙허로 설립된 기업이 세운 것이었다. 대체로 그 기업이 소유한 땅에 예속 노동자들이 거주하면서 일했다. 많은 노동자들이 영국에서부터 비자발적으로 호송되어 온 사람들이었다. 뒤이어 아프리카에서 노예 노동력도 수입되었다.

영국 동인도회사(1600년에 설립)는 인도 식민화의 주요 도구였다. 인도는 1784년까지 동인도회사의 지배를 받았고, 동인도회사는 마치 인도가 회사의 사적인 영지인 것처럼 통치했다. 1858년까지도 동인도회사가 본국 감독 하에 인도의 행정을 담당했으며 1858년이 되어서야 영국 정부가 식민지 행정을 직접 담당하는 것으로 바뀌었다.[11]

1800년대 초에 영국 동인도회사는 중국에서 들여온 차를 재수출해 번창하고 있었다. 중국에서 차를 구매해오는 비용은 불법 아편으로 지불했는데, 그로 인해 막대한 사회적, 경제적 문제를 겪게 된 중국은 광저우의 창고에 보관되어 있던 영국 상인의 아편을 압수했다. 이는 1839년부터 1842년까지 이어진 아편 전쟁을 촉발했고, 영국이 이겼다.

영국은 일종의 공물로서 불평등 조약을 강요했다. 막대한 배상금을 요구하고 다섯 개 교역항에 영국의 자유로운 접근을 보장하도록 했으며, 영국인이 중국에서 범죄를 저지를 경우 영국 법정에서 재판을 받을 수 있게 할 것을 요구했다.[12] 오늘날 글로벌 기업이 현지의 이해관계를 무시하고 뜻대로 행동할 수 있는 권리를 가질 수 있도록 강한 국가가 약한 국가에 강요하는 "자유무역" 협정과도 비슷하다고 볼 수 있다.

네덜란드 동인도회사(1602년에 설립)는 오늘날의 인도네시아에 해당하는 지역에서 주권을 행사하면서, 유럽에 판매할 향신료 생산을 위해 현지인들의 땅을 강탈하고 그들을 빈곤으로 내몰았다. 오늘날 글로벌 기업이 현지 농민들을 땅에서 내몰고 수출 작물 재배 용도로 대규모 토지를 확보하는 것과 비슷하다. 프랑스 동인도회사(1664년에 설립)는 인도, 동아프리카, 동인도, 기타 인도양의 섬들을 프랑스령으로 복속하고 상업을 장악했다.

1670년에 영국이 북미 허드슨 베이 유역의 모피 교역을 장악하기 위해 설립한 "허드슨 베이 컴퍼니Hudson Bay Company"는 현재의 캐나다 지역을 식민화하는 데 주요 도구였다. 라이벌 회사인 노스웨스트 컴퍼니North West Company와 교전이 자주 벌어지자 영국 정부는 1821년에 두 회사의 합병을 강요했고 이렇게 해서 탄생한 새 회사는 노스웨스트 준주를 포함한 북아메리카 대부분에서 모피 거래를 독점하게 되었다. 스페인령 아메리카 식민지들에 아프리카 노예를 판매할 목적으로 설립된 영국의 남해회사South Sea Company는 역사상 가장 유명한 금융 사기 중 하나인 "남해회사 버블"의 주인공이 된다.[13]

위에서 언급한 기능들을 더 잘 수행할 수 있도록, 중세부터 존재했던 두 가지 개념이 결합해 "합명 주식회사"라는 새로운 기업 형태가 생겨났다. 하나는 공개된 시장에서 주식을 판매한다는 개념이고 다른 하나는 기업이 져야 할 책임에서 기업의 소유자 "개인"은 보호한다는 유한책임 개념이다. 이 두 가지 특징 덕분에 하나의 회사가 사실상 무제한의 금융 자본을 조달할 수 있게 되었고, 창업자가 사망한 뒤에도 기업의 존속이 가능해졌으며, 기업의 손실이나 잘못된 행위에 대해 소유자들은 자신이 소유한 지분 이상의 책임은 지지 않게 되었다.

이에 더해, 소유와 경영의 분리로 중앙의 지시를 통한 체계적이고 일관성 있는 경영이 가능해졌다. 예전처럼 여러 명의 파트너가 결정권을 가지고 회사를 소유하고 있었을 때는 어렵거나 불가능한 일이었다. 요컨대, 영속적으로 존속 가능한 기업이 사실상 무제한으로 금융 권력을 집중시킬 수 있고, 기업의 소유자들은 대체로 경영에 직접 참여하지도 회사의 결정으로 발생한 결과에 책임을 지지도 않으며, 기업의 경영은 이와 같은 소유자들의 금전적 이익을 위해 전문적인 경영자가 중앙 집중적으로 담당하는, 새로운 기업 형태가 생겨났다.

현대의 "유한책임 상장주식회사"의 전조라 할 만한 이 시기 회사들은 법적으로 승인되고 보호받는 범죄 조직이라고 묘사해도 과장이 아니었다. 사병을 거느리고 해외로 나가 조공을 뜯어내고 토지와 부를 징발하고 시장을 독점하고 노예를 거래하고 마약을 판매하고 금융 사기로 수익을 올릴 수 있도록 본국 정부가 허가해준 범죄 조직이나 다름없었던 것이다. 오늘날 가장 대표적인 기업 형태인 대규모의 유한책임 상장주식회사는 심지어 본국에서조차 책무성과 법적 책임을 상당히 면제받는다.

제도적 소시오패스

유한책임 상장주식회사는 노동자와 경영자가 자신의 가치관이나 공공의 이익과 상관없이 소유자의 금전적인 이익을 위해 일하고 소유자에게 법적인 책무성을 지게 되어 있는 인공적인 실체다. 소유자들이 그 기업에 대해 개인적으로 정통해 있거나 운영에 관여하는 경우는 거의 없으므로, 설령 소유자로서의 참여를 통해 자신의 가치관을 표현하고 싶다 해도 그럴 수 있는 방법이 거의 없다. 사회적으로 책임 있는 투자를 하고자 하는 주주들이 주주총회 같은 곳에서 가치관을 피력해도 대개는 무시된다. 상당한 지분을 가진 소유자인 경우조차 그렇다.

법학 교수들과 경영학 교수들은 학생들에게 기업의 의사결정에 윤리적 고려사항을 개입시키는 것이 그 자체로 윤리적이지 않은 일이라고 가르친다. 수익성을 악화시켜서 주주에게 마땅히 가야할 이익을 부당하게 훼손할 수 있기 때문이라는 것이다. 하지만 마조리 켈리Marjorie Kelly가 『자본권신수설The Divine Right of Capital』[국내본 제목은 『주식회사 이데올로기』]에서 정확히 지적했듯이, 주주들은 여타의 어느 이해당사자에 비해서도 기업의 성공에 기여하는 바가 적다.[14] 따라서 위와 같은 논리는 상당히 뒤틀린 도덕 논리다.

다른 어떤 이의 이해관계보다도 주주의 금전적인 이익을 우선하는 것이 경영의 법적, 윤리적 의무라는 원칙은 어떤 법률에도 명시적으로 규정된 바가 없다. 그런데도 이 원칙은 미국의 사법 문화와 판례에 깊이 뿌리박혀 있으며 다른 나라로도 확산되었다. 기업의 이익을 위해 일하는 변호사의 주장을 토대로 의회가 아닌 판사가 법을 만드는 대표적인 사례다.

따라서 현재의 미국 법 체계에서 유한책임 상장주식회사는 감성적으로 성숙한 성인 인간에게 기대할 수 있는 윤리적 감수성과 도덕적 책임을 발휘하지 못하게 되어 있다. 인공적 실체인 법인이 아니라 자연인이 그렇게 행동한다면 우리는 그 사람을 소시오패스라고 진단할 것이다. 인간에게 부모가 하는 것과 비슷한 역할을 해줄 공적인 제도가 규칙을 만들고 집행하지 않으면, 상장기업은 윤리적 공백 상태에서 작동하게 된다.[15]

기업은 변호사, 로비스트, 홍보 회사 등에 수십억 달러를 지출한다. 정치 과정을 주물러서 기업이 그러한 공적인 규칙에서 자유로워지게 하는 것이 이들의 일이다. CEO들은 어느 정부의 관할권에도 속하지 않는 사유지인 섬에 기업 본사가 존재하고 공장은 바지선 위에 둥둥 떠있다가 노동 비용이 가장 싸고 보조금과 조세 혜택이 가장 후하고 규제가 가장 느슨한 곳이면 어디로나 곧바로 이동할 수 있는 세계가 그들에게 가장 이상적인 세계라고 말하곤 하는데, 농담만은 아니다.

민주적 도전

영국에서는 국왕의 절대권력을 상정하는 절대주의 체제가 1689년에 종말을 고했다. 하지만 군주제는 지속되었고 귀족들과 투표권을 확보한 "자산 소유 시민"들은 국내에서 민주적 투표권의 범위를 더 확대하거나 해외에서 식민 지배를 종식하는 데 별로 뜻이 없었다. 또한 유럽 대륙쪽 나라들에서는 여전히 절대군주제가 강하게 남아있었다. 특히 프랑스에서는 그 이후로도 100년이나 강력한 절대왕정이 지속되었다. 그렇더라도, 군주제의 토대는 이미 무너지기 시작하고 있었다.

군주제의 종말

1776년에 미국 독립혁명이 외국의 통치에 도전했다면, 1789년에 프랑스 대혁명은 군주제에 대해 직접적으로 도전했다. 프랑스 대혁명은 귀족과 성직자에게 대항하는 중간 계급의 봉기로 시작되었다. 그런데 지방에서 점점 더 농민 반란이 일어나자 공포에 질린 귀족과 성직자들은 상대적으로 보수적인, 당대의 용어로 "부르주아지"라고 불리던 상인 중간 계급과 연합했다. 여기에서 인권선언이 선포되었고 새 헌법이 제정되어 귀족과 성직자가 가지고 있던 특권 중 상당 부분이 철폐되었다. 나폴레옹 전쟁이 벌어지던 1800년대 초에 스페인과 포르투갈은 중남미 식민지에 대한 통제력을 점차로 상실했다. 이곳 식민지들은 미국의 선례를 따라 독립을 선포했고 중남미 지역은 유럽에서 온 정복자의 후손이 통치하는 독립 국가가 되었다.

유럽의 군주들은 프랑스 대혁명의 영향으로 자기 나라에서도 봉기가 촉발될까 봐 매우 우려했다. 충분히 우려할 만했던 것이, 실제로 유럽 각국에서 민중 혁명이 잇따라 일어났다. 스페인에서는 1808년에 나폴레옹 1세의 형 조제프 보나파르트Joseph Bonaparte의 통치에 맞서 봉기가 일어났다. 1820년에서 1831년 사이에 그리스, 이탈리아, 스페인, 프랑스, 벨기에, 폴란드에서 봉기가 발생했고 1848년에는 프랑스에서 다시 한 번, 그리고 오스트리아, 헝가리, 독일, 이탈리아에서 봉기가 일어났다. 20세기가 되면 민주주의 체제가 널리 확산되고, 이와 더불어 엄청난 기술 발전과 경제적 진보가 이뤄져 세계 인구의 약 20%가 몇 세대 전이었다면 귀족도 부러워했을 만한 물질적 풍요를 누릴 수 있게 된다.

식민주의의 종말

2차 대전 이후 자유의 정신이 세계를 휩쓸면서 인간의 문화와 제도가 또 한 번 극적인 민주화를 경험했다. 인도에서는 간디라는 이름을 가진 소박하고 왜소한 체구의 인물이 영국의 막강한 군사적 권력에 맞서

비폭력 원칙에 기반한 도덕적 권력을 바탕으로 보편 자치권이라는 대의를 위해 독립운동을 일으켰다.

간디의 승리에서 영감을 얻은 전 세계의 피억압 민중들이 유럽의 제국적 지배로부터 해방되기 위한 투쟁에 나섰다. 식민지들에서 독립운동이 멈출 수 없는 추진력을 얻었고 식민 본국인 유럽에서도 이에 연대하는 인권 운동이 조직되었다.

이러한 민주적 개혁의 시기에도 기업 제도는 건재했지만, 2차 대전 이후에는 정부의 감독, 강한 노조의 견제, 그리고 부와 권력의 더 평등한 분배와 정부, 노동, 기업 간의 협력적인 관계를 요구하는 사회적 합의 등에 의해 기업의 힘이 제약되었다. 또 다양한 사회운동이 일어나 소비자 보호, 노동자 보호, 환경 보호의 강화를 요구했고 성공적인 입법화로 이어지기도 했다. 한동안은 기업이라는 야수가 공익에 복무하도록 길들여진 것 같아 보였다.

두 번째 천 년이 막을 내릴 무렵이면 대부분의 지역에서 민주정이 군주정을 대체했고 고전적인 형태의 식민주의도 마땅한 귀결로서 종말을 맞았다. 소비에트 제국은 해체되었고 중국은 민주 국가는 아니었지만 시장에 문을 열었다. 논평가들은 민주주의와 자유시장이 모든 곳에서 승리했다고 선포했다.

하지만 이 민주주의는 사람의 민주주의였다기보다 돈의 민주주의였고, 자유시장에서 진정으로 자유로운 것은 기업과 거대 투자자뿐이었다. 자유시장에서 실제로 표현된 자유는 기업이 자신의 뜻대로 할 자유였다. 사람들은 기업이 제공하기로 결정한 제품이나 일자리를 기업이 정한 조건에서 받아들이거나 아니면 없이 지내거나 중에서 선택할 자유밖에 없었다.

제국의 반격

기업이 주도하는 글로벌 경제의 특징인 극단적이고 계속 심화되는 불평등은 우연히 생긴 것이 아니다. 이것은 2차 대전 이후 미국이 잘 입증된 제국적 지배의 원칙들을 활용해 전지구적으로 경제적, 정치적 헤게모니를 확보하게 할 목적에서, 숙련된 계획가들이 전략적으로 고안한 글로벌 경제 제도의 결과다.

거대한 계획

2차 대전에 참전했을 때 영국은 세계에서 가장 강력한 식민 지배 권력이었고 전쟁이 끝났을 때도 그 지위를 유지하고 싶어했다. 1945년부터 영국이 준비한 비밀 계획에 따르면, 영국은 아프리카의 천연자원에 대한 접근권을 강화하고 중동을 (전후 영국 외무장관이던 어네스트 베빈Ernest Bevin의 표현을 빌리면) 영국 경제를 보조할 활발한 생산 기지이자 인도를 대신할 영국 제품의 주요 판매 시장으로 발달시키고자 했다. 이 목적에서 영국은 영국의 경제적, 정치적 이해관계를 위해 다른 나라들의 국내 의사결정에 영향을 미칠 용도로 개발 원조를 사용할 계획이었다.[16]

한편, 미국 입장에서는 2차 대전이 유럽 경제권이 쑥대밭이 된 틈에 경제 불황을 벗어나 산업 기반을 강화할 기회였다. 미국도 영국과 비슷한, 하지만 더 대담하고 규모가 큰 비전을 가지고 있었다. 미국의 계획에 따르면, 영국이 아니라 미국이 전후 글로벌 경제의 패권 국가가 되어야 했다. 미국은 영국이 전쟁 전에 활용했던 원칙을 가져다 쓸 생각이었다. 가장 강력한 참가자의 이익을 위해 작동하는 개방된 글로벌 경제 시스템을 활용하려 한 것이다.

이 계획의 핵심은 다른 나라에 미국 기업과 금융기관이 제약 없이 접근할 수 있게 하는 것이었다(11장에서 더 자세히 설명할 것이다). 당시에 미국 기업과 금융기관들은 의심의 여지없이 세계에서 가장 강력했다. 미국의 주도 하에 세 개의 국제기구 세계은행World Bank, 국제통화기금 International Monetary Fund, IMF, 그리고 나중에 세계무역기구World Trade Organization가 되는 "관세 및 무역에 관한 일반 협정General Agreement on Tariffs and Trade, GATT"이 생겼다. 통칭 브레튼우즈Bretton Woods 기관이라고 불리는 이 세 기관이 미국의 전략을 실행하는 데서 핵심적인 역할을 하게 된다.

쉬운 신용

브레튼우즈 기관들은 맡은 바 역할을 아주 잘 수행했다. 한 나라씩 식민지를 벗어나 독립 국가가 되는 동안 세계은행은 그 나라들이 산업화된 국가의 재화와 서비스를 구매할 자금을 확보할 수 있도록 차관을 들여와 경제를 성장시키라고 독려했다. 곧 새로운 독립 국가들은 그들이 벗어나서 독립한 바로 그 나라들에 부채로 다시 예속되었다.[17]

그 국가들의 부패한 지도자들에게는 대외 부채가 "윈-윈"인 제안이었으므로 그들은 여기에 냉큼 올라탔다. 그들은 외국에서 빌려온 돈으로 진행하는 프로젝트를 이용해 국내에서 정치적 자산을 확보했고 계약 체결과 관련한 뇌물 등으로 직접적인 이득도 챙겼다. 원리금 상환에는 너그러운 유예 기간이 주어졌기 때문에 상환의 부담은 훗날의 불운한 계승자들이 떠맡게 되어 있었다.

과거에 식민지였던 신생 독립국들은 개발 프로젝트에 자금을 대기 위해서만 돈을 빌린 것이 아니라 지배층이 사용할 사치품과 저항을 진압할 무기를 구매하는 데 쓸 외환을 마련하기 위해서도 돈을 빌렸다. 차관의 만기가 도래했을 때는 그 차관의 원리금 상환을 위해 새로 차관을 들여와야 했다. 이러한 피라미드식 부채 부담은 1970년대 말에 에너지 비용이 급격히 상승하면서 극적으로 가속화되었다.

가난한 사람들을 구조조정하다

1982년 무렵이면 많은 저소득 국가가 쌓여가는 대외 부채를 결코 갚을 수 없으리라는 것이 분명했다. 이들이 채무불이행을 하게 되면 글로벌 금융 시스템이 붕괴될지 모른다는 공포가 글로벌 금융기관들에 퍼졌고 국제통화기금과 세계은행이 빚쟁이 역할에 나섰다. 이들은 "구조조정structural adjustment"이라고 불리는 표준적인 경제 "개혁" 처방을 채무국에 요구했다.

국제통화기금과 세계은행 모두 워싱턴DC에 본부가 있으며 미 재무부의 면밀한 감독 하에 작동한다. 그리고 전통적으로 미 재무부는 월가의 은행과 투자기관들이 행정부에 파견한 기관처럼 행동해왔다. 따라서 부채에 허덕이는 나라들에 새로운 신용을 공여해주는 조건으로 국제통화기금과 세계은행이 요구한 정책 처방이 그 나라 국민들을 한층 더 희생시키면서 글로벌 금융의 이해관계를 촉진하기 위한 정책이었다는 사실은 놀랄 일이 아니었다. 애초에 그 부채는 그 나라의 부패한 지도자가 그 나라의 국민을 위해서라며 일으킨 것이었는데 말이다. 표준적인 "구조조정" 협정은 다음과 같은 조치를 채무국에 요구했다.

- 노동자들에게 혜택을 주고 공공의 건강, 안전, 환경을 보호하던, 그러나 기업에는 비용을 유발하던 규제를 거둔다.

- 해외 물품의 수입, 해외 투자자의 국내 소유, 자유로운 국제 간 금융 거래, 천연자원의 수출, 외국 은행과 외국 금융기관의 활동 등에 대한 제약을 없애서 글로벌 기업이 국경을 넘어 재화와 돈을 자유롭게 이동시킬 수 있게 한다.
- 수도, 전력, 통신을 포함해 공공 자산과 공공 서비스를 민간 투자자에게 싼 값에 매각해 민영화한다.
- 건강, 교육 등에 들어가던 공공 지출을 대폭 삭감하고 그렇게 해서 마련한 돈으로 대외 부채를 상환한다.
- 외국 투자자들에게 세제 혜택과 보조금을 제공한다.

이러한 조치들은 외국인 투자를 유도했고 외환 확보를 위한 수출을 확대했다. 외환은 해외 채권자에게 빚을 갚기 위해 필요했고, 국제통화기금과 세계은행도 받을 돈이 있는 해외 채권자였다. 또한 이러한 조치로 외국 기업과 금융기관이 국내 경제에 제약 없이 접근해 최소한의 시간과 돈을 들여 최대한의 부를 뽑아갈 수 있게 되었다.

부채의 수렁으로 더 깊이 빠지다

강요된 정책을 충성스럽게 실행하면서 채무국 정부는 더 많은 부채를 끌어올 수 있는 자격 조건을 갖추게 되었다. 따라서 대외 부채는 계속해서 늘었고 국내 경제에 대한 외국의 통제력도 계속해서 증가했다. 고대 시대에 고리대급업자가 그랬던 것과 비슷하게, 해외 채권자들은 한때 독립 농민들이 소유했던 땅을 접수해 점점 더 많은 토지를 소유하면서 자유농을 예속농이 되게 만들었다. 새로운 식민주의는 옛 식민주의보다 친절한 얼굴을 하고 있었지만 외국의 통제와 착취라는 결과는 별반 다르지 않았다.

1990년대에 기업 귀족들은 규제완화, 시장개방, 공공자산 민영화 등 기업 친화적인 아젠다를 실행하기 위해 다른 나라의 국내 법을 고칠 용도로 국제 무역 협정에 눈을 돌렸다. 하나의 무역 협정만으로도 외국 기업의 활동에 불편을 일으켰던 수백 개의 법을 각 국가의 공적 논의를 통한 검토 절차를 사실상 거치지 않고 협정 당사국 모두에서 일거에 없앨 수 있었다. 한 나라씩 그 나라의 민주적 절차를 통해 법을 고치는 것보다 훨씬 효율적이고, 부유한 나라와 가난한 나라 모두에서 효력이 있었다.

새로운 협정이 나올 때마다 국가들은 글로벌 기업이 들어와서 일으키는 해로운 결과에 대해 설명하고 책임지도록 책무를 강제할 수 있는 역량을 잃었고, 따라서 책무성 없는 군주의 지배가 책무성 없는 기업과 금융시장의 지배로 바뀌는 과정이 촉진되었다.[18] 이것은 거대 기업의 소유자 및 경영자 계층이 민주주의를 상대로, 또 부를 실제로 생산하는 사람들을 상대로 선전포고도 없이 벌인 계급 전쟁이었다. 이 전쟁은 오늘날에도 계속되고 있다. 요즘 선호되는 무기는 화폐 시스템인데, 화폐 시스템은 세계의 실질적인 부 중 점점 더 많은 부분을 소수 지배 계급의 통제 아래로 눈에 띄지 않게 조용히 넘기는 데 활용되고 있다.

화폐가 지배한다

생존에 필요한 거의 모든 것을 화폐에 의존해야 구할 수 있는 현대 사회에서, 돈은 생명 자체에 대한 티켓이 되었다. 일종의 심리적 전이 transference를 통해, 생에 대한 인간의 본능적인 사랑은 돈에 대한 사랑으로 바뀌었다. 화폐는 숭배의 대상이 되었다. 이는 화폐를 창조하고 배분하는 사람들에게 거의 전적인 권력을 부여한다. 그들은 구름 위의 신전에 앉아서, 생존이 달려 있는 돈을 벌기 위해서는 그들에게 복종해야만 하는 사람들을 눈에 띄지 않게 조용히 지배한다. 대부분의 사람들은 화폐 시스템에 제국의 조직 원리가 어떻게 결합해 있는지 알지 못하기 때문에, 화폐의 지배는 기업 금권귀족의 이익에 더욱 잘 복무한다.

궁극의 사기

3장에서 언급했듯이 화폐는 무無에서 창출되는 회계상의 숫자다. 화폐 자체는 실질적이거나 내재적인 가치를 가지고 있지 않다. 화폐의 가치는 우리가 그것이 가치를 가진다고 간주하고 기꺼이 그만큼에 해당하는 실물을 교환하기로 하기 때문에 존재하는 것이다. 현대 금융 시스템에서 은행은 부채를 발행해 화폐를 창출한다. 은행은 빌리는 사람 이름으로 계정을 열고 부채 액수에 해당하는 금액을 입력한다. 본질적으로 은행은 무無에서 창출한 돈을 빌려주고, 거기에 시장에서 매길 수 있는 만큼의 이자를 매긴다. 또한 은행은 주택, 농장, 기타 실물 부동산을 담보로도 대출을 할 수 있는데, 빌려간 사람이 갚지 않으면 담보로 잡은 실물 부동산을 압류한다.

여기까지는 현대 화폐 시스템의 작동 중 비교적 명백하고 많이 알려져 있는 부분이다. 더 복잡하고 잘 알려져 있지 않은 부분은, 느슨하게 규제되는 기업, 은행, 금융시장이 회계 부정, 피라미드식 대출, 금융 버블, 그 밖의 금융 투기와 조작 기법을 이용해 주식, 토지, 주택 같은 금융 자산의 시장가치를 인위적으로 부풀릴 수 있는 능력과 관련이 있다.

이러한 금융 게임은 사회에 아무런 가치도 기여하지 않지만, 지배 계층의 구매력을 상당히 늘려주어서 이들이 사회의 실질적인 부에 대해 주장할 수 있는 몫이 부를 실제로 생산하는 사람들이 주장할 수 있는 몫에 비해 크게 늘어나게 해준다. 메커니즘이 눈에 잘 보이지 않고 사기 당하는 사람이 자기가 사기 당하고 있는 줄을 모르기 때문에, 이것은 가장 성공적인 금융 사기다. 사기 당한 줄 안다 해도 사기 당한 사람이 할 수 있는 일은 없다. 이 사기는 합법적인 데다 문화적으로도 용인되고 있기 때문이다.[19]

돈이 돈을 낳는다

금융 메커니즘을 통해, 실질적인 자산에 대한 통제는 실제로 노동을 하며 부를 생산하는 사람들에게서 화폐 수익으로 생활하는 소유자 계급에게로 가차없이 넘어간다. 일례로, 미국에서 은행 규제가 완화되면서 비은행 기업들이 은행을 만들고 정부의 예금 보험이 보증하는 예금을 끌어들여서, 일반적인 자본 시장에서 자신의 신용도로 대출을 받았을 경우보다 훨씬 낮은 이율로 스스로에게 상당한 금액의 돈을 대출할 수 있었다. 그 다음에 빌린 돈을 자기 은행의 예금으로 재활용해서 자기 자신과 다른 이들에게 더 많은 대출을 일으킬 수 있는 새로운 준비금으로 활용했다.[20] 최소한의 초기 투자만으로 상당한 수익을 얻을 수 있는, 정부가 보증한 금융 피라미드나 마찬가지다. 이것은 또 하나의 속임수이고 다른 이의 돈으로 사적인 이익을 추구하는 화폐 게임이다.

금융 자본주의의 이상은 독점 지대를 거두거나 금융 버블에 투기를 하거나 부채의 피라미드에 투자를 해서, 가치 있는 무언가를 실제로 생산할 때 감수해야 하는 불편함 없이 돈을 버는 것이다. 21세기를 대표하는 초대형 금융 스캔들이 드러나 불명예스럽게 도산하기 전까지, 엔론Enron이 이 이상을 전형적으로 보여준 바 있다.

만연한 편향

화폐 시스템의 소유자 계급 편향은 너무나 만연해 있고 자연적인 질서로 받아들여지고 있어서 우리 대부분은 이를 의심해보지조차 않는다. 예를 들어, 지배적인 화폐 문화의 논리에 따르면 공공과 민간의 모든 경제적 의사결정은 선택지에 있는 것 중에서 무엇이 가장 높은 수익을 산출할지를 기준으로 내려져야 하는데, 이 방식은 대체로 돈을 가진 사람들에게 유리하게 작동한다.

편향의 또 다른 원천은 중앙은행이다. "자유시장" 경제라고들 하는 경제에서 노동 비용을 아래로 내리누르는 압력을 유지하기 위해 금융 시장을 관리하는 것이 중앙은행의 일반적으로 인정되는 기능 중 하나다. 완전고용에 가까워져 임금이 상승할 것 같으면 중앙은행은 인플레이션 압력을 낮추기 위해 금리를 올려 경제를 둔화시킨다. 겉으로 말해지지 않는 결과는, 노동자의 생산성 향상으로 발생한 이득이 노동자에게 가기보다 자본 소유자와 기업의 이익으로 들어간다는 것이다(금리를 낮춰 자산 가격이 부풀려질 때도 이러한 결과가 발생하곤 한다).

* * * * *

두 번째 천 년의 후반기에 군주정에서 민주정으로 서서히 전환이 이뤄지면서 칼의 힘에 의한 제국적 통치에서 돈의 힘에 의한 제국적 통치로의 전환도 함께 이루어졌다. 새로운 지배자들은 황제의 망토가 아니라 비즈니스맨의 양복을 입고 자신의 권력과 특권에 대한 민주주의의 도전을 수완 있게 회피하기 위해 더 섬세한 전술을 구사했다.

이 전환은 유럽에서 중세가 무너지고 국민국가가 생기면서 시작되었다. 강력한 이웃과의 직접적인 무력 충돌은 최소화하되 제국적 지배는 더욱 확장하고 싶던 유럽의 국민국가들은 지구의 먼 지역으로 눈을 돌려 약한 국가들을 지배함으로써 팽창 야욕을 충족시키려 했다. 유럽의 국민국가들은 충성스러운 장수들을 제국적 정복의 대리인으로 삼기보다, 모험가에게 돈을 대고 해적에게 노략질을 의뢰하고 칙허로 기업체를 설립해 국가가 내린 독점적 권한을 가지고 공식적이지만 독자적으로 일하는 범죄 조직으로서 활동할 수 있게 했다. 영국의 국왕들은 주로 의회의 귀족들이 국왕에 대해 행사하려 하는 민주적 감독 권한을 회피하면서 현금 수입원을 확보할 목적으로 기업 칙허를 활용했다. 오늘날의 상장기업은 국왕의 칙허로 설립된 기업들이 수행했던 임무를 이어받았다. 현대의 초거대 기업들은 어지간한 국가보다 강력한 경제적, 정치적 권력을 행사하며, 여전히 자산가 계급이 민주적 책무성을 요구하는 제도를 회피하게 해주는 제도적 수단으로서 기능한다.

화폐 시스템은 지배 계급이 중간 계급과 저소득 노동자 계급을 대상으로 전쟁을 벌일 때 심지어 기업보다도 강력하고 성공적인 도구다. 화폐의 창출과 배분을 통제함으로써 지배 계급은 평범한 사람들의 삶과 지구의 자원을 거의 전적으로 통제할 수 있다.

민주주의의 가면을 쓰고 있지만 제국은 건재하다. "진정한" 민주주의는 꼭 필요하지만 여전히 손에 잡히지 않고 있는 이상이다. 우리는 제국이 남겨놓은 유산을 직시해야 하듯 이제까지 민주주의의 실험이 가졌던 한계도 직시해야 한다. 이를 위해, "게임에 참여하거나 아니면 죽거나"의 판에 올라가야 하는 제국의 논리를 깨고 나오려 노력했던 초창기 사례 하나를 살펴보기로 하자.

제
8
장

아테네의 민주주의 실험

○

우리가 가지고 있었다고 생각한 민주주의를 구하려면, 민주주의를 그것이 존재해본 적이 없는 곳으로 가져가야 한다.[1]

프랜시스 무어 라페*Frances Moore Lappé*

메소포타미아와 이집트의 고대 제국 시대와 18세기 미국 독립혁명 사이의 기간에 위대한 평등의 시기가 두 번 있었다. 첫 번째는 기원전 1990년에서 기원전 1786년까지의 이집트 황금기이고, 더 잘 알려진 두 번째는 고대 그리스의 도시국가 아테네다. 아테네는 우아한 예술과 건축, 인간 성취의 고귀함에 대한 믿음, 인간의 자유에 대한 헌신으로 널리 알려져 있다. 민주주의를 뜻하는 영어 데모크라시democracy 자체가 민중의 권력이라는 뜻의 그리스어 데모크라티아demokratia에서 나왔다. 앞의 두 장에서 나는 위대한 전환을 하고자 하는 우리가 직면한 도전에 대해 5000년간 이어진 제국의 경험에서 시사점을 찾아보고자 했다. 이 장에서는 아테네의 민주주의 경험과 세 명의 아테네 철학자의 가르침에서 시사점을 찾아보고자 한다.

제국의 폭력과 지배가 저차원의 인간 가능성을 나타낸다면, 지구공동체의 성숙한 민주주의에 토대가 되는 상호 돌봄과 파트너십은 고차원의 인간 가능성을 나타낸다. 사회가 민주적 잠재력을 실현하는 것과 각 시민이 인간으로서의 잠재력을 실현하는 것은 함께 진행되기 마련이다. 아테네의 민주주의 경험이 보여주는 현실 정치의 문제와 소크라테스, 플라톤, 아리스토텔레스의 철학적 고찰은, 사회와 개인의 잠재력 실현이 함께 가는 것이라는 사실의 중요성을 상기시켜주며, 여전히 제한적인 우리 시대의 민주주의를 더 온전히 발달시키는 데 필요한 작업이 무엇인지에 대해 유용한 통찰을 제공한다.

아테네의 민주주의

에게 문명은 제국 이전의 가장 평화롭고 평등했던 여신 숭배 사회 중 가장 마지막까지 존재했던 사회로 알려져 있다. 아마도 아테네가 에게 문명의 중심지인 크레타 섬과 가까웠기 때문에 그리스 사람들이 평등한 통치 형태의 가능성을 더 잘 상상할 수 있지 않았을까? 에게 문명은 기원전 11세기 경까지도 살아남아 있었고 그리스 도시국가들의 신전에도 영향을 미쳐서 그리스에서도 여사제가 계속해서 중심적인 역할을 했다. 또한 아테네가 무력 침공을 겪은 적이 없고 군사 계급이 통치한 적도 없다는 사실에도 주목할 만하다.

아테네는 원래 군주제였는데 기원전 750년에 귀족들이 왕으로부터 권력을 가져와 세습 귀족정을 구성했다. 이 체제는 기원전 약 600년까지 이어졌다. 풍부한 광물 자원과 천혜의 항구가 있어서 교역이 아테네의 경제 생활과 활발한 도시 문화의 토대가 되었다. 범선과 많게는 200명의 노예가 노를 젓는 갤리선으로 이뤄진 상단이 지중해를 누비면서 한쪽에서 값싸게 사서 다른 쪽에서 비싸게 팔아 수익을 올렸다.[2] 몇 년을 충분히 버틸 수 있는 농촌의 귀족들은 자라는 데 5년이 걸리는 포도와 올리브 경작을 통해 부를 일궜다. 바위가 많은 아테네의 농촌에서 포도와 올리브는 매우 수익성 있는 생산품이었다. 또한 이들은 곡물 경작에 실패한 농민들의 땅을 사들여 부와 세력을 키웠다.

첫 수확까지 5년이나 걸리는 포도와 올리브를 심을 수 없어서 곡물을 심어야 했던 운 나쁜 농민들은 곡물 생산에 더 적합한 기후대에서 들어오는 값싼 수입 곡물과의 경쟁에 직면했고 때때로 흉작도 겪었다. 작황이 안 좋은 해에 생존하려면 땅을 잡히고 고리로 돈을 빌릴 수밖에 없었다. 결국에는 많은 이들이 땅을 잃었다. 생산량의 6분의 1을 지대로 내고 다른 이의 땅을 부치던 소작농들은 작황이 나쁜 해에 자신의 미래 노동력이나 가족들의 노동력을 잡히고 돈을 빌려야 했고, 빚을 갚을 길이 거의 없었기 때문에 결국 노예가 되었다. 빈부의 격차가 극심해지는 과정에서 사회적 긴장이 극도로 높아졌고 정치적 위기도 심화되었다.

흥망

기원전 594년에 정치적 긴장이 절정에 달하면서 당장이라도 혁명이 일어날 듯했다. 도시의 중간 계층도 농민과 함께 정치적 해방과 부의 급진적인 재분배를 요구했다. 폭력적으로 비화할지도 모를 혁명을 막기 위해 모든 당파가 합의해 굉장히 존경받던 정치인이자 아레오파고스Areopagus(귀족 의회)의 일원이며 시인이자 상인이었던 솔론Solon을 정무관magistrate으로 임명하고 개혁의 전권을 주었다.

솔론은 부채를 탕감하고 부채를 갚지 못해 노예가 된 사람들을 자유민이 되게 했으며 부채를 통한 노예화를 불법으로 규정했다. 개인이 소유할 수 있는 토지의 양을 제한했고 소농민도 포도나 올리브를 재배할 수 있도록 좋은 조건으로 대출을 해주었다. 참정권도 여성, 외국인, 노예를 제외한 모두에게로 확대되었다. 전적으로 만족한 집단은 없었다. 귀족은 특권의 상실에 분개했고 중간 계층과 낮은 계층은 여전히 귀족이 너무 많은 권력을 가지고 있다고 생각했다.

클레이스테네스Cleisthenes의 통치기가 되기 전까지는 아테네의 정치적 민주주의가 그리 추동력을 얻지는 못했다. 개혁적인 귀족이었던 클레이스테네스는 대중의 지지를 얻어 기원전 525년부터 524년까지 최고정무관을 지냈다. 아테네 민주주의의 아버지라고 불리는 그는 영토 내의 자유민 남성 모두에게 완전한 시민권을 부여했고 최고 통치기구로서 500인회Council of Five Hundred를 구성했다. 500인회는 각 행정 지역에서 제출된 30세 이상의 남성 후보 중 추첨으로 구성되었으며, 행정과 집행에 대해 최고 결정권을 가지고 있었고 법안을 민회에 발의할 권한도 가지고 있었다.

당시에 3만 명 정도이던 성인 남성 시민 모두가 민회에 참여할 권리가 있었고 투표의 정족수는 6000명이었다.[3] 민회는 500인회가 만든 법안을 채택하거나 거부할 권한이 있었고 전쟁 선포, 조세 징수, 그리고 은퇴하는 정무관의 회계 감사 권한을 가지고 있었다.

아네테 민주주의는 페리클레스Pericles가 각료회의 격이던 장군위원회Board of Generals에서 최고사령관을 맡았던 30년 동안 전성기를 맞았다. 각료회의의 일원은 민회가 1년 임기로 임명했고 제한 없이 다시 후보로 나설 수 있었다. 한편, 이 시기에 민회는 500인회가 제출한 법안만 심의하는 것이 아니라 직접 법안을 제출할 권한도 가지게 되었다.[4]

이 시점의 아테네 민주주의는 이제까지 중에서는 가장 직접민주주의와 비슷한 형태였다. 모든 "시민"(전체 인구 중에는 소수였지만)이 정치 과정에 직접적으로 참여할 권리를 가지고 있었다. 하지만 그 이전의 어느 국가에서도 달성되어 본 적이 없는 것이었긴 해도 "보편" 참정권이라는 민주주의의 이상과는 거리가 멀었다. 여성, 노예, 부모가 외국계인 사람에게는 시민권이 부정되었기 때문이다.[5] 사실 몇몇 사료에 따르면 여성에 대한 처우는 가장 잔혹했던 고대 문명에서만큼이나 나빴던 것으로 보이며, 노예에 대한 처우는 더욱 그렇다.[6]

또 다른 문제도 있었다. 소크라테스의 재판이 보여주듯이, 500인회가 사회에 순응하지 않는다고 판단한 사람은 처형 당했다. 그리고 결국에는, 아테네 민주주의도 자신의 제국적 야망에 희생되었다. 이웃을 지배하기 위한 군사적 정복에 나서면서, 아테네는 기원전 431년에 스파르타와 전쟁을 벌였고 기원전 404년에 패배했다. 전쟁은 부패와 배반, 그리고 점점 강도가 높아지는 잔혹성을 수반했다. 그리고 전쟁에 패배하면서 교역과 민주적 제도가 큰 타격을 입었다. 문화적으로는 꽤 한동안 여전히 융성했고 민주적 제도도 다시 회복되었지만 기원전 338년에 카이로네이아 전투에서 마케도니아의 필리포스에게 패하면서 아테네 도시국가는 사라지게 된다.

교훈

아마도 가장 정신이 번쩍 드는, 그리고 우리에게 꼭 필요한 교훈은, 아테네의 민주주의 실험이 예외적이라 할 만큼 드문 일이었고, 제한적인 범위로만 이뤄졌으며 짧은 기간만 지속되었다는 점일 것이다. 가장 폭넓게 잡더라도 아테네의 민주주의는 기원전 594년에 솔론이 정무관이 되어 민주적 개혁을 시작했을 때부터 마케도니아의 필리포스가 아테네를 정복할 때까지 250년 밖에 지속되지 못했고, 위에서 언급한 한계들을 가지고 있었다. 아테네 도시국가의 지배력이 미치는 영역이었던 아티카 반도의 인구는 전성기 때 약 31만 5000명이었는데 참정권이 있는 시민은 4만 3000명뿐이었고 15만 5000명은 노예였다.[7]

이것이 얼마나 놀라운 함의를 갖는지 생각해보라. 이렇게 제한적이었는데도, 이집트의 황금기를 제외하면 에게 해의 여신 문명이 무너지고 나서 1776년에 미국이 건국될 때까지 거의 3000년 동안 서구 역사에서 그나마 이 정도의 다수가 평등한 정치적 권리와 자유를 가져본 적이 없다. 민주적인 사회 구조를 가졌던 다른 사례들은 작은 규모의 부족 사회들뿐이었다.

자유와 민주주의는 신성한 선물로 주어지는 것이 아니다. 자유와 민주주의는 성숙한 시민들이 지속적이고 의식적인 투쟁을 통해 획득하고 유지하는 것이며 한 번 잃으면 다시 획득하기 어렵다. 그리고 실패의 가장 큰 원인은 그 자신의 제국적 야망이다. 이것은 우리 시대에 정신이 번쩍 드는 교훈을 준다.

경제적 불의가 극심해지면서 생겨난 사회적 긴장과 압력에 대해 국내의 경제적, 정치적 개혁을 통해 계층 간 격차를 줄이는 방식으로 대응하기로 한 솔론의 선택은 아테네의 민주주의 실험에서 매우 결정적이었다. 이것은 경제적 간극은 벌어지게 내버려두고 군사적으로 외부를 정복해 인구를 재정착시킬 땅을 확보하면서 외부의 인구를 노예화하고자 하는, 전형적인 제국적 대응과 대조적이다. 제국의 대응은 제국의 문화와 제도에 잘 부합한다. 이와 달리 솔론의 선택은, 부분적이기는 했으되 민주주의에 필요한 경제적 토대를 창출했다.

불행히도, 아테네가 제국의 문화와 제도에 맞서서 시도했던 도전은 일시적이고 부분적이었다. 빚 때문에 노예가 되었던 사람들은 솔론 치하에서 자유를 얻을 수 있었지만 노예제는 여전히 중요한 제도로 존속했다. 여성은 참정권을 얻지 못했다. 아테네인들은 때때로 정복 전쟁의 유혹에 빠졌다. 결국, 경제적 개혁이 부분석이었고 모든 이에게 동일한 권리를 보장하는 성숙하고 포용적인 민주적 문화를 발달시키지 못했다는 점에서, 아테네의 대중 민주주의 실험은 실패의 씨앗을 갖고 있는 셈이 되었다.

참정권이 있는 사람과 없는 사람으로 나뉜 사회는 후자에게 참정권과 인간성을 부인하는 것을 도덕적으로 정당화해야 하고, 그러려면 전자의 미덕과 후자의 악덕을 과장해야 한다. 불가피하게 인종차별, 성차별, 계급차별이 생겨나며, 그에 따라 모든 이가 태생적으로 동등한 자연권을 갖는다는 사실을 인정하는 성숙한 민주적 문화가 발달하지 못한다. 한 사회의 주류 문화가 인구 중 일부에 대해 내재적으로 가치가 낮다고 규정하는 한, 남는 질문은 자유민과 노예를 어떻게 나눌 것인가로 축소된다. 기저에 있는 제국적 문화와 제도는 그대로인 채로 말이다.

아테네의 실험은 더 성숙한 민주적 형태와 덜 성숙한 민주적 형태 사이의 차이를 말해준다. 덜 성숙한 민주주의는 국가 제도에 대한 접근성의 측면에서 참정권을 가질 수 있는 특정 범주 사람들의 개인적 권리를 보장하는 것 중심으로 작동한다. 더 성숙한 민주주의는 권리를 보장하지만 책임도 인정하며, 세 명의 위대한 아테네 철학자가 "좋은 사회"라고 부른 사회를 일구기 위해 모든 이가 시민적 삶에 참여하면서 인간의 잠재력을 온전하게 발달시킬 수 있도록 지원한다.

정치 철학

널리 존경받는 아테네 철학자 소크라테스, 플라톤, 아리스토텔레스는 비범한 지적 역량과 호기심을 가진 사람들이었다. "좋은 사회"란 무엇인가에 대한 그들의 탐구는 민주적 통치의 더 깊은 목적, 그리고 그 목적의 달성을 그리도 어렵게 만드는 장벽에 대해 다시금 생각하게 해준다.

좋은 사회

세 명의 아테네 철학자 모두, 진리는 실재하며, 규율 잡힌 지적 탐구를 통해 진리를 발견할 수 있고, 진리가 좋은 사회의 적합한 토대라고 믿었다. 그들의 저술은 모두 창조의 선함에 대한 믿음과 인간이 "좋은 사회"를 추구하면서 경쟁과 욕심을 넘어설 역량이 있다는 믿음을 전제하고 있다.

오늘날 민주주의 국가 대부분에서 그렇듯이 고대 아테네의 민주주의도 개인의 권리를 보호하는 데 주로 관심을 기울였다. 하지만 세 철학자는 이와 다른 출발점에서 시작했다. 그들의 목적은 덕 있는 정치와 좋은 사회였고, 여기에서 좋은 사회란 우리를 인간적이 되게 해주는 특질들을 우리가 온전히 계발하게끔 지원해주는 사회를 의미했다. 이 차이는 개인의 권리와 책임이라는 개념이 고차원 의식의 포용적인 관점을 달성한 사람과 저차원 의식의 자기중심적 관점을 가진 사람에게 각각 다른 것을 의미하리라는 것을 말해주며, 이는 인간의 발달 과정에 대한 현대의 연구들이 말해주는 핵심 통찰이기도 하다. 소크라테스, 플라톤, 아리스토텔레스는, 좋은 사회에는 성숙한 의식에 바탕한 지혜와 규율이 있어야만 발휘할 수 있는 종류의 리더십이 꼭 필요하다고 보았다. 따라서 이들은 고차원의 가능성을 달성하도록 사회를 이끌 리더의 재목을 어떻게 찾아낼 것인지, 또 그들이 리더의 자리에 어떻게 오르게 할 것인지에 관심이 있었고, 개인의 권리를 어떻게 보장할 것인지에는 상대적으로 관심이 적었다.

소크라테스(기원전 470-기원전 399년)는, 사람에게는 옳음과 정의로움에 대한 영속적인 원칙을 알아낼 능력이 있다는 믿음으로 세 명의 철학자가 개진하게 될 사상의 토대를 놓았다. 그러한 원칙을 안다면 이기적인 욕망에 영향을 받지 않고 덕 있는 삶을 사는 데 지침으로 삼을 수 있을 터였다. 소크라테스는 진정한 행복은 선이라고 보았으며 정치인의 가장 높은 의무는 사람들의 정신이 영적으로 건강하게 발달하도록 지원하는 것이라고 생각했다. 진정한 행복의 속성을 아는 사람은 부나 권력을 무한정 추구하는 것이 비참함과 인간성의 상실로 귀결된다는 점을 알리라는 생각이 소크라테스 정치 철학의 토대였다. 아마 토머스 제퍼슨도 미국 독립선언문에서 행복추구권을 양도 불가능한 천부인권 중 하나로 천명했을 때 소크라테스가 개진한 행복의 개념을 염두에 두고 있었을 것이다.

소크라테스는 아테네의 민주주의를 공개적으로 비판했다. 진정한 통찰을 결여하고 있는 사람에게 통치의 결정권을 주는 것은 잘못이며 도덕과 정의의 문제에 대해 모든 시민의 견해를 동등하게 취급하는 것도 잘못이라고 보았기 때문이다. 여기에서 소크라테스는 민주주의 기본적인 딜레마 하나를 제시하고 있다. 신의 눈 앞에서는 모든 사람이 동등하게 창조되었을 수 있다. 하지만 많은 이들이 개인의 이득을 넘어 전체의 후생을 생각하는 성숙한 시민의식에 꼭 필요한 도덕적 판단력에 도달하지 못한다.

레퍼블리카

소크라테스의 가장 뛰어난 제자 플라톤(기원전 428-기원전 348년)은, 우주는 영적이고 목적을 가지며 그러한 질서 잡힌 우주에서 인간사의 윤리적 토대를 발견할 수 있다고 믿었다. 이상적인 국가, 즉 자기이익을 위해 개인 간, 계급 간에 벌이는 정치적 쟁투로 격동을 겪지 않는 국가의 가능성을 탐구하면서, 플라톤은 『레퍼블리카』(국가론)에서 세 개의 계급으로 된 사회 모델을 제시했다. 노동하는 계급, 전사 계급, 그리고 통치하는 계급이었다. 통치하는 계급은 엄정한 지적 훈련을 통해 통치에 적합하도록 준비된 사람을 뜻했다. 교육을 통한 선별을 통해 적성과 도덕성을 기준으로 후보들을 가려냄으로써, 모두의 이익에 복무하는 데 가장 적합한 사람이 사회를 통치하도록 만든다는 것이었다.

플라톤은 "진정한 귀족정" 또는 "최고의 사람들이 통치하는 사회"를 지지했다. 그에게 진정한 귀족정은 상인 군주들이 지배하는 과두정과도 다르고 대중의 무책임한 의지에 휘둘리는 민주정과도 달랐다. 간단히 말해서, 그는 제국의 지배자 위계를 사회 조직화의 원리로 받아들이되 도덕성이 가장 발달한 사람이 권력의 자리에 오르게 함으로써 정치적 쟁투의 파괴적인 측면들을 줄이고자 했다.

솔론과 클라이스테네스 통치기, 그리고 84년간 이어진 로마의 5현제 시대가 플라톤이 상정한 이상적인 국가와 비슷했다고 볼 수 있지만, 5000년 내내 제국의 논리는 현명하고 이타적인 성군의 통치보다 잔혹하고 오만한 사이코패스의 통치를 훨씬 더 자주 불러왔다. 현명하고 어진 사람이 통치해야 좋다는 명제는 부인하기 어렵지만, 여기에서 문제가 생긴다. 누가 그러한 자격을 갖추었는지는 누가 판단하는가? 그 판단을 내리는 사람의 고결성과 지혜는 누가 보장하는가?

리더십 딜레마의 해법

아테네는 참정권을 가질 가치가 있다고 여겨진 사람들로만 참정권의 범위를 제한함으로써 리더십 딜레마를 해결했다. 하지만 사실 이들은 참정권을 요구할 수 있을 정도로 조직화되어 있는 사람들인 것으로 귀결되었고, 이 해법은 치명적인 결과를 낳았다.

앞에서 언급했듯이, 참정권이 있는 사람과 없는 사람으로 나뉜 사회는 한 집단이 다른 집단을 지배하는 것을 도덕적으로 정당화해야 하고, 여기에는 인종차별, 성차별, 계급차별의 형태로 권력의 남용이 끼어들게 되어 "동등한 권리"라는 윤리적 원칙이 훼손된다. 하지만 동등한 권리는 민주주의의 본질적인 토대이고, 모든 사람이 역량을 온전히 계발하고 표현하면서 행복을 추구하도록 지원하는 사회라면 동등한 권리가 반드시 전제되어야 한다. 개인의 온전한 발달을 지원한다는 사회가 그 신성한 의무를 특정 계층 사람들에게 무조건 부인한다면, 이는 논리적이지도 않을뿐더러 부도덕한 것이다.

시민사회

플라톤의 가장 뛰어난 제자 아리스토텔레스(기원전 382-기원전 322년)도 윤리는 절대적 도덕률을 고수하는 것이 아니라는 소크라테스와 플라톤의 생각을 이어받았다. 이들에게 윤리적 행동은 진정한 행복을 위해 성숙하고 사려 깊게 내리는 선택에서 나오는 행동이었고, 진정한 행복은 지적인 성찰을 통한 미덕의 삶을 통해, 그리고 과잉과 도덕적 결핍의 극단으로 빠지지 않는 균형 잡힌 성향에 의해 달성되는 것이었다. 아리스토텔레스는 합당한 도덕 교육은 특정한 행동 규칙을 주입하는 것이 아니라 학생들이 미덕이 필요한 이유를 알고 미덕의 행동에 내재된 기쁨을 경험하도록 돕는 것이라고 생각했다.

아리스토텔레스는 모든 사람이 한편으로는 미덕과 지적인 숙고의 역량을, 다른 한편으로는 야만적인 탐욕과 잔혹성을 모두 가지고 태어나지만, 전자의 역량이 우리를 인간적이 되게 해주는 특질이며 우리는 그 특질을 육성하기 위해 노력해야 한다고 생각했다. 그에게 윤리와 정치는 뗄 수 없는 것이었다. 한 사회의 도덕 수준을 말해주는 척도는 개인이 가장 높은 수준으로 계발될 수 있느냐인데, 개인의 계발은 그가 속한 정치체의 구성 양식에 대한 문제들과 뗄 수 없기 때문이다.

아리스토텔레스는, "고도의 이성적 역량을 키워주는 엄정한 교육 과정을 통해 육성된 규범과 가치를 공유하며 정치적으로 관여도가 높은 시민들의 공동체"가 국가라고 생각했다. 그는 이러한 국가를 "정치적 사회"라고 불렀다. 이 표현에 해당하는 그리스어가 나중에 라틴어 "소시에타스 시빌리스societas cilivis"로 번역되었고 영어로 "시빌 소사이어티civil society," 즉 시민사회가 되었다. 정치이론가 진 코언Jean Cohen과 앤드류 아라토Andrew Arato에 따르면, 아리스토텔레스가 상정한 이상적인 국가는 공동의 목적과 공동의 생활 양식으로 충분히 단일하게 통합되어서 "마치 하나의 동질적인 실체처럼, 전적으로 통합된 행동을 할 수 있는 시민들의 연대체"였다.[8]

집합적 지혜

어떻게 해야 "좋은 사회"가 현명한 지도자를 가장 잘 뽑을 수 있을까의 문제를 놓고 씨름하던 아리스토텔레스는 실용적인 해법에 도달했다. 그는 극단적인 부와 극단적인 빈곤에서 생기는 문제가 없고 잘 교육받은 다수의 중간 계층이 탄탄하게 존재하는 국가에서 그 중간 계층이 통제하는 정부가 가장 좋은 정부, 즉 개인이 고차원의 본성을 계발할 수 있도록 가장 잘 지원하는 정부가 될 수 있으리라고 보았다. 아리스토텔레스는 정치체의 개별 구성원은 가장 훌륭한 사람들이 아닐 수도 있지만 집합적으로는 누가 적합한 지도자인지에 대해 소수로 구성된 집단보다 더 합리적인 판단에 도달할 수 있다고 설명했다. 설령 그 소수가 개인적으로는 더 현명한 사람들이더라도 말이다. 요컨대, 아리스토텔레스는 리더십 딜레마의 해법을 개인의 권리론이 아니라 집합적 지혜론에서 발견했다. 다시 말해, 리더십 딜레마에 대해 민주적 해법을 제시했다.

아리스토텔레스는, 그리고 토머스 제퍼슨을 포함해 후세의 여러 저명한 정치철학자들도 "민주적 소양이 있는 탄탄한 중간 계층의 사회"를 일굴 수 있는 핵심 토대가 스스로의 생계를 유지할 수 있는 사유재산이라고 보았다. 또한 아리스토텔레스는 (역시 제퍼슨도) 특정한 개인에게 적절한 생활 수준을 누리는 데 필요한 정도 이상으로 소유가 집중되는 것을 막기 위해 정부의 개입이 반드시 필요하며, 가난한 사람들이 농사지을 땅이나 그밖에 등 자율적인 경제 활동을 영위하는 데 필요한 수단을 확보할 수 있게 지원함으로써 그들이 자산 소유자가 되도록 돕는 것 역시 정부의 역할이라고 보았다. 아리스토텔레스는 이러한 조치가 시민 개개인의 번영과 자기존중에 필수적이며 다시 이것이 책임 있는 정치적 참여의 토대가 된다고 보았다. 아리스토텔레스의 현명한 조언은 오늘날에도 상당히 울림이 크다.

"나와 같은 사람들"만의 민주주의

하지만 아리스토텔레스의 지혜와 정치 사상으로서의 중요성에도 불구하고, 그의 비전에는 결정적인 결함이 있었다. 노예제와 남성에 의한 여성의 지배를 옹호한 것이다.

> 어떤 이는 지배하고 어떤 이는 지배를 받는 것, 이것은 필요할 뿐 아니라 유익한 것이므로, 태어나면서부터 어떤 이들은 종속된 위치에 있도록 되어 있고 어떤 이는 지배의 위치에 있도록 되어 있다. … 마찬가지로, 남성은 본성상 더 우월하고 여성은 더 열등하다. 따라서 한 쪽은 지배하고 다른 쪽은 지배를 받는다. 이 원칙은 필연적으로 모든 인류에게 적용된다. … 그렇다면 어떤 이는 본성상 자유롭고 어떤 이는 본성상 노예이며, 후자가 노예가 되는 것이 유익하고 옳은 일이라는 점이 명백해진다.[9]

좋은 사회에 대한 아리스토텔레스의 비전은 여성과 영구적인 노예가 고된 노동을 해서 남성 시민으로 구성된 철학자 계층이 세련된 여가와 좋은 삶에 대한 성찰에 시간을 낼 수 있게 해주는 지배층의 판타지를 위한 논리인 면도 없지 않다. 소크라테스와 플라톤도 그랬듯이 아리스토텔레스도 결국에 아테네의 민주주의를 훼손하는 씨앗이 된 위선적인 쇼비니즘을 가지고 있었다. 그리고 어떤 민주주의 사회라도 이와 비슷한 모순이 존재한다면 불가피하게 민주주의를 훼손하게 된다.

"좋은 사회"의 비전에 포함되어서는 안 될 또 하나의 중대한 오류는 아리스토텔레스가 "동질적인" 시민사회를 이상적이라고 보고 있다는 점이다. 모든 살아있는 시스템이 그렇듯이 사회의 활력에는 다양성이 필수적이다.

지금도 유효한 원칙들

지배층 쇼비니즘의 오류를 잠시 제쳐두고 보면, 위대한 아테네 철학자들의 사상에서 고귀하며 지금도 유효한 원칙들을 찾아볼 수 있다.

- 인간은 선과 악의 역량을 모두 가지고 있으며 선을 육성하는 것은 좋은 사회의 본질적인 임무다.
- 국가는 시민적 삶에 꼭 필요한 통합의 힘이다. 우리에게는 긍정적인 속성을 양육하고 파괴적인 충동을 제어해야 할 필요가 있기 때문이다. 우선순위는 긍정적인 속성을 양육하는 것이다.
- 좋은 사회의 속성과 그것의 실현을 위해 국가가 행해야 할 적절한 역할을 잘 알고 있는 현명한 통치자가, 그 역할을 수행하도록 국가를 이끌어야 한다.
- 소유권의 정의로운 분배에 기초한 경제적 민주주의는 정치적 민주주의의 필수적인 토대다.
- 높은 권력을 행사하는 자리에 올라가는 사람이 적어도 일정 수준 이상의 성숙과 지혜를 갖추게 할 가장 전망 있는 해법은, 지도자를 선택할 권한을 어느 정도 안락한 물질적 여건을 가지고 있고 잘 교육받은 탄탄한 중간 계급이 갖게 하되 본질적

으로 계급 없는 사회를 만들고 유지하는 것을 국가의 우선순위에 놓는 것이다.

생각해보면, 선하고 지혜로운 사람이 사회를 통치하게 하려면 사람들이 선하고 지혜로워질 수 있게끔 육성해줄 제도와 문화를 구축하는 데 사회가 우선순위를 두어야 한다는 것은 당연한 말로 들린다. 리카르도가 아시엔다 산타 테레사에서 한 경험을 큰 규모로 실행하는 것이라고 생각해보아도 좋을 것이다.

물론 여기에 고전적인 난제가 하나 있다. 현명한 국가가 현명한 시민의 산물이고 현명한 시민이 현명한 국가의 산물이라면 무엇이 먼저인가? 아마도 먼저 오는 것은 국가도 시민도 아니고 비전일 것이다. 현명하고 성숙한 시민들 사이에 권력이 분산되고 이들이 번갈아 리더의 역할을 하면서 역동적이고 민주적인 "모두의 리더십"이 발휘되는 포용적이고 평등한 사회의 가능성, 그리고 그러한 사회에서 누릴 수 있는 이득에 대한 비전 말이다. 그러면 이 비전은 사람들이 시민사회에서 실천을 통해 창조하게 될 사회에 대해 템플릿이 되어 줄 것이다.

민주주의와 정치적 성숙은 모든 이가 시민사회의 공적인 책임에 참여하는 과정을 통해서 이뤄져야 한다. 좋은 학교와 강한 시민 문화도 중요하지만, 민주적 시민의식은 결국 실천이며 실천의 경험이 가장 좋은 선생님이다.

정치철학자 코언와 아라토는, 민주주의가 작동하려면 지배층뿐 아니라 모든 시민이 실천을 통해 전체의 필요와 후생을 인식할 수 있는 감수성과 정치적 의식을 발달시키도록 지원받아야 한다고 말했다.

> 우리가 시민적 덕성을 계발하고, 다양성을 관용하는 법을 배우
> 고, 근본주의나 이기주의를 누그러뜨리고, 타협에 기꺼이 나서고
> 자 하는 태도와 타협을 이루어내는 역량을 갖추게 되는 것은 정
> 치적 경험을 통해서다. 따라서 통치하고 통치받는 데 적극적으로
> 참여할 공적인 공간이 없는데도, 즉 통치자와 피통치자 사이의
> 간격을 좁혀 그 둘이 사실상 차이가 없게 되도록 해줄 정치 활동
> 의 공간이 없는데도 민주주의라고 주장하는 정치체가 있다면, 그
> 것은 이름만 민주주의인 것이다.[10]

글로벌 시민사회라는 오늘날의 현상은, 주로는 위계 없는 자기조직
화에 의해, 아리스토텔레스가 이상적으로 생각한 응집을 달성한 사회를
전지구적 규모에서 실현할 수 있는 인간 역량의 초기 발현이라고도 볼
수 있을 것이다. 하지만 아리스토텔레스가 상정한 "동질적"인 사회와 달
리 글로벌 시민사회는 그가 상상할 수 없었던 인종, 종교, 계급, 언어, 젠
더, 국적 등의 다양성을 포용한다. 글로벌 시민사회는 정의, 지속가능성,
공감이라는 인간 보편의 가치에 토대를 둔 세상을 향한 공동의 비전을
중심으로 모인 "모두의 리더십"을 보여준다.

계몽주의

인간과 민주적 사회의 속성 및 잠재력에 대해 중대한 탐구가 이
뤄졌던 또 다른 시기인 계몽주의 시대는 아리스토텔레스가 사망하고

2000년 뒤에야 왔다. 국가와 교회 모두의 절대주의에 강하게 도전하면서, 계몽주의는 1680년 경에 잉글랜드에서 시작되어서 빠르게 유럽 북부 국가 대부분으로 퍼졌고 점차로 프랑스가 계몽주의의 중심지가 되었다. 가장 영향력 있는 계몽주의 정치철학자로 존 로크John Locke(1632-1704)와 장 자크 루소Jean-Jacque Rousseau(1712-1778)를 꼽을 수 있다.

로크는 개인의 재산권을 양도 불가능한 자연권으로서 보호하는 것을 핵심에 놓는 자유주의의 이상을 정식화했다(로크에게 재산은 생명, 자유, 토지 등을 포괄하는 광범위한 의미였다). 로크는 궁극적으로 사람들이 자신의 재산권이 질서 있게 보장되도록 정부를 세우기로 합의하고 특정한 권력을 정부에 양도할 것이라고 보았다. 정부가 국민에 의해 명시적으로 부여된 권한만을 행사하게 되어 있으므로, 정부의 권한이 비대해지거나 정부가 권력을 남용하면 국민은 정부를 전복시킬 수 있었다. 자산 소유 계급들은, 재산권이 자유의 토대라는 개념을 강조하고 정부의 목적이 더 큰 공공선에 복무하는 것이라는 개념은 축소하면서, 정부의 역할과 자유에 대한 로크의 이론을 특히 열렬히 받아들였다. 그들의 특권에 민주적 합법성의 색채를 입힐 수 있었기 때문이다.[11]

로크와 상당히 비슷하게, 루소도 대중주권과 "사회계약" 개념을 토대로 정치 이론을 개진했다. 사람들이 상호 합의를 통해 시민사회를 구성하고 도덕적으로 구속력이 있는 법과 의무들을 만든다는 것이다. 구속력 있는 법이 존재하려면 법을 만드는 입법 기구와 법을 집행하는 행정 기구가 모두 필요하다. 입법과 행정의 권한은 각각 의회와 행정부가 갖지만 의회와 행정부의 구성 자체는 사람들 사이의 "사회계약"에 의해 이뤄진다. 즉 국민으로부터 그 자리를 위임받아 의회와 행정부의 공직자가 된 사람들은 "국민의 의지"로서 입법과 행정을 수행한다. 따라서 국민은, 다른 공직자를 뽑거나 정부의 형태를 바꾸기 전까지는, 현재 이 의회와 행정부에서 공직자들이 만들고 집행하는 법을 따라야 할 도덕적 의무를 갖게 된다. 국민은 다른 공직자를 뽑거나 정부의 형태를 바꿀 권리를 가지며, 국민에게서 이 권리를 박탈할 수 없다. 이러한 루소의 개념은 로크보다 포용적이고 혁명적이었으며 지배 계층의 특권에 더 큰 도전을 제기했다.

* * * * *

기원전 388년에 고대 아테네에서 민주주의 실험이 끝나고 1776년에 미국 독립선언으로 서구 문화권에서 그 다음의 민주주의 실험이 시작되기까지 2000년이 넘게 걸렸다. 이 긴 간극은 민주주의를 새로운 성숙의 수준으로 진전시키고자 하는 사람들이 직면한 거대한 도전을 냉철하게 상기시켜준다.

아테네가 민주주의로 전환한 것은 극단적으로 심화된 불평등이 일으키는 사회적 긴장을 해외 정복을 통해 김을 빼 해소하기보다 경제적 정의를 강화할 국내의 경제 개혁으로 해소하고자 한 현명한 지도자에 의해 시작되었다. 그는 독재자로서 전권을 가지고 개혁을 수행했다. 부분적이긴 했지만 이러한 경제적 개혁은 이후의 정치적 개혁에 토대가 된 경제적 민주화의 상당한 진전이었다.

불행히도, 아테네의 민주주의는 성숙에 이르지 못했다. 가장 전성기였을 때도 아테네의 민주주의는 소수 특권층의 권리를 보장하는 데만 관심을 기울였고, 여성, 노예, 외국계 등 다수는 모든 이가 출생과 함께 양도할 수 없는 권리를 갖는다는 민주주의의 기본 원칙을 부인 당했다.

아테네의 위대한 정치철학자 소크라테스, 플라톤, 아리스텔레스는 개인의 권리에 대한 관심에서 출발하지 않고 좋은 사회의 속성은 무엇인가라는 질문에서 출발했다. 그들에게 좋은 사회란, 적합한 교육, 원칙 있는 성찰, 시민적 참여를 통해 개개인의 정신을 더 고차원의 가능성들로 온전하게 발달시킬 수 있는 사회를 의미했다. 이러한 사회에는 성숙한 리더십이 필요하므로 "누가 현명하고 성숙한 지도자감인지는 누가 결정하는가"라는 질문이 제기되었다.

아리스토텔레스는 가능한 한 많은 수의 잘 교육받고 참여적인 시민들의 집합적 지혜에 의해 결정되게 하는 것이 최선이라고 보았다. 즉 그는 모든 종류의 공적인 삶에 활발히 참여하는 시민들이 발휘하는 "전체의 리더십"이라는 개념을 정식화했다. 그의 비전(성차별주의, 인종주의, 계급차별주의는 빼고)은 성숙한 민주주의의 이상이다. 더 성숙한 민주주의와 덜 성숙한 민주주의의 차이를 구분하는 것은 근대 시기에 최초로, 그러나 부분적이었던 민주주의 실험을 한 나라[미국]가 현재 직면하고 있는 도전을 이해하는 데 매우 중요하다.

계몽주의 철학자들의 사상은 민주적 열정을 재점화했고 현대 민주주의의 정치 제도를 구성하는 데 주된 공헌을 했다. 그러나 아테네의 정치철학자들과 달리, 로크, 루소 등 계몽주의 철학자들은 정부의 역할을 주로 개인의 권리를 보호하고 질서를 유지하는 것으로 한정했다. 그들은 완벽함을 추구해갈 수 있는 인간의 가능성, 좋은 사회, 시민적 참여, 그리고 모든 사람이 지구공동체의 더 성숙하고 탄탄한 민주주의에 토대가 될 지혜와 도덕적 판단력을 갖도록 지원하는 국가의 역할과 같은 문제에 대해서는 덜 확장적인 견해를 보였다. 이로 인해 근현대의 민주주의 실험은 여러 문제를 겪어왔다.

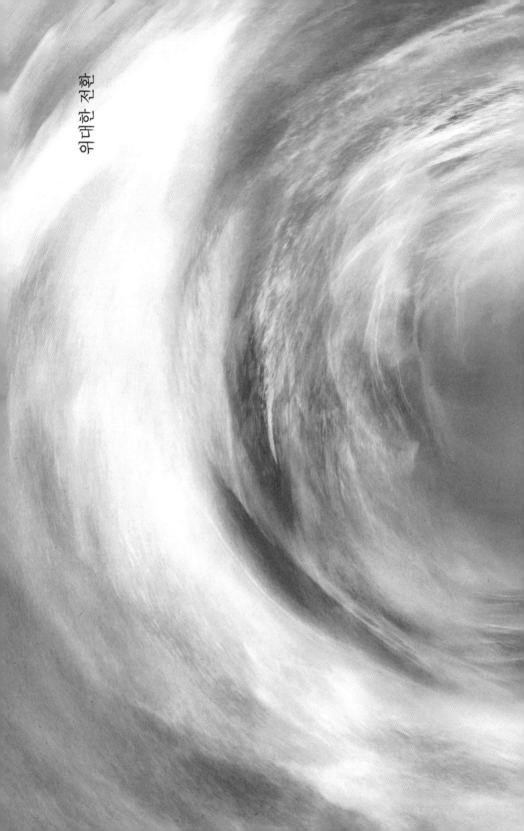

위대한 전환

제3부

아메리카, 미완의 프로젝트

세계 모든 나라 중에서 위대한 전환의 절박한 임무에 직면하는 데 미국보다 어려움을 겪는 나라는 없을 것이다. 이렇게 오래 자신의 여력을 넘는 수준으로 생활하는 데 익숙해진 나라는 없다. 이렇게 막대한 불평등의 부담을 겪는 나라도 없다. 이상화된 자기 이미지와 실제 역사의 현실이 이렇게 많이 차이를 보이는 나라도 없다. 우리는 지구공동체의 핵심 조건인 성숙한 민주주의를 성취할 수 있다. 하지만 그러려면 고대 아테네의 민주주의처럼 현재 우리의 민주주의도 부분적이고 미성숙한 민주주의라는 사실을 인정해야만 한다.

　우리 미국인은 미국이 문제를 해결하는 나라라고 생각한다. 하지만 문제를 해결하려면 먼저 문제를 인정해야 한다. 이를 위해 3부에서는 미국이 지나온 제국적 흔적, 미국 민주주의의 불완전성, 미국이 자연 환경과 맺고 있는 무모한 관계의 현실과 함의를 가감 없이 살펴보고, 유색인종, 여성, 노동자 계급이 오랫동안 부정 당해온 정의를 위해 벌이고 있는 고무적인 투쟁에서 교훈을 찾아볼 것이다.

　민주주의는 선물도 아니고 허가도 아니다. 민주주의는 가능성이며 그것은 실천을 통해 실현된다. 그리고 그 실천은 진리에 대한 깊은 천착과 모두를 위한 정의를 추구해야 할 책임에 토대를 두는 것이어야 한다.

장밋빛 전망과는
거리가 멀었던 시작

○

우리는 다음을 자명한 진리로 생각한다. 모든 사람은 평등하게 태어났고 조물주로부터 양도할 수 없는 몇몇 권리를 부여받았으며 그 권리 중에는 생명권, 자유권, 행복추구권이 있다. 이러한 권리를 확보하기 위해 인류는 정부를 조직하였고 정부의 정당한 권력은 국민의 동의에서 나온다. 또 어떠한 형태의 정부든 이러한 목적을 파괴할 경우, 국민은 정부를 변혁하거나 철폐할 권리, 그리고 위와 같은 원칙을 토대로 하고 그에 부합하는 형태로 권력이 조직되어 있으며 국민의 안전과 행복을 가장 효과적으로 가져올 수 있으리라 여겨지는 새 정부를 구성할 권리를 가진다.

미국 독립선언문, 1776년 7월 3일

우리 미합중국 국민은 더욱 완벽한 연방을 형성하고, 정의를 확립하며, 국내의 안녕을 보장하고, 공동의 방위를 도모하고, 국민 모두의 번영을 증진하고, 현 세대와 후손에게 자유의 축복을 보장하기 위해, 이 미합중국 헌법을 제정한다.

미국 헌법 전문前文, 1789년 3월

미합중국의 역사는, 해방을 선언하고 헌법에 모두를 위한 안녕, 자유, 번영을 약속한다고 해서 5000년간 지속되어온 제국의 문화적, 제도적 유산이 하루 아침에 사라지지는 않는다는 냉정한 현실을 보여준다. 미국의 경우, 극단적인 금권 귀족 정치, 신정 정치, 인종학살, 노예제, 인종차별, 성차별 등이 그러한 제국적 유산이다. 이 진리는 현재의 미국 정치를 이해하는 데도, 또한 오랫동안 자신이 세계에 자유를 비추는 횃불이라고 생각해온 나라가 위대한 전환을 하고자 할 때 겪게 되는 독특한 어려움을 이해하는 데도 핵심적으로 중요하다.

우리가 쉽게 잊곤 하지만, 1776년 7월 4일 13개의 북아메리카 식민지 대표가 모여 당시에 가장 강력했던 국가로부터 독립을 선언했을 때 민주 국가의 수립 가능성에 대한 전망은 장밋빛과는 거리가 멀었다. 냉철한 사람들은 영국에 반기를 든 반란자들이 정신이 나간 모양이라고 생각했을지도 모른다. 조지 워싱턴 장군 휘하에 오합지졸로 모인 민병대는 훨씬 강력한 영국의 정예군에 맞서야 했다. 당시 북미의 식민지 정부 대부분은 영국 왕실에 충성하는 왕당파가 장악하고 있었고 일반인 중에서도 많게는 인구의 3분의 1 정도가 왕정주의자이고 세습 귀족이 지배하는 체제를 받아들이는 사람들이었다. 게다가 모든 인간의 권리를 보장하는 새로운 사회의 건설에 대해 말하자면, 설령 영국군과의 싸움에서 이긴다 하더라도 당시 북미 식민지의 사회적 여건은 아리스토텔레스가 상정한 "마치 하나의 동질적인 실체처럼, 전적으로 통합된 행동을 할 수 있는 시민들의 연대체"를 일굴 수 있는 조건과는 거리가 멀어도 한참 멀었다.

신대륙을 발견하고 첫 몇 세기 동안 유럽의 지배층은 신대륙을 "유용한 것들이 있는 낯선 땅"으로 여겼다. 노예, 금, 천연자원 등의 형태로 산출을 내어주어서 자신의 권력과 안락을 지탱해주는 외부의 땅으로만 보았던 것이다. 국왕들은 신대륙을 국고 수입의 원천으로 보았고 투자자들은 투자 수익의 원천으로 보았다. 더 나중에는 국내 범죄를 줄이고 부와 권력의 재분배를 요구하는 혁명의 압력에서 김을 빼기 위해 본국의 "인간 쓰레기"들을 내다버리는 곳으로도 신대륙을 활용했다.

미국 독립혁명 시기에 혁명에 참여했던 사람들을 보면, 노예를 소유한 귀족, 노예 해방론자, 벽지의 가난한 농민, 무장한 저항 세력, 사략선업자, 밀수업자, 사기꾼, 예전의 노예, 예속 노동자, 전쟁 폭리를 노리는 상인, 계몽주의 사상가, 자신과 같은 종교를 믿지 않는 사람은 모두 태형에 처하거나 수감하거나 처형해야 한다고 생각하는 신정주의자 등이 모두 섞여 있었다. 대부분은 교육을 받지 못했고, 극단적인 예속이나 척박하고 가혹한 환경 밖에는 알지 못했으며, "국가 정체성"도 가지고 있지 않았다(국가 정체성은 혁명 전쟁이 진행되고 나서야 생긴다). 혁명에 참여한 동기도 그들의 처지만큼이나 다양했다.

또한 계몽주의 사상에서 영감을 받아 혁명의 열기가 달아올랐을 때 작성된 독립선언문은 모든 인간이 동등하게 창조되었고 정부의 권력은 피통치자의 동의에서 나온다고 선포했지만, 이 개념은 지난 5000년간의 인류 역사와도 부합하지 않았고 인종학살, 노예제, 사략선, 종교적 편견 등으로 점철된 북미 식민지에서의 경험과도 부합하지 않았다. 초창기에 북미로 건너와 식민지를 세운 경제적 금권 정치가들과 종교적 신정 정치가들은 모든 이가 동등한 권리를 갖는 민주 국가를 창조한다는 개념을 전혀 가지고 있지 않았다. 국가로서 미국이 얼마나 많이 발전해왔는지, 하지만 독립선언문이 선포한 이상을 실현하기까지는 아직도 얼마나 갈 길이 먼지를 알려면 건국 당시의 상황을 살펴볼 필요가 있다.

금권 귀족정

기업이 지배하는 지금 시대의 전조이기라도 하듯, 정착 식민지는 정치적이라기보다는 경제적인 관할권으로서 설립되었다. 왕실이 하사한 기업 칙허로 세워지고 기업 소유자의 이익을 위해 관리되는, 본질적으로 기업의 영지였다고 볼 수 있었다. 1584년부터 월터 롤리Walter Raleigh는 투자의 일환으로 엘리자베스 1세의 칙허를 받아 노스캐롤라이나 연안의 로아노크 섬에 식민지를 건설하려고 몇 차례 시도했지만 실패했다.[1] 그러다 제임스 1세(1603-1625년)와 찰스 1세(1625-1649년) 시기에 민간 기업과 합명주식회사들이 북미 연안의 다른 지역에 십수 개의 영구 정착촌을 세웠다.

통신 기술이라고 해봐야 작은 돛단배를 통해 편지나 구전으로 소식을 전하는 것이던 시절이었으므로 칙허를 받은 개인은 식민지에서의 행정과 자금 조달을 본국의 감독이나 지원 없이 알아서 해결해야 했다. 생계조차 곤란을 겪을 정도로 궁핍하던 몇몇 정착촌은 어차피 본국 입장에서도 관심이 없었기 때문에 봉건 영지처럼 알아서 관리하도록 내버려두어도 문제될 게 없었다. 환경의 제약 속에서, 초창기 정착촌들은 유럽에 잘 확립되어 있었던 위계적 사회 계층 구조를 그대로 도입했다. 점차로 대부분의 정착촌은 부유한 백인 자산 소유자들로 구성된 통치 조직을 구성해나갔다.

이 시기 식민지들은 영국으로부터 고립된 것 이상으로 서로에게서도 고립되어 있었다. "식민지 정착민"으로서의 공통된 특성을 공유하고 있다거나 공동의 운명, 또는 공동의 이해관계를 공유하고 있다는 정체성은 18세기가 될 때까지 존재하지 않았다.

신정 정치

떠나온 본국도 그랬듯이 식민지에서도 세속적 권위와 종교적 권위는 매우 긴밀하게 연결되어 있었다. 이는 각 식민지의 초창기 법률에 잘 드러난다. 이를 테면, 1609년에 버지니아에 최초의 식민지 건설을 승인한 왕실 특허장에는 "그곳의 사람들을 신에 대한 진정한 숭배와 그리스도의 종교로" 개종시키는 것이 목적이라고 명시되어 있었다. 여기에서 말하는 "그리스도의 종교"는 영국 성공회였다. 메릴랜드와 캐롤라이나의 식민지에서도 영국 성공회를 공식 종교로 의무화했다.

식민지의 통치 제도에 신정 정치적 속성이 있었다는 것은 사형을 선고 받을 수 있었던 범죄의 종류를 보면 알 수 있다. 1680년에 나온 「뉴햄프셔의 일반 법률과 자유The General Laws and Liberties of New Hampshire」는 주 하나님이 아닌 다른 신을 숭배하는 것, 신의 이름을 헛되이 부르는 것, 마녀 행위, 수간, 남색, 부모에게 저주의 말을 하거나 반항하는 것 등을 사형을 신고 받을 수 있는 범죄로 규정했다. 주일에 불필요한 일을 하거나 이동을 하면 벌금이나 채찍형을 받을 수 있었다. 「매사추세츠의 법률과 자유The Laws and Liberties of Massachusetts」(1647년), 「코네티컷의 사형법the Capitall Lawes of Connecticut」(1642년), 「버지니아 식민지를 위한 신성의, 정치의, 그리고 군사적인 조항, 법률, 질서Articles, Laws, and Orders, Divine, Politic, and Martial for the Colony in Virginia」(1610~1611년)에도 비슷한 조항이 있었다. 버지니아에서는 거짓 증언을 하거나 안식일을 3회 이상 적절하게 쉬지 않아도 사형당할 수 있었다.[2]

남부의 식민지들은 영국 성공회의 신을 숭배했고 북부의 식민지들은 칼뱅파의 신을 숭배했으므로, 한 식민지에서 법으로 의무화된 종교적 실천이 다른 식민지에서는 사형을 당할 수도 있는 이단이었다. 이는 스스로 선택한 신앙을 따를 자유를 제약하는 것이었을 뿐 아니라 식민지들 사이의 교류와 관계를 저해하는 것이기도 했다. 특히 청교도 칼뱅주의자들이 신정 정치를 수립하고자 하는 의도를 명시적으로 드러냈다.

특별한 고결성

영국 성공회에 저항한 청교도들은 장 칼뱅Jean Calvin의 가르침에 기초한 신정 정치 체제를 수립할 자유를 찾아 북미로 왔다. 본인들이 신대륙으로 이주한 동기가 종교의 자유였는데 자신들이 세운 정착촌에서는 정부의 권위를 사용해 다른 이들의 종교의 자유를 부정하려 한 것이다.[3] 교회에 다닐지 말지는 자발적이었지만 교회를 다니든 안 다니든 법에

의해 모두가 안식일 예배를 해야 했고 성직자를 지원하기 위해 돈을 내야 했다.[4]

경건하고 강단 있는 청교도 변호사이자 토지 소유 신사 계급이었던 존 윈스롭John Winthrop은 1630년에 영국을 떠나서 왕실 칙허로 설립된 "매사추세츠 베이 컴퍼니"의 첫 총독이 되었다. 매사추세츠로 향하는 항해 도중에 윈스롭은 배에 함께 타고 있던 사람들에게 신의 선택을 받은 자들이 고결한 천년왕국인 "언덕 위의 도시" 뉴예루살렘을 세우리라는 성경의 예언을 수행하는 것이 그들의 임무라고 말했다.[5] 청교도인들은 매사추세츠, 코네티컷, 뉴햄프셔 등지에 정착했다. 이들은 북부 식민지 전역에 회중 교회를 세우고 칼뱅주의를 공식 종교로 의무화했다. 다른 모든 종교는 금지되었다.[6]

저명한 청교도 설교자 존 코튼John Cotton은 신의 뜻이 민주주의가 아니라 신정 정치라는 생각을 한치의 모호함도 없이 표명했다.

> 민주주의는 교회에도 국가에도 신께서 적합한 통치 형태로 명령하신 것이 아니다. 평범한 사람들이 통치자가 되면 통치를 받는 자는 누가 되는가? 군주제나 귀족제는 경전에 의해 명확하게 승인을 받고 지침을 받은 제도다. 하지만 그분 자신을 주권자로 삼아 신정 정치를 수립하는 것이 국가의 정부나 교회의 정부 모두에 가장 좋은 형태일 것이다.[7]

칼뱅주의는 종교적 자유를 영국 성공회, 가톨릭, 기타 이단적 종교들로부터의 자유라고 규정했다. 칼뱅주의에 저항하는 사람들에게 허용된 자유라곤 침묵하거나 자발적으로 망명하거나 강제로 추방되거나 추방되었는데 돌아왔다가 처형될 자유였다.

매사추세츠에서 두 번이나 추방 당했던 퀘이커교도 여성 설교자 메리 다이어Mary Dyer는 또 돌아오면 처형 당할 것이라는 경고를 들었지만 다시 돌아왔고, 1659년에서 1661년 사이에 매사추세츠에서 자신의 신앙을 설교하기를 멈추지 않았다는 이유로 교수형에 처해진 네 명의 퀘이커교도 중 한 명이 되었다.[8]

초창기 뉴잉글랜드 식민지들은 지역 교구들로 나뉘어 있었고 교구마다 하나의 교회가 있어서 시민적 삶과 행정의 중심지 역할을 했다. 다른 종교는 억압되었고 외부의 설교자는 허가 없이 교구 경계를 넘어서 들어올 수 없었다. 뉴잉글랜드에서 이 시기의 마을 공동체 모임은 사실상 교회의 회중 모임이었다.

서로가 상대를 이단이라고 생각했지만 칼뱅파와 영국 성공회 모두 사회의 도덕 질서가 종교적 동질성에 달려있다고 믿었고 종교가 규정하는 하나의 도덕적 기준이 정부를 통해 강제되어야 한다고 생각했다. 둘 다 종교의 자유란 잘못된 개념이며 공공 질서를 위협한다고 생각했다. 초창기 정착민 약 50만 명 중 85%가 성공회 아니면 회중 교회를 유일한 공식 종교로 의무화한 정착지에 살고 있었다. 성공회와 칼뱅파 모두 퀘이커교를 좋게 생각하지 않았다. 퀘이커 교도는 펜실베이니아 및 중부 주들에 정착해 있었는데 이들은 종교적 다양성을 기본 신조로 삼고 있었다.

바로 이러한 상황이, 미국 헌법이 정교 분리를 엄격하게 규정하게 된 배경이었다. 정교 분리를 헌법에 명시한 목적은 정부의 권력이 특정 종교를 강요하는 데 사용되지 못하게 하는 것인데, 그렇게 하지 않았더라면 "연방"을 형성하는 것은 불가능했을 것이다.

신은 금권 귀족을 사랑하신다

독일 사회학자이자 경제학자 막스 베버Max Weber가 『프로테스탄트 윤리와 자본주의 정신The Protestant Ethic and the Spirit of Capitalism』에서 칼뱅주의와 자본주의 사이에 자연적인 친화성이 있다고 본 데는 이유가 있었다. 다른 어느 종교도 금권 귀족 정치, 자본주의, 제국의 대의와 이토록 완벽하게 부합하지 않았다. 칼뱅주의는 금융적 부의 집중화, 그리고 부와 권력을 가진 사람들에 대한 다른 사람들의 복종을 도덕적으로 정당화했을 뿐 아니라, 자본주의의 원동력이 될 강력한 동기부여 요인을 제공했다.

칼뱅주의의 가르침은 인간 조건의 타락을 강조하면서, 이러한 죄악적인 본성 때문에 인간은 자신의 구원을 위해 할 수 있는 일이 없다고 주장한다. 구원은 순전히 신성한 자비의 기적으로서 신의 선택에 따라 주어지는 것이다. 예정설을 받아들이면서 칼뱅주의는 신이 각 개인에 대해 구원이냐 영원한 파멸이냐를 태초에 이미 정해놓으셨다고 가르친다. 따라서 개인은 현세에서 좋은 일을 함으로써 내세에서 처하게 될 환경에 영향을 미칠 수 없다. 또한 죽기 전까지는 자신이 선택되었는지 아닌지 알지 못한다.

누군가가 고결한 행동의 성향을 타고 났다면 이것은 그가 선택된 사람이라는 징표일 수 있다. 근면, 고결한 삶, 물질적 번영이 그의 구원을 보장해주는 것은 아니지만 적어도 상서로운 신호라고 볼 수는 있다. 부와 권력은 그가 구원받은 사람에 속한다는 가장 확실한 신호다. 부와 권력이라는 축복을 받은 사람이라면 이는 신이 그를 선호한다는 뜻이고 따라서 신에게 선택 받았다는 뜻일 터이니 말이다. 따라서 그러한 사람들은 이 세상에서 공경을 받는 것이 마땅하다.

대조적으로, 빈곤, 음주, 권위에 대한 도전, 그밖의 악덕은 그 사람이 신이 선호하는 사람이 아니라는 증거일 수 있다. 따라서 그는 아마도 애초부터 지옥에 가게 되어 있는 사람일 것이다. 이러한 논리에 따르면, 가난한 사람들은 실패한 경제 시스템의 희생자가 아니라 악마의 도구이고 저주 받은 자들이므로 아무리 가혹한 운명도 이들에게는 가혹한 것이 될 수 없다.

인간의 타락한 본성을 강조하는 칼뱅주의는 인간이 본성적으로 이기적인 행동을 하는 존재라고 보는 신자유주의 경제학의 모멸적인 전제와 일맥상통한다. 여기에 부와 권력이라는 축복을 받은 사람들이 더 우월한 고결성을 갖는다는 믿음이 결합되면, 현대판 신정 정치가와 현대판 기업 귀족이 연합할 수 있는 토대가 된다. 신정 정치가는 기업 귀족의 도덕적 고결성을 확인해줄 수 있고 기업 귀족은 신정 정치가의 협소한 사회적 의제에 헌신하는 정치인에게 미디어와 자금을 지원해줄 수 있다.

인종학살

1492년에 크리스토퍼 콜럼버스가 카리브해의 섬에 도착해 아메리카를 "발견"했을 때, 너그러운 원주민들은 음식, 물, 선물을 주며 환대했다. 원주민이 제국을 접한 것은 이번이 처음이었다. 콜럼버스는 이에 대해 긴 기록을 남겼다.

그들은 … 우리에게 앵무새와 면화 뭉치, 작살, 그리고 다른 많은 것들을 가져다주었다. 그들은 그것을 유리병에 든 구슬이나 매의 방울과 바꾸었다. 그들은 가지고 있는 모든 것을 기꺼이 교환하려 했다. … 그들은 체구가 단단하고 외모가 수려했다. … 무기를 가지고 있지 않았고 무기 자체를 몰랐다. 내가 칼을 보여주었더니 칼날쪽을 잡으려 하다가 손을 베였을 정도다. … 철기도 사용하지 않았다. 그들의 작살은 사탕수숫대로 만들어져 있었다. … 그들은 좋은 하인이 될 것이다. … 50명이면 그들 모두를 종속시켜서 무엇이든 우리가 원하는 것을 그들이 하게 할 수 있을 것이다. … 그들은 너무 순진하고 가진 것을 너무 후하게 내어주어서, 직접 보지 못한다면 아무도 믿지 않을 것이다. 그들에게 가진 것을 달라고 요구하면 거절하는 법이 없다. 그들은 누구에게나 가진 것을 나눈다. 나는 인도 제도에 도착하자마자 발견한 첫 번째 섬에서 몇몇 원주민을 강제로 붙잡았다. 그들이 무언가를 알고 있어서 뭐라도 정보를 줄 수 있을 것이라고 생각했기 때문이다.[9]

이밖에도 북미 원주민의 너그러움과 평등을 묘사한 내용을 초창기에 아메리카 대륙을 방문한 사람이나 정착민의 글에서 많이 찾아볼 수 있다.[10] 콜럼버스는 원주민이 지니고 있는 금을 다 취하고 만족스러운 것을 주지 못하는 원주민을 죽이는 것으로 화답했다. 또한 원주민을 납치해 노예로 삼았고 왕실로부터 더 많은 지원을 얻는 대가로 제공하기로 한 노예의 견본으로 스페인에 데리고 갔다.

5장에서 살펴본 제국 이전의 문명들을 생각해보면 이 상황을 이해하는 데 도움이 된다. "문명화된" 유럽인과 제국 이전의 방식대로 살고 있던 신대륙의 "야만인"이 마주쳤을 때, 후자는 자신의 풍요로움을 나누고자 했지만 전자는 무고한 사람을 노예로 삼고 종속시키고 그들의 금을 무력으로 빼앗는 것에만 관심이 있었다.

역사학자 하워드 진Howard Zinn에 따르면 콜럼버스가 도착한 곳은 "인구 닐노가 유럽 못지 않게 높고 문화가 복잡하고 사람들의 관계는 유럽보다 평등하고 남성, 여성, 아이, 자연의 관계가 세상 어느 곳보다도 아름다운 곳"이었다.[11] 많은 부족이 5000년간 역사학자들이 "문명"이라고 여겨온 제국들보다 민주적인 통치 시스템을 가지고 있었다. 새 국가의 민주적 제도들을 구성해야 했던 "건국의 아버지"들이 원주민의 생활에서 아이디어를 얻었음을 보여주는 증거도 있다.[12]

아무튼 콜럼버스에게는 원주민의 생활 양식이 전혀 감명 깊지 않았던지, 원주민을 원시인이고 야만인이라고 치부하면서 신세계에서 원주민을 몰아내는 인종학살의 패턴을 시작했다. 하워드 진에 따르면 "콜럼버스가 바하마의 아라와크 족에게 한 일을 멕시코에서 코르테스가 아즈텍족에게 했고 페루에서 피사로가 잉카족에게 했고 버지니아 주와 매사추세츠 주에서 영국인들이 파우하탄족과 페쿠오족에게 했다."[13] 인종학살은 훗날 미국의 서부 팽창 과정에서도 계속되었다.

역사학자들은 1492년 콜럼버스가 도착했을 때의 이스파니올라 원주민 인구를 약 25만 명으로 추산한다. 그런데 1538년이 되면 원주민 인구는 400명으로 줄어든다. 원주민 인구가 훨씬 더 많았던 멕시코에서는 스페인이 통치한 첫 100년 동안 인구가 70%나 줄었다.[14] 훗날 멕시코가 되는 곳의 북쪽에 살던 원주민 인구는 유럽 이주자들이 침입해서 역시 도덕적 주저함 따위는 전혀 없이 원주민 지역을 벌목하고 쓸어버리는 일이 반복되면서 질병, 폭력, 절망 등으로 인해 원래 1000만 명 정도이던 데서 100만 명으로 줄었다.[15]

노예제

이 책에서 노예제는 자신의 노동 조건을 협상할 자유가 없거나 주인으로부터 떠나기로 결정할 수 없는 모든 노동 인구를 일컫는 말로 사용했다. 법적으로 노예인 사람, 예속 노동자, 남편의 자산으로 여겨진 아내 등이 모두 포함된다.

1709년 사우스 캐롤라이나 인구 조사에 따르면 이곳에 "3,900명의 백인 자유민, 4,100명의 아프리카 노예, 1,400명의 인디언 노예, 120명의 백인 예속 노동자"가 있었다.[16] 1770년에는 식민지 인구의 20%가 노예 상태에 있었는데 독립이 선포되었을 무렵이면 펜실베이니아, 메릴랜드, 버지니아에 사는 인구의 75%가 노예이거나 예속 하인이었다.[17]

비자발적 인간 징발

다양한 형태 모두 포함해서, 노예제는 식민지 경제의 토대였다. 지배층은 가장 비용이 덜 들고 가장 순종적인 노동력을 구하고자 했다. 미국의 일자리를 임금이 낮은 국가들로 옮기고 해외로 옮기지 못하는 일자리에는 미등록 이주 노동자들을 채용하려는 오늘날의 현상은 사실 유구한 역사를 가지고 있다.

교역, 자원 추출, 농업을 통해 새로운 땅의 물질적 부에서 수익을 얻고자 하는 투자자들은 값싼 노동력이 필요했다. 사람들이 자발적으로 유럽을 떠나 북미에 정착하게 만들기는 어려웠다. 유럽에서부터 작은 나무배를 타고 긴 항해를 하는 것은 몹시 위험했다. 배는 말할 수 없이 붐볐고 더러웠으며 제대로 먹을 수도 없었다. 많은 이들이 항해 도중에 숨졌고 무사히 도착해도 험난한 환경은 끝나지 않았다. 자유민인 백인에게도 마찬가지였다. 땅은 비옥했지만 새로 온 정착민들은 익숙치 않은 환경에서 조악한 도구를 가지고 거처를 짓는 것부터 땅을 고르고 작물을 심는 것까지 아예 처음부터 해야 했다. 많은 이들이 도착 후 첫 해를 넘기지 못하고 죽었다.

아프리카로부터 노예를 공급하고 유럽으로부터 예속 노동력을 공급해 값싼 노동력에 대한 수요를 충족시키는 것은 그 자체로 주요 비즈니스가 되었다. 사업가 정신 넘치는 대상인들은 유럽과 아프리카 모두에서 획득한 불운한 사람들을 모으고 운반하고 판매했다. 지배 계층은 감옥에 가두는 비용을 줄이기 위해 죄수들의 이주를 강요했다. 또한 증가하는 수요에 반응해서 갱단이 런던 뒷거리와 슬럼을 돌아다니면서 사람들을 납치해 당국의 묵인 하에 예속 노동자로 팔았다. 당국자들은 부랑자, 고아, 기타 바람직하지 않은 사람들을 이렇게 제거하는 것이 일종의 공공 서비스라고 생각했다.

연안 정착지들의 경제는 토양과 기후에 따라 각기 다르게 발달해갔다. 비옥하고 작물 재배 시즌에 기후가 적합하고 지대가 평평한 남부에는 방대한 대농장이 생겼고 노예 노동력을 활용해 담배와 목화 등을 수출용으로 생산했다. 돌이 많은 토양과 척박한 기후, 그리고 연안을 따라 좁은 평지가 나 있는 북부는 소농 중심이었고 더 다양한 작물을 경작했으며 여기에는 자유농의 경험과 숙련이 필요했다. 이렇게 힘든 조건에서 농업보다 나은 일자리를 찾으려던 북부의 특권 계층은 산업과 해양으로 눈을 돌려서, 선박을 건조하고, 고래를 잡고, 어업을 하고, 교역을 하고, 노예 매매를 하고, 사략선을 운영하는 쪽으로 진출했다.

절박한 "자발적 예속민"

유럽의 일부 백인은 절박한 최후의 수단으로서 자발적으로 예속 농민의 대열에 들어갔다. 유럽은 땅이 희소하고 소유가 집중되어 있었고 잉여 노동력이 많아서 임금은 낮았고 실업률도 높았다. 광대하고 비옥한 아메리카 대륙에 대한 이야기, 그곳에서는 거대한 부를 마음껏 취할 수 있다는 이야기는 계층을 막론하고 유럽 사람들의 상상력에 불을 지폈고, 본국에서는 땅도, 일자리도 얻을 수 없었던 가난한 사람들에게는 더욱 그랬다.

뱃삯을 낼 수 없는 사람들은 도착 시에 선장에게 자신의 뱃삯을 갚아주는 사람에게 일정 기간 동안 예속된 상태로 노동력을 제공하기로 동의했다. 많은 젊은 여성이 뱃삯을 내주는 사람의 아내가 되었다. 일단 결혼을 하면 여성과 그 여성이 소유, 획득, 생산한 것은 모두 남편의 자산이 되었다. 도망친 아내는 도망 노예와 비슷한 취급을 받았다.[18] 대체로 예속 하인의 지위는 기간이 정해져 있다는 점에서만 노예와 달랐다.

인종 카드를 쓰다

만연한 예속과 고된 여건 때문에 사회적 긴장이 고조되었고 지배 계층에 맞서 종종 반란이 일어났다. 가장 유명한 것은 1676년에 있었던 "베이컨의 반란Bacon's Rebellion"이다. 이 반란으로 버지니아 제임스타운이 거의 완전히 파괴되었다. 제임스타운의 오만하고 잔인한 자산 소유 계급에 분노하고 있던 백인 자유농과 흑인 자유농, 인디언 노예, 백인 예속 하인, 자유민인 백인 노동자 계급 사이에 광범위한 연대가 형성되었다. 제임스타운이 불에 타서 피난을 가야 했던 버지니아 주지사조차 버지니아 인구 다수가 반란을 지지하고 있다고 인정했을 정도다. 영국

군이 들어와 질서를 회복시켰지만 이 반란은 식민지 전역의 지배 계층에게 깊이 각인되었다.[19]

더 구체적으로 말해서, 자산 소유 계급은 노동자 계급을 인종, 성별, 직업으로 분열시키는 것의 중요성을 깨달았다. 그들이 선택한 전략은 계급에서 인종으로 초점을 옮기는 것이었다. 많은 식민지에서 인종 기반의 노예제가 법제화되었고 흑인들은 전에 가지고 있었던 미미한 자유와 권리마저 부정 당했다. 이렇게 해서, 흑인 노예들은 영속적으로 사회 계층 사다리의 가장 바닥에 있게 되었다. 칼뱅주의자들은 이러한 불의를 흑인은 영혼이 없다는 논리로 정당화했다. 흑인은 영혼이 없어서 진정으로 인간이라고 볼 수 없으므로 인권을 주장할 수도 없다는 논리였다. 이는 오랜 세월 동안 여성을 노예화하는 데 사용된 것과 동일한 논리다.

가난한 백인에게 인종 기반의 노예제는 설령 자신이 실패하더라도 어느 선 밑으로는 떨어지지 않는 바닥을 제공했다. 그리고 자신의 처지에 대한 좌절과 분노의 화살을 돌릴 인간 과녁도 제공했다. 따라서 이제 가난한 백인들은 자신의 정체성을 계급으로보다는 백인이라는 인종으로 규정하게 되었다. 이것은 역사상 가장 사악하고 성공적인 사회 공학이었다. 한편, 지배 계급은 자녀에게 사회적, 지적 세련됨을 육성해서 지배 계급의 지위를 보장해주려 했다. 그래서 개인 노예와 가정교사를 붙여주었고 아들의 경우에는 영국으로 보내 명문 대학에 다니게 했다.[20]

인종 기반의 노예제에서 노예가 처한 여건은 몹시 가혹했다. 버지니아 등은 노예에게 아무런 권리도 주지 않았다. 개인의 안전, 결혼, 심지어는 아이에 대한 부모로서의 권리까지도 인정하지 않았다. 버지니아에서는 노예 소유주가 노예를 죽여도 범죄가 되지 않았다. 1721년 이후에는 아주 특별한 경우가 아닌 한 노예를 자유민으로 풀어주면 범죄가 되었다.[21] 노예가 개인적, 또 집합적으로 반란을 일으키는 사건이 빈발하자 백인들은 노예의 분노가 폭발하는 것을 어떻게든 막기 위해 고문, 사지절단, 린치 등 공포를 불러 일으키는 수단을 동원했다.

새로운 국가가 세워질 무렵이면 지리적으로 명백하게 분업이 형성되어 있었다. 남부에서는 노예 소유주들이 노예 노동력을 사용해 광대한 플랜테이션을 경영했고, 북부는 아프리카에서 노예를 조달해 남부 플랜테이션 농장주들에게 팔았다.

* * * * *

북미 식민지의 여건은 모든 인간이 동등하게 창조되었고 양도할 수 없는 생명권, 자유권, 행복추구권을 가지고 있다는 원칙에 따라 새로운 국가를 세우기에 전혀 좋은 조건이 아니었다. 초기 정착민들은 사실상 민간 기업이 소유한 영지에서 일하면서 기업의 관리자에게 지배를 받았다. 지역의 교구들은 민주주의가 신의 의지에 반反하는 것이라 생각하는 설교자가 신정주의에 기반해 다스렸다. 식민지의 경제는 노예와 예속 노동에 의존하고 있었고 가족 구조는 여성을 예속 하인과 마찬가지의 위치에 놓았다. 식민지의 토지는 인종학살을 통해 획득한 것이었고 식민지의 사회적 구조는 인종적, 계급적으로 깊이 분열되어 있었다.

이러한 역사는 오늘날 미국이 지구공동체의 성숙한 민주주의를 구성하려 할 때 직면하게 되는 어려움에 매우 깊은 제도적, 문화적 뿌리가 있음을 말해준다. 오늘날의 어려움으로 넘어가기 전에, 미국 역사에서 알아보아야 할 것이 아직 남아있다. 그중 하나로, 이렇게나 안 좋았던 조건에서 어떻게 일군의 애국파[독립을 주장하는 파] 사람들이 자신의 왕을 등지고 나와 새로운 정치적 현실을 창조할 수 있었는지 살펴보기로 하자.

민중 권력의 저항이
시작되다

○

영국은 우리에게 독립을 주거나 하사하거나 양보하거나 허용할 수밖에 없도록 내몰린 것이 아니었습니다. [이미 우리가 가진] 우리의 독립을 공식적인 문서와 맹세로서 언어가 허용하는 한 가장 분명하게 인정할 수밖에 없도록 내몰린 것이었습니다.[1]

존 애덤스John Adams

아메리카 식민지는 제국적 확장의 산물이었고 유럽 본국의 제국적 사회 구조, 즉 금권 귀족정과 신정 정치를 복제했다. 하지만 처음부터도 이에 맞서는 중요한 길항 요인들이 있었다. 이러한 요인들은 저항의 정신을 불러일으켰고, 종교적 다원성을 지지했고, 사람들이 자신의 왕을 등지고 나와 공동의 정체성을 발견하고 모두를 위한 자유와 정의를 찬란하게 선언한 문서와 함께 새로운 국가를 세우는 데 길을 닦았다.

다원주의의 힘

초창기부터도 칼뱅주의와 성공회의 협소하고 잔인한 분파주의에 대비되는 예외적인 움직임이 존재했다. 어떤 정착민들은 적어도 개신교 분파에 대해서는 종교적 다양성을 관용하는 진정한 민주적 의식을 가지고 있었고 "모든 이의 동등한 권리"라는 개념을 진지하게 여겼다. 퀘이커 교도가 대표적이다.

왕실 칙허를 받아 펜실베이니아를 세운 윌리엄 펜William Penn은 퀘이커 교도였고 영국에서 종교 때문에 감옥 신세를 지기도 했다. 펜실베이니아에서 펜은 유럽 전역의 종교적 반란자들에게 땅과 종교적 자유를 약속했다. 영국의 퀘이커 교도와 침례교도, 프랑스의 위그노, 또 독일에서 루터파나 가톨릭이 아니어서 배척 받던 경건주의파와 개혁교회파 신도들이 이러한 비전에 이끌려 펜의 땅으로 들어왔다. 퀘이커 교도가 인구 대다수를 차지했던 펜실베이니아와 뉴저지는 모든 개신교 분파를 환영했다. 하지만 무신론자와 비그리스도교도는 받아들이지 않았는데, 그들이 생각하기로는 가톨릭도 여기에 속했다.

살렘 출신의 청교도 목사 로저 윌리엄스Roger Williams는 영적 권력과 시민적 권력의 분리를 강하게 주장했다. 그는 모든 사람은 자신의 종교적 신념에 대해 국가가 아니라 오로지 신에게만 답할 의무가 있다고 생각했다. 종교적 권위와 시민적 권위 모두에 도전하는 주장 때문에 매사추세츠에서 설교 활동이 금지되자 윌리엄스는 로드아일랜드로 가서 모든 개신교도를 환영하는 새로운 식민지를 세웠다.

조지아와 뉴욕은 성공회가 공식 종교이기는 했지만 버지니아, 메릴랜드, 캐롤라이나에 비해서는 종교의 권위가 훨씬 약했다. 조지아와 뉴욕 모두 저항적인 종교 분파에 관용을 보장했다. 또한 조지아는 유대인도 포함해서 어떤 종교를 가진 사람이건 정착민으로 받아들였다.

펜실베이니아에서도 신정주의자와 종교적 다원주의자 사이에 갈등이 없지는 않았다. 여기에서는 칼뱅파, 성공회, 그밖의 배타적인 분파들이 자신의 종교를 공식 종교로 삼을 자유를 퀘이커 교도가 가로막아서 자신의 종교적 자유가 제약 당하고 있다고 주장했다. 의회의 다수이던 퀘이커 교도는 차차 두 입장으로 갈리게 되는데, 한 쪽은 종교적 다원주의를 고수했고 다른 한 쪽은 퀘이커교를 공식 종교로 삼고자 했다.

인구가 증가해 식민지들 사이에 교역이 늘고 교구 사이의 이동을 막을 수 없게 되면서, 식민지마다 다른 종교를 가지고 있다는 사실이 식민지 사이의 통합을 어렵게 만드는 커다란 장애물이 되었다. 1684년에 영국 왕실은 매사추세츠 베이 콜로니의 원래 칙허를 철회하고(부분적으로는 성공회 교도들에 대한 차별 때문이었다) 새로운 칙허에서 모든 개신교 분파에 대해 종교의 자유를 허용했다.

개별 교구의 교회들은 한동안은 기득권을 유지할 수 있었지만 1740년대 무렵이면 북미로 이주해오는 인구가 늘고 교역이 증가하면서 이미 기존의 구획은 무너진 상태였다. 순회 설교자들이 여러 교구를 돌아다니면서 구원은 교회가 말하는 원칙이 아니라 개인의 양심에 달려 있다고 설파했다.

종파는 더 분화되었고 모든 곳에서 회중 교회, 침례교, 재세례파, 퀘이커, 성공회, 감리교, 장로교, 위그노 등 다양한 교회가 생겨났다. 가톨릭과 유대교도까지 있는 곳도 있었다. 불과 한 세대 남짓만에 대부분의 사람들이 사회적, 도덕적 질서를 유지하려면 하나의 종교를 정부가 공식 종교로 의무화해야 한다고 생각하던 데서 모두에게 양심의 자유를 보장해야만 사회적, 도덕적 질서가 가장 잘 유지될 수 있다고 생각하는 쪽으로 옮겨갔다.

"건국의 아버지"들이 새로운 독립 국가의 수립을 선포했을 무렵이면 개신교 중 어느 한 분파가 공식 종교로 의무화되는 것을 막아야만 "연방"이 가능하다는 것이 명백해져 있었다. 따라서 미국 헌법 6조는 "합중국의 어떠한 관직 또는 위임직에도 종교가 자격 요건이 될 수 없다"고 명시하고 있으며 수정헌법 1조는 "연방 의회는 국교를 정하는 법률을 제정할 수 없다"고 천명했다. 지구공동체의 다원주의가 제국의 신정 정치를 누르고 승리했다. 실로 역사에서의 일대 도약이라 할 만큼 중대한 사건이었다.

저항적이고 이동적인 정신

또 하나의 위대한 역사의 아이러니로, 북미에 식민지를 세운 제국적 과정은 저항적인 정신을 가진 사람들을 산출해냈다. 강제로 혹은 극도로 비참한 상황에 떠밀려 신대륙에 오게 된 노예와 예속 노동자들은 기성의 권위 시스템을 지키는 데 걸려 있는 것이 별로 없었다. 기성의 종교적 권위에 저항해서 신대륙에 오게 된 사람들은 용인할 수 없는 제약에 등을 돌리고 나온 경험이 있었다. 아메리카 대륙의 새로운 클라우드 마인더 계급은 본국으로부터 조세 징수나 관리감독 없이 자신의 영지를 자유롭게 통치하는 데 익숙해져 있었고 유럽의 지배 계층이 북미를 못난 시골 사촌쯤으로 여기는 것에 분개하고 있었다.

여기에 더해 차차로 중요한 변화들이 더 생겨났다. 혹독하던 삶의 여건이 나아졌고, 공동체의 응집을 위해 강력한 리더십과 문화적 동질성에 의존해야 할 필요도 줄어들었다. 예속 노동자로 온 사람들은 점차 자유를 획득했다. 노예였다가 자유민이 된 사람도 있었다. 엄격한 성경적 법칙에 의해 통치되는 "언덕 위의 도시"를 세운다는 비전을 가지고 북미에 온 사람들의 자녀 세대는 자신의 양심의 자유가 제약 받는 데 점점 더 신물이 났다. 이러한 변화를 거치면서, 사람들은 특권과 사치를 누리는 계층과 상대적으로 혹독한 처지에서 분투하는 자유농, 노동자, 장인 사이에, 그리고 물론 영구적인 예속 상태에 처해진 노예들의 비참한 여건 사이에 깊은 간극이 지속되고 있는 데 대해 분노하게 되었다. 즉 사람들은 불의한 계급 위계가 지속되는 것에 분노했다.

자발적으로 부와 자유를 찾으러 아메리카에 온 사람들, 다시 말해 이미 그러한 행동을 통해 저항적이고 정주하지 않는 태도를 입증한 바 있는 사람들은 상황이 뜻대로 풀리지 않으면 언제든 툭툭 털고 이동할 준비가 되어 있었고 실제로 서부로 계속해서 이동했다. 변경 지역은 생존하려면 각자 자신의 수완과 노동력에만 의존해야 하는 혹독한 현실을 받아들여야 하는 대신 계급적 압제로부터의 자유와 기회를 약속했다. 척박한 환경에 굴하지 않는 변경 이주민들은 조세 징수를 포함해 개인의 자유를 제약하려는 당국의 어떤 시도에 대해서도 유독 맹렬히 저항하는 사람들이었다. 또한 이들은 자신이 점유한 땅을 보호해야 했고 사냥도 해야 했으므로 총기 사용에 능숙했다.

현대 미국의 민병대 지지자와 자유지상주의자의 전조라 할 만한 변경 개척민은 "바보라도 자기 옷은 현명한 사람이 입혀주는 것보다 자기가 알아서 더 잘 입는다"는 경구대로 살아갔다.[2] 자립적인 개인주의자로서 이들의 삶은, 지명된 총독, 기업체, 토지 소유 신사 계층, 그리고 부유한 상인이 지배하는 연안 지역의 강력하지만 계층이 분화된 공동체에서의 삶과 극명한 대조를 이뤘다. 하지만 변경 지역과 연안 지역 사람들 모두 저 멀리 있는 영국의 국왕과 자신의 대표자가 없는 영국의 의회에서 자신에게 부과하는 규칙과 조세에 깊은 적대감을 가지고 있었다. 이러한 상황들이 결합해, 매우 이질적인 사람들이 본국의 국왕으로부터의 해방을 요구하며 연대할 수 있는 토대가 마련되었다.

왕에게 등을 돌리고 나오다

1750년대와 1760년대에 영국 정부는 아메리카 식민지에 대해 더 많은 권한을 주장하기 시작했다. 이제 아메리카 식민지들은 조세와 교역의 이익을 가져다줄 원천으로서 본국이 관심을 가지기에 충분할 만큼 성장해 있었다. 영국은 더 강한 행정 권한을 주장하기 시작했고 새로운 조세를 부과했다. 하지만 그동안 더 독립적이고 저항적인 성향을 갖게 되었을 뿐 아니라 오랫동안 본국이 간섭 없이 알아서 하는 데 익숙해져 있던 식민지 사람들에게는 새로운 개입과 간섭을 받아들이기 어려웠고, 이들은 왕에게 등을 돌리고 나오는 것으로 반응했다. 여기에서 민주주의에 대한 근본적인 시사점을 하나를 찾을 수 있다.

직위나 종류를 막론하고 제국의 지배자는 피지배자의 복종에 의존한다. 사람들이 대대적으로 왕의 요구에 등을 돌리기로 하면 왕은 무력해진다. 왕의 권력, 그리고 그 연장선에서 제국의 권력은 궁극적으로 사람들이 그 권력을 유지시켜주는 한에서만 존재할 수 있으며 사람들은 그 권력을 멈출 수 있다.

처음에 영국 왕실은 조세 수입을 늘리기 위해 식민지에 관세를 부과했는데 이 시도는 대체로 실패했다. 뉴잉글랜드의 상인 계급이 원래 노예 무역과 사략선 운영을 하던 사람들이었던지라, 여기에 더해 밀수로 관세를 회피하는 것 정도는 일도 아니었던 것이다. 먼 곳의 왕실이 부과하는 조세는 간단하게 회피되었다. 그러자 영국 왕실은 점점 더 직접적으로 개입하는 강요적 수단을 사용하게 되었고, 식민지 사람들은 점점 더 거센 저항으로 반응했다.

조세 저항

1763년에 "7년 전쟁"이 끝났을 때 영국 정부는 막대한 빚더미에 앉아 있었다. 유럽 열강 사이에 벌어진 이 전쟁으로 북미에서 영국의 입지가 강화되었는데, 많은 영국인들은 북미 식민지가 그로 인한 주요 수혜자라고 생각했다. 따라서 영국인에게는 북미 식민지가 전쟁 비용을 분담하는 것이 지극히 마땅하고 옳은 일로 보였다. 이러한 목적에서 영국 의회는 1765년에 식민지의 모든 상업적, 법적 문서와 신문, 소책자, 연감 등에 인지세를 부과했다.

하지만 식민지 사람들의 생각은 달랐다. "넵튠의 아들Sons of Neptune"이라는 이름으로 모인 선원 노동자들이 거리 시위, 인지 사용 거부, 영국 관리의 자산에 대한 공격 등 다양한 방식으로 조세 저항 운동을 조직했다. 부유한 상인 중에 이를 뒤에서 지원하는 사람도 있었다. 하지만 사람들의 분노가 영국 왕실만이 아니라 더 일반적인 부유층에게까지 확대되자 부유한 상인 계급은 점점 더 우려하게 되었다. 영국 의회는 일단 후퇴를 해서 1766년 3월에 인지세를 없앴다. 하지만 1767년에 납, 유리, 종이, 차 등 여러 수입 물품에 관세를 부과하는 세입법Revenue Act을 도입했다.

세입법으로 부과된 관세는 다시 1770년에 철폐되었는데, 차만 예외였다. 그리고 1773년에 영국 의회는 재정적으로 곤란을 겪고 있던 동인도회사를 지원하기 위해 차법Tea Act을 통과시켰다. 국왕과 몇몇 의원은 동인도회사에 개인적으로 지분을 가지고 있기도 했다. 차법은 동인도회사가 판매하지 못해 재고로 쌓아두고 있던 엄청난 양의 차에 대해 세금을 면제하고 이미 납부한 세금은 환급해주었다. 동인도회사가 차의 판매 가격을 낮춰서 저가로 치고 들어감으로써 작은 경쟁사들을 몰아내고 차 시장을 독점할 수 있게 하려는 것이었다.

1774년 12월 16일에 차법에 대한 분노가 폭발했다. 이날 보스턴에서 일군의 저항 세력이 보스턴 차 사건Boston Tea Party을 일으켰다. 그들은 인디언 복장을 하고 영국 배 세 척에 올라 차 상자를 부수고 바다로 던졌다. 비슷한 차 사건이 다른 항구들에서도 일어났다. 아나폴리스에서는 차 선박 한 척이 불태워졌다. 미국 독립혁명을 연구하는 역사학자 중에 이것을 조세 정책에 대한 저항이라고 보는 사람들도 있지만, 이것은 단순히 조세에 대한 저항을 넘어서 법으로 승인된 기업 독점 권력의 남용에 대해 저항한 것이었다.[3]

영국 정부는 보스턴 항구을 폐쇄하고 파손된 차에 대해 보상을 요구했으며, 베이 콜로니 식민지 정부를 해산하고 영국 총독의 허가 없이는 공공 회합을 금지했다. 또 요새를 지어 영국군을 주둔시키기로 하고 식민지 사람들에게 영국 군인이 묵을 곳을 제공하라고 명령했다. 이는 저항의 열기에 더욱 기름을 붓는 격이 되었다. 매사추세츠 전역에서 식민지 사람들은 무기를 모아 민병대를 결성하고 마을 회합을 열면서 영국의 명령에 맞서는 저항을 조직했다.

참여 민주주의

식민지 행정에 더 깊이 관여하고 식민지에서 세금을 더 거두려던 영국 왕실의 시도에 맞서, 식민지 사람들은 "자유의 아들", "조직가들", "연합가들", "리버티 보이"와 같은 이름의 지역 저항 모임들을 결성하고서, 왕실의 인지를 붙이거나 구매하기를 거부하고, 영국 물품을 보이콧하고, 보이콧에 동참하지 않는 상인들을 공개적으로 망신주는 등의 비협조 행동에 나섰다. 장인과 노동자들은 영국군의 요새 건실에 참여하기를 거부했다. 영국이 매사추세츠 대법관의 봉급을 왕실에서 직접 지급함으로써 대법원에 대한 감독 권한을 강화하려 하자 사람들은 그러한 판사들이 주재하는 재판에 배심원으로 참여하기를 거부했다.

지역적인 생산을 통해 경제 영역의 통제력을 확보하기 위한 움직임도 시작되었다. 특히 여성들이 중요한 역할을 했는데, "자유의 딸들"과 같은 조직을 만들고 수입 제품에 대한 대체품을 생산했다.

또 "서신 위원회Committees of Correspondence"도 생겨났다. 선편이나 마편으로 서신을 정기적으로 교환해 정보와 아이디어를 공유하는 모임이었다. 서신 위원회들은 다양한 시민운동을 하나의 공통된 대의로 묶어냈다. 오늘날의 인터넷과 비슷한 역할을 했다고도 말할 수 있을 것이다. 서신 위원회는 1764년에 보스턴에서 처음 생겼고, 이듬해에 뉴욕에서도 비슷한 위원회가 생겼으며, 뉴욕의 위원회는 1765년에 뉴욕에서 인지세법에 대해 통일된 대응을 논의하기 위해 아홉 개 식민지 대표가 모인 인지세법 회의Stamp Act Congress가 열리는 데 결정적인 역할을 했다. 1774년이면 버지니아 의회의 제안으로 모든 식민지 의회가 식민지 간 소통을 담당할 상설 위원회를 두고 있었고 이것은 1774년 9월에 필라델피아에서 열린 1차 대륙회의로 이어졌다.

대륙회의에 참가한 대표자들은 백인 남성 자산 소유 귀족 계층이었다. 이들은 계몽주의 교육을 받은 사람들이었고 영국 귀족과 동등한 지위로 여겨지고 싶어했으며 식민지에서 자신이 하는 사업과 식민지 행정에서 더 큰 자율성을 누리고 싶어 했다. 필라델피아에 모인 대표자들에게 아직 독립 국가를 세운다는 생각은 없었다. 그들의 관심은 자신을 대표하지 않는 먼 영국의 왕으로부터 자신의 권리를 보장받는 것이었다.

이러한 목적에서, 대륙회의는 1774년 10월 14일에 "식민지 권리 선언Declaration of Colonial Rights"을 채택해 북미의 영국 식민지 사람들이 생명권, 재산권, 집회와 결사의 자유, 배심원에 의해 재판받을 권리를 가진다고 선언했다. 또한 식민지의 대표가 참여하지 않는 채로 이뤄지는 과세와 식민지 지역민의 동의 없는 영국군의 식민지 주둔을 맹렬히 비난했다. 대륙회의는 요구가 받아들여지지 않을 경우 모든 영국 제품을 보이콧하고 북미 대륙 생산품의 영국 수출을 중단하자고 촉구했다.[4] 이러한 사건들은 식민지 전역에서 새로운 정치적 각성을 일으켰다.

이 같은 일련의 행동에서, 궁극적으로는 경합하는 두 개의 흐름이 펼쳐지고 있는 것을 볼 수 있다. 하나의 흐름은 자기조직적인 민중의 봉기로, 이것은 아래로부터의 저항이 일어날 수 있는 사회적, 제도적 인프라를 창출한다. 이러한 아래로부터의 운동은 일관성 있고 비폭력적이며 급진적으로 민주적인 운동이다. 우리 시대에 전지구적으로 벌어지고 있는 평화 운동과 사회정의 운동의 동학과도 비슷하다. 다른 하나의 흐름은 이제까지 본국의 간섭 없이 통치했던 식민지의 지배 계층이 본국의 왕에 맞서 자신의 지위를 강화하고 자기들끼리의 경쟁을 조율하며 대중 운동(그들은 이것을 폭민 지배라고 생각했다)의 위협으로부터 자신의 특권을 지키려 한 탑다운 방식의 연대다. 이 두 흐름은 새로운 현실을 창출했고 상당히 상이한 두 가지 형태로 민주주의 실천의 경험을 제공했다. 하나는 급진적으로 민중주의적인 민주주의, 다른 하나는 엘리트주의적인 민주주의였다. 오늘날까지도 이 상반되는 두 흐름의 동학은 계속 이어지고 있다.

새로운 현실의 창출

미국의 건국에 결정적인 역할을 한 인물 중 하나인 존 애덤스는 말년에 쓴 한 서신에서 미국의 건국을 독립전쟁과 헷갈리지 말아야 한다며 이에 대한 논지를 상세히 개진했다. 애덤스에 따르면, 독립전쟁은 13개 식민지가 독립을 "획득"하려 한 전쟁이 아니었다. 그보다는, 이미 독립된 지역이었던 곳을 제국적 지배 하에 다시 밀어넣으려 하는 해외 권력의 시도에 맞서 이미 존재하던 독립 정부가 군사적으로 자신을 방어한 것이었다.[5] 비슷한 관점에서, 역사학자 로저 윌킨스Rober Wilkins도 독립을 선포하기 전 10년 동안 미국 역사에서 가장 중요한 일들이 이미 벌어지고 있었다고 설명했다.

> 1765년에서 1775년 사이에 있었던 놀라운 성취는 영국 정부가 몹시 불쾌한 법을 부과한 데 대한 저항이기도 했지만 아메리카 대륙에서 혁명적인 의식과 자치에 대한 욕망이 발달하는 중요한 국면이기도 했다. 그리고 이러한 목적을 달성하기 위한 초창기의 수단들도 만들어지고 있었다. …
> 모든 종류의 정치적 실천과 기법이 이 비옥한 10년 동안 펼쳐졌다. 식민지인들은 공적인 사안에 깊이 관심을 기울였다. 혼자서도 시간을 들여 역사와 철학 서적, 또 최근의 서신, 새소식, 정치 논문 등을 읽으며 중요한 사안에 대해 탐구하고 견해를 연마했

다. 그들은 벌어지고 있는 일들에 대해 진지하게 숙고했고 서로 이야기를 나누면서 정보를 공유하고 생각을 다듬었다. 또한 공직을 맡고 필요한 조치를 제안하면서 지역공동체 차원의, 또 식민지 주 차원의 정치에 참여했다. 필요할 경우, 가령 식민지의 입법 기구가 해산되거나 그밖의 이유로 저항과 자치의 새로운 도구가 필요해질 경우, 적합한 새 메커니즘을 개발했다. 하지만 무엇보다, 그들은 생각하고, 대화하고, 논쟁하고, 서로의 이야기를 듣고, 글을 쓰면서 점점 더 넓어지는 운동의 저변을 형성했다. 이 모든 일이 개인적, 정치적, 재정적으로 커다란 위험을 수반하는 일이었는데도 말이다.[6]

요컨대, 많은 면에서 깊이 분열되어 있었고 처지가 매우 다양했으며 날마다의 생존에 저마다 고전하고 있던 사람들이, 대화에 참여하고 새로운 연대를 일구고 민주적 공동체의 제도들을 만들어나가는 참여적 민주주의를 통해 새로운 정치 현실을 창출해낼 시간을 낼 수 있었다. 사람들이 이렇게 의지를 행동으로 표현하기 시작하자, 영국에는 이제 제국의 마지막 수단밖에 남아있지 않게 되었다. 영국은 군대를 사용해 "복종하거나 아니면 죽거나"의 선택을 강요하기로 했다.

지배 계층의 탈취

식민지인들의 저항은 영국의 물리적 자산을 파괴하는 폭력 행동을 보이기는 했지만 사람에 대한 폭력은 피했다. 그런데 영국이 사람을 살상하는 군을 파견해 "싸우거나 죽거나"의 전형적인 제국적 논리를 식민지인들에게 들이밀면서, 싸움의 규칙이 달라졌다. 보스턴 항구에 도착한 영국군이 1775년 4월 19일에 콩코드에 있던 반란 세력의 군수품 창고를 파괴하려 했을 때 무력 충돌이 벌어졌고, 이후로 분쟁은 더욱 격화되었나.

하지만 저항을 조직한 애국파[독립파]들조차도 자신이 이미 창출한 새로운 현실을 온전히 파악하고 있지 못했다. 무장 교전이 시작된 뒤에도 완전한 독립을 생각하는 사람은 거의 없었다. 1775년 6월 중순에 2차 대륙회의에서 공식적으로 조지 워싱턴에게 사령관의 역할을 맡겨 [영국에 대한] 저항 세력을 질서 있게 지휘하기로 결정했을 때, 지역 민병대와 영국군 사이의 무장 교전은 이미 진행되고 있었다. 즉 대륙회의에 참여한 식민지 지배층은 그들이 민중을 이끌었다기보다는 수천, 수만 명의 평범한 사람들이 살아있는 민주주의의 표현에 참여하면서 행사하고 있던 리더십을 따라가고 있었다. 대륙회의에 모인 식민지 대표자들이 저항 세력 편에 서서 그들을 자신의 지휘 하에 포괄하기로 결정하지 않았더라면, 대륙회의는 정치적인 기반이나 권위를 전혀 갖지 못한 토론 모임 정도에 그쳤을 것이고 영국군이든 반란 세력이든 승리한 쪽에 의해 없어졌을 것이다.

그로부터 1년이 채 지나지 않아 대중의 분위기가 크게 달라졌고 여기저기에서 독립 이야기가 나왔다. 그러자 대륙회의는 다시 여기에 편승해서 1776년 7월 4일에 공식적인 독립선언문을 발표함으로써 그때까지는 널리 퍼진 대중적 분위기이던 것에 명시적인 표현을 제공했다. 독립선언문은 재산과 특권을 가진 사람들에 의해 작성되어 자유를 향해 싸우고자 하는 민중의 열정을 촉진한 혁명적인 문서였다. 민중은 자신이 마땅히 가져야 할 권리를 부인하고 자신을 존중하지 않는 왕으로부터 자유를 얻기 위해 싸움에 나섰다. 민중이 이끌었고 지도자가 뒤따랐다. 바로 이것이 진정한 민주주의가 작동하는 방식이다.

조지 워싱턴 장군과 그가 이끄는 군대는 프랑스, 스페인, 네덜란드의 도움을 받아 마침내 영국을 몰아냈다. 전쟁은 1783년 9월 3일에 파리조약Treaty of Paris이 체결되면서 끝났다. 자유의 비전으로 추동되어 저항에 참여한 민중이 새로운 국가를 만들어냈다. 이것은 인류의 긴 역사에서 군주정과 신정 정치를 넘어선 놀랍고도 거대한 공헌이었다. 하지만 진정한 민주주의로 가는 여정의 시작일 뿐이었다.

* * * * *

새로운 국가를 만든 사람들의 환경, 이해관계, 인종, 가치, 종교, 출신국이 얼마나 다양했는지는 13개 식민지를 민주적 비전에서 하나의 국가로 결합시킨다는 것이 얼마나 엄청난 야망이었는지를 새삼 상기시켜준다.

한데 모여 새로운 나라를 만든 사람들은 영국이 부과하는 조세와 기업 독점력의 남용에 대한 분노 외에는 공통점이 거의 없었다. 많은 이들이 권력자가 행사하는 임의적인 규칙에 복종하는 데 익숙해져 있었기 때문에 "개인의 자유"를 타인의 권리를 마음껏 침해해도 된다는 허가증 정도로 여기는 제국적 의식의 틀을 넘어서는 경험을 해본 적이 없었다. 또한 "법"을 소수가 다수를 착취하는 수단 외의 무언가라고 생각할 만한 이유도 없었다.

아리스토텔레스는 이것이 민주적 국가를 형성하기에는 전혀 장밋빛 조건이 아니라고 생각했을 것이고, 그렇게 생각한 사람은 아주 많았을 것이다. 하지만 조직화된 자기규율의 경험도 없었고 [공통의 정체성을 갖기에는] 서로 너무나 다양했는데도, 북미 식민지 사람들은 아래로부터 풀뿌리 저항을 시작했고, 혁명을 이끌었으며 자기조직적인 모임과 네트워크가 민중의 의지를 표현하는 놀라운 역량을 가진다는 사실을 입증한 초창기 사례가 되었다. 오랫동안 이러한 모임과 네트워크는 민주주의의 가장 유의미하고 효과적인 표현 형태였다.

미국의 독립혁명이 무장 반란으로 시작되지 않았다는 데도 주목할 필요가 있다. 당시의 상황을 생각해볼 때 우리가 으레 예상할 만한 정도보다 훨씬 더 성숙한 사고가 가능했다는 의미다. 생각해보면 자명한 일이기도 하다. 민주주의는 총구로 겨눠서 달성할 수 있는 것이 아니다. 총 자체가 무력에 의한 지배라는 제국적 원칙을 긍정하는 것이고 다시 이는 제국적 관계를 긍정하는 것이기 때문이다. 본질적으로, 생명에 대한 폭력은 지구공동체에서 맺게 될 관계의 양상과 완전히 상반된다.

영국이 비폭력에서 폭력으로 싸움의 규칙을 바꾸자 저항 세력은 같은 방식으로 대응해야만 하는 상황에 처했다. 폭력이 격화되자 대륙회의에 참여한 지배 계층은 저항 세력을 지휘하고 제국적 질서를 새로운 지휘 체계 하에서 복원할 군을 조직함으로써 자신의 권한을 확고히 할 필요를 느끼게 되었고, 폭력이 격화되었다는 상황 자체가 이를 가능케 했다. 오랫동안 유럽 지배층과 동등한 지위로 인정 받기를 원해온 식민지 지배층은 그들 자신의 제국적 아젠다를 갖는 금권 귀족의 새로운 국가를 형성하는 일에 나섰다. 전쟁에서 영국은 패했지만 제국은 건재했고, 북미에서 제국은 민주정의 가면을 쓴 금권 귀족정으로 자신의 건재함을 재확인했다.

우리[미국인]는 다음과 같은 불편한, 그리고 어쩌면 답해질 수 없는 질문을 던져야 한다. 미국의 독립혁명은 다들 생각하듯이 북미에 민주주의를 가져옴으로써 근대 시대를 열었는가? 아니면 그들 자신의 지배 귀족 권력을 공고히 해서 이전의 어느 제국보다도 강력한 제국적 국가를 만들어내면서 보편 참정권과 민주적 시민 통치의 진전을 수세대 동안 후퇴시켰는가?

제국의 승리를 보다

여기 모이신 청중은 매우 인상적인 분들입니다. 부유한 분들과 더 부유한 분들입니다. 어떤 이들은 여러분을 지배 엘리트 계층이라고 부를 것입니다. 저는 여러분들을 저의 기반이라고 부릅니다.[1]

조지 W. 부시George W. Bush

우리는 민주주의를 갖거나 소수에게 부가 엄청나게 집중된 체제를 가질 수 있다. 하지만 둘 다 가질 수는 없다.

루이스 브랜다이스Louis Brandeis 미 연방대법원 대법관(1861–1939)

극단적인 불평등은 제국의 지배자 관계에 의해 조직된 사회가 보이는 가장 확실한 징후일 것이다. 미국이 주요 산업 국가 중 부의 분배가 가장 불평등하며 동시에 현대 국가 중 가장 제국적이라는 것은 우연이 아니다.

1998년에 미국의 상위 1% 가구가 전체 금융 자산의 47%를 소유하고 있었다. 이는 하위 95%가 소유한 것의 총합보다 많은 것이었으며, 이 격차는 계속 커지고 있다. 1989년에서 1999년 사이 미국의 억만장자[10억 달러 이상] 수는 66명에서 268명으로 늘었다. 공식 빈곤선 아래에서 살아가는 사람들(공식 빈곤선은 1999년에 3인 가구 기준으로 1만 3000달러였다)의 수는 3150만 명에서 3450만 명으로 늘었다. CEO 보수와 평균적인 노동자 보수의 비율은 1995년에 141 대 1에서 2003년에 301 대 1로 벌어졌다. 노예제가 흑인 가정을 파괴하고 세대 간 부의 축적 기회를 아예 부정한 흔적은 유럽계 가구가 흑인 가구보다 평균적으로 자산

이 5.5배나 많다는 데서 잘 드러난다.[2]

정치학자 토머스 다이Thomas Dye는 『누가 미국을 지배하는가?Who's Running America?』라는 제목의 연구서를 30년 넘게 시리즈로 내고 있는데, 미국을 좌지우지하는 지배층이 얼마나 소수인지를 잘 보여준다. 그때 막 구성된 조지 W. 부시(아들 부시) 행정부 시절 지배층을 분석한 2001년판에 따르면, 미국 인구 2억 8800만 명 중에서 단 7314명이

> 미국의 산업 자산(비금융 자산)의 거의 4분의 3, 은행 자산의 거의 3분의 2, 보험 자산의 4분의 3 이상을 통제하고 있었고 … 미국의 가장 큰 투자 회사들을 이끌고 있었으며 민간 재단과 대학이 소유한 자산의 절반 이상을 통제하고 있었고 텔레비전, 전국 언론, 주요 신문을 통제하고 있었다. 또한 미국의 최고 법무법인들을 통제하고 있었고 가장 권위 있는 시민단체와 문화단체를 통제하고 있었으며 입법, 사법, 행정부 모두에서 연방 정부의 요직을 차지하고 있었고 최고위 군사직도 차지하고 있었다.[3]

실로 미국판 클라우드 마인더라 할 만하다. 평범한 사람들의 생활과는 아주 멀리 떨어진 사치와 특권의 세계에 들어앉아서 평범한 사람들의 세계를 통치하는 특권 지배층인 것이다. 개인 비행기와 기사 딸린 리무진을 타고 다니고 명문 학교에 들어가고 출입이 통제되는 거주지나 개인의 영지에 살고 외부 사람들은 들어갈 수 없는 모임에서 사교 생활을 하고 배타적인 소수의 독자층만을 위한 뉴스 매체에서 정보를 얻는 이 사람들은, 가난한 사람들은 물론이고 그냥 부유한 사람들과도 차원이 다른 "더 부유한" 사람들이다.

조지 W. 부시와 존 케리John Kerry가 맞붙은 2004년 미국 대선은 정치 권력의 최고 지위로 가는 경로가 얼마나 좁은지를 여실히 보여주었다. 두 후보 모두 백인 남성이고 부유한 가문 출신이며 예일대를 나왔고 해골단Skull and Bones 소속이었다. 조지 W. 부시[아들 부시] 이전의 두 대통령 빌 클린턴Bill Clinton과 조지 H. W. 부시[아버지 부시]도 예일대에서 학위를 받았고 조지 H. W. 부시도 해골단 일원이었다.

역사를 살펴보아도, 또 처음 만들어진 미국의 헌법을 면밀히 읽어보아도, 미국의 민주주의 체제를 기획했다고 우리가 알고 있는 사람들의 의도는 민주정을 수립하는 것이 아니었음을 알 수 있다. 그들의 의도는 부유한 지배층이 통치하는 금권 귀족정을 수립하는 것이었다. 그리고 그들은 매우 성공적이었다. 우리[미국]의 역사적 현실을 다시금 상기하기 위해, 그리고 과거의 잘못된 행동과 비방의 정치적 레토릭이 어떻게 우리 시대의 템플릿을 형성했는지 알기 위해, 그들이 금권 귀족정을 만든 과정을 살펴보기로 하자.

누가 지배할 것인가?
백인 자산가 남성의, 백인 자산가 남성을 위한,
백인 자산가 남성에 의한 나라

1774년에 "식민지 권리 선언"을, 1776년에 "독립선언문"을 선포한 대륙회의 일원들은 백인 자산가 남성들로 구성되어 있었던 각 식민지의 의회가 대표자로 선정한 사람들이었고 이들 역시 모두 백인 자산가 남성이었다. 제퍼슨을 포함해 상당수가 노예를 소유하고 있었다. 입헌 의회 구성원도 마찬가지였다. 자유민인 남성 노동자들은 최소한의 권리만 가지고 있었고 여성, 노예, 예속 노동자, 원주민은 법적 권리를 아예 가지고 있지 않았다. 이들이 새로운 나라의 인구 중 90%를 차지했지만 어느 의회에도 이들을 대표하는 대표자는 없었다.

국내의 "안녕"을 위한 조치

독립혁명이 성공적으로 마무리된 이후 구체적으로 새 국가를 구성해야 했을 때, "강한 연방 정부"를 만드는 방향을 촉발한 사건이 하나 벌어졌다. 바로 1786-1787년에 있었던 셰이즈의 반란Shays' Rebellion이다. 제국에서 흔히 벌어지는 패턴대로, 종이 조각이나 마찬가지인 식민지 정부 신용증을 받고 자유의 편에서 싸웠던 애국파 농민들은 전쟁이 끝나고 집에 돌아와서 파산에 직면했고 애국적인 활동이라고는 전쟁으로 폭리를 취한 것밖에 없는 금융가들의 손에 땅이 압류 당하는 상황에 처했다.[4] 이들의 분노는 법원의 압류 통지에 저항하는 무장 반란으로 이어졌다. 당국자들은 법원과 법을 지키기 위해 지역 민병대를 소집했지만, 무장만 했지 역시 농민인 민병들은 대체로 자기 이웃의 편이었다. 결국 매사추세츠 주지사가 따로 군을 고용하고 일군의 보스턴 기업인들이 여기에 돈을 대서 봉기를 진압했다.

대중주권 지지자들은 셰이즈의 반란이 권력을 남용하는 기득권에 맞서 문제를 해결하기 위해 나선 적극적이고 조직화된 시민들의 사례라고 보았다. 영국 왕실에 맞서 저항을 일으켰던 민병들처럼 말이다. 하지만 지배 기득권은 셰이즈의 반란을 위험한 폭민정치의 사례라고 보았고 1787년에 입헌 의회에서 국내에 질서를 강제하기 위해 군을 소집할 권한을 갖는 강력한 연방 정부를 구성하고자 했다. 미국 헌법 1조 8항은 의회가 "연방 법률을 집행하고 반란을 진압하며 침략을 격퇴하기 위해 민병의 소집에 관한 규칙을 정할" 권한이 있다고 규정하고 있다. "연방 법률을 집행"하고 "반란을 진압"하는 것이 "침략을 격퇴"하는 것보다 앞에 쓰여있다는 사실이 의미심장하다.

"식민지 권리 선언"과 "독립선언문"에서 모두를 위한 자유와 정의라는 대담한 비전을 선포했고 대륙회의 일원들도 여기에 서명했지만 혁명의 열기는 오래가지 않았다. 그리고 입헌 의회에서 제정된 헌법에서는 그 열기를 찾아볼 수 없다. 헌법 초안을 작성한 사람들은 이제 먼 곳의 왕에게 맞서 자신의 권리를 지키는 것이 아니라 새로운 국가에서 자신의 권력을 지키는 것에 관심이 있었다. 독립 이후의 이러한 현실은 입헌 의회 일원들 사이에 분열을 가져왔다. 이는 토머스 제퍼슨Thomas Jefferson과 알렉산더 해밀턴Alexander Hamilton이 각각 대표하는 비전의 분열이었다고 볼 수 있다.

제퍼슨의 민주정 대 해밀턴의 금권 귀족정

민주정의 대표적 옹호자인 제퍼슨은 평범한 사람들의 지혜에 견고한 신뢰를 가지고 있었고 민주주의의 토대는 경제적 민주화와 탄탄한 중간 계급이라고 생각했다. 아리스토텔레스와 상당히 비슷하게, 제퍼슨은 생산과 생계에 필요한 땅과 도구를 소유하고 있는 토지 소유 가족농과 독립 장인들의 나라를 옹호했다. 그가 가장 우려한 것은 미국이 대를 물려가며 낭비를 과시하고 비생산적인 생활을 하는 귀족 계급과 대를 물려가며 비참한 가난 속에 사는 계급으로 깊이 분열된 유럽을 거울처럼 닮는 것이었다. 제퍼슨이 생각한 이상적인 나라는 모든 사람이 자산 소유자인 나라였다. 그는 이렇게 언급한 바 있다. "나는 민중을 두려워하는 사람 중 한 명이 아닙니다. 계속해서 자유를 갖기 위해 우리가 의존할 수 있는 토대는 부유한 사람이 아니라 민중입니다."[5]

그가 "민중을 두려워 하는 사람"이라고 말했을 때 염두에 둔 사람은 알렉산더 해밀턴이었을 것이다. 해밀턴은 엘리트의 통치를 공공연히 옹호했으며 다음과 같이 주장하기도 했다.

> 모든 공동체는 소수와 다수로 나뉩니다. 전자는 부유하고 태생이 좋은 사람들이고 후자는 나머지 민중입니다. 민중의 목소리가 곧 신의 목소리라고들 하지만, 얼마나 널리 인용되고 믿어지건 간에 이 진술이 사실은 아닙니다. 민중은 불안정하고 유동적입니다. 민중은 옳은 판단을 거의 하지 못합니다. 따라서 정부에서 영구적인 자리는 가장 높은 계급 사람들에게로 가야 합니다.[6]

해밀턴은 대중의 역량에 의구심을 가지고 있었고 민주주의는 폭민 정치를 의미한다고 보았으며 미국이 강한 국가가 되려면 부유한 귀족에게 권력이 집중되어야 한다고 생각했다. 제국적인 위대함을 향해 국가를 조직하고 이끌 수 있는 사람이 그들이기 때문이라는 것이었다. 입헌 의회에서 해밀턴은 대통령과 상원의원이 종신직이 되어야 한다고 주장했다.[7]

제퍼슨과 해밀턴이 보이는 차이의 기저에는 자산을 소유하지 않은 사람은 자산을 소유한 사람에게 종속된 상태로 살게 된다는 진리가 놓여 있다. 미국 헌법은 제퍼슨의 입장과 해밀턴의 입장을 일부씩 받아들여 타협했지만 해밀턴의 입장이 훨씬 더 많이 반영되었다. 미국은 입헌적 금권 귀족정(예의바르게 말하면 입헌공화정)이 될 것이었다. 국정의 우선순위와 아젠다를 자산을 소유한 계급이 정하고 그들이 주기적으로 대중 선거를 통해 낮은 계급의 지지를 놓고 경쟁하는, 지배 계층의 민주 정을 만든 것이다. 미국 헌법은 일반 민중에게는 반란을 일으키지 않을 정도의 자유를 주면서 자산을 소유한 사람들의 권리와 특권을 보호하는 데서 매우 뛰어난 기교를 발휘했다.

입헌적 금권 귀족정

버지니아 대표로 입헌 의회에 참여한 조지 메이슨George Mason은 헌법에 권리장전이 포함되어야 한다고 주장한 대표적인 인물이다. 하지만 관철시키지는 못했다. 영국으로부터의 자유는 이제 획득했으니, 입헌 의회에 모인 대표자들 대다수는 새 국가의 헌법이 노예제, 주들 사이의 자유로운 교역, 채권자의 권리를 보장하고 그들이 정부 기관을 통제할 수 있게 해줄 방식의 선거제만 명시해준다면 그것으로 자신이 필요로 하는 보호는 다 제공받는 것이라고 생각했다. 따라서 권리장전을 헌법에 명시할 필요를 느끼지 못했다.[8]

노예제, 자유로운 교역, 채권자의 권리 보장

세 부류의 자산 소유 계급이 입헌 의회에 강하게 영향을 미쳤다. 첫째, 북부의 산업가들은 연방 차원에서 정해진 규칙을 동일하게 적용 받는 단일 시장과 각 주의 규제 당국이 추가적으로 간섭하지 않는 공통된 대외 관세 시스템을 원했다. 통합된 시장에 제약 없이 접근하기 위해서였다. 이를 반영해 헌법에 "주간 상업interstate commerce" 조항이 들어갔고 이로써 주 의회의 개입 범위를 넘어서는 전국적인 단일 시장이 형성되었다. 오늘날 글로벌 기업들이 개별 국가의 의회나 규제 당국의 간섭을 받지 않고 어느 나라 경제에나 접근할 수 있게 할 용도로 무역 협정이 활용되는 것과 비슷하다.

둘째, 북부의 금융가들은 어느 주에서 발행된 것이든 상관없이 채권을 회수할 수 있는 권리를 확보하고 싶어 했다. 그들은 주 정부가 농민에게 부채를 탕감해주고 자체 통화를 발행하고 금과 은을 제외한 어느 것으로든 부채를 갚을 수 있게 하고 대출 계약을 무효화하는 법을 제정할 수 있는 권한을 연방 정부가 막을 수 있게 한 조항들을 얻어냈다.[9] 이 조항들은 채권자의 권리를 보장하고 부를 노동 대중으로부터 자산 소유 계급으로 이전하는 전형적인 패턴을 확고히 했다.

셋째, 남부의 대농장 소유주들은 노예제를 유지하고 싶어했다. 이들의 영향으로 의회는 노예 수입을 금지하지 못하게 되었고(노예 수입은 1808년에 금지된다) 하나의 주가 다른 주의 노예나 예속 노동자에게 은신처를 제공할 수 있는 권한도 금지되었다.

클라우드 마인더만 후보가 될 수 있다

부유한 지배층 위주로의 편향은 건국 헌법의 다른 조항들에서도 잘 드러난다. 예를 들어, 백인 남성 자산 소유자로 구성된 각 주의 의회가 각 주에 할당된 두 명의 연방 상원의원을 지명하도록 되어 있었고 대통령을 뽑는 선거인단도 마찬가지였다.

지배층의 특권을 보장하고자 한 노력의 진수는 헌법으로 대법원에 강력한 권한을 부여한 데서 볼 수 있다. 대법원은 입법부와 행정부의 조치를 거의 모두 뒤집을 수 있으며 대통령이 지명하는 대법관은 종신직이다. 또한 실질적으로 대법관 지명은 명문 법대를 나와야만 가능한데, 당시에 명문 법대는 자산을 소유한 집안의 자제들만 들어갈 수 있었다.

2000년 대선 당시 대법원이 [플로리다 주 재검표에 관한 판결로] 조지 W. 부시 대통령의 당선을 확정한 데서 잘 드러났듯이, 대법관 다수가 말하는 것이 곧 법이다. 얼마나 임의적이고 기존의 법과 상충하든, 혹은 얼마나 공익에 배치되든 간에, 항소나 반대를 할 수 있는 길은 없다.

때때로 대법원의 권위는 정의의 진전에 기여하기도 했다. 20세기 후반기에 민권과 원주민 권리 사안에서 상대적으로 진보적으로 구성된 대법원이 유의미한 결정을 내린 것이 그러한 사례다. 하지만 전반적으로는, 공공의 이익보다 지배 계층의 이익 쪽으로 거의 일관되게 편향되는 모습을 보였다.

대중의 분노를 참작한 일부 양보

헌법 초안은 각 주에서 비준을 받아야 했는데, 민주정이 아니라 금권 귀족정을 수립하는 내용의 헌법임을 알아본 사람들에게 널리 비판을 받았다. 이 초안대로의 헌법에서 가장 이득을 얻게 될 부유하고 권력 있는 "연방주의자"들은 되도록 빨리 비준을 받기 위해 막대한 자금을 투여해 캠페인을 전개했다. 오늘날에도 익숙한 패턴대로 그들은 반대파의 신뢰를 훼손하기 위해 거짓 정보를 유포했다. 광고주들은 비준에 반대하는 신문에 압력을 넣었다.[10]

결국에는 대부분의 주가 권리장전을 덧붙인다는 것을 조건으로 비준을 했다. 이에 따라 1791년 12월 15일에 10개의 수정조항으로 권리장전이 덧붙었다. 하지만 자산을 가진 백인 남성뿐 아니라 모든 사람에게 권리장전이 적용되기까지는 오랜 시간이 더 지나야 했다.[11] 노예제는 1865년에 수정헌법 13조로 철폐되었다. 1868년에 수정헌법 14조는 미국에서 태어났거나 미국으로 귀화해 미국 관할권에 속하는 모든 사람이 미국의 시민이며 따라서 법 앞에서 동등한 보호를 받는다고 규정했다. 1870년에 수정헌법 15조는 누구도 투표권이 인종, 피부색, 과거의 예속 조건에 영향을 받아 거부될 수 없다고 천명했다. 그리고 미국이 건국된 지 150년이 지난 1920년이 되어서야 수정헌법 19조로 성별에 기초한 투표권 제약이 없어짐으로써 여성도 시민으로서의 모든 권리를 갖는다고 인정 받았다. 오늘날의 눈으로 보면 이러한 진보는 고통스럽도록 느려 보이지만 5000년의 제국의 시간으로 보면 놀랍도록 빠르게 이뤄진 것이다.

연방주의자의 프로그램

해밀턴의 금권 귀족정과 제퍼슨의 민주정의 대조적인 비전은 해밀턴, 워싱턴, 애덤스의 연방당Federalist Party과 제퍼슨, 매디슨, 몬로의 민주공화당Democratic-Republican Party의 정치적 분열로 이어졌다. 상인과 금융인은 연방당을 지지했고 농민과 장인은 민주공화당을 지지했다.[12]

전쟁에서 폭리를 얻은 자가 전쟁에서 싸운 자보다 먼저다

금권 귀족정의 주된 옹호자이던 알렉산더 해밀턴은 조지 워싱턴 행정부에서 초대 재무장관을 지냈다. 출범 당시 조지 워싱턴 행정부는 독립전쟁에 들어간 지출 때문에 막대한 재정 위기에 직면해 있었고 해밀턴은 이것을 기회로 삼았다.

그는 정부의 신용도를 보장한다는 명목으로, 전쟁 시기에 발행되었던 정부 채권 모두를 액면가로 상환해주는 프로그램을 시행했다. 연방 명의의 채권과 주 명의의 채권 모두가 해당되었고 독립전쟁 때 전쟁터에 나간 사람들에게 보수 대신 지급한 신용증도 대상이었다. 직접 전투에 나선 사람 등 전쟁의 부담을 짊어졌던 사람들에게 합당한 보상을 해준 고귀한 조치로 보일지 모르지만, 사실 이 무렵이면 원래의 신용증을 받았던 사람들은 대부분 그것을 투기꾼에게 헐값에 넘긴 뒤였다. 실제로 해밀턴의 계획이 발표되기 전에 내부자 정보를 미리 알고 있었던 연방당의 부유한 공직자와 후원자들은 이를 알지 못하는 사람들로부터 엄청난 할인율로 연방 정부와 주 정부의 채권을 사들였다. 그리고 해밀턴의 조치가 실행되자 액면가로 채권을 상환 받아 큰 이익을 올렸다.[13]

한 술 더 떠서, 해밀턴은 채권의 상환에 쓸 자금을 마련하기 위해 위스키 생산에 조세를 부과했는데 이는 주로 농촌의 소농에게 부담을 지웠다. 이들 상당수가 전쟁 때 군복무를 하고 받았던 원래의 신용증을 헐값에 넘겼다가 손해를 본 사람들이었다. 당연히 분노가 폭발했다. 1794년에 서부 펜실베이니아에서 "위스키 반란Whiskey Rebellion"이라고 불리는 무장 반란이 일어났다. 하지만 더 이상 지역 민병대에게 의존하지 않는 조지 워싱턴 대통령은 1만 3000명의 군을 파견해 반란을 진압했다.

공공 신용에서 민간 이윤을 뽑아내다

또한 해밀턴은 민간 소유의 미국제1은행First Bank of the United States(1791-1811)을 설립했다. 의회에서 특허장을 받아 설립된 미국제1은행은, 법인 존속 기간은 20년이었고, 법인의 목적은 연방 기금을 보관하고, 정부의 금융 당국 역할을 하며, 정부와 민간에 대출을 해주는 것이었다. 어떤 이들은 미국이 세계의 경제 강국이 될 토대를 닦은, 금융에서의 천재적인 한 수였다고 찬사를 보낸다. 하지만 어떤 이들은 대중을 상대로 한 대대적인 사기였다고 비난한다.

　1790년에 승인된 미국제1은행 특허장은 정부에서 200만 달러, 민
간 투자자에게서 800만 달러, 총 1000만 달러의 자본을 조달하도록 규
정했다. 정부는 그만큼의 돈을 실제로 부담했다. 민간에 할당된 지분도
민간 투자자들에게 빠르게 판매되었지만 민간 투자자 대부분은 적은
계약금만 넣었고 전체 금액을 다 넣지는 않았다.[14] 위험 부담이 있는 투
자에 자신의 자본은 거의 혹은 전혀 넣지 않으면서, 거의 전적으로 공공
의 돈과 신용을 통해 자금이 조달된 기관에서, 민간 투자자들이 실소유
자beneficial owner로서 이득을 챙긴 것으로 보인다.

　미국제1은행 특허장의 기간이 만료되었을 때 갱신이 거부되어서 미
국제1은행은 1811년에 없어졌다.[15] 이어서 미국제2은행이 설립되었고
(1816-1836) 궁극적으로 1913년에 연방준비제도가 생겼다. 연방준비제
도 역시 공적인 기관의 모습을 하고 있지만 민간 은행들이 관여되어 있
으며, 공공의 자산과 신용에서 민간의 부를 창출하는 동일한 결과를 더
정교하고 덜 투명한 과정을 통해 달성한다.[16]

저항하는 사람들을 범죄화하다

　연방주의자 조지 워싱턴에 이어 연방주의자 존 애덤스가 2대 대통
령이 되었고 민주공화당 토머스 제퍼슨이 부통령이 되었다. 이때 미국
은 정치적 긴장이 심각한 상태였다. 종교 근본주의자들이 마녀 사냥을
다시 시작했고 무신론자(종교 근본주의자들이 보기에는 톰 페인Tom Paine, 토
머스 제퍼슨 등 신은 믿지만 근본주의적인 주장을 거부하는 사람들도 다 무신론자
였다)를 맹렬히 비판했다.

　애덤스 행정부 시절에 연방당이 주도하던 의회는 외국인 및 선동방

지법들Alien and Sedition acts을 통과시켰다. 이것은 [9.11 테러 이후] 조지 W. 부시 시기에 통과된 애국법PATRIOT Act의 전조라 할 만하다. 정치적 저항 세력을 억압하고 상대당인 제퍼슨의 정당에 대한 지지를 훼손하기 위한 법이었던 것이다. 선동방지법은 정부에 대해 허위의 혹은 악의적인 글을 출판하거나 의회나 대통령의 행위에 대해 반대를 선동하면 형사 범죄로 규정했다. 이 법으로 25명이 체포되었는데 대부분은 제퍼슨을 지지하는 신문 편집인들이었고 이들의 신문은 폐간되었다. 애덤스는 연방 법원도 극단적인 보수주의자들로 채웠다. 그중 한 명이 존 마셜John Marshall 대법관인데, 그는 재직 기간(1801-1835) 내내 자산 소유자의 이해관계를 결사적으로 보호했다.[17]

제퍼슨주의자의 프로그램

부분적으로는 외국인 및 선동 방지법에 분노한 대중의 저항에 힘입어 1800년 대선에서 제퍼슨이 승리했다. "[제퍼슨이 승리하면] 모욕 당한 천국의 복수를 불러 일으킬 것"이며 "거주지가 화염에 휩싸이고 백발이 피로 물들고 여성의 순결이 파괴되고 … 아이들은 창에 찔려 몸부림칠 것"이라고 공포를 조장한 연방주의자들의 비방 전략에도 불구하고 이룬 승리였다.[18]

대통령이 된 제퍼슨은 과도했던 애덤스 체제의 조치들을 중단시켰다. 외국인 및 선동방지법을 철폐하고 1808년에 노예 수입을 중단하는 법에 서명했다.[19] 백인 노동자들의 지지를 광범위하게 받고 있었던 민주공화당은 주 정부와 지방 정부를 장악하고 있던 연방당의 세력을 약화시키기 시작했고 지역의 공직 중 선거로 선출하는 자리의 비중을 늘렀다. 공교육을 제공하기 시작했고 빚을 못 갚으면 수감하던 조치를 없앴고 견습생에게 예속 노동자의 지위를 강요하는 것도 중단시켰다. 또한 제퍼슨의 정당은 세 개 주를 제외한 모든 주에서 자산 소유 여부와 상관없이 모든 백인 남성에게 투표권을 주는 법을 통과시켰다. 또한 두 개 주를 제외한 모든 주에서 대통령 선거인단을 주 의회가 지명하지 않고 사람들이 선거로 직접 선출하게 되었다.[20]

하지만 궁극적으로는 제퍼슨의 프로그램도 더 친절하고 민주적인 얼굴을 했을 뿐 제국의 특성을 가지고 있었다. 폭언까지 오가는 정당간 반목과 적대에도 불구하고 기저의 권력 구조와 지배층 편향은 놀라울 정도로 안정적으로 유지되었다. 연방 정부는 계속해서 노예제를 허용했고 거대 산업가와 금융인을 우대했으며 군을 동원해 토착민의 땅을 강제로 취했다.[21]

제퍼슨 행정부는 1803년에 프랑스와 루이지애나 매입Louisiana Purchase 협상을 해서, 미국의 면적을 두 배로 늘리고, 깊은 계급 갈등으로 고조되고 있던 긴장이 빠져나갈 땅을 확보하고, 미국의 직접적인 인접 영토에서 제국적 경쟁자를 제거한 것으로 유명하다. 오웰적 "이중 언어"에 대한 미국 정치인의 재능을 보여주는 초창기 사례로서, 제퍼슨은 미국의 이러한 팽창을 일컬어 "자유를 위한 제국"이라고 말했다.

서부로의 팽창

불굴의 개척민들은 새로 열린 변경 지역에 매력을 느꼈다. 지대를 거둬가는 사람도 없고 합법화된 고리대금업자도 없고 그밖의 여러 제국적 속박이 없다는 자유의 약속에 끌린 것이었다. 하지만 곧 약탈자들이 뒤따라왔고 새로운 땅에 정착한 자유농들은 너무나 빠르게 또 다시 빚에 짓눌리고 지역의 은행에 소출의 상당 부분을 이자로 내야 했다. 그러다가 작황이 안 좋은 해에 상환을 못하게 되면 은행이 모든 것을 가져갔다. 이러한 고난은 폭동으로 이어질 수도 있었겠지만, 조금만 더 가면 또 다른 새로운 땅을 얻을 수 있다는 지속적인 약속으로 누그러졌다. 미국은 언제든 털고 일어날 수 있게 채비를 하고 있다가 계속해서 움직이는, 뿌리 없는 방랑자들의 나라가 되었다.[22]

루이지애나 매입 이후 "1812년 전쟁War of 1812"으로 미국은 더 서쪽의 플로리다, 캐나다, 그리고 서부의 인디언 영토들로 확장할 수 있는 기회를 얻었다.[23] 멕시코가 혁명 전쟁을 통해 스페인에서 독립했을 때 멕시코 영토에는 텍사스, 뉴멕시코, 유타, 네바다, 아리조나, 캘리포니아, 콜로라도의 일부가 포함되어 있었다. 그런데 토착민의 영토 주장을 무시했던 것처럼 멕시코의 영토 주장을 무시하고서, 미국 정착민 수천 명이 미국 정부의 지원을 받아 멕시코 땅인 이 지역들로 몰려갔다. 이는 멕시코-아메리카 전쟁Mexican-Americcan War으로 이어졌고 미국은 무력으로 멕시코 영토 절반을 병합했다. 멕시코 정부의 유일한 도발이라면 정당한 영토를 보호하려 시도한 것뿐이었는데 말이다.[24]

서부로의 확장은 일반적인 패턴을 따라 이뤄졌다. 먼저 학교, 병원, 그리고 구원을 제공한다는 선교사가 들어갔다. 그 다음에 교역인, 토지 투기꾼, 광물 탐사인, 농민이 뒤이어 들어갔다. 그 다음에 철도, 은행, 자원 추출 기업이 들어가서 토지와 자원에 대한 통제력을 차지하고 강화했다. 토착민이 저항하면 군이 들어와 토착민의 토지와 자원에 대해 선교사, 정착민, 기업이 주장하는 권리를 보호했다.

제국적인 기업

기업이 독점 권력을 남용했던 것에 대한 기억이 아직 생생했으므로, 새로운 국가가 수립되고 초창기에는 기업 설립 특허장을 줄 때 여러 가지 조건을 두어서 엄격한 제한을 가해야 한다는 데 많은 이들이 동의하고 있었다. 주 의회들은 기업 설립 특허장에 한정된 기간과 명백한 목적을 명시했고, 기업 운영을 면밀히 감독했으며, 특허장을 철회할 수 있는 권리도 가지고 있었다. 기업이 토지를 사거나 빌릴 수 있는 범위나 수익을 올릴 수 있는 범위에도 일반적으로 제약이 있었다. 기업을 소유한 사람은 소유하고 있던 기간 동안에 발생한 기업의 부채 전체에 대해 책임이 있었다. 또한 대규모 투자자와 소규모 투자자가 동일한 투표권을 가지고 있었다. 여러 기업의 이사회 간 이사의 교차 임명은 금지되어 있었고 하나의 기업이 다른 기업의 지분을 갖는 것도 허용되지 않았다. 이러한 개입 모두가 강력한 기업계 인사들로부터 분노를 샀다.

남북전쟁(1861-1865)은 미국 기업사에서 전환점이었다. 미국은 혼란에 빠져 있었고 분열되어 있었다. 연방 정부는 군에 물자를 댄 민간 계약자들에게 신세를 지고 있었다. 산업계가 군사 계약으로 얻은 막대한 수익으로 더 높은 수익을 올리기 위해 정치인에게 뇌물을 주면서 부패가 만연했다. 다시 이 수익은 기업의 자유를 제약하는 법을 철폐하는 데 힘을 실어줄 만한 정치인들에게 더 많은 영향력을 미치는 데 들어갔다.

강력한 철도 회사들이 여론을 조작하고, 의회에 입김을 넣고, 법정에 영향을 미치면서 먼저 이 길을 개척했다. 기업 이해관계 쪽의 초창기 승리 중 하나로, 펜실베이니아 의회는 한 기업이 다른 기업의 주식을 소유하지 못하게 하던 제약을 없앴다. 그다지 해로울 것 없는 조치로 보이지만, 이것은 기업의 재무적 레버리지를 엄청나게 높여주었다. 타회사를 직접 인수할 자금이 없어도 그 회사의 지배 지분을 획득할 수 있게 되었기 때문이다.

기업들은 의회의 입법과 법원의 판결을 통해서, 그리고 공적인 논의는 거의 거치지 않고서, 자신의 자유로운 행동을 제약하는 법을 하나씩 없애나갔다. 20세기 초입이면 기업의 설립은 기간, [설립장을 받은 곳의 경계를 넘어 다른 주 또는 다른 국가로 영업을 확장할 수 있는] 이동성, 목적에 대한 제한 없이 신청하면 거의 자동적으로 인가를 받을 수 있게 되어 있었다. 소유자 개인은 무한책임에서 면제되었고 설립 인가가 철회될 가능성은 사실상 없어졌다. 지분 비중이 낮은 주주에 대한 보호도 거의 없어져서 대주주의 권력이 훨씬 강해지게 되었다.

또한 기업들은 일련의 법정 소송을 통해 법인으로서의 기업이 권리장전 하에서 자연인이 갖는 것과 동일한 헌법적 권리들을 갖는다고 주장했고 관철시키는 데 성공했다. 이러한 조치들은 대부분 공적인 논의 없이, 심지어 선출된 의원들의 표결도 없이 이뤄졌다.[25]

글로벌로 가다

국내에서 서부로의 팽창이 여전히 진행 중이던 1823년에, 제임스 먼로James Monroe 대통령은 대외 정책 기조인 "몬로 독트린Monroe Doctrine"을 발표했다. 표방된 목적은 유럽 열강이 중남미를 다시 식민화하는 것을 막기 위해 그곳의 독립 국가들을 보호한다는 것이었지만 암묵적인 메시지는 서반구의 헤게모니를 미국이 쥐겠다는 것이었다.

1901-1909년에 재직한 테오도어 루즈벨트Theodore Roosevelt 대통령

은 몬로 독트린을 한 단계 더 밀어붙였다. "명백하고 만성적으로 잘못된 행위"를 하고 있는 나라이면 어디든 미국이 개입할 권리가 있다고 선포한 것이다. 이후의 미국 행정부들은 이것을 "미국의 무역 이익이나 투자 이익을 침해하는 모든 나라"라고 해석했다. 1962년 미 국무부가 의회에 제출한 보고서에 따르면 1798년에서 1895년 사이에 미국의 대외 군사 개입이 무려 103건이나 있었다. 대상 지역에는 아르헨티나, 일본, 우르과이, 중국, 앙골라, 하와이, 니카라과 등이 포함되어 있었다. 이유는 종종 모호했지만 대체로는 이런저런 미국 기업들의 투자 이익과 관련이 있었다.[26]

스페인-아메리카 전쟁(1898)으로 미국은 스페인을 쿠바에서 몰아내고 필리핀을 점령했다. 이때 미국은 자신이 필리핀의 독립을 위해 싸우는 것이라고 주장했다. 평화 조약에서 스페인은 괌, 푸에르토리코, 필리핀을 미국에 넘겼고, 이후 오랫동안 필리핀 사람들의 저항에 대한 유혈 진압이 이어졌다.[27]

정치인, 선교사, "미국 혁명의 딸들" 등 많은 이들의 머릿속에서 제국적 위대함의 비전이 넘실거렸다. 훗날 미국 상원의원이 되는 한 인사는 환희에 차서 이렇게 말했다. "우리는 정복하는 인종이다. 이제까지 피비린내 나고 어둠이 깔린 지역이었던 곳들에 미국의 법, 미국의 질서, 미국의 문명, 미국의 깃발이 심어질 것이고 그곳은 신의 사자에 의해 밝고 아름다워질 것이다."[28]

1893년에 은혜를 모르는 손님으로 하와이에 정착한 미국인들은 릴리우오칼라니Liliuokalani 여왕을 몰아내기 위한 반란을 조직했다. "미국의 재산과 생명을 지키기 위해" 미군과 해병대가 파견되었고 곧바로 미국의 감독 하에 하와이 임시정부가 구성되었다. 그리고 이 임시정부는

하와이를 미국에 합병시키는 협정에 즉각 서명했다.[29]

1, 2차 대전을 제외하고 20세기 전반기에 미 해병대는 1898년부터 1902년까지 쿠바를 점령했고, 1903년부터 1914년까지 파나마를 점령했으며, 1911년부터 1925년 사이에 온두라스를 여섯 차례나 침공했고, 1912년에는 니카라과를 침공했고, 1926년부터 1933년까지 다시 침공했으며, 1914년과 1916년에는 멕시코를, 1915년부터 1934년 사이에는 아이티를 침공했다.[30]

목적은 달랐지만(이번에는 미국으로 재수출할 제품을 생산하기 위해 토지와 자원을 강탈하는 것이 목적이었다), 미국의 해외 확장은 서부 확장과 패턴이 비슷했다. 일반적으로 그곳의 자원은 토착민에게 속해 있었지만 미국 기업이 좌우하는 탈취가 현지의 지배층을 부유하게 했기 때문에 현지 지배층은 이를 지지했다. 선교사들이 길을 뚫었고 기업이 뒤따라 들어가서 자원을 추출하고 관리했다. 필요할 때면 미군이 들어와 현지의 저항을 억누르고 비협조적인 지도자를 축출했다. 하지만 대부분의 현지 지배층에게 미국의 확장은 거부할 수 없이 매력적인 제안이었다.

제국적 확장에서 선교사의 역할은 "트로이의 목마"와 비슷했다. 트로이 전쟁 신화에서 그리스는 속이 빈 커다란 목마에 그리스 병사들을 숨겨 트로이에 선물로 보내놓고 나중에 그리스 군대가 들어갈 수 있도록 목마 안의 병사들이 안에서 성문을 열게 했다. 선교사들은 의약품, 의복, 읽고 쓰기, 구원을 선물로 약속했다. 선교사를 받아들인 현지인들은 신뢰의 문을 열었지만 그 문으로 기업이 밀고 들어가 땅과 경제를 약탈했다. 제국의 세계에서는 다음과 같은 옛말을 명심해야 한다. "낯선 사람이 선물을 주거든 경계하라."

2차 대전 이후에는 선교사가 아니라 원조기관이 미심쩍은 선물을 가지고 들어왔다. 특히 세계은행과 세계은행을 본딴 지역의 개발은행들이 약속하는 대출이 주요 선물이었다. 원조기관들은 현지에서 활동하는 계획팀을 "미션[mission, 선교사절단]"이라고 불렀는데, 실로 적절한 표현이 아닐 수 없었다. 신자유주의 경제학의 종교에 푹 빠진 경제학자들은 규제 없는 시장, 무역 개방, 해외 부채 등을 받아들여 개종하면 구원이 올 것이라고 설교했다. 하지만 이 가르침을 따른 개종자는 그리스도교의 구원받은 영혼이 된 것이 아니라 글로벌 자본이라는 교회에서 대외 채무자가 되었다.

제국적 헤게모니를 향하여

2차 대전 이후 미국의 제국적 헤게모니에 대해 중대한 라이벌은 소련뿐이었다. 전후에 두 슈퍼파워 사이의 거대한 대치 국면이 펼쳐졌다.

"대영역" 계획

1941년 12월에 일본이 진주만을 공격해 미국이 참전하게 되기 전부터도 미국의 외교 관련 고위 인사들은 전쟁의 결과에서 이득을 얻고 미국의 이해관계에 의해 지배되는 글로벌 경제를 만들기 위한 전후 전략의 밑그림을 그리고 있었다. 대공황의 공포가 여전한 가운데, 국무부의 계획가들은 자본주의의 경기 변동 사이클을 완화하려면 사회주의 형태로 가거나 아니면 국내 시장의 수요를 초과하는 생산품을 흡수해줄 수출 시장을 확보해야 한다고 판단했고, 후자를 선택했다.

대통령과 국무부에 보고할 용도로 합동 계획단이 작성한 1941년 7월 24일자 "메모 E-B34"는 "대영역Grand Area"이라는 개념을 제시하고 있다. 대영역은 경제를 "해체"로 이끌지도 모를 "통제 곤란한 수출 잉여나 심각한 소비재 부족" 같은 교란을 최대한 덜 일으키면서 미국의 산업에 필요한 물자를 확보하기 위해 미국이 경제적, 군사적으로 지배력을 확보할 필요가 있다고 판단된 지역을 의미했다.[31]

가장 좋은 시나리오에서 "대영역"에는 서반구 전체와 영국, 영연방지역들, 네덜란드 동인도회사의 지역들, 중국, 일본이 포함될 것이며, 상황이 허용하면 다른 지역까지 포함해 확장될 수 있을 터였다.

이 전략은, 초기에 가능한 많은 핵심 지역을 경제적으로 통합하는 것이 골자였다. 더 많은 핵심 지역이 제약 없는 교역과 외국인 투자가 가능한 영역으로 통합될수록 최고의 경제 강국인 미국의 경제적 이해관계가 더 즉각적으로 관철될 수 있을 터였다.

대영역 전략의 대중용 전술로서, 즉 미국의 제국적 영향력에 들어오게 될 곳들에서 대중의 지지를 얻기 위한 대외 선전용 전술로서, 미국은 자유롭고 동등한 지위를 갖는 국가들의 공동체를 만들 것을 국제사회에 촉구했고, 유엔이 탄생했다.

미국의 진짜 의도는 전후의 주요 전략가이던 조지 케넌George Kennan이 1948년에 작성한 국무부 1급 기밀 문서 "정책 계획 연구 보고서 23"에서 잘 볼 수 있다.

> 우리는 세계 인구 중 6.3%만 차지하지만 세계의 부의 약 50%를 가지고 있다. … 이러한 상황에서는 시기와 분노의 대상이 될 수밖에 없다. 우리의 진정한 임무는 향후에 이러한 불균등한 지위를 유지할 수 있게 해줄 관계의 패턴을 고안하는 것이다. … 이를 위해 우리는 감상적이고 공상적인 것을 모두 버려야 하고 모든

곳에서 우리의 의도는 직접적인 국가적 목적에 집중되어야 한다. … 우리는 인권, 생활 수준의 향상, 민주화 같은 현실적이지 않고 … 모호한 목적에 대한 이야기를 그만두어야 한다. 단도직입적인 권력 개념에서 협상을 펴야 할 때가 머지 않았다. 이상적인 슬로건에 발목이 덜 잡힐수록 좋을 것이다.[32]

이것이 미국의 진짜 아젠다였고, 브레튼우즈 기관들이 이를 실행하는 대리인이 되었다.[33] 브레튼우즈 기관은 세계은행, 국제통화기금, 그리고 관세와 무역에 관한 일반 협정GATT을 일컬으며 1995년에 GATT는 더 강력한 세계무역기구로 대체된다.

대외용으로 표명된 비전과 미국이 실제로 품고 있었던 비전의 차이는 미국이 독립선언문에서 선포한 이상(독립선언문은 대중의 지지를 동원하기 위한 문서였다)과 미국의 헌법이 드러내는 현실(헌법은 지배층인 금권 귀족의 권력과 특권을 제도화한 문서였다) 사이의 차이와 비슷하다. 유엔은 대체로 상징적인 도덕적 권위만 가지고 있었다. 실제로 규칙을 만들고 경제적인 제재로 그 규칙을 뒷받침하는 권력은 브레튼우즈 기관들이 가지고 있었다.

경쟁하는 제국들

소련의 군사력이라는 매우 현실적인 위협은 미국이 군사력을 증강하고, 우방에 군사원조를 하고, 세계 각지에 미군을 주둔시키는 것에 대해 대중적인 합리화 명분을 갖게 해주었다. 소련의 위협에 맞서고 자유진영 국가들이 소비에트 제국으로 넘어가는 것을 막는다는 목적을 표방할 수 있었던 것이다.

하지만 미국의 군사력은 민주 정부나 민주 운동을 지원하는 데 쓰인 적이 거의 없다. 해외의 민주 정부는 그 속성상 미국의 제국적 이해관계에 위협이 되기 때문이다. 대체로 미국의 군대가 해외에서 개입을 할 때는 민주적인 자기결정권을 위한 현지 민중의 해방 운동을 진압하고 미국의 이해관계에 우호적인 독재자를 세우거나 보호하기 위해서였다.

2차 대전 이후 공화당, 민주당을 막론하고 미국의 행정부가 선호한 독재자들에는 칠레의 피노체트, 니카라과의 소모자, 필리핀의 마르코스, 인도네시아의 수하르토, 이란의 샤[왕조], 사우디의 왕가, 그리고 (1991년 1차 걸프 전쟁 전까지) 이라크의 사담 후세인 등이 있다.

전후에 미국의 경제적, 군사적 권력이 증가하면서 제국적 아젠다도 더욱 확장되었다. 처음에는 초점이 토지와 천연자원에 접근하는 것이었는데 새로운 아젠다에는 시장, 문화, 금융, 기술을 지배하는 것까지 추가되었다.

새로운 식민주의

2차 대전 이후 군사적 점령을 토대로 한 전통적인 식민주의는 점차 종식되었다. 미국은 해외 원조, 해외 투자, 국제 교역을 통해 명시적으로는 전통적인 식민 지배보다 덜 폭력적인 방식으로 종속국의 문화, 경제, 정부를 지배하는 새로운 방식을 개척했다. 하지만 군사 개입의 위협을 배경에 늘 깔고 있었다. 처음에는 글로벌 기업, 국제통화기금, 세계은행 등을 전략 실행의 수단으로 삼았고 나중에는 무역 협정과 세계무역기구가 주요 수단이 되었다. 그러는 내내 군사력을 동원해 미국의 제국적 이해관계에 우호적인 정권을 지원하고 그렇지 않은 정권의 전복을 조장했다.[34]

전후에 미국은 80개국에 2000억 달러가 넘는 군사 원조를 했다. 230만 명 이상의 군인 및 국내 치안 병력의 훈련, 보조, 장비 지원에 들어간 비용이었다. 조지 워싱턴 대통령이 "위스키 반란"을 진압하는 데 연방 군대를 사용한 것처럼, 국내 치안 병력의 주 역할은 국내에서 발생할지 모를 소요로부터 지배층의 이해관계를 보호하는 것이었고 여기에서 "지배층"의 이해관계에는 해당 국가의 지배층뿐 아니라 미국 기업의 이해관계도 포함되었다.

미국의 군사 원조를 받은 곳 중에는 악명 높은 군부 독재 정권들이 다수 포함되어 있었다. "튀르키예, 자이레, 차드, 파키스탄, 모로코, 인도네시아, 온두라스, 페루, 콜롬비아, 엘살바도르, 아이티, 쿠바(바티스타 치하), 니카라과(소모자 치하), 이란(샤 치하), 필리핀(마르코스 치하), 포르투갈(살라자르 치하)" 등의 독재 정권들이 그러한 사례다. 이에 더해 미국은 "과테말라, 가이아나, 도미니카 공화국, 브라질, 칠레, 우르과이, 시리아, 인도네시아(수카르노 정부), 그리스, 아르헨티나, 볼리비아, 아이티" 등에서 "민주적으로 선출된 개혁적인 정부"를 무력으로 전복하는 데 자금을 댔다. "쿠바, 앙골라, 모잠비크, 에티오피아, 포르투갈, 니카라과, 캄보디아, 동티모르, 서사하라" 등에서는 "혁명 정부에 맞서서 용병을 통한 대리 전쟁 및 비밀 작전에 개입"했다. 또한 "이집트, 레바논, 페루, 이란, 시리아, 자이르, 자메이카, 남예멘, 피지 아일랜드" 등의 "개혁 성향 정부들에 대해" 적대적인 조치를 취했다.[35] 1961년 이후만 보더라도 미국은 다음과 같은 나라에 명시적인 군사 개입을 했다: 베트남(1961-1973), 레바논(1982-1984), 그레나다(1983), 리비아(1986), 파나마(1989), 쿠웨이트/이라크(1990-1991), 소말리아(1992-1993), 아이티(1994), 보스니아(1995), 코소보(1999), 아프간(2001-), 이라크(2003-).[36]

역사적 사실을 간과하는 여러 논평가들의 주장과는 반대로, 2003년에 이라크를 선제 공격한 것은 미국이 일방적으로 다른 나라에 군사 공격을 개시한 첫 번째 사례가 아니었다. 미국은 미심쩍은 목적에서 작은 나라들을 상대로 일방적인 군사 공격을 가한 오랜 역사를 가지고 있다. 어떤 것은 소규모 전투였지만 필리핀 점령이나 최근의 이라크 전쟁처럼 많은 인명과 재산 피해를 낸 전면 공격도 있었다. 많은 경우에 미국의 대외 군사 개입은 잔혹한 독재자를 지지하기 위해 행해졌고, 민주적 대의를 진전시킨 경우는 거의 없었다.

부채라는 대량살상무기

앞 장에서 보았듯이 부채는 오랫동안 특권층이 화폐에 대한 접근을 통제함으로써 절박한 사람들, 또는 잘 속아 넘어가는 사람들을 상대로 자원을 강탈하는 데 쓰여온 단골 수단이었다. 전후 확장기에 미국은 차관이 들어가는 개발 원조를 사실상 현지인들에 대한 대량살상무기로 만드는 데서도 개척자였다. 미국은 그러한 개발 원조를 해외의 부패한 지도자들을 유혹하고, 미국 기업들의 수익성을 높이고, "원조"를 받은 국가가 해외 채권자의 통제 하에 들어가게 하는 데 사용했다. 이와 관련해 내부자가 쓴 상세한 설명을 존 퍼킨스John Perkins의 『경제 저격수의 고백Confessions of An Economic Hit Man』에서 볼 수 있다. 그는 한 국제 컨설팅 회사의 수석 경제학자였는데, 세계은행 등 해외 대부자들의 대규모 차관으로 진행되는 과도하게 비대한 인프라 프로젝트를 정당화하기 위해 과장된 경제 전망치를 제시하는 일을 했다. 그 차관은 애초부터 그것을 받은 나라가 상환하는 것이 불가능한 차관이었다.[37]

상환이 불가능할 줄 알면서 외국 정부에 돈을 대출하는 것이 멍청한 일처럼 보일지 모르지만, 그 돈은 벡텔이나 할리버튼처럼 해당 프로젝트의 계약을 수주하는 미국 건설 회사와 에너지 회사에 직접적으로 들어갔다. 또한 채무 상태가 영구적으로 이어지면서 그 나라의 경제적, 정치적 자원에 대한 통제력은 점점 더 글로벌 금융기관들의 손으로 넘어갔다. 그리고 돈을 많이 들여 지은 그 인프라는 초국적 광산업체, 농업 플랜테이션, 초국적 제조 기업의 해외 생산 시설 등의 운영에 막대하게 도움이 되었다. 이러한 차관과 프로젝트 계약은 미국의 이해관계를 충실히 따르는 부패한 독재자에게 큰 이득을 얻을 기회를 제공했고, 이들은 중요한 유엔 표결에서 미국 쪽 입장에 손을 들었다. 채무국의 지배 계층도 경제적, 정치적으로 이득을 얻기 때문에 거의 반대하지 않았다. 미래 세대를 포함해 악영향을 짊어지게 되는 평범한 사람들은 목소리를 낼 수 없었다. 이 과정에서 인간과 환경에 초래된 비용은 말할 수 없을 정도다.

이러한 일에 관여한 사람들 대부분은 자신이 신성한 임무를 수행하고 있다고 정당화했고 실제로도 그렇게 믿었다. 하지만 현지인에게 대량살상무기가 될 프로젝트를 위해 거짓말을 만들어내고 정당화하는 일을 전문적으로 수행하면서 그에 대해 보수를 받는 사람들 중에서도, 위에서 언급한 퍼킨슨처럼 어떤 이들은 자신이 하는 일의 진짜 목적과 본질을 정확하게 파악하고 있었다.

* * * * *

미국 헌법은 세습 군주를 국민이 선거로 뽑는 지도자로 대체하는 근대 최초의 주요 실험이었고, 종교와 사상의 자유와 정교 분리를 확립했다. 이러한 성취는 역사의 궤적을 지구공동체의 급진적 민주주의 쪽으로 돌리는 초창기의 중요한 공헌이었다. 하지만 미국 헌법을 작성한 사람들이 평범한 사람들에게 민중 주권이라는 민주적 이상을 보장해주는 정부 형태를 만들었다는 개념은 현실이라기보다는 몹시 성공적이었던 홍보 이미지에 더 가깝다.

스스로 조직된 민중의 저항 운동에 뒤따라 올라타서 지휘 통제력을 갖고자 했던 미국 식민지 시기의 지배층은, 일단 독립을 달성하고 나자 정부 제도에 대한 통제력을 계속 자신의 수중에 두는 데 관심을 기울였다. "식민지 권리 선언"과 "독립선언문"에서 유려하게 선포되었던 "모든 사람은 평등하게 태어나며 천부인권으로서 생명권, 자유권, 행복추구권을 갖는다"는 개념은 옆으로 밀려났다. 산업 자본가, 은행가, 노예 소유 농장주의 이해관계를 지키고 정부의 권력이 계속해서 자산 소유 백인 남성의 손에 있게 하는 쪽으로 초점이 이동했다. 제국은 다시 한 번 새로운 형태로 모습을 바꾸었지만 지배–종속 방식의 조직 원리는 동일하게 유지되었다. "건국의 아버지"들이 건국한 것은 제국적 확장을 추구하는 입헌적 금권 귀족정이었다고 묘사해야 가장 정확할 것이다.

거의 모든 미국인이 미국이 슈퍼파워라고 대번에 인정할 것이다. 하지만 미국이 제국적 권력임을 인정하기는 불편할 것이다. 미국이 민주주의 국가이고 전 세계를 비추는 자유의 횃불이라는 국가적 자기 이미지에 배치되기 때문이다. 하지만 역사의 사실은 국내 정책과 외교 정책 모두에서 제국적 팽창과 지배를 통해 다른 이들의 자원을 탈취하는 것이 내내 우리[미국] 역사의 핵심이었다는 사실을 고통스럽도록 명확하게 보여준다. 이것은 자산 소유자와 노동 대중 사이의 간극이 극심하게 벌어져 국내에서 긴장이 고조될 때 제국이 취하는 전형적인 해법이다.

북미 동부 연안의 좁은 땅에 정착한 우리[미국]의 선조들은 무력과 속임수로 원주민에게서 땅을 빼앗았고, 아프리카에서 강제로 납치된 사람들을 수입해 노예로 일하게 했다. 땅이 부족해지자 서부로 제국적인 팽창을 계속 해나가면서 서쪽 끝 태평양에 닿을 때까지 원주민과 멕시코의 땅을 강제로 차지하고 원래 그곳에 살던 사람들을 죽이거나 몰아냈다.

국경 밖으로도 제국적 팽창을 이어가면서, 다른 나라의 지배층에게 미국의 경제적, 정치적 이해관계에 줄을 서서 전리품을 분배 받을 기회를 주고 거부하면 군사력으로 제거함으로써 협력적인 독재 국가를 미국의 종속국으로 만들었다. 2차 대전 이후에 고전적인 형태의 식민 지배가 용인되지 않게 되자 미국은 대외 차관을, 더 나중에는 다른 나라 경제를 초국적 기업의 소유와 통제 하에 들어오게 만드는 무역 협정을 제국적 팽창의 수단으로 삼았다.

미국 역사가 명백하게 보여주듯이, 민주주의는 너그러운 권력자가 하사하는 선물이 아니다. 민주주의에서 배제되어온 사람들은 그들 자신의 지속적인 조직화와 투쟁으로만 민주주의를 달성할 수 있다.

정의를 위해 투쟁하다

나에게는 꿈이 있습니다. 나는 어느 날 이 나라가 깨어나 자신의 신조가 말하는 진정한 의미대로 살아가는 날을 꿈꿉니다: "우리는 다음을 자명한 진리로 생각한다. 모든 사람은 평등하게 태어났다."[1]

마틴 루터 킹 주니어*Martin Luther King Jr.*

일반적으로 인간은 자아의 여러 측면 중 의식적인 정신이 부인하는 부분을 무의식 영역에 가둔다. 자신이 선호하는 자아 이미지를 위협하기 때문이다. 심리학자 카를 융Carl Jung은 자아의 부인된 측면을 "그림자"라고 불렀다. 자아의 잠재력을 온전히 실현하려면 그러한 부인의 기저에 있는 고통을 인정하고 치유해야 한다.

개인뿐 아니라 국가도 비슷하다. 우리 미국인들은 국가적 자아 이미지와 너무나 상충되어 받아들이기가 고통스러운 나머지 미국의 제국적 확장과 비백인, 여성, 노동자 계급에 대해 국내에서 지속되어 온 억압에 대한 이야기를 집단적인 무의식에 밀어 넣었다. 이것은 우리가 공모한 불의에 대한 부정일 뿐 아니라, 제국의 현실에 대한 부정이며, 우리의 나라 미국이 민주주의가 아니고 한 번도 민주주의인 적이 없었다는 불편한 진실에 대한 부정이다. 우리[미국]의 국가적 자아 이미지에서 핵심인 민주주의를 실제로 달성하려면, 우리가 민주주의를 가져본 적이 없다는 사실부터 인정해야 한다.

미국은 "모두를 위한 자유와 정의"라는 이상을 그 이상에서 배제된 사람들의 길고 힘겨운 투쟁을 통해 느리게 성취해가고 있다. 이러한 투쟁을 인식하는 것은 우리가 성취해온 진보를 인정하는 것임과 동시에 아직 우리 앞에 남아있는 도전이 얼마나 어마어마한지를 인식하는 것이다.

죽지 않는 선언

미국 헌법은 양도 불가능한 생명권, 자유권, 행복추구권을 모든 이에게 보장하는 데 한참 못 미쳤다. 그렇지만 독립선언문에 담긴 이 대담한 선언은 죽지 않고 살아남아 지금도 그 약속을 현실로 만들고자 하는 사람들에게 희망과 영감을 주고 있다.

독립선언문에는 "모든 인간은 평등하게 태어났다"고 되어 있다. 여기에 백인만 평등하다거나 자산이 있는 사람만 평등하다는 이야기는 전혀 없다. 그리고 "모든 인간"이라면 왜 여성은 아닌가? 이러한 질문이 일련의 투쟁에 영감을 주었고 각각의 투쟁은 미국과 세계가 지구공동체의 성숙한 세상으로 나아가는 여정에 역사적인 공헌을 했다. 하지만 이 여정은 지금도 갈 길이 멀다.

노예제 폐지

프레데릭 더글러스Frederick Douglass, 소저너 트루스Sojourner Truth, 해리엇 툽먼Harriet Tubman, 냇 터너Nat Turner, 데이비드 워커David Walker 등은 목숨과 자유를 잃을지 모르는 위험을 무릅쓰고 공개적으로 노예 해방을 위해 싸운 흑인 자유민이다.[2] 민주적 의식을 가진 백인들이 흑인의 분노에 공감하며 이 싸움에 연대했다. 펜실베이니아 주 저먼타운의 퀘이커 교도들은 이미 1688년부터도 노예제를 비판했다. 보스턴의 청교도 신자인 새무얼 시월Samuel Sewall은 1700년에 미국 최초의 노예제 폐지 문건『조지프를 팔다The Selling of Joseph』를 썼다. 윌리엄 로이드 개리슨William Lloyd Garrison은 1831년에 노예제 폐지에 대중의 지지를 결집하기 위한 신문「해방자The Liberator」를 창간했다. 1851년에 출간된 해리엇 비처 스토Harriet Beecher Stowe의『톰 아저씨의 오두막Uncle Tom's Cabin』은 역사상 가장 영향력 있었던 책이라 해도 과언이 아닐 것이다.[3] 결국에는 남북전쟁을 겪고 나서야 법으로 승인된 노예제가 종말을 고했고 흑인 남성들이 시민권과 투표권을 갖게 되었다. 이로써 흑인은 "인간"이라고 법적으로 인정되었지만 흑인과 백인 모두에서 여성은 아직 법적으로 그렇게 인정되지 않았다.

흑인이 법적으로는 자유민이 되었지만 여전히 땅은 백인이 소유하고 있었고 일자리도 백인이 통제하고 있었다. 제국의 패턴이 이어지면서, 자본의 권리가 계속해서 노동의 권리를 누르고 승리했다. 여기에 대부업자들이 기회를 노리고 들어와 치명타를 날렸다. 대놓고 불공정한 임차농 계약으로 흑인들은 빚더미에 앉았고 과거의 노예제에서보다 약간 더 나을 뿐인 예속 노동자 처지가 되었다.[4]

흑인에 대한 테러와 억압은 여전히 만연했다. 20세기 후반이 되어서야 민권운동이 대대적으로 전개되면서 여전히 부분적이긴 하지만 인종관계에 중대한 문화적 변화가 일어났고 흑인의 기본권을 공개적으로 부정하는 사람은 법으로 제재를 받게 되었다.

유색인종의 민권 보장

현대 민권운동은 앨라배마 주 몽고메리의 재봉사이자 오랫동안 "전국 유색인종 지위 향상을 위한 연대National Association for the Advancement of Colored People, NAACP"의 활동가였던 중년의 흑인 여성 로사 파크스Rosa Parks가 1955년 12월 1일에 버스에서 백인 승객에게 자리를 양보하지 않았다는 이유로 체포되면서 시작되었다. 이후 마틴 루터 킹 주니어 목사의 지도 하에 버스 보이콧 운동이 성공을 거두었고, 이 경험은 미국 전역의 흑인 공동체에 자부심과 가능성에 대한 감각을 전에 없이 고양해 대대적인 저항의 물결을 일으키는 촉매가 되었다. 그리고 백인들의 잔혹한 보복을 일으키는 촉매도 되었다. 하지만 인종 분리의 불의에 대한 인식이 널리 퍼지면서 백인도 수천 명씩 투쟁에 동참했다. 이러한 정치적 압력에 의해 1964년에 포괄적인 민권법Civil Rights Act이 통과되었고, "인종, 피부색, 성별, 종교, 국적을 이유로 유권자 등록, 고용, 공공 교육, 공공 시설 이용에서 차별"을 할 수 없게 되었다.[5]

하지만 백인의 백래시가 점점 더 잔혹해지면서 흑인 지도자들은 사회 주류에 흑인이 평화롭게 통합되는 것이 가능한지, 혹은 과연 바람직한 것인지에 대해 의구심을 갖게 되었다. 흑인의 분노는 점점 더 폭력적인 도심 반란의 형태를 띠어갔다. 1965년 8월에 있었던 "와츠 반란Watts Rebellions"이 그러한 사례인데, 34명이 목숨을 잃었고 1000명 가까운 사람이 부상을 입었으며 4000명 넘는 사람이 체포되었다. 단호하게 비폭력 저항을 촉구했던 마틴 루터 킹의 목소리는 점점 더 반향이 없어졌고, 그가 암살당한 1968년 4월 4일 경이면 연방수사국FBI이 주요 민권 단체에 대해 공격적인 침투, 방해, 비방 작전을 펼치면서 민권운동은 수그러들기 시작한다.[6]

주류적인 제국적 제도와 문화의 광범위한 한계 속에서도 민권운동은 흑인의 자기인식을 변화시켰고, 인종 사안을 국가적인 의식의 전면으로 밀어올렸으며, 명시적인 인종 차별을 상당히 철폐했다. 미국 독립혁명도 그랬듯이, 이러한 변화의 추동력은 억압받는 사람들이 일어서서 자신의 권리를 직접 주장한 데서 나왔다.

마틴 루터 킹이 꿈꾸었던 "자유롭고 평등한 다인종 사회"에는 아직 한참 못 미치지만, 민권운동은 민주적 이상을 실현하는 과정에서 중대한 한 걸음이었고 뒤이어 많은 진보 운동이 일어나게 한 촉매였으며 지금도 지구공동체의 파트너십 관계로 문화적 전환을 이루려는 운동에 계속해서 추동력을 제공하고 있다.

여성의 평등

여성의 동등한 권리를 위한 운동은 인종 기반의 노예제를 철폐하기 위한 운동에서 뿌리를 찾을 수 있다. 일찍이 비전을 가진 일군의 여성들이 인종 기반의 노예제를 없애는 것이 젠더 기반의 노예제를 없애는 첫 걸음으로서 꼭 필요하다고 보았다. 1828년 2월에 안젤리나 그림케Angelina Grimké가 입법 기관에서 연설을 한 미국 최초의 여성이 되었을 때, 이것은 매사추세츠 주 일반 법정[Massachusetts General Court. "매사추세츠 베이 콜로니" 시절 의회가 항소 법원을 겸하고 있었던 흔적이 남은 이름으로, 명칭은 '법정'이지만 입법기관이다. 옮긴이]에 2만 명의 여성이 서명한 노예제 반대 청원을 제출하기 위해서였다.[7]

그러던 중 1840년에 페미니즘 운동은 결정적인 터닝포인트를 맞게 된다. 런던에서 열린 "세계 노예제 반대 회의World Anti-Slavery Convention"에서 남성들이 여성 참가자를 받아들이지 않은 것이다. 페미니스트이자 노예제 폐지 운동가인 루크리셔 모트Lucretia Mott와 엘리자베스 케이디 스탠튼Elizabeth Cady Stanton은 몹시 분개해서 여성의 권리를 직접 요구하는 쪽으로 방향을 돌렸다. 1848년 7월에 스탠튼은 뉴욕 세네카폴스에서 첫 "미국 여성 권리 회의American Women's Rights Convention"를 열었다. 참가자들은 다음과 같이 시작하는 자체적인 독립선언문을 발표했다. "우리는 다음을 자명한 진리로 생각한다. 모든 남성과 여성은 평등하게 태어났다."[8]

1920년에 수정헌법 19조가 비준되면서 여성에게 참정권이 생겼다. 하지만 그보다 앞서의 수정헌법들이 흑인 남성에게 온전한 존엄을 보장하지 못했듯이 아직 여성에게 온전한 존엄을 보장하지는 못했다.[9]

1960년대에 여성 운동의 두 번째 파도가 일었다. 베티 프리단Betty Friedan의 책 『여성성의 신화The Feminine Mystique』와 민권운동을 비롯한 당대의 다양한 사회운동 경험이 두 번째 파도의 촉매가 되었다. 프리단은 매우 협소한 영역으로만 한정된 여성의 역할이 자신의 지배를 유지하려는 남성들에 의해, 그리고 호황을 맞은 경제에서 종종 하찮은 제품에 대해 수요를 창출하려 하는 광고에 의해, 사회적으로 구성된 산물이라는 각성을 불러왔다. 두 번째 파도를 거치면서, 기존의 남녀 관계에 변화를 일으키고 성차별적 사회 구조에 도전하는 "문화적 혁명"이 촉발되었으며 지금도 전 세계적으로 계속되고 있다.

원주민의 시민권

미국의 제국적 역사가 가진 어두운 장들 중에서도 가장 어두운 장은 원주민이 처한 운명일 것이다. 그들의 땅을 빼앗고 문화를 파괴하기 위해 유럽계 정착민이 저지른 인종학살 이야기다. 건국 초기에 유럽 이민자가 대거 유입되면서 미국은 인구가 폭발적으로 늘었다. 1790년에 400만으로 추정되던 인구가 1860년에는 3100만 명으로 늘었다. 이에 따라 영토 확장도 빠르게 전개되었다. 1790년에는 미국의 토지 면적이 86만 5000제곱마일[약 224만제곱 킬로미터]이었는데 태평양 연안까지 서부 확장이 완료된 1853년에는 대륙 내 미국의 토지 면적이 300만 제곱마일[약 780만 제곱킬로미터]이 되었다.[10] 유럽계 이주민들에게는 자유, 확장, 번영, 기회였던 것이 그들이 쓸고 지나간 지역에 살던 원주민들에게는 압제, 수축, 빈곤, 제약을 의미했다.

공동체적인 가치와 생활 방식에 익숙해 있던 원주민은 처음 보는 사람들을 손님으로 대하면서 협상과 합의를 하고자 했다. 하지만 제국의 가치와 방식에 익숙해 있던 손님들은 뻔뻔한 속임수로 화답했다. 이것은 콜럼버스의 도착 이래 수없이 되풀이된 이야기다.

미국이 가차 없이 서부로 행진해 원주민의 땅으로 더 깊이 들어가면서 원주민의 저항도 거세졌지만, 결국에는 개척민의 규모와 미국 군대의 막강한 화력에 압도되었다. 침입이 시작되었을 때에 비해 원주민 인구는 10분의 1로 줄었고 살아남은 사람들은 유럽계 이주민들이 무가치한 땅이라고 여긴 좁고 척박한 보호구역에 갇혔다. 이것도 아직 끝이 아니어서, 그나마 남은 인디언 보호구역마저 빼앗고 원주민을 유럽 문화에 동화시키려는 압력이 계속 이어졌다. 1946년부터 1960년 사이에 인디언 부족들은 330만 에이커의 땅을 더 잃었다.[11]

유럽계 정착민이 파괴하려 한 원주민들의 문화는 자유, 민주주의, 인간의 존엄이라는 계몽주의적 이상을 그 이전이나 이후에 어떤 유럽 문화가 보여준 것보다도 잘 표현하고 있었다. 지금도 많은 원주민들이 공동체로서 살았던 고대의 지혜를 그들의 삶 속에 담지하고 있으며, 제국이 부인하는 인간의 가능성에 대한 기억도 담지하고 있다. 그리고 제국의 무자비한 불의에 자신의 특권과 지위가 달려있는 사람들은 원주민이 담지하고 있는 인간 가능성에 대한 기억을 자신의 지위에 대한 위협으로 여길 이유가 아주 많다.

1924년이 되어서야 미국 원주민이 원래 그들의 소유였던 나라에서 온전한 시민권을 인정 받기 위해 벌였던 투쟁에서 승리를 거뒀다. 1978년에는 "미국 인디언 종교 자유법American Indian Religious Freedom Act"이 통과되어 원주민들이 전통 종교를 따를 수 있게 보장했다.[12] 마침내 북미의 원래 시민들이 시민권을 회복했다. 더 정의로운 세계였더라면 애초에 이들이 이곳에 온 유럽인 중 누구를 어떤 조건에서 시민으로 받아들일지 결정했어야 마땅할 텐데 말이다.

중간 계층과 노동자 계급이 함께 한 투쟁

아리스토텔레스, 토머스 제퍼슨, 애덤 스미스 모두가 자신의 생산수단을 소유한 독립적인 농민과 장인으로 구성된 탄탄한 중간 계층이 안정적이고 민주적인 사회의 기반임을 강조했다. 탄탄한 중간 계층의 소유권에 기반한 사회에서는 생산적인 자산을 소유한 사람이 그 자산이 생산적이 되도록 노동하는 사람이기도 하다. 이는 제국과는 대척적이며 지구공동체에는 필수적인 토대다.

미국 독립혁명 직전과 직후의 시기에는 자유민인 백인 남성 대부분이 독립적인 농민, 상인, 장인이어서 많지는 않아도 적절한 생산수단을 가지고 있었다. 바로 이들이 미국 독립혁명의 길을 닦았고 헌법에 권리장전이 추가되어야 한다고 요구했으며 기업 특허장에 쓰여진 조건을 지속적으로 감시했다. 하지만 이들은 국내 지배층의 제국적 기획에 위협이 되었고, 따라서 지배층은 독립 생산자를 예속 노동자로 격하하기 위한 행동에 나섰다.

중간 계층의 침식

인구와 시장이 성장하면서, 사략선 운영, 노예 무역, 전쟁 시기의 폭리로 부를 일군 뉴잉글랜드의 상인 자본가들은 제조품에 대한 수요가 증가하고 있는 것을 포착하고서 영국에서 값싼 물품을 들여와 독립 장인들의 제품보다 낮은 가격으로 시장에 내놓음으로써 독립 장인들을 몰아냈다. 이제 독립 장인들은 더 큰 자본을 축적한 소유자에게 노동력을 판매하는 임노동자가 되어야 했다. 주어지는 노동 조건이 무엇이건 간에 그것을 받아들여야 했다.

북동부 지역에 백인 농민 수가 증가하면서 이들도 비슷한 처지에 처했다. 토지 부족, 빚, 중서부산 농업 생산물과의 경쟁 등으로 독립 자영농의 지위를 유지할 수 없게 된 것이다. 1860년에 태평양 연안에 도달해 완료될 때까지는 서부로의 팽창이 어느 정도 안전 벨브 역할을 했다. 하지만 11장에서 언급했듯이 은행가들이 곧 뒤따라왔고 새 땅에 정착한 농민들은 금세 땅을 다시 저당 잡히고 갚지 못할 것이 분명한 빚을 지게 되었다.

이로 인한 좌절과 분노에서 1890년대에 농민 운동이 빠르게 성장했다.[13] 이 운동은 경제적 불의의 구조적 원인을 고치려는 더 광범위한 운동이었고 한동안 농촌에서 상당히 강력한 세력을 이뤘다. 하지만 땅을 소유한 소농이 주로 이끈 이 운동은, 백인과 흑인 사이, 그리고 토지를 소유한 농민과 토지가 없는 농민 사이의 간극에 다리를 놓지는 못했다. [이들의 정당인] 민중당People's Party은 한때는 성공적이었지만 오래 못가 민주당에 흡수되었고 이들의 운동은 사라졌다.[14]

토지를 잃었지만 서부로 가서 개척지를 일구는 데는 마음이 내키지 않았던 사람들은 탄광, 공장, 건설 현장 등에서 노동자가 되었다. 하루 12-14시간씩, 일주일에 엿새씩 일하는 것은 기본이었다. 교회에 가야 하는 일요일만 일을 쉬었다. 여성들은 남편의 소득만으로 가족의 생계가 유지되지 못해서 가내 노동자나 직물 공장 노동자로 일했다. 가내 노동자는 사실상 자기 시간이 없었다. 남녀 노동자 모두 권리가 거의 없었고 고용주들은 계속해서 임금을 낮췄다.[15] 생산적인 자산이 화폐 소유자에게 집중될수록 노동하는 사람들에게는 선택지가 점점 더 쪼그라들었고 제국의 전형적인 권력 비대칭이 심화되었다.

영국의 지배에 대해 북미 식민지인들이 의지할 것이라곤 조직화밖에 없었듯이, 이들이 의지할 것도 조직화밖에 없었다. 처음 조직화에 나선 사람들은 그나마 자원과 중간 계층으로서의 토대를 유지하고 있었던 백인 장인 계급이었다.

1827년에 필라델피아에 여러 장인 노조가 생겼고 이들이 연대해 "기술직공협회Mechanics' Union of Trade Association"를 결성했다. 1833년부터 1836년 사이에 비슷한 연맹체가 13개 도시에 생겨났고 1834년에는 전국직공협회National Trades Union가 생겼다. 이들은 노조 신문을 제작하고, 파업을 지원하고, 노조 가입을 한층 더 독려하고, 개혁 정책을 도입하기 위한 로비 활동을 벌였다. 이들이 내세운 아젠다에는 공교육, 강제 징집 반대, 노조 설립에 대한 법적 제약 철폐 등이 포함되어 있었고, 가장 전면에 내건 요구 사항은 하루 10시간 노동제였다.[16]

고용주들은 노조 활동가를 해고하고, 요주의 인물에 대한 블랙리스트를 만들고, 노조를 상대로 소송을 걸어 노조가 고용주의 헌법적 권리를 침해하기 위한 범죄를 모략했다고 주장했다. 1835년에 뉴욕 주 대법원은 모략 관련 법들에 의거해 노조 결성과 파업 모두가 위법이라고 판결했다. 노동자들의 기본권을 거부하기 위해 소유주가 조직화하는 것은 합법이고, 노동자들이 자신의 권리를 보호하기 위해 조직화하는 것은 자유시장의 긍정적인 작동과 자유로운 거래를 제약하기 위한 불법 모략이었다.[17]

노동자들은 파업에서 입법으로 전략을 수정했다. 의원들에게 입법을 호소하고 선거에서 노조의 요구에 공감하는 후보가 당선되도록 하는 것이었다. 이들의 요구에는 하루 10시간 노동제뿐 아니라, 실업을 줄이고 임금을 내리누르는 압력을 낮추기 위해 공공 토지를 자영농에게 분배하라는 것도 있었다. 노동 운동의 압력으로 주 의회들이 과도한 노동 시간을 제한하는 법을 통과시키자, 고용주들은 어떻게든 허점을 찾아내 법을 에둘러가는 방법을 알아냈고 종종 고용주에게 공감하는 판사들이 여기에 일조했다.[18]

자산 소유자 권력의 증가

국가와 철도가 확장되는 과정에서 정부는 원주민의 땅을 무력으로 징발했다. 이 땅은 새로이 백인들에게 열린 땅들을 연결할 철로를 빠르게 확장하도록 철도 회사에 제공하는 인센티브로 들어갔고, 철도 회사는 다시 그 땅을 주요 삼림, 농업, 탄광 회사들에 넘겼다.

남북전쟁 때 취한 폭리에 이러한 이득까지 합쳐지면서 거대한 투자금이 형성되었다. 이 무렵이면 인간의 근력을 화석연료로 대체하는 새 에너지 기술이 이미 속속 도입되고 있었다. 화석연료의 대대적인 사용으로 일자리가 사라진 데다 인구까지 급격히 늘면서 노동시장에 심각한 공급 과잉이 나타났고, 이에 따라 임금을 내리누르는 압력이 강해졌으며 산업가의 영향력과 수익성은 한층 더 커졌다.

1860년에는 미국의 제조업 생산이 영국, 프랑스, 독일에 이어 4위였는데 1894년에는 1위가 되었고 2위인 영국의 두 배가 넘었다. 산업 기업들이 점점 더 강력해지면서 경제적 정의에 대한 노동자 계급의 희망은 점점 사그라들었다.[19]

경제 불황으로 실업과 기아가 널리 퍼지면서 노동자들에 대해 기업이 갖는 힘은 더욱 커졌다. 그리고 고용주들은 임금을 크게 줄여서 커져가던 노동자들의 분노에 기름을 부었다.

1877년에 노동자들의 분노는 철도 대파업Great Railroad Strike으로 정점에 올랐다. 흑인, 백인, 남성, 여성 모두가 전국적으로 연대해 철도, 항구, 선적, 공장을 멈춰세웠다. 예상에서 한치도 어긋나지 않게 주 정부와 연방 정부는 기업 편에 섰다. 철도 회사의 요구로 주의 병력이 소집되었다. 주의 병력이 이웃에게 발포하기를 꺼리자 연방 군대가 들어와 발포했고 금권 귀족이 확실하게 통제력을 다시 잡을 때까지 사람들을 체포했다.[20] 다시 한 번 자산가 계급이 생각하는 "국내의 안녕"을 보장하기 위해 연방 군대가 사용되었다.

원래의 의도에 충실하게도, 법원 역시 사건마다 자산 소유자들의 손을 들어주었다. 대법원은 노동 시간 단축이나 최저 임금 도입, 그 밖에 고용주의 권한을 제약한 법들을 무효화한 주 법원의 판결을 일관되게 인정했다.[21] 사실상 모든 영역에서 화폐 권력이 민중 권력을 누르고 승리했다. 여론을 만드는 언론, 학교, 교회의 힘이 모두 연대해 화폐의 이해관계를 지탱했다.[22] 부의 거물들, 그리고 그들의 제국적 의식은 자신이 신이 예정하신 다윈주의적 인간 진보의 비전에 기초해 위대한 종교적 미션을 수행하는 신의 도구라고 여겼다. 최근 저서에서 프리실라 뮤롤로Priscilla Murolo와 A.B. 치티A.B. Chitty는 그들의 생각을 다음과 같이 묘사했다.

> 철강 거물 앤드류 카네기는 1889년에 "개인주의, 사유재산, 부의 축적 법칙, 경쟁 법칙"이 "인간 경험의 가장 높은 결과"라고 언급했다. 석유와 탄광 거물 존 D. 록펠러 시니어는 일요학교 학생들을 대상으로 한 강연에서 이렇게 말했다. "큰 기업이 성장하는 것은 단지 적자생존의 결과일 뿐이다. … 기업의 사악한 성향이 아니라 자연 법칙과 신의 법칙이 펼쳐지는 것일 뿐이다." 예일대 정치학 및 사회학 교수이자 부자들의 나팔수인 윌리엄 그레이엄 섬너는 이렇게 말했다. "백만장자들은 전체 인간 중에서 필요한 바에 가장 잘 부합하는 사람들을 고르는 자연선택의 산물이다."[23]

백만장자들이 유럽의 성을 본따 화려한 저택과 여름 별장을 짓는 동안 그만큼 운이 좋지 못한 사람들은 집을 잃고 홈리스와 넝마주이가 되었다. 권력을 가진 사람들이 노동자 계급을 얼마나 멸시했는지는 거물 사업가였던 제이 굴드Jay Gould의 말에서 잘 드러난다. 여러 척의 선박과 웨스턴 유니온 전신 회사, 그리고 몇 개의 철도 회사를 소유하고 있었던 그는 이렇게 말했다. "나는 나머지 절반을 죽이기 위해 노동자 계급 중 절반을 고용할 수 있다."[24] 노동력의 절반에 대해서는 굴드의 말이 맞았을지 모른다. 하지만 그가 고용하지 않았을 절반은 남성, 여성, 백인, 흑인 사이의 놀라운 연대를 보여주면서 법원, 주 병력, 연방 군대의 폭력에 직면해서도 조직화를 계속했다.

"베이컨의 반란" 이후로 줄곧 그랬듯이 고용주들은 어떤 기회도 놓치지 않고 남성과 여성, 흑인과 백인을 분열시켰다. 노동자들은 인종, 젠더, 직종을 가로질러 연대를 유지할 수 있을 때 가장 강력하다는 것이 이번에도 드러났다.

노동 민중주의자 대 노동 귀족주의자

남북전쟁 직후 시기에 가장 강력했던 노조는 1869년에 필라델피아에서 의류 노동자들의 비밀 조직으로 결성된 노동기사단Knights of Labor이었다. 매우 포용적인 민중주의적 입장에서, 이들은 모든 "생산 계급"을 노조원으로 받아들였다. 가정주부, 농민, 사무직원, 점원, 전문직 종사자 모두가 포함되었고, 심지어는 임노동자 출신이고 자신의 노동자들을 공정하게 대한다면 고용주도 가입할 수 있었다. 기업 변호사, 은행가, 주식 중개인, 전문적인 도박꾼, 주류 판매상만이 즉각적으로 배제되었다. 노동기사단은 누진소득세, 아동노동 금지, 노동자에 대한 보상, 하루 8시간 노동제, 철도의 공공 소유 등을 포함해 체제 변혁을 위한 종합적인 개혁 의제를 내세웠고 상당한 세력으로 성장했다. 또한 탄광과 공장을 노동자들의 협동 조합으로 만드는 경제 민주화 프로그램도 제시했다.[25]

노동자들의 경제적 조건이 더 악화되면서 파업이 더 자주 일어났고 대치는 더 폭력적이 되었다. 경찰은 파업 참가자들에게 발포를 하고 지도자들을 체포했다. 네 명의 노조 지도자가 다들 날조되었다고 생각한 혐의로 처형되었다. 결국에는 주의 군과 경찰 병력이 동원되어 기업 벼락부자들을 위해 "국내의 안녕"을 회복했다. 노동기사단이 역사속으로 사라지고 미국노동총연맹American Federation of Labor, AFL이 생겨났다.[26]

AFL은 더 좁은 범위의 사람들을 노조원으로 받아들였고 목표도 더 좁게 한정했다. AFL은 숙련 노동자를 조직하는 데만 관심이 있었다. 즉 숙련 노동자들이 더 좋은 조건으로 협상해서 더 큰 파이를 가져가게 하는 것이 주된 목적이었고, 미숙련 노동자, 여성, 흑인, 새로 들어온 이민자, 그리고 공공 정책 사안에는 관심을 갖지 않았다.[27]

노동기사단이 자기조직적인 사회운동의 성격을 가지고 있었던 반면 AFL은 전문적인 협상가와 조직가로 이뤄진 제도적 구조를 가지고 있었다. 기업에서 경영진과 일반 직원 사이에 전형적인 제국적 간극이 있는 것과 비슷하게 말이다. 기능 면에서도 다른 기업들에 계약 노동자를 공급하는 또 하나의 기업처럼 굴러갔다. AFL 지도자들은 기존의 권력 체제를 전혀 불편하게 여기지 않았고 쉽게 금권 귀족층으로 편입되었으며 뇌물을 받고 고용주와 담합적인 협상을 했다. 노동자들의 일자리 접근성에 대해 상당한 통제력을 가지고서, AFL 조합원은 1890년대와 20세기의 첫 10년 동안 기업이 맹렬한 반노조 정책을 펴고 대법원이 계속해서 소유주에게 유리하게 판결을 내리는 와중에도 빠르게 증가했다.

1905년에 더 급진 성향의 노동자들은 AFL에 맞서 세계산업노동자동맹Industrial Workers of the World, IWW을 결성했다. 대체로 자본의 이익과 연결되어 있었던 AFL과 달리 IWW는 자본주의 체제 전복을 목표로 내세웠다. "워블리스Wobblies"라는 별명으로 흔히 불린 IWW는 20세기 초 노조 운동의 중심이었다. 이곳은 흑인, 미숙련 노동자, 새로 들어온 이민자에게 관심을 기울였고 광범위한 사회 개혁 의제를 추구했으며 기득권을 위협했다. 이곳 조합원들은 더 보수적인 AFL을 그들이 증오해 마지 않는 자본주의 만큼이나 싫어했다.[28]

이 시기의 노동자 운동은 1913년 콜로라도 퓨얼 앤 아이언 컴퍼니Colorado Fuel & Iron Company에 맞서는 대대적인 탄광 노동자 파업으로 이어졌다. 하지만 노동자들은 대패했다. 기업이 고용한 경비와 주 병력이 파업 참가자들에게 화기를 발사하고 그들이 세운 천막을 불태웠다. 파업 참가자들이 업무에 복귀했을 때는 69명의 탄광 노동자와 가족이 목숨을 잃은 뒤였다.[29]

자본주의의 과잉과 대공황

1920년대에 공화당 대통령인 워런 하딩Warren Harding, 캘빈 쿨리지Calvin Coolidge, 허버트 후버HerbertHoover는 공화당이 지배하는 의회의 도움으로 기업이 정부에 미치는 영향력을 (당시로서는) 새로운 극단으로 높였다. 하딩 행정부는 뇌물 수수와 부패로, 그리고 정부 자산을 사기성으로 매각하고 원주민 자산을 약탈한 것으로 유명했다. 쿨리지 행정부는 부유한 사람들의 소득세를 절반으로 낮추고 상속세도 크게 인하했다. 후버 행정부는 미국 기업이 해외 시장으로 진출하는 것을 지원했다. 이들 행정부는 외국 정부에 대출을 촉진해서 미국 기업들이 더 많은 시장에 접근할 수 있게 했고 일상적으로 군을 보내 해외의 투자를 보호했다. 중국, 아이티, 온두라스, 니카라과 등이 그런 사례다.[30]

1920년대를 거치면서 불평등이 급격히 증가했다. 노조에 가입된 숙련 노동자도 포함해서 특권 집단은 대체로 괜찮았지만, 대부분의 노동자는 번영하는 경제에서 얻은 게 별로 없었고 많은 노동자들의 임금이 오히려 하락했다. 건설 분야에서 노동갈취행위labor racketeering는 만연한 관행이 되었고 몇몇 지역 노조를 마피아가 장악해 자금을 유용하고 고용주에게 소위 "파업 보험"을 강매했다.[31]

노동 대중은 과열된 경제가 생산하는 물건들을 사기에 충분한 소득을 벌고 있지 못했다. 규제 없는 금융시장에서는 사기와 투기가 만연했다. 물질주의의 과잉, 정치적 부패, 투기, 금융 사기가 임계 수준에 다다랐다. 환상은 깨졌고 1929년 10월에 경제가 붕괴하면서 대공황이 시작되었다.

뉴딜, 새로운 협상

대담한 비전을 담은 개혁 공약으로 압승을 거둔 뉴욕 명문가 출신의 프랭클린 D. 루즈벨트Franklin D. Roosevelt는 대공황이 한창이던 1933년 3월 4일에 대통령이 되었다. 그는 자본주의를 자본주의에서 구하겠다고 공언했다. 취임하자마자 그는 최악으로 치달은 자본주의의 과잉을 제약하고 노동 대중에게 돈이 더 많이 흘러가게 해서 경제를 되살리기 위한 개혁에 착수했다. 그는 곧바로 은행과 금융시장에 대한 공적 규제를 강화했고, 고용을 창출하는 공공 사업을 시행했고, 전체 인구 중 5분의 1에게까지 대상이 확대된 공공 보조 프로그램에 자금을 지원했고, 노동자들의 단결권과 단체교섭권을 보장하는 법안의 입법을 밀어붙였다.[32] 루즈벨트의 조치에 노동자들은 환호했고, 그가 속한 계층 사람들은 경악하며 루즈벨트를 계급의 배반자라고 맹비난했다.

운동장을 평평하게

연방 정부가 기업의 맹렬한 반대를 뚫고 노동권 보장을 위한 법들을 집행할 능력이 없다는 것은 누누이 증명된 바지만, 전임 대통령들과 달리 루즈벨트는 기업 편에서 군대를 보내는 것을 거부했고 이것은 아주 큰 차이를 가져왔다. 노조가입률이 급증했고 모든 곳에서 노동자들이 더 나은 임금과 노동 조건을 위해 투쟁에 나섰다.

기업들은 "미국을 노조 급진주의자들로부터 구하기 위해서"라는 명분으로 쿠클럭스클랜KKK 같은 증오 선동 집단의 지지를 끌어내고, 깡패를 동원해 노동자들을 공격하고, 노조 조직가를 공산주의자라고 비난하는 선동 활동을 벌였다. 지역 경찰과 군대가 파업을 분쇄해야 한다고 촉구했다. 하지만 기업의 지나친 행위는 대중의 마음을 노조 쪽으로 기울였고 루즈벨트의 정치적 기반과 정치적 의지를 강화했다.

1935년에 루즈벨트는 노동자들과의 파트너십에 기초해 "2차 뉴딜"을 시작했다. 여기에는 사회 보장, 전국 실업 보험, 기업과 부유층에 대한 상당한 세금 인상, 독점 기업 해체를 위한 반독점 조치 등이 포함되었다. 노조의 강한 지지에 힘입어 1936년 대선에서 루즈벨트는 기업 친화적인 공화당 후보를 누르고 재선이 되었다. 루즈벨트는 전국 득표율 60%를 얻었고 메인주와 버몬트주를 제외한 모든 주에서 승리했다. 적극적인 조직화 운동으로 노조 가입자는 1935년 360만 명에서 1940년 870만 명으로 증가했다.

1938년에서 1940년 사이에 기업 지도층 사이에 우익적 분위기가 높아졌다. 많은 이들이 공개적으로 독일과 이탈리아의 파시즘에 동조했다. 헨리 포드Henry Ford와 제임스 왓슨James Watson(IBM 회장)은 나치로부터 훈장을 받았다. 주요 기업들은 미국우선위원회America First Committee

를 구성해 미국이 히틀러에 맞서 유럽에 개입하는 것에 반대했다. 전미제조업협회National Association of Manufacterers의 전 회장은 "[현재의 상황은] 미국의 기업이 모종의 위장한 파시스트 독재 형태에 의존해야 하도록 몰아가고 있는 것으로 보인다"고 말했고 전미제조업협회는 "소비에트-아메리카의 건설을 도울 생각이거든 CIO[산별노조회의]에 가입하라"는 제목의 소책자를 200만 부나 뿌렸다.[33]

중산층의 부상

1941년 12월 7일에 일본이 하와이 진주만에 주둔해 있던 미군 함대를 기습 공격했다. 갑자기 국가가 한마음이 되어 공동의 적을 무찌르기 위한 대대적인 동원에 나섰다. 방위 산업에 돈이 쏟아져들어갔고 이는 전례 없는 강력한 산업 군사 권력을 만들어냈다. 부분적으로는 부유한 사람들의 최고소득세를 올려서 자금을 충당했다. 경제는 호황을 이루었고 비용에 일정 수익을 더해 대금을 지불하는 방식의 정부 계약을 통해 기업들의 수익도 치솟았다. 실업이 만연해있던 데서 갑자기 노동력이 심각하게 부족해지는 상황으로 바뀌었다.

노조들은 전쟁 중에는 파업을 하지 않는다는 약속을 지켰다. 하지만 조직화는 계속 진행했다. 1945년이 되면 노조 가입자가 1430만 명으로 증가해 전체 노동력의 35.5%가 되었다.[34] 전쟁이 끝나자 방위 산업은 민간 생산으로 방향을 돌렸고 억눌려 있던 소비재 수요가 경제를 호황으로 이끌었다.

노동자들은 일련의 파업 등 다양한 투쟁으로 유의미한 임금 인상을 쟁취했고 미국 역사상 전례가 없었던 권리와 혜택을 갖게 되었다. 노조는 강력했고 다수의 노동자가 의료보험과 은퇴연금 등에 가입할 수 있게 되었다. 평범한 임노동자의 소득이 가족을 부양하기에 충분해졌고 아빠와 엄마는 아이들과 저녁 먹을 시간이 되기 전에 퇴근해 집에 돌아올 수 있었다. 주택 소유도 증가했다. 증가하는 경제적 산출에서 모든 사람이 적어도 어느 정도의 이득을 얻었다. 부의 격차도 줄었고 금권 귀족의 권력도 상대적으로 줄어들었다.[35]

다운사이징이라든가 아웃소싱이라는 말은 아직 일상 어휘에 들어와 있지 않았다. 유색인종에게는 아메리칸 드림이 여전히 멀리 있었지만, 대부분의 유럽계 미국인들에게는 안락한 수준의 부를 누리는 아메리칸 드림이 현실이 되었다.

미국은 세계가 부러워하는 나라가 되었고 과거의 거대 식민 제국들이 해체되던 시기에 모든 나라가 따라야 할 모범 국가로 자리잡았다. 모든 곳에서 사람들이 자신의 목소리를 낼 민주적 권리와 자신이 창출한 부의 공정한 몫을 요구하고 있었다. 한동안은, 머지 않아 세계 전체가 미국 중산층 수준의 풍요로움을 달성할 수 있을 것 같아 보였다.

* * * * *

독립선언문에서 벅찬 어휘로 선포된 이상에도 불구하고 미국의 건국과 미국 헌법은 미국에 민주주의를 가져오지 않았다. 그보다는, 5000년간에 걸친 제국의 시기가 남긴 문화적, 제도적 유산들을 극복하기 위한 긴 투쟁의 장을 창출했다. 그리고 권력을 쥔 지배층은 이 투쟁을 격렬하게 저지했다. 원주민에 대한 인종학살, 흑인의 노예화, 여성의 기본적 권리에 대한 거부, 실제로 노동을 하면서 자본을 생산적으로 만들어주는 사람들에게 정당한 몫을 분배하는 것에 대한 거부와 같은 역사적 현실은 우리 앞에 놓인 도전의 다층성과 앞으로 해야 할 일의 규모를 말해준다.

지난 200년의 투쟁이 이룬 성과는 더 깊은 역사적 맥락에서 보아야 제대로 인식할 수 있다. 군주정은 이제 역사적인 희귀물 정도로 여겨진다. 명백한 정교 분리가 신앙과 양심의 자유를 보장하고 있다. 견제와 균형의 시스템이 자리잡아서, 지배 계층의 한 분파가 영구적으로 정부 기관을 통제하는 것을 200년 넘게 성공적으로 막아냈다. 원주민에 대한 적극적인 인종학살은 끝났고 오늘날에는 어느 집단에 대해서도 인종학살이 보편적으로 비난받는다. 노예제는 더 이상 법으로 보호받는 제도가 아니며 문화적으로도 받아들여질 수 없는 제도다.

토착민, 유색인종, 자산이 없는 사람들, 여성들도 법적으로 투표권을 가지며 정치 과정에 참여할 온전한 권리를 갖는다. 실직적으로는 여전히 만연해 있지만 특정 집단을 대놓고 차별하면서 정치적 권리를 부인하는 것은 이제 문화적으로 용납되지 않는다.

그리 오래지 않은 과거에 이 모든 것이 얼마나 상상도 못할 일로 보였을지 생각하면, 오늘날 우리가 이러한 성취들을 당연하게 여긴다는 것 자체가 이것이 얼마나 중요한 진보인지를 말해준다. 이러한 성취는 "모두를 위해 작동하는 세상"이라는 비전을 위해 결연히 나선 수백만 명의 지속적인 실천과 희생으로 가능했다.

전후의 미국에서 자란 우리는 민주주의와 경제적 정의가 태어날 때 자동적으로 갖게 되는 권리라고 생각하기 쉽다. 우리는 우리가 계급 없는 사회, 모두가 자신이 원하는 것을 시도할 기회가 있는 사회, 규칙에 의해 돌아가는 사회에 살고 있다고 믿으면서 자랐다.

전후에 중산층의 경험은 그러한 믿음을 입증해 주는 것 같았다. 그리고 그 시기 중산층 생활을 경험한 사람들은 계급 이슈를 말하는 사람들을 제 할 일은 하지 않고서 계급 전쟁이나 선동하려 드는 불평분자로 치부하곤 한다. '그래, 옛날에는 문제가 많았지. 그렇지만 우리의 뛰어난 지성과 고귀한 이상으로 다 해결해서 지금은 없어졌잖아?' 우리는 이렇게 생각했다. 그리고 세계의 다른 곳들을 우리처럼 되게 하는 것이 우리의 의무라고 생각했다. 이제 나는 이 모든 것이 매우 잘못된 믿음이었다는 것을 안다.

그렇더라도, 2차 대전 이후 중산층의 부상은 제대로 기능하는 사회가 창출하는 이득을 모두가 나누어야 한다는 믿음에 기초한 민주주의의 가능성을 보여주는 위대한 놀라운 사례다. 하지만 이것은 자산을 소유한 계층이 나머지 사람들에 대해 벌여온 길고 긴 전쟁에서 아주 짧게 존재했던 민중의 승리였다. 자산 소유 계층이 나머지 사람들에 대해 전쟁을 벌이는 것은 제국을 특징짓는 여건이며, 그 전쟁은 콜럼버스가 카리브해 연안에 처음 발을 디딘 날부터 지금까지 내내 미국의 여건이기도 했다. 우리의 역사에서 노동자, 여성, 유색인종의 정의를 위해, 또 평화와 환경을 위해 벌어져온 모든 투쟁은 서로 관련이 없는 것 같아도 제국의 문화와 제도에 맞서는 하나의 크고 포괄적인 투쟁을 형성한다.

자산 소유 계급은 억압받는 사람들의 연대가 그들의 제국적 특권에 위협이 된다는 것을 오래전부터 알고 있었다. 인종, 젠더, 직종 등에 기반한 정체성 정치의 주장들은 분열의 단층선을 강조하고 공고화하기 때문에 제국이 어느 정도 용인할 수 있지만, 계급에 대한 논의는 그렇지 않다. 계급에 대한 논의는 단합된 저항으로 이어질 수 있는 깊은 구조적 문제와 공동의 이해관계를 드러내기 때문이다.

영속적인 계급 단층선은 소유자와 노동자 사이에, 즉 자본에 대한 수익으로 살아가는 사람과 노동에 대한 수익으로 살아가는 사람들 사이에 놓여 있다. 제퍼슨은 이 간극을 노동자가 소유자가 되게 함으로써 해결하고자 했다. 해밀턴은 계속해서 소수의 손에 소유가 집중되게 함으로써 지배 계층의 지위를 보장하고자 했다.

다음 장에서 보겠지만, 20세기 말과 21세기 초에 해밀턴의 비전을 계승한 사람들이 확실하게 존재감을 나타냈다. 그리고 빠르게 변화하는 인간 조건이 그들의 비전을 더 이상 지탱될 수 없게 만드는 와중에도 그들이 계속해서 지배자 관계의 제국적 논리에 복무하리라는 점 또한 분명히 드러냈다. 나는 미국의 가장 강력한 기관들을 이끄는 지도자들 중에 제국을 추구하는 것을 신성한 임무인 양 생각하면서 거짓말, 암살, 전쟁까지 온갖 수단을 동원해 "모두를 위한 정의"로 가는 진보를 가로막고 이제까지의 성취를 되돌리려 하는 사람들이 있다는 것이 여전히 받아들이기 쉽지 않다. 하지만 더 이상 부인할 수는 없다. 그러한 사람들은 분명히 존재하며, 상당한 추종자가 있을 만큼 그들이 성공적으로 문화를 조작해냈다는 것을, 그리고 위대한 전환의 과업을 이루려면 그들의 거짓, 방법론, 제국적 아젠다를 드러내 그들의 힘을 무력화시키는 과정이 꼭 필요하다는 것을 말이다.

현실에 경종을 울리다

미국은 뒤뚱거리며 오른쪽으로 움직이고 있다. ⋯ 1960년대까지는 미국에 우익 조직이라 할 만한 것이 거의 없었다. ⋯ 그러나 1970년대가 되면 우파는 제도화되고 규율 잡히고 잘 조직화되고 자금도 넉넉한, 느슨하게 연결된 제휴 파트너들의 운동이 되어 있었다. ⋯ 뉴라이트 네트워크는 급진적인 정치 변화를 향한 열망과 현 상태에 대한 분노를 그들과 함께 공유하는 사람이면 누구나 지지한다. 이런 면에서 뉴라이트는 보수주의가 전혀 아니다.[1]

앨런 크로포드Alan Crawford

악은 매우 치명적이었다. 공화당은 권력의 자리에 단단히 자리를 잡고서 정치적으로 그 권력을 남용했다. 그들은 투표의 고결성과 언론의 고결성을 뒤엎었다. 그들은 당파적인 입법 활동을 하고 압제자의 전술을 모방해 헌법 정신을 조롱했으며 자신의 행동에 대한 관심을 돌리기 위해 해외에서의 전쟁을 사용했다.[2]

쿠바 시인이자 독립 영웅 호세 마르티José Marti가 뉴욕에 거주하던
1884년의 미국 대선에 대한 논평 중에서

2차 대전 이후에 미국은 전 세계의 부러움을 살 만큼 폭넓은 중산층을 성장시킬 수 있었다. 이를 달성하는 데는 암담한 불황, 파업 노동자에게 연방 군대를 보내 발포하기를 거부한 노조 친화적인 대통령, 세계 대전, 강하고 잘 조직된 노동 운동이 필요했다. 이러한 요소들이 결합해서 한동안은 제국의 과잉을 길들이는 흐름을 만들어낼 수 있었다.

하지만 이러한 개혁이 제국의 기저에 있는 제도와 문화에 중대한 도전이 되지는 못했다. 소유권은 여전히 집중되어 있었고 경제적 권력도 여전히 소수의 거대 기업이 쥐고 있었다. 노조 자체도 제국적인 위계로 조직되었고 노조 지도자는 어느 기업 CEO나 기성 정치인 못지 않게 권력에 집착했다. 정치 문화는 미성숙한 민주주의의 방식대로 개인의 권리에만 집착했고 성숙한 민주주의에 필수적인 시민적 책임에 대한 감각은 거의 갖추지 못했다. 하지만 이에 대해 더 깊은 문화적 도전이 일어나기 시작했다.

제국에 대한 문화적, 경제적 도전

1960년대는 문화적 격동으로 들끓던 시기였다. 새로운 세대가 기업 금권 귀족에게 "우리는 당신의 소비주의와 당신의 전쟁에 동참하지 않는다"고 외쳤고 신정 정치가에게 "우리는 당신이 협소하게 해석한 성경적 권위나 엄격한 성적 도덕성 기준에 관심이 없다"고 외쳤다. 흑인과 여성은 금권 귀족과 신정 정치가 모두에게 "우리는 당신이 우리를 온전한 인간보다 모자란 존재로 규정하는 것을 거부하며 우리의 인간성을 인정하라고 당신에게 요구한다"고 외쳤다. 가정에서의 위계도 비롯해 전통적인 권위 체계들이 뒤흔들리고 있었다.

또한 전지구적인 환경 문제에 대해 각성이 높아지면서 경제성장에 대한 통념도 도전을 받았다. 로마클럽The Club of Rome이 1972년에 펴낸 『성장의 한계Limits to Growth』는 인간이 생태계에 부과하는 부담이 지구의 지속가능한 한계에 빠르게 접근하고 있음을 드러냈다. 경제학자들은 종말론자의 이야기라며 대수롭지 않게 치부했지만 자연 시스템은 이미 쇠락하고 있었다. 석유수출국기구OPEC의 담합으로 유가가 급등하면서 원유 매장고의 한계에 관심이 높아졌고 미국 경제의 해외 석유 의존도에 대한 우려도 높아졌다. 환경운동의 영향력이 커지기 시작했다. 지구공동체의 새로운 문화에 토대가 될 가치들을 받아들이는 사람이 많아졌고 이는 제국의 제도들에 점점 더 심각한 도전을 제기했다.

그와 동시에, 미국은 해외로부터도 심각한 경제적 도전에 직면했다. 소련의 정치적, 군사적 위협 외에 일본, 한국, 홍콩, 싱가포르 등 몇몇 아시아 국가들이 수출 주도 전략으로 고도 성장을 하면서 국내외에서 미국 기업을 위협하고 있었다. 다른 국가들도 미국의 기업 금권 귀족에게 "우리는 글로벌 경쟁에서 당신을 능가할 수 있고 당신의 홈 구장에서도 당신을 능가할 수 있다"고 말하고 있었다. 이러한 변화는 미국 기업의 헤게모니뿐 아니라 미국 노동자의 일자리도 위협했다.

지배층인 금권 귀족과 신정 정치가들은 자신의 권력과 특권의 기반이 잠식되고 있는 것을 깨달았다. 제국은 위험에 처해있었다. 더 민주적인 인류의 미래를 선택하려는 운동이 떠오르고 있었다. 지구공동체가 생겨나려 하고 있었다. 그리고 제국이 역습을 위해 전열을 가다듬었다.

텔레비전은 사람들이 시간을 쓰는 방식 및 다른 이들과 관계 맺는 방식을 변모시키고 있었다. 1960년 경부터 수동적인 형태의 공공 생활 참여가 더 적극적인 형태의 참여를 몰아냈다. 사람들이 패스트푸트 매장, 프로 스포츠 이벤트, 카지노 등은 매우 자주 이용하게 된 반면 투표 참여율, 신문 구독률, 학부모회 참여도, 노조 가입률, 가족이 함께 식사하는 횟수, 자선 활동에의 기부는 크게 줄었다. 또한 정직성과 도덕성에 대한 인식도 낮아졌다.[3] 사람들 사이의 관계는 단순히 달라지는 것이 아니라 침식되고 있었다. 사람들은 점점 취약함과 단절감을 느꼈다. 도덕과 사회적 토대가 해체되고 있다는 불안이 감돌았고 이러한 불안은 스스로 보수적이라고 생각하는 사람들 사이에서 특히 더 팽배했다. 그리고 이러한 불확실성과 분노는 제국의 선동가들에게 비옥한 토양을 제공했다.

유구한 역사를 가진 결탁이 다시 이루어지다

역사적으로 보면, 미국의 민주적 이상에 대한 거부는 두 개의 근본주의 중 하나를 중심으로 혹은 둘 다를 중심으로 뭉치는 경향이 있었다. 알렉산더 해밀턴의 비전을 이어받은 금권 귀족들은 시장 근본주의를 받아들였다. 시장 근본주의는 금융 자산을 가진 사람들이 공공에 대한 책무를 지지 않은 채 사회를 지배하는 것을 정당화했다. 존 윈스롭의 칼뱅주의 비전을 이어받은 신정 정치가들은 종교 근본주의를 받아들였다. 종교 근본주의는, 교조적 믿음을 가지고 있고 부와 권력을 신의 선택에 대한 징표로 찬양하는 사람들이 공공에 대한 책무를 지지 않은 채 사회를 지배하는 것을 정당화했다. 금권 귀족은 물질적 가치를, 신정 정치가는 영적 가치를 앞세웠지만 지배 권력의 추구와 민주주의에 대한 혐오를 공유하고 있었으므로 서로에게 편리한 연합 상대가 되었다.

1960년대 말에 소수의 금권 귀족과 신정 정치가가 결탁해, 제국의 몰락을 막고 미국의 정치적 중심을 오른쪽으로 급격히 기울이는 일에 발벗고 나섰다. 이 둘의 조합은 몹시도 강력했다. 금권 귀족은 선거, 싱크탱크, 미디어에 돈을 댔고 신정 정치가는 중산층에서 밀려나고 있다는 불안과 소외에 시달리는 사람들의 분노를 조직해 선거에 표를 가져왔다. 이들의 아젠다가 새로운 것은 아니었지만 이들은 스스로를 뉴라이트New Right, 즉 새로운 우파라고 불렀다. 민주주의에 대한 혐오와 권력을 추구하고자 하는 동기로 뭉친 뉴라이트는 공화당을 장악하고 예전에는 정치적으로 중도이던 공화당과 민주당 모두를 오른쪽으로 크게 치우치게 만들기 위해 공조했다.

지배를 위한 조직화

기업 금권 귀족층은 오래 전부터 업종별 협회와 상공회의소 같은 포괄적 경제 단체를 조직해 자신들의 이해관계를 촉진해왔다.[4] 이들이 보수주의적인 싱크탱크를 후원한 역사도 길다. 1919년에 스탠포드 대학에 세워진 후버 연구소Hoover Institute, 1921년에 저명한 기업인, 은행가, 변호사들의 모임으로 설립되고 전후 미 국무부가 세계 자원 및 시장 장악 전략을 구성하는 데 결정적인 역할을 한 외교위원회Council on Foreign Relations 등이 그런 사례다. 프랭클린 루즈벨트는 1933년에 기업계와 상무부의 연계를 강화하기 위해 기업자문위원회Business Advisory Council를 설립했다. 데이비드 록펠러David Rockefeller는 1973년에 유럽, 북미, 일본의 지배층이 신자유주의 정책과 기업 중심 세계화의 진전을 위해 협력할 수 있도록 삼극위원회Trileteral Commission를 설립했다.

원래 이러한 기관들은 영향력은 있지만 대중의 관심에서는 대체로 벗어나 있는 "올드보이 사교클럽"처럼 기능했다. 그런데 주도적인 금권 귀족들이 국정 아젠다를 재장악하려 하면서 이것이 극적으로 달라졌다. 그들은 대중매체를 장악하고 로비를 위한 새로운 연합을 결성하고 풀뿌리 지지 기반을 구축하고 지식인, 대학, 싱크탱크를 금전적으로 지원하기 위해 막대한 자금을 들여 정교한 작업에 나섰다. 로스쿨 학생들과 현직 판사들을 위한 연수 프로그램 및 유랑성 시찰 프로그램에 돈을 댔고, 우호적인 정치인에게 자금을 후원했고, 최신의 광고와 홍보 기법을 자신들이 미는 정치 의제와 정치 문화를 형성하는 데 활용했다.

1971년에 미 상공회의소는 그들이 심각해지고 있다고 판단한 자본주의의 국내적 위협에 대처하기 위해 버지니아 주 검사이자 나중에 대법관이 되는 루이스 파월Lewis Powell에게 조언을 구했다. 파월은 "미국 자유 기업 시스템에 대한 공격Attack on American Free Enterprise System"이라는 메모로 이에 답했다. 그 메모에서 파월은 환경주의자, 소비자 운동가, 그밖에 "체제에 맞서 선동을 하고 지속적으로 악의적인 사보타지를 하는 자들"의 공격을 경계해야 한다고 촉구했다. 그는 상공회의소가 "미국 기업들의 지혜와 독창성과 자원을 모아서 ⋯ 미국 기업을 파괴하려는 세력에 맞서야 한다고 주장했다."[5] 파월의 조언대로, 1973년에 상공회의소는 환경 규제, 노동자 권리 보호, 기업 수익에 대한 과세 등을 주장하는 공익 단체들의 움직임에 맞서 기업을 방어하기 위해 태평양법률재단Pacific Legal Foundation을 설립했다.

닉슨 행정부와 포드 행정부에서 재무장관을 지낸 윌리엄 E. 사이먼William E. Simon은 1977년에 재무부를 떠나 올린 재단Olin Foundation의 회장으로 자리를 옮겼다. 그곳에서 사이먼은 사법 시스템을 기업의 이해관계에 맞게 재구성하고 영향력 있는 우파 싱크탱크들의 네트워크를 구성하기 위한 전략적 노력의 일환으로 보수적인 재단들을 조직화하는 일에 나섰다. 그는 존 템플턴 재단John Templeton Foundation의 이사회에 참여했고, 브래들리 재단Bradley Foundation의 프로그램 구성을 도왔으며, 해리티지 재단Heritage Foundation, 후버 연구소 등 올린 재단이 자금을 대는 우파 싱크탱크들의 이사회에도 참여했다.

1972년에는 미국의 많은 거대 기업 CEO들이 의회에 로비를 하기 위해 비즈니스 라운드테이블Business Roundtable을 결성했다. 비즈니스 라운드테이블은 1980년 로널드 레이건의 대선 승리, 기업 세금 인하, 1994년에 공화당이 의회 다수당이 된 중간선거 승리 등에 크게 기여했다. 또한 북미자유무역협정North American Free Trade Agreement, NAFTA 등 기업이 기획하고 기업의 이해관계를 촉진하기 위해 진행된 무역 협정들을 통과시키는 데도 주된 역할을 했다.

1970년 이전에는 「포춘」 500대 기업 중 워싱턴DC에 정부 및 공공 관계 담당 팀을 두고 있는 곳이 거의 없었는데 1980년에는 80% 이상 이 그런 팀을 두고 있었다. 선거판에 들어오는 기업 자금도 그에 따라 점점 증가했다. 또한 기업이 자금을 댄 프론트 조직들이 "미국을 아름답게Keep America Beautiful, KAB"와 같은 헛갈리는 이름을 가지고 풀뿌리 시민운동 행세를 하면서, 기업이 미는 정책 의제들에 사람들의 지지를 끌어냈다.

미국기업연구소American Enterprise Institute(1943), 전략 및 국제 연구 센터Center for Strategic and International Studies(1962), 허드슨 연구소Hudson Instiute(1961), 후버 연구소 등 기존에 있던 우파 싱크탱크에도 새로운 자금이 흘러들어갔고, 레이건 행정부 시절에 정치 의제를 주도한 해리티지 재단(1973)을 비롯해 케이토 연구소Cato Institute(1977), 건전 경제를 위한 시민 모임Citizens for a Sound Economy(1984) 등 새로운 싱크탱크도 생겨났다.

유권자 기반을 구축하기

충성스러운 보수주의적 유권자 기반을 구축하려는 신정주의자들의 노력은 보수 성향의 백인 기독교인을 조직화하는 데 집중되었다. 1964년에 배리 골드워터Barry Goldwter의 대선 선거운동을 중심으로 모인 초기 전략가들은 "가족 가치" 아젠다를 정식화했고, 보수 기독교도들의 대중 운동으로서 "모럴 머조리티Moral Majority [도덕적 다수]" 운동을 전개한다는 계획을 구상했다. 이를 위해. 1977년에 "가족에 초점을Focus on the Family"을, 1979년에 "미국을 걱정하는 여성들의 모임Concerned Women for America"을 설립했다.[6] 1990년대 말 경이면 "가족에 초점을"은 연간 1억

1000만 달러의 예산과 1300명의 직원으로 거대 라디오와 출판 제국을 통제하고 있었고 콜로라도 주 콜로라도 스프링스에 있는 이곳 본부가 우편번호 하나를 통째로 차지했을 정도였다. 또한 상호 컨텐츠를 교류하는 신디케이트 토크 방송 프로그램을 통해 미국에서 1500개, 전 세계적으로 3400개의 방송국에 메시지를 내보내고 있었다.[7] 1979년에는 보수 성향의 복음주의 목사 제리 폴웰Jerry Falwell을 백인 기독교 교회들을 조직하기 위한 간판 인물로 삼았다.[8]

1979년에 워싱턴DC에서 시작된 "종교 라운드테이블Religious Roundtable"은 매주 모임을 갖고 뉴라이트의 정치 활동을 조율했다. 이곳은 1981년에 종교적, 비종교적 단체들을 아울러 더 광범위한 연합 활동을 공식적으로 조율하기 위해 전국정책위원회Council of National Policy라는 단체로 바뀌었다.[9] 1996년 대선의 선거 전략은 "조세 개혁을 위한 미국인들Americans for Tax Reforms"의 회장이던 그로버 노퀴스트 Grover Norquist가 조직한 모임에서 조율을 맡았다. 크리스천 연맹Christian Coalition, 전미총기협회National Rifle Association, 미 상공회의소, 미국농민연맹American Farm Bureau Federation, 생명권리위원회National Right to Life Committee 등이 합류했다.[10]

외부인들은 우파 극단주의의 성공에 경악했고 그들이 상충하는 집단 간 이해관계와 가치들을 조율하면서 공동의 정치 의제를 중심으로 통합을 이뤄내는 역량에 크게 놀랐다. 이 성공의 핵심은, 제국의 고전적인 지배-종속 관계를 따라 집단 간 조율이 상층의 지도부 수준에서 이뤄졌다는 데 있었다. 이데올로기의 차이가 아무리 첨예하더라도 상층의 지도부 사이에서는 그러한 차이를 압도하는 공동의 정치적 목적이 있기 때문에 조율이 가능했다. 핵심 정책과 지지할 후보에 대한 합의가 상층단에서 이뤄지고 나면 각 지도자들은 각자 자신의 청중에 맞게 메시지를 재구성해 정해진 정책과 후보에 대한 지지를 끌어냈다. 탑다운 방식의 구조이므로 기층 수준에서는 상이한 집단 사이에 소통하고 조율할 필요가 거의 없었다. 이것은 지구공동체의 파트너십 모델을 따르는 글로벌 시민사회의 조직화 양상과 대조적이다. 글로벌 시민사회는 스스로 연결되고 조직화해나가므로 기층 수준에서 서로 다른 집단 사이에 소통과 협력을 이루는 것이 필수적이다.

텔레비전 설교자 팻 로버트슨Pat Robertson은 1988년에 공화당 대선 후보가 되는 데 실패하자 정치적으로 수완 있는 크리스천 연맹Christian Coalition을 설립하고 뛰어난 측근 랠프 리드Ralph Reed와 가이 로저스Guy Robers가 구성한 전략대로 공화당에 영향력을 미치는 일에 착수했다. 로저스는 1991년 11월에 열린 크리스천 연맹의 첫 전국 모임에서 그들의 선거 전략의 바탕인 단순한 수학을 다음과 같이 공공연히 말했다.[11]

> 다른 선거보다 투표율이 높은 대선에서도 유권자의 불과 15%가 결과를 좌우합니다. … 투표권이 있는 18세 이상 성인 중 60% 정도만 유권자 등록을 합니다 … 투표율이 매우 높은 경우에도 그중 절반 정도만 실제로 투표를 합니다. 이 말은 전체 유권자 중 30%만 실제로 표를 행사한다는 말입니다. 따라서 투표율이 매우 높은 선거라 하더라도 15%가 결과를 좌우합니다. 투표율이 낮은 선거에서는 … 낮게는 6, 7% 정도로도 누가 승리하는지가 결정될 수 있습니다. … 미국인 다수가 우리에게 동의하게 만들 필요는 없습니다. 그들 대부분은 투표장에 안 나오고 집에서 텔레비전이나 봅니다.[12]

로버트슨이 크리스찬 연맹을 만들어 풀뿌리 조직화에 나서는 동안, 다른 우파 전략가와 자금줄은 전국 수준에서 매우 성공적이었던 정치 인프라를 주 단위에서도 만들기 위해 두 개의 싱크탱크 네트워크를 구성했다. 하나는 해리티지 재단을 모델로 한 "주 정책 네트워크State Policy Network"이고, 다른 하나는 워싱턴DC의 가족연구위원회Family Research Council를 모델로 "가족에 초점을"이 주도해 구성한 가족정책위원회 Family Policy Councils다. 이 네트워크들은 대체로 공화당의 기관으로서 기능했고 주된 목적은 보수적 이데올로기의 경제, 사회 정책 아젠다를 마케팅하는 것이었다.[13]

위장 정치

대중적인 유권자 기반을 조직하려 할 때 우파 보수주의 연대는 곤란한 문제가 하나 있었다. 민주주의를 뒤집으려는 금권 귀족의 아젠다는 소수를 비대하게 부유하고 강력해지게 만드는 한편으로 나머지를 희생시키고 중산층을 축소시키는 것이므로 당연히 대중에게 지지를 얻기가 어려웠다. 이러한 아젠다는 경제 정의와 사회 정의의 도덕 원칙에도 위배될 뿐 아니라 매우 부유한 소수를 제외하면 아무에게도 득이 되지 않았다.

이에 더해 신정주의자들은 그들의 독특한 신앙에서 비롯하는 또 다른 난제가 있었다. 기독교 우파가 유권자 기반으로 삼고자 하는 사람들 상당수가 지상의 세계는 악의 영역이고 구원은 지상의 세계에서 일어나지 않는다고 생각하고 있었다. 또한 많은 이들이 예수가 재림해 신실한 사람들을 천상으로 데리고 올라갈 휴거가 임박했다고 믿었다. 그렇다면 정치 행동은 무의미했다. 따라서 이러한 믿음을 가지고 있는 대부분의 기독교 단체들은 정치 참여에 별로 관심이 없었고, 따라서 우파 신정주의자들은 정치에 관심을 갖고 참여하는 것이 기독교인으로서의 의무라는 사실을 그들에게 설득시켜야 하는 난제를 안게 되었다.

기독교 우파를 정치 기반으로서 조직하고자 했을 때 또 하나의 난제는 R. J. 러시두니R. J. Rushdoony가 설파한 개념이 사람들에게 어마어마하게 영향력 있었다는 점이었다. 러시두니는 기독교 재건주의Christian Reconstructionism의 대표적인 인물로, 제리 폴웰의 신문에 정기적으로 기고를 했다. 기독교 우파에 대한 취재로 유명한 기자 프레데릭 클락슨Frederick Clarkson은 이렇게 설명했다.

> 일반적으로 재건주의는 민주정을 그들 버전의 "성경의 법"을 강제하는 신정 정치로 대체하려고 한다. 믿기지 않겠지만, 노조, 민권법, 공립학교 같은 민주적 제도들이 제거 대상 1순위에 놓일 것이다. 여성은 가정과 부엌으로 밀려날 것이다. 남성은 충분히 기독교적이지 않다고 여겨지면 시민권을 거부당할 것이고 처형될 수도 있다. 이러한 신정 정치에서는 사형 적용이 가능한 범죄가 납치, 강간, 살인 등의 잔혹 범죄를 넘어 이단, 신성모독, 간음, 동성애 등으로도 확대될 것이다.[14]

요컨대 이 비전은 초창기 뉴잉글랜드 정착지에서 칼뱅주의자들이 꿈꾸었던 것과 비슷한 법률에 의해 통치되는 신정 국가를 그리고 있다. 이슬람 신정 국가를 세우려는 이슬람 근본주의자들의 구상도 그렇듯이, 이러한 비전이 광범위한 대중적 지지를 얻기는 어렵다. 이러한 상황에서 충성스러운 유권자 기반을 만들기 위해, 금권 귀족과 신정주의자 모두 중산층에서 떨어지고 있는 사람들의 분노를 활용하면서 대외적인 언명과 대외적으로 표방하는 가치에서는 자신의 실제 정책 목표가 드러나지 않도록 세심하게 위장하는 작전을 구사하는 데 능해져야 했다.

분노를 조직하기

뉴라이트 연합은 중산층에서 밀려나고 있는 소상공인, 농민, 임노동자의 분노를 겨냥하는 데 매우 효과적이었다. 그런데 이러한 사람들은 자신이 동원되어 촉진하게 될 바로 그 시스템 때문에 중산층에서 밀려나고 있었다. 이런 면에서 뉴라이트의 전략은 악마적으로 효과적인 전략이었다. 그들의 실제 의도가 신자유주의 경제 정책을 촉진하는 것이었고 이러한 정책은 중산층을 잠식하므로, 뉴라이트가 성공할수록 사람들의 불안과 분노도 커졌다. 뉴라이트는 희생양 만들기 전략을 솜씨 좋게 구사해, 중산층의 분노가 실제 원인인 신자유주의 경제 정책이 아니라 동성애자, 유색인종, 페미니스트, 복지 수급자, 이민자, 마약 중독자, 공무원, 유대인, 그리고 이들을 지지하는 진보주의자에게 향하게 만들었다.[15]

이와 더불어, 기업의 광고는 개인주의적인 탐욕과 물질주의의 문화를 육성했고 섹스와 폭력이라는 소재를 사용해 사람들이 텔레비전 앞에 붙박혀있게 했다. 이는 사회적 소외와 도덕 가치의 퇴락에 대한 우려가 높아지게 만들었다. 진보적인 개혁가들이 여성, 유색인종, 아동, 성소수자 등의 자유와 권리를 확대하고자 하면 뉴라이트는 이러한 개혁가들이 전통적인 미국의 문화적 규범과 도덕적 질서를 붕괴시키고 있다고 비난했다. 그들이 말하는 미국의 전통적인 도덕 가치는 "노동 윤리, 성적인 절제, 자립, 가부장제, 기독교, 애국심" 등이었다.[16] 특히 뉴라이트는 힘겹게 살아가는 노동자 계급 납세자들이 복지 수급자에 대해 분노하도록 만드는 것이 매우 쉽다는 사실을 발견했다.

뉴라이트는 세 가지 주장이 유권자를 조직하는 데 효과가 좋다는 것을 알게 되었다. 첫째, 사회적 병폐는 지나치게 방종을 허용하는 류의 자유주의 때문이다. 둘째, 정부보다 자유시장 자본주의가 더 효과적으로 번영을 가져온다. 셋째, 공산주의의 위협(나중에는 테러의 위협) 때문에 강한 국방력이 필요하다.[17] 이러한 메시지는 복지 프로그램을 축소하고 시장 규제를 완화하고 (뉴라이트의 자금줄인) 기업들이 수익성 높은 군수 계약을 딸 기회를 확대하는 정책에 대한 지지로 이어질 수 있었다. 정치학자 진 하디스티Jean Hardisty는 이렇게 설명했다.

> 혼란스럽고 두려운 시기에 기독교 우파 집단은 분명한 행위 규칙을 제공해 삶의 문제에 대해 신학적으로 정해진 해답을 제시했다. … 뉴라이트는 급격한 사회 경제적 변화로 말미암아 널리 퍼진 사회적 긴장을 포착하고 그것을 조직했다. 그들이 백래시의 감수성을 없던 데서 생판 새로 만들어낸 것은 아니다. 그러한 백래시의 감수성은, 적어도 잠재된 형태로는 이미 존재했다. 뉴라이트는 그 목소리를 들었고, 진지하게 받아들였고, 그 다음에 그것을 조직하고 더욱 조장했다.[18]

누군가가 공격을 하면 신정주의자들은 상대를 기독교도와 미국과 도덕적 질서를 혐오하는 사람이라고 비난하는 것으로 대응한다. 이러한 전술은 혐오와 불관용을 조장하는 것, 특히 사회의 가장 취약한 사람들에 대해 그렇게 하는 것이 독립선언문, 예수의 가르침, 그리고 다수 기독교인의 믿음과 극명하게 상충된다는 사실을 가려버린다. 실제로 대부분의 기독교인, 심지어 스스로 복음주의자이거나 근본주의자라고 생각하는 사람들 중에서도 상당수는 진보적인 민주적 가치에 공감하며 신정주의적인 우파 지도자들이 기독교의 가르침을 왜곡하면서 밀어붙이려 하는 비기독교적인 목표에 깊이 분노한다. 하디스티와 클락슨 모두 뉴라이트를 따르는 사람들, 즉 충분히 합당한 이유로 삶의 어려움에서 고전하고 있는 사람들과 뉴라이트의 지도자들, 즉 그 사람들의 불안을 자신의 정치적 이익을 위해 활용하고 조장하는 사람들을 구분해야 한다고 강조했다.[19]

가정의 해체를 이용하기

뉴라이트는 소유자 계급과 노동자 계급 사이에 제국적 관계를 복원하는 데서 놀랍도록 성공을 거두었다. 1983년 이후 경제성장으로 발생한 거의 모든 이득이 최고 부유층에게 흘러들어가는 동안 노조가입률은 급감하고 다수 노동자의 실질임금은 하락했다.

평범한 남성 노동자의 임금이 가족을 부양할 수 없을 정도로 떨어지면서 노동시장에 참여해 새로운 자유를 경험하기 시작했던 여성들은 이제 노동시장 참여를 선택이 아니라 필수로 해야만 하게 되었다. 많은 이들이 생계 임금 이하의 일자리라도 잡아야 했고 집에서 직접 식사를 준비하고 아이들을 돌볼 시간과 에너지를 더 이상 가질 수 없었다.

가정을 돌볼 사람이 없어지면서 기업이 생산하는 가공 식품과 기업이 운영하는 패스트푸드점에 대한 수요가 증가했다. 이 때문에 영양 상태가 저하되면서 의료 및 건강 산업이 확대되었다. 아이들을 돌보는 기능은 텔레비전이 대체했고, 텔레비전을 통해 아이들은 소비자로서의 역할을 학습했다. 이러한 변화 모두가 기업에 새로운 마케팅 기회를 가져왔고 경제성장을 촉진했다. 그와 동시에, 가정과 공동체가 무너지고 사회적 소외와 긴장이 높아지면서 정치 선동가들에게 비옥한 토양을 제공했다.

규칙을 지켜가며 게임을 하고 있었던 남성들은 한때 정체성의 기반이었던 가족 부양자 역할을 상실하면서 배신감을 느꼈다.[20] 여성들은 한때는 더 많은 자유를 약속해주는 무언가이던 "집밖의 일자리"가 이제는 자유를 제약하는데도 절박하게 잡아야만 하는 무언가가 된 것에 배신감을 느꼈다. 페미니스트이건 아니건 공히 느끼는 문제였다. 남성, 여성, 아이 모두의 후생에 꼭 필요한 가정 생활은 사람이 아닌 시장에 맡겨졌다.

도덕적 부패와 가정의 붕괴가 계속되면서, 뉴라이트 권력의 토대인 대중의 두려움과 분노도 커졌다. 페미니스트를 탓해라. 진보주의자들을 탓해라. 유색인종을 탓해라. 복지 수급자를 탓해라. 가정, 공동체, 민주주의 제도를 실제로 망가뜨리고 있는 장본인만 빼고 탓하면 된다.

주로 경제 사다리의 바닥 칸에 있는 유색인종, 특히 흑인이 탓을 돌릴 타깃이 되었다. 선택지가 너무나 없어진 흑인들은 그나마 경제적으로 처지를 나아지게 할 수 있는 길로 마약 매매에 발을 들였다. 마약 사범과 수감 인구가 급증했고 다시 이는 흑인 가정에 재앙적인 영향을 미쳤으며 교육과 그밖의 공공 서비스에 들어가야 할 자금을 빨아들였다. 하지만 감옥을 짓고 운영하는 민간 기업과 죄수 노동력을 헐값에 사용

하는 기업에는 매우 좋은 수익 기회가 되었다.[21]

빠듯한 수입으로 살아가면서도 소비자 계층의 라이프스타일을 비슷하게나마 유지하고 싶은 중산층과 저소득층 가구는 점점 더 많은 빚을 지게 되었다. 노동을 해서 번 소득의 상당 부분이 은행에 빚 갚는 데 들어갔다. 전에는 비교적 시간 여유를 가지고 살았던 중산층 사람들은 삶의 수준이 낮아지는 것을 막으려면 점점 더 많은 시간을 일해야 했다. 그러는 동안, 최상층 사람들은 고급 레스토랑에 가고 해외에서 호화로운 휴가를 개인 비행기로 출장과 휴가를 다니고 점점 더 큰 집을 여러 채씩 소유하고 살았다.

초당적 대의로서의 금권 귀족정

뉴라이트가 정치에서 거둔 첫 번째 주요 승리는 1980년 로널드 레이건의 대선 승리였다. 미국에서는 레이건 행정부가, 영국에서는 마가렛 대처Margaret Thatcher 정부가 신자유주의 경제 아젠다를 대대적으로 도입했다. 앞에서 언급한 조치들에 더해, 군비 지출을 늘렸고 반독점법의 집행을 포기해 점점 더 거대한 규모의 인수합병이 가능해졌다. 유럽, 캐나다, 일본도 각자의 경제를 이와 비슷하게 "현대화"하도록 몰아붙이는 압력에 놓이게 되었다.

1982년에 제3세계 국가들이 부채 위기를 겪으면서 국제통화기금과 세계은행(미 재무부의 영향을 크게 받는 기관들이다)은 부채에 시달리는 저소득 국가들에도 신자유주의 아젠다를 강요할 수 있게 되었다. 이 두 기관은 "구조조정" 프로그램을 통해 그 나라의 정부가 사회 기준, 환경 기준, 노동 기준을 스스로 정하고 부과하는 기능을 갖지 못하게 만들었고 심지어는 지역민을 고용하거나 노조 가입 노동자들을 고용하는 기업을 우대하는 기능도 갖지 못하게 만들었다. 그 나라 정부가 자국민의 선거에 의해 민주적으로 선출된 정부이더라도 말이다.

공화당인 레이건 이후에 공화당 조지 H. W. 부시(1989-1993년 재직)와 민주당 빌 클린턴(1993-2001년 재직)이 대통령이 되었다. 스타일과 우선순위는 달랐지만 어느 정당에서 대통령이 나오건 미국의 금권 귀족들은 계속해서 권력을 완벽하게 유지했고 그들이 미는 친기업적 정책들도 중단 없이 진전되었다.

클린턴은 상대적으로 더 진보적이라고 여겨지는 민주당 소속이었지만 뉴라이트 의제를 진전시키는 데 중대한 기여를 했다. 사회복지 프로그램을 축소했고 북미자유무역협정을 밀어붙였고 "관세와 무역에 관한 일반 협정"을 더 강력한 세계무역기구로 대체했다. 사형이 적용되는 범죄의 종류를 확대했고 사형의 집행을 늦추라는 요구를 거부했다. 그의 행정부 시절에 복지 수급자 1400만 명 중 1000만 명이 제외되었고, 의료보험 없는 사람이 증가했다. 또 그는 양도소득세 인하를 지지했으며, 국제 지뢰방지조약에 서명을 거부했고, 연방 소유 토지에서 가스와 석유 시추를 가속화했다. 클린턴 행정부는 닉슨 이래 자동차 연비 기준을 올리지 않은 최초의 행정부이기도 하다.[22]

조지 W. 부시가 대통령이 된 2001년 1월 무렵이면 뉴라이트는 그 이전에 민중이 제국에 맞서 얻어낸 성과들을 되돌리는 데서 상당한 성과를 낸 상태였다. 1969년부터 1974년까지 재직한 공화당 대통령 리처드 닉슨이 그 시절에 골수 보수주의자라고 여겨졌던 것은 오늘날의 상황에 대해 시사하는 바가 크다. 지금 보면 닉슨 행정부 시기는 현재의 민주당 주류보다도 왼쪽에서 노동과 환경을 보호한 시기로 보이니 말이다.

닉슨은 1970년에 환경보호청Environmental Protection Agency을 설립했고, 청정대기법에 서명해 자동차 배기가스 감소 시한을 설정했고, 1969년 과 1973년에는 멸종위기동물보호법Endangered Species Acts에 서명했고, 1971년에는 일터에서의 안전 기준을 마련하고 집행하는 직업안전보건 국Occupational Safety and Health Administration을 설립했고,[23] 미국과 공산 국 가 중국 사이에 비적대적인 정치적 관계를 열었다.

경종

국민 운운하는 온갖 언사에도 불구하고, 뉴라이트가 미국 정부를 장악하게 된 것은 국민의 자생적인 의지가 표현되어서가 아니었다. 제 국적 지배층의 사적인 이익에 복무하기 위해 대중의 문화를 조작할 목적으로 매우 정교하게 준비한 캠페인의 결과였다. 여기에는 서로 잘 연결되어 있고 막대한 자금을 댈 수 있는 기업 금권 귀족과 종교적 신 정주의자의 결탁이 있었다. 이들은 민주주의, 시민적 자유, 중산층의 경제적 향상, 문화적, 종교적 다원성의 시계를 뒤로 돌리기 위한 의도 를 가지고, 각각 돈과 표를 가져와 연합했다. 하지만 새천년의 초입에 전례없이 극단적인 행정부[조지 W. 부시 행정부]가 들어서기 전까지는 이러한 정책이 민주주의, 평화, 그리고 미국의 권력과 권위에 얼마나 심각한 위협이 되는지를 대부분의 미국인이 체감하지 못하고 있었다. 그런데 부시 행정부가 너무나 극단적인 정책들을 밀어붙인 나머지 뉴 라이트가 의도하는 바의 실체가 드러나버렸다. 또한 미국 정치 시스 템이 얼마나 지배층 편향적이며 민주주의를 혐오하는 정치적 극단주 의자들에 의해 장악되기가 얼마나 쉬운지도 많은 사람들이 깨닫게 되었다.

2000년 대선에서 부시는 자신이 "공감하는 보수주의자"라며, 평범한 사람들의 편에 서고, 어떤 아이도 뒤쳐지지 않게 하고, 환경을 보호하고, 재정을 책임 있게 운영하고, 평화롭고 협업적이며 비호전적인 외교 정책을 통해 다른 나라들의 이익과 권리를 존중할 것이라고 약속했다.

2001년 1월 20일 취임 연설에서 부시는 그 약속을 재차 천명하면서 그의 행정부가 "예의, 용기, 공감, 성품을 통해 우리나라의 약속을 새롭게 지키며" 나아갈 것이라고 다짐했고, 시민적 삶에 적극적으로 참여하라고 사람들을 독려했다.[24] 또한 그는 미국의 외교 정책은 "거만하지 않게 목적을 추구할 것이며 … 존중과 예의는 단지 감수성이나 전술이 아니라, 정략보다는 신뢰를, 혼란보다는 공동체를 단호히 선택하겠다는 의미"라고 말했다.[25]

실로 미국의 건국 이상에 충실한 고무적인 발언이었다. 부시에게 투표한 사람 대부분은 그가 이 말을 지킬 것이라고 생각했을 것이다. 하지만 부시와 그의 행정부에서 고위직에 포진한 전직 기업 지도층, 로비스트, 신보수주의적 군사 매파, 종교 근본주의자, 워싱턴 내부자들로 구성된 소수의 측근은 그가 연설에서 공언한 바와 상충되는, 그리고 그들 사이에 미리 잘 짜여져 있었던 정책 목표를 가지고 있었다.

부시가 당선 전에 국정 능력을 딱히 입증한 적이 없었음을 생각할 때, 그의 측근이 미국 행정부 전체를 장악한 속도는 실로 놀라웠다. 부시의 뒤에는 대법원이 그의 대선 승리를 확정해주기 한참 전부터 오랫동안 네트워크를 일구고 정책을 개발해온 일사불란한 정치 일당이 있었다.

새 정권은 조금도 시간을 지체하지 않고 그들의 의도가 "공감적 보수주의" 중 공감과는 관련이 적고 보수주의와는 관련이 많다는 것을 행동으로 보여주었다. 취임하고 불과 며칠 만에 부시 정권은 전임 클린턴 대통령이 임기 말에 서명한 수천 페이지 분량의 진보적 대통령령의 시행을 중지했다.[26] 낙태를 여성의 의료적 선택지 중 하나로 언급하는 해외 기관들에 원조를 거부했고, 슈퍼리치들에게 1.6조 달러 규모의 조세 감면을 추진했고, 바우처와 표준 시험을 골자로 하는 교육 개혁을 도입했다.[27] 이 교육 개혁은 공교육을 훼손하기 위해 고안된 것이었다.

2001년 3월이면 [대선 때 자신의 공약이었던 온실가스 규제 방침을 철회해] 교토 의정서의 온실가스 감축 목표를 따르지 않을 것임을 밝혔으며[28] 석유와 가스 시추, 탄광, 벌목, 석탄 화력 발전 등에 대한 규제를 완화하는 조치를 끝도 없이 내놓았다. 곧 부시 행정부의 더 큰 목적이 민주주의, 중산층, 환경 보호를 위해 이제껏 이루어왔던 노력을 무효로 되돌리고 부시 일당의 미국 왕조가 통치하는 글로벌 제국 질서를 강화하는 것임이 많은 사람들에게 명백해졌다.[29]

임기가 시작되고 얼마 지나지 않아서, 협력적이고 비호전적인 외교 정책을 약속했던 부시는 50명의 러시아 외교관을 근거가 희박한 첩자 혐의로 미국에서 추방했고, 아일랜드, 중동, 한반도 문제에 평화적인 협상으로 접근하는 것을 중단했으며, 미사일 방어체계 실행을 위해 대탄도미사일조약Anti-Ballistic Missile Treaty에서 일방적으로 탈퇴했다. 미국의 외교 정책이 점점 더 일방적이고 호전적이 되면서 유럽의 오랜 우방국들 사이에 우려와 경계가 높아졌다.[30]

팍스 아메리카나의 비전

　이라크 침공 계획들도 포함해 부시 행정부 외교 정책의 골자는 부시가 취임하기 한참 전부터 만들어지고 있었다. 소련이 붕괴되고 나서 1992년에 당시 조지 H. W. 부시(아버지 부시) 행정부의 국방장관이던 딕 체니Dick Cheney는 폴 울포위츠Paul Wolfowitz에게 의뢰해 냉전 이후의 미국 국방 전략을 마련해 보고하도록 했다. 빌 클린턴의 대통령 취임 바로 직전인 1993년 1월에 완성된 울포위츠 팀의 보고서는 미국이 어떤 잠재적 라이벌보다도 우위에 있기에 충분한 압도적인 군사력을 유지해야 하고 세계의 헤게모니 국가 지위를 유지하기 위해 언제든 그 군사력을 일방적으로 사용할 준비가 되어 있어야 한다는 메시지를 명백하게 담고 있었다. 중동 지역의 권력 구도와 관련해서는, 이란과 이라크가 미국의 경쟁자로, 따라서 미국이 중동의 석유 자원을 통제하는 데 있어서 잠재적인 위협으로 지목되었다. 이어서 공화당의 핵심 네오콘(신보수주의) 인사였던 빌 크리스톨Bill Kristol과 로버트 케이건Robert Kagan은 「포린 어페어스Foreign Affairs」에 기고한 글에서 미국이 "선한 글로벌 헤게모니"를 구축해야 한다고 촉구했다.

　크리스톨과 케이건은 1997년에 "새로운 미국의 세기를 위한 프로젝트Project for a New American Century, PNAC" 팀에 합류했다. 이 프로젝트의 일원을 보면 레이건 행정부와 조지 H. W. 부시 행정부의 최고위 군사 당국자 인명록이라고 해도 과언이 아닐 정도다. 체니, 울포위츠, 훗날 조지 W. 부시(아들 부시) 행정부의 국방부에서 정책을 이끌게 되는 도널드 럼스펠드Donald Rumsfeld와 리처드 펄Richard Pearle, 조지 W. 부시의 동생인 젭 부시Jeb Bush 등이 PNAC의 일원이었다. 2000년 9월에 PNAC

는 「미국 국방의 재건: 새로운 세기를 위한 전략, 무기, 자원Rebuilding America's Defenses: Strategy, Forces and Resources for a New Century」이라는 제목의 보고서를 내놓았다. 미국의 군사적 세계 지배를 위한 계획으로, 고대 로마 제국의 "팍스 로마나"에서와 같은 방식으로 세계에 "팍스 아메리카나"의 질서를 부과한다는 비전을 그리고 있었다.[31] 이 보고서는 조지 W. 부시 정책과 군사 계획의 청사진이 되었다.

PNAC 보고서는 "제2의 진주만과 같은 파국적이고 기폭제적인 사건 없이는" 전 세계적인 군사적 지배라는 아젠다에 대중의 지지를 모아내기 어려울 수 있다고 언급했다.[32] 2001년 9월 11일에 오사마 빈 라덴Osama Bin Laden의 테러 공격이 바로 그 필요했던 사건을 제공한 셈이 되었다. 이미 잘 준비되어 있었던 부시 행정부는 이 기회를 재빨리 붙잡았다. 실제로, 부시, 럼스펠드, [백악관 국가안보좌관] 콘돌리자 라이스Condoleezza Rice 등 핵심 인물은 국가안전보장회의National Security Council 회의에서 이를 "굉장한 기회"[33]라고 표현했다. 이들은 테러 이후 높아진 대중의 불안과 두려움을 활용해 국내외에서 노골적으로 제국적 아젠다를 진전시키는 일에 나섰다.

빈 라덴이 부시에게 준 선물

지지부진한 경제 때문에 취임 이후 꾸준히 낮아지고 있었던 조지 W. 부시 행정부에 대한 대중의 지지가 9.11 테러 이후 일거에 반전되었다. 부시가 테러의 배후인 오사마 빈 라덴Osama Bin Laden을 잡기 위해 아프간을 침공하자 미국인들은 이를 지지하며 그들의 최고사령관을 중심으로 결집했다. 그때까지 글로벌 신자유주의 경제 정책의 진전을 늦추는 데 상당한 성과를 보였던 글로벌 시민사회는 경악 속에서 일시적으로 침묵에 빠져들었다. 부시는 테러에 대한 영구적인 전쟁을 선포했고 (핵무기 사용 가능성도 배제하지 않으면서) 미국이 일방적으로 선제 공격을 가할 수 있다는 군사 원칙을 발표했다.

국내에서는, 즉시 의회를 종용해 새로운 부자 감세 법안을 통과시키고, 기업 보조금을 늘리고, 국내 경찰력을 증강하고, 시민적 자유를 축소하고, 국토안보부를 신설하고, 사회적, 환경적 보호를 약화시키고, 군사 예산을 늘리고, [위성 요격 무기 개발 등] 우주 무장화 정책을 폈다. 이 모든 것을 국가의 통합, 안보, 애국의 명분으로 정당화하면서, 반대하는 사람은 테러리스트 편을 드는 반역자라고 몰아붙였다. 공화당 의원들은 환호했고 민주당 의원들도 동참해 부시의 요구를 거의 다 통과시켰다. 역사적인 제국의 요인들이 다시 결집되고 있다는 것이 전 세계 사람들에게 명확해졌다.

그러던 중 2001년 12월 2일에 전례 없는 규모의 회계 부정이 드러나면서 엔론이 파산했다. 부시와 체니도 포함해 고위 공직자 다수가 엔론과 이런저런 관련이 있었던 것으로 알려졌다. 그리고 엔론은 기업 스캔들의 시작일 뿐이었다. 투자자의 신뢰가 무너졌고 주식시장이 급락했다.

심각하게 망가진 경제적 제도들을 완전히 개혁해야 한다는 대중의 목소리가 높아졌다. 금권 귀족층은 다시 한번 수세적인 위치가 되었고 2002년 중간선거를 앞두고 상황은 공화당에 불리해보였다. 대중의 관심을 돌려놓을 사건이 또 절실하게 필요해진 부시 행정부는 다시 한 번 전쟁의 북을 울렸다.

다음과 같은 메시지가 공표되었다. "이라크는 대량살상무기를 가지고 있고 그것을 미국에 사용하려 하며 9.11 테러에 공모했다." 거대 미디어에 전문가와 뉴라이트 인사들이 나와서 이 메시지를 대대적으로 퍼뜨렸다. 대중의 관심이 다시 한 번 전쟁 준비에 쏠렸고 2002년 중간 선거에서 공화당은 다수당의 지위를 탄탄하게 유지했다.

위장 정치의 달인인 부시는 2003년 1월 연두교서에서 자신이 "공감하는 보수주의자"임을 재차 강조하면서 이라크 전쟁에 대한 지지를 호소했다. 그는 일하기를 원하는 모든 사람이 일자리를 가질 수 있게 하고, 소상공인을 지원하고, 중간 소득 구간 노동자에게 조세 부담을 줄여주고, 모든 미국인이 구매 가능한 가격대에서 의료 서비스를 누릴 수 있게 하고, 에너지의 해외 의존도를 줄이고, 오염을 일으키지 않는 수소 에너지에 대대적인 투자를 하고, 노숙인, 남성 가장이 없는 가구, 약물 중독자, 가정 폭력에 시달리는 여성, 노인 등에게 인간다운 삶을 지원하기 위해 공공 서비스를 늘리고, 아프리카에서 대대적인 에이즈 퇴치 활동에 나서겠다고 말했다. 그가 이렇게 말하고 있는 동안에도 그의 행정부는 이러한 일들에 들어가는 자금을 줄이기 위해 일하고 있었다.

같은 연설에서 부시는 이라크가 미국과 세계 안보를 위협하고 있다며 미국이 이라크를 침공하면 그곳의 잔인한 독재자와 그의 대량살상 무기 프로그램을 제거하고 이라크 국민에게 식품, 의료, 자유를 가져다 주게 될 것이라고 말했다. 잘 구성된 이 연극은 거대 미디어를 타고 화려하게 전파되었다. 해외에서는 아무도 속지 않았지만 국내에서는 잘 먹혔고 부시의 지지율은 치솟았다. 결국 빈 라덴은 부시에게 굉장한 정치적 선물을 준 셈이 되었다. 그리고 빈 라덴도 굉장한 정치적 선물을 받았다.

부시가 빈 라덴에게 준 선물

전지구적으로 전례 없는 민중의 반대가 표출되었지만 아랑곳하지 않고서, 부시는 2003년 3월 19일에 이라크 공격을 개시했다. 미국의 글로벌 군사 지배 전략인 PNAC가 실행되기 시작했다. 큐 사인이 떨어지자 미국 전체가 부시 행정부를 중심으로 결집했다. 2003년 3월 21일, 사람들의 관심이 전쟁에 온통 쏠린 가운데 공화당이 다수이던 미국 의회는 최고 부유층의 세금을 더 낮추고 참전 군인들에게 지급되는 복지 혜택을 줄이는 내용이 담긴, 백악관발 조세 법안의 심의에 들어갔다.

미국 정부가 주장했던 바와 달리 이라크는 미국에 대해 중대한 군사적 위협이기는커녕 무력했다. 약하고 사기도 떨어진 이라크 군은 미군의 대대적인 화력 앞에 곧바로 해체되었다. 2003년 5월 1일에 부시는 제트기를 타고 USS 에이브러햄 링컨 항모에 내려 사실상 시작되지도 않은 전쟁에서 승리를 선언했다. 그의 앞에 걸린 커다란 플래카드에는 "임무 완수"라고 쓰여 있었다.

오래 전부터 마련된 계획에 따라 이라크 공격을 수행하면서, 조지 W. 부시 행정부는 뻔뻔한 부정직과 오만한 무능을 결합해 "현대 역사상 가장 큰 전략적 실수"(레이건 시절의 전직 해군 장관의 표현이다)에 국력을 낭비했다. 엉뚱한 이유로 엉뚱한 국가를 공격하기 위해 무용하고 비용만 막대하게 드는 전쟁을 벌인 것이다. 이라크의 가혹한 독재자는 제거되었지만 그곳에 대량살상무기는 없었고 이라크는 미국에 대한 테러 공격에 관여한 바가 없었다.

미국의 공격이 이라크에 가져다준 것은 수많은 사람들의 죽음, 물리적 인프라의 재앙적인 파괴, 그리고 정치적 불안정이었다. 이 잘못된 정책은 전 세계적으로 테러 집단에 가담하는 사람이 늘어나는 결과를 낳았고, 세계의 여론이 미국에 등을 돌리게 만들었으며, 이전의 우방국들로부터 미국을 고립시켰고, 미국의 재정을 고갈시켰고, 출구 전략이 없는 폭력의 수렁에 미국의 군사 자원이 소모되게 만들었다.[34]

그러는 동안 새로운 사람들이 들어오면서 알카에다는 조직원이 급증했고 그들에게 빈 라덴의 명성도 높아졌다. 하지만 알카에다는 미국에 더 이상 테러 공격을 감행할 필요가 없었다. 미국 행정부가 미국을 군사적으로, 경제적으로, 도덕적으로 약화시키려는 빈 라덴의 목표에 알아서 딱딱 맞게 행동하고 있었기 때문이다.

망상과 부인

부시는 많은 미국인의 충성심, 나아가 애정을 어떻게 다시 얻을 수 있었을까? 민주적 선거에서 정치적 성공은 정치인이 사람들에게 심리적으로 공명할 수 있는 이미지를 투사할 수 있느냐에 달려있다. 마키아벨리적 술수의 달인인 칼 로브Karl Rove의 도움으로 부시는 "강인한 보호자 아버지"라는 이미지를 만들어내고자 했다. 충성스러운 사람들을 돌봐주고 반대하는 사람들을 벌하며 자신의 아이를 해로움에서 안전하게 지켜주는 아버지 말이다.

9.11 테러로 전국이 안보에 대한 불안과 두려움의 충격에 빠졌다. 두려움은 선동가의 가장 좋은 친구다. 사람들의 감정과 행동을 조작이 더 용이한 원시적인 수준으로 퇴행시키기 때문이다. 상자칼만으로 무장한 19명의 테러리스트가 최강의 군사력을 갖춘 나라의 방위망을 그토록 쉽게 뚫고 그토록 극적인 사건을 일으킬 수 있었다는 사실은 미국의 국가적 자기 정체성과 안보에 대한 감각에 재앙적인 충격을 가했다. 우

리[미국인]에게 막대한 해를 끼칠 수 있는 수단을 가진 사람들에게 우리가 증오를 사고 있으며 우리의 비싼 군사력이 우리를 보호해줄 수 없다는 사실이 갑자기 분명하게 체감된 것이다.

국가적으로 이것은 경로를 바꾸기 위해 무언가를 해야 할 절박한 필요와 그렇게 할 수 있는 거대한 기회를 갖게 된 순간이었다. 미국인들은 적대 세력에 직면한 상황에서 더 큰 대의를 위해 연대하는 방향으로 나갈 수도 있었다. 가령, 국제적으로 테러의 근원인 불의와 불관용을 없애기 위한 노력을 전개하는 것이나, 국내에서 석유 소비에 대한 의존도를, 더불어 중동의 석유에 대한 의존도를 대대적으로 줄이기 위한 노력에 나서는 것 등이 그러한 대의가 될 수 있었을 것이다.

하지만 조지 W. 부시는 국가적인 "아버지 보호자" 역할을 자처하면서, 전능함의 감각을 느끼고자 하는 개인적인 욕구와 유권자들을 안심시켜야 할 절박한 필요를 동시에 충족시켰다. 그는 우리에게 무조건적으로 충성과 복종을 하면 그 대가로 안전을 제공해주겠다고 했다. 제국적 의식 특유의 자기고결적이고 독선적인 예외주의를 전형적으로 보여주면서, 부시는 9.11 테러를 자유롭고 민주적인 미국을 증오하는 사악한 자들의 행위라고만 규정해 사람들의 마음을 일단 안심시켰다. 즉 우리 미국인도 모종의 책임을 느껴야 할지 모른다는 개념을 아예 제쳐놓았다. 그러고서 찾을 수 있는 가시적인 적 중에서 가장 편리한 상대를 골라 미국의 군사력을 총동원해 보복했다. 가시적이지 않은 테러 네트워크를 상대로 군사력을 사용하는 것은 무용하며 오히려 역효과를 낸다는 사실에는 눈을 감고서 말이다.

미국인 대부분이 그러한 "부인"의 상태가 되어 대통령 주위로 결집했다. 그렇지 않은 사람들은 미국을 증오하는 사람, 테러리스트를 지지하는 사람, 부시를 혐오하고 비판하는 사람이라는 꼬리표가 붙을까 봐 움츠러들었다. 조지 W. 부시 행정부가 국가 재정을 파탄내고 있으며 거짓에 기반해 시작된 이길 수 없는 전쟁에 미국 젊은이들을 내몰고 있다는 사실을 미국 대중이 깨닫는 데는 5년이나 걸렸다. 그리고 많은 미국인이 사랑하는 도시 뉴올리언즈가 허리케인 카트리나로 물에 잠겨 거의 완전히 파괴되고 수많은 가난한 흑인이 불필요하게 목숨을 잃는 것을 보고서야 미국인들은 한때 나라를 구해줄 것으로 보였던 행정부가 대대적으로 무능하고 부패한 행정부였다는 사실을 알게 되었고, 지속되고 있는 미국의 인종적, 계급적 현실에 눈을 뜨게 되었다.

국가적 "그림자"를 직시하기

융의 정신분석학에서 "그림자"는 자아의 측면 중 의식적인 정신이 선호하는 자아 이미지에 위협이 되기 때문에 부인되어온 측면, 무의식으로 들어간 측면을 일컫는다. 여기에는 부정적인 특질뿐 아니라 의식적인 정신이 받아들이기에는 너무나 부담스러운 긍정적인 잠재력도 포함될 수 있다. 예를 들어, 어떤 남성은 자신에게 여성성도 있을 수 있다는 것을 부인할지 모른다. 어떤 여성은 자신에게 남성성도 있을 수 있다는 것을 부인할지 모른다.

국가도 마찬가지다. 오늘날 미국은 슬픔과 부인의 시기를 겪고 있다. 민주적이고 평화를 사랑하는 국가라는 이상화된 자기 이미지와 인종학살, 노예제, 차별, 노동자 착취, 제국적 확장과 같은 실제 모습 사이의 막대한 간극은 고통스럽다. 하지만 국가적 그림자를 부인하면 막대한 비용을 치르게 된다. 문제를 부인하면 고칠 수도 없기 때문이다.

개인으로서도, 국가로서도, 성숙의 징표는 자신이 가진 성품의 모든 차원을 인정하고 그것에 대해 무언가를 할 수 있는 역량이다. 우리가 이상적으로 생각하는 국민, 이상적으로 생각하는 국가가 되려면, 우리가 과거에 행했던 잘못을 인정하고 그로부터 교훈을 얻으며 국내와 세계 모두에서 치유와 화합의 과정을 시작할 수 있는 지혜와 용기를 가져야 한다.

이러한 비판적인 성찰을 미국에 대한 불충이고 반역이라고 치부하는 사람들은 아직 감정적으로 성숙하지 못했음을 보여주고 있을 뿐이다. 국가적 그림자를 받아들이고 민주적 시민으로서 온전한 책임을 지려 하지 않는 것이다. 그러한 책임에는 개인적, 국가적 차원 모두에서 비판적인 자기 성찰이 반드시 필요하다.

* * * * *

"우리 미합중국 국민"[미국 헌법의 첫 구절이다. 옮긴이]은 더 이상 부인하는 것의 비용을 감당할 수 없는 제국의 현실과 고통과 슬픔에 대한 경종이 울리는 것을 들었다. 21세기 초입에 미국이 저지른 재앙적인 정책 실패는 2차 대전 이후 미국 중산층이 획득해온 경제적, 정치적 진전을 도로 물리고 국제적으로 군사력에 기반한 지배를 구축하는 데 의도적으로 매진한 행정부의 부패와 무능의 이야기만이 아니다. 이것은 5000년간의 제국적 유산, 민주주의를 가장한 금권 귀족정의 현실, 그리고 국가적 그림자에 대한 부인 속에 훼손된 국가적 심리 상태를 말해주는 것이기도 하다.

우리의 자랑스러운 조국[미국]이 극단적인 정치 세력의 주술에 떨어질 수 있다는 생각 역시 우리의 자아 이미지와 너무 충돌해 받아들이기가 쉽지 않을 것이다. 우리는 인간 종을 제국의 자기파괴적인 사회적 병리에 5000년이나 빠져 있게 만든 미성숙한 의식에 우리 또한 전혀 면역이 되어 있지 않음을 깨우쳐주는 경종을 들었다. 그리고 이것은 우리의 자기 이미지와 역사를 구성하는 데 "이야기"들이 얼마나 강력한 영향을 미치는지를 깨우쳐주는 경종이기도 하다.

정신의 감옥

아마도, 우리가 믿는 것들이 우리 정신의 유일한 한계일 것이다.[1]

윌리스 W. 하만Willis W. Harman

한 사회의 문화를 규정하는 이야기들을 통제하는 사람이 그 사회의 정치와 경제도 통제한다. 이 사실은 소수의 우파 극단주의자 일당이 어떻게 해서 미국 정치 시스템의 민주적 안전 장치들을 무용지물로 만들고 통치 제도를 장악할 수 있었는지를 파악하는 데 매우 중요하다. 또한 이 사실은 위대한 전환의 전략적 틀을 짜는 데도 매우 중요하다.

뉴라이트 지도자들은 제국적 의식 하에서 세상을 본다. 이들의 생각으로는 지배 계급이 통치하는 것이 현실적으로 사회 질서를 유지할 수 있는 유일한 방법이다. 정치적 지지 기반을 닦기 위해 이들은 자신의 세계관을 정당화하고 정치적 논의가 그들의 이해관계에 맞는 범위 안에서만 이뤄지도록 사람들의 생각을 틀지울 이야기들을 만들어낸다.

따라서 뉴라이트의 신실한 신봉자들은 그들의 사람 수를 통해서가 아니라(그들의 수는 상대적으로 적은 편이다) 다음 세 가지 핵심 질문에 대한 "이야기"들을 통제함으로써 권력을 획득한다. 첫째, 경제적 번영을 어떻게 이룰 것인가? 둘째, 질서와 안전을 어떻게 유지할 것인가? 셋째, 삶의 의미와 목표를 어떻게 찾을 것인가? 이에 대한 이야기를 각각 번영 이야기, 안보 이야기, 의미 이야기라고 부르기로 하자. 뉴라이트는 이에 대해 제국적인 버전의 이야기들을 정교하게 구성하고 다듬고 무한히 반복해 전파하면서 지배 위계 중심의 사회 질서를 정당화하고 나아가 찬양해왔다.

미국을 비롯한 서구 민주주의 국가 모두가 상류 지배 계급이 통치했던 오랜 역사를 가지고 있으니 만큼, 이러한 이야기를 구성하는 데 필요한 많은 요소들이 이미 존재하며 우리에게 익숙하다. 뉴라이트의 이야기는 수천 년간 불의를 정당화하기 위해 제국의 지배자들이 활용해온 이야기들의 최신판일 뿐이다. 뉴라이트 지도자들은 이러한 이야기를 귀에 쏙 들어오는 메시지로 재구성하고 우호적인 학자, 설교자, 정치인, 언론인, 싱크탱크를 동원해 거대 미디어의 메가폰 앞에서 계속 되풀이해 말하기만 하면 된다. 이렇게 그들의 이야기만 증폭되어 끊임없이 울리는 반향실을 만들어냄으로써 뉴라이트 지도자들은 우리의 문화에 그들의 이야기를 깊이 심어놓았고 공공 담론의 범위에 한계를 설정했다. 그 안에서 공공 담론은 지배층의 이해관계에 맞는 정책들 중에서 하나를 고르는 것으로 축소된다.

너무나 다양한 맥락에서 너무나 자주 울려오기 때문에, 우리는 이러한 이야기들이 정말로 현실을 말하는 것이라고 착각하게 된다. 이렇게 해서 이 이야기들은 우리의 정신을 더 낮은 차원의 의식에 가두는 감옥이 되었다. 이 감옥에서 우리 자신을 해방시키려면 먼저 그들의 이야기가 무엇인지 파악해야 한다.

제국의 번영 이야기

제국의 지배층은 모든 이의 삶이 의존하고 있는 생산적인 자산을 배타적으로 소유하는 데서 나오는 권력과 특권의 세계에 살고 있다. 따라서 이들은 소유자 계급의 특권을 정당화하고 그것의 중요성을 확인해주는 이야기를 좋아한다.

이야기의 개요

제국의 번영 이야기는 대략 다음과 같다.

경제성장은 모두를 위한 번영을 가져오기 위해 부의 파이를 키우는 것이다. 이것은 투자에 달려 있고, 따라서 부유한 투자자 계급에게 달려 있다. 투자로 얻을 수 있는 금융 수익이 클수록 투자자 계급이 투자하고자 할 인센티브가 커질 것이고, 그들이 더 많이 투자하면 경제는 더 빠르게 성장해서 모두의 삶이 향상될 것이다. 시장은 각각의 투자자에게 그들의 기여만큼 보상하므로, 불평등은 자연스럽고 건전하고 번영에 꼭 필요하다. 생각이 단순하거나 마음이 사악한 사람만이 부자들이 정당한 몫을 가져가는 것에 대해 불평할 것이다. 부유한 사람이 더 부유해져야 다른 모든 사람도 부유해질 수 있다.

정부는 규제, 조세, 무역 장벽을 통해 투자 인센티브를 줄이고, 소비자 가격을 올리고, 일자리를 파괴하고, 따라서 사회가 가난해지게 만든다. 또한 정부는 복지 프로그램을 통해 가난한 사람들이 노동을 하게 할 인센티브를 줄이고, 따라서 사회의 도덕적 직조가 훼손되게 만든다.

자유시장 자본주의 경제에서는 진정으로 노력만 한다면 누구나 부자가 될 수 있다. 개인의 실패는 성품에 결함이 있다는 증거다. 복지 프로그램을 없애서 가난한 사람들이 일을 하도록 만들어야 그들이 적절한 성품을 형성할 수 있을 것이고 사회의 주류로 들어올 수 있게 될 것이다.

빈곤을 종식하고 번영을 달성하려면 부유한 사람들을 조세, 규제, 무역 장벽에서 자유롭게 하고, 공공 자산과 공공 서비스를 더 효율적이고 소비자의 이익에 더 잘 반응하기 마련인 민간 투자자에게 매각하고, 복지 프로그램이 일으키는 인센티브의 저하를 막아야 한다. 자유시장은 사람들이 일을 하게 만들 것이고, 빈곤을 없앨 것이고, 사람들의 주머니에 돈이 들어가게 해서 그들이 그 돈으로 스스로 선택할 수 있게 해줄 것이고, 환경 보호에 필요한 부를 창출할 것이고, 사람들이 더 낮은 가격으로 더 나은 서비스를 누리도록 해줄 것이다.

글로벌 기업은 선하고 효율적이고 공공성의 정신을 가지고 있는 제도이며, 자연자원을 찾아내 활용하고 기술 혁신을 촉진하고 새로운 시장을 열고 고용을 창출하고 생산적인 자산이 사람들의 필요를 충족시키는 데 가장 효율적으로 사용되게 하는 데서 필적할 수 없는 역량을 가지고 있다. 글로벌 기업의 자유가 커지면 빈곤은 더 빠르게 사라질 것이고 환경은 더 빠르게 회복될 것이며 모든 이가 더 빠르게 자유, 민주주의, 평화, 번영을 누리게 될 것이다.

전지구적인 통합, 시장 규제 완화, 그리고 민영화는 인류에게 득이 되는, 그리고 어차피 사람의 힘으로 막을 수 없는 역사의 추동력이며, 부의 창출을 증진시킬 것이다. 경제적 세계화는 불가피하다. 여기에 대안은 없으며 저항은 무용하다. 이 현실에 적응하고 여기에서 기회를 잡는 사람이 승자가 될 것이다. 이러한 과정을 질서 있게 촉진하는 것이 브레튼우즈 기관(세계은행, 국제통화기금, 세계무역기구)들의 임무다. 제대로 알지 못하거나 비열한 정신을 가진 사람만이 가난한 사람에게 더 나은 삶을 가져다줄 기회를 부정하면서 이 기관들과 그곳들에서 수행하는 신성한 임무에 반대한다.

이 이야기는 "워싱턴 컨센서스"라고도 불린다. 미 재무부, 세계은행, 국제통화기금, 이들과 관련된 여러 싱크탱크와 로비스트, 그리고 워싱턴DC에서 활동하며 주로 정부 입찰을 따내는 기업들이 촉진하는 이야기이기 때문이다. 또한 이 이야기는 경제적 자유주의, 신자유주의, 기업 자유지상주의라고도 불린다. 온갖 반례가 현실에서 제기되어도 꿈쩍하지 않고 맹목적으로 이 이야기를 믿는다는 점에서, 국제 금융 투자가 조지 소로스George Soros는 워싱턴 컨센서스 옹호자들을 "시장 근본주의자"라고 부른다.

제국의 여러 현대판 이야기 중에서 뉴라이트 버전의 번영 이야기가 정책 논문이나 학술 논문에서 가장 많이 인용되고, 대학에서 교수들이 가장 많이 가르치고, 거대 미디어에서 전문가들이 가장 많이 이야기하는 버전이다. 기업이 주도하는 세계화를 지지하는 사람들도 자신의 교리문답에 이 버전의 이야기를 활용한다. 이들 사이에서 견해가 갈리는 부분은 정부가 민간 기업에 보조금을 어느 정도까지 주는 것이 적합한

가라든가 가차없는 시장경쟁에서 낙오한 사람들에게 완충망을 어느 정
도까지 제공하는 것이 적합한가 정도다.

신자유주의의 지배층 편향

신자유주의 이야기를 정당화하고 유통시킨 핵심 인물로 시카고학
파 통화주의 경제학의 대표 주자이던 경제학자 밀튼 프리드먼Milton
Friedman과 기술중심적 미래주의자 조지 길더George Gilder를 꼽을 수 있
다. 이들은 로널드 레이건이 좋아하는 학자들이기도 했는데, 둘 다 그에
게 대통령상을 받았다.

프리드먼은 1962년에 나온 대표작『자본주의와 자유Capitalism and
Freedom』에서, 경제 생활에서 개인의 자유는 침해 불가능한 절대적 도덕
률이며 이 자유를 가장 잘 보장하는 길은 개인 각자가 시장에서 자신의
자산을 자신이 생각하기에 가장 유리한 방식으로 사용해 부를 쌓을 수
있게 허용하는 것이라고 주장했다. 그는 누구라도 공익을 위해 사익을
희생한다면 그것은 부도덕한 일이라는 독특한 주장을 편 것으로도 유
명하다. "그[독점 사업가]가 그의 권한을 자신의 이익만을 위해서가 아니
라 사회적으로 바람직한 목적을 위해 사용하는 것이 마땅하다고 주장
하기는 쉽다. 하지만 이 원칙을 더 일반적인 범위로 넓혀서 적용하면 자
유로운 사회를 파괴하게 된다."[2] 프리드먼은 민간의 독점 자본이 사적
인 금융적 이익을 극대화하지 못하도록 제약하는 어떤 종류의 공적 개
입에도 반대했다. 프리드먼이 보기에 민간 영역에서의 독점 중 자유에
위협이 되는 것은 단 한 종류뿐이었는데, 그것은 노조가 노동 대중의 임
금을 인상하기 위해 형성하는 독점이었다.[3]

조지 길더는 레이건 행정부 초기이던 1981년에 출간된 대표작『부

와 빈곤Wealth and Poverty』에서 정치, 경제의 우선순위는 탑다운으로 정해져야 한다고 명시적으로 주장했다. 그는 아래로부터의 제기되는 모든 요구는 국가의 진보와 적절한 사회 질서를 위협하는 "대중의 감성"일 뿐이라고 폄훼했다. 그에 따르면,

> 민주주의 체제에서는, 영향력이 행사되는 방향이 적절한 방향과는 반대가 되므로, 대중의 감성에 각인되기 쉬운 인상적인 허구가 대의제의 영속적이고 강력한 메커니즘을 장악하게 된다. 그 결과, 소외되고 심드렁해지는 유권자, 정치적 권위의 상실, 게으르고 창조적이지 못한 정부, 국가적 쇠락 같은 경향이 나타난다.[4]

프리드먼과 길더는 뉴라이트 경제 아젠다의 지배층 편향이 우연이거나 일시적인 것이 아님을 강력하게 상기시켜 준다. 알렉산더 해밀턴의 전통을 이어받아서, 뉴라이트의 아젠다는 제국적 의식에 사로잡힌, 그리고 민주주의를 혐오하고 제국적 지배층의 특권이 평범한 사람들에 의해 침해되는 어떤 가능성도 혐오하는 힘 있는 사람들의 명백한 의도를 반영하고 있다.

현실

지배층의 번영 이야기는 면밀히 따져보면 금방 깨어져 버릴 만큼 논리와 일관성이 피상적이다. 예를 들면, 번영이 단지 시장에서 구매가능한 재화와 서비스의 양만으로 측정가능하다고 가정하고 건강한 삶을 구성하는 많은 중요한 것들을 고려하지 않는다. 깨끗한 공기, 물, 상호신뢰, 직업 안정성, 안전한 동네, 잘 유지보수된 도로, 사랑하는 가족, 그

밖에 규제 없는 시장이 제공할 수 없거나 종종 적극적으로 훼손하는 것들을 고려하지 않는 것이다.

신자유주의 경제학자들이 경제성장에 기여한다고 보는 것들 중에 사실은 삶의 질을 떨어뜨리는 것도 많다. 담배, 총기, 아동 대상의 폭력적인 비디오 게임, 가정을 해체하는 데 특화한 이혼 변호사에게 들어가는 수수료, 사설 경비 직원과 경비 장치에 들어가는 비용, 유독한 화학물질을 생산하고 사용하는 비용과 그러한 물질로 유발되는 질병을 치료하는 비용 등이 그런 사례다.

규제 없는 시장이 각 개인의 기여도에 따라 부를 분배한다는 이야기도 명백한 진실을 무시하는 것이다. 개인/민간이 가진 부의 상당 부분은 막대한 상속으로 시작된 것이거나, 완전히 혹은 부분적으로 독점 권력의 남용, 기업에 대한 보조금과 조세 혜택, 다른 이들의 생산물에 대한 찬탈, 금융 투기, 시장 조작, 노동자와 환경의 착취와 같은 부패와 속임수를 통해 벌어들인 것이다. 미국 건국 초기에 부의 중요한 축적 경로가 사략선 운영, 노예 거래, 노예 노동력 착취였다는 것을 상기해보라. 기업의 역사는 금융 사기와 권력 남용의 이야기로 가득하다. 오늘날 달라진 점이라면 규모가 훨씬 더 어마어마해졌다는 것뿐이다.

규제 없는 시장은 삶의 가치보다 금융 가치를, 장기적인 공공선보다 단기적인 사적 이익을, 평등보다 불평등을, 가난한 사람보다 부자를 우선하는 쪽으로 일관되게 편향을 보인다. 하지만 효율적으로 작동하려면 시장에는 규칙이 편향 없이 적용되어야 한다. 그래야 정직한 거래가 이뤄질 수 있고, 독점 권력의 남용을 막을 수 있고, 오염의 비용을 오염을 일으킨 사람에게 부과할 수 있고, 노동자의 건강과 안전을 보장할 수 있고, 생활 가능한 수준의 임금을 유지할 수 있다. 오늘날 전 세계 모든 나라가 규제 없는 시장이 일으키는 환경의 붕괴를 겪고 있고, 터무니없이 과도하게 낭비적인 생활을 하는 슈퍼리치와 기본적인 음식, 의복, 주거지도 갖추지 못하는 가난한 사람들로 분열되고 있다. 이러한 상황이 확산되면, 제도의 정당성이 침식되고 소외당한 사람들의 분노와 좌절이 정치 선동가와 테러리스트에게 비옥한 토양을 제공하면서 모두에게 안보 위협이 심화된다.

이 모든 오류에도 불구하고 제국의 번영 이야기는 정치 담론에서 여전히 우세하다. 대부분의 사람들이 들어본 이야기가 이것뿐이기 때문이다. 진보주의자들이 부를 재분배하고 환경을 보호해야 한다는 목소리를 내긴 하지만, 제국이 규정한 번영의 정의에는 거의 도전하지 않는다. 어떻게 해야 환경적으로 지속가능하게 부를 창출할 수 있을 것인가에 대한 우리의 이야기는 아직 정교하게 구성되지 못했고 대체로 활동가들 사이의 논의를 벗어나지 못한다.

제국의 선동가들은 진보주의자들이 생산적인 사람에게 세금을 물려서 게으른 사람에게 보상하고 희귀한 야생 생물을 지킨답시고 사람을 희생시키려 든다고 비난한다. 제국의 경제 정책이 실질적인 부를 파괴하고 가난한 사람이 가진 것을 탈취해 부자에게 갖다주며 환경 파괴를 가속화한다는 우리의 주장이 아무리 사실이더라도, 지배층 버전의 번영 이야기는 더 설득력 있는 번영 이야기로부터 수시로 도전받지 않는 한 계속해서 우세를 점할 것이다. 진보적인 버전의 이야기가 존재하긴 하지만(18장에서 다룬다) 대부분의 사람들은 거의 접하지 못하고 있다.

제국의 안보 이야기

제국의 지배층이 반드시 해결해야 하는 과제 중 하나는 저항과 반란으로부터 자신의 특권을 보호할 수 있도록 군사력과 경찰력을 충분히 유지하는 것이다. 건국 직후 미국이 자율적인 주들의 느슨한 연합이던 데서 강력한 연방 정부 구조로 넘어가는 데 셰이즈의 반란이 결정적인 계기가 되었음을 상기해보라. 독립전쟁에 나가서 싸운 농민들은 돌아와보니 자신의 땅이 전쟁에서 폭리나 취한 금융인들에게 압류되어 있는 상황에 처했다. 이에 분노해 일어난 반란이 셰이즈의 반란이다. 당시의 제국적 지배층은 기성의 질서를 유지하고 불만 세력의 행동을 억지하기 위해 군대를 보유한 강력한 연방 정부가 필요하다고 결론내렸다.

민주주의를 표방하는 체제에서 지배층이 노동자 대중에게 "당신들을 소유자 계급에게 예속시키기 위해 군대와 경찰을 유지해야 하니 세금을 더 내라"며 지지를 호소하기는 어려울 것이다. 이에 대한 고전적인 해법은 국내의 범죄자(특히 불만을 가진 계층의 범죄자)와 외부의 적에 대한 두려움을 불러일으키는 것이다. 2차 대전 이후에는 "악의 제국" 소련이 외부의 적이었다. 소련이 붕괴한 뒤에 미국의 지배층은 적절한 대체재가 절실히 필요했는데, 2001년 9월 11일에 오사마 빈 라덴이 해결책을 제공한 셈이 되었다.

제국의 안보 이야기는 두려움을 조장하는 것이 핵심이기 때문에 단순히 비대한 군사력과 경찰력을 정당화하는 수준을 넘어선다. 제국의 안보 이야기는 우리의 깊은 심리를 건드리면서 어린 시절에 우리가 가졌거나 가지기를 갈망했던 강한 아버지를 찾게 만드는 소외와 불안을 활용한다. 가족에게 꼭 필요한 안전을 제공하는 보호자이면서 그 대가로 충성과 복종을 요구하는 존재 말이다. 여기에서 아버지 자리에 기업 지도자, 종교 지도자, 정지 지도자 등을 쉽게 넣어볼 수 있다.

따라서 제국의 "안보" 이야기는 아버지 역할을 할 후보들 중에서 한 명을 고르는 선거로 정치 참여의 개념을 축소시키는, 더 광범위한 제국의 "정치" 이야기가 된다. 후보들은 우리가 그들에게 투표하면 그 대가로 더 큰 안정과 번영을 가져다주겠다고 약속하면서 우리를 의존적인 아이의 자리에 고착시키고 더 고차원의 의식을 발달시키지 못하게 막는다. 또한 2년에 한 번씩 투표하는 것을 넘어 시민적 활동에 능동적으로 참여할 수 있는 역량도 발달시키지 못하게 한다.

9.11 테러 이후에 조지 W. 부시는 제국의 안보 이야기를 새로이 대대적으로 띄워올릴 수 있었다. 그는 테러 공격을 신이 그에게 내리신 신호라고 여기면서 전형적인 안보 이야기에 고전적인 메시아 이야기의 요소를 가미했고, 이것을 미국의 핵심 국가 정책이자 자신의 대통령 재임기의 핵심 특징, 그리고 본인의 공적인 이미지로 삼았다. 하지만 시간이 지나면서 테러, 홍수, 감염병 할 것 없이 모든 안보와 안전 문제에 대해 그가 들고 나오는 해법이 언제나 군을 투입하는 것밖에 없다는 점이 명백해졌고, 이는 그의 진짜 목적은 권력의 집중화였다는 현실을 드러냈다.

이야기의 개요

오늘날 제국의 안보 이야기는 대략 다음과 같다.

우리[미국]는 우리가 누리고 있는 자유와 우리의 고결함 때문에 우리를 혐오하는 적들에 직면해 있다. 그들은 대량살상무기로 우리를 파괴하려 한다. 그들이 우리를 해치기 전에 선제적으로 그들을 제거하기 위해 우리에게는 국가의 모든 경찰력과 군사력을 기꺼이 사용할 강력한 지도자가 필요하다.

악에 대한 전쟁은 영속적이다. 전쟁은 인간 조건의 자연적인 상태다. 평화와 질서는 고결한 국가의 군사력으로만 강제될 수 있다. 그러한 국가는 사악한 지배자들을 제거하고 억압 받는 사람들에게 민주주의와 자유시장을 통해 평화와 자유와 번영을 가져다줄 책임이 있다. 고결하고 강력한 국가로서 미국은 그에 걸맞게 행동할 것이다. 가능하다면 우방과 함께, 하지만 필요하다면 독단적으로라도 말이다.

악에 대한 전쟁에서는 타협이 있을 수 없다. 우리 편이 아니라면 적의 편이며 우리 편에 서지 않는 자들은 마땅히 우리의 적으로 대해야 한다.

국내에서 사악한 행동을 하는 자들에게도 동일한 엄격함을 적용해야 한다. 선힘과 고결함을 보호하려면 악한 의도를 육성할지도 모르는 요인들이 발붙이지 못하게 해야 하며 그러려면 기성의 질서를 위협하는 범죄자들을 벌해야 하고 감옥에 보내거나 처형함으로써 사회에서 영구히 제거해야 한다.

제국의 지배자들은 시대에 따라 세부사항을 바꾸고 이런저런 적들을 지정해가며 여러 버전으로 이 이야기를 설파해왔다.

현실

제국의 안보 이야기는, 대부분의 범죄와 테러의 배경인 경제적 불의에서 우리의 관심을 돌려놓고 제국의 현 상태를 유지하기 위해 모든 형태의 저항을 억압하는 것을 정당화한다. 강력한 지배자에 대한 충성과 복종을 강조하는 것은 책임 있는 시민의 역할을 최소화하는 것이며, 특히 권력의 자리에 있는 사람들이 자신의 행동에 대해 공적으로 책무성을 갖게 하는 시민의 본질적인 역할을 최소화하는 것이다.

또한 제국의 안보 이야기는 기후변화, 담수 부족 심화, 화학물질로 인한 토양, 공기, 물의 오염, 치명적인 바이러스의 빠른 확산, 피크 오일이 일으킬 결과, 치솟는 무역 적자 등 테러보다 더 크고 확실한 위협에서도 사람들의 관심을 돌려놓는다. 그 결과, 숨겨진 네트워크에 흩어져있는 몇 백 명의 테러리스트를 잡겠다는 무용한 시도로 한 나라 전체를 점령해 수만 명의 무고한 목숨을 앗아가는 잘못된 결정이 내려지게 된다. 우선순위가 이렇게 잘못 설정되면 불안정성이 오히려 더 높아지고, 테러 조직에 가담하는 사람이 더 많아지며, 인간의 안전을 위협하는 가장 심각하고 절박한 위험을 다루는 데 사용되어야 할 자원이 낭비된다.

미국의 경우, 테러리스트들이 미국을 증오하는 이유는 민주적 제도들이 우리에게 부여해준 자유를 시기해서가 아니다. 미국이 너무나 자주 경제적, 군사적 권력을 남용해 다른 나라와 민족을 모욕하고 억압했기 때문에 증오하는 것이다. 물론 테러리스트들은 그들이 저지른 잘못에 대해 응분의 대가를 받아야 한다. 하지만 이것은 신뢰와 존중의 정신을 바탕으로 함께 행동하는 국가들과 국제적인 협력을 함으로써만 달성될 수 있다. 취약한 국가를 일방적으로 공격해 전쟁을 일으키는 식으로 이뤄진다면 대테러 전략은 효과가 있을 수 없다. 공격하는 쪽의 도덕적 권위를 약화시키고, 실제로 테러리스트를 찾아내 대가를 치르게 하는 데 꼭 필요한 국제 협력의 토대를 훼손하며, 이길 수 없는 분쟁에 군사적 자원이 낭비되게 하고, 테러리스트들이 분노로 조직화에 나서면서 테러 조직 가담자가 오히려 더 많아지게 만들기 것이기 때문이다.

더 일상적인 범죄로부터 공공 안전을 지키는 것에 대해 말하자면, 미국은 세계에서 수감률이 가장 높은 나라다. 이것은 사회적 붕괴가 일어나고 있다는 징표다. 제국의 지배층은 사회적 붕괴 자체는 다루지 않고 그것의 증상만을 다루는 데 감옥을 이용한다. 이것은 민주주의의 특징이 아니라 경찰국가의 특징이다. 현재 미국에서 수감 중인 인구는 200만 명이 넘으며 대부분은 폭력적이지 않은 약물 관련 범죄로 들어온 사람들이다. 젊은 흑인 남성은 대학에 갈 확률보다 감옥에 갈 확률이 높다. 안전을 지키고 대중의 도덕성을 회복하고자 한다면, 군대와 형사사법 시스템에 들어가는 막대한 돈을 폭력과 범죄의 근원을 다루는 데, 가령 소외된 젊은이들을 위해 공교육을 강화하고 레크리에이션과 고용 기회를 확대하는 데 쓰는 게 훨씬 나을 것이다.

범죄가 없는 나라는 없다. 잔혹한 범죄를 상습적으로 저지르며 갱생의 범위를 벗어나는 사람도 있다. 이들은 엄정한 절차에 따라 죄가 확인되었다면 감옥에 보내서 공공선을 지켜야 한다. 하지만 이런 범죄자는 많지 않고 계급, 인종, 교육, 종교에 상관 없이 분포되어 있다. 폭력적이지 않은 사소한 범죄를 저지른 사람이 장기형을 받고 훨씬 더 중대한 피해를 유발한 정치인이나 기업인은 처벌을 받지 않는다면, 이는 우리가 법치를 지키고 있는 것이 아니라 특권을 지키고 있는 것이라는 증거다.

하지만 역시 이 모든 오류에도 불구하고, 제국 버전의 안보 이야기는 계속해서 우위를 점하고 있다. 대부분의 사람들이 들어본 안보 이야기가 이것뿐이기 때문이다. 진보주의자들이 평화와 번영을 촉구하는 목소리를 내기는 하지만, 자신과 자신이 사랑하는 사람들의 안전을 우려하는 사람들에게 실질적인 위협을 어떻게 다룰 것인지에 대해 설득력 있는 이야기를 제공하지는 못하고 있다. 그러는 동안 제국의 선동가들은 진보주의자들을 미국을 혐오하고 테러리스트와 범죄자 편을 들면서 미국의 안보를 위협하는 배신자라고 비난한다.

제국의 의미 이야기

오래 전부터 우리 인간은 종잡을 수 없고 적대적으로 보이기도 하는 세상을 이해하게끔 도와주는 창조 이야기를 통해 우리 존재의 기원과 의미에 대한 가장 깊은 믿음들을 공유해왔다. 창조에 대한 이야기가 모든 믿음 체계의 근간이므로 제국적 권력 구조의 정당성도 불의한 제도의 고결성을 확언해주는 종류의 창조 이야기에 의존한다. 서구 그리스도교 사회에서 제국의 지배층은 다소 상충되어 보이는 두 개의 창조 이야기를 가지고 있다. 하나는 종교인들을 위한 성경 이야기이고 다른 하나는 비종교인들을 위한 과학 이야기다. 이 책의 앞부분에서도 살펴보았듯이, 둘 다 제국의 정당성을 확증하는 데 기여한다.

제국의 의미 이야기 1: 성경의 의미 이야기

성경의 의미 이야기에는 여러 버전이 있는데, 제국의 지배층이 널리 촉진하는 이야기는 대략 다음과 같다.

신은 엿새 만에 세상을 창조하시고 일곱 째 날에는 휴식을 취하셨다. 그리고 자신의 의지에 전적으로 복종하는 것을 조건으로 인간을 창조하셨다. 신은 전지전능하시며 창조에서 일어나는 모든 일은 그의 의지다. 그의 고결한 판단으로, 신은 복종하는 자에게 부와 권력으로 보상하시며, 따라서 부와 권력은 순수하고 고결한 사람이라는 표식이 된다. 빈곤과 고통은 순수하지 못하고 복종하지 않는 자들의 운명이다.

순수하고 고결하다는 표식을 받은 사람들은 덜 고결한 자들을 판단할 권리와 의무가 있다. 또한 시장과 정치와 국가간의 관계에서 사람들이 따라야 할 규칙을 만들고 집행할 권리와 의무가 있다.

지상에서의 삶은 내세로 가는 도중의 정거장에 불과하다. 지상에서 우리가 할 일은 신실함을 통해 믿음을 증명하는 것이다. 신실하고 복종하는 자는 내세에서 영원한 삶으로 보상받을 것이다. 신실하지 않고 불복종하는 자는 영원한 고통에 처해질 것이다.

권위와 고결함의 위계 관계는 창조의 자연적 질서다. 신이 인간 지배자의 위에, 지배자가 신민의 위에, 인간이 자연의 위에, 남성이 여성의 위에, 백인이 다른 인종의 위에 존재한다. 우리 각자는 이 위계에서 자신의 자리를 찾고 그것을 받아들임으로써, 또한 성경에 드러난 신의 말씀에 복종함으로써 신의 계획에 복무해야 한다.

제국의 의미 이야기 2: 비종교적인 의미 이야기

비종교적인 의미 이야기 중 뉴라이트가 선호하는 이야기는 낡은 버전의 뉴튼 물리학과 가짜 과학인 사회적 다윈주의에 토대를 두고 있다.

> 물질이 유일한 실재다. 우주 전체는 물리적 힘들이 질서 있게 작용한 산물이며 수학적으로 묘사하고 예측할 수 있다. 생명은 물질의 복잡성에서 나온 우연적 결과다. 의식과 자유의지는 착각이며 그 이상은 아니다. 생명은 내재적인 의미를 가지고 있지 않으므로 지적인 존재로서 개인이 할 수 있는 유일하게 합리적인 일은 부와 권력을 축적해서 물질적 안락을 쌓는 것이다.
>
> 생물종의 진화는 경쟁적인 투쟁을 통해 이뤄지며 최적의 종이 생존하고 그렇지 않은 종은 파멸한다. 포유류 종은 상호 보호와 성공적인 짝짓기를 위해 자연스럽게 자신의 무리를 지배 위계 관계로 조직한다.
>
> 마찬가지로, 인간의 진보도 최적인 자가 승리하는 경쟁의 과정에 의존하며 최적이 아닌 자는 최적인 자를 위해 복무해야 한다. 승자는 그 승리를 통해 자신의 우월한 가치를, 따라서 전체의 향상에 그가 할 수 있는 기여를 증명한 것이다. 따라서 그들이 자신의 승리에 대해 정당한 몫을 가져가는 것은 자연적인 권리다. 이 투쟁에서 파멸하거나 뒤로 남겨진 사람들을 걱정하거나 그들에 대해 죄책감을 가질 이유는 없다. 그들이 상실을 겪는 것 자체가 그들이 최적이 아니라는 증거이기 때문이다. 전체의 개선을 위해, 우리 모두는 이것이 그들에게 적합한 운명임을 받아들여야 한다.

현실

제국의 성경적 의미 이야기는 성경에 쓰인 내용이 권위의 원천이라고 말하면서도 예수의 삶과 가르침의 명예를 훼손하는 해석을 제시한다. 예수는 가난하게 사셨고, 가난한 자들이 신의 특별한 은총을 얻을 수 있다고 가르치셨으며, 모든 사람에게 공감하라고 가르치셨고, 제국의 핵심 전제에 도전하는 평화와 정의를 설파하셨다. 하지만 제국의 성경 이야기는 많은 성경 학자들이 예수의 말씀과 가르침을 가장 정확하게 담고 있다고 보고 있는 복음의 내용들을 간과한다. 그 내용은 바로 사랑과 공감이다. 유대교, 이슬람교, 힌두교 등 모든 주요 종교는 사랑과 공감의 메시지를 토대로 하고 있다. 하지만 모든 주요 종교에는 경전의 가르침을 정반대로 왜곡해서 지배, 착취, 폭력의 기획을 정당화하는데 악용하는 극단주의자들이 있다.

제국의 과학적 의미 이야기는 양자 물리학에서 발견한 것들과 그로부터 얻을 수 있는 통찰이 나오기 이전 시대의 물리 이론, 그리고 찰스 다윈Charles Darwin의 생물학 이론을 이데올로기적으로 왜곡한 해석에 토대를 두고 있다(이후의 장들에서 더 상세히 설명할 것이다). 또한 최근에 이루어진 생물학 연구들에 따르면 생명은 협력을 핵심으로 하는 실체이고 성공적인 종은 전체를 위해 복무할 수 있는 자신의 자리를 찾음으로써 생존하지만, 제국의 의미 이야기는 이 부분을 고려하지 않는다.

서로 완전히 상반되는 전제에 토대를 두고 있긴 하지만, 제국의 두 가지 의미 이야기 모두 자기고결적인 엘리트주의에 도덕적 신뢰를 부여해 제국에 기여한다. 두 이야기 모두 우리 인간이 삶에서 경험하는 자의적인 폭력이 고결한 신의 작용도 아니고 자연 질서의 작용도 아니라는 깊은 진실을 가려버린다. 폭력은 불의를 정당화하는 이야기에 토대를 둔 제국적 문화의 "자기실현적 예언"이라는 사실을 덮어버리는 것이다.

대부분의 사람들은 적어도 일부라도 제국적 의미 이야기를 받아들인다. 어느 정도 일관성이 있고 공공 담론에서 자주 듣게 되는 이야기가 이 둘뿐이기 때문이다. 신성한 의미의 원천을 절실히 찾고자 하는 대부분의 미국인에게는 제국의 성경 이야기가 그들이 접해본 창조 이야기 중 유일하게 영성적 토대를 담고 있는 이야기다.

민권운동을 제외하면 진보 운동은 일반적으로 비종교적인 세속 운동임을 자처했고 신성성에 대해 이야기하는 것은 되도록 피했다. 사실은 진보 운동의 지도자 대부분이 영적 연결과 영적 책임의 깊은 감각을 가지고 행동하고 사회적 다원주의를 강하게 거부하지만, 자신의 믿음을 공개적으로 이야기하는 경우는 거의 없다. 그래서 제국의 선동가들은 진보주의자들이 가치들을 가지고 있지 않으며 기독교도를 증오한다고 비난한다.

논쟁의 협소화

경제 정책에 대한 논쟁의 프레임이 GDP로 측정되는 (혹은 더 최근에는 주식 시장 가치로 측정되는) 성장을 무엇이 가장 효과적으로 추동하느냐로 설정되고 나면, 그 다음에는 단순히 세부사항을 따지는 논의밖에 이어지지 못하게 된다. 그 논의에서 어떤 정책이 나오든 그 결과는 지배층의 손에 권력을 더 집중시킬 것이다.

안보에 대한 논쟁의 프레임이 무엇이 가장 효과적으로 국내의 범죄자와 외국의 적으로부터 우리를 보호할 것이냐로 설정되고 나면, 경찰력과 군사력을 강화해야 한다는 점은 이미 전제가 되어버린다. 그 다음에는 그 필요성을 가장 잘 달성할 수 있는 방법에 대한 세부사항을 따지는 논의밖에 이어지지 못하게 된다.

번영과 안보에 대한 논쟁을 이렇게 틀지우는 문화적 토대는 제국의 창조 이야기가 제공한다. 여기에는 두 가지가 있는데, 우선 성경적 창조 이야기는 부유하고 강력한 사람이 옳고 고결하다고 규정하고, 신성한 질서를 믿으라고 요구하며, 그 권위에 도전하는 것은 신성모독이라고 간주하고, 가난한 이들의 여건을 개선하거나 환경을 보호하려는 노력은 무의미한 일이라고 말한다. 그것이 무엇이고 어떤 상태이든 간에 현재 존재하는 것이 신의 의지를 표현하는 것이고, 곧 예수가 재림해 신실한 자들을 천상으로 들어올리고 사악한 자들은 파멸할 날이 올 것이다. 미래가 이미 정해져 있으므로 이 세상에서는 기도하고 기다리는 것 외에 더 할 일은 없다. 또한 이 이야기에서는 고결함의 상징으로서 부와 권력을 물질적으로 과시하는 것을 찬미한다.

두 번째 이야기인 비종교적 창조 이야기는 어떤 신성하거나 초자연적인 존재도 부정하는 데서 출발하지만, 결국 성경적 이야기와 동일한 목적에 기여한다. 지배 위계를 자연 질서로서 신성화하며, 부유하고 권력 있는 사람들이 그들의 행동이 사회에 일으키는 영향에 책임을 져야 한다는 요구를 묵살할 수 있는 논리적 기반을 제공하고, 물질적 부의 축적과 과시를 유익하고 정당한 것으로서 찬미한다.

* * * * *

뉴라이트가 미국 정치 시스템을 성공적으로 장악하는 데는 "이야기"가 핵심적인 역할을 했다. 뉴라이트의 제국적 이야기들은 고대부터 존재해온 내러티브의 현대판이다. 제국의 내러티브는 문화권과 맥락에 따라 조금씩 다른 형태를 띠기는 하지만 세계 대부분의 국가에서 사회의 공유된 문화를 구성하고 있으며 그 사회의 제국적 지배층에 의해 반복적으로 설파되고 찬양된다.

제국적 세계관에 호의적인 미디어 전문가, 지식인, 싱크탱크 전문가, 정치인, 종교 지도자들은 사실관계에도 오류가 있고 도덕적으로도 파탄난 제국의 내러티브를 동일한 대본이라도 읊듯이 끝없이 반복하면서 문화적 반향실을 만들어낸다.

제국의 아젠다를 지지하는 소수의 손에 미디어의 소유권이 집중되어 있다 보니 그들의 목소리가 그들의 사람 수에 비해 압도적으로 비대하게 증폭된다. 이를 통해 특정하게 정치적 문화를 형성하고 옳음과 그름을 규정함으로써, 사회화된 의식을 가진 스윙보터들에게 영향을 미친다.

문화에 깊이 각인되어 가면서, 이러한 이야기들은 체계적으로 인간의 가능성에 대한 우리의 집합적인 감각을 축소하고, 공익을 위한 정치적 실천을 약화하고, 정치 담론의 범위를 제국의 지배-종속 관계를 강화하는 선택지들 사이로만 제한한다. 그리고 우리 대부분은 이 이야기들의 전제가 갖는 재앙적인 함의나 내러티브의 정당성을 면밀히 뜯어보아야겠다는 생각을 하지 못한다.

제국의 번영 이야기는 화폐의 숭배를 촉진하고 물질의 획득과 소유권의 집중을 찬양하면서, 모두를 영적으로 빈곤하게 만들고 다수를 물질적으로 빈곤하게 만든다. 제국의 안보 이야기는 경찰력과 군사력을 강화하고 기득권의 지배에 저항하는 사람들을 물리적으로 억압하는 데 집착함으로써, 자연의 파괴, 사회의 동요, 거짓된 민주주의를 가져오는 억압과 불의의 시스템을 영속화한다.

제국의 두 가지 의미 이야기, 즉 내세에 집착하는 성경적 의미 이야기와 삶을 물질과 기계적 메커니즘으로만 축소하는 세속적 의미 이야기는 생명을 소외시키고 우리가 지상의 존재로서 가질 수 있는 의미와 목적을 제거한다.

개별적으로 또 집합적으로 이러한 이야기들은 제국적 지배를 정당화하고 우리의 인간성을 부정하며 인간 사회의 영적, 물질적 빈곤화를 가져온다. 하지만 뉴라이트가 목적하는 바에는 매우 효과적으로 복무한다. 대부분의 사람들이 듣는 이야기가 이것뿐이기 때문이다.

제국의 이야기가 깔고 있는 전제들의 오류를 드러내면 이야기가 힘을 잃지 않겠느냐고 생각할 수도 있을 것이다. 논리적으로는 그럴 것 같지만, 이것은 잘못된 결론이다. 인간은 이야기에 의해 살아가는 존재다. 어떤 이야기가 일단 마음 속에서 강하게 자리잡으면 우리는 불가피하게 그 이야기로 다시 돌아가게 된다. 우리에게 중요한 질문들, 우리에게 매우 실제로 존재하는 그 질문들에 대해 우리가 아는 한에서 답을 제공해주는 것이 그것뿐이기 때문이다.

이야기가 열쇠다. 인류의 경로를 다시 잡으려면 우리가 의지해 살아가고 있는 이야기를 바꾸어야 한다. 이제까지는 생명의 가능성과 신성한 목적을 부정하는 이야기들이 우리가 더 높은 차원의 인간 의식을 발달시키지 못하게 막았고 우리를 제국의 슬픔에 사로잡혀 있게 했다. 생명의 가능성과 신성한 목적을 긍정하는 이야기는 우리 스스로가 부과한 한계에서 우리의 정신을 해방시킬 것이고 위대한 전환의 과업에 나서도록 우리를 북돋워줄 것이다.

위대한 전환

제4부

위대한 전환

우리를 품고 있는 우주에 대한 경외를 가르쳐주는 영성이 없다면, 환경 안에서 우리가 갖는 위치를 존중할 수도, 우리 안에서 환경이 갖는 위치를 존중할 수도 없게 된다.[1]

매튜 폭스Matthew Fox

우리 인간은 우리의 가능성, 가치, 그리고 우주의 본성에 대해 우리 문화가 공유하고 있는 지혜를 담지한 이야기들에 의해 살아간다. 이러한 이야기들, 특히 우리의 기원에 대한 이야기들을 통해 우리는 자신을 규정하고, 삶의 의미를 규정하고, 우리와 신성한 존재와의 관계를 규정한다. 한 사회가 공유하는 이야기가 그 사회가 처한 환경과 맞지 않을 때, 그 이야기는 자기제약적이 되고 나아가 생존에 위협이 된다. 지금 우리의 상황이 바로 그렇다.

제국의 슬픔을 뒤로 하고 지구공동체의 기쁨을 향해 나아가기로 하는 것은 장대한 선택이지만, 그렇게 할 수 있는 방법은 충분히 현실적으로 존재한다. 지식과 기술은 이미 존재한다. 남아있는 장벽은, 인간의 머리 속이 아닌 다른 곳에서는 현실성이 전혀 없는 자기제약적인 믿음뿐이다.

지난 한두 세기 사이에 인간의 지식은 폭발적으로 성장했고, 이로써

우리의 본성과 가능성에 대한 이해뿐 아니라 생명 자체의 본질인 협업
적 자기조직화와 호혜적 베풂의 역량에 대한 이해도 크게 확장되었다.
요동치는 물결 사이로 위대한 전환의 항해를 성공적으로 해나가려면,
인간의 기원, 목적, 가능성에 대한 이해를 공유하고 소통하는 데 우리가
사용하고 있는 이야기들을 다시 살펴보고 시대와 상황에 맞도록 바꾸
어야 한다.

종교와 과학,
투쟁 구도를 넘어서

종교 없는 과학은 절름발이이고 과학 없는 종교는 장님이다.

알베르트 아인슈타인Albert Einstein

일반적으로, 우주와 우주에서의 인간의 역할에 대해 사람들이 가지고 있는 이야기가 그들이 이해가능성과 가치를 판단하는 데 사용하는 1차적인 원천이다. … 어떤 사회든 가장 깊은 위기는 그 사회의 이야기가 그 사회가 처한 상황에서 생존에 필요한 것들을 충족시키는 데 부적절해지는 순간에 온다.[1]

토머스 베리Thomas Berry

생명으로부터 소외되고 우리의 시대에, 또 우리가 알고 있는 과학적 지식에 제대로 부합하는 이야기를 갖지 못해서, 우리는 삶의 의미를 엉뚱한 데서 찾고 있다. 우리는 돈이 우리의 가치를 말해주기라도 하듯 돈을 추구하고, 외로움을 잊기 위해 쇼핑을 하러 가고, 존재를 증명하기 위해 누군가를, 혹은 무언가를 지배하거나 파괴하고, 잠재력을 계발하도록 독려하기보다 소외의 병리를 긍정하는 도그마에서 도덕적 지침을 얻으려 한다.

지난 세기에 인류는 우주의 기원, 생명의 진화, 인간 개체의 발달 과정을 이해하는 데서 놀라운 진전을 보였다. 하지만 과학과 종교 모두가 새로운 지식이 반영되지 않은 예전의 기원 이야기에 여전히 연결되어 있다. 이러한 낡은 이야기들은 더 높은 인간 본성에 대한 가능성, 생명과 우리의 연결성, 그리고 창조 안에서 우리가 서있는 위치에 대해 우리가 갖는 비전을 훼손한다.

거대한 대치

서구에서 과학과 종교 사이의 오랜 갈등은 "엄한 아버지"의 종교적 세계와 "태엽 감긴 시계"와 같은 기계적 메커니즘의 세계 사이의 싸움이었다고 말할 수 있다. 서구에서 이 싸움은 과학혁명이 시작된 이래로 계속되어 왔다.

"엄한 아버지"의 종교

과학혁명이 시작된 16세기 무렵, 당대에 지배적이던 그리스도교 신학은 물리적 세계에 대한 관찰로부터 진리를 발견할 수 있는 인간의 지적 역량을 신뢰하지 못하고 있었다. 물리적 현상에 과도하게 관심을 갖는 것은 영혼이 버려졌다는 징후로 여겨지기도 했다. 종교적 권위자들은 성경에 드러난, 그리고 그들이 해석한 신성한 계시가 유일하게 합당한 진리의 원천이며 우주는 인간이 알 수 있는 범위를 넘어선 요인들에 의해 관장된다고 주장했다. 당시에 서구에서 지배적이던 세계관, 특히 가톨릭 교리에 의해 구성된 세계관은 다음과 같은 특징을 가지고 있었다.

- 신과 인간의 관계가 엄격한 충성과 복종을 요구하는 아버지와 아이의 관계와 같다고 본다.
- 신에게 인간의 감정, 그리고 세계 전체를 임의적인 의지로 창조하고 파괴하는 절대권력, 두 가지를 모두 투사한다.
- 신이 만물을 창조함에 있어, 인간이 그 창조의 목적이자 중심이라고 본다.

- 인간사에 개입할 권력을 갖는 성인聖人들을 공경한다.
- 신체적, 정신적 고통은 사악한 영혼이 씌었기 때문이라고 생각한다.
- 종교적 권위자들이 천국의 자리를 보장해주는 권력을 가지고 있다고 주장한다.

그러다 과학혁명에 의한 기계적 세계관이 우세해지면서 1660년 경부터 유럽의 지배적인 문화에 극적인 변화가 일어나기 시작했다. 마법에서 메커니즘으로의 전환은 지식과 기술의 발달에 놀라운 진전을 불러오게 될 대담한 한 걸음이었다. 어린 아이의 발달 과정에서 물리적인 메커니즘을 깨닫는 것이 성숙한 의식으로 가는 중요한 한 걸음이듯이 말이다. 하지만 안타깝게도 과학혁명은 저차원 의식의 마법적 환상만 거부한 것이 아니라 실재하는 것에는 영적인 토대가 있다는 개념까지도 거부했고 생명으로부터의 깊은 소외를 불러왔다.

"태엽 감긴 시계"의 과학

종교의 믿음 체계들과 매우 대조적으로, 표준적인 서구 과학의 이념적 틀에서 보면 물리적인 세계가 유일한 실재이며 물리적 현상에 대한 엄정한 관찰이 진리의 유일한 원천이다. 이러한 개념은 태양계의 중심은 태양이고 지구는 그 주위를 도는 여러 행성 중 하나에 불과하다고 주장한 니콜라우스 코페르니쿠스Nicolaus Copernicus(1473-1543)의 이론과 그 이론에 대한 갈릴레오 갈릴레이Galileo Galilei(1564-1642)의 입증으로 시작되었다.

당대 과학의 통념은 자연이 시계처럼 예측가능한 정확성을 가지고 작동하며 자연의 작동 메커니즘을 인간이 완전하게 이해할 수 있다고 보았다.[2] 하지만 자신의 이론이 상정하고 있는 그 복잡한 기계의 "기원" 만큼은 설명할 수 없었기 때문에, 과학혁명기의 철학자들은 "기원" 부분은 신학의 영역이라고 물러섰다. 그들은 위대한 시계 장인이 우주라는 시계를 만들고 태엽을 감아 동력을 부여했으며, 그 다음에는 감겨진 태엽에 담긴 에너지가 다 소진될 때까지 태초에 설계된 작동 원리대로 돌아가는 것이 아닐까 하고 생각했다.

과학이 말하는 원칙과 그리스도교 교회가 말하는 원칙은 이보다 더 대조적일 수 없었을 것이다. 종교에서는 물질 영역을 환상이자 착각이라고 보았고 심지어는 우리의 정신을 흩뜨리고 속이기 위한 악마의 작용이라고 여기기도 했다. 영적 영역만이 유일하게 실재하는 영역이었다. 대조적으로, 과학은 오로지 물질만이 실재한다고 보았다. 또한 종교는 신이 우주를 창조한 목적과 신의 관심에서 인간이 중심이라고 본 반면, 과학은 신도 존재하지 않고 목적도 의미도 없는 광대한 우주의 변두리에 인간을 위치시켰다.

하지만 과학 버전의 근본주의는 물리적 메커니즘을 실재의 여러 차원 중 하나라고 보기보다 그것만이 유일한 실재라고 보면서, 기성 종교의 자기제약적인 도그마를 그 자신의 자기제약적인 도그마로 대체했다. 과학 근본주의는 복제 가능한 수학적 관계만으로 설명되거나 측정될 수 없는 것이 존재한다는 것을 부정했다. 따라서 생명도 물질의 복잡성에서 우연히 나온 결과라고 보았고, 생명을 인간의 편의대로 물리적인 조작을 가할 수 있는 화학물질과 유전자 정보들의 결합에 불과한 것으로 취급하게 되었다. 또한 과학 근본주의는 인간 의식의 더 높은 차원을 부정했을 뿐 아니라, 의식, 영성, 의도가 모두 착각이라고 선언함으로써 개인의 도덕적 책임이라는 개념이 어떤 명백한 토대도 가질 수 없게 만들고 말았다.

소외의 문화

과학 근본주의의 엄격한 도그마는 과학적 연구를 수행하는 데 타협 없이 엄정한 규율을 부여하는 데 매우 유용했고, 인간 지식과 기술의 엄청난 진보를 가져왔다. 하지만 불행히도 과학 근본주의는 관찰 가능한 것만이 실재라는 전제를 "과학을 수행하는 데 매우 유용한 토대"로 여기기보다 "입증된 사실"로 여겼다. 이 개념이 근대의 문화적 세계관을 구성했고, 이는 생명으로부터의 소외를 영속화하는 결과를 낳았다. 그리고 생명으로부터의 소외는 제국의 중독을 추동하는 주 요인이다. 과학 근본주의는 자신이 전제로 하는 바와 다른 견해는 근거 없는 종교적 믿음이라며 죄다 기각했다. 지성과 의식을 도그마적으로 거부함으로써 자신도 "과학적 탐구"와 "근거 없는 종교적 믿음" 사이의 경계를 넘었다는 사실은 무시하고서 말이다.

과학혁명이 불러온 철학적 사고방식을 가장 명료하게 보여주는 사례로 토머스 홉스Thomas Hobbes(1588-1679)를 꼽을 수 있을 것이다. 홉스는 물질적 메커니즘을 논리적 극한으로 가져가서, "존재에는 의미가 없으며 따라서 선과 악을 구분할 수 있는 객관적인 기준도 없다"고 전제했다. 홉스에 따르면, 개인이 취할 수 있는 유일하게 합리적인 태도는 쾌감을 주는 것을 추구하고 고통을 일으키는 것을 피하는 것이다. 본질적으로, 아주 어린 아이의 의식에서 나타나는 단순한 종류의 동기들로 인간의 행동을 설명한 것이다.

이 전제에서부터 홉스는 모든 개인이 충동적인 쾌락을 추구할 자연적인 권리를 가지고 있으므로 질서가 존재할 수 있으려면 사람들과의 어떤 약속에도 매이지 않는 채로 무엇이 공공선인지를 일방적으로 결정하고 질서를 강제할 수 있는 절대자의 통치가 필요하다는 결론에 도달했다. 절대권력을 갖는 지배자가 이끄는 강한 국가가 있어야만 인간 사이에 질서가 존재할 수 있다는 것이다. 이렇게 해서 홉스는 우리를 인간이게 하는 것에 대한 과학적인 부정을 탐욕과 물질주의에 기반한 경제와 전체주의적 통치를 정당화하는 논리로 단번에 바꾸어놓았다.

진화론 전쟁

과학과 종교 사이의 오랜 긴장은 인간 종의 기원에 대해 공립학교에서 무엇을 가르쳐야 하는가를 두고 벌어진 창조론자와 진화론자의 싸움에서 다시 한번 전면에 등장했다. 한쪽 극단에서는 영국 생물학자 리처드 도킨스Richard Dawkins 같은 과학의 신봉자가 생명이 "우연적 변이와 자연선택"이라는 기계적인 과정에 의해서만 진화하며 이것은 합리적인 반박이 더 이상 존재할 수 없을 만큼 이미 확실히 입증된 "사실"이라고 간주했다. 다른 쪽 극단에서는 복음주의 신학자 앨버트 몰러Albert Mohler 같은 종교의 신봉자가 신이 엿새 만에 우주, 지구, 그리고 지구의 모든 살아있는 존재를 각각 독립된 사건으로서 창조했고 그 과정의 정점은 신의 모습을 본따 인간을 창조한 것이라며, 이것은 이미 확실히 입증된 "사실"이라고 간주했다. 몰러에 따르면, 신을 믿는 것과 진화를 믿는 것은 양립할 수 없다.[3]

상당수의 과학자와 신학자가 이 두 해석을 양끝으로 하는 스펙트럼의 중간 어딘가에 위치한다. 과학계와 종교계 모두에서 어느 정도의 지지를 받고 있는 한 가설로 "지적설계론theory of intelligent design"이라고 불리는 것이 있는데, 이 가설은 생명의 복잡성이 모종의 "지적설계자"가 존재한다는 것을 보여주는 흔적이라고 본다. 지적설계론 지지자 중 일부는 신이 주기적으로 개입해 새로운 종을 창조한다는 가설을 통해 화석 기록을 설명할 수 있다고 주장하기도 한다. 또 어떤 사람들은 신이 "유전적 변이와 자연선택"의 과정을 통해 창조가 알아서 펼쳐지도록 마치 컴퓨터 프로그램을 짜듯이 최초의 설계를 했을 것이라고 본다.[4]

진화에 대한 논쟁은 지금도 20세기 이전의 이야기들에 토대를 두고 있다. 여기에는 만약 창조에 모종의 지적 작용이 관여되어 있다면, 그 지적 존재는 마술 지팡이를 휘두르는 신이나 부품들을 가지고 기계를 만들어내는 엔지니어처럼 자신의 피조물로부터 떨어져서 존재하며 따라서 창조는 외부적 존재에 의한 작용이라는 전제가 깔려 있다. 이것은 제국의 의미 이야기의 또 다른 변종이다.

창조가 모든 존재에, 특히 모든 생명에 내재적으로 편재하는 창조적 지적 의식[창조적 영성]의 발현일 수 있다는 가능성은 여기에 고려되어 있지 않다. 이 개념은 신비주의 종교의 가르침에서는 핵심이지만 정통 과학에는 생소한 개념이고 서구 종교의 입장에서는 이단이다. 나는 신을 외부의 존재로 보느냐 존재하는 모든 것에 내재해 있고 만물에 편재한 존재로 보느냐의 차이가 갖는 중요성을 1999년에 한 컨퍼런스에서 종교학자 마커스 보그Marcus Borg의 강연을 들으면서 깨닫게 되었다. "워싱턴 교회 협회Washington Association of Churches"가 주관한 행사였고 우리 둘 다 연사로 참여했다.

신에 대해 떠오르는 이미지를 말해보세요

보그는 청중에게 다음과 같이 도전장을 내밀었다. "신에 대해 머릿속에 떠오르는 이미지를 말씀해주시면 제가 당신의 정치 성향을 맞춰보겠습니다."

서로 다른 주인을 섬기다

보그는 성경에는 신을 묘사할 때 매우 상이한 두 개의 은유가 등장하는데, 신에 대해 서로 다른 이미지를 떠올리게 하며 인간과 신성 사이의 관계도 서로 다르게 암시한다고 설명했다. 이 두 가지 은유는 성경의 전통에 존재하는 두 개의 상반된 목소리에서 나오며 극명하게 상이한 세계관을 반영한다.[5] 하나는 제국의 지배자 관계를 긍정하고 다른 하나는 지구공동체의 파트너십 관계를 긍정한다.

첫 번째 은유는 왕, 군주, 아버지와 같은 익숙한 인물로 의인화함으로써 먼 거리에 있는 남성 권위자의 이미지, 그리고 신체적으로 인간의 형상을 한 신의 모습을 떠올리게 한다. 그 신에게 인간은 전통적인 가정에서 아이가 아버지에게 하듯이, 혹은 백성이 왕에게 하듯이, 따지지 않는 충성과 엄격한 복종을 해야 한다. 보그는 이것을 신에 대한 군주적 모델이라고 불렀다.[6]

이 모델이 근대 사회에서 더 일반적이며, 교회의 문화뿐 아니라 더 폭넓은 사회의 문화도 신에 대한 군주적 모델을 중심에 두고 있다. 신을 이렇게 이해할 경우, 태초에 외부의 초자연적인 존재가 세상을 창조했고 그 존재가 설정한 창조의 질서가 바로 자연 법칙이라는 개념이 나온다. 그 다음의 논쟁은 주로 신이 태초의 창조 시점 이후에도 때때로 자신이 창조한 세상의 전개 과정에 개입하느냐 아니냐에 대해서 벌어진다. 이 모델에서, 인간은 창조의 핵심 작품이며 창조의 목적을 실현하는 존재다.

두 번째 은유는 바람, 숨, 불, 빛, 지혜, 바위 등 인간이 아닌 대상을 떠올리게 하는 동시에 현자, 애인, 어머니 등 인간적인 이미지도 떠올리게 한다. 이것은 어디에나 편재해 있는 돌봄과 통합적인 영성의 이미지이고 일반적으로 2장에서 설명한 영적 의식의 세계관에 잘 부합하는 이미지다. 보그는 이것을 신에 대한 영적 모델이라고 불렀다. 그리스도교 영성 지도자인 매튜 폭스는 저서『하나의 강, 많은 샘One River, Many Wells』에서 사실상 세계의 모든 영성적 전통이 신을 이와 같은 영적 모델의 이미지로 묘사하고 있다고 설명했다.[7]

군주적 모델과 대조적으로, 영적 모델은 우리와 신의 관계가 성별의 구분이 없는 소속과 친밀성의 관계라고 시사한다. 보편적인 사랑과 공감, 그리고 가난한 이들에 대한 우선적인 보살핌을 이야기한 예수는 영적 모델의 예언자였고 "사랑을 베푸시고 공감하시는 아버지"처럼 사람들이 이해하기 쉬울 만한 은유와 우화를 사용했다. 하지만 사랑을 베푸시고 공감하시는 아버지는 구약에 나오는 엄하고 노여워하는 제국적인 신과 극명하게 대조적이다.[8]

제국의 신

보그에 따르면, 복음 전통의 가장 초기 기록에는 예수가 자신을 신의 아들이나 구세주와 같은 특별한 존재로 여겼다는 암시가 없다. "그의 메시지는 그리스도 중심이 아니라 신 중심이었다. 신에게 중심을 두었지 자신을 구원자로 선포하는 데 중심을 두고 있지는 않았다."[9]

예수를 구세주 그리스도로, 그리고 제국적 교회의 창시자로 보는 개념은 그가 십자가에 못 박히고 3세기나 더 지나서 콘스탄티누스 황제가 그리스도교를 로마 제국의 공식 종교로 삼았을 때 생긴 개념이다.[10] 이때 이래로 그리스도교는 사랑과 공감을 가르치는 데 삶을 바친 사람의 이름으로 터무니없는 폭력과 억압에 도덕적인 정당화를 제공하면서 계속해서 제국에 복무했다.

나중에 로마 가톨릭 교회는 제국적 권력의 기능을 하는 제도로서 세속의 로마 황제를 대체했고 이슬람을 상대로 한 십자군 전쟁에 군사를 일으키기도 했다. 또한 더 이후에는, 스페인, 영국, 프랑스, 포르투갈 국왕들이 아프리카, 아시아, 아메리카의 땅을 제국적으로 정복할 때 원주민을 그리스도교화하고 문명화하기 위한 것이라며 식민주의를 정당화하는 데 그리스도교가 사용되었다.

신에 대한 군주적 모델은 아버지나 왕과 같은 익숙한 인물을 연상시키는데, 이들은 대개 자신의 권위를 세우는 데 신경을 쓰고, 자신의 말에 복종을 요구하며, 자신을 기쁘게 하지 않는 자에게 가혹한 벌을 내리고, 자신이 선호하는 아이와 신민에게 후한 보상을 내린다. 군주적 모델에서는 신이 전지전능하다고 상정되어 있는데, 이는 부유하고 권력 있는 사람은 신이 선호하는 사람이므로 신의 대리자로서 지상의 사람들을 지배할 권리가 있다는 개념으로 자연히 이어진다(이것은 칼뱅주의의 명시적인 전제다). 이러한 개념은 신과 가장 가까운 사람이 신이 덜 선호하는 사람을 지배하는 위계의 패턴을 상정한다. "존재의 대사슬great chain of being"이라고도 불리는 이 위계에서는 신이 세속의 왕보다 위에 있고, 세속의 왕은 남성보다 위에 있고, 남성은 여성보다 위에 있고, 인간은 자연보다 위에 있다. 또한 신에 대한 군주적 모델은 다른 신을 섬기는 자는 진정한 신의 적이므로 반드시 파멸시키거나 진정한 신의 지배 하에 강제로라도 들어오게 만들어야 한다는 결론으로도 이어진다.

예언자직/영성적 그리스도교와 대비되는 군주적/제국적 그리스도교는 지배의 위계를 긍정하고 지상에서 각자가 처한 상황을 받아들여야 한다는 분명한 메시지를 전한다. 그 상황이 무엇이건 간에 그것이 신의 의지이기 때문이다. 믿고 복종하는 자들은 내세에서 구원을 얻을 것이다. 정의를 들먹이며 신에게 불복종하거나 도전하면 영원히 지옥에서 고통받을 것이다.

구원이 개별적으로 주어지는 것이고 그 사람의 행동보다는 믿음에 달려있다는 주장은 사회의 분절과 간극을 지속시키고 더 정의롭고 평화로운 세계를 만들기 위해 행동해야 할 책임을 사람들에게서 없애버린다. 내세로 관심이 옮겨가고 신은 먼 외부에 존재한다고 상정되어 있으므로, 사람들은 공동체 및 자연과 창조적인 관계를 이루며 살아가는 경험에서 소외된다. 이러한 소외는 너무 고통스럽기 때문에 많은 그리스도교 근본주의자들이 휴거를 갈망하는 쪽으로 빠진다.

휴거를 기다리며

팀 라헤이Tim LaHaye와 제리 젠킨스Jerry Jenkins가 쓴 열두 권짜리 연작 소설 『레프트 비하인드Left Behind』는 휴거를 믿는 사람들이 으레 상상하는 방식의 휴거를 생생히 묘사하고 있다. 이 연작 소설은 2004년 중반부터 6500만 부 이상이 팔렸고 총 매출이 6억 5000만 달러에 달하는, 출판계에서 전무후무하게 성공한 책이다.[11] 예수가 마침내 지구로 재림한 날을 다룬 마지막 권 『영광스러운 재림: 종말의 나날들Glorious

Appearing: The End Days』은 종말의 날에 "평화의 왕"이 비신도들을 어떻게 내칠지를 다음과 같이 섬뜩하게 묘사하고 있다.

> 예수가 간단히 한 팔을 몇 센티미터 들어올리자 모두를 삼켜버리기에 충분할 만큼 거대한 심연의 간극이 땅에 입을 쩍 벌린다. 사람들은 아우성 치고 비명을 지르며 굴러 떨어진다. 하지만 곧 땅이 다시 닫히면서 그들의 애처로운 울음은 사라지고 사방이 고요해진다… [생존한 기독교인들은 굴러떨어지는 것을 피하기 위해 자동차를 타고 내달려야 한다] 그러면서 남녀와 말들의 사체를 치고 달려간다. … 어떤 이들은 말에 올라 고삐를 잡고 통제하려 애쓴다. 하지만 그러는 동안 그들의 살이 흐물흐물해지고, 안구가 녹아내리고, 혀가 해체된다.[12]

소설에 묘사된 내용보다 더 경악스러운 것은 독자가 아마존 웹사이트에 남긴 평이다. "열두 번째 권은 다른 권들보다도 훨씬 더 내 마음을 사로잡았다. 신의 사랑과 구원에 대한 라헤이와 젠킨스의 메시지는 신에게 마음과 정신을 열고 싶어 하는 모든 사람에게 울림을 줄 것이다." 또 다른 독자는 그것을 "영광스러운 종말"이라고 표현했다.

『위대한 전환』을 한창 집필하고 있던 어느 날 저녁 식사 자리에 초대를 받아 가게 되었다. 나는 초대한 사람 옆자리에 앉게 되었는데, 그는 근본주의적 기독교도였으며 널리 존경받고 보수도 좋은 직업을 가진 사람이었다. 그는 아름답고 목가적인 곳의 널찍하고 우아한 집에서 아름답고 사랑스러우며 풍부한 음악적 재능을 가진 가족과 살고 있었다. 그런데 식사 자리에서 그는 휴거가 곧 오리라 믿는다며 이 세상을 떠나 신과의 영원한 관계로 들어가는 데 대한 열망과 환희를 이야기했다. 나는 그처럼 사려 깊은 사람마저 내세에 너무나 집착하고 있다는 사실이 비극적으로 느껴졌고 슬픔에 잠겨 그곳을 떠났다. 그는 그가 "지금" 가지고 있는 삶의 위대한 축복을 인식하고 감사하지 못하는 것 같았다.

수백만 명이 현대 생활이 일으키는 소외에서 절박하게 구원을 찾고자 하면서 내세에서의 영원한 축복과 적(이라고 그들이 상정한 사람들)에 대한 응징의 약속에 끌리게 되었다. 기계적 메커니즘만으로 돌아가는 세계를 상정하는 과학의 이야기처럼, 신에 대한 이러한 이야기 역시 우리가 끊어지지 않는 영적 유대에 의해 창조의 전체(작은 일부가 아니라)와 불가분으로 통합되어 있다는 심원한 현실로부터 우리의 관심을 돌려놓으려 하는, 제국적 의식에 사로잡힌 예언자들이 만든 것이다.

우리가 그토록 벗어나고자 하는 소외는 제국적 문화에서 만들어진 거짓 믿음이 창조 안에서 우리가 있어야 할 위치에서 우리를 멀어지게 만들고 인간다움을 가질 천부의 권리를 우리에게서 앗아가면서 생겨난 결과다. 우리의 존재 자체에 내재해 있는 의미를 발견하는 것은 제국의 집합적인 문화적 최면 상태에서 깨어나 삶 자체를 영적인 실천으로서 받아들이는 것이다.

지구공동체의 신

마커스 보그, 매튜 폭스, 짐 월리스, 월터 윙크 등 현대의 종교학자들에 따르면, 역사의 실존 인물 예수는 영성을 경험적 실재라고 보았으며 우화와 아포리즘을 통해 전복적인 지혜를 가르친 스승이었다. 또한 이들에 따르면, 예수는 기성의 통념을 교란해 지배 권력에 도전한 사회적 예언자였고, 당대의 제국적 사회구조를 지탱하던 쇼비니스트적 사회 장벽을 깨뜨리고자 하면서 반쇼비니스트적 가치에 기반한 새로운 유대 문화 운동을 창시한 사람이었다.[13] 요컨대, 예수는 문화를 지배하는 이야기들을 바꾸는 데 삶을 바친 사람이었다.

역사를 거쳐 대부분의 문화에서, 심원하고 신성한 깨달음과 환희를 생생하게 경험한 사람들이 존재했다. 그러한 순간에 그들은 자아를 잊고 모든 존재에 불가분으로 통합된 영적 에너지와 영적 지성을 경험했다. 예수 외에도 그리스도교 전통에서 저명한 신비가들을 꼽아보면 힐데가르드 폰 빙엔Hildegard of Bingen(1098-1179), 아시시의 성 프란체스코 Francis of Assisi(1181-1226), 토머스 아퀴나스Thomas Aquinas(1225-1274), 마이스터 에크하르트Meister Eckhart(1260년경-1327) 등이 있다.[14]

신에 대한 영적 모델은 "살아있는 우주"를 시사한다. 이 우주는 생기 있는 떨림의 과정인 창조를 통해 지속적으로 자신을 존재로 현현하면서 진화하고 성장하는 "영원한 영성"이다. 이것은 양자 물리학이 물질 세계를 묘사하는 방식과 비슷하다.[15] 이렇게 이해하면, 신, 즉 창조의 영성이자 존재의 토대는 모든 사람, 모든 생명체, 모든 바위, 모든 입자, 모든 사고에서, 그러니까 모든 것에서 자신을 발현한다. 그러므로 거의 문자 그대로 우리는 삶의 모든 순간에 삶의 모든 면에서 우리가 신이라고 부르는 영성과 관계를 맺고 있다. 영성과의 관계를 벗어나서 존재하는 것은 불가능하다. 우리에게는 이러한 관계에 충실하거나 이러한 관계를 배신하거나의 선택만 존재한다.

이러한 영적 실재는 특정한 부족이나 특정한 장소에 배타적으로 존재하는 것이 아니다. 그것은 여기에, 또 모든 곳에 존재하며, 현 시점에,

또 영원히 존재한다. 종교마다 서로 다른 은유를 사용하고 야훼, 브라마, 아트만, 알라, 도, 위대한 영혼, 신 등 서로 다른 이름으로 부르지만, 모두가 동일한 영성을 말하고 있는 것이다.[16]

신에 대한 영적 모델에 따르면, 우리는 돈이나 폭력 같은 다른 애인(은유적으로 말해서)을 위해 영성이라는 애인을 배신할 때 죄를 짓게 된다. 여기에서 "죄"는 어떤 정해진 법이나 규칙을 위반하는 것이 아니라 영성을 배신하는 것으로 정의된다. 영성은 판관을 필요로 하지 않는다. 다른 애인한테 간 데 대한 처벌은 스스로가 자초한 소외의 고통을 겪는 것이다. 이것은 신뢰를 저버리고 애인을 배신한 행동 자체에 따르는 직접적이고 불가피한 결과다. 이렇게 보면, 정치, 경제, 과학, 종교 등에서 어떤 제도도 그것이 탐욕과 폭력을 촉진하거나 그밖의 방식으로 다른 애인과 놀아나며 시간을 낭비하도록 우리를 부추기고 그럴 때 보상을 준다면, 이는 우상 숭배를 촉진하는 것이고 악의 작동을 드러내는 것이다.

언젠가 라디오를 듣다가 전화 연결된 한 청취자가 자신은 지구에서 보내는 시간을 싸구려 호텔에 잠시 묵어가는 것 이상으로 생각하지 않는다고 말하는 것을 들은 적이 있다. 신자를 자처하는 사람이 신의 영광스러운 창조를 통째로 본인의 섬세한 감수성에 걸맞기에는 가치 없는 싸구려라고 치부해버리다니 얼마나 아이러니한 일인가?

신에 대한 군주적 모델은 제국의 지배자 관계를 공고히 하고 정당화한다. 신에 대한 영적 모델은 제국을 등지고 나와 창조의 작동에 사랑으로 복무하면서 지구공동체의 파트너십 관계를 육성하는 쪽으로 삶의 에너지를 돌리도록 촉구함으로써, 제국의 지배자 관계를 전복한다. 폭스는 "창조의 영성"에 대해 이야기했는데, 이것은 관계와 참여의 영성,

우리의 인간성을 온전히 실현하는 데 꼭 필요한 성숙하고 책임 있는 어른으로서의 영성을 의미한다.

창조의 모든 자녀가 자신의 잠재력을 온전히 실현하도록 지원하는 문화와 제도를 창출하려면 우리가 우리의 몫을 해야 한다. 먼 곳의 신이 개입해주시기를 기다리는 것은 핵심을 잘못 짚은 것이다. 우리는 자신의 권위를 지키는 데 집착하는 신에게 복종하기 위해 이 세상에 존재하는 것이 아니다. 우리는 위대한 모험 속에서 창조의 과정에 파트너로서 참여하기 위해 이 세상에 존재하는 것이다. 우리가 오매불망 기다리는 존재는 바로 우리 자신이다.

살아있는 우주에 대한 과학

뉴튼 과학은 우주가 오로지 물질로 구성되어 있고 물질은 엔트로피의 법칙에 따라 소멸해간다고 본다. 하지만 더 최신의 과학은 이보다 훨씬 더 복잡한 우주를 말해준다. 폭발적으로 분출된 에너지 입자들로 시작되어 점점 더 높은 수준의 복잡성, 잠재력, 가능성을 향해 상향하는 실체일 수 있는 것이다.

한때는 단단한 고체 물질이 유일한 실재라고 여겨졌지만 물리학자들이 밝혀낸 바에 따르면 물질은 대체로 빈 공간이다. 단단한 물체는 아주 작은 에너지 입자들 사이의 "관계"에 의해 형태가 주어지는 실체다. 난데없이 나타나는 것처럼 보이는 이 입자들은 지속적인 흐름의 상태로 존재하면서 왔다가 사라진다. 하지만 그렇게 유동적인 상태 속에서도 입자들 사이의 관계는 충분히 일관적이어서, 왔다가 사라지는 입자들이 형성하는 물체는 명백한 형태를 유지한다. 또한 서로 짝이 되는 한

쌍의 전자는 아주 멀리 떨어진 상태에서 딱히 드러나는 소통의 메커니즘 없이도 서로에게 영향을 주고받는다. 항성과 항성계 전체가 블랙홀로 사라져 들어가고 새로운 항성과 항성계가 탄생한다. 여기에 작용하는 과정은 어떤 단순한 물리적 메커니즘의 개념으로 묘사할 수 있는 정도를 훨씬 넘어서는 것처럼 보인다.

생물학 분야에서도 최신의 연구들은 생명체를 스스로 방향을 잡아나가는 자기주도적인 세포들의 시스템으로 묘사한다. 세포들은 지속적으로 상호 소통을 하면서 자신의 물질적 구조를 지속적으로 재구성하지만, 그러면서도 성장과 재생산의 과정에서 형태와 기능의 연속성을 매끄럽게 유지한다. 미리 정해진 작동 방식을 따르는 듯하면서도 놀라운 적응성을 발휘하면서, 또한 목적의식적인 방식으로 말이다. 유전자는 생명체가 계속해서 다음 세대로 충실하게 구조를 재생산할 수 있게 해주는 미리 결정된 정보들을 담고 있지만, 그와 동시에 끝없이 생명체가 스스로를 수정하고 조정하는 과정에 관여한다.

펩타이드(아미노산이 결합한 중합체)와 같은 생화학 물질들은 기억을 저장하고 감정을 조절하면서 우리의 의식적 정신과 무의식 정신 사이에, 그리고 정신 기능과 신체 기능 사이에 이뤄지는 복잡한 연결을 매개한다.[17] 여기에서도 이 과정은 마법은 아니지만 순전히 물리적인 메커니즘보다는 훨씬 신비로우며 기존의 과학으로 이해할 수 있는 수준을 훨씬 넘어서는 무언가가 있다. 아마도 과학이 이것을 이해하려면 의식적인 지성이 인간에게서만이 아니라 창조의 모든 면에서 작용하고 있으리라는 가능성을 인정해야 할 것이다.

메커니즘 위주의 과학은 물질의 물리적 발현을 연구하는 데 매우 유용했고 유의미했다. 그리고 오늘날 가장 최신의 과학 연구는 창조의 작동에 대한 인간의 지식이 매우 제한적이던 시절에 쓰여진 고대 경전이 묘사하는 것보다도 훨씬 더 장대하고 신비로운 창조적 지성의 존재를 가정해야 가장 설명되는 실재에 대해 증거들을 발견하고 있다. 내게는 통합적인 신성한 지성[통합적인 영성]에 대한 이론이 우연적인 변이와 기계적인 메커니즘으로 설명하는 주류 과학보다 실증 데이터에도 더 잘 부합하고 우리의 경험에도 더 잘 부합하는 것 같아 보인다. 하지만 내가 통합적인 영성의 존재를 입증할 수는 없다. 과학도 그것이 존재하지 않음을 입증하지 못했듯이 말이다. 몇몇 사려깊은 과학자들은 실재의 측면 중에 과학으로 입증하거나 반증할 수 있는 범위를 넘어서는 것들이 있음을 인정한다. 나는 오랫동안 나의 스승이었던 스탠포드 대학의 전자공학 교수 윌리스 하먼Willis Harman에게서 이 사실을 알게 되었다.

이러한 과학자들이 있긴 하지만, 오늘날 제도화된 표준적인 과학은 과학 자신이 발견하고 있는 증거들의 더 깊은 함의를 여전히 부인하면서 옛 시절의 개념에 고착되어 있다. 그 개념이 형성되었던 시절에는 과학이 부패한 종교 기득권의 미신으로부터 거리를 두고자 노력했고 이는 매우 합당한 노력이었다. 하지만 지금의 표준적인 과학은 과학적 관찰에서 나온 "사실"들과 과학의 방법론이 의지하고 있는 "가정"들을 구분하지 못하면서, 통합적인 이론을 찾아가는 과정에서 여전히 비틀거리고 있다. 이러한 실패는 모든 시대에 종교적 신비가들이 창조의 통합적 본질이라고 인식해온 영적 지성의 존재를 부인하는, 과학 스스로가 부과한 도그마의 결과일 것이다. 위대한 종합을 추구하면서 과학과 종교가 함께 협력한다면 과학과 종교 모두에 득이 될 것이다.

성숙으로의 한 걸음

문화적 헤게모니를 놓고 과학과 종교가 벌여온 투쟁은 우리 앞에 불가능한 선택지를 남겨놓았다. 과학의 이야기를 택해서 영성, 의도, 의미, 의식을 거부하든지 종교의 이야기를 택해서 이성과 관찰의 증거를 거부해야 하는 것이다. 우리는 스스로 자초한 근시안으로 막대한 비용을 치렀다. 창조에 대한 더 종합적이고 정확한 비전은 존재한다. 수천 년 동안 수많은 종교 현인들이 그러한 비전을 이야기했고, 최신의 과학 연구도 거의 한 세기 동안 그러한 비전의 증거를 목도해왔다. 그리고 몇몇 과학자들은 이러한 증거의 깊은 중요성을 인식하고 있다.

오늘날 우리는 인간의 생존 자체가 문제가 된 상황에 처했다. 인간이 가진 가장 강력한 제도들이 "가정"이나 "가설"을 마치 입증된 "사실"인 양 간주하고서 그것을 몹시도 제약적인 도그마로 만들어버렸기 때문이다. 그런데 이러한 도그마는 우리가 알아낸 가장 최신의 지식과 부합하지 않는다. 앞에서 언급했듯이, 성숙한 노년의 정신은 지식을 얻을 수 있는 수많은 방식에 열려 있다. 경전, 토착 지식, 역사, 현대 과학 등을 모두 아울러서 말이다. 또한 성숙한 노년의 정신은 존재의 물질적 차원과 영적 차원 모두를 온전히 받아들인다. 이제 우리는 이러한 지혜를 받아들여서 성숙한 인간 의식을 계발하는 쪽으로 목표를 재설정해야 한다.

과학자들은 통상적인 과학적 도구와 방법론으로 닿을 수 있는 범위를 넘어서는 진리가 존재하며 이를 인정한다고 해서 엄정한 과학적 도구와 방법론이 갖는 막대한 가치가 훼손되는 것이 아니라는 점만 받아들이면 된다. 그리고 많은 과학자들이 이미 받아들이고 있다. 종교 지도 자들은 예수를 비롯해 세계의 모든 위대한 종교에서 영적인 스승들이 가르쳤던 원래 내용의 핵심으로 돌아가서 창조가 인간에게 자신을 드 러낼 수 있는 방법은 아주 많다는 것을 받아들이기만 하면 된다. 그리고 많은 종교 지도자들이 이미 받아들이고 있다. 그러고 나면, 과학자, 종 교 지도자, 신비가들은 물질과 정신의 관계에 대한 더 깊은 이해를 위해 협력할 수 있을 것이다. 그리고 점점 더 많은 이들이 이미 그렇게 하고 있다.

과학과 종교의 해방은 심원한 문화적 전환에 문을 열 것이고 이는 자연스럽게 경제적, 정치적 전환으로 이어질 것이다. 우리가 모든 인 간이 "도처에 편재하는, 하나의 살아있는 영성"의 창조물임을 받아들 인다면, 지배 권력을 향한 경쟁은 시대착오적인 것이 되고 불필요한 폭력은 신성모독이 되며 합리적인 필요를 넘어서는 수준으로 돈을 추 구하는 것은 우상숭배가 되고 쇼비니즘에 바탕한 배타적 예외주의는 정서적 미성숙을 드러내는 징후가 된다. 탐욕과 과잉으로 점철된 제국 적 경제에서 나눔과 균형으로 이뤄지는 성숙한 경제로의 전환은 이제 거의 불가피하다. 경합하는 이해관계에 초점을 두는 제국적 정치에서 상호간의 이해관계를 위한 성숙한 정치로의 전환도 이제 거의 불가피 하다.

지구공동체의 살아있는 문화는 우리가 더 적은 장난감, 더 적은 전 쟁, 더 적은 고립, 더 적은 강요를 선택하라고, 그 대신 더 충족적인 관 계와 우리 인간을 인간으로 만들어주는 특질을 실현하라고 촉구한다. 살아있는 문화에 뒤따라올 살아있는 경제와 살아있는 정치는, 더 민주 적이고 더 윤리적이고 더 충족적일 것이며 우리 아이들의 미래를 보호해줄 것이고 창조에서 우리가 가지고 있는 몫과 책임을 영광스럽게 찬양할 것이다.

* * * * *

종교와 과학은 우리가 우리 자신, 우리의 도덕률, 그리고 우리 존재의 의미를 규정하는 데 사용하는 창조 이야기의 두 원천이다. 과학혁명이래로 종교와 과학은 현대인들에게 유일한 창조 이야기로 등극하기위해 투쟁을 벌여왔다. 양측 각각에는 자신의 입장과 상대 쪽 입장 사이에 대조되는 면을 과도하게 강조하는 방식으로 이야기를 구성하려는극단주의자들이 존재한다.

제국의 승자-패자 동학을 되풀이하면서 이 두 기득권의 헤게모니싸움이 인간의 진리 추구 노력을 지배해왔다. 그래서 우리는 두 개의 부분적인 이야기 중 하나만 선택하거나 믿음을 둘로 분열시킨 채 살아가게 되었다. 우리의 경로가 다시 생명을 향하게 할 수 있으려면, 우리 시대의 상황에 부합하며 인간이 쌓아온 지식과 지혜 전체를 존중하는 새로운 창조 이야기가 필요하다.

다행히 더 깊은 수렴을 향해 도그마를 극복하고자 하는 사람들이 양쪽 모두에 존재한다. 제도의 경계를 넘어서, 이들은 각자 자신이 속한제도가 가진 부분적인 이야기에 도전하고 있으며, 인류가 현재까지 축적해온 지식과 지혜 전체를 온전히 포괄하는, 더 완전하고 사실관계에도 더 잘 부합하는 이야기를 만들고 소통하고자 노력하고 있다.

창조의 장대한 여정

자연의 역동적인 춤은 아주 작은 입자부터 오늘날의 가장 거대한 실체나 홀론에 이르기까지 모든 수준에서 언제나 의식적이다. 이것이 살아있는 우주에 대한 나의 기본적인 가정이며, 물리학의 어느 가정에 비해서도 낯설지 않은 가정이다. 또한 이것은 내가 접해본 모든 토착 문화와 모든 신비주의 전통에서도 공통되는 가정이다.[1]

엘리자벳 사토리스Elisabet Sahtouris

생명은 지구에서 분출된 풍성함의 환희이고 태양의 현상이다. 생명은 지구의 대기, 물, 태양을 세포로 바꾸는, 천문학적으로 볼 때 지극히 지역적인 변형이다. … 생명은 스스로 방향을 잡아나가는 선택의 역량을 갖게 된, 거침 없어진 물질이다.[2]

린 마굴리스Lynn Margulis, 도리언 세이건Dorion Sagan

창조는 수많은 방식으로 자신을 인간에게 드러낸다. 고대에는 신비가들의 내면의 목소리를 통해 이야기했다. 우리 시대에는 물질의 비밀, 생명의 비밀, 진화해가는 우주의 비밀을 탐구하는 과학자들을 통해 이야기한다. 영적 지성의 존재를 부정하는 도그마적 과학관을 벗어버리고 보면, 최근의 과학 지식은 창조, 생명, 그리고 인간 종의 목적에 대해 점점 더 깊은 통찰을 할 수 있는 풍성한 원천을 제공해준다.

현대의 창조 이야기

지금까지 알려진 과학적 증거들에 따르면 140억 년에 걸친 창조의 이야기는 대략 다음과 같다.

오래 전에 에너지의 거대한 분출을 통해 새로운 우주가 존재하게 되었다. 미세한 에너지 입자들이 광대한 우주로 퍼져나갔다. 점차 이 입자들은 스스로를 원자로 조직했다. 원자들은 거대한 구름으로 떠돌다가 뭉쳐서 수많은 별과 수많은 은하를 이루었다. 별들은 끊임없이 성장하고 소멸하고 새로운 별, 행성, 은하로 다시 태어났다. 수백억, 수천억 개의 별이 탄생하고 소멸하면서 풀려나오는 격변의 에너지가 단순한 원자를 더 복합한 원자로 변환시켰고 그것들을 결합시켜 분자로 만들었다. 각각의 단계는 속성과 역량 면에서 매번 그 이전의 단계를 초월하면서 점점 더 경이로운 가능성들을 창출했다.

우리가 지구라고 부르는 행성에서 생명의 씨앗이 나타날 준비가 되기까지는 100억 년이 걸렸다. 오늘날까지도 과학은 생명이 어디에서 왔는지 정확하게 알지 못한다.

지구 생명체의 가장 초기 조상은 미세한 단세포 박테리아였다. 너무 단순해서 세포핵도 없었다. 하지만 이 소박한 생명체는 뛰어난 학습 역량이 있었고 이는 놀라운 창조적 잠재력을 갖게 해주었다. 지구 최초의 화학자인 이 생명체들은 새로운 효소들을 포함해 새로운 종류의 단백질을 합성하고 새로운 분자를 발명하고 자신이 학습한 것을 서로에게 공유하기 위해 자신의 세포벽을 가로질러 유전 물질을 교환하는 법을 알아냈다.

생명의 학습으로 생기는 결실이 증폭되면서 세포는 더 복잡하고 다양하게 진화했다. 서로 다른 생활 습관과 전문성을 육성해 새로운 생태적 니치를 활용하는 법을 알게 되면서 새로운 종류의 박테리아들이 나타났다. 식량과 자원을 두고 경쟁하는 과정에서 박테리아들이 발효, 광합성, 호흡 등과 같은 기술에 각기 특화를 하면서 이러한 기능들이 생겨날 수 있었다. 각각의 진전은 "전체"가 자원 기반을 더 잘 이용할 수 있게 했고 한층 더 큰 잠재력이 있는 한층 더 복잡한 생명체가 나타날 수 있는 길을 닦았다.

섬자로 이러한 초창기 경쟁자들 중 일부가 각기 개별적으로 가지고 있던 기능들이 통합된 초세포super cell의 형태로 공생하는 단계에 도달했다. 대략 10억 년에 걸쳐 이 작은 단세포 생명체들이 지구 표면의 물질을 재배열하고 지구 전체 대기의 화학적 조성을 변화시키고 안정화시켰으며, 이로써 한층 더 놀라운 성취들이 나타날 수 있는 길을 닦았다.

이때까지 DNA 가닥들은 세포벽 안에서 각기 자유롭게 떠다녔다. 그러다가 지구에 처음으로 생명이 생긴 지 20억 년이 지나서, 초세포의 형성을 가능케 했던 파트너십의 과정은 DNA가 세포 안의 특정 구역에 핵을 이루어 뭉쳐있게 하는 혁신을 이끌었다. 이렇게 해서 유핵 단세포가 생겨났다. 박테리아 세포보다 자신의 세포벽을 가로질러 컸다. 이는 다시 9억 년 뒤에 해파리, 편충, 해초 등의 형태로 최초의 다세포 생물이 나타날 수 있는 길을 닦았다.

공룡, 새, 원숭이, 인간 등 다양한 동식물 종이 차례로 나타났다. 한 단계 한 단계씩 생명은 지구 표면의 물질을 선택의 역량을 가진 복잡한 다세포 생명체들 사이의 자기조직적인 장대한 망으로 놀랍게 엮어냈다. 각각의 생명체는 그것을 구성하는 개별 세포들을 훨씬 넘어서는 역량을 가지고 있었다. 지속적으로 실험하고 상호 관계를 맺고 창조하고 지어나가면서, 이 진화하는 생명의 망은 놀라운 다양성, 아름다움, 그리고 점점 더 높아지는 지적 선택의 역량을 담지한, 살아있는 채색 태피스트리를 펼쳐냈다.

그러고서 약 400만 년 전에, 창조는 가장 야심차고 대담한 실험을 시작했다. 자신의 의식을 성찰할 수 있고, 신비롭고 아름다운 창조의 경이로움을 느낄 수 있으며, 자신이 알게 된 것들을 정식화해서 소통하고 공유할 수 있고, 교향곡을 작곡할 수 있고, 대성당을 건축할 수 있고, 물리적 세계를 자신의 목적에 맞게 재구성할 수 있고, 자신의 미래를 예측하고 의식적으로 선택할 수 있는 역량을 가진 종을 만들어낸 것이다.

두 발 유인원이 먼저 나타났고 140만 년 뒤에 큰 뇌를 가진 호모 하빌리스가 나타났다. 호모 하빌리스는 돌로 만든 도구로 사냥 기술을 발달시켰다. 그리고 240만 년이 더 지나서 다음 단계에 도달했다. 이제까지의 어느 종도 필적할 수 없을 만큼 고도의 의식적인 선택을 할 수 있는 종이 나타난 것이다. 이것은 불과 10만-20만 년 전 이야기다. 우리는 이 존재를 인간이라고 부른다.

지난 100년간 과학은 인류가 우주와 우주의 모든 경이가 펼쳐지는 창조적 과정을 파악하기 시작하는 데 중대한 공헌을 했다. 창조의 과정에서 펼쳐지는 패턴은 우주와 그 안의 모든 것이 하나의 거대하고 통합적인 영적 지성의 현현임을 시사한다. 그 영적 지성은 자신의 미실현된 가능성을 계속해서 발견하고 실현하면서 스스로를 알아가는 장대한 여정에 관여한다. 그렇다면, 모든 존재는 영적 지성의 이러한 추구에서 나오는 산물이자 지속적으로 펼쳐지는 이 여정에서의 공동 창조자다. 모든 존재가 그러하다면 모든 생명체도 그러하고, 인간도 그러하다.

생명은 선택을 내릴 수 있는 힘이다

심리학과 대학생이었을 때 나는 B.F. 스키너B.F. Skinner의 책을 꼭 읽어야 했다. 지명한 생농심리학자인 스키너는 자유의지란 착각이라고 주장한 이론으로 유명했다. 스키너의 설명에 따르면, 모든 행동은 "조작적 조건 형성operant conditioning"의 결과다. 즉 어떤 자극이 주어질 때 그에 대한 우리의 반응은 본질적으로 전에 그러한 자극에 대해 했던 반응에 어떤 결과가 있었는지에 좌우된다. 따라서 행동은 의식적이거나 지적인 과정을 거친 선택의 문제가 아니라 단순히 조건화와 기계적인 반응의 문제다. 이성에 헌신하는 과학이 인간 이성의 능력을 부인하다니 흥미로운 일이다. 그 연장선에서 인간의 지능과 자유의지도 부정된다. 당시에 내게 이 이론은 인간의 가능성에 대해 상당히 제한적인 견해로 보였지만, 심리학을 합당한 과학의 반열에 올리고 싶어하는 심리학계에서 스키너의 이론은 널리 받아들여지고 있었고 학부생인 내가 공개적으로 반박을 제기할 수 있는 처지도 아니었다.

지금도 과학은 의지, 의식, 지능이라는 주제와 관련해 고전하고 있으며 어려움의 한 가지 이유는 과학이 여전히 기계론적 전제에서 작동하고 있어서다. 그래서 세계적인 생명과학자 린 마굴리스와 과학 저술가인 아들 도리언 세이건이 놀라운 저서 『생명이란 무엇인가What is Life?』에서 "생명은 스스로 방향을 잡아나가는 선택의 역량을 갖게 된, 거침 없어진 물질"이라고 정의 내린 것을 보고 나는 깜짝 놀랐다.[3] 이것은 단순하고 명백하면서도 오래도록 확립되어 온 기성의 세계관을 완전히 뒤집는 심원한 관찰이다. 생명은 선택의 역량을 가진 물질이며, 우리가 알고 있는 모든 종을 통틀어 인간 종이 가지고 있는 선택의 역량은 다른 어떤 종도 능가한다.

자유의지는 내키는 대로 아무거나 다 한다는 뜻이 아니다. 상호의존적인 세계라는 현실이 우리의 행동을 제약한다. 우리가 내리는 모든 선택은 우리가 처한 맥락에 의해 영향을 받고 다시 우리의 선택은 그 맥락에 영향을 미친다. 그렇더라도, 우리가 취할 수 있는 선택의 범위는 상당히 넓다.

일반적인 개념에서 보면 인간 개체의 생명은 모체의 자궁에서 시작되어 그곳에서 첫 9개월을 보내고 세상에 나오며 신체의 죽음으로 소멸된다. 하지만 더 깊은 진화의 관점에서 보면 우리 각각은 40억 년 전에 지구 행성에서 지적인 생명의 에너지가 스스로를 표현하기 시작한 이래 중단 없이 이어져온 흐름의 발현이다.[4]

신체의 소멸 이후에 그 개인의 영혼이 어떻게 되는가에 대해서는 추측만 해볼 수 있지만, 무한한 미래를 향해 지속적으로 펼쳐지는 생명의 총체를 구성하는 데 개체가 기여하는 바의 측면에서 보면 그 기여가 아무리 작다 해도 각각의 생명은 모두 불멸이다. 우리가 꺾는 꽃 한 송이한 송이, 우리가 심는 식물 하나 하나, 우리가 소통하는 생각 하나 하나가 펼쳐져가는 창조의 직물에 파장을 일으키며, 긍정적이든 부정적이든, 크든 작든, 바이오스피어와 누-스피어noosphere(인간의 집합적인 의식 또는 인간 정신 활동의 총체를 일컫는 말로, 가톨릭 사제이자 신비가 피에르 떼이야르 드 샤르댕Pierre Teilhard de Chardin의 표현이다)에 흔적을 남긴다. 여기에 우리가 갖게 된 "선택의 역량"이라는 선물에 수반되는 거대한 책임이 있다. 우리가 내리는 선택이 남기게 될 흔적은, 자신의 가능성을 실현시켜가는 창조의 위대한 추구에 인간이 기여하게 되는 바를 고양시킬 수도 있고 위축시킬 수도 있다. 우리는 중요한 존재다. 우리의 선택이 차이를 만든다.

생명은 투쟁이다

오랫동안 나는 생명과 삶을 중심에 놓는 이상적인 사회가 평화, 협력, 만족의 장소일 것이리고 상상했다. 모두의 기본적인 필요가 충족되고 인류는 그 이후로 오래오래 행복하게 사는 세상 말이다. 태어나기 전 자궁에서의 삶에 대한 희미한 기억을 떠올린 것인지도 모른다. 이것은 천국의 일반적인 이미지와도 비슷하다. 애씀이 없이 영원히 축복을 누리는 곳 말이다.

그래서 인간의 성숙에 관한 존 프리엘John Friel과 린다 프리엘Linda Friel의 저서 『어른의 영혼The Soul of Adulthood』을 읽다가 "우리는 투쟁을 통해서만 삶을 경험할 수 있다"는 문장을 보고 조금 거슬렸다. 처음에는 저자들이 생명에 대해 왜곡된 견해를 가지고 있나보다 생각했다. 하지만 곧 이 이야기를 마굴리스와 세이건이 말한 것과 연결시킬 수 있었다. 생명은 물질에 선택의 역량을 부여할 수 있는 놀라운 능력을 가지고 있는데, 이는 물리적 세계에서 끊임없이 작용하고 있는 엔트로피의 힘에 맞서서 벌이는 투쟁에서 지속적으로 성공해야만 가능하다는 사실 말이다.[5] 이 생각은 또 하나의 심오한 진리로 문을 열어주었다. 생명은 생명을 부인하는 엔트로피의 힘에 맞서 선택의 자유를 위해 협업적인 투쟁을 벌여가는 과정이다. 즉 투쟁은 생명의 내재적인 조건이다. 투쟁은 신이 우리에게 내린 저주가 아니다. 신(말하자면) 자신이 벌이고 있는 투쟁이 우리를 통해 발현되는 것이다.

열역학 제2법칙, 즉 엔트로피의 법칙은 모든 물리적인 시스템은 쇠퇴한다는 관찰에서 나온 법칙이다. 유용한 에너지가 소실되면서 조직이 부패하고 해체되어 결국 "열역학적 균형" 상태(무질서의 상태)로 돌아간다. 이것은 모든 기계적인 사물이 가는 경로다. 가령 자동차를 방치해두면 점차 녹슬고 부서진다. 그 연장선에서 열역학 제2법칙은 물리적인 우주도 가차 없는 엔트로피의 법칙에 따라 잠재력의 상실과 무질서를 향해가다가 소멸하리라고 본다. 그런데, 생명은 무질서에서 질서를 창출하면서 이 법칙을 거부하는 것처럼 보이므로 과학에 수수께끼를 제기한다.

살아있는 생명체가 엔트로피의 힘에 저항하는 과정을 연구한 분자생물학자 호매완에 따르면, 생명 시스템이 열역학 제2법칙에 반反하는 것은 아니다. 하지만 "음의 엔트로피"라는 열역학적 불균형을 유지해 자신을 지탱할 수 있는 역량을 가지고 있다. 간혹 과학이 직관과 반대로 보이는 용어를 사용하곤 하는데, "음negtive의 엔트로피"도 그렇다. 이것이 실제로 의미하는 바는 에너지가 양positive[또는 긍정적인]의 잠재력의 상태로 존재하는 것을 뜻한다. 이 과정은 생명체가 지속적으로 또 고도로 효율적으로 환경과 교환을 하면서 섭취, 저장, 물질과 에너지의 중간처리 등을 해내는 역량에 달려있다. 살아있는 생명체는 반反엔트로피적이 되는 법을 오랫동안 터득해왔다.[6]

다른 말로, 생명은 고전적인 법칙들을 따르지만 그 법칙들을 사용해서 지속적인 교환과 재순환의 과정을 통해 에너지를 긍정적인 흐름으로 유지하는 법을 터득할 수 있다. 그렇게 해서 "열역학적 균형"이라는 소진 상태와 거리가 먼, 긍정적인 잠재력의 상태를 유지하는 것이다. 이렇듯, 생명이 "무엇을" 하는지는 잘 알려져 있다. 하지만 "어떻게 해서" 그렇게 할 수 있는지는 (아마도 표준적인 과학이 의지나 의도의 가능성을 받아들이지 않기 때문에) 여전히 과학이 이해할 수 있는 범위를 벗어나 있다.

그래서, 생명이 지적이고 의지적인 행동을 할 역량이 있음을 보여주는 꽤 명백한 증거들을 받아들일 만한 용기와 겸손함을 가진 과학자들은 그들이 관찰한 바의 경이로움을 묘사하기 위해 시적인 표현에 의지했다. 마굴리스와 세이건의 책에서도 그러한 묘사를 볼 수 있다.

> 열역학적 시스템은 하나의 형태에서 또 하나의 형태로 에너지를 변환하면서 우주에 열을 잃는다. 살아있는 물질은 지속적으로 태양 빛에 잠김으로써만 일반적인 물질로부터 자신을 자유롭게 할 수 있다. 생명은 해체와 파괴에 직면해 영속적인 죽음 위협을 겪는다. 생명은 단순한 물질이 아니다. 생명은 에너지가 부여된 물질이고 조직화된 물질이며 영예롭고 독특한 역사를 내재하고 있는 물질이다. 자신의 역사와 불가분인 욕구들을 갖는 물질로서, 생명은 자신을 유지하고 지속해야 한다. 떠있지 않으면 가라앉는다. 가장 영예로운 생명체도 어쩌면 "일시적으로 식별이 가능한 씰룩거림" 같은 것에 불과할지 모른다. 하지만 수백만 년 동안 생명이 무질서로부터 멀어지는 경주를 해오면서, 자기생성적인 [스스로 방향을 잡아나가는] 존재는 그 어느 때보다도 더 지각을 갖추고, 미래를 지향하고, 자신이 물질을 헤쳐가면서 만드는 섬세한 파도에 해를 끼칠지 모르는 것들에 더 주의를 기울이게 되면서 자기 자신에 대해 숙고하는 존재가 되었다. 열역학적, 자기생성적 관점에서 보면, 재생산이라는 가장 원초적인 행동부터 가장 고상하고 우아한 미학적 감상까지 모두가 공통된 원천에서 나오며 궁극적으로 동일한 목적을 수행한다. 그 목적은 무질서를 향한 보편적 경향과 적대적인 요인들에 직면해서도 생명이 부여되어 있는 물질의 상태를 유지하는 것이다.[7]

각각의 세포를 세포막이라는 포장지가 얇게 감싸고 있는 꾸러미라고 생각해보자. 그 포장지는 스스로 방향을 잡아나가는 내부의 에너지를 엔트로피의 하방 압력으로부터 보호해준다. 세포는 테두리가 있는 시스템이다. 따라서 에너지가 테두리 밖의 환경으로 방출되는 것을 늦추면서 테두리 안에서 재순환하게 할 수 있다. 하지만 에너지의 방출과 그로 인한 쇠락을 완전히 막을 수는 없으므로 세포의 생존은 지속적으로 균형을 잡아가는 데 달려있다. 주기적으로 외부의 환경으로부터 새로운 에너지원을 붙잡아와서, 불가피하게 소실되어 버린 에너지를 메워야 하는 것이다.

생명의 열역학적 작용이 보여주는 복잡성과 동태성은 숨이 멎을 만큼 놀랍다. 개개의 세포 자체가 복잡한 상호작용의 망이다. 협업적이고, 자기조직적이고, 자기재생적인 홀라키[holarchy. 부분과 전체의 속성을 동시에 갖는 무수한 '홀론'들이 계층적으로 조직된 총체. 옮긴이]의 다층적인 둥지 속에서 개별 분자들 사이에 수천 건의 화학적 상호작용이 지속적으로 벌어지고 있으며 그 분자들 각각이 지속적으로 재생의 과정을 거친다. 분자생물학자 스티븐 로스Stephen Rose는 이렇게 설명했다.

단백질, 핵산, 다당류, 지질 등 세포 안에 존재하는 복잡한 고분자 물질은 지속적으로 붕괴되고 대체로 동일한 다른 세포들로 대체되면서 각자의 라이프사이클을 갖는다. 포유류 신체에서 단백질 분자의 평균적인 수명은 2주일 정도다. 성인 인간에게서 단백질은 체중의 약 10%를 차지하므로 매일 매시간 24그램의 새로운 단백질이 합성되고 24그램의 단백질이 붕괴된다. 1분에는 0.5그램, 10억 곱하기 10억 개의 세포가 평생에 걸쳐 사라지고 생겨난다. 왜 이렇게 끊임없는 흐름이 있어야 하는 것일까? …
답은 간단하다. … 살아있는 시스템은 생존하려면 동태적이어야
한다. 아무리 단단하게 완충막을 두어 내부의 환경을 보호하다
해도 세포는 더 큰 생명체의 일부로서 협업적으로 존재한다는
사실 자체에서 오는 출렁임에 따라 스스로를 조정하고 적응시킬
수 있어야 한다.[8]

생명은 상호 역량 강화의 과정이다

지구에서 생명이 점점 더 크고 복잡하며 더 큰 역량을 갖춘 종들로
번성할 수 있었던 성공의 핵심 비결은, "에너지를 필요로 하는 반응"과
"에너지를 생성하는 반응" 사이를 연결하는 순환적 과정이 벌어질 수 있
도록 복잡한 하위 시스템들을 구성해낼 수 있는 자가 조직화의 역량에
서 찾을 수 있다. 세포 안의 구성요소들 사이에서, 다세포 조직 안의 세포
들 사이에서, 생태계 내의 다세포 생명체들 사이에서, 그리고 지구 안의
생태계들 사이에서 영원히 추어지는 협업적 교환의 춤 속에서, 에너지는
지속적으로, 또 동시적으로 흐른다. 살아있는 시스템들은 이렇게 절약적
이면서 자기재생적이고 상호연결된 과정을 통해 에너지를 보존하면서
동시에 그 에너지를 즉각적으로 활용가능한 상태로 유지할 수 있다.

바로 이러한 "상호 역량 강화"의 과정이 아래로 계속 끌어당기는 엔
트로피 요인들에 맞서서 새로운 잠재력을 유지하고 창출하기 위해 생
명이 벌이는 투쟁의 토대다. 이 투쟁에 협업이 반드시 필요하다는 사실
은 왜 생명이 다른 생명과의 관계 속에서만, 즉 공동체 속에서만 존재할
수 있는지를 말해준다. 생명의 조직 원리는 지배가 아니라 파트너십이

다. 파트너십은 생명에게 부여된 절대적인 임무 중 하나다.

생명의 공동체가 그것을 구성하는 개별 요소 없이 존재할 수 없듯이 개별 세포와 다세포 조직들도 자신이 속해 있는 공동체 없이는 생존할 수 없다. 생명은 균형 잡힌 성장과 다양화를 통해 고양되는 상호 역량 강화의 과정이며, 따라서 생명은 "관계들의 공동체"라는 관점으로만 이해될 수 있다. 살아있는 시스템이 자신의 내부에 더 복잡하고 다양하고 응집된 관계를 구축할 수 있을수록 그 시스템과 그 안의 모든 구성 요소의 잠재력이 커진다.

가장 기본적으로, 우리는 생물학자들이 "공생 관계"라고 부르는 것에서 상호의존성의 원칙이 작동하는 사례를 볼 수 있다. 공생 관계는 가까이에서 연합을 이루며 사는 두 생명체의 호혜적인 관계를 말한다. 꽃과 꿀벌의 사례는 모두가 알고 있을 것이다. 꽃은 꿀벌에게 생명을 유지시켜 주는 달콤한 꿀을 제공하고 꿀벌은 꽃을 수분시켜 재생산 과정에 기여한다. 이 간단한 사례에서 이들의 관계는 직접적으로 호혜적이다.

하지만 생명의 진정한 경이로움은 위와 같은 1대 1의 시장 교환식 호혜성을 훨씬 넘어서는, 더 복잡한 상호적 서비스의 패턴에 있다. 이러한 복잡성의 상당 부분은 미세 수준에서 벌어지기 때문에 우리의 일반적인 지각을 넘어선다. 정교한 과학적 도구를 이용해야만 생태계 전체에서, 또 각 수준에서, 오랜 시간에 걸쳐 이뤄지고 있는 다층적인 상호작용을 인식할 수 있다.

생명의 놀라운 자가 조직력에 대한 다음의 사례를 보면 우리가 인간 사회의 응집과 질서 유지에 꼭 필요하다고 믿게 된 위계적 명령 시스템이 존재하지 않는다는 사실을 발견할 수 있을 것이다. 가장 낮은 수준의 박테리아가 우리 인간은 잘 파악하지 못하는 "전체의 복리에 대한 책임"이라는 감각을 내재적으로 가지고 있을까? 아래의 이야기를 읽을 때 다음과 같은 질문을 염두에 두기 바란다. 숲의 개체들이 개인적 이득을 위한 제약 없는 경쟁이라는 신자유주의 경제 원칙에 따라 살아간다면 숲 생태계는 얼마나 오래 생존하고 번성할 수 있을까? 살아있는 생명체가 스스로를 조직해 건강한 숲 생태계를 일궈가는 과정에서 인간 사회의 가능성에 대해 우리는 어떤 가르침을 얻을 수 있을까?

숲 생태계가 주는 가르침

오레곤 주 앤드류 숲에서 수행된 연구에서 자연 생태계의 동태적 작용에 대해 가장 최신의 통찰들을 찾아볼 수 있다. 과학 저술가 존 R. 루오마Jon R. Luoma는 이 흥미로운 연구를 『숨겨진 숲: 생태계의 전기The Hidden Forest: Biography of an Ecosystem』에서 소개했다.

질소 순환

숲을 자립적인 경제 시스템이라고 생각해보자. 그러한 숲 시스템은 가용한 자원을 사용해 숲 전체의 생명을 유지하고 각 구성원의 필요를 충족시키는 데 꼭 필요한 산출물과 서비스를 생산한다. 단풍나무 잎부터 생각해보자. 각각의 잎 자체가 스스로 방향을 잡아나가는, 살아있는 세포들의 시스템이다. 이 시스템은 태양에서 오는 에너지의 흐름을 붙잡아 와서 생화학적 물질의 꾸러미인 이당류 분자로 만든다. 건강하고 성숙한 단풍나무는 물, 태양, 이산화탄소 정도만을 사용해서 한 차례의 생장 시즌 동안 2톤의 이당류와 상당한 양의 산소를 생산한다. 이렇게 해서 태양 에너지는 분자의 형태로 몇 시간, 심지어는 몇 년까지도 저장되어 나무의 성장과 유지를 지원한다. 다시 나무는 "나무 줄기를 갉아먹는 진드기, 진드기를 잡아먹는 거미, 거미를 잡아먹는 딱새, … 숲 바닥의 뿌리에서 당분을 뽑아먹는 균류 … 그리고 균류의 일부를 먹는 다람쥐와 들쥐와 사슴" 등 무수히 많은 다른 생명체를 부양한다.[9]

다시 그 대가로 나무에 의해 부양을 받는 생명체는 또 다른 생명체들에게 서비스를 제공하고 나무도 이 수많은 서비스에 다시 의존한다. 예를 들어, 이당류를 생산하려면 나무는 질소가 필요하다. 질소는 대기 중에 풍부하게 존재하지만 나무는 대기 중에 있는 질소를 직접적으로 이용할 수 없고 특별한 박테리아가 질소를 "고정"해서 아질산염과 질산염으로 바꿔줘야만 한다. 질소를 고정하는 박테리아는 이끼나 오리나무, 콩과 식물의 뿌리와 같은 몇몇 식물 종에 형성된 결절에서 살아간다. 이러한 식물이 박테리아에게 양분을 주고 박테리아를 보호한다. 그런데 그 식물들도 해결해야 할 나름의 문제가 있다. 이 식물들은 풍부한 태양빛이 필요한데, 숲의 차양이 그늘을 만들면 박테리아가 살고 있는 숙주인 식물들이 죽게 되고, 그러면 아질산염과 질산염이 전체 시스템에 필요한 만큼 충분히 생산되지 못하게 된다.

이 문제에 대한 생명의 해법을 보면 상호적인 적응이 어느 한 시점만이 아니라 한 세기 이상의 미래까지도 내다보는 역량을 가지고 있다는 데 놀라게 된다. 화재, 화산 분출, 폭풍 등이 숲에 열린 공간을 만들면 질소를 고정하는 박테리아의 숙주가 되는 식물들이 그 공간을 점유해 길게는 200년 동안 나무들의 생장을 지원하기에 충분한 양의 질소를 생산한다.

그러다가 나무가 자라 차양이 드리워지면서 질소를 고정하는 박테리아가 살고 있는 식물을 그늘로 덮어버리고 그 상태에서 저장되었던 질소가 점차 고갈되면 나무는 죽게 될 것이다. 하지만 오래된 숲에서만 발견되는 놀라운 작용 덕분에 이 결과를 막을 수 있다. 나무들이 100살 정도에 도달하면 질소를 고정하는 이끼들이 태양빛을 풍부하게 받을 수 있는 나무의 꼭대기 쪽에서 형성되기 시작한다. 나무의 두 번째 100년에 걸쳐 나무이 꼭대기에서 이끼가 점점 더 무성하게 자라, 숲의 차양이 강력한 질소 고정 공장처럼 기능하게 된다. 성숙한 숲의 토양이 질소 부족의 위험에 직면하면 살아있는 나뭇잎 차양에서 질소가 생성되고 질소를 풍부하게 머금은 나뭇잎들이 땅에 떨어지면 숲 전체가 필요로 하는 질소가 토양에 충분히 공급된다.[10]

이로운 감염

복잡한 호혜적 상호작용이 벌어지는 또 다른 사례를 앤드류스 숲의 상록수와 그 상록수의 바늘잎 안에서 살아가는 랍도클라인 카르페리 *Rhabdocline parkeri*라는 균사에서도 볼 수 있다. 앤드류스 숲 연구자들이 처음으로 이 균사를 발견했을 때 균사에 감염된 나무라고 보기에는 나무에서 아무런 질병이나 고통을 겪고 있다는 징후가 보이지 않아서 크게 놀랐다. 점차로 연구자들은 나무가 균사에 에너지가 풍부한 당분을 제공하고 균사는 잎마름증을 일으키는 해충이 나타나면 독성이 있는 알칼로이드 화합물을 분비해 나무를 보호해준다는 것을 알게 되었다.

이 균사는 놀랍도록 절약적이어서 자신이 침투해 살고 있는 나무의 자원을 존중한다. 균사의 포자는 새로 나온 초록 바늘잎을 약간 째고 들어가서 기다린다. 거기에 있는 동안 균사는 사실상 전혀 성장하지 않으며 따라서 나무에 어떤 부담도 주지 않는다. 그러다 시간이 지나 나무 자체의 자연적 순환 과정의 일부로서 바늘잎이 죽으면 그때에서야 죽어가는 바늘잎에서 에너지를 취한다. 균사는 그 에너지를 이용해 성장하고 포자를 내어놓으며, 그 포자가 새로운 초록 바늘잎을 "감염"시킨다. 나무의 바늘잎이 해충의 공격을 받으면 균사는 독으로 해충을 공격한 뒤 자신에게 필요한 양분을 나무의 바늘잎에서 취하지 않고 죽은 해충에서 취한다.[11]

나무가 왜 해충에 대해 스스로 화학적 방어 시스템을 발달시키지 않았을까? 이에 대한 간단한 답은 생명의 복잡한 지능에 대해 또 하나의 가르침을 준다. 해충은 수명이 짧고 독성 화합물의 위협에 직면해 빠르게 진화할 수 있다. 역시 수명이 짧은 균류는 마찬가지의 기민함을 발휘해 독성 화합물의 조성을 바꿀 수 있지만 수명이 더 긴 나무 종으로서는 그렇게 하기 어렵다. 생명이 파트너십의 힘을 통해 번성하는 과정을 보여주는 또 하나의 놀라운 사례다.[12]

살아있는 토양

곤충은 숫자로도 어마어마하지만 다양성으로도 어마어마하며 숲의 토양을 재생하는 데 필수적인 역할을 수행한다. 각 곤충 종은 죽은 나무나 식물에서 폐기된 물질을 썹고 처리하면서 저마다 고유한 기여를 한다. 수많은 곤충 종이 고도로 복잡한 재순환 과정에서 물질을 소화시키고 처리하고 비워낸다. 간단히 말해 누군가의 똥은 누군가의 먹이다. 실제로 숲의 땅 바닥은 거의 전적으로 미생물과 곤충의 사체와 배설물로 구성되어 있다.

생물학자들은 지구상에 많게는 3000만 종의 곤충이 있다고 추산한다. 각각은 자신의 생태적 니치를 점유하고 있으며 전체를 위해 저마다 고유한 서비스를 제공한다. 과학자들은 이들이 숲 생태계의 건강을 유지하는 데서 수행하는 필수적인 역할, 나아가 지구상의 생명에 너무나 필수적인 모든 토양의 건강과 비옥도를 유지하는 데서 수행하는 필수적인 역할을 이제서야 조금씩 알아가기 시작하고 있다.[13]

이러한 새로운 지식은 생태계가 조화로운 응집을 이루면서 기능하도록 떠받쳐주는 관계들의 복잡성을 말해준다. 각 생명체는 파트너십의 패턴 속에서, 아마도 100년 이상 수천 수만 종을 거치며 벌어질 호혜의 연쇄 속에서, 전체에 기여한다.

생명이 중앙의 통제나 지휘 없이 상호 역량 강화의 과정을 통해 스스로를 조직해나갈 수 있음을 보여주는 놀라운 증거는 생명의 모든 수준에서 찾아볼 수 있다. 숲 생태계도 그렇고, 우리의 신체도 그렇다.

인체가 주는 가르침

인간 개체의 창조는 미세한 두 개의 세포(난자와 정자)가 만나면서 시작된다. 이렇게 해서 유전 물질이 결합되고 하나의 복합 세포가 구성되며, 이 세포는 세포 분열과 기능 분화의 자가 지향적이고 복잡한 과정을 시작한다. 각 세포는 다른 세포들과 소통하면서 적절한 순간에 적절한 의사결정을 통해 간으로, 뇌로, 혈액으로 분화되고 특화되어 내장기관과 신체 조직을 발달시킨다.

대략적인 지도는 해당 인간 개체의 모든 세포가 공유하는 유전자 구조에 담겨 있다. 각각의 세포가 특정한 순간에 어떤 행동을 해야 하는지 지시하고 지휘하는 "지배자" 세포는 없지만, 아직 다 밝혀지지 않은 과정들을 통해서 각 세포는 신체 전체의 구성에 도움이 되는 방식으로 정확한 순간에 정확한 의사결정을 내린다. 이러한 의사결정이 수없이 많이 이뤄지면서 두 개의 최초 세포는 30조 개가 넘는 자가 지향적이고 자기 재생적인 세포가 결합된 복잡한 개체가 된다. 이 개체는 지적이고 성찰적인 선택의 역량, 영원을 숙고하는 역량, 여타 생명체들과 함께 지구를 재구성할 수 있는 역량, 우주의 다른 별에 닿을 수 있는 역량을 갖게 된다.

재생, 공유, 적응

인간의 생명이 존재하는 내내 지속되는 자기재생의 과정은 인체의 또 다른 경이로움을 보여준다. 인체에서 매분 30억개의 세포가 죽고 각각이 믿을 만하게 비슷한 새 세포로 대체된다. 위장 내벽은 5일마다, 간은 2개월마다, 피부는 6주마다 자신을 재구성한다. 매년 신체에 존재하는 원자의 98%가 대체된다.[14] 간혹 발생하는 오류를 제외하면 신체의 세포들은 모두가 동일한 유전 코드를 가지고 있다. 하지만 생겨나고 있는 개체가 필요로 하는 바에 따라 적절한 행동을 취하기 위해 상호 소통하고 그 정보에 반응하면서, 세포들은 여러 다양한 기능으로 분화된다. 그와 동시에, 각 신체 기관과 인체 전체의 식별가능하고 일관된 작동, 그리고 그 개체의 모든 기억과 지적인 역량을 담지하고 있는 의식적인 자아, 이 모두가 내내 안정적으로 유지된다.

그만큼이나 놀라운 것은, 신체에 있는 수조 개의 세포가 부상, 질병, 그리고 환경에서 오는 물리적 위협에 반응해서 어디든 에너지가 저장되어 있는 곳에서 어디든 에너지가 필요한 곳으로 에너지를 끊임없이 옮긴다는 사실이다. 엘리자벳 사토리스의 설명대로, 근육은 심장에게 "지난 번에 가져간 거 해결할 때까지 더 이상은 없어"라고 말하지 않는다. 심장이 필요로 하는 것을 그저 보내줄 뿐이다. 필요하다면 추가적인 에너지를 내기 위해 자신의 조직을 해체하면서까지 그렇게 한다. 심장도 공격자로부터 신체가 도망갈 수 있도록 근육이 추가적인 산소를 필요로 할 때 근육에게 "거래는 거래야. 얼마 줄래?"라고 말하지 않는다.

모두가 의사결정자

이 모든 것이 숨이 멎을 듯한 복잡성을 창출하고 유지하는 과정에서 생명체가 막대한 조직화 문제에 직면하게 됨을 말해준다. 그렇다면 여기에서 의사결정을 내리는 주체는 누구이며 무엇인가? 유전자, 뇌, 중추신경계 모두 자신의 역할을 하지만, 이 질문에 대한 본질적인 답은 의사결정의 역량과 책임이 신체의 모든 세포, 미생물, 장기에 분산되어 있다는 것이다. 이들 각각이 자신의 환경에서 오는 복잡한 정보의 흐름을 감지하고 그에 반응한다. 이는 아주 많은 수준의 자가 조절적인 지능이 관여하고 있을 가능성을 시사한다.

이 수많은 지능은 상호의존적인 전체의 부분들이다. 하나라도 작동에 실패하면 전체가 파괴될 수도 있다. 하지만 위계적으로 명령과 지휘를 행사하는 것을 "지배"라고 본다면 어느 하위 시스템도, 의식이 자리 잡고 있는 공간인 대뇌 신피질조차도, 다른 하위 시스템들을 "지배"하기란 불가능하다.[15]

신체 기능이 제대로 이뤄지려면 매초 수십억 건의 의사결정이 필요하므로, 우리가 깨어있는 시간에 경험하는 의식은 이러한 수많은 의사결정 주체들과 직접적으로 소통하고 있지 않아야 한다. 정보가 너무 방대해서 의식적인 정신을 금방 압도해버릴 것이기 때문에 대부분의 정보 처리는 무의식 수준에서, 혹은 세포 수준에서 이뤄지고 의식적인 뇌는 여기에 관여하지 않는다.

다시 각 인간 개체는 지구 바이오스피어의 생명을 구성하는 자가 조절적이고 자가 지향적인 관계들의 무한하고 복잡하며 역동적인 망에 의존한다. 외부 시스템의 원활한 작동은 인체 내부 시스템의 원활한 작동만큼이나 개체의 생존과 후생에 필수적이다. 이 시스템들 각각은 각자의 적응과 재생을 위한 역동적인 춤에 관여하면서 대기질, 수질, 기온, 양분의 공급 등에 지속적으로 변화를 일으키며 다시 인간 개체와 그것의 모든 복잡한 내부 작용은 여기에 지속적으로 적응해야 한다.

이러한 복잡성과 장기적인 시야를 생각한다면, 진화가 단지 지배를 위한 경쟁적 투쟁의 과정을 따를 뿐이라는 개념은 너무 단순한 개념으로 보인다. 생명은 지능과 목적이 있으며 각각의 생명 시스템은 아주 많은 수준의 의식적인 지능을 담지하고 있다고 보는 이론이 더 믿을 만한 이론으로 보인다.

여기에 이기심이 관여하는가? 물론이다. 하지만 이 이기심은 호혜적이고 상호강화적인 파트너십 관계(고차원의 인간 의식에서 자연스럽게 나타나는 이러한 파트너십 관계는 성숙한 민주주의의 토대다)에서 나타나는 포용적이고 성숙한 이기심일 것이다.

* * * * *

여전히 과학은 실재가 우발적 사건과 물리적 메커니즘만으로 완전히 설명 가능하다는 전제에 사로잡혀 있지만, 점점 더 높은 수준의 복잡성과 의식을 발현하며 펼쳐지는 창조의 과정은 자기발견의 장대한 여정에 관여하는 심원한 지성의 작용을 암시한다. 생명은 물질에 선택의 역량을 줌으로써 이 여정을 가속화한다. 생명은 아래로 잡아끄는 엔트로피의 힘에 맞서 선택의 역량을 유지하기 위해 협업적인 투쟁에 관여하며, 다양하고 상호의존적인 종들의 살아있는 공동체로서만 존재할 수 있다. 생명에게 파트너십은 단순한 조직 원리만이 아니다. 파트너십은 생명의 본질 자체다.

제
17
장

지구공동체의
기쁨으로 가는 길

○

파괴적 성향은 살아지지 못한 생명의 결과다. 생명을 억압하는 사회적, 개인적 여건은 파괴의 열정을 생산한다.[1]

에리히 프롬Erich Fromm

인간으로 존재한다는 것은 언제나 자신이 아닌 누군가나 무언가를 가리키면서 그것을 향해 방향을 잡는다는 것을 의미한다. 그것은 충족시켜야 할 의미일 수도 있고 만나게 되는 사람일 수도 있다. 헌신해야 할 대의나 사랑하는 사람을 위해 스스로를 더 많이 내어줌으로써 자신을 더 많이 잊을수록 인간은 더 많이 인간으로서 존재하게 되고 더 많이 자신을 실현하게 된다.[2]

빅터 프랭클Victor Frankl

20세기의 위대한 정신분석가 에리히 프롬과 빅터 프랭클은 나치 독일 시기 파시즘의 공포를 각각 직접 경험했고 전쟁이 끝난 뒤 인간 심리의 어느 면이 인간을 그렇게 파괴적으로 이끌 수 있는지에 대한 성찰을 각자 책으로 출판했다. 이들이 도달한 결론은 같았다. 단순하지만 심원한 그 결론은, 소속되고 연결되고 자신의 존재를 표현하고자 하는 충동이 너무나 강하기 때문에 긍정적인 수단으로 그것을 추구할 수 있는 방법이 꺾이거나 좌절되면 그 충동은 부정적인 수단으로 방향을 돌리게 된다는 것이다.

이것을 "살고자 하는 충동"이라고 생각해보자. 그렇다면 이것은 다른 모든 성공적인 생명체가 하는 일을 하고자 하는 충동이라고 볼 수 있다. 협력적인 파트너십 안에서 더 큰 생명의 망에 기여할 수 있는 자신의 자리를 찾아내는 것 말이다. 상호적인 돌봄과 베풂에 기초한 관계를 맺을 역량을 가진 건강한 개인으로 발달하려면 건강한 개인의 발달을 양육할 수 있는 건강한 공동체가 필요하다. 건강한 개인과 건강한 공동체는 함께 가는 것이며 불가분의 것이다.

우리 인간은 성찰적 의식이라는 선물을 가지고 있어서 다른 어떤 종보다 더 의도적이고 창조적으로 살 수 있다. 하지만 5000년간 이어진 제국이 슬픔을 비극적으로 보여주었듯이, 우리는 끔찍하게 나쁜 선택을 내릴 수도 있는 존재다. 제국의 문화와 제도들은 우리를 생명으로부터 소외시키고, 우리가 "살고자 하는 충동"을 긍정적으로 발현하지 못하게 가로막고, 삶의 에너지를 자신과 공동체 모두를 파괴하는 방향으로 표출하게 만들고, 우리가 지구공동체의 기쁨으로 가는 길의 존재 자체를 부정하고 슬픔으로의 길을 선택하도록 조건지운다. 하지만 제국적이지 않은 인간 사회들과 자연 세계의 살아있는 공동체 모두가 보여주듯이 파트너십으로 가는 길은 매우 현실적으로 가능하다.

위대한 전환의 과업에 나서려면 우리 스스로가 부과한 소외와 제국의 억압으로부터 먼저 우리 자신을 해방시켜야 한다. 그리고 모든 이가 자신과 공동체 둘 다의 창조적 잠재력을 높이면서 지구공동체의 기쁨을 누릴 수 있도록 지원해주는 사회를 만들어야 한다. 이 일은 우리의 정신에서 시작된다. 우리 안에는 생명과 상호강화적인 관계를 맺고자 하는 충동이 내재되어 있으며 그 충동을 슬픔을 불러오는 방식으로 표현할 것이냐 기쁨을 불러오는 방식으로 표현할 것이냐는 우리의 선택에 달려있음을 자각하는 것이 그 시작이다.

연결을 맺도록 되어있는 존재

미국 YMCA, 다트머스 의대, 미국가치연구소Institute for American

Values의 놀라운 공동 연구 프로젝트에서, 미국 아동의 정신적, 정서적 건강을 살펴보고 아동의 삶을 향상시키기 위한 실천적인 조언을 도출하기 위해 33명의 저명한 신경과학자, 소아과 의사, 사회과학자가 모였다. 이 모임인 "위기에 처한 아동에 관한 연구 위원회Commission on Children at Risk"는 2003년에 연구 결과를 『연결을 맺도록 되어있는 존재: 탄탄한 공동체의 중요성에 대한 새로운 과학적 근거Hardwired to Connect: The New Scientific Case for Authoritative Communities』라는 보고서로 펴냈다. 보고서의 내용은 과학, 영적인 지혜, 그리고 보수와 진보를 아우르는 가치들의 혁신적인 종합이라 할 만하다.[3]

인간의 뇌에 관한 과학적 연구들에 기초한 이 보고서는 인간이 생리학적으로 "어머니, 아버지, 친척부터 시작해서 더 폭넓은 공동체로 나아가면서 다른 사람들과 친밀한 접촉"을 형성하도록 "되어있는" 존재라고 결론내렸다.[4]

실험실 연구에서 자기공명영상을 사용해 뇌의 활동을 관찰한 결과 과학자들은 타인과 협업적 연대를 형성할 때 뇌의 쾌락 중추에 강한 긍정적 반응이 발생하는 것을 발견했다. 초콜릿을 먹거나 좋은 성관계를 했을 때와 마찬가지의 반응이었다.[5] 다른 연구들에서도 신뢰와 돌봄의 관계가 우리의 정서적 건강과 사회의 건강한 기능에 필수적이라는 사실이 발견되었다.[6]

인간의 뇌

우리가 인간 본성의 잠재력을 달성해가는 발달 과정은 심리적일 뿐 아니라 생리적인 과정이기도 하다. 신체 생리의 다른 측면과 마찬가지로 뇌도 시간이 가면서 성숙하며, 더 높은 수준으로의 발달은 실천을 통해 이뤄진다.

기초부터 시작해보자. 인간의 뇌는 세 개의 상호연결된 뇌로 이뤄진 복잡한 시스템이며 세 가지 뇌는 각각 고유한 기능을 한다. 이 기본적인 삼중 구조는 모든 포유류의 뇌에 공통적이다. 가장 중심에는 "파충류의 뇌"가 있는데, 호흡, 심박 조정, 사냥, 식사, 생식, 위험에 직면했을 때의 "싸우거나 도망가거나"의 반응 등 생존에 기본적인 기능들을 관장한다. 두 번째, "변연계 뇌"는 파충류의 뇌 위에 위치해있으며 감정 지능의 중추로서 감정을 경험하는 역량을 담당한다. 감정을 경험하는 것은 포유류의 독특한 특성이다. 변연계 뇌의 기능 덕분에 포유류는 다른 포유류의 감정 상태를 읽고 사회적으로 유대를 맺고 아이들을 돌보고 협업적 공동체를 형성할 수 있다. 뇌의 세 번째 층위인 "신피질 뇌"는 인지적 논증 기능의 중추로, 상징적 사고, 인식, 자기인식, 자유의지 등을 관장한다.

초창기 포유류들은 신피질이 다른 뇌들을 감싸고 있는 얇은 피부에 불과했다. 하지만 인간의 신피질은 세 가지 뇌 중 가장 크다.[7] 세 가지 뇌 각각은 다른 두 개의 뇌, 그리고 신체의 다른 기관 및 세포 시스템에서 작동하는 지능과 소통하고 서로 영향을 미치지만(이를 통해 인간 개체가 방대한 범위의 역량을 갖게 된다) 각각 자체의 온전성을 가지고 기능한다.

파충류는 변연계 뇌가 없기 때문에 감정 생활을 하지 못해서, 공감을 경험하거나 유대를 맺지 못한다. 짧게 구애를 하고 짝짓기를 하지만 공동체로서 기능하지는 않으며, 편리한 영양분의 원천으로서 자신의 새끼를 잡아먹기도 한다.[8]

태어난 시점에는 변연계 뇌의 정서적 지능(감정을 정확하게 소통하고 타인의 감정을 언어적, 비언어적 징후로부터 읽어내는 능력)이 부분적으로만 형성되어 있다. 신생아의 변연계 뇌는 아직 잠재력으로서만 존재하며, 주 양육자(대부분의 경우 엄마)와의 정서적 상호작용을 통해 육성되어야만 사용가능한 역량이 된다. 그러한 상호작용을 실천하는 과정에서 감정 상태를 직관적으로 읽어내는 역량에 필요한 신경들의 연결이 활성화된다.

뇌에서 신경들 사이에 이뤄지는 연결은 사람들의 사회적 네트워크에서 두 사람 사이에 이뤄지는 연결과 비슷하다. 각각의 새로운 연결 모두, 일단 한 번 연결이 형성되면 그 연결은 미래에 더 쉽게 활성화된다.

신피질 뇌의 인지적 기능도 마찬가지다. 태어난 시점에는 부분적으로만 형성되어 있지만 사용하면서 성숙한다. 아동이 더 고차원 의식의 잠재력에 도달하려면 변연계 뇌와 신피질 뇌 모두가 균형잡힌 발달을 이루어야 하며 그 발달은 아이가 세상과 관련을 맺어가는 과정에서 그것들을 사용해가면서 이뤄진다.

인간으로서 존재하는 법을 배우는 것은 쉽지 않다. 우리는 인지적 지능이 인간 특성의 가장 높은 발현이라고 생각하지만, 인간의 발달 과정에서 더 큰 도전은 정서적, 도덕적 지능과 관련이 있다. 그리고 정서적, 도덕적 지능의 발달에는 생애 초기에 주 양육자와 어떤 관계를 경험하느냐가 특히 중요하다.

양육적인 육아

아이가 성인 양육자와 사랑을 주고받는 종류의 정서적 상호작용에 적극적으로 참여할수록 변연계 뇌의 초기 발달이 더 완전하게 이루어져 아이의 정서적 지능이 더 유창해지며, 나중에 자라서 공감하기, 유대 맺기, 양육적 육아를 하기, 책임 있는 도덕적 역할을 수행하기 등의 역량과 성향도 더 많이 갖게 된다. 반대도 성립한다. 어린 시기에 타인과의 연결을 만족스럽게 경험하지 못하면 이와 같은 성향을 덜 갖게 될 것이다. 거칠게 말해서, 변연계 뇌가 덜 발달하면 우리의 본성은 더 파충류 같아진다.

신경 사이에 연결이 잘 발달된 변연계 뇌는 긍정적인 인간 관계를 경험할 때 그 사람과 이후에 다시 만나는 것에 대해 보상이 생기도록 뇌의 쾌락 중추를 자극함으로써, 우리가 "유대"라고 부르는 것이 형성되도록 조건화한다. 생리학적으로 말하자면, 연애를 할 때 연인은 서로에게 "중독"된다. 이와 비슷한 생리학적 과정이 엄마와 아이의 유대 과정에도 관여된다.

한 놀라운 연구에서 "남성이 결혼을 해서 성적으로 또 정서적으로 배우자와 친밀한 유대를 맺게 되면 테스토스테론 수치가 낮아지는 것으로 보인다"는 결과가 나왔다. 이는 폭력적인 행동과 성적인 방종을 감소시키고 긍정적인 부성父性을 증가시키는 것으로 보인다. 또한 친밀한 관계를 맺으면 면역계가 강해져서 신체적인 상처에서도 더 빠르게 회복된다는 실증근거도 있다.[9] 반대로, 친밀한 관계를 박탈당하면 건강이 나빠지고 이른 죽음을 맞이할 가능성이 높아질 것이다. 정신적으로 건강한 아동기는 신체적, 정신적으로 건강한 성인기의 토대가 된다.

이것이 사회에 갖는 시사점은 막대하다. 양육적인 육아는 사랑을 주고받는 상호작용을 통해 변연계 뇌의 발달을 지원함으로써 아이가 공감, 유대, 도덕적 지향의 능력을 가지고 자기 조절력이 있는 성인으로서 기능할 수 있는 역량을 발달시킨다. 이러한 역량은 성숙한 민주적 시민의식의 본질적인 토대다. 거리감이 있고, 잘 반응하지 않고, 심지어 학대적인 부모 아래서 자란 아이는 자신의 감정에만 몰두하는, 정서적으로 훼손된 성인으로 자라기 쉽다. 이들은 해결되지 않은 정서적 갈등을 폭력적인 행동을 통해서나 강압적인 위계를 강요함으로써 해소하려는 쪽으로 치우치기가 더 쉬울 것이다.

육아의 양상이 성인기의 성향에 미치는 영향은 오늘날 기업 지배층이 가정에 대해 벌이고 있는 전쟁이 미래에 얼마나 막대한 비용을 일으키게 될지를 말해준다. 뉴라이트가 촉진한 경제적, 사회적 정책은 수백만 명의 부모가 아이에게 건강한 정서적 발달에 필수적인 양육적 관심을 기울일 기회를 박탈함으로써 수세대에 걸쳐 정서적으로 훼손된 성인을 재생산하게 될지 모른다. 이것이 개인에게뿐 아니라 사회에도 재앙적일 수 있다는 것을 아래에서 살펴볼 조지 W.부시 전 대통령의 사례가 극명하게 보여주었는데, 이는 전도서 10장 16절의 경고를 떠올리게 한다. "왕이 어린 나라에 화가 있도다."

제대로 연결을 맺지 못하면

워싱턴DC의 저명한 정신분석가이자 조지워싱턴 대학의 정신과 교수 저스틴 A. 프랭크Justin A. Frank는 조지 W. 부시가 비양육적인 육아가 초래할 수 있는 비극적인 결과를 보여주는 사례라고 보았다. 부시의 어린 시절 경험에 대한 공개된 자료들을 분석해 프랭크는 조지 W.부시가 어린 시절에 양육적인 육아가 심각하게 결여되어 있었던 것으로 보이며, 해소되지 않은 어린 시절의 갈등이 훗날 그의 행동에 영향을 미쳐 미국과 세계가 겪은 재앙적인 결과로 이어졌다고 결론내렸다.[10]

아버지 조지 W. H. 부시는 대체로 "집에 없는 아빠"였고 조지 W.부시의 영유아기 육아에 거의 역할을 하지 않았다. 정서적으로 거리감 있는 어머니 바버라 부시Barbara Bush는 엄격한 규율주의자였고 체벌도 가했다. 조지 W.부시가 여섯 살이었을 때, 가까운 사이이던 여동생 로빈이 폐렴 진단을 받았다. 하지만 누이가 죽은 다음까지 누이의 병에 대해 알지 못했다. 누이와 같이 놀면 안 된다는 말만 들었을 뿐이었다. 그리고 부모는 로빈의 치료를 위해 로빈을 데리고 동부로 가느라 자주 집을 비웠다. 여동생이 죽었을 때 조지 W.부시는 버려진 느낌, 자기 비난, 그리고 여동생의 죽음이 연상시키는 사랑과 자신에 대한 부모의 냉담한 반응과 같은 해소되지 못한 감정들은 혼자 감당해야 했다.

어린 시절의 경험은 성인기에 세상을 대체로 안전하고 긍정적인 곳으로 인식하느냐 적대적이고 소외시키는 곳으로 인식하느냐에 근본적인 영향을 미친다. 또한 긍정적인 자아 개념 및 성인답게 오류를 인정하고 공감을 느끼고 다른 이의 눈으로 자신을 보는 능력을 잘 발달시켜 갈 수 있는가에도 커다란 영향을 미친다. 즉 2장에서 말한 제국적 의식에서 사회적 의식으로, 다시 그보다 더 고차원의 의식으로 넘어갈 수 있는가에 영향을 미친다. 지속적으로 두려움과 자기의심을 경험하면 학습 장애, 경직된 믿음 체계, 도덕적 확실성에 대한 주장, 거대함에 대한 지향 등 성숙한 의식으로 가는 것을 가로막는 성향으로 이어질 수도 있다. 제국적 의식에 갇혀서, 이러한 개인은 자신이 타인에게 끼치는 피해가 얼마나 문제인지나 자신이 취하는 입장이 얼마나 위선적인지를 자기 자신에게도 인정하지 못한다.

프랭크는 대통령이 된 성인기의 조지 W.부시에게서 이러한 징후가 모두 나타났다고 설명했다. 사실 이는 오래 전부터 제국의 지배층에게 공통된 패턴이었으며 인류에게 끔찍한 비용을 유발해왔다.

살아지지 못한 생명의 고통

의미 없이 홀로 존재한다는 느낌보다 인간에게 큰 고통은 없을 것이다. 빅터 프랭클은 그것을 "존재론적 진공"이라고 불렀다. 그는 의미에 대한 의지가 좌절되면 "권력 의지라는 대리물을 통해 보상 받고자" 한다는 것을 알게 되었다. 여기에는 "가장 원시적인 형태의 권력 의지인 돈에 대한 의지도 포함"된다.[11] 에리히 프롬은 인간이 살아지지 못한 생명의 치명적인 외로움을 깨고 나올 수만 있다면 어떤 형태의 퇴락이건 기꺼이 감수하는 존재라고 말했다.[12] "의미"는 창조적으로 관여하고 기여하는 이타적인 행동을 통해 경험되는 초월감의 부산물이다.

어린 시절에 세계가 자신의 존재에 반응한다는 것을 경험하면 우리는 삶에 점점 더 기쁨을 느끼면서 관여할 수 있는 생리학적, 정신적 역량을 발달시키게 된다. 우리는 삶의 가능성을 탐구하면서 경이로움을 느끼고, 이를 통해 자신과 자신의 더 큰 잠재력을 깨달으며, 창조와의 관계 속에서 생명의 기쁨을 경험하게 된다. 하지만 자신에게 반응하지 않거나 나아가 적대적인 세계를 경험하면 모종의 방식으로 도피를 추구하게 되거나(이것은 절망 때문에 생의 경험으로부터 철수하는 것이라고 말할 수 있다) 아니면 제국의 특징적인 패턴인 지배-종속의 병리적 관계로 기울게 될 것이다. 슬픔으로 가득할 도착적인 방식이기는 해도, 어쨌거나 지배-종속의 제국적 패턴은 우리가 더 큰 세계와 관계를 맺게는 해주기 때문이다.

도피적 반응은 상대적으로 온건한 형태로 나타날 경우 "학습된 무기력"이나[13] 여러 가지 도피성 중독의 형태로 나타난다. "있는 돈을 모조리 써가며 쇼핑하는" 물질적 탐닉도 포함해, 게임, 약물, 과식, 충동적인 TV 시청과 같은 현대 사회의 문제들이 그런 사례다. 하지만 이러한 행동이 우리의 고통을 해소해주지는 않는다. 단지 우리의 의식을 더 마비시키고 우리를 생으로부터 소외시킬 뿐이다.[14]

도피는 정치적 무관심, 만성적인 냉소, 혹은 (오늘날 공공과 민간 모두의 대규모 관료제 조직에서 일하는 사람들에게서 흔히 볼 수 있는) 매사에 불평하며 구시렁거리는 태도의 형태로 나타나기도 한다. 내세에 대한 종교적 집착으로 나타날 수도 있다. 순교를 갈망하는 이슬람 근본주의자나 휴거를 갈망하는 기독교 근본주의자들이 그런 사례일 것이다. 가장 극단적인 경우, 도피적 반응은 카타토니아나 자살로 나타나기도 한다.

한편, 보상 메커니즘으로 지배-종속 관계를 추구하는 경우에는 타인을 지배하고 모욕하고 파괴하는 것으로 자신의 존재를 입증하고 정당화하기 위해 권력을 얻고자 하는, 혹은 권력을 가진 사람과 연결되고자 하는 충동이 생긴다. 하지만 자신의 행동이 세계에 긍정적인 변화를 가져온다고 믿으려 하는 충동이 너무나 강한 나머지, 더없이 잔혹하고 가차없는 악행을 저지르는 사람도 대개는 자신의 폭력이 영웅적인 것이며 심지어는 신성한 목적에 복무하는 것이라고 주장한다.

일례로 체계적인 인종학살과 전쟁으로 악명 높은 아돌프 히틀러 Adolf Hitler는 그의 군대가 폐허로 만들어놓은 나라 사람들의 삶을 자신이 더 낫게 해주고 있는 것이며 전세계의 문화를 향상시키고 있는 것이라고 주장하면서 자신의 폭력 충동을 신성화했다. 그는 자신이 더 높은 권력의 명령을 받아 평화와 자유를 보장하기 위해 행동한다고 생각했고, 영속적인 자연의 법칙을 실현하고 있다고 생각했으며 독일에 해를 끼치려는 자들로부터 독일 국민을 보호하고 있는 것이라고 생각했다.[15]

제국적 지배자들은 5000년간 같은 대본을 내내 읊었다. 어떤 이들은 자신의 사디스트적인 잔혹함을 악을 일소해 세계를 정화하는 영웅적인 행동이라고 주장하기도 한다.

지배 충동이 강해질수록 그것이 가져오는 위험도 커진다. 우리는 역사에서 광기 어린 통치자들이 미친 듯한 열정으로 도시, 민족, 문명 전체를 파괴하면서 그렇게 할 수 있는 자신의 능력에 몹시 기뻐하는 것을 보았다. 이 책의 앞 부분에서 살펴본, 아시리아의 바빌론 파괴나 로마의 카르타고 파괴 사례에서처럼 말이다.

이러한 파괴의 행동이 정서적으로 훼손된 사람이 자기 존재를 입증하고자 하는 절박한 추구를 드러낸다고 해서 변명이 될 수는 없다. 광기에 휩싸여 범죄를 저지르는 사람은 권력자의 자리가 아니라 감옥이나 정신병원에 가야 한다. 하지만 장기적으로 우리의 목적은 정신병원이나 감옥을 그러한 사람들로 채우는 것이 아니다. 우리의 목적은 모든 사람이 태어났을 때부터 사망할 때까지 건강한 발달 과정을 거쳐갈 수 있도록 지원할 수 있도록 현대 사회를 재구성해 병리의 원천을 제거하는 것이다. 현대 사회와 오래 전의 전통 사회가 일상을 조직하는 방식은 매우 대조적인데, 여기에서 우리는 몇 가지 시사점을 얻을 수 있다.

보이지 않는 학습과정

인간의 라이프사이클은 크게 아동기, 성인기, 노년기의 세 단계로 나눌 수 있다. 인간으로서의 잠재력을 실현하는 데서 나오는 기쁨을 경험하려면, 그 잠재력을 계발하는 "삶의 보이지 않는 학습과정"에 지원을 얻을 수 있는 탄탄하고 안정적인 가정과 공동체가 꼭 필요하다.

아동기에 우리는 우리를 안전하고 건강하게 돌보아주는 부모의 말을 잘 들어야 한다는 것을 배운다. 성인기에는 아동이었던 본인이 부모가 되는 전환이 대체로 수반되는데, 의존하고 복종하던 데서 자신의 앞가림만이 아니라 배우자와의 협력, 아이에 대한 돌봄, 시민으로서의 공적인 관여와 같은 책임을 갖게 되는 위치로 완전한 역할의 전환이 발생한다.

마지막 단계인 성숙한 노년기는 가장 풍성하고 충족적인 시기가 될 수 있다. 정체성이 안정적으로 확립되어 있으므로 더 이상 세상에 자신을 증명해야 할 필요를 느끼지 않으며, 일생 동안의 삶의 경험에서 배운 것들을 활용할 수 있고, 자녀는 장성했으므로, 노년기에 우리는 전에는 불가능했던 방식으로 마음껏 탐험하고 받아들이고 확장하고 봉사할 수 있다.[16]

전통 사회와 현대 사회에서 삶의 국면들을 넘어가는 방식은 극명하게 대조적이다. 이는 가치와 우선순위의 커다란 차이를 반영한다. 전통 사회의 방식은 아이, 가정, 공동체의 진정한 니즈에 대한 내재적인 감각에서 나오는 자가 조직적인 과정의 산물이며, 종종 영적 의식을 달성한 현명한 연장자가 매개한다. 대조적으로, 현대 사회의 방식은 소유자 계급이 내리는 의사결정의 산물이며, 대개 제국적 의식에서 자신에게 그럴 권리가 있다고 생각하는 사람들의 이기적인 감각에 의해 매개된다. 평범한 사람들은 개인, 가정, 공동체의 모든 수준에서 자신의 선택지가 거대 기업, 거대 정부, 거대 교육 기관, 거대 노조, 거대 미디어, 거대 종교의 제도적 위계에 의해 통제되며 지배층 중 이런저런 분파의 이해관계를 반영하는 것들로만 한정되어 있다는 사실을 발견하게 된다.

제국의 방식

제국의 중독에 사로잡혀서, 현대 사회는 라이프사이클을 강요된 고립과 의존의 시기인 아동기와 노년기 사이에 미친 듯한 성인기를 끼워넣는 방식으로 분절한다. 부모가 빠듯한 가계부를 맞추기 위해 여러 일자리를 뛰는 동안 아이는 텔레비전 앞에 붙박혀 있으면서 기업 광고에 바쳐질 제물이 되거나 어린이집에 떠맡겨지거나 돌보는 사람 없이 길에서 혼자 놀게 방치된다. 이러한 상황에서 아이가 할 일은 바쁜 어른을 방해하지 않는 것이다.

취학 연령이 되면 아이는 강요된 규율의 환경인 교육 기관에 등록되어, 과부하에 시달리는 교사가 돌보는 가운데 하루 중 상당 시간을 보내게 된다. 풍성한 학습 환경을 제공하는 훌륭한 학교도 있지만 대개의 학교에서 아이들이 주로 하는 일은 지루함을 견디면서 기계적으로 읽기, 쓰기, 산수, 그리고 삶의 어느 면에도 관련이 없는 내용의 암기를 하는 데 통달해지는 것이다. 아이들끼리 상호작용을 하는 상황에서는 대개 어른의 지도 없이 알아서 하도록 방치된다.

부모도 대체로 이와 비슷하게 분절과 소외를 경험한다. 자신과 가족을 부양하기 위해 생활 임금에 못미치는 일자리 여러 개를 뛰느라 가정 생활, 공동체 생활, 영적 생활, 여가 생활에 도무지 시간을 낼 수 없지만 선택의 여지가 없으니 그저 견뎌야 한다.

의존의 시기인 아동기에서 책임의 시기인 부모 시기로의 전환을 헤쳐나가는 것은 삶에서 가장 어려운 과제일 것이다. 또한 아동을 잘 돌보는 것보다 사회의 건강한 미래에 더 중요한 일은 없을 것이다. 하지만 단순히 문자 그대로의 의미에서 부모가 되는 것과 부모로서의 역할을 하는 것은 다르며, 후자가 더 어렵다. 그런데 오늘날 제국의 문화와 제도는 아동기에서 부모 시기로 넘어가는 과정이 순조로울 수 있게 지원하지 않을 뿐 아니라 부모가 부모로서의 역할을 다하는 것을 사실상 불가능하게 만든다.

한편, 현대 사회에서 은퇴는 강요된 고립과 외로움의 시기, 또는 노인들만 사는 시설에 갇혀 지내는 시기를 의미하는 경우가 많다. 노년기에도 대체로 개인이 알아서 해야 한다. 오늘날 제국의 문화와 제도는 노년을 위한 준비와 노년의 생활을 거의 혹은 전혀 지원해주지 않는다.

보살펴주는 관계를 안정적으로 경험하는 것은 건강한 인간 발달의 토대다. 그런데 현대의 제국적 사회들은 마치 그러한 경험의 가능성을 최소화하려고 작정하기라도 한 듯 삶을 분절시키고 연결을 가로막는다. 사회 병리의 슬픔이 되풀이되는 것은 거의 불가피한 결과다. 전통적인 부족 공동체는 이와 극명한 대조를 보인다.

지구공동체의 방식

대체로 전통 부족 사회에서는 가정 생활, 노동 생활, 영적 생활, 공동체 생활, 오락 생활이 한 영역에서 다른 영역으로 자연스럽게 흘렀다. 아이들은 공동체 생활에 온전히 관여하면서 자랐고 부모, 형, 오빠, 언니들이 늘 챙겨보면서 지도해주는 환경에서 학습했다. 큰 아이들은 어린 동생을 돌보면서 부모가 되는 법을 배웠고 부엌과 들과 공방에서 노동을 배웠다.

부족 사회의 문화는 개인이 공동체와, 장소와, 또 과거와 미래의 세대들과 지속적으로 연결되어 있음을 강조한다. 라이프사이클의 한 국면에서 다음 국면으로 넘어갈 때 공동체가 공적인 의례를 베풀어 그 사람이 이전 단계에서 적합했던 관계들을 졸업하고 다음 단계에서 적합한 관계들로 넘어간다는 것을 분명히 드러내주며, 도움과 지침을 구할 역할 모델도 주변에 늘 많이 존재한다.

나는 65세 생일 때 원주민 지인이자 존경하는 어른인 티모시 이스토와노파타키와가 베풀어준 선물을 아직도 인생 선물로 기억하고 있다. 친구들과 동료들이 열어준 소박한 원주민 의례에서 티모시는 내가 인간의 공동체에서 연장자의 대열에 들어가게 된 것을 축하해주었고 성인기의 졸업을 기념해 그가 신성한 선댄스 의례에 참여할 때 지녔던 독수리 깃발을 선물로 주었다. 나이 든다는 것에 대한 내 생각을 완전히 바꾸어놓는 경험이었다. 이 세상에서의 유의미성을 잃고 죽음으로 가는 경로에 들어선 것이 아니라, 멘토이자 스승이자 지혜의 담지자가 되는 시기로 들어서게 된 것이다.

완전히 부족 사회의 방식으로 돌아가는 것은 적절하지도 않고 가능하지도 않지만, 부족 사회에서 우리는 많은 교훈을 배울 수 있다. 부족 사회들이 인간의 발달 과정에서 아이가 필요로 하는 바와 더 큰 생명의 망과의 관계 속에서 살아가는 기술에 대해 내재적인 이해를 담지하고 있기 때문이다. 현대의 제국적인 사회는 돈 버는 것을 중심으로 조직된다. 전통적인 부족 사회는 삶을 위해 조직된다.

2000년도 더 전에 위대한 그리스 철학자들은 "좋은 사회"란 모든 사람이 인간성의 가장 높은 잠재력을 실현해가도록 지원하고 그럼으로써 사회가 건강하게 기능할 수 있는 조건 또한 재생산하는 사회라고 설명했다. 현대 사회가 테크놀로지, 과학적 지식, 물질적 자원은 훨씬 더 풍부하지만, 많은 전통 부족 사회가 현대 사회보다 이와 같은 이상에 훨씬 더 가까웠다.

하지만 그 이상을 실현하기 위해 다른 세상과 고립되어 겨우 생계 수준의 생활 여건에서 살아가는 방식으로 돌아갈 필요는 없다. 더 인간적이고 자신의 장소에 뿌리를 두면서도 전지구적인 연결과 테크놀로지의 사용과 지식의 발달 면에서 현대적이 되는 것은 충분히 가능하다. 그 출발은 파트너십의 조직 원리를 적용해 우리의 제도들을 재구성하는 것이다. 이와 관련해, 자연은 우리에게 풍부한 지식과 지혜를 나눠줄 수 있는 좋은 선생님이다.

자연이 선생님이다

지구의 생명은 40억 년 동안 파트너십에 의한 조직화의 비법을 터득해왔다. 지구상의 모든 살아있는 시스템에서 이러한 조직화의 특징적인 패턴이 발견되며, 여기에 우리가 배워야 할 교훈이 있다. 재닌 베니우스, 호매완, 린 마굴리스, 엘리자벳 사토리스와 같은 생물학자들이 살아있는 시스템을 연구해 알아낸 결과들에서, 우리가 만들어내야만 하는 파트너십 사회의 조직 원칙들을 도출해볼 수 있다.[17]

협력적인 자가 조직의 원칙

생명은 세포부터 전지구적인 바이오스피어까지 모든 수준에서 개별적이고 집합적인 필요들의 균형을 유지해주는 상호작용, 자기조절, 적응의 역동적인 춤을 통해 응집을 일구고 유지하는 법을 터득해왔다. 조직화의 모든 수준에서 생명은 선택을 내리는 실체다. 각자가 자신과 전체 모두의 이익을 위해 선택을 내릴 수 있는 역량을 가지고 있다.

현 사회의 제국적 문화에 의해 조건화된 나머지, 우리는 생명의 다이나믹에 기여하는 "경쟁"의 패턴을 찾는 데만 초점을 맞추느라 생명이 본질적으로 "협업"적인 실체임을 말해주는 더 깊은 내러티브를 보지 못했다. 하지만 생명은 인간 대다수가 깨닫지 못하고 있는 사실, 즉 모든 살아있는 존재는 다른 살아있는 존재들과의 관계 속에서만 존재할 수 있다는 사실을 오래전부터 터득해왔다.

린 마굴리스와 도리언 세이건에 따르면 생명의 가장 중요한 교훈 중 하나는 자신의 필요를 충족하면서 동시에 다른 생명들에도 복무할 수 있는 니치를 찾아낸 종이 궁극적으로 생존하고 번성한다는 것이다.[18] 또한 사토리스에 따르면, 생명은 제약 없는 경쟁이 유발하는 부정적인 결과들을 경험함으로써 협력을 배운다. 사토리스에 따르면, "공격적인 경쟁으로 소멸의 위험에 직면하고 그 다음에는 협업적 연대를 구성해 그 위험을 피하는 패턴을 진화에서 반복적으로 발견할 수 있다."[19] 이 관찰은 가차 없는 경쟁이 인간 종만이 아니라 셀 수 없이 많은 다른 종도 위험에 처하게 했다는 것을 알게 된 오늘날의 인간 사회에 직접적인 시사점을 준다.

장소의 원칙

생명은 각자 자신이 서 있는 특정한 물리적 장소의 미생물 환경이 일으키는 지극히 복잡한 세부 조건들에 적응해, 여러 생물들로 구성된 복잡한 생태계를 조직하는 법을 터득해왔다. 각각의 종은 자신이 속해 있는 장소의 특정한 생태계에서 진화하고 학습한다. 그 안에서 전체의 잠재력을 최적화하기 위해 자원을 포착하고 공유하고 사용하고 저장하는 생명 공동체의 협업적인 노력에 각자 자신의 기여를 한다. 때로 외래종이 침입했을 때 발생하곤 하는 재앙적인 결과를 보면, 어떤 생태 공동체라도 그 안에서 상호 협력적인 방식으로 학습하고 연대하는 것이 매우 중요함을 잘 알 수 있다. 어떤 생태계에 외래종이 침입하는 것은 건강한 신체에 악성 종양이 생기거나 번성하던 지역경제에 월마트가 들어오는 것과 비슷한 결과를 낳을 수 있다.

그런데 우리 인간은 마치 우리가 외래종인 것처럼, 마치 우리가 암세포인 것처럼 지구공동체의 생명 시스템과 관계를 맺어왔다. 우리는 우리가 궁극적으로 의존하고 있는 더 큰 공동체에 미칠 영향을 생각하지 않으면서 자신만의 무한한 확장을 추구했다. 우리는 모든 성공적인 종이 우리보다 먼저 터득한 사실을 깨달아야 한다. 즉 지구에서 우리가 서있는 특정한 장소의 미세 환경들에 적응하면서, 살아있는 공동체의 협업적인 구성원으로서 기여하는 법을 배워야 한다.

투과성 있는 경계의 원칙

생명은 내부 에너지의 흐름을 일관되게 유지하려면 모든 수준에서 투과성 있는 막으로 스스로를 감싸야 한다는 것을 터득했다. 그 막을 통해 물질과 에너지를 환경에서 받아들이고 환경으로 방출하는 한편 약탈자를 막아내야 하는 것이다. 가령 세포벽이 깨진다면 세포 내의 물질과 에너지가 즉시 환경의 물질과 에너지에 섞여버리게 되고 그 세포는 죽게 된다. 다세포 생명체도 내부의 에너지와 정보 교환이 응집성을 유지하려면 피부 등 투과성 있는 보호막이 필요하다. 마찬가지로 생물 공동체나 생태계도 대양, 산맥, 기후대 등이 만들어주는 경계를 필요로 한다. 그래야 해당 생태계에 동화되지 않는 침입종을 막을 수 있다. 또한 지구 바이오스피어도 중력을 통해 대기와 오존층을 붙잡아두어서 우주에서 오는 방사선이 내부에 들어오는 것을 조절한다.

응집성을 유지하기 위해 보호막과 경계가 필요하긴 하지만 자기재생을 위해서는 환경과의 잘 관리된 교환 역시 필요하다. 따라서 조직의 모든 수준에서 경계막은 투과성이 있어야 하고 그 경계를 통과해 움직이는 흐름을 해당 조직이 양방향 모두 관장할 수 있어야 한다. 그래야만 그 조직이 주변과의 균형 잡힌 관계 속에서 스스로를 유지할 수 있다. 성공적인 생명 조직은 이기적인 이득을 추구해서가 아니라 내부의 온전성과 응집성을 유지하고 이웃과 호혜적이고 균형 잡힌 교환을 해야 할 필요성에서 경계막을 유지한다.

전지구적으로 강력한 저항을 불러온 무역 협정은 기업이 자신의 배타적인 이익은 명백한 보호막을 둘러 보호할 수 있게 하는 한편, 사람과 자연의 생명력을 추출해 금전적 이득을 꾀하는 약탈적 기업으로부터 개인, 가정, 공동체, 국가가 내부적으로 생명 에너지의 흐름을 응집성 있게 유지하기 위해 두르고자 하는 보호막은 해체하려 한다. 이러한 무역 협정은 면역계로부터 암세포를 보호하려 하는 것과 마찬가지다.

살아있는 모든 생명이 그렇듯이, 건강한 인간 공동체의 기능은 투과성 있고 관리가능한 경계에 의해 유지된다. 규제 받지 않는 약탈적 기업과 투기 세력의 침입에 가정, 지역, 국가가 보호막 없이 열려있게 되면, 혹은 거꾸로 경계를 굳게 닫아걸어서 외부와 균형 있고 호혜적인 교환을 아예 하지 않게 되면, 생명력은 빠르게 소실되어 버릴 것이다.

풍부함의 원칙

생명은 절약과 공유가 모두를 위한 풍성함을 달성하는 데 핵심이라는 것을 터득했다. 생물 공동체들은 매우 뛰어난 미세 조정을 통해 굉장히 효율적으로 에너지와 유용한 물질을 포착하고 재순환한다. "낭비하지 않으면 부족할 일도 없다"는 말의 살아있는 사례라 할 수 있다. 누군가의 폐기물은 누군가의 자원이 되고 물질과 에너지는 세포, 조직, 종의 내부에서, 또 그것들 사이에서 협업적인 작용을 통해 지속적으로 재사용, 재순환된다. 그럼으로써 에너지와 유용한 물질이 개별적인 경계와 집단의 경계 밖으로 방출되는 것을 최소화한다.

생명의 풍부함은 에너지와 물질을 공유하고 보호할 수 있는 역량과 공동체 전체의 잠재력을 높이기 위해 정보를 자유롭게 공유하는 역량 둘 다에 달려있다. 경쟁적으로 물질을 포획함으로써 제약 없는 성장을 추구하는 것은 암세포와 침입종의 이데올로기다. 진정한 풍부함은 절약, 호혜성, 나눔에서 나온다.

다양성의 원칙

생명은 다양성이 창조적 잠재력의 본질적인 토대라는 사실을 터득했다. 생명이 다른 생명으로부터 고립되어 존재할 수 없듯이, 문화도 다른 문화로부터 고립되어 존재할 수 없다. 생명은 더 많은 다양성을 가지고 있는 생명 공동체일수록 위기에 닥쳤을 때의 회복탄력성이 높아지고 새로운 가능성을 위한 창조적 혁신의 잠재력도 더 커진다는 사실을 알게 되었다.

마찬가지로 인간 공동체도 연령, 젠더, 문화, 종교, 인종에 대해 더 많은 다양성을 가질수록 회복탄력성이 높아지고 창조적 혁신의 잠재력이 커진다. 하지만 오래도록 온갖 쇼비니즘 때문에 다양성의 이득을 거부해온 우리 인간은 다양성의 이득을 인정하고 육성하고 누리는 법을 아직도 배우지 못했다.

지구공동체

제국에서 지구공동체로의 전환에는 두 가지 기본요소가 필요하다. 하나는 우리를 규정하는 가치를 화폐에서 생명으로 바꾸는 것이고, 다른 하나는 지배의 관계를 건강한 생명 시스템에 대한 연구들이 말해주는 원칙에 의해 조직된 파트너십 관계로 바꾸는 것이다.

현대 사회에서의 파트너십

살아있는 시스템의 원칙을 현대 사회의 맥락에서 우리가 맺는 관계를 조직하는 데 적용하면 지역적으로 뿌리를 내린 자가 조직적이고 촘촘한 공동체를 창출하게 될 것이다. 그러한 공동체에서는 우리가 거주하고 일하고 장을 보고 오락을 즐기는 공간들 모두가 서로 가까이에 있어서 에너지, 통근 시간, 이산화탄소 배출, 석유 의존도를 줄일 수 있을 것이고 가족과의 시간과 공동체 활동에 쓰는 시간도 늘어날 수 있을 것이다. 또한 사람들이 자동차에 덜 의존하게 되어서 풍경이 자동차의 필요에 따라 구성되지 않을 것이다. 가령 도로와 주차장으로 쓰이고 있는 땅을 자전거 도로, 산책로, 공원 등의 용도로 바꿀 수 있을 것이다. 그리고 이러한 공동체에서는 거버넌스 과정도 급진적으로 민주화될 것이다.

그러한 공동체에서 우리는 우리가 소비하는 식품의 더 많은 부분을 지역의 소규모 농민이 독성 화학물질을 쓰지 않고 기른 것으로 조달하고 지역 가까운 곳에서 가공할 것이며 유기물질 폐기물은 퇴비로 만들어서 토양으로 돌려보낼 것이다. 이를 통해 식품 공급의 안정성이 확보되고 사람과 환경의 건강도 향상될 것이다. 또한 우리는 해당 장소의 특정한 환경에서 가장 효율적일 수 있는 건물을 설계할 것이고 그 건물을 지을 때는 지역에서 조달가능한 물질을 사용해 운송에 들어가는 에너지 비용을 줄일 것이다. 에너지는 바람과 태양을 통해 지역적으로 생산할 것이고 지역에서 나온 쓰레기는 지역에서 재활용해서 지역에서 쓸 물질과 에너지 생산에 투입될 것이다.

가정 생활, 일터 생활, 공동체 생활이 지리적으로 더 가까운 데서 이뤄지고 사람들이 서로와 더 자연스럽게, 또 더 자주 접촉하게 되면, 우리의 삶은 덜 분절되고 더 응집될 것이고 공동체의 유대도 더 긴밀해지고 더 탄탄해지고 더 신뢰에 기반하게 될 것이다. 아이들과 젊은이들은 공동체 생활에 자연스럽게 참여하면서 성인기에 맡게 될 책임을 준비하는 데 필요한 경험, 멘토, 역할 모델을 갖게 될 것이다. 학교에서는 발달심리학, 책임 있는 시민의식, 좋은 부모가 되는 기술 등을 가르칠 것이고, 그러한 지식을 공동체에서 더 어린 아이들을 돌보고 지도하면서 연마하도록 독려할 것이다.

공동체 생활이 회복되면서 노인들은 성숙한 의식을 계발해가는 과정에서 고전하고 있는 사람들에게 지혜와 보살핌을 제공하는 현명한 조언자와 멘토가 될 것이고, 노년의 의미와 노년에 대한 존중이 회복될 것이다. 노년기에도 공동체 생활에 책임 있는 참여를 할 수 있다면 죽음에 대한 갈망이나 두려움으로 고통스러워하지 않을 것이다. 온전한 성숙함 속에 존재한다는 바로 그 사실에 의해, 그들은 그러한 성숙이 무엇을 행할 수 있고 봉사할 수 있는지 보여주는 불꽃이 꺼지지 않게 만든다. 종종 내세우지 않는 방식으로, 그리고 미래를 위한 개인적이고 집단적인 지침으로서 말이다.

심리학자 로버트 케이건Robert Kegan은 "어떤 사람이 삶에서 만나게 되는 사람은 그의 삶이 어떻게 전개될지에 영향을 미치는 가장 중요한 요인일 것"이라고 말했다.[20] 특히 모든 아이가 적어도 한 명의 성숙한 의식을 가진 노인과 지속적이고 깊은 관계를 경험하는 것이 중요하다. 나는 할머니와의 관계가 내게 얼마나 중요한 영향을 미쳤는지 잘 기억하고 있다. 할머니는 영적인 생명의 불꽃이 계속 밝게 타는 분이셨고 많은 방식으로 생명의 경이로운 가능성과 성찰된 도덕적 원칙에 따라 살아가는 삶의 미덕을 내게 알려주셨다. 그러한 가르침의 중요성을 내가 온전히 이해하고 감사하게 되는 데는 아주 많은 시간이 걸렸지만 할머니는 내가 행한 모든 일에서 살아계셨다.

제국은 돈을 많이 잡아먹는다. 낭비적으로 사용되는 에너지와 자원을 줄이면 에너지와 자원을 확보하기 위해 다른 나라를 경제적, 군사적으로 지배해야 할 필요도 줄어들 것이고, 따라서 거대한 군사력을 유지하는 데 자원을 쏟을 필요도 줄어들 것이다. 가난한 나라의 노동력과 자원이 제국의 이해관계에 의해 좌우되지 않으면, 그 자원은 그곳 사람들이 자신의 삶을 향상시키는 데 사용하게 될 것이다. 그러면 테러의 동기가 줄어들 것이고 희소한 자원을 국내 안보를 위해 써야 할 필요도 줄어들 것이다. 글로벌 거대 기업을 해체해 지역적으로 소유된 인간적인 규모의 사업체로 만드는 것을 통해서도 자원의 낭비를 막을 수 있을 것이다. 비대하게 팽창한 임원 보수에 막대한 돈을 쓰지 않아도 되고 혁신을 제약하는 관료제적 제약도 없어질 것이기 때문이다.

경제와 시장이 성숙한 의식을 달성한 성인들이 스스로 판단한 수요에 반응하게 된다면 인공적으로 수요를 창출하기 위해 불완전성과 불안정성의 느낌을 불러일으키는 광고에 생산적이고 창조적인 재능과 자원을 많이 쓸 필요가 없을 것이다. 광고가 적어진 세상에서는 시각적 오염도 적어질 것이고 개인의 자존감은 강화될 것이며 낭비적인 소비주의는 줄어들 것이다. 또한 노동시간도 줄일 수 있어서 가정과 공동체에 쓸 시간을 더 많이 낼 수 있을 것이다.

그렇게 해서 절약한 자원은 양질의 교육과 의료와 공공 서비스를 모든 이가 누리게 하고 노동자들이 생활 가능한 가족 임금을 받을 수 있게 하는 데 쓰일 것이다. 여기에서 발생하는 이득은 사회 전체에 파장을 일으키며 퍼져나갈 것이다. 가령, 상당한 수준의 생활 임금을 받을 수 있고 양질의 교육 기회를 가질 수 있고 필수적인 공공 서비스를 누릴 수 있다면 범죄율도 낮아져서 감옥 등 형사 사법 제도를 운영하는 데 들어가는 비용도 줄어들 것이다.

우리는 노동에 더 적은 시간을 들이고 삶을 살아가는 데 더 많은 시간을 들일 것이다. 우리의 삶은 더 자유롭고 풍성해질 것이다. 우리의 환경은 더 깨끗하고 건강해질 것이다. 터무니없게 부유한 사람과 절망스럽게 가난한 사람으로 분열되지 않은 사회는 평화를 더 많이 알 것이고 폭력은 더 적게 알 것이다. 사랑을 더 많이 알 것이고 증오는 더 적게 알 것이다. 희망을 더 많이 알 것이고 두려움은 더 적게 알 것이다. 질서를 부과하기 위해 지배-종속 구조에 의지할 필요도 거의 없을 것이다. 지구는 스스로를 치유할 것이고 우리의 아이들과 아이들의 아이들이 지구에서 계속 살아갈 수 있을 것이다. 이 모든 것이 지구공동체의 풍성한 기쁨이며, 이 모든 것이 우리가 집단적으로 실천할 수 있는 범위 안에 존재한다.

성공의 척도

우리가 창조하고자 하는 지구공동체가 달성되었는지는 무엇을 통해 알 수 있을까? 어떤 사회가 다음의 조건을 만족하면 성공했다고 판단할 수 있을 것이다.

- 사실상 모든 성인이 적어도 사회화된 의식을 달성하고 대부분의 성인이 중년 초기에는 문화적 의식을, 중년 말기에는 영적 의식을 달성한다.
- 상호 신뢰, 공동의 가치, 그리고 연결의 감각에 기초한 활기 있는 공동체 생활이 존재한다. 전쟁, 테러, 범죄, 성적 학대, 그리고 임의로 행사되는 폭력으로 인한 물리적 위험은 최소화된다. 가장 취약한 사람들에게도 시민적 자유가 보장된다.
- 모든 사람이 더 큰 공동체의 후생에 기여하면서 건강한 음식, 깨끗한 물, 의복, 주거, 교통, 오락, 교육, 건강 등 자신의 기본적인 필요를 충족시킬 수 있는 존엄하고 유의미한 직업을 가진다. 보수를 받는 직업 생활은 가정, 친구, 공동체 참여, 정치 활동 참여, 그리고 학습과 영적인 성장에 시간을 쓸 수 있는 여유를 보장한다.
- 지적인 활동과 과학적 탐구가 활발하게 이뤄지고 투명하게 공개되며 지식이 공유된다. 그리고 생명을 지원하는 기술이 사회가 가장 필요로 하는 것들을 개발하는 데 사용된다.
- 가정이 탄탄하고 안정적으로 유지된다. 아이들은 양질의 영양과 교육을 제공받고, 안전하고 사랑받는 가정에서 자란다. 자살률, 이혼율, 낙태율, 미혼모 비율이 낮다.
- 정치적 참여와 시민적 참여가 높다. 사람들이 자신의 정치적, 시민적 참여가 긍정적인 변화를 가져올 것이라고 믿는다. 공적인 지도자 지위에 있는 사람들은 지혜, 고결성, 공공선에의 헌

신으로 존경받는다.

- 숲, 어획 자원, 수자원, 땅, 공기는 깨끗하고 건강하며 다양하다. 모유는 온전하고 독성이 없다. 멸종위기 종들의 개체수가 회복된다.
- 대중교통, 도로, 다리, 철도, 수자원과 하수시스템, 발전 및 송전 시스템 등의 물리적 인프라가 잘 유지관리되고 모두에게 접근가능하며 수요에 잘 부응한다.

처음 읽으면 급진적인 유토피아 판타지로 보일 것이다. 하지만 그렇게 보이는 것은 우리의 현재 경험과 너무 대조되기 때문일 뿐이다. 각각의 조건 모두가, 물리적으로나 사회적으로 가장 심각하게 황폐화된 나라를 제외한다면 모든 나라에서 달성 가능하다. 그리고 각각의 조건 모두가 보수와 진보 모두가 공유하는 핵심 가치와 부합한다. 이중 어떤 것이라도 생소하게 느껴진다면, 이것들 모두가 절대적으로 협업과 나눔에 기반하고 있기 때문일 것이다. 이것들 모두 제국의 가치와 관계에 의해 살기로 선택하는 사회와 고립된 인간에게는 영원이 닿을 수 없는 곳에 존재한다. 이것들은 지구공동체의 관계와 가치에 의해 살기로 선택하는 사회에서만 달성가능하다.

행복은 돌보는 공동체다

이제는 우리가 자원을 더 절약적으로 사용할 수 있느냐가 우리 생존의 조건이 되었다. 소외된 제국적 의식은 제국적 중독에서 의미를 찾는다. 이들에게는 자원을 절약한다는 것이 거의 생각도 할 수 없는 희생으로 느껴질 것이다. 하지만 더 성숙한 의식은 지구공동체로의 전환이 자기희생도 아니고 기술이나 진보를 거부하는 것도 아니라는 사실을 알고 있다. 지구공동체로의 전환은 우리의 가치를 확인하고 새로운 우선순위를 설정하고 진보를 다시 규정하고 소비를 덜하는 것이다. 그렇게 해서 우리가 더 인간적이 되고 진정한 관계의 풍성함을 경험하게 되는 것이다.

20세기 후반부에 대부분의 국가는 경제성장을 인간 진보와 행복의 지표로 삼았다. 하지만 비교국제정치학 연구들에 따르면 1인당 소득이 일단 어느 정도에 도달하고 나면 부를 더 갖는 것은 사람들이 주관적으로 느끼는 후생 수준을 높여주지 않는 것으로 나타났다.[21] "행복의 경제학"이 보여주는 이러한 결과들은 가장 오래되고 보편적인 영적 통찰 중 하나다. 기본적인 필요를 충족할 만큼의 소득을 넘고 나면 은행 잔고나 소득보다 행복과 정서적 건강이 더 중요하다.

미국은 경제성장과 소비주의가 행복의 티켓이라고 가장 저돌적으로 주장해온 나라다. 그런데 20세기 후반기 동안 미국의 1인당 생산은 3배가 되었지만(인플레이션 반영) 설문조사 결과들을 보면 사람들이 스스로 이야기하는 삶의 만족도는 거의 평평하게 유지되었다.[22] 이 시기에 미국에서 명백하게 증가한 것은 우울, 불안, 불신, 심리적 역기능 등이었다. 우울증은 무려 10배나 증가했다.[23]

행복에는 돈과 물질적 소유보다 "관계"가 더 중요하다는 지혜를 확인해주는 놀라운 실증근거 하나를 물질적, 금융적 여건이 판이하게 다른 집단의 사이에서 삶의 만족도 점수를 비교한 한 연구에서 찾아볼 수 있다. 이 연구에서 네 개 집단이 가장 높은 점수를 받았고 이들의 점수는 거의 같았다.

한 집단은 「포브스」가 가장 부유한 미국인으로 꼽은 사람들로, 7점 만점에 5.8점이 나왔다. 이들 중 가장 부유한 사람은 자산이 수백억 달러에 달했고 이들 중 가장 "가난한" 사람도 수억 달러의 자산을 가지고 있었다. 나머지 세 개 집단은 펜실베이니아의 아미시 사람들(5.8점), 북부 그린란드의 이누이트족 사람들(5.9점), 그리고 동아프리카의 전통 유목 민족으로 전기와 수도도 없이 굳힌 소똥으로 지은 헛간에 사는 마사이족 사람들(5.7점)이었다.[24] 이 결과는 장소에 대한 소속감이 크고 탄탄한 돌봄의 공동체가 있는 더 단순한 사회에서 사람들이 누리는 만큼의 행복을 복잡한 현대 사회에서 얻기 위해서는 어마어마한 돈이 필요하다는 것을 말해준다.

아마도 이 연구에서 가장 큰 시사점을 주는 두 집단을 꼽으라면 콜카타의 슬럼 주민들(4.6점으로, 중립적인 점수 4점보다 약간 높았다)과 콜카타의 노숙인들(2.9점으로, 조사 집단 중 점수가 가장 낮았다)일 것이다. 두 집단 모두 물리적 결핍이 매우 심한 상태로 살아가고 있었지만 점수는 크게 차이가 난다. 콜카타의 노숙인들은 터전이라고 부를 수 있는 장소나 공동체가 없었던 반면 슬럼 거주자들은 공동체에 기반한 정체성을 가지고 있었다. 또한 이들의 공동체는 불안정하고 단순하기는 했어도 유대로 응집되어 있었다.[25] 이와 같은 결과들을 가장 일관성 있게 설명해주는 변수는 상호 돌봄과 헌신의 관계가 있느냐다.

우리의 관계가 탈인간적인 금융 거래로 축소될수록 행복, 후생, 정서적 건강이 희생된다. 돈은 상실감을 보상하는 데 도움이 될 수 있지만, 공동체가 공짜로 주는 행복을 돈으로 사려면 아주 많은 돈이 필요하다.[26] 돈이 아니라 관계가 진정한 후생의 척도다. 가장 중요한 것은 우리가 공동체의 삶에 참여하고 연결되는 것이다. 행복을 잣대로 인간의 진보를 측정한다면, 돈을 만드는 데는 자원을 훨씬 덜 쓰고 공동체를 짓는 데는 훨씬 더 쓰게 될 것이다.

나는 케냐 마사이족 사람들의 땅에도 가보았고 콜카타의 슬럼에도 가보았다. 전통 방식을 고수하며 살아가는 마사이족 사람들에 대해서는 잘 모르겠지만, 콜카타의 슬럼 거주자는 할 수만 있다면 그의 삶과 내 삶을 당장 바꾸겠다고 할 것이다. 나는 물론 내 삶을 콜카타의 슬럼 거주자와 바꾸지 않을 것이다. 그리고 현대 시대에는 어느 누구도 그렇게 혹독하고 제약적인 조건에 갇혀 살아서는 안 된다. 하지만 그 두 곳에 가보고서 나는 인간의 행복이 돈이나 물질적 소유보다 공동체에서의 관계에 훨씬 더 크게 의존한다는 발견이 주는 근본적인 함의를 깊이 새겨야 할 이유를 한층 더 느끼게 되었다.

* * * * *

뉴튼 물리학은 물질만이 실재라는 전제를 받아들였다. 그러나 현대의 양자 물리학은 고체 물질에 대해 매우 다른 설명을 제시한다. 고체 물질은 대체로 빈 공간으로 되어 있고 해당 사물의 형태와 물질성은 계속해서 움직이는 에너지 입자들이 지속적으로 맺는 관계에서 생겨나는 것임이 드러났다. 관계가 실재고 물질은 착각이다.

옛 생물학은 각 생명체는 개별적으로 다른 모든 생명체와 생존을 위한 경쟁을 벌인다고 보았다. 하지만 최신의 생물학은 생명이 협력적 관계 속에서만 존재할 수 있으며 생존하는 종은 전체에 복무할 수 있는 자신의 장소를 찾아낸 종이라는 사실을 보여주었다. 생명은 공동체다.

심리학자들은 행복이 얼마나 많이 소유했느냐가 아니라 얼마나 좋은 관계를 맺고 있느냐에 달려있다는 고대의 지혜를 여러 연구를 통해 재확인했다. 제국은 슬픔으로 가는 길이고 지구공동체는 기쁨으로 가는 길이다. 관계가 모든 것의 토대다.

인간은 서로와, 또 자연과 연결되고자 하는 강력한 충동을 가지고 있다. 아마 다른 어느 종보다도 우리는 우리가 물리적, 심리적으로 관계 속에서만 존재한다는 사실에서 오는 취약성을 잘 알고 있을 것이다. 분리와 소외의 고통이 너무나 강한 나머지 우리는 연결됨의 감각을 얻기 위해서라면 무엇이든 하려 한다. 사랑하는 대상을 파괴하면서까지 말이다.

지구공동체는 제국의 슬픔과 소외에 대안을 제공한다. 그 대안은 생명의 가치를 금전적 가치보다 앞에 놓고 지배의 조직 원리보다 파트너십의 조직 원리에 의해 구성되는 삶의 방식이다. 우리의 관계를 더 깊이, 또 더 상호적으로 확인할 수 있을수록 우리는 더 풍성해지고 더 인간적이 될 수 있다. 우리가 갈망하는 통합적인 관계와 현대 생활이 일으키는 소외와 분절의 관계 사이의 간극은 우리 앞에 놓인 변화의 과제가 얼마나 장대한지를 말해준다.

하지만 경로를 다시 잡는 것의 핵심은 우아하게도 단순하다. 그것은 오늘날 우리의 집합적인 경로에 지침을 주고 있는 제국의 이야기를 인간 의식의 가장 높은 차원에서 나오는 지혜에 토대를 두고 이제까지 인간이 알아낸 모든 지식과 경험의 총체를 반영하는 지구공동체의 이야기로 대체하는 것이다.

함께 살아 낼
새로운 시대의 이야기들

○

세상의 위대한 영적-종교적 지혜는 모두 다음과 같은 가르침을 전했다. 인간의 가장 깊은 쾌락은 정의, 평화, 사랑, 너그러움, 친절, 우주에 대한 찬양에 토대를 둔 세계, 그리고 궁극적인 우주의 도덕 법칙에 복무하는 세계에서 살아갈 때 얻을 수 있다.[1]

랍비 마이클 러너*Michael Lerner*

간디는 … 글로벌 제국의 어느 누추한 구석에 있는 작은 이민자 집단의 권리를 보호하기 위해 공적인 활동을 시작했지만 다른 무엇보다도 강력하게 그 글로벌 제국을 해체하게 될 운동을 이끌었다. 그리고 그 과정에서 존재의 행동을 구성하는 모든 요소, 즉 개인적, 경제적, 사회적, 정치적, 영적 요소 모두를 새로운 관계로 불러오는 삶의 방식을 제시했다.[2]

조너던 셸*Jonathan Schell*

긍정적인 정치 아젠다를 추구하는 미국의 많은 진보주의자들이 조세, 교육, 예산, 전쟁, 무역 협정 등과 관련한 세부사항을 두고 논쟁을 벌인다. 하지만 이것만으로는 충분하지 않다. 다음 번 선거나 논쟁에서 이기기 위해 대중적으로 호소력 있는 슬로건을 만드는 것으로도 충분하지 않다.

평화부터 환경 보호까지, 또 인종주의 근절과 성차별 근절까지, 사실상 모든 진보 이슈는 제국의 문화와 제도에 근원이 있다. 이것들을 건건이 점진적으로 해결하고자 하는 것은 무용한 노력이다. 우리에게는 제국을 뒤에 두고 감으로써 그것들 모두를 해결하거나 제국을 받아들여서 그중 어느 것도 해결하지 못하거나의 선택지밖에 없다. 제국을 뒤에 두고 가려면 번영, 안보, 의미에 대한 제국의 이야기들을 제쳐놓고 지구공동체의 가능성을 말하고 생명을 긍정하는 이야기들을 통해 소통될 새로운 비전을 만들어야 한다. 그러한 이야기들은 협업적인 관계를 자유롭게 실험해볼 수 있는 "새로운 문화적 공간"을 창출하고 있는 수백만 명의 활동 속에 암묵적으로 담겨있다. 새로운 문화의 "조직화 세포"라 부를 만한 이들은 이러한 활동을 통해 더 고차원의 인간 의식을 불러온다. 이제 우리는 이들의 활동에 암묵적으로 담겨있는 이야기들을 명료하고 일관된 내러티브로 표현하는 법을 알아내야 한다.

제국의 이야기가 지배의 문화를 육성하고 파트너십의 가능성을 부인하듯이 지구공동체의 이야기는 파트너십의 문화를 육성하고, 번영과 안보의 의미를 새롭게 재규정하며, 인간 의식이 더 높은 차원에 도달할 수 있음을 긍정하고, 우리 각자가 창조의 장대한 과정에 복무할 수 있는 자신의 장소를 찾도록 독려한다. 앞에서 언급했듯이, 생에 대한 사랑을 바탕으로 서로를 돌보는 공동체는 인간의 번영, 안보, 의미를 달성하기 위해 꼭 필요한 전제조건이다. 생명의 속성상 그렇다. 이 간단하지만 근본적인 진리는 지구공동체의 여러 이야기들을 하나로 묶어주는 주제다.

이 장에서는, 현 시점에 유의미하게 작동할 수 있을 법한 지구공동체의 이야기들을 제시해보고자 한다. 이 이야기들은 많은 동료들이 나누어준 경험과 지혜에서 도출한 것이지만 아직 만들어지는 중이고 초기 버전에 불과하다. 뉴라이트는 아주 오랫동안 제국의 이야기들을 갈고 다듬었다(14장 참조). 그만큼 잘 갈고 다듬어진 지구공동체 이야기가 만들어질 수 있으려면 몇 년은 걸릴 것이고 수천 수만 명의 기여가 필요할 것이다.

지구공동체의 번영 이야기

진정한 번영은 생명에 복무하는 경제에서만 가능하다. 이것은 우리의 기본적인 물질적 필요를 충족시키고, 지구 자연 시스템이 지속가능하게 균형을 유지하게 하며, 서로를 돌보는 공동체의 유대를 강화하고, 모든 이가 인간의 잠재력을 온전히 실현하도록 해주는 경제다. 이를 일구려면 책임 있는 시민의식과 국제 협력의 틀 속에서 권력을 지역화, 분산화하는 것이 필요하다. 이러한 경제를 만드는 것은 우리가 충분히 시도할 수 있는 범위 안에 존재하며 인간 본성에도 부합한다. 지구공동체의 번영 이야기는 그러한 가능성의 이야기다.[3]

번영은 우리가 누리는 삶의 질로, 그리고 모든 이가 인간으로서의 창조적인 잠재력을 실현할 수 있느냐로 측정된다. 잘 돌아가는 경제 시스템은 이러한 잠재력의 계발을 지원하고, 모든 사람에게 적절하고 존엄한 생계 수단을 제공하며, 건강한 지구 생태계의 생명력을 유지함으로써, 모든 실질적 부의 원천인 생태계가 잘 유지되게 하고 애정, 신뢰, 상호 책무성에 기반한 유대를 강화해 공동체를 일구는 데 기여한다.

실업, 빈곤, 높은 범죄율, 가정의 붕괴는 모든 이의 삶에 필수적인 것들을 제공하기보다 소수 지배층의 권력과 특권을 강화하고 유지하는 데 우선순위를 두는 경제 시스템의 징후다. 번영은 사회의 모든 이에게 소득과 소유권이 정의롭고 평등하게 분배될 때 가장 잘 달성될 수 있다. 5000년의 역사가 명백하게 보여주듯이 부유한 특권층을 우대하는 정책은 가지지 못한 사람들을 주변화하고 가속적으로 그들의 노동과 자원을 징발함으로써 그들이 창조적으로 생산에 기여할 수 있는 여지를 제약하고 모두의 번영도 제약한다. 빈곤은 열심히 일하고 규칙을 지키며 살아가는 사람들을 착취하도록 고안된 불의한 시스템의 불가피한 산물이다.

공동체에 더 크게 기여하는 사람이 마땅히 더 큰 물질적 보상을 받아야 한다. 하지만 경제적 정의에 부합하는 범위 안에서만 그렇다. 일반적으로, 사회가 더 평등해질수록 모든 사람이 창조적 잠재력에 접할 수 있는 여지가 커지고 번영의 가능성도 커진다. 부유한 사람들이 자신의 권력을 이용해 더 많이 베풀기보다 더 많이 취하려 할수록 불평등의 사회적 비용은 증가한다. 불평등과 지속가능성은 양립할 수 없다. 불평등은 부유한 사람들 사이에서는 낭비적인 과잉을 촉진하고 가난한 사람들 사이에서는 절망을 촉진한다.

사회에서 더 많이 받아가는 사람들이 조세로 더 많이 지불해야 하고 더 많은 시간을 공동체에 봉사하는 데 들여야 한다. 또한 각자의 삶이 다할 때 내게 되는 상속세를 조정해 재산을 사회로 재분배함으로써 지속적으로 균형을 회복하고 특정 가문이 왕조화되지 않게 하는 것도 적절한 조치다. 그렇게 되면 개인의 인센티브, 평등, 그리고 공공의 이익이 균형을 맞출 수 있을 것이다.

시장은 꼭 필요하고 유용한 제도다. 그리고 인간의 제도가 다 그렇듯이 시장이 효율적으로 기능하느냐는 참여자들이 전체를 위해 성숙한 책임감을 갖느냐에 달려있다. 또한 시장은 공정한 거래를 보장하고, 공공의 이익과 사적인 이익 사이에 균형을 이루고, 공적인 서비스와 인프라를 제공하고, 공정한 경쟁의 조건을 유지하고, 소유권과 소득의 평등한 분배를 보장할 규칙들을 불편부당하게 적용해야 한다. 건강한 경제에서는 약탈적인 개인이나 부유한 부재소유자에게 수익을 올려주는 데만 집중하는 기업이 유익하게 존재할 수 있는 장소가 없다.

누구도 자신의 잘못이 아닌 이유로 실업 상태에 처할 위험에서 완전히 자유롭지는 않다. 심각한 질병이나 부상으로 가용한 자원을 넘어서는 비용이 들어갈 치료가 필요해질 수도 있다. 누구도 자신이 얼마나 오래 살지 알지 못하고 노년기에 어떤 장애를 겪을지 알지 못한다. 어떤 이들은 일반적인 기대수명보다 훨씬 오래 살 것이고 이중 일부는 상당 기간 동안 매우 비싼 의료적 도움을 필요로 할 것이다. 자산 수준과 상관없이 혜택이 보장되는 실업 급여, 은퇴 보장, 의료 보험 등을 통해 그러한 위험을 분산하면 모두의 삶의 질과 번영이 증진될 것이다.

자원이 희소한 세계에서, 경제 시스템이 지역의 특수한 조건에 더 잘 적응할수록 자원이 더 효율적으로 사용될 것이고 따라서 전체의 번영에 더 도움이 될 것이다. 이러한 적응력은 각각의 공동체가 자신이 가진 용량의 범위 내에서 생활할 때, 의사결정이 지역적으로 이뤄질 때, 공동체들 사이의 교환이 공정하고 균형 잡혀 있을 때 가장 잘 달성된다. 이러한 조건은 민주적 통제와 책무성을 높여주고, 경제적 약탈자가 노동, 건강, 안전, 환경 기준을 아래로 내리누를 수 있는 능력을 제한하며, 경제의 안정성을 저해하는 대외 부채가 쌓이는 것을 사전에 방지한다.[4]

지구공동체의 번영 이야기는 제국의 번영이야기를 상당 부분 거꾸로 뒤집는다. 이것은 전적으로 적절하며 전혀 놀라운 일이 아니다. 제국의 경제가 지배 관계를 유지하는 데 우선순위를 두고 있기 때문이다. 이와 달리 지구공동체의 경제는 파트너십 관계를 통해 호혜적인 번영을 일구는 데 우선순위를 둔다.

지구공동체의 안보 이야기

정치 제도의 가장 주된 목적은 공공선을 증진할 수 있는 집합 행동을 위해 우선순위를 부여하고 질서를 유지하는 것이다. 제국과 지구공동체의 대조적인 번영 이야기도 그랬듯이, 안보 이야기도 둘의 서로 다른 우선순위를 보여준다. 제국의 입장에서 안보란 비용이 얼마나 많이 들든 간에 기득권 위계 구조의 특권을 보호하는 것이다. 지구공동체 입장에서 안보란 피할 수 있는 위험으로부터 현재 세대와 미래 세대를 지키고 피할 수 없는 위험으로부터 발생하는 비용을 분담하는 것이다. 지구공동체의 안보 이야기로 삼을 만한 사례 하나를 여기에 소개한다.

인간의 안보를 가장 잘 보장할 수 있는 수단은 상호 신뢰와 돌봄의 관계를 일구고 모든 사람이 인간의 잠재력을 실현하도록 지원하는 탄탄한 가정과 공동체다. 또한 탄탄한 가정과 공동체는 범죄를 사전에 억지하고 이미 범죄를 저지른 사람들에 대해 적절한 대응을 하는 데도 중요한 자원이 된다.

책임 있는 시민의식, 협동, 비폭력적인 분쟁 해결은 정서적, 도덕적으로 성숙한 성인에게서 자연스럽게 발현되는 특성이다. 물리적인 안보를 장기적으로 가장 잘 보장할 수 있는 길은 건강한 가정과 공동체를 지원하는 정책을 펴는 것이다. 그러한 가정과 공동체는 상호 신뢰와 돌봄을 강화하고 모든 사람에게 도덕적, 정서적 성숙을 육성해준다. 다른 이들에게 해를 끼치고 지배하고 경멸하고자 하는 욕망은 가정과 공동체가 본질적인 기능을 수행하는 데 실패했다는 증거다. 그리고 다시 이는 공공 정책이 가정과 공동체에 꼭 했어야 할 지원을 하지 않았다는 증거다.

핵으로 인한 절멸을 제외하면, 물리적 안보와 관련해 오늘날 세계가 직면하고 있는 중대한 위협은 기후변화, 독성 물질에 의한 오염, 물 부족, 에너지 가격 증가, 금융 투기 및 무역의 불균형 증대로 인한 경제적 불안정 등이다. 이러한 위험들, 그리고 범죄, 테러, 전쟁과 같은 안보 위협들 모두 제국의 문화와 제도가 가정과 공동체를 약화시키고, 자연 자원을 잘못 관리하고, 공공 제도의 정당성을 훼손하고, 불의를 극단적인 형태로 불러일으키고, 더 높은 차원의 도덕적 의식이 발달하지 못하게 억압한 결과다.

건강한 사회임을 나타내는 가장 중요한 지표 중 하나는 범죄율과 수감률이 모두 낮은 것이다. 수감은 최후의 수단으로, 그리고 가장 극단적인 경우에만 행해지는 것이어야 하고, 수감의 적합한 목적은 갱생과 공동체에의 재통합이어야 한다. 목적은 모든 이에 대한 치유와 존중을 촉진하는 회복적 사법 정의를 달성하는 것이다. 이를 전제로 하되, 상습적으로 범죄를 저지르는 사람은 그 자신에게, 또 다른 사람들에게 더 이상의 해를 끼치지 않도록 최후의 수단으로써 정당한 절차를 통해 수감해야 할 것이다.

국내의 범죄로부터 안전을 보장하는 데 탄탄한 가정과 공동체가 가장 좋은 방법이듯이 국제 범죄, 테러, 사악한 정권의 위협 등으로부터 안전을 보장하는 데도 가장 중요한 것은 탄탄한 국가 공동체다. 군사화는 군사화를 낳고, 이는 실제의, 혹은 상상된 위협과 고충을 해결한다는 명분의 선제적인 무력 사용으로 이어진다. 군사적 안보는, 협상을 통해 상호 합의에 기반하고 효과가 확인된 군비 축소 프로그램을 시행하고, 전쟁 경제에서 평화 경제로 전환하고, 전쟁이 국가의 정책 수단으로 사용되지 않도록 국제 공조를 위한 기관들과 협력할 때 가장 잘 달성될 수 있다.

마찬가지로, 테러도 포함해 폭력은 폭력을 낳는다. 다른 나라를 침공해 테러리스트를 잡거나 벌하는 것은 분쟁 해결의 수단으로 폭력을 정당화하는 것이며 이는 테러 집단에 가담하는 것을 오히려 촉진한다. 테러를 막고 테러리스트들이 자신이 저지른 일에 대해 책임을 지게 하려면 국가들의, 또 국제적인 법 집행 기관들 간 협력이 필요하다. 대개 비국가 행위자의 테러 행위는 자신의 문제를 다른 방법으로는 표출할 길이 없는 집단들의 절망적인 행동이다. 가장 좋은 예방책은 모든 이가 유의미하게 정치적 목소리를 낼 수 있는 민주주의다. 미국은 다른 나라의 독재 정권을 지원하는 것을 멈추고 그 나라들이 미국에 제공하는 해외 자원에 대한 의존을 낮춤으로써 여기에 기여할 수 있다.

악당 정권에 대한 가장 좋은 대응은 국제 협력을 통해 그들이 무기, 자금, 그리고 무기를 만드는 데 필요한 테크놀로지에 접하지 못하게 하는 것이다. 최후의 수단으로 그들을 군사력을 동원해 제거해야 할 경우에는 광범위한 국제적 합의를 통해 유엔의 권한 하에서 소집되고 파견되는 다국적 병력을 사용해야 한다.

너무 긴 공급망, 공급원이 집중되어 있고 수급이 불안정한 연료, 유독한 화학물질, 방사성 물질, 여차하면 언제든 해고할 수 있는 인력으로 취급되는 노동자, 지극히 오락가락하는 소비자 수요에 좌우되는 핵심 산업, 부채와 투기에 기반한 불안정한 금융 시스템 등도 지역적인 작은 교란이 중대한 재앙으로 번지게 할 수 있다는 면에서 안보 위협이다.

지역적인 생산과 구매를 지원해 공급망의 길이를 줄이고, 불안정한 연료 자원, 유독한 화학물질, 방사성 물질에 대한 의존도를 줄이며, 수요가 안정적으로 존재하는 기본적인 재화와 서비스에 경제의 우선순위를 두고, 부채와 투기를 제약하고, 재활용과 재사용을 활성화하고, 자연자원을 더 절약적으로 사용하면, 그러한 충격을 줄일 수 있고 그럼으로써 안보를 강화할 수 있다.

인간에게 가장 큰 두려움은 내가 누군가를 절실히 필요로 할 때 나에게 신경써줄 사람이 아무도 없는 상황일 것이다. 여기에서도, 관계가 핵심이다. 지배 관계는 안전하다는 착각을 만들어내지만 사실은 안전을 훼손한다. 안전은 서로 돌보는 공동체만이 제공할 수 있다.

지구공동체의 의미 이야기

인간은 우리가 어디에서 왔는지, 우리 존재의 목적은 무엇인지와 같은 가장 근본적인 질문을 던질 수 있는 지구상 유일한 종이다. 아주 오랫동안 인류는 창조의 이야기들을 통해 그 답을 찾으려 노력해왔다. 대체로 은유적이며 고대로부터 내려온 창조의 이야기들은 우리의 기원에 대한 공통의 이해를 제공했고 우리의 존재에 의미를 부여했다.

15장에서 우리는 현대 서구 문화가 불완전한 두 개의 이야기 중에서 잔인한 선택을 강요한다는 것을 살펴보았다. 하나는 이제 심각하게 시대에 뒤떨어지게 된 뉴튼 물리학이다. 이것은 존재 전체를 우발적 사건과 물질적 인과관계로 환원하고, 의식, 지능, 자유의지를 부정하며, 삶에서 의미를 제거한다. 다른 하나는 서구의 지배적인 종교 이야기로, 초월적인 것의 존재를 긍정하긴 하지만 인간의 관찰과 경험이 지구의 여건을 탐구하는 데 합당한 토대라는 것을 부정한다. 또 지구는 우리가 머물다 가는 정거장이며 이 정거장에서 우리는 사악한 세계 속에 존재해야 하는 시간을 견뎌야 한다고 말한다. 내세에서의 구원을 위해 기도하는 것 외에 현세에서 우리가 할 수 있는 일은 없다. 이 두 가지 이야기 중 하나를 선택하는 것은 우리가 가진 선택의 역량을 부정하는 것이고 우리를 인간으로 만들어주는 특질을 버리는 것이다.

물론 창조 이야기는 실증근거를 바탕으로 해야 하지만 그 실증근거가 무엇을 의미하는지와 우리 삶에 어떤 시사점을 주는지에 대한 해석은 결국 믿음에 대한 질문들로 이어진다. 진보주의자들은 공개적으로는 물론이고 자기들끼리도 이에 대해 거의 논의하지 않는다. 정작 우리의 과업에 토대가 되는 질문들인데도 말이다. 나는 우리가 우리의 의미 이야기를 나누면서 이 문제에 대해 논의해나가는 것이 중요하다고 생각한다. 그런 취지에서, 위대한 전환의 과업에 나서도록 내게 동기를 부여해주는 의미 이야기를 하나 제시해보고자 한다.

> 우주(그리고 우주 안의 모든 것)는 불가분으로 상호연결된 전체이며 보편적인 영적 지성[영성]으로부터 나온다. 이 영성이 모든 존재의 토대이며 인간은 이 영성을 많은 이름으로 알고 있다.
> 영성은 스스로를 발견해가는 장대한 여정에 있다. 이 여정은, 배워가고 되어가는 영원한 과정 속에서 자신의 가능성을 실현해나

감으로써 자신을 알고자 하는 추구의 여정이다. 존재하는 모든 것은 이 신성한 추구의 산물이자 그러한 추구가 지속적으로 펼쳐지는 데 쓰이는 도구다. 창조가 사람들이 신이라고 부르기도 하는 이 영성의 발현이므로 신과 창조는 동일한 것이다. 이는 우리가 매순간 신과의 관계 속에서 살아간다는 것을 의미한다. 그렇지 않을 수 있는 방법은 없다. 영성으로부터 떨어져서 존재할 수 있는 존재는 없기 때문이다.

물질에 선택의 역량을 불어넣는 "생명"은 창조가 스스로를 발견해가는 여정의 가능성을 완전히 새로운 수준으로 높였다. 생명은 그 속성상 다른 생명과의 관계 속에서만 존재할 수 있고, 다양성이 풍부한 협업적 공동체에서, 그리고 개체와 종이 자신과 전체 모두의 잠재력을 실현하는 방식으로 참여하는 동태적인 상호작용 속에서, 가장 활력을 가질 수 있다. 영토, 식량, 성적 파트너 등을 위한 "경쟁"도 전체의 메커니즘에 기여하지만 "협업과 호혜성"이라는 더 깊은 패턴과 대위법적인 조화를 이루는 한에서만 그렇다.

개인의 후생과 공동체의 후생은 불가분이다. 전체의 건강은 개개인의 건강과 온전성에 달려 있고 개인의 건강은 전체의 건강과 온전성에 달려있다. 어느 쪽도 다른 쪽 없이 생존하거나 번성할 수 없다. 생존하고 번성하는 종은, 전체의 필요에도 동시에 복무하는 방식으로 자신을 부양하는 법을 터득한 종이다. 각각의 새로운 종이 해결해야 할 과제는 전체에 복무할 수 있는 자신의 자리를 찾는 것이다. 인간은 아직 이 과제를 달성하지 못했다.

우리가 아는 한, 인간은 성찰적인 의식과 선택의 역량이 있다는 점에서 창조의 가장 대담한 실험이다. 선택을 하는 것은 우리의 본성이고, 가장 성숙했을 경우 선과 악을 구별할 수 있는 것도 우리의 본성이다. 여기에서 선은 창조의 목적에 복무하는 것이고 악은 창조의 목적에 반反하는 것이다. 그렇게 규정된 선과 악의 차이를 더 깊이 이해하고 삶을 선에 복무하는 방식으로 조직하는 법을 배우는 것은 우리가 살아가면서 수행해야 할 핵심 과제다.

역사 내내 인간은 증오와 사랑, 탐욕과 너그러움, 가차없는 경쟁과 이타적인 협력 모두가 우리 인간의 본성 안에 존재한다는 사실을 드러내왔다. 여러 가능성 중에서 선택을 하는 것 또한 우리의 본성이며 그 선택을 현명하게 하는 것이 우리의 책임이다. 우리는 지구라는 우주선에서 복잡하고 상호의존적인 관계 속에 살고 있으며 궁극적으로 모두 공동의 운명을 가지고 있다. 그리고 이 우주선의 생명 유지 시스템은 매우 취약하고 과부하가 걸린 상태다. 우리 공동의 운명이 평화, 정의, 풍성함으로 귀결될 것인지, 폭력, 압제, 결핍으로 귀결될 것인지는 우리의 선택에 달려있다.

인간 종이 창조의 궁극적인 목적이자 궁극의 성취라는 개념은 아직 미성숙한 종의 정신에서 나온 근거 없는 개념이다. 이것은 전체 우주가 지구를, 따라서 인간을 중심으로 돈다는 개념의 연장선일 뿐이다. 우주에서 오로지 인간만이 의식적인 지능을 발현한다는 개념은 더더욱 근거 없는 개념이다. 우리는 우주를 탄생시킨, 그리고 매 순간 재탄생시키는 영성의 발현이지만, 우리가 영성의 관심에서 중심에 놓여있다거나 영성이 우리의 생존을 보장해줄 것이라고 가정하지는 말아야 한다. 한때 진화적 성취의 최전선에 있었던 많은 종들이 우리가 도착하기 한참 전에 망각으로 사라졌다.

창조는 인간에게 성찰적 의식의 능력을 부여함으로써 고유한 기회를 선물했다. 이 기회를 어떻게 사용할 것인지는 우리의 선택이고 그 선택의 결과도 우리가 감수해야 한다.

우리의 여정에서 다음 단계는 인간의 긍정적인 잠재력을 온전하게 계발하도록 지원해주는 사회를 만드는 것이다. 잠재력을 가장 잘 계발할 수 있는 방법을 알아내고 전체를 위해 그것을 적용해가면서 말이다. 진보적인 그리스도교도는 이것을 지상에 신의 왕국을 세우는 것이라고 말한다. 이 왕국은 모든 사람이 서로와 또 살아있는 지구와 역동적이고 창조적이고 균형 잡힌 관계 속에서 생산적이고 충족적인 삶을 살아감으로써 창조의 일을 진전시키는 데 참여할 기회를 가질 수 있는, 근본적으로 민주적인 사회다.

이 이야기는 종교적 신비가들의 영적 지혜가 말해주는 통찰과 현대 과학이 발견한 지식을 통합해 이끌어낸 것이며, 지구공동체의 번영 이야기와 안보 이야기에 토대가 될 더 깊은 개념틀을 제시한다. 여기에 제시된 번영, 안보, 의미 이야기는 관계야말로 모든 것의 토대라는 창조의 통합적인 진실로 수렴한다. 마찬가지로, 모든 사람이 서로와 또 지구와 창조적이고 관여적이고 기쁨이 가득한 관계를 맺을 기회를 가질 수 있는 생기 있고 상호연결된 공동체에서는 번영, 안보, 의미 모두를 찾을 수 있다.

인간은 서로와 돌보는 관계 속에서 살아가기를 깊이 열망한다. 이 열망은, 더 온전히 인간다워질 수 있는 법과 개인으로서 또 종으로서 우리의 적절한 자리를 찾아낼 수 있는 법을 배워가는 "삶의 보이지 않는 학습과정"에 적극적으로 참여하라는 촉구다. 위대한 전환의 과업에 참여하는 것은 영적인 실천의 한 형태다.

가능성의 이야기들을 발견하고 나누기

구전 문화에서, 이야기는 사람에게서 사람으로, 세대에서 세대로 말을 통해 전해졌고, 그들이 자신과 세계에 대해 이해하는 바의 살아있고 창조적이며 진화해가는 표현이었다. 이야기를 전하는 사람의 의도는 불변의 문헌을 문자 그대로 되풀이하는 것이 아니라 그 시점에 이야기를 듣는 사람들에게 가장 적합할 법한 방식으로 이야기의 기저에 있는 진리를 생생하게 되살리는 것이었다.

나는 글로벌 시민사회가 집합적으로 탐구한 바로부터 내가 이해하는 진리를 담아 세 가지 이야기를 제시했다. 고대의 구전 전통에서처럼, 이 이야기들을 인류의 새로운 시대에 대해 우리가 알고 있는 것들의 살아있고 창조적이며 진화해가는 표현으로 보아주시기 바란다.

더불어, 14장에서 일별한 제국의 이야기와 지구공동체의 이야기 모두를 여러분 각자의 경험과 이해에 비추어 숙고해보는 토론 모임을 열어보아도 좋을 것이다. 새로운 시대의 이야기꾼들 모임을 갖는 것이다. 여러분 자신의 이야기를 발견해가면서 그것을 여러분 자신의 언어로, 또 여러분 자신의 경험에 충실한 방식으로 다른 이들과 나눌 수 있기를 바란다.

*****

인간은 삶의 상당 부분을 번영, 안보, 의미를 추구하며 보낸다. 이 결정적인 시점에 우리가 번영, 안보, 의미의 지침으로 제국의 이야기를 선택할지 지구공동체의 이야기를 선택할지에 따라 미래 세대가 우리 시대를 거대한 해체의 시기로 기억할지 위대한 전환의 시기로 기억할지가 판가름날 것이다.

현재의 경기장은 전혀 평평하지 않다. 뉴라이트의 반향실은 거대 미디어의 메가폰으로 그들의 목소리를 막대하게 증폭하면서 정보 환경을 제국의 이야기로 포화시켜버렸다.

하지만 궁극적인 강점은 지구공동체의 존재로서 살아가고자 하면서 위대한 과업에 나서는 우리들 쪽에 있다. 본질적으로 제국은 우리가 삶으로부터 소외된 결과다. 제국은 개인의 권력과 영예라는 판타지로 우리를 유혹해, 찾을 수 없는 곳에서 의미를 구하도록 유도한다. 폭력, 지배, 물질의 축적 같은 데서 말이다. 삶으로부터 소외되어서, 우리는 의미가 창조의 지속적인 전개에서 우리가 기여할 수 있는 자리를 발견하는 데서 나온다는 진리에 눈을 감는다.

위대한 전환은 어떻게 살 것인가를 다시 배우는 데서 시작되며, 이것은 삶을 긍정하는 새로운 이야기에 달려있다. 삶을 부인하는 제국의 이야기는 삶을 긍정하는 지구공동체의 이야기와 경쟁할 수 없다. 건강한 아이, 가정, 공동체, 자연에 대한 인간의 근본적인 열망에 목소리를 주는 쪽이 지구공동체의 이야기이기 때문이다. 그리고 이 이야기는 그 이야기를 직접 살아내는 실천과 함께 표현된다.

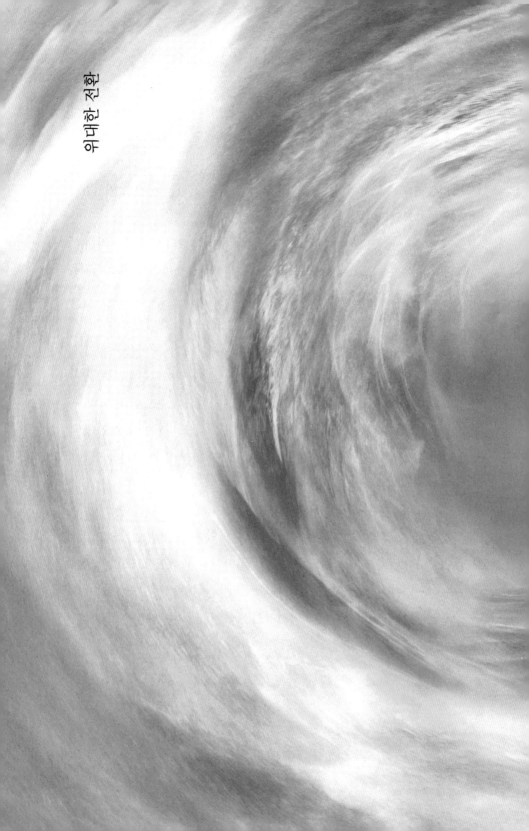

위대한 전환

제5부

지구공동체를 탄생시키기

"내가 생명과 사망과 복과 저주를 네 앞에 두었은즉 너와 네 자손이 살기 위하여 생명을 택하고 …"

신명기 30장 19절

우리 자신이 우리가 추구하는 바로 그 변화가 되어야 한다.

모한다스 K. 간디|Mohandas K. Gandhi

위대한 전환의 과업은 제국을 고치는 것이 아니라 새로운 시대를 탄생시키는 것이다. 삶을 위한 선택을 하는 시대, 우리 본성의 더 높은 잠재력을 표현하도록 허용하는 시대, 제국이 찬탈한 권력을 사람들, 가정, 공동체에 되돌려주는 시대 말이다. 이 과업은 단지 더 나은 대의를 위해 또 하나의 위계적 지배 권력을 세우려는 것이 아니라 권력을 분산하고 위계를 없애려는 것이다.

새로운 시대를 탄생시키는 리더십은 현 상태가 편하게 느껴지는 사람들에게서 나오지 않는다. 자신의 특권을 지키려 하는 사람들에게서도 나오지 않는다. 새로운 시대를 만드는 리더십은 제국의 문화와 제도가 촉진하는 믿음과 가치가 어딘가 이상하다고 느껴지는 사람들에게서 나온다. 그리고 그들은 실천을 통해 자신이 추구하는 변화에 구체적인 표현형을 제공함으로써 그 변화를 실현시킬 것이다.

마지막 제5부에서는 종종 사소하고 분절되어 보이는 개인의 노력이 어떻게 한데 합쳐져 침묵을 깨고 고립을 끝내고 이야기를 바꾸면서 역사의 경로를 재설정하는 강력한 힘이 될 수 있는지를 우리 모두가 더 분명히 볼 수 있도록 돕기 위한 개념틀을 제시하고자 한다.

국가마다 세부사항은 각자의 역사와 상황에 따라 다를 것이다. 다음의 이야기들은 위대한 전환의 과정에서 해결해나가야 할 과제가 특히나 어마어마한 나라인 미국에 초점을 두고 있지만, 기저의 원칙들은 보편적이다.

아래로부터 리드하기

저는 거대한 일, 커다란 것, 거대한 제도, 커다란 성공은 이제 관심이 없습니다. 저는 작고 보이지 않고 분자적인 도덕적 힘들을 위해 일하고자 합니다. 이러한 힘들은 세계의 구석구석에서 물이 스며들게 하는 실뿌리나 모세혈관처럼 개인에게서 개인에게로 이동하지만, 시간이 충분히 주어진다면 인간의 오만으로 빚어진 가장 단단한 기념물을 부수어버릴 것입니다.

윌리엄 제임스William James

자연에서 변화는 탑다운의 전략적인 접근으로 발생하지 않는다. 살아있는 시스템에는 보스가 없다. 변화는 안으로부터, 즉 자생적으로 발생하는 수많은 지역적 행동으로부터 발생한다.[1]

메그 휘틀리Meg Wheatley

잘 알려져 있듯이, 알베르트 아인슈타인은 어떤 문제도 그 문제가 나온 것과 동일한 차원의 의식에서는 해결될 수 없다고 말했다. 우리의 과제는 인간 의식의 더 높은 차원으로 올라가서 우리의 문화와 제도를 우리의 가능성과 잠재력에 부합하도록 새로 만드는 것이다.

20세기를 거치면서 많은 혁명가들이 정의의 이름으로 무력을 사용해 기성 제도의 권력을 빼앗으려 했다. 그들은 폭력은 폭력을 낳고 지배는 지배를 낳으며 지배-종속 제도는 그 지배자가 누구이건 불의하다는 진리를 놓쳤다.

지배 권력을 차지하기 위한 폭력적인 경쟁은 제국의 방식이고 그러한 실천은 다시 제국을 강화한다. 공동체, 민주주의, 생에 대한 사랑의 원칙으로 조직된 사회는 공동체, 민주주의, 생에 대한 사랑의 실천을 통해서만, 즉 "그것들을 살아감으로써 존재하게 만드는" 과정을 통해서만 창조될 수 있다.

모한다스 K. 간디, 마틴 루터 킹 주니어 등 20세기의 가장 위대한 지도자들은 진정한 변혁이 이뤄지는 방식에 대해 더 높은 차원의 비전을 가지고 행동했다. 무력을 통해서가 아니라, 우리가 추구하는 변화를 실천을 통해 직접 "살아감으로써 만들어낸" 것이다. 그들의 비전과 실천은 20세기에 급진적인 민주주의와 비폭력적인 자가 조직화에 대한 인간의 역량을 보여주는 글로벌 사회운동에 영감을 주었고 지금 우리가 해야 할 과업의 토대를 닦았다.

제국의 지도자들은 제국의 제도가 가지고 있는 권력과 자원을 사용해서 사람들이 그들의 권위, 가치, 그리고 그들이 규정한 목적에 복종하도록 몰아간다. 지구공동체의 리더십은 모든 사람이 자신에게 리더의 역량이 있음을 인식하고 전체를 위해 그 역량을 표현할 수 있게 독려하는 상호강화적인 과정에서 나온다. 거의 불가피하게 이러한 리더십은 제국의 제도 외부에서 나온다. 인간의 가능성을 그려볼 수 있는 성숙한 의식을 가지고 있고 그 가능성을 실현시킬 책임을 받아들이는 수백만 명의 평범한 사람들로부터 나오는 것이다. 그리고 오늘날 이러한 사람들은 점점 더 많아지고 있다. 지구공동체에서 리더 역할은 상황의 필요에 반응해서, 또 참여자들 각자가 가지고 있는 기술과 처한 상황에 따라서 교대하듯 계속해서 들어와 활동하면서 끊임없이 달라지고 동시에 끊임없이 지속된다.

제국의 지배-종속 스타일에 익숙한 사람들이 보기에는 지구공동체의 리더십 스타일이 너무 정신없고 분산되어 있는 것처럼 보일지 모른다. 하지만 지구공동체의 스타일은 건강하게 기능하는 살아있는 시스템 모두에서 볼 수 있는 자가 조직화 양상에 잘 부합한다. 이러한 자가 조직화 양식과 분산된 권력은 현대의 사회운동에 특유의 생명력을 주어서 그것을 억압하는 것이 거의 불가능해지게 만든다.

전략

글로벌 시민사회는 마땅하게도 수많은 전선에서 행동하고 있다. 이는 글로벌 시민사회의 다양성과 그것이 가진 임무의 복잡성을 반영한다. 글로벌 시민사회의 리더십이 분산되어 있고 자가 조직화의 양상을 띠므로 "전략"을 논한다는 것이 의아하게 보일 수도 있을 것이다. 하지만 수많은 리더 각각이 행하는 각각의 행동, 그리고 그 행동들이 수렴되어 드러나는 표현은 그 안에 내재해 있는 암묵적인 전략과 이 전략에서 도출되는 네 가지 핵심 임무를 드러낸다.[2]

첫째, 문화적 의식과 영적 의식으로의 각성을 가속화하라. 제국의 문화는 조작된 문화이며 일종의 최면 상태를 만들어낸다. 개인 차원에서는 최면에서의 각성이 한 명씩 일어나지만 각각의 각성은 다른 사람들에게 영감을 주는 새로운 역할 모델이 된다. 활성화된 역할 모델의 수가 많아질수록 각성은 더 빠르게 확산될 것이고 문화적으로 해방된 사람들이 더 쉽게 서로를 발견해 고립이 일으키는 무력감을 깨고 나올 수 있게 될 것이다. 우리는 상이한 문화를 넘나드는 경험을 창출하고, 의미와 가치에 대한 깊은 성찰을 독려하고, 제국의 모순을 드러내고, 기존의 이야기들을 바꾸어서 더 많은 사람들이 실현되지 못한 인간의 가능성을 알게 할 것이다. 그럼으로써, 각자의 실천 및 서로와의 대화를 통해 각성의 과정을 촉진할 것이다.

둘째, 아동, 가정, 공동체, 자연에 대한 제국의 공격에 저항하라. 이것은 제국의 아젠다와 제도에 저항하고, 불의하고 비민주적인 규칙의 철폐를 요구하고, 제국의 이익을 위해 공동체를 희생시키는 정책을 폐기하는 것을 의미한다. 이러한 저항은 굉장히 거센 방식으로 나타날 수도 있고 때로는 단호한 시민불복종의 형태로 조직되기도 하겠지만, 인도의 독립 운동에서 간디가 실천했던 것처럼, 미국의 민권 운동에서 마틴 루터 킹 주니어가 실천했던 것처럼, 또 다른 많은 비폭력 저항 운동에서 그랬던 것처럼, 군과 경찰의 폭력에 직면해서도 언제나 비폭력의 원칙을 따라야 한다. 비폭력의 원칙은 지구공동체가 도덕적 권위를 갖게 하고, 제국에 정당성이 없음을 만천하에 드러내며, 폭력의 사이클을 깨뜨린다.

셋째, "일치의 공동체"를 일구고 연결하라. 전세계에서 수억 명의 문화 창조자와 영적 창조자들이 "일치의 공동체"를 구성함으로써 고차원의 인간 잠재력을 표현하고 있다. 그러한 공동체에서 사람들은 살아 있는 사회의 제도, 관계, 그리고 진정한 문화를 발달시킨다. 일치의 공동체는 동네의 공부 모임처럼 간단한 것일 수도 있고, 농민장터일 수도 있고, 탐구적인 정신을 발달시키는 데 헌신하는 학교일 수도 있고, 자발적으로 단순한 삶을 사는 방법을 알려주는 강연회일 수도 있다. 사회적 책임을 다하는 사업체일 수도 있고, 영적인 탐구와 공동체 서비스에 헌신하는 교회 모임일 수도 있고, 전체론적인 의료를 지향하는 진료소일 수도 있다. 처음에는 이러한 운동 각각이 작고 고립되어 있을 수 있지만 각각은 다양성, 실험, 학습이 융성할 수 있는 일종의 해방구를 창출하며 이러한 공간들은 새로운 경제, 정치, 문화를 주류로 만들어가는 데 주춧돌이 된다.

숫적으로 많아지고 또 서로 연결되어가면서 일치의 공동체들은 제국의 문화적 최면에서 해방되는 과정을 촉진하고 지구공동체의 가능성을 가시적으로 보여주는 역할을 한다. 개별적으로 또 집합적으로 이러한 공동체들은 제국이 찬탈해간 삶의 에너지를 다시 불러온다. 그럼으로써 [숲 생태계에서 볼 수 있었듯이] "대체와 천이"의 과정을 통해 점차로 제국을 약화시키고 지구공동체를 강화한다.

넷째, 정치적 다수를 만들라. 주춧돌이 탄탄하게 놓이고 지구공동체의 이야기가 더 정교하게 연마되면 그 다음 임무는 정치적 다수를 일구는 것이다. 그러려면 기업의 영향력에 흔들리지 않는 수많은 공식, 비공식 커뮤니케이션 채널을 통해 지구공동체의 문화가 주류가 되게 만들어야 한다. 일치의 공동체들이 문화를 지구공동체 쪽으로 기울이기 시작하면 경제, 정치, 문화 영역의 공식적인 제도들도 급진적인 민주주의 쪽으로 전환되기 시작할 것이다.

이 네 가지 전략은 앞의 것이 다음 것의 준비가 된다는 점에서 순차적이다. 또한 이 네 가지 전략은 각각이 현재 진행 중이고, 각자의 속도에 따라 발달하고 있으며, 새로운 시대를 탄생시키는 데 기여하고 있다는 점에서 동시적이기도 하다. 어떤 운동이 성숙해가는 동안 또 다른 운동이 늘 새로 생겨난다. 각각은 진정성 있는 가치에서 생겨나고, 문화적 의식과 영적 의식으로의 각성을 진전시키며, 일치의 공동체를 확장하고, 삶의 에너지가 제국에서 지구공동체로 방향을 트는 것을 가속화한다. 그럼으로써 새로이 생겨나고 있는 "전체"에 생기와 힘을 보태고, 다시 그럼으로써 인류의 미래를 재설정한다.

은유적으로 이 전략을 "왕에게 등을 돌리고 걸어나오는 과정"이라고 표현해볼 수 있을 것이다. 이 전략의 핵심이 왕의 권위에 맞서는 것이 아니라 그것을 그냥 두고 걸어나오는 것이기 때문이다. 이것은 왕의 권위로부터 정당성과 생명력을 거둬들이는 것이다. 왕에게 다음과 같이 말하고 나오는 것을 상상해보라.

> 당신에게는 당신의 게임이 있다. 그것은 제국이라고 불린다. 당신에게는 그것이 효과적으로 작동할지도 모르지만 나에게는 아니다. 그래서 나는 나처럼 제국의 게임이 잘 작동하지 않는다고 생각하는 수백만 명과 함께 제국의 게임판을 떠나려고 한다. 우리는 지구공동체의 가치와 원칙에 기반한 새로운 규칙으로 새로운 게임을 만들 것이다. 당신도 동료 시민으로서 참여하고자 한다면, 즉 당신의 권력과 부를 기꺼이 나누고 새로운 규칙에 따라 게임을 하고자 한다면, 환영한다.

이 상상의 대화는 경제 영역, 정치 영역, 문화 영역 모두에서 제국에 등을 돌리고 걸어나오는 다양한 사회운동을 통해 실제로 벌어지고 있다.

경제적 전환

글로벌 시민사회의 존재가 가시적으로 사람들에게 각인된 사례로 기업 주도의 세계화와 그것의 지지자들이 전세계에서 신자유주의 정책을 밀어붙이기 위해 사용하는 제도에 맞서 일었던 대중 저항을 들 수 있다. 이보다 덜 가시적이지만 궁극적으로 더 중요한 움직임도 있다. 바로 건강한 생태계의 원칙을 적용해 거대 기업으로부터 자유로운 경제를 일구고자 하는 수많은 운동이다. "바이 로컬buy local" 운동, 소규모 독립농 위주의 식품 시스템을 재구축하려는 운동, 기업 보조금 철폐 운동, 대형 할인매장의 침투를 막으려는 운동, 기업이 자신이 일으킨 피해에 책무성을 갖게 하려는 운동, 기업 설립 요건과 지배구조를 개혁하려는 운동 등이 모두 그런 사례다. 인도주의적 축산과 지속가능한 농업을 독려하고, 공장식 농장을 없애고자 하고, 유전자 조작 종자를 금지하고자 하고, 친환경적인 기업 활동을 촉진하고자 하고, 지속가능하고 공동체에 기반한 삼림 관리법을 도입하려 하고, 독성 화학물질 사용을 줄이려고 하는 운동도 있다. 또한 노동자 권리에 대한 보호를 강화하고, 최저임금을 올리고, 노동자가 직접 소유자가 될 수 있는 제도를 확대하고, 사회적으로 책임 있는 투자를 늘리는 등 경제적 정의를 증진하고 환경적 책임을 강화할 재정적, 규제적 조치들을 도입하려는 운동도 벌어지고 있다.

미국에서 전국적으로 벌어지고 있는 운동의 한 가지 사례로 "살아있는 지역경제를 위한 비즈니스 연맹BALLE"이 있다. 나도 이곳의 활동에 관여하고 있다. BALLE은 미국과 캐나다 전역에서 활동하는 지역 조직들의 연대로, 부재 소유자가 일으키는 병폐로부터 자유로운 지역적이고 살아있는 경제를 일구기 위해 활동하고 있다. 이러한 지역 조직들의 연대를 통해 "살아있는 경제들의 전지구적인 시스템"을 일구는 것이 BALLE의 비전이다.[3] 이곳의 지부들은 서로 간에 경제적 관계를 맺으면서 점점 더 넓은 연결망을 구성해 지역 사업체들의 영업을 지원하고,

소비자들이 자신이 구매할 때 내리는 선택이 갖는 함의를 더 잘 인식하게 하고, 지역 정부들과 함께 지역 소유 기업을 우대하는 정책을 마련한다. 활발하고 생명력 있는 공동체가 되려면 지역 기업들이 꼭 필요하다. 지역에서 생산하는 것이 현실적으로 바람직하지 않은 경우에는 다른 주나 다른 나라의 지역 기업들과의 교역을 촉진한다.

베인브리지 경영대학원 등 혁신적인 경영대학원은 사회적, 환경적 건강을 주 목적으로 삼는 경제를 일구고자 하는 경영자들을 양성하기 위해 새로운 교육과정을 만들고 있고, 코업 아메리카Co-op America는 독립적인 친환경 사업체의 마케팅을 지원하며, 미국독립기업인연맹American Independent Business Alliance과 지역자립연구소Institute for Local Self-Reliance의 "새로운 규칙 프로젝트New Rules Project"는 지역 공동체들이 지역 기업을 지원할 수 있는 정책을 개발하도록 돕는다.[4] 지역적으로 뿌리를 두고 생명을 지원하는 경제를 일구기 위한 운동은 이 밖에도 미국에 많이 존재한다.

지구공동체의 가치에 기반한 경제적 운동은 미국만이 아니라 세계의 거의 모든 곳에서 일어나고 있다. 새로이 해방된 경제적 공간들이 서로 연결되면서 구매 협동 조합이나 브랜딩 협동 조합처럼 더 큰 통합을 가능케 하는 제도들도 생겨나고 있다. 이들은 전지구적으로 연결되지만 각자의 장소에 뿌리를 내리고 있으며 해당 지역의 공동체들이 통제력을 가지고 있다. 이러한 확장이 일어날 때마다 사람들에게 어디에서 장을 보고, 어디에서 일을 하고, 어디에 투자를 할지에 대해 더 많은 선택지를 제공하며, 그럼으로써 글로벌 기업이 지역에서 빨아들였던 생명의 에너지가 지역으로 돌아오게 할 수 있다.

다 무용한 노력처럼 보일지도 모른다. 하지만 지역 공동체에 기반을 두고 인간다운 규모를 지향하며 운영되는 독립 사업체들이 전체 사업체 중 다수를 차지하고 있고, 대부분의 일자리를 제공하고 있으며, 거의 모든 새로운 일자리를 창출하고 있고, 거의 모든 기술 혁신의 1차적 원천이 되고 있다는 사실을 상기하면 더 이상 그렇게 생각되지 않을 것이다.[5] 여기에는 서점부터 유기농 농장, 농민시장, 공동체지원농업 Community Supported Agriculture 운동, 지역 재료에 특화한 음식을 파는 레스토랑, 노동자 협동조합, 공동체 은행, 공정 무역 커피 업체, 독립 미디어 등 모든 종류의 비즈니스가 망라되어 있다.

정치적 전환

정부 구조를 민주화하고, 정치 영역에 더 많은 시민 참여를 촉진하며, 정치적 과정이 더 다양한 목소리와 참여자에게 접근 가능해지게 하고, 공공의 우선순위를 사람, 가정, 공동체, 지구로 옮기고자 하는 운동도 벌어지고 있다. 이들은 국제 무역 규칙부터 친환경 건축을 촉진하기 위한 지역 건축법 개정까지 다양한 경제, 사회, 환경적 사안에 대해 입법 활동을 벌인다. 또한 생활 가능한 임금, 기업의 책무성, 지역 기업 우대 등을 위해 활동하는 많은 운동들이 지역 정부와 협력해 아래로부터 흐름을 추동하는 전략을 실천하고 있다. 반전 평화와 지구온난화 대응 같은 전지구적인 사안에 대한 운동도 지역 정부와 지역 정치인들이 주도적으로 나서서 이끌고 있다.

예를 들어 미국을 보면, 조지 W. 부시 행정부 시기에 중앙 정부는 기후변화의 중대한 현실을 부정했다. 하지만 2005년 6월에 300명의 시장이 시카고에 모여 기후변화가 중대한 문제인지 아닌지 따지는 것이 아니라 기후변화에 대해 무엇을 할 것인지를 논의했고 "미국 도시 시장들의 기후보호협정U.S. Mayors Climate Protection Agreement"을 만장일치로 발표했다. 이 협정은 모든 도시 당국이 기후 대응에 진지하게 나서야 한다고 촉구하면서 2012년까지 1990년 수준의 93%로까지 온실가스 방출을 줄이겠다고 선언했고 연방 정부도 분명한 행동을 취하라고 요구했다.

모임을 주도한 시애틀 시장 그렉 니켈스Greg Nickels는 캐스케이드 산맥에 이례적으로 눈이 충분히 쌓이지 않아 스키 시즌이 취소되고 이듬해 여름에 도시에 심각한 물 부족과 전기 부족 위험을 초래했던 2003-2004년 이후에 기후 문제에 열정적으로 나서게 되었다. 또 다른 참여자인 뉴올리언즈의 레이 내긴Ray Nagin 시장은 해수면이 지금까지 오른 만큼 더 오르면 뉴올리언즈가 사라질지 모른다고 말했는데[6] 불과 두 달 뒤인 8월 29일에 허리케인 카트리나가 뉴올리언즈를 강타해 도시의 80%가 물에 잠겼다. 이것은 미국 역사상 가장 심각한 재앙 중 하나였다.

위와 같은 기후 운동은 많은 논평가들이 미국의 중요한 트렌드를 보여준다고 말하는 수많은 운동 중 하나일 뿐이다. 연방 정치인들이 임박한 경제적, 사회적, 환경적 붕괴를 제대로 다루지 못하는 데 분노해서 미국 도시들의 선출직 공직자들이 아래로부터 리더십을 발휘하며 나선 것이다. 노숙, 빈곤, 폭력, 쇠락하는 학교, 가뭄, 홍수, 그리고 "자유"무역협정으로 타격을 입은 산업과 같은 결과는 전국 차원이 아니라 지역의 도시들에서 가장 크게 체감되며, 따라서 도시 단위의 정치인들이 문제 해결을 위한 진보적인 정치의 최전선에 서게 된다.[7] 지역의 정치인들에게는 절박한 당면 과제가 더 분명하게 보일 뿐 아니라 전국 단위 정치인보다 거대 자금과 거대 미디어의 통제력을 깨고 나오기도 더 쉽다. 도시 당국의 정치인들은 지역 단체 네트워크와 협력해, 아동 돌봄, 구매 가능한 가격대의 주거, 재활용, 녹지 보호 등의 혁신적인 프로그램을 방해하기 위해 거대 자금을 가진 세력이 조직하는 비방 캠페인에 대응하는 법도 알아나가고 있다.[8]

몇몇 가장 야심차고 흥미로운 프로젝트들은 풀뿌리 시민운동 단체, 지역 정부, 전국 단위의 정치인을 아우르는 연대를 통해 제국의 기득권이 행사하는 가공할 반대 노력에 직면해서도 지구공동체의 비전을 진전시키고 있다. 두 가지만 예를 들면, 지속가능하고 청정한 에너지 경제를 위한 "아폴로 연맹Apollo Alliance"과 미국 행정부에 국내외적으로 평화를 증진시키는 일을 담당할 평화부Department of Peace를 신설하려는 "평화 연맹Peace Alliance" 운동이 있다.[9]

문화적 전환

문화적 의식과 영적 의식으로의 각성이 확산되면서, 전지구적으로 문화적 전환이 일어나고 있다는 증거 역시 많은 곳에서 찾아볼 수 있다. 1부에서 살펴보았듯이, 문화적 의식과 영적 의식으로의 각성은 문화간 교류의 심화와 확산, 진보적인 사회운동의 영향, 그리고 전지구적인 상호의존성과 유한한 지구 생태계의 취약성이라는 현실에 대한 깨달음이 합쳐진 결과다.

바로 이것이 위대한 전환을 가능케 하는 각성이다. 위에서 살펴본 경제 영역과 정치 영역의 운동들도 이러한 각성을 보여주지만, 더 구체적으로 "문화 영역"이라고 부를 만한 곳에서 벌어지는 운동도 있다. 공동 주거와 생태 마을 프로젝트, 안전하고 활발한 공공 장소 만들기, 자발적인 단순한 삶 운동, 문화 간 교류 프로그램, 미디어 운동, 교육의 풍성함을 위한 운동 등 다양한 활동이 여기에 포함된다.

무엇보다, 문화적 전환은 새로운 리더십이 전면에 등장하게 하고 문화적, 영적 각성을 가속화하고 있는 전지구적 전환에서 특히 추동력을 얻고 있다. 다음의 사례에 특히 주목할 만하다.

- 제국과 근대화에 의해 막무가내로 학살당하고 주변화되었던 원주민들이 전통과 정체성을 다시 주장하면서, 인간과 신성한 지구와의 연결성에 대한 그들의 지혜를 외부와 소통하고 있다. 생명으로부터 소외된 현대인들과 이들 원주민들 사이에 벌어지는, 존중에 기반한 상호작용은 문화적, 영적 각성에 특히나 강력한 추동력이 될 것이다.
- 출산율이 줄고 기대수명이 늘면서 인구 중 노년층 비중이 증가하고 있는데, 이는 인구 중 문화적 의식과 영적 의식에 도달한 성숙한 사람의 비중이 많아질 수 있다는 의미이기도 하다. 노인들이 스승이자 멘토로서 공동체에 지속적으로 활발하게 참여하면서 경험과 지혜를 전하게 될 때 공동체가 얻을 수 있을 이득에 대해 관심이 높아지고 있다.
- 이민은 백인 권력과 글로벌 지배의 핵심이었던 글로벌 북부 국가들에서 인종 구성을 바꾸어놓고 있다. 이주민들이 인종 기반의 계급 위계에서 종속적인 위치에 묶여있기를 거부하는 것은 사회적 긴장이 높아지게 하는 요인이기도 하지만, 백인의 지배에 대해 우리 사회에 꼭 필요한 도전을 제기하며 특히 젊은 세대 사이에서 문화적 각성을 추동하고 있는 문화 간 교류

를 촉진한다.

- 지난 50년 동안 문화적 전환에 가장 큰 기여를 한 것을 꼽으라면 제국이 규정한 여성의 사회적 역할에 대한 거부가 확산된 것을 들 수 있을 것이다. 여성이 종속적인 지위를 벗어나 다시 부상하게 된 것은 지난 5000년간의 인간 역사에서 가장 유의미한 진전 중 하나다.

여성성의 리더십

여성적 리더십으로 전환하는 추세와 관련해, 미국에서 최근 벌어지고 있는 현상이 주목할 만하다. 2003년 3월 26일에 「비즈니스위크」는 "새로운 젠더 격차The New Gender Gap"라는 제목의 기사를 커버 기사로 게재했다. 기사에 따르면, 미국의 고등학생 중에서 여학생이 남학생보다 음악, 미술 분야뿐 아니라 학생회, 연감 출판, 학교 신문, 학술 동아리 등의 리더 역할에서도 수적으로 상당히 능가하는 것으로 나타났다. 스포츠 분야에서는 여전히 남학생 리더가 더 많았지만 여기에서도 여학생들이 빠르게 부상하고 있었다. 대학에서도 학부와 석사 졸업생의 거의 60%를 여성이 차지하고 있으며 전문가들은 이러한 격차가 앞으로 더 커지리라고 본다.

1960년대 이래로 투표율도 남성보다 여성이 높다. 기업 고위 경영진이나 선출직 고위 정치인 중에서는 여전히 여성이 훨씬 적지만 여성들이 학력과 리더로서의 역할 면에서 능력을 입증해 보이면서 점점 달라지고 있다.[10] 「비즈니스위크」는 이러한 경향이 "21세기를 최초의 여성의 세기가 되게 만들 것"이라고 언급했다. 사실 최초는 아니다. 하지만, 전지구적으로도 이러한 경향이 있다면(여러 자료들이 그렇게 시사한다),

지난 5000년 사이에는 최초가 맞을 것이다. 우리 시대의 절박한 과제들을 생각해볼 때 이것은 정말 희망적인 변화다.

4장에서 언급한 폴 레이와 셰리 앤더슨의 연구를 생각해보자. 그들의 설문조사에서 영적 창조자(그들의 표현으로는 "핵심 문화 창조자")의 약 3분의 2가 여성이었다. 오늘날 평화, 인권, 정의, 지속가능성, 공동체, 지역경제 등의 이슈를 중심으로 조용히 조직되고 있는 진보적 사회운동을 보면 상당 부분 여성이 주도하고 있다. 일반적으로 "드러나지 않는" 네트워크 스타일의 리더십은 종종 우리를, 그러니까 백인 남성을, 헛갈리게 하고 답답하게 한다. 하지만 그러한 조직 방식은 매우 효과적이고 효율적이다. 현대의 진보 운동에서 여성이 남성에 비해 리더십 역할을 압도적으로 많이 하고 있다는 것은 놀랄 일이 아니어야 한다.

심리학자 캐롤 길리건Carol Gilligan은 여러 연구 결과 남성이 여성보다 개인의 자율성, 자유, 도덕적 논증, 개인의 자유에 대한 강한 방어에 더 관심을 갖는 반면 여성은 탄탄한 관계를 맺고 그 안에서 타인에게 봉사하면서 기쁨을 얻는 것을 추구하는 경향이 더 강하다는 결론에 도달했다. 길리건에 의하면 이러한 차이로 인해 남성과 여성은 서로 다른 접근법으로 갈등을 해결하려 한다. 남성은 상대와의 차이를 논리적 주장으로 명료화하려 하고, 법정에 가려 하고, 전투를 벌이려 한다. 여성은 상대와의 차이를 각자의 필요와 의견을 알아가는 대화의 과정을 통해 해소하려는 경향이 크다. 또한 상대적으로 남성은 위계로 관계를 구조화하는 경향이 강하고 여성은 파트너십 모델로 구조화하는 경향이 강하다.[11]

이러한 차이를 볼 때, 지구공동체를 일구는 일에서 여성들이 자연스럽게 리더가 되리라고 생각해볼 수 있으며 실제로도 여성들이 주도적으로 나서고 있다. 하지만 목적은 여성이 지배하는 위계 질서를 만드는 게 아니라 여성적 성향과 남성적 성향이 잘 통합된 건강한 균형을 이루는 것이다.

영적인 탐구

4부에서 보았듯이 우리 시대의 도전은 가장 근본적인 질문들로 돌아가게 한다. 우리는 어디에서 왔는가? 우리의 목적은 무엇인가? 우리의 가치는 무엇인가? 미국에서 "지적설계론" 대 "우발성 및 메커니즘설"의 논쟁이 벌어지면서(15장 참조) 인간의 기원과 목적에 대한 질문이 전면에 등장했고 과학과 종교 모두에서 가장 교조적인 버전의 근본주의에 도전했다.

문화적 전환의 측면에서 미국에서 벌어지고 있는 또 다른 중요한 변화와 관련해 주목할 점은, 미디어에 등장하는 논평가들이 2004년 미국 대선에서 기독교 유권자들이 낙태, 동성 결혼, 줄기세포 연구 등과 관련된 도덕적 가치에 기반해 투표를 결정했고 이것이 선거 결과에 영향을 미쳤다고 분석한 것이다. 이는 전쟁, 빈곤, 환경 파괴 등이 훨씬 더 절박한 도덕적 사안이라고 본 일반적인 종교인들을 경악하게 했고 상당히 많은 복음주의 기독교인들도 마찬가지였다. 이들은 성경의 가르침과 상충하는 극단주의적 정치 아젠다를 가진 소수 집단이 기독교의 도덕적 가치를 대표하게 두지 않겠다고 다짐했다.

기독교의 여러 종파 사이에, 또 기독교와 여타 종교 사이에, 근본적인 도덕적 질문들에 대해 논의하는 교류가 이루어지기 시작했다. 예수는 무엇을 가르치셨는가? 도덕적 행동의 토대는 무엇인가? 도덕적 권위의 정당한 원천은 무엇인가? 정치에서 종교의 적절한 역할은 무엇인가? 지적설계론에 대한 논의가 나왔을 때도 그랬듯이, 이러한 대화는 사람들이 기존의 통념을 비판적으로 검토하고 문화적 의식과 영적 의식으로 각성할 수 있는 문을 열어주었다.

미국에서 가장 신도가 많은 분파가 복음주의이고 종교적 우파의 상당수가 복음주의 분파에서 나오기 때문에, 복음주의 분파에서 벌어지고 있는 활동은 특히 주목할 만하다. 많은 사람들의 생각과는 달리, 복음주의자들 사이에서도 정치적 견해가 (적어도 다른 종교들에서만큼) 다양하다.[12] 사실 많은 복음주의자들이 명백히 지구공동체의 가치라고 볼 수 있는 가치들에 동의한다. 이러한 복음주의자들이 뉴라이트 정치 의제를 받아들이는 복음주의자보다 많을 수도 있다. 그리고 이들은 기독교인의 사회적 미션에 대해 더 폭넓고 깊이 성찰된 견해를 표명하며 목소리를 내고 있다.

2004년 대선 직전이던 10월에 총 4만 5000개 교회, 3000만 신도를 대표하는 전국복음주의연합National Association of Evangelicals 이사회는 42대 0의 투표로 기독교인의 정치적 참여에 대해 신중하게 작성된 견해를 발표했고 이를 통해 인종적 정의, 종교적 자유, 경제적 정의, 인권, 환경, 평화, 비폭력적인 분쟁 해결을 위한 활동을 승인했다.[13] 또한 정치 논쟁에서 겸손과 협력을 촉구했고 "우리에게 동의하지 않는 사람에게 반드시 교양 있는 언어를 사용해야 하고 비하하는 말은 피해야 한다"고 강조했다.[14] 또한 2005년에 복음주의 지도자들은 지구온난화에 대해 강력한 행동을 촉구했다.[15]

미국인의 83%는 종교가 자신의 삶에서 "중요"하거나 "매우 중요"하다고 답했다. 이러한 결과는 미국의 다양한 종교 분파들 사이에 정치적 가치에 대해 진지한 대화의 장이 열리는 것이 우리가 수행해야 할 과업에서 매우 중요한 진전임을 말해준다. 미국 전역에서 신앙을 가진 사람들이 종교 지도자들이 말하는 바를 단순히 받아들이기보다 자신의 개인적인 믿음과 가치를 정치적 책임과 관련해 비판적으로 성찰해야 할 필요를 느끼게 된 것이다.

극단주의자들이 신정 국가를 세울 목적으로 종교와 정치를 결합해 그들만의 특정한 종교를 다른 이들에게 강요하려 한다면 종교와 정치의 결합은 두려운 일일 수 있다. 하지만 신앙을 가진 사람들이 종파를 초월해 도덕적 사안과 시민의 책임에 대해 열린 대화를 하는 것은 이와 전혀 다른 이야기다. 미국 정치 제도에 부패가 만연했다는 점을 생각하면, 존중에 기반한 논의와 평화로운 분쟁 해결, 모두를 위한 정의, 생명에 대한 보호 등에 헌신하는 "영적 토대를 갖춘 정치"가 오늘날 매우 적절할 수 있을 것이다.

* * * * *

제국의 문화적 최면에서 깨어난 문화 창조자, 영적 창조자들이 제국을 등지고 걸어 나와 서로와 함께 문화적 해방 공간을 만들면서 파트너십의 문화와 제도를 실험하고 있다.

제국과 지구공동체 사이에 벌어지는 투쟁의 결과는 궁극적으로 문화 정치에 달려 있다. 제국의 문화가 이긴다면 제국이 이기고 우리는 거대한 해체의 시대를 살게 될 것이다. 지구공동체의 문화가 이긴다면 지구공동체가 이기고 우리는 위대한 전환의 시기를 살게 될 것이다. 물론 현재 제국이 막강한 권력을 행사하고 있지만, 여러 여론조사 결과들은 앞으로 지구공동체가 상당한 강점을 갖게 되리라는 점을 시사한다.

제
20
장

정치적 다수를 형성하기

○

모든 이의 후생을 위해 보고 들으라. 현재만이 아니라 앞으로 올 세대를 늘 생각하라.

「위대한 평화의 법The Great Law of Peace」,

하우데노사우니Haudenosaunee 연맹(이로쿼이Iroquois 네이션) 헌법

세계의 상태는 아이늘의 상태에서 가장 가시적으로 드러난다.

라피 카부키언Raffi Cavoukian, 가수, 저술가, 아동존중센터 설립자

오늘날 미국처럼 정치적으로 분열된 나라도 찾기 어려울 것이다. 하지만 정당 정치의 반목을 넘어서 보면, 핵심 가치에 대해 광범위하게 동의가 이루어져 있음을 시사하는 여론조사 결과들을 볼 수 있다. 이는 대중의 의지에 대해 정부 권력과 기업 권력이 책무성을 갖는다면 미국이 국내외 정책 모두에서 매우 다른 경로를 취할 수 있으리라는 의미다. 정부와 기업이 너무나 오랫동안 미국의 핵심 가치와 이해관계에 부합하지 않는 행태를 보여왔기 때문에 많은 사람들이 변화에 대한 기대를 접은 상태다. 하지만 이로 인한 좌절과 분노는 매우 높으며, 이는 강력한 정치적 힘이 잠재되어 있다는 뜻이기도 하다.

여론조사 결과들을 보면, 미국 성인 거의 모두가(83%) 미국이 잘못된 우선순위에 초점을 두고 있다고 생각한다.[1] 미국인의 상당한 다수가 탄탄한 가정과 공동체, 건강한 환경, 모든 이가 누릴 수 있는 양질의 의료와 교육이 우선순위가 되어야 한다고 생각한다. 또한 책무성 없는 기

업 권력과 정부 권력에 대해 우려하고, 이윤보다 사람을, 금전 가치보다 영적 가치를, 국제적 지배보다 국제적 협력을 우선하기를 원한다.

세계의 거의 어느 곳에서 이와 같은 가치들은 진정한 "정치적 중도" 입장이라고 볼 수 있다. 여기에서 정치적 "중도"는 (지지 정당이나 소속 정당을 막론하고) 원칙 있는 정치를 원하고, 진짜 문제들에 대해 진짜 해법들을 도출하고자 하고, 정부가 책무를 가지고 공공선을 위해 복무해야 한다고 생각하는 입장을 의미한다. 미국에서도 "정치적 중도"는 건강한 가정과 공동체에서 생겨나는 "연결"의 느낌을 회복하고자 하며 아이들이 행복하고 건강하게 성장 발달해갈 수 있도록 지원하고자 하는 자연스러운 열망을 가지고 있다.

아동, 가정, 공동체의 가치에 대해 거의 모두가 보편적으로 가지고 있는 열망과 관심은 지구공동체를 향한 운동이 "다수"의 정치 기반을 갖게 할 토대다. 뉴라이트의 극단주의는 이 점에서 매우 불리하다. 뉴라이트가 미는 정책들은 아동, 가정, 공동체에 대한 전쟁이라고 해도 과언이 아니기 때문이다.

문화 정치

4장에서 언급했듯이 제도적 권력에서는 제국이 우위를 가지고 있지만, 살아있는 진정한 문화가 갖기 마련인 도덕적 권력에서는 지구공동체가 결정적인 우위를 가지고 있다. 위대한 전환의 문화 정치는 저차원의 인간 의식과 고차원의 인간 의식이 사회화된 의식을 잡기 위해 벌이는 투쟁이다. 사회화된 의식을 가진 "좋은 시민"들이 스윙보터인 셈이다.

"환상 속 거주자"들이 갖는 마법 세계적 의식과 "권력 추구자"들이 갖는 제국적 의식이 저차원의 의식이라면, 문화 창조자와 영적 창조자들이 가지고 있는 문화적 의식과 영적 의식은 고차원의 의식이다. 인간의 미래는 오늘날 다수를 차지하는 스윙보터의 사고가 제국와 지구공동체 중 어느 쪽의 문화적 가치와 세계관에 영향을 받아 구성될지에 달려있다(117페이지 그림 1을 참고).

뉴라이트가 알고 있는 것

현재 미국에서 사회화된 의식을 잡기 위한 경쟁은 매우 일방적으로 펼쳐지고 있다. 문화 창조자와 영적 창조자 대부분이 문화 정치의 속성과 함의를 인식하지 못하고 있기 때문이다. 스윙보터인 "좋은 시민"들은 그것이 무엇이건 간에 당대의 지배적인 문화가 규정하는 규칙과 가치에 따라 살아간다. 뉴라이트는 이들에게 영향을 미칠 문화적 이야기들을 만들어내고 확산시키기 위해 비교적 일사불란하게 움직이고 있는 반면, 진보 진영은 수많은 집단 각각이 논리와 양심에만 호소하면서 각각의 정책을 따로따로 추진하고 있다. 자신의 문화적 이야기를 지배적인 이야기로 등극시키면서 뉴라이트는 정치적으로 유리한 고지에 선 반면, 진보 진영은 점점 더 수세적이 되어 뉴라이트가 치고 나가는 정책들을 막거나 완화하는 데만 급급하게 되었다.

2004년 대선 결과가 나오고서야 진보 진영은 자신이 무언가를 놓치고 있다는 것을 깨닫기 시작했다. 많은 면에서 유례없이 극단적이고 비도덕적이며 건강한 가정에 위협적이라고 볼 만한 제국적 분파가 승리했고, 논평가들은 대선 결과에 영향을 미친 결정적인 요인이 "도덕적 가치"에 대한 관심이었다고 분석했다. 그 이후로 진보 진영은 뉴라이트가 문화 정치에 통달해있다는 점이 갖는 심각성과 스윙보터인 "좋은 시민"

을 움직이는 것의 중요성을 계속 깨달아가고 있다.

처음에 뉴라이트는 "침묵하는 다수Silent Majority"를 이야기하면서 그들의 목소리를 자신이 대변한다고 주장했다. 그 다음에는, 침묵이 선거나 입법에서 승리를 가져다주지 않는다는 것을 깨닫고서 "도덕적인 다수Moral Majority"로 명명을 바꾸고서 스윙보터인 "좋은 시민"들에게 미국의 정치적 도덕성을 고양하기 위해 목소리를 내라고 촉구했다. 이들은 "도덕성"을 낙태나 동성 결혼과 같은 이슈 중심으로 규정하고 이런 것들이 가족 가치를 훼손한다고 주장하면서 교회와 미디어를 통해 이러한 메시지를 확산시켰다. 이렇게 해서, 아동과 가정에 해가 될 경제 정책을 촉진하는 데 아동과 가정의 후생에 대한 사람들의 관심이 정치적으로 동원되었다.

사실 금권 귀족과 네오콘들은 가족 가치(가족 가치를 무엇이라고 규정하든 간에)에 별로 관심이 없었다. 하지만 그들이 지대하게 관심을 가지고 있는 경제 사안들에서 사람들의 관심을 돌리는 데 동성 결혼이나 낙태 사안이 매우 유용하다는 것을 알고 있었다. 이와 같은 영리한 정치 전략 덕분에, 경제적 집중화와 상류층의 지배라는 그들의 진짜 아젠다와 관련된 정치인들이 대중적으로 유권자 기반을 확대할 수 있었다.

진보 진영이 알아야 하는 것

지구공동체가 승리할 수 있으려면 진보 진영은 문화 정치에서 승리하는 법을 배워야 한다. 문화 정치에서 승리하면 선거와 입법의 승리가 뒤따라 올 것이다. 성공의 핵심은 인간 의식의 각 차원이 서로 다른 세계관에서 작동하며 공감과 이해의 역량에서도 서로 차이를 보인다는 사실을 인식하는 것이다. 요컨대, 고차원 의식에서는 쉽게 이해되는 메시지가 저차원 의식에서는 비논리적이거나 불합리하게 보일 수 있다.

"권력 추구자"에게 그들의 행동에 담긴 도덕적 위선을 인정하라고 요구하는 것은 무용하다. 제국적 의식은 정서적 지성이 부족해서 자신이 저지른 행동에 대해 희생자의 눈으로 생각하지 못하기 때문이다. 하지만 사회화된 의식을 가진 사람에게는 이러한 위선을 깨달으라고 하는 것이 그리 무리한 요구가 아니다. 그들은 공감의 역량을 획득한 상태이기 때문이다. 아직 그 공감을 자신의 정체성 집단 외부로까지 적용하지는 못하더라도 말이다.

의식의 어느 차원에 있든지 간에 우리 모두는 자신의 의식이 속한 차원이 아닌 의식들의 가치와 세계관이 당기는 힘에 영향을 받는다. 지구공동체로 전환하는 데 사회화된 의식이 핵심적으로 중요한 이유가 바로 여기에 있다. 어느 쪽의 당기는 힘이 더 센지에 따라 제국으로도, 지구공동체로도 이끌릴 수 있기 때문이다. 궁극적인 우위는 지구공동체 쪽에 있다. 인위적인 장애물들로 가로막히지만 않는다면 우리의 자연스러운 본성은 인간으로서의 역량과 이해를 더 키우고자 하고 계속 확대되어가는 생명의 망에 연결되고 싶어할 것이기 때문이다. 정치적 극단주의자들은 속임수와 조작을 동원해서 인간의 자연스러운 열망을 꺾어야 하지만 문화 창조자와 영적 창조자들은 인간의 자연스러운 열망을 북돋우고 지원하기만 하면 된다.

제국에 의해 체계적으로 억압되지만 않는다면 문화적 의식과 영적 의식은 성숙한 성인이 자연스럽게 도달하는 상태다. 4장에서 언급했듯이, 우리 시대에 몇 가지 요인이 수렴하면서 문화 창조자와 영적 창조자가 꾸준히 늘어날 수 있는 여건이 형성되었다. 우리가 그렇게 하기로 선택만 한다면, 성인 대다수가 문화적 의식을 달성하고 성인기의 후기 무렵에는 다수가 영적 의식도 달성하는 사회를 만드는 것은 충분히 가능하다.

지구공동체를 탄생시키는 과업에는 성숙한 인간의 의식이 갖는 잠재력에 대해 말해줄 수 있는 통합적이고 설득력 있는 이야기들이 꼭 필요하다. 진보 운동 진영은 이러한 이야기들을 개발하고 공유하는 데 상당히 우선순위를 두어야 한다. 그 이야기들이 우리의 활동에 통합적인 이유를 제시해주고 주류 문화를 지구공동체 쪽으로 돌리는 데 필요한 내러티브 도구가 되어줄 것이다. 그리고 그 이야기들은 협업적 파트너십의 생성적인 힘을 보여주는 실천으로, "살아있는 증거"로 뒷받침될 때 더욱 강력하고 설득력 있어질 것이다.

문화적 변화가 모든 곳에서 동시에 일어나지는 않는다. 문화적 변화는 사람들이 모여 새로운 문화적 공간을 창출하면서 시작된다. 이러한 공간들은 점차 성장하고 서로 연결되어서 한층 더 큰 공간들을 만든다. 이러한 공간들이 성장하면서 파트너십의 기회가 더 많이 표출되어 더 가시적이 되고, 다시 이는 또 다른 사람들의 문화적, 영적 각성을 촉진한다.

정치적 합의의 토대들

뉴라이트의 "분열시켜 정복하라"식 제국주의 정치는 탄탄한 가정과 공동체, 환경의 건강, 국제 협력, 민주주의의 중요성에 대해 사람들 사이에 광범위한 공감대가 형성되어 있다는 사실을 가려버린다. 국가로서, 또 인류로서 우리의 관심이 주식 포트폴리오의 성장이 아니라 아이들의 상태에 초점을 둔다면 아이들은 건강해질 것이고 공동체는 탄탄해질 것이며 우리는 거대한 해체가 아니라 위대한 전환의 길을 가게 될 것이다.

이와 관련해, 미국인들이 무엇을 우려하고 어떤 가치들을 가지고 있는지를 알아본 설문조사 결과들은 의미심장하다. 가정 및 공동체에서 인간다운 "연결"을 강화하고자 하는 열망과 아이들을 위해 긍정적인 미래를 확보하고자 하는 열망이 우리 시대에 정치적으로 가장 강력한 사안이 될 수 있으리라는 점을 시사하기 때문이다.

탄탄한 가정과 공동체

미국인의 83%는 동네와 소규모 공동체를 다시 활성화해야 한다고 생각하며 가정 생활이 쇠락하고 있는 것을 우려한다.[2] 93%는 우리가 노동과 소득에 너무 많은 관심을 쏟고 있으며 가정과 공동체에는 충분한 관심을 두고 있지 않다고 생각한다. 86%는 우리가 "지금" 원하는 것을 얻는 데 너무 많은 관심을 쏟고 있으며 미래 세대의 필요에는 충분한 관심을 기울이지 않고 있다고 생각한다.[3] 성인 미국인의 87%는 오늘날 아동과 청소년을 대상으로 하는 "광고와 마케팅"이 너무 물질주의적이라고 생각하고 70%는 광고와 마케팅이 "가치관과 세계관에 부정적인 영향을 미친다"고 생각한다. 78%는 광고와 마케팅이 아이들에게 지나치게 비싸고 건강에 나쁘며 불필요한 것을 사도록 압박한다고 생각한다.[4]

아이들 본인도 그렇게 생각한다. "새로운 아메리칸 드림 센터Center for the New American Dream" 의뢰로 진행된 한 조사에서 9-14세 아이들 중 90% 이상이 돈으로 살 수 있는 것보다 친구와 가족이 "훨씬 더 중요하다"고 답했다. 57%는 쇼핑하러 가는 것보다 엄마, 아빠와 재미있는 것을 하면서 시간을 보내고 싶다고 답했다. 63%는 엄마, 아빠가 자신과 함께 재미있는 것을 할 시간을 더 낼 수 있는 직장에 다니면 좋겠다고 답했다. 13%만이 부모가 돈을 더 벌었으면 좋겠다고 답했다. 75%는 아

이들에게 물건을 사라고 유혹하는 광고가 아이와 부모 사이에 문제를 일으킨다고 보았다.[5]

또 상당한 다수의 미국인이 교육이 단지 개인의 사안만이 아니라 공동체의 사안이기도 하다고 생각하며 가정과 아동을 잘 지원하는 공동체가 좋은 공동체라고 믿는다. 미국인 5명 중 4명 이상은 교육 상태(86%)와 의료 상태(82%)를 매우 중요하게 생각한다.[6] 69%는 연방 정부가 교육에 지출을 늘리는 것을 지지하고,[7] 79%는 모든 이에게 의료 보험을 제공하는 것이 세금을 감면하는 것보다 중요하다고 생각한다.[8]

건강한 환경

아이들의 건강과 미래는 건강한 환경에 달려있다. 미국 성인 중 거의 열에 아홉(87%)은 우리가 지구를 살아있는 시스템으로 대해야 하고 자연을 더 존중해야 한다고 생각한다. 약 4분의 3(74%)은 농토, 숲, 바다를 파괴할지 모르는 환경 오염을 우려한다.[9] 5명 중 4명 이상(85%)이 지구온난화의 가능성이 진지하게 다뤄져야 할 사안이라고 생각한다.[10] 또한 미국인 대다수가 산업에 더 강한 오염 규제와 배출 기준을 적용해야 한다는 데(81%), 태양과 바람을 통한 에너지 개발에 정부 지출을 늘려야 한다는 데(79%), 연방 관경 규제를 더 엄격하게 적용해야 한다는 데(77%) "강하게 동의"한다.[11]

미국인의 3분의 2는 환경을 위해 라이프스타일을 바꿀 의향이 있다. 3명 중 2명 이상(68%)이 소비와 부에 덜 집착하는 더 단순한 생활로 돌아가기를 원한다.[12] 66%는 일하는 시간을 줄이고 돈을 덜 쓰는 것이 좋은 생각이라는 데 동의하고, 48%는 이미 돈을 덜 버는 방향으로 삶에 변화를 주었다.[13]

국제 협력

아이들은 분쟁이 협상과 타협의 평화적인 방법으로 해결되는 법과 규칙의 세계에서 가장 잘 자랄 수 있다. 미국인의 76%는 미국이 세계의 경찰 역할을 해야 한다는 개념을 받아들이지 않으며 80%는 미국이 그 역할을 필요 이상으로 수행하고 있다고 생각한다. 94%는 유엔을 통해 협력함으로써 테러를 억지할 수 있는 국제법을 강화하고 유엔 회원국들이 그것을 잘 집행하는 것이 테러와 싸우는 가장 좋은 방법이라고 생각한다.[14] 상당한 다수가 미국이 핵실험금지조약(87%), 지뢰 방지를 위한 오타와 협정(80%), 국제사법재판소(76%), 기후변화에 대한 교토 의정서(71%)에 참여해야 한다고 생각한다.[15]

3분의 2 이상(71%)이 미국의 높은 석유 의존도가 분쟁과 전쟁을 야기한다고 생각하고, 83%가 에너지를 절약해서 석유 의존도를 줄여야 한다고 생각한다. 군사력을 사용해 중동 및 기타 전략적으로 중요한 지역에 접근권을 유지해야 한다고 생각하는 사람은 소수다(8%).[16]

진정한 민주주의

많은 사람들이 원하는 것과 민주주의를 자처하는 정치 시스템에서 사람들이 실제로 누리는 것 사이에 왜 이렇게 간극이 큰지 의아할 수도 있을 것이다. 이에 대해 미국 성인의 상당한 다수는 권력에 책무성이 없기 때문이라고 정확하게 진단하고 있다.

미국인의 약 4분의 3(72%)은 기업이 삶의 너무 많은 측면에서 너무 많은 권력을 행사하고 있다고 생각한다.[17] 사람들은 대기업과 소기업을 명백히 분리해서 본다. 74%는 거대 기업이 정부 정책과 정치인에게 너무 많은 영향을 미치고 있다고 생각한다. 또한 82%는 소규모 기업은 영

향력이 너무 적다고 생각한다.[18] 88%는 기업 경영진을 신뢰하지 않는
다. 90%는 새로운 기업 규제가 필요하며 기존의 규제는 더 엄하게 적용
되어야 한다고 생각한다.[19] 4%만이 미국의 기업이 주주 수익 극대화라
는 하나의 목적만 추구해야 더 잘 돌아간다고 믿는다.[20] 95%는 기업이
이윤을 약간 희생하더라도 노동자와 공동체의 후생을 증진시킬 일을
해야 한다고 본다.[21]

　　기업과 그밖에 강력한 이익집단이 정부에 과도하게 영향을 미치기
때문에, 미국인 중 정부가 대부분의 경우에 옳게 행동하리라고 믿는 사
람이 27%밖에 없다.[22] 정부가 자신의 삶에 긍정적인 영향을 미치고 있
다고 생각하는 사람도 37%뿐이다. 평범한 사람들이 정부에 영향을 미칠
수 있는 길이 있다고 생각하는 사람 역시 35%에 불과하다.[23] 약 3분의
2(64%)는 정부가 소수의 거대 기업에 의해 좌지우지된다고 생각한다.[24]

　　그렇더라도 상당한 다수(83%)가 자신의 삶에 긍정적인 영향을 주는
정부를 갖는 것이 가능하다고 생각하는데,[25] 이는 현재의 정부가 책무
성이 부족한 게 문제라고 보는 것이지 사람들이 정부 자체를 부정하는
것은 아님을 말해준다. 일반적으로 사람들은 연방 정부(33%)보다 지역
정부(51%)를 더 가깝게 느낀다.[26] 대부분의 미국인은 제도적 권력이 집
중되어 있는 주요 기관들을 모두 다 그리 신뢰하지 않는다. 연방 행정부
(23%), 언론(15%), 노조(15%), 연방 의회(13%), 주요 기업(12%) 모두 신
뢰한다고 답한 사람 비중이 그리 높지 않았다.[27]

　　패턴은 꽤 분명하다. 대체로 사람들은 어떤 종류의 권력이든 책무성
이 없는 권력을 불신하고 있다. 이러한 불신 자체는 사회적으로 건강한
것이지만, 사람들은 이 문제에 대해 자신이 할 수 있는 일이 없다고 생
각한다. 그리고 제국의 거대 기관들에 집중되어 있는 권력이 더 작고 지

역적이고 책무성 있고 가정과 공동체에 잘 반응하는 기관 쪽으로 옮겨 온다면 환영할 것이다. 간단히 말해서, 미국에는 진정한 민주주의를 지지할 탄탄한 유권자 기반이 존재한다.

아이들을 위해

뮤지션 라피 카부키언은 30년간 수백 만 아이들 마음 속에 사랑과 경이로움을 선물했다. 그는 인간적이고 지속가능한 세계의 열렬한 옹호자다. 2004년에 그는 전인류가 지구헌장의 원칙을 받아들여서 "아동을 존중하는 사회들"로 이루어진 세계를 만들어야 한다고 촉구했다.[28] 그의 제안은 인류 보편의 도덕적 가치, 그리고 우리 시대의 절박한 과제와 기회를 실로 간명하고도 우아하게 표현하고 있다.

핵심 지표

아이들의 상태는 우리가 지구공동체로의 전환을 성공적으로 헤쳐가고 있는지에 대해 가장 분명한 지표일 것이다. 모든 아이가 가정과 공동체로부터 인간의 잠재력을 온전히 실현시키는 데 필요한 물리적, 정서적 지원을 받고 있다면, 우리는 인류의 새로운 미래로 제대로 가고 있다고 생각해도 좋을 것이다. 아동을 존중하는 사회는 가정과 공동체도 존중해야 한다. 그런데 현재 우리 아이들의 상태는 우리가 가야 할 길이 얼마나 먼지만을 말해주고 있다.

미국에서 아동의 16.7%인 1200만 명이 공식 빈곤선 아래의 가구에서 살아간다. 가구 소득이 너무 낮아서 기본적인 필요를 충족시키기 어렵다는 뜻이다.[29] 미국에서 상당 기간의 식품 부족과 기아를 겪는 아동

이 매년 400만 명 정도 되는 것으로 추산된다.[30]

이러한 결핍은 신체뿐 아니라 정신적 후생에도 영향을 미친다. 1980년대의 평균적인 미국 아동이 1950년대에 *정신 치료를 받고 있었던 아동 중 평균적인 아동*보다 불안을 더 많이 겪고 있었다.[31] 24세까지의 사망률은 1950-1999년 사이에 53%나 줄었지만 범죄에 의한 사망률은 134%나 증가했고 자살율은 137% 증가했다.[32] 자살은 세 번째로 많은 사망 원인이다. 2002년 국립연구위원회National Research Council의 연구에 따르면, 미국 청소년 4명 중 적어도 1명은 "생산적인 성인 시기를 달성하지 못할 위험이 상당히 큰 상태"였다.[33] "위기에 처한 아동에 관한 연구 위원회"는 미국 아동과 청소년 사이에서 정신 질환, 정서적 스트레스, 행동 장애가 증가하고 있는 것을 "역학적 위기 상황"이라고 표현했다.[34]

많은 연구에서 미국 젊은이들 사이에 불안, 우울, 사회적 역기능이 증가하는 것이 가정과 공동체에서 유의미한 사회적 연결이 부재한 것과 관련있음을 시사하는 결과가 나왔다.[35] 프랭클이 말한 "존재론적 진공"이 문제의 근원인 것이다. 미국 인구국에 따르면 결혼한 부부를 포함하고 있는 가구 비중이 1950년대에는 80%였던 데서 20세기 말에는 50.7%로 줄었다.[36] 현재 미국 아동의 73%만이 생물학적 양친 모두와 함께 산다.[37]

유니세프에 따르면 전세계 22억 명의 아동 중 10억 명, 즉 아이 두 명 중 한 명이 빈곤한 환경에 산다. 6억 4000만 명의 아이가 적절한 주거지가 없다. 4억 명의 아이가 안전한 물에 접근하지 못한다. 2억 7000만 명의 아이가 의료 서비스에 접근하지 못한다. 하루에 3만 명 이상, 1년에 1100만 명 이상이 5세가 되기 전에 숨지는데, 대부분은 예방이 가능한 원인으로 목숨을 잃는다.[38]

이 숫자들은 무슨 외래종 이야기가 아니다. 우리 인간 아이들 이야기다. 이 아이들은 우리의 미래. 이들에게 적절한 돌봄을 제공하지 못하면 거대한 해체의 야만으로 내리막길을 타게 만들 신체적, 정신적 장애를 재생산하게 될 것이고, 이 경로를 돌려놓지 못한다면 인류의 미래 세대는 이렇게 결정되어버리고 말 것이다. 아이들의 필요에 적절하게 부응하는 양질의 돌봄을 제공하기가 점점 더 어려워지는 상황은 기업 주도의 세계화가 휩쓸고 간 거의 모든 국가에서 벌어지고 있는 비극이다.

가정에 대한 공격

뉴라이트 선동가들은 사람들이 가정이 처한 압박과 가정의 붕괴가 동성 결혼, 낙태, 페미니즘, 이민자, 그리고 이들을 지원하는 진보주의자들 때문이라고 생각하게 만들려 한다. 그들은 자신들이 밀어붙인 경제적, 사회적 정책만 아니면 무엇이라도 비난할 준비가 되어 있다. 뉴라이트 지도자들은 자신의 개인적인 권력과 이익을 위해 다음과 같은 일에 끊임없이 매진한다.

- 일터의 안전 기준, 유의미한 수준의 최저 임금, 임금과 노동조건 개선을 위한 노조 결성 및 단체교섭권 등 환경, 소비자, 노동자를 보호하기 위한 건강과 안전 규제들을 도로 거둬들인다.
- 일자리를 해외로 아웃소싱해 노동자들의 임금과 부가급부를 낮춘다.
- 조세 부담을 투자자 계급으로부터 노동자 계급으로 이전한다.
- 공교육과 사회보장을 포함해 공공 서비스와 사회 안전망을 줄인다.

- 정실 기업들에 군사 계약을 내어준다.
- 사람들에게 꼭 필요한 종자와 의약품까지 포함해서 정보와 기술에 대한 독점적 접근와 가격 통제를 위해 지적재산권을 촉진한다.
- 거대 기업으로 들어가는 조세 혜택과 보조금을 늘려서 거대 기업이 지역 기업보다 경쟁우위를 갖게 한다.

이 정책들 모두가 부와 권력을 일반 국민에게서 지배 계층으로 이전시키고 가정과 공동체가 아이의 건강한 신체적, 정신적 발달에 꼭 필요한 것들을 제공할 여력이 되지 못하게 만든다.

아래는 그로 인해 발생하는 결과의 일부다. 이 목록은 미국의 경우이지만, 이와 비슷한 현상을 거의 모든 곳에서 볼 수 있다. 그리고 이 현상들은 신자유주의적 정책들의 직접적인 결과다.[39]

- 높은 실업률 때문에 가정을 꾸리는 것이 어려워지고, 징벌적인 복지 정책은 미혼모가 생활 임금에 못 미치는 일자리라도 잡으려 하게 만든다. 하지만 구매 가능한 가격대에서 공적인 규제 하에 잘 운영되는 돌봄 서비스를 구할 길은 없다. 양친이 모두 있는 가정이라고 해도 생계를 위해 여러 일자리를 뛰다 보면 아이를 돌보거나 정상적인 가정 생활과 공동체 생활을 하는 데 쓸 시간과 에너지가 남지 않는다. 그래서 아이를 TV 앞에 붙박혀있게 두거나 공적인 규제를 받지 않는 엔터테인먼트와 게임 산업에 내맡기는 수밖에 없게 된다. 이러한 업계는 아이들의 마음을 섹스와 폭력의 이미지로 채우고 아이들에게서

부모의 권위와 가치를 적극적으로 훼손하는 것이 수익에 매우 도움이 된다는 것을 알고 있다.

- 기업은 아동 대상 마케팅에 수십억 달러를 쓰며, 이를 통해 정 크푸드, 술, 담배에 대해 평생에 걸친 중독을 유발한다. 또한 아동 비만이 만연해 조기 사망의 큰 원인이 된다.
- 의료 보험의 보장 범위가 줄고 의료 비용이 치솟으면서, 기본 적인 의료 서비스조차 대부분의 가정에서는 감당할 수 있는 수준을 넘어선다.
- 공교육이 훼손되어 신체적, 정신적으로 장애가 있는 아이들의 특별한 필요에 학교가 부응하지 못한다. 점점 더 유독해지는 물리적, 사회적 환경에서 아이들이 겪는 장애가 증가하고 있는 데도 말이다. 장애가 없는 아이들에게도 개개인의 특성과 재능 에 학교가 맞춤형으로 반응해주는 것은 기대하기 어렵다.
- 느슨한 환경 규제 때문에 기업들이 대기, 토양, 물에 수만 가지 의 유독 물질을 막대하게 쏟아내면서 아이들의 신체적, 신경 적, 내분비적 발달이 저해된다.

의도했든 아니든 이러한 현상들 모두 기업 금권 귀족들의 진짜 목적 이었던 신자유주의 경제정책들의 직접적인 결과다. 이러한 정책은 가 정에 거의 선택지를 남겨주지 않았고 정신적 스트레스, 가정의 붕괴, 이 혼, 공동체 삶의 파괴, 도덕적 가치의 손상을 가져왔다. 뉴라이트는 아 이에게 적절한 돌봄을 제공하는 것이 국가가 아니라 부모의 책임이라 고 말한다. 이상적으로는 그럴 수도 있다. 하지만 뉴라이트의 정책은 상 당수의 부모가 그 책임을 수행하는 것을 불가능하게 만들었다.

가족 가치에 대한 공격

규제 없는 시장에서 아동을 명시적으로 타깃팅하는 광고들은 기업 금권 정치가 많은 자금을 동원해 악의적으로 가족 가치를 공격하는 한 가지 사례. 기업 광고 전문가들은 아주 어린 연령대 아이들이 개인주의적 물질주의를 가족과 공동체보다 우선시하도록 조건화하면 매우 돈이 된다는 사실을 일찌감치 파악했다. 그리고 최근에 브랜드 충성심이 이르게는 2, 3세면 형성되며 아이들이 글을 읽을 수 있기도 전부터 브랜드 제품을 요구한다는 것이 밝혀지면서 사악함의 수위가 한층 더 높아졌다. 전문가들은 이러한 조기 브랜드 인지가 판매 면에서 한 아이당 평생에 걸쳐 10만 달러의 금전 가치를 가져다줄 수 있다고 추산했다.[40]

기업 마케팅 전문가들은 이러한 연구 결과에 곧바로 반응해 광고 타깃 연령을 점점 더 낮추고 점점 더 정교한 기법을 사용해 아이들의 마음과 정신을 사로잡는 일에 나섰다. 1990년대에 아동 대상 마케팅이 폭발적으로 증가했다. 일례로 아동 대상의 TV 광고 지출이 1983년에는 1억 달러였는데 2004년에는 150억 달러가 되었다.[41]

아동 대상 광고는 돈을 많이 가지고 다니는 것과 반항적인 태도를 보이는 것, 물질적 과잉에 탐닉하고 비싼 물건을 사는 것, 선생님을 이기려 들고 부모를 속이는 것 등을 "쿨한 것"과 동일시한다. 광고 전문가들은 광고된 제품을 갖지 못할 때 아이에게 루저라는 생각이 들게 해서 그것을 사달라고 부모를 졸라대게 만드는 데 달인이다. 영국 광고업계는 이것을 "성가시게 졸라대기의 힘"이라고 부른다. 보스턴 칼리지의 사회학 교수 줄리엣 쇼어Juliet Schor는 유수의 광고회사 내부에서 진행한 한 연구에서 광고회사들의 이러한 행동이 의식적이고 의도적이며 여기에는 고도로 정교한 연구와 심리 조작 기업들이 동원된다는 것을 드러

냈다.[42]

부모의 필터를 건너뛰기 위해 기업들은 학교에 제품을 밀어 넣고 있다. 교과서에, 레크리에이션 프로그램에, 학교 스포츠 행사 때 걸리는 광고판에 제품을 밀어 넣는 "프로덕트 플레이스먼트PPL" 기법을 활용하는 것이다. 또한 아이들을 고용해 제품에 대해 친구들에게 이야기하게 하거나 함께 모여 신제품을 써보는 파자마 파티를 열도록 지원해 포커스 그룹의 역할을 하게 만들기도 한다.[43]

미국심리학회의 태스크포스 팀의 한 연구에 따르면 평균적으로 아동은 1년에 4만 개의 TV 광고에 노출되며 장난감, 시리얼, 과자, 패스트푸드점, 이 네 가지가 그중 약 80%를 차지한다. 이 연구팀은 아이들을 대상으로 하는 광고가 아동 비만, 부모와의 갈등, 물질주의적 태도, 담배 소비와 술 소비, 폭력적인 미디어에의 노출 등에 책임이 있다고 결론내렸다. 또한 비디오 게임, 영화, 기타 폭력적인 미디어 콘텐츠가 아동에게 두려움, 공포, 수면 장애, 폭력적 행동 등을 유발하는 것으로 나타났다.[44]

보수와 진보의 연대

뉴라이트는 자칭 보수라고 하지만 이것은 그들이 구사하는 속임수의 일부다. 뉴라이트의 실제 정책은 보수와 거리가 멀다. 적어도 대부분의 미국인이 생각하는 의미에서의 보수는 아니다. 미국에서 현재 문화전쟁이 벌어지고 있지만, 이것은 보수와 진보 사이의 전쟁이 아니다. 보수와 진보는 사실 많은 면에서 핵심 가치를 공유하고 있다. 가령 아이들, 가정, 공동체, 개인의 책임, 민주주의를 중요시한다는 점은 보수, 진보가 따로 없다. 문화 투쟁은 제국의 문화와 지구공동체의 문화 사이에, 저차원의 인간 의식과 고차원의 인간 의식 사이에, 개인의 탐욕과 권력에 기초한 제국의 정치와 공공선과 법치에 기초한 민주적 정치 사이에, 아직도 제국적 의식에 갇혀 있는 극단주의적 정치 분파의 "권력 추구자"들과 진짜 문제에 대해 진짜 해법을 찾고자 하는 더 일반적인 정치 스펙트럼의 현실주의자들 사이에 벌어지고 있다.

이중에서 지구공동체 쪽을 "진보"라고 부른다면, 이것은 양쪽의 공통 분모를 일컬을 수 있을 것이다. 우리 사이에도 차이는 있지만 대체로 우리는 평범한 사람들이 통치하는 사회, 모두를 위한 자유와 정의와 기회라는 이상에 헌신하는 사회를 원한다. 우리는 이데올로기가 아니라 원칙에 의해 움직이며 망상이 아니라 현실을 토대로 움직인다. 우리는 이데올로기적 극단주의자들과 공통점이 없다. 폭력 혁명을 추구하고 삶의 모든 면을 국가가 통제해야 한다고 주장하는 극단적 좌파와도, 해외에서의 제국적 전쟁, 국내에서의 신정 정치, 그리고 다른 사람을 억압할 수 있는 자신의 자유를 추구하는 극단적 우파와도 우리는 공통점이 없다.

성숙한 시민의 정치는 보수적 가치인 자유, 개인적 책임과 진보의 가치인 평등, 모두를 위한 정의를 모두 존중한다. 성숙한 시민의 정치는 공동체와 전통에 대한 보수의 관심과, 다양성의 포용과 생명 전체와 아직 태어나지 않은 미래 세대까지 모두를 위해 잘 작동할 새로운 세상에 대한 진보의 관심을 결합한다. 성숙한 시민의 정치는 지역에 뿌리내리는 것과 글로벌 의식을 결합하는 것의 중요성을 인식한다. 성숙한 시민의 마음에서 보수의 가치와 진보의 가치는 우리를 영적인 건강과 성숙의 길로 이끌어줄 상호보완적인 가치다.

모든 종류의 "진보주의자"는 그리스도교의 가장 기본적인 가르침에 깊이 공명하는 근본적인 가르침대로 행동한다. 죽이지 말라. 훔치지 말라. 네 이웃을 너처럼 사랑하라. 다른 이가 네게 행하지 않았으면 싶은 일을 다른 이에게 행하지 말라⋯ 하지만 이러한 가치가 진보만의 가치이거나 보수만의 가치가 아니듯이 그리스도교만의 가치도 아니다. 이것은 그리스도교, 이슬람, 유대교, 힌두교, 불교, 토착 종교 등 많은 종교에서 가르치는 인류 보편의 가치다. 바로 이 점에서 우리는 낙태, 성소수자 권리, 총기 규제, 학교에서의 진화론 교육처럼 맹렬한 정치적 반목이 벌어지고 있는 첨예한 주제에 대해서도 극단주의자들로부터 벗어나 공동의 토대를 찾을 수 있다. 너무 오랫동안 우리는 양쪽의 극단주의자들이 논쟁을 "모 아니면 도"로 몰고 가게 내버려두었다. "모 아니면 도"의 논쟁에서는 서로 동의하고 있는 도덕적 원칙들에 기초해 공동의 토대를 찾으려는 노력이 설 자리가 없게 된다.

* * * * *

때때로 나라를 찢어버릴 듯한 정치적 긴장이 일곤 하지만, 기저에서는 합의와 공감대의 틀이 떠오르고 있다. 우리 대부분이 아이들에게 물려주고 싶은 세상이 지금 우리가 살고 있는 세상과 매우 다르다는 공감대 말이다. 보수, 진보할 것 없이 대부분의 사람들이 현재의 세상에서는 주류 문화와 제도가 도덕적, 영적으로 붕괴했으며, 인간의 욕구와 가치에 반응하지 않고, 우리 자신도 열망하며 우리의 아이들에게 꼭 필요하기도 한 탄탄한 가정과 공동체를 파괴한다고 생각한다. "분열시켜 정복하라"는 제국의 정치 전술에 속아서 이제까지 우리는 제국의 거짓말을 거부하고 아동, 가정, 공동체에 대해 전쟁을 벌이는 뉴라이트에 맞서기 위해 통합된 전선을 구성하기보다 각자 비난을 상대에게 돌렸다.

대부분의 사람들은 시간에 너무 쫓겨서 지구온난화가 일어나고 있는지, 유가가 왜 이렇게 높은지, 이라크 전쟁이 왜 그렇게 끔찍하게 엉망이 되었는지 등을 면밀히 뜯어보기 어렵다. 하지만 자신의 삶이 붕괴 직전의 한계까지 가 있다는 것은 잘 알고 있다. 아이들은 천식, 비만, 그리고 지속적인 섹스와 폭력의 이미지를 쏟아내고 정크푸드를 촉진하는 광고에 노출되어 있다. 식탁에 요리를 해서 올리고 아이들을 잘 돌보기가 점점 어려워지고 있다. 건강한 아이를 기르려면 건강하고 가정을 지원하는 경제가 필요하며 그러한 경제를 가지려면 건강하고 민주적 책무성을 갖고 사람과 가정과 공동체의 필요와 가치에 반응하는 정치 시스템이 필요하다. 아이들의 건강과 후생을 위한 투쟁은 우리 시대에 폭넓은 사람들을 하나로 이어주는 통합적인 정치 이슈가 될 잠재력을 가지고 있다. 이것은 지구공동체 운동을 정치적 다수의 운동으로 조직하고자 할 때 명백한 결집 포인트가 될 것이다.

가정과 공동체가 탄탄하게 기능하고, 부모가 아이를 잘 돌보고, 모두에게 양질의 의료와 교육이 제공되고, 학교와 가정이 상업적 영향에서 자유롭고, 자연자원이 유독 물질에 오염되지 않고, 국가들이 공동의 선을 향해 협력하는 사회를 만드는 것은 우리 인류의 역량 안에서 충분히 가능하다. 이것은 민주적 실험을 다시 일으키는 것이고, 인류의 창조적 잠재력을 해방시키는 것이고, 생명으로 돌아가는 것이다. 이러한 개념은 진정한 정치적 다수를 구축할 수 있는 토대이며 지금이 바로 그에 기반해 정치적 다수를 구축해야 할 때다.

제
21
장

창조적 잠재력을
해방시키기

○

지금 우리가 사는 이 시대가 생명을 존중하는 새로운 시대로, 지속가능성을 달성하기 위해 결연히 결심한 시대로, 정의와 평화와 생명의 기쁨을 위해 투쟁을 가속화한 시대로 기억되게 하자.

지구헌장

제국적 사회는 공적 생활의 세 가지 영역, 즉 경제, 정치, 문화의 영역 모두에서 통제력을 강화해 사람들, 가정, 공동체의 선택지를 제국이 자신의 이해관계에 맞게 제공하는 것으로만 한정함으로써 자신이 원하는 지배-종속 구조를 달성한다. 스스로의 삶에 대한 통제력을 잃고 먹고 사는 데만도 급급해진 사람들은 시민적 생활에 적극적으로 참여하지 못하고, 이는 활기 있는 공동체 생활에 꼭 필요한 창조적인 문제 해결 역량이 쇠락하는 데로 이어진다.

지구공동체를 탄생시키는 작업의 기본은 간단하다. 생을 긍정하는 지구공동체의 가치가 지배적인 문화가 되게 해야 하고, 민주적 실험을 되살려서 사람들, 가정, 공동체가 권력을 갖고 그들의 가치가 표현되게 해야 하며, 이 모든 것이 글로벌한 규모가 되게 해야 한다. 매우 야심찬 아젠다이고, 프랜시스 무어 라페가 말했듯이 달성하는 데 성공하려면 우리는 민주주의를 전에 그것이 존재해본 적이 없는 곳으로 가지고 가야 한다.

제국은 우리가 입헌적 금권 귀족정을 권력이 우리에게 있는 민주정이라고 착각하게 만든다. 입헌적 금권 귀족정에서는 지배 귀족층인 후보들이 유권자를 얻기 위해 경쟁을 하는데, 이것이 민중 권력이라는 착각을 불러일으킨다. 실제로 민중 권력은 작동하지 않는데도 말이다. 진정한 민주주의는 적극적으로 공동체의 삶에 참여하는 것을 중심으로 하는 "살아있는 실천"이다. 우리는 그러한 실천을 통해 우리가 만들어가고 싶은 세상의 비전을 발견하며 또한 그것을 직접적으로 표현한다. 이러한 참여는 공동체의 연극이나 교회 성가대에 참여하거나, 지역 기업을 운영하거나 공공 청문회에서 증언을 하거나, 지역의 학교에서 가르치거나, 지역 위원회에서 위원으로 일하거나, 지역 공직에 출마하거나, 지역에 노인 돌봄 시설을 세우거나, 도서관에서 자원봉사를 하거나, 공원 청소 모임을 조직하거나, 지역 독립 사업체를 지원하기 위한 지역 산품 구매 운동을 촉진하는 등 다양한 형태를 띨 수 있다.

이중 어느 것도 정부나 선거를 필요 없게 만들지 않는다. 오히려 반대다. 정부는 공공의 필요를 다루기 위해 꼭 필요하고 선거는 민주주의의 핵심 특징이다. 하지만 민주주의는 선거라기보다는 "공동체의 삶의 방식"이다. 살아있는 민주주의는 선거에서만이 아니라 살아있는 경제와 살아있는 정치와 살아있는 문화에서도 표현처를 찾는다.

경제 영역은 우리가 함께 모여서 자연의 선물을 우리의 생활 수단으로 바꾸어내는 영역이다. 정치 영역은 우리가 함께 모여서 우리가 살아가는 방법에 대한, 또 공동체로서 직면하는 문제를 모두의 이익에 부합하도록 해결하는 방법에 대한 규칙들에 대해 합의를 찾아가는 영역이다. 문화 영역은 우리가 함께 모여서 공동의 가치, 정체성, 의미, 그리고 우리와 초월적인 것과의 관계를 발견하고 표현하는 영역이다.

살아있는 경제

우리가 반드시 창출해야 하는 지역적이고 살아있는 경제는 현재의 경제, 즉 자기파괴적인 글로벌 제국 경제와 모든 수준에서 반대된다. 표 2는 그 차이를 요약한 것이다.

역사가 알려주는 가장 중요한 교훈 중 하나는 소유하는 자가 지배한다는 것이다. 명목상으로는 민주주의인 체제에서도 소유권의 힘은 종종 투표권의 힘을 단번에 누르고 문화적 가치를 형성하는 데서 결정적인

표 2 각각의 핵심 특징

글로벌화된 제국적 경제	지역적이고 살아있는 경제
• 핵심 목적은 소유자가 돈을 벌게 해서, 그들이 권력을 강화하고 자원에 대해 권리 주장을 더 많이 할 수 있게 하는 것이다.	• 핵심 목적은 구성원 모두의 생활이 충족되도록 보장하고 전체의 생성적 권력을 증대하는 것이다.
• 지침이 되는 모토는 "글로벌 독점을 형성해서 지역적인 선택지를 없애고 내가 얻을 수 있는 최대한을 얻으면서 비용은 다른 이들에게 전가하라"다.	• 지침이 되는 모토는 "지역적 선택지를 만들고 필요한 만큼만 취하며 전체에 대한 책임을 받아들이라"다.
• 부재 소유자, 독점 대기업, 금융 투기 세력, 재산권 제도, 그리고 글로벌 기업이 중앙집중식으로 짜는 계획을 선호하는 규칙에 의해 돌아간다	• 참여적인 소유자, 인간적인 규모의 기업, 부를 실제로 창출하는 사람, 인권, 그리고 아래로부터의 자가 조직적인 원칙을 선호하는 규칙에 의해 돌아간다.
• 공공의 이익에 대한 책임은 무엇이건 부인하면서 기업과 부유한 소유자들의 이해관계를 투명성 없는 배타적인 경계막으로 보호하려 한다. 그와 동시에 지역공동체가 공동의 이익을 보호하기 위해 필요로 하는 경계막은 무엇이건 제거하라고 요구한다.	• 모든 살아있는 존재가 개체의 이익과 공동체의 이익 모두를 보호하면서 그 사이에 균형을 맞춰야 한다는 것을 인식한다. 따라서 기업과 공동체 모두가 공정하고 균형 있고 호혜적인 교환을 가능하게 해줄 보호적인 경계막을 가질 수 있게 지원한다.

역할을 한다. 이러한 이유에서, 경제적 관계들을 가장 깊은 의미에서 민주화하고 있는 "살아있는 경제"는 지구공동체를 탄생시키는 과업을 이끌어줄 첨병이라고 할 수 있다. 살아있는 경제를 일구는 작업에서 지침으로 삼을 만한 원칙들을 아래에 일별했다.

경제 민주화: 민주주의는 사람들이 자신이 사는 집과 자신의 생계가 의존하고 있는 자산에 대해 직접적인 소유 지분을 가지고 있을 때 가장 강하게 작동한다. 노동자가 곧 소유자라면 노동자와 소유자 사이의 갈등은 사라진다. 소득과 소유권이 평등하게 분배되면 시장은 자원을 더 효율적으로 배분할 수 있고 소수의 욕망만이 아니라 많은 이들의 필요에 반응할 수 있다. 자신의 소유한 기업에 장기적인 이해관계를 가지고 있는 지역 소유자들은 단기적인 시장의 등락에서 빠르게 이익을 실현하고 나가려 하는 부재 소유자보다 더 인내심 있는 투자자다.

지역을 선호하기: 공동체는, 지역의 노동자를 고용하고 지역의 자원을 사용해 지역민의 필요에 반응하는 지역 사업체들이 지역민의 고용, 제품, 서비스 대부분을 충족시킬 수 있을 때 경제적으로 가장 안정적일 수 있고 자신의 경제적 자원을 가장 잘 통제할 수 있다. 자신의 자원에서 나오는 산출에 자신의 지속적인 후생이 달려있다면 공동체는 자원을 책임 있고 지속가능하게 사용하게 될 것이다. 지역공동체에 영향을 미치는 의사결정을 내리는 사람이 그 공동체에 거주하는 사람이고 그 결정으로 발생할 사회적, 환경적 부담을 함께 지는 사람일 때, 공동체와 자연 환경의 건강에 미치게 될 결과가 의사결정에서 가장 잘 고려될 것이다.

인간적인 규모: 인간적인 규모의 기업과 시장은 상호 신뢰와 책무에 기반해 대면으로 이뤄지는 경제적 관계를 육성한다. 이것은 탄탄한 공

동체의 필수적인 토대다. 시장은 부재 소유자가 소유한 매우 큰 기업 한두 개가 있을 때보다 소규모의 지역 기업이 여러 개 있을 때 사람들의 니즈에 더 잘 반응한다.

살아있는 지표: 경제의 성과를 사회적, 환경적 건강으로 측정하는 공동체는 그들의 자원을 아동, 가정, 공동체의 장기적인 후생에 부합하는 방향으로 사용하고 관리할 가능성이 크다.

공정한 조세: 공공 서비스에서 가장 큰 경제적 이득을 누리는 사람이 그 서비스를 유지하고 제공하는 비용을 가장 크게 분담하도록 하는 것은 적절하고 정의에도 부합하는 일이다.

반응적인 시장: 경제의 기능은 비용을 막대하게 들여 광고를 함으로써 불필요한 물건에 대해 수요를 만들어낼 때보다 사람들 스스로가 판단하고 규정하는 필요에 반응할 때 가장 효율적이고 민주적으로 돌아갈 수 있다. 인위적으로 수요를 만들어내는 광고는 시장을 왜곡하고, 자원을 낭비하고, 공공의 목적에 복무하지 않는다. 광고 비용을 세후 지출로 처리하는 등의 방식으로 이러한 광고에 대해 인센티브를 줄여야 한다.

발생한 피해에 대한 책임: 시장은 발생한 비용 전체가 각 제품과 서비스의 가격에 반영되도록 내생화될 때만 공정하고 효율적으로 자원을 배분할 수 있다. 규제 없는 시장은 민간의 의사결정에 의해 발생한 비용을 공공 쪽으로 과도하게 떠민다. 따라서 시장 가격이 사회적, 환경적 비용도 포함해서 제품과 서비스의 온전한 비용을 반영하게 하려면 적절한 규제를 하고 떠넘겨진 비용을 산정해 보상하게 하는 공적 개입이 반드시 필요하다. 마찬가지로, 자신이 내린 의사결정으로 이득을 얻는 사람은 의도적으로든 부작위로든 그 결정에 의해 피해를 입는 사람에게 책임을 져야 한다. 기업 소유자와 경영자에게 그러한 책임을 줄여주는 것은 이러한 원칙에 위배될 뿐 아니라 무모하고 책임 없는 행동을 부추기는 것이다.

인내심 있는 자본: 공공 정책은 투기적 거래보다 인내심 있는 투자를 우선해야 한다. 투기는 시장을 불안정하게 만들고 왜곡하며, 경영자들이 단기 성과에만 집착하고 회계 부정까지도 저지르게 하는 도착적인 인센티브를 만들어낸다.

세대적 희년: 성경의 희년 정신에서, 각 생애 주기의 마지막에 조건을 다시 평등하게 재설정하기 위해 자산 소유자의 사망 시에 자산을 재분배하는 것은 합당한 일이다.

정보와 기술의 공유: 투자자와 예술가는 자신이 독창적으로 기여한 부분에 대해 공정한 보상을 받을 권리가 있다. 하지만 필수적인 정보와 유용한 기술의 경우에는 자유롭게 공유되는 것이 더 중요한 공공의 이해관계에 부합할 수 있다. 또한 어떤 개인이나 기업도 그러한 정보나 기술을 독점하거나 다른 이의 사용을 과도하게 제약할 권리를 갖지는 않는다.

경제적 자기결정권: 자신의 경제적 자원을 통제하고, 경제적, 사회적 우선순위를 스스로 결정하며, 교역의 조건과 외국인 투자의 규칙을 자신의 필요와 가치에 부합하도록 정하는 것은, 그러한 의사결정이 비용을 다른 나라에 전가하지 않는 한, 모든 나라 시민의 권리이자 책임이다.

공정하고 균형잡힌 교역: 교역 관계는 공정하고 균형 잡혀야 한다. "공정"은 수출품의 가격이 노동자에게 생활 가능한 수준의 임금과 부가급부를 제공하고 환경을 건전하게 돌보는 데 들어가는 비용도 포함해서 생산의 전체 비용을 반영해야 한다는 것을 의미하며, "균형"은 만성적인 대외 채무의 부담이 생기는 것을 막기 위해 각 국가의 수출입이 균형 잡혀야 한다는 것을 의미한다.

이 모두가 건전한 시장 경제의 원칙이기도 하다. 시장 근본주의자들은 이러한 원칙이 시장의 자유를 위배한다고 비난을 퍼붓지만 그들이 말하는 "시장의 자유"는 가장 돈 많은 자가 다른 이들에게 미치는 결과 따위는 신경쓰지 않고 무엇이건 할 수 있는 자유를 말하는 암호일 뿐이다. 여기에 제퍼슨이 주장한 다수의 민주주의와 해밀턴이 주장한 부자들의 민주주의 사이의 차이가 놓여있다. 제국의 경제 원칙은 부를 집중시키는 쪽으로 강한 편향을 만들어낸다. 지구공동체의 경제 원칙은 생명을 옹호하고 부와 소유권을 평등하게 분배하는 쪽으로 편향될 것이다.

글로벌 기업이 사람들과 공동체의 후생과 권리를 갉아먹는 것에 저항하면서 위와 같은 특징을 구현하는 살아있고 지역적인 경제를 만드는 것이 경제적 전환을 위한 작업의 핵심이다. 여기에는 부재 소유자가 아니라 자신의 삶이 자신의 기업에 밀접하게 의존하는 사람이 소유한 기업, 그리고 인간적인 규모인 기업을 일관되게 선호하는 규칙과 매카니즘을 만들고 지역적인 소유권을 강화하기 위해 정책을 개혁하고 지역 공동체 투자를 촉진하는 것도 포함된다.

살아있는 정치

민주주의에 대한 논의는 대개 정치적 민주주의의 제도들, 그리고 선거 정치와 관련된 제도들에 초점을 맞추곤 한다. 하지만 경제와 문화의 민주주의가 없다면 정치적 민주주의는 실재이기보다는 환상이다. 궁극적으로 경제적, 문화적 선택을 통제하는 사람이 정치적 선택을 통제하기 때문이다.

제국의 정치는 지배층의 권력 브로커들 사이에 벌어지는 승자-패자의 경쟁의 양상으로 펼쳐진다. 이들은 정보를 통제하고 반란을 조장하고 유리한 규칙을 만드는 등의 방식으로 전략적 자원을 통제하면서 이 게임에서 자신의 개인적인 이득을 얻고자 한다. 지구공동체의 정치는 문제를 해결하고 전체의 잠재력을 성장시키기 위한 협업의 양상으로 펼쳐진다. 참가자들은 공적 논의의 장에서 열린 숙고의 과정을 통해 합의를 일궈나가고, 독립 미디어를 통해 정보가 자유롭게 흐르게 하며, 열린 정치적 과정을 통해 의사결정에 도달한다.

시민적 숙고

몇 년마다 한 번씩 미리 정해진 후보들, 그리고 대부분의 사람들은 잘 제작된 TV광고를 통해서만 주로 알게 되는 후보들 중에서 한 명을 고르는 투표로 축소된다면 민주주의는 공허한 제도가 된다. 진정한 민주주의의 실천은 적극적인 시민들이 다양한 공적 포럼에서 의미 있는 숙고에 지속적으로 참여하는 것을 반드시 포함해야 한다. 이러한 실천은 누군가의 거실에서 열리는 평범한 이웃 모임에서부터, 지역 교회, 대학, 지역의 자원 단체들에 의해 조직된 행사까지, 또한 수천 명, 심지어 수백만 명이 참여할 수 있도록 전국 단위의 시민단체들이 전자적인 통신 매체와 투표 기술을 사용해 조직한 복잡한 네트워크에 이르기까지, 다양한 층위에서 이루어질 수 있다.

캐롤린 루켄스마이어Carolyn Lukensmeyer가 창립하고 이끄는 미국 단체 "아메리카 스피크America Speaks"는 첨단 통신 기술을 사용해 사회보장 같은 공적 사안에 대해 수천 명이 참여하는 대화를 일구고, 우선순위에 대한 공감대를 형성하고, 시민 참여를 독려하고, 시민의 견해를 정책

결정자와 소통하는 방식을 선도적으로 개척하고 있다.[1] 또한 1982년부터 케터링재단Kettering Foundation은 의료, 선거 자금 개혁, 국가 안보 등 다양한 이슈를 다루는 공공 포럼을 지원하고 있다. 시민의 공적 관여가 축소되고 미디어는 토킹 포인트와 홍보 메시지를 증폭하는 데만 여념이 없는 시대에, 대중이 다양한 관점과 가능성에 마음을 열고 가치관과 우선순위를 근본적으로 평가할 기회를 주는 이러한 운동은 민주주의를 진전시키는 과정에서 매우 중요하다.

독립 미디어

4장에서 논의한 바와 같이, 오늘날 인류는 전세계를 매끄러운 망으로 연결하는 통신 혁명의 한복판에 있다. 이러한 전세계적인 통신망은 지배 계급의 통제력을 강화하는 데 쓰일 수도 있고, 누구에게나 접근성이 보장되고 사람들, 가정, 공동체 간에 직접적인 의사소통을 가능케 하는 공공재를 창출할 수도 있다. 거대 기업형 미디어의 이윤 지향적 커뮤니케이션 모델은 지배층으로의 권력 집중을 한층 더 심화시키고 제국의 사회 병리를 재생산한다. 독립 미디어의 서비스 지향적 커뮤니케이션 모델은 미디어의 통제를 탈중심화하고 민주화한다. 이 모델은 인간의 학습을 가속화하고 문화적 의식과 영적 의식의 각성을 촉진하며 지구공동체의 생명 긍정적인 문화적 가치를 전지구적으로 확산하는 데 막대한 잠재력을 창출한다.

독재적인 기업형 미디어 모델에서 민주적인 독립 미디어 모델로의 전환은 시민 운동과 정책 개선 활동에서 반드시 우선순위가 되어야 한다. 많은 문화 창조자와 영적 창조자가 이미 보여주고 있듯이, 창조적인 가능성은 무궁무진하다. 그들은 블로그와 팟캐스트를 열고, 잡지와 공동체 신문과 독립 라디오 방송과 저전력 공동체 라디오 방송을 만들고, 독립 미디어 센터를 세우고 있다. 이 모든 것이 한데 합쳐져 자가 조직적인 독립 미디어 네트워크를 구성하며, 이 네트워크는 점점 더 커지고 있다.

또 다른 사람들은 주파수 대역과 구리 및 광섬유 통신망, 그리고 인터넷을 공동체 자원으로서, 즉 적절한 규제 하에 모두가 접근할 수 있는 공공 유틸리티로 관리할 것을 주장하면서 기업형 미디어로의 집중화에 저항하고 있다. 이러한 움직임 모두가 기업형 미디어의 독점적 지위를 약화시키고, 검열의 장벽을 깨고, 기업형 미디어 프로그램의 편향성과 진부함을 드러내고, 다양한 목소리와 살아있는 논의에 정치적 숙고의 문을 여는 데 기여한다.

열려있는 정치적 과정

어쨌든 결국에는 선출된 대표자들이 대중들이 공공 담론에서 선택한 해법들을 공공의 규칙과 우선순위를 규율하는 구체적인 결정으로 바꾸어내야 한다. 여기에는 정치적 견해와 이해관계의 전체 스펙트럼을 반영하는, 공정하고 정직하며 아무도 배제되지 않는 선거 시스템이 필요하다. 2000년과 2004년의 미국 대선은 이러한 선거 제도의 이상이 미국에서 얼마나 달성되지 못하고 있는지를 여실히 보여주었다. 상당 부분이 정치 권력을 가진 사람들이 의도적으로 민주적 절차들을 뒤엎으려 한 결과였다. 아래는 미국의 시민단체들이 미국 정치와 선거 시스템을 더 민주적이고 덜 배제적으로 만들기 위해 제안한 개혁 과제 중 일부다.

투표권: 모든 성인 시민은 편리하고 적절한 수단을 갖춘 안전한 투표소에서 투표할 권리를 보장받아야 한다. 각각의 표는 투표자의 의도

에 맞도록 합당하게 개표되고 집계되어야 한다.

공공 자금 지원: 부패의 기회를 없애고 선출직 공직자와 후보들이 이슈에 집중하며 선거에 책무성 있게 임하게 하기 위해, 공적인 선거에는 명백하고 열린 기준을 통해 공적으로 자금이 지원되어야 한다.

투표의 정직성: 투표 기계는 오픈 소스 소프트웨어를 사용해야 하고 독립적인 시민의 감독 하에 사용되어야 한다. 기계가 오작동을 하는 경우나 조작이 의심되는 경우에는 모든 표를 수작업으로 다시 세어 확인해야 한다.

당파적이지 않은 선거 관리: 선거 관리를 맡는 당국자는 당파적으로 보일 수 있는 모든 행위를 피하도록 요구되어야 한다. 당연한 말 아닌가 싶겠지만, 현재 미국에서는 당파적인 당국자가 선거를 관리한다. 선거 관리는 각 주 정부 소관인데, 정당에서 선정하며 선거 관리인이 선거 운동을 뛰기도 한다. 이는 너무나 명백하지만 현행 법에서는 전적으로 합법인 이해상충을 야기하며 선거의 신뢰도를 떨어뜨린다.

1인 1표의 직접선거: 대선에서 현재의 선거인단 제도는 1인 1표의 직접선거 제도로 바뀌어야 한다. 선거인단 제도는 어떤 사람의 투표가 다른 사람의 투표보다 더 많은 가중치를 갖게 하며 전체적으로는 표를 덜 얻은 후보가 대통령으로 당선되는 결과를 낳기도 한다.

미디어 접근성: 공중 전파 사용 허가를 가지고 있는 라디오와 텔레비전 방송국에서 후보자 자격 조건을 충족한 모든 후보에게 공중파를 통해 정견을 밝힐 시간을 무료로 제공해야 한다. 또한 공공 사안에 대해 다양한 입장의 사람들이 참여하는 토론에 시간을 무료로 제공해야 한다. 공중 전파처럼 희소하고 지극히 가치 있는 자원을 통제할 권한을 가진 기업형 미디어가 높은 광고료를 낼 수 있는 정치인에게만 미디어 접근

성을 열어주게 허용하는 것은 정치적 부패를 일으키는 주된 요인이다.

열린 토론: 토론의 주관은 정파적이지 않은 조직이 맡아야 하고, 광범위한 정치적 견해를 들을 수 있도록 (조건을 충족한) 모든 후보가 토론에 참여할 수 있어야 한다.

동등한 대표성: 즉석결선투표제와 비례대표제 등을 도입함으로써 더 많은 목소리가 정치 과정에 접근할 수 있게 하고 소수자가 대표될 수 있는 길을 열어야 한다.[2]

민중의 정치적 권리: 정치적 권리와 참여를 자연인 및 특정한 정치적 목적만을 위해 자연인을 구성원으로 하여 형성된 조직으로만 한정해야 한다. 소유자의 영리 추구를 목적으로 하는 기업은, 공공이 필요로 하는 특정한 기능을 수행하도록 공공이 발급한 특허장으로 설립되는 인공적인 실체다. 기업이 할 일은 법을 "만드는" 것이 아니라 법을 "존중"하는 것이다. 기업이 선거나 입법에 영향을 미치려 하는 모든 시도는 금지되어야 한다.

살아있는 문화

살아있는 문화는 가정과 공동체의 삶에서 나오며 우리가 더 고차원의 의식을 발달시키도록 지원하고 육성한다. 제국의 제도들은 문화를 형성하는 과정을 찬탈하고 중앙집중화하면서 잘못된 문화적 가치를 전파했을 뿐 아니라 가족과 공동체의 유대도 약화시켰다.

위대한 전환의 가장 중요한 과제 중 하나는 상향식 과정을 통해 제국의 네 가지 핵심 문화 제도(가족, 교육, 미디어, 종교)를 진정한 문화적 표현과 고차원의 의식 계발을 지원하는 살아있는 문화 제도로 전환하는 것이다. 여기에서 목표는 문화의 형성을 참여적이고 목적의식적인 과정으로 만드는 것이다. 각자가 그 과정에서 고유한 문화적 정체성을 찾아나가는 동시에 문화적 다양성이 갖는 창조적 잠재력을 인식함으로써 협업적인 공유와 교환을 촉진하고 상호 신뢰를 일굴 수 있는 과정이 되게 하는 것이다.

가족

근현대 시기를 거치며 제국은 가족 관계를 약화시켰다. 먼저 대가족이, 그리고 핵가족이 약화되었다. 인간의 제도가 모두 그렇듯이, 가족 역시 폭력적인 억압의 장소가 될 수도 있고 창조적인 표현이 꽃피는 사랑의 장소가 될 수도 있으며 그 중간의 어떤 것이 될 수도 있다. 하지만 가족은 인간의 가장 기본적인 제도이며, 건강한 개인의 발달 과정에 필수적인 지속성 있는 인간 관계의 원천으로서 특히 아이의 건강한 발달 과정에 결정적으로 중요하다. 우리의 과제는 가족에서의 관계를 양육적인 돌봄의 관계로 만드는 것이다. 변화는 한 번에 한 가정씩 오겠지만 가정 친화적인 살아있는 경제와 공공 정책의 지원이 있다면 훨씬 더 쉽게 달성될 수 있을 것이다. 또한 앞에서 언급했듯이, 경제와 공공 정책 모두가 건설적인 시민 행동의 장이다. 오늘날에는 (그마저도 해체되고는 있지만) 핵가족이 일반적이다. 대가족은 이제 흔치 않게 되어서 우리는 대가족이 제공하던 이득을 잊기 쉽다.

전통 사회에서 대가족은 사회 조직의 기본 단위로서 기능했고 세대 간 지원 체계를 제공했다. 아이들은 도움을 청할 수 있고 유대감을 가질 수 있는 돌봄 제공자를 여럿 가질 수 있었고 부모는 친족 관계인 사람들과 육아의 자원과 부담을 나눌 수 있었다. 노인들도 여전히 활동적이고 가치를 인정받았으며, 건강이 악화될 경우 가까운 곳에서 보살핌을 받을 수 있다는 것을 알고 있었다. 가족 간에 축하할 일이 있으면 노래, 춤, 그 밖의 예술적인 표현들이 수반되었다.

양친이 있는 표준적인 핵가족마저 위험에 처한 현대 사회에서, 생물학적인 대가족 모델로 돌아가는 것은 불가능하고 대가족이 종종 고립적이고 억압적이었던 것을 생각하면 적절하지도 않을 것이다. 하지만 공동 주거와 에코 빌리지 같은, 생물학적 대가족의 많은 이점을 제공하면서 그것의 문제점은 훨씬 적게 갖는 가상의 가족을 만드는 것은 가능하다. 이러한 공동체는 구성원의 나이와 성별이 다양하고, 아동과 노인이 다수의 돌봄 제공자를 갖는 등 "가상의 대가족"으로서의 이점을 제공하는 한편 생물학적인 대가족보다 덜 구속적이고 더 개방적일 수 있다.

다양한 경제적, 사회적 정책으로 가정과 대가족 공동체를 지원하는 것은 사회의 건강에 필수적이다. 이러한 정책에는 가족의 생계가 가능한 수준의 임금을 지급하는 일자리를 창출하고 가정과 일터와 공동체의 생활이 유연하게 통합되도록 돕는 정책, 여러 가구가 사는 협동 조합형 주거, 안정적인 상호 돌봄의 관계로서 "시민 결합"이나 "동거동반자 관계"의 합법화 등이 포함된다.

교육

배움의 역량과 욕구는 우리의 본성에 내재되어 있다. 우리는 태어나는 날부터 죽는 날까지 배운다. 하지만 제국은 아이들이 공동체의 삶으로부터 유리되어 시험 위주의 훈육을 받으며 거의 갇혀 지내는 학교를 만들어냈다. 이러한 학교는 아이들이 제국의 기관에 순응하도록 준비시키는 데는 적합하지만, 활기찬 인간 공동체에서의 삶과 리더십 역할에 준비되게 하거나 새로운 사회를 설계하는 역할에 준비되게 하기에는 적합하지 않다. 17장에서 설명했듯이, 많은 청소년이 어떻게든 자신의 존재를 긍정해주는 관계를 맺고자 하는 절실함에서 반항하고 중퇴하고 섹스와 마약과 폭력에 의지하는 것은 그리 이상한 일이 아니다. 일시적이고 궁극적으로는 자기 파괴적인 방식으로라도 말이다.

실질적으로 모든 것을 새로이 일구는 일은 오늘날의 아이 세대가 지게 될 몫일 것이다. 그들이 이 역할에 필요한 능력과 태도를 갖추도록 지원하는 것은 오늘날의 어른 세대가 져야 할 책임이다.

지금도 좋은 학교와 좋은 선생님들이 영웅적인 노력을 들여서 교실을 학교라는 물리적 공간으로만 한정되지 않는 배움의 공동체로 만들고 있다. 학생들은 협업적인 탐구 프로그램과 공동체 서비스 활동에 관여하면서 읽기, 쓰기, 수학뿐 아니라 팀워크, 시민정신, 예술적인 표현도 배운다. 그 과정에서 학생들은 자신이 속한 공동체의 역사, 생태, 기능의 상호 연결된 패턴을 발견해나간다.[3]

가장 이상적으로는, 학교가 아동과 성인 모두에게 공동체의 진정한 학습 중심지로 기능하는 것이다. 전문 교사와 자원봉사 교사 모두 공동체의 가용한 학습 자원을 모두 활용해서 아이와 어른 모두를 지도할 수 있을 것이다. 공동체 서비스를 위한 자원봉사나 인턴십 기회도 그러한 학습 자원에 포함된다. 청소년들은 노인들의 멘토링을 받으면서 어린 아이들의 학습을 지도함으로써 양육적인 부모가 되는 기술을 배울 수 있을 것이고 노인들은 이러한 멘토링의 기술에 대해 서로에게서 배움을 얻을 수 있을 것이다.

지역 예술가들은 공동체 미화 프로그램이나 문화 프로그램 등을 통해 연극, 음악, 시각 예술, 시, 문학 등의 재능을 아이와 어른 모두에게 나눌 수 있을 것이다. 지역적, 전국적, 국제적으로 타문화와 소통하고 교류하는 프로그램을 통해 문화적 의식의 각성도 촉진할 수 있을 것이다. 또한 서로 다른 정치와 종교적 배경을 가진 사람들을 초대해 상호 존중을 바탕으로 하는 대화의 장을 마련함으로써 정치와 종교에 대한 탐구와 배움도 촉진할 수 있을 것이다.

대학에서도 창조적인 반란이 일어나고 있다. 대학을 민주적 시민의 육성과 공동체 서비스를 위한 자원으로 변화시키는 것이다. 미국에서는 950명의 대학 총장이 주요 공공 이슈를 다루는 프로젝트에서 지역 공동체와 협력하는 학생, 교수, 교직원을 지원하기 위한 "캠퍼스 서약 Campus Compact"에 합류했다.[4] 또한 미국의 "민주주의 공동 연구Democracy Collaborative"는 20개 이상의 주요 대학 연구 센터가 지역, 국가 및 전국 수준에서 민주주의와 시민사회를 강화하기 위한 연구, 교육, 공동체 활동을 위해 협력하는 컨소시엄이다.[5]

종교

많은 사람들이 종교 제도를 도덕적 지침의 원천으로 삼는다. 제국에 복무하는 종교는 종종 도덕적인 가르침을 심각하게 왜곡하고 진지한 도덕적 숙고와 성찰을 적극적으로 억압한다. 하지만 일반적으로 개별 교회들은 구성원과 지도자가 그렇게 할 의지만 있다면 제국의 종교와는 다른 경로를 택해서 공동체의 중심지로서, 또 윤리적인 탐구와 표현의 중심지로서 기능할 수 있는 상당한 자율성을 가지고 있다. 학교에서 아이들이 창조에 대해 대안적인 이론들을 풍성하게 탐구할 수 있도록 가르쳐야 한다고 주장하는 신앙인들은 먼저 자신의 교회에서 그러한 가르침이 어떤 효과가 있는지를 보여주는 것부터 시작할 수 있을 것이다. 그렇게 하는 과정에서, 그들은 자신의 신도들에게 특정한 종교 공동체 내부에서는 거의 접하기 어려운 도덕적, 윤리적 탐구 과정을 소개할 수 있을 것이다.

또한 종교 간 협의회를 통해 상이한 신앙을 가진 사람들과 함께 도덕적 문제들을 탐구함으로써 종교의 다양성을 인식하고 존중하면서 다른 이들로부터 배움을 얻을 수 있을 것이다. 그리고 공동체 서비스를 통해 신앙인들은 계급 의식을 발달시키고 사회에서 적합한 인간 관계의 원칙에 대해 종교가 가르치는 바에 대한 상충하는 해석들에 대해서도 알아볼 수 있을 것이다. 더불어, 우리의 교회는 자연스럽게 인종 간 교류를 촉진하는 기능도 가지고 있다. 이 역시 문화적 의식으로의 각성을 일으키고 심화시키는 데 꼭 필요한 부분이다.

여기에서도 개혁은 한 번에 교회, 회당, 사원, 모스크 한 곳씩 이루어지겠지만 그 각각은 종교 제도, 더 넓게는 문화 제도와 사회 제도를 민주화하는 더 폭넓은 과정의 일부가 될 것이다.

* * * * *

제국은 우리가 몽유병에 빠져 있는 데 만족하면서 주어진 규칙을 그저 받아들일 때 번성한다. 인간은 원래 그렇게 되어 있지 않다. 우리는 장대한 창조의 여정에 참여하는 지적이고 자각적이며 선택을 하는 종이다. 창조가 우리에게 지혜롭고 창의적인 선택을 할 수 있는 능력을 부여했을 때는 우리가 이 능력을 이롭게 사용하게 할 의도였을 것이다.

지구공동체의 탄생을 위한 노력은 제국에 대해 대안은 없다는 믿음의 압제에서 정신을 해방시키는 것에서 시작한다. 이러한 해방은 오랫동안 부정해왔던 가능성을 맛보게 된 수백만 명의 사람들이 자신의 고양된 의식을 새로운 실천으로 바꾸어내면서 진전된다.

고대 그리스인들은 민주적인 대안의 가능성을 맛보았고, 부분적이었고 결국에는 실패했지만, 대담한 실험을 감행했다. 미국 독립혁명 시기의 애국파 사람들도 또한 그와 비슷한 가능성을 맛보았고 도저히 불가능해 보이는 상황 속에서도 또 다시 실험을 했다. 이 실험도 결국에는 부분적이었지만, 가능성에 대한 비전은 전세계로 퍼져나가 지금 우리 앞에 그 비전을 완전히 실현시킬 기회를 만들어냈다.

우리 시대가 위대한 전환의 시대로 기억될지 거대한 해체의 시대로 기억될지는 운명이 아닌 선택의 문제다. 위대한 전환의 리더십은 제국의 중독에 반대하며 문화적 최면에서 깨어나 성숙한 인간 의식의 관점과 지혜를 습득한 사람들로부터 나와야 하며, 이러한 사람들은 점점 많아지고 있다.

수백만 명의 문화 창조자 및 영적 창조자들이 서로 손을 뻗어 일치의 공동체를 형성함에 따라, 파트너십, 학습과 공유, 계속해서 확대되는 연대를 기반으로 문화적, 제도적 혁신을 실험할 수 있는 해방 공간들이 생겨나고 있다. 이것은 민주적 참여가 가장 온전하고 가장 진정성 있게 표현된 형태일 것이다.

진정한 민주주의는 이러저러한 제도 이상의 것을 의미한다. 진정한 민주주의는 살아있는 경제, 살아있는 정치, 살아있는 문화를 통해 표현되는 살아있는 실천이다. 삶은 실현되지 못한 잠재력을 추구하는 끝없는 자기 갱신의 과정이므로, 살아있는 실천은 계속해서 변화하는 필요와 기회에 대응해 사회의 기본적인 제도적 형태를 지속적으로 진화시킨다. 그리고 우리는 지금 이 교훈을 실천으로서 표현할 준비가 되어있다. 18세기에는 민주주의가 "대담한 실험"이었다. 지금은 21세기다. 이제는 민주주의를 "온전히 실현"해야 할 때다.

제
22
장

이야기를 바꾸면
미래가 바뀐다

○

역사는 인간의 모험을 우주의 더 큰 운명들로 연결시켜줌으로써 삶에 형태와 의미를 주는 커다란 운동에 의해 관장된다. 그러한 운동을 창조하는 것을 민중의 위대한 과업이라고 부를 수 있을 것이다. 우리 시대의 역사적 임무는 생명 시스템의 공동체 안에서 비판적 성찰을 가지고 인간을 종의 수준에서 재발명하는 것이다.[1]

토머스 베리*Thomas Berry*

전환점을 받아들일 수 있으려면 누군가를, 혹은 무언가를 다르게 보아야 하고 그렇게 본 것에 기초해 행동해야 한다. 이러한 순간들, 즉 통찰과 행동이 교차하는 순간들은 개인이 용기의 삶을 살게 하는 훈련장이다.[2]

푸아나니 버제스*Puanani Burgess*

공동체, 국가, 세계에서 돌아가고 있는 일들을 보면서 당신이 조금 별종이라고 느껴진다면 힘 내시기 바란다. 당신의 불안은 비정상적인 세상에서 당신이 정상이라는 의미다. 그리고 여기에는 많은 동지가 있다. 17장에서 언급했듯이, 엘리자벳 사토리스는 생명이 제약 없는 경쟁의 부정적인 결과를 경험하면서 협력을 배워나간다고 설명했다. 지금 우리 종의 상태가 바로 그렇다. 5000년 동안 우리는 제약 없는 경쟁의 결과를 경험했다. 그 결과가 너무나 심각해졌고 제국의 지배 위계를 유지하는 데 비용이 너무 많이 들게 되었기 때문에, 우리는 이제 협력을 배우거나 아니면 본질적인 생명의 교훈을 배우지 못한 종들이 겪었던 운명을 겪어야 한다.

미래를 바꾸기

우리 앞에 놓여 있는 어마어마한 창조의 도전은 과장해서 말하는 것이 불가능할 것이다. 65억 명의 인구가 경로를 바꾸기 위한 선택을 해야 한다. 우리는 생명이 우리를 규정하는 가치가 되게 해야 하고 우리가 서로와 또 지구와 맺는 관계가 파트너십에 기초해 조직되게 해야 한다. 또한 우리의 문화와 제도, 그리고 우리 자신도 그에 맞게 재발명해야 한다. 너무 야심차서 절망적인 아젠다로 보일 수도 있을 것이다. 하지만 성공의 핵심은 우아하게도 간단하다. 우리의 가능성과 책임을 규정하는 "이야기"들을 바꿈으로서 우리 자신을 제국의 문화적 흔적으로부터 자유롭게 하는 것이다.

우리 중 많은 이들이 오늘날 통용되는 제국적 이야기들의 정당성과 가치를 심각하게 의심하고 있다. 그런데도 그러한 목소리들이 터져 나와 비중 있는 도전을 제기하는 것은 거의 보기 어렵다. 우리는 의구심을 이야기했다가 조롱을 살까 봐 두려워한다. "침묵된 진리"는 "부인된 진리"가 된다.

변화의 과정은 고차원의 인간 의식으로 각성된 사람들이 용기를 내어 침묵을 깨고 진정으로 느끼는 진리를 소리내어 이야기하는 데서 시작한다. 그러한 진리를 더 공개적으로 말할수록 그것을 들은 다른 이들도 용기를 내어 주저함을 버리고 자신의 진리를 더 많이 말하게 될 것이다. 그러면 우리는 서로를 더 쉽게 발견할 수 있을 것이고 일치의 공동체를 구성해 나감으로써 고립을 끝낼 수 있을 것이다. 일치의 공동체 안에서 통찰을 나누고 용기를 얻고 지구공동체의 가능성에 대한 이야기들이 표현되게 할 수 있을 것이다. 또한 이러한 이야기를 점점 더 많은 청중에게 전하는 법을 알아나가면서 지구공동체 쪽으로 문화의 균형추를 기울이기 시작할 수 있을 것이고 그럼으로써 인류의 경로를 바꿀 수 있을 것이다. 우리는 각각의 행동이 전체에 추동력을 보태가는 지속적인 순환의 과정을 통해, 침묵을 깰 것이고 고립을 끝낼 것이고 이야기를 바꿀 것이다(그림 2는 이것을 그림으로 나타낸 것이다). 이러한 확장적인 대화를 지구공동체 대화라고 불러보자. 지구공동체 대화를 일구는 데 유용한 자료를 다음 웹사이트에서 찾아볼 수 있다. http://www.greatturtning.org/.

그림 2 미래를 바꾸기

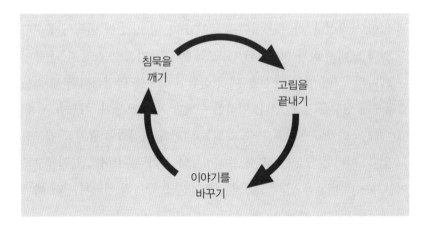

우리가 거짓을 살아가고 있었다는 생각은 받아들이기 힘들다. 우리의 지성과 고결성에 문제가 있었다고 인정하는 것 같기 때문이다. 하지만 우리에게는 좋은 동지들이 있다. 거짓을 살아가는 것은 대부분의 사람들이 수천 년 동안 만성적으로 겪어 온 고통이다. 이를 자각하는 것은 "제국의 게임에 참가하거나 아니면 죽거나"의 동학을 깨고 나오는 열쇠이며, 따라서 환영할 만한 일이다.

왕에게 등을 돌리고 걸어 나와서 동지들과 연대해 다른 게임을 만들자. 미국에서 베트남 전쟁 시기에 징병제에 저항하는 사람들이 제기했던 다음의 질문이 이 기본적인 원칙을 잘 요약하고 있다. "전쟁을 외쳤는데 아무도 안 오면 어쩔 것인가?"

추동력이 생겨나고 있다. 세계 전역에서 사람들이 아래로부터 조직되어 삶을 되찾고자 하고 있다. 전쟁과 폭력에 소집되는 것을 거부하고 있다. 지역경제와 공동체를 다시 짓고 있다. 정치적 제도를 민주화하고 있다. 진정한 문화를 만들어가고 있다.[3]

대부분의 지구공동체 운동은 소규모이고 일시적이다. 많은 것이 흔적 없이 사라진다. 하지만 이 운동들이 숫자, 규모, 연결 면에서 성장하고 있다는 데 우리의 희망이 있다. 브라질의 "토지 없는 노동자" 운동이나 케냐의 "그린 벨트" 운동은 이미 상당한 규모를 달성해서 전세계 사람들에게 영감을 주고 있다. 이러한 수백만 개의 운동이 "가능한 세계"에 대해 우리가 공동으로 가지고 있는 비전에 실질적인 증거를 제공하고 있다. 이러한 운동이 더 빠르게 성장하고 더 많이 서로 연결될수록 이야기는 더 빠르게 달라지고 인간 종이 가진 생명의 에너지는 더 빠르게 제국을 벗어나 지구공동체 쪽으로 재배열될 것이다.

국가 전체적으로 이야기가 달라지기 시작하는 곳들도 생겨나고 있다. 특히 아르헨티나, 볼리비아, 브라질, 칠레, 에쿠아도르, 우르과이, 베네수엘라 같은 남미 국가들에서 그렇다. 2005년 3월 우르과이에서 타바르 바즈케즈Tabare Vazquez 대통령이 취임했을 무렵이면 남미에서 3억 5500만 명이 신자유주의 경제 이데올로기를 거부하고 지구공동체의 방향으로 추를 기울이고자 하는 정치인이 이끄는 나라에 살고 있었다.[4]

또한 다른 곳에서는 덴마크, 뉴질랜드처럼 비교적 규모가 작은 나라들이 새로운 시대의 가능성을 보여주는 국가적 실험실의 역할을 하고 있다.

우리의 자리를 찾아내기

우리 앞에 놓인 과업의 막대함에 압도되지 않으려면 세 가지를 염두에 둘 필요가 있다. 첫째, 때로는 이 일이 외롭게 느껴지겠지만 수천만, 아니 아마도 수억 명이 이미 참여하고 있다. 둘째, 각각의 공헌은 아무리 사소해 보이더라도 균형점을 옮기는 데 기여한다. 셋째, 누구도 자신이 가장 잘하는 만큼 이상으로는 할 수 없다.

내 노력이 너무 미미해보여서 의기소침해질 때마다 나는 반다나 시바의 지혜에서 위로를 얻는다. 이 책의 틀을 함께 잡은 동료이기도 한 반다나 시바는 지치지 않고 수많은 곳을 다니면서 세계의 청중들에게 기업 주도의 세계화를 예리하게 비판하고 "가능한 세계"를 짓자고 촉구하면서 긍정적인 자극을 주고 있다. 그는 인도인으로서의 정체성을 존중하지만 동시에 진정한 글로벌 시민이기도 하다. 거리의 저항을 이끌건, 농민 모임을 조직해 종자를 저장하고 교환하는 전통적인 방식을 되살리건, 강력한 정치 지도자들과의 협상장에 나서건, 청중이 가득한 대학 강당에서 강연을 하건 간에, 반다나 시바는 그 모든 역할에 어울리며 생명, 철학, 그리고 고도로 관여적인 영적 의식에서 나오는 겸손함을 보여준다. 시바는 이 세상의 일에 적극적으로 관여하고 있지만 자신의 행동을 영적인 실천으로서 추구하면서 내면의 고요와 종교적 신비의 깊은 감각도 가지고 있다.

「예스!」 매거진의 경영 편집자 새러 반 겔더가 시바와의 인터뷰에서 어떻게 그럴 수 있었는지 묻자 시바는 이렇게 대답했다.

글쎄요, 그것은 언제나 미스터리입니다. 우리가 왜 고갈되는지, 혹은 왜 충전되는지를 우리는 알 수가 없기 때문입니다. 하지만 내가 아는 것이 한 가지 있습니다. 나는 상황이 아무리 힘들더라도 나 자신을 희망이 없다는 느낌에 굴복 당하게 두지 않습니다. 내가 맞서고 있는 것의 거대함을 생각하기보다 내가 할 수 있는 작은 일을 하고 나 자신의 역량을 키우는 쪽에 관심을 기울인다면, 그것 자체가 새로운 잠재력을 창조하는 일이라고 생각합니다.

그리고 나는 바가바드 기타 등 우리 문화의 가르침을 통해 나 자신과 내가 하는 일의 결과 사이에 거리를 두는 법을 배웠습니다. 결과에 대해서는 내가 할 수 있는 일이 없기 때문입니다. 맥락은 당신의 통제 범위 안에 있지 않습니다. 하지만 당신의 실천은 당신이 만드는 것입니다. 그리고 그 실천이 당신을 어디로 데려갈지에 대해서는 완전히 거리를 둘 때, 당신은 가장 깊게 실천할 수 있을 것입니다. 물론 당신은 그 실천이 당신을 더 나은 세상으로 데려다주기를 바랄 것입니다. 물론 당신은 당신이 할 수 있는 행동을 찾아내 그것을 하고 그에 대해 온전하게 책임을 질 것입니다. 하지만 그 다음에는 거리를 둘 것입니다. "깊은 열정"과 "깊은 거리두기"의 결합이 나로 하여금 늘 그다음 번의 도전을 받아들일 수 있게 해주었습니다. 그 전의 도전이 나를 손상시키지 않았기 때문입니다. 나는 나 자신을 매듭에 묶어놓지 않았습니다. 나는 자유로운 존재로서 행동했습니다. 나는 그 자유를 얻는 것이 사회적인 의무라고 생각합니다. 우리가 서로에게 진단이나 요구로 부담을 주지 않아야 한다고 생각하기 때문입니다. 우리가 서로에게 해야 하는 것은 생명을 찬양하고 두려움과 절망을 대담함과 기쁨으로 바꾸는 것입니다.[5]

부름에 응답하기

생명은 목적지가 아니라 여정이다. 우리는 생명의 가능성의 한계를 알지 못한다. 우리의 조상들이 100년 전에 오늘날 우리가 누리는 가능성을 상상할 수 없었듯이 우리는 오늘 100년 뒤에 살고 있을 사람들의 가능성을 상상할 수 없다. 200년, 1000년 뒤의 사람들에 대해서도 마찬가지다.

우주의 시간으로 보면 인간은 놀라울 정도로 빠르게 학습을 해왔다. 250만 년밖에 안 되는 기간에 우리는 언어 역량을 발달시키고, 불의 사용에 통달하고, 정교한 도구를 만들고 사용하는 법을 터득하고, 예술적인 표현들을 하고, 식량을 경작하고, 문자로 소통하고, 고도로 조직화된 사회를 일구고, 지식 시스템을 구축했다. 이제 우리는 우주의 별을 향해 가고 물질과 유전의 비밀들을 파헤치고 있다.

진화적 시간으로 보면 찰나에 벌어진 일이다. 이는 창조가 우리 종에게 부여하기로 선택한 성찰적 의식이라는 선물이 갖는 진화적 잠재력을 말해준다. 하지만 5000년 전에 사회적 단위의 인구 밀도가 높아진 상황을 다뤄야 할 조직상의 도전에 직면해서 우리의 선조들은 제국의 지배적 관계를 선택했다. 자기파괴적인 전쟁, 탐욕, 인종주의, 성차별,

그리고 더 높은 차원의 인간 의식에 대한 억압이 이어졌다. 이제 우리는 지구공동체의 파트너십 관계에 기반한 새로운 시대로의 여정을 시작해야 할 절박한 필요와 기회를 동시에 가지고 있다.

제국의 과잉이 일으키는 재앙은 더 이상 미래의 사건이 아니다. 이것은 이미 우리에게 와있다. 치솟는 유가는 재생 불가능한 자연자원을 고갈시키는 데 기반하고 있는 경제가 해체되고 있다는 지표다. 극단적인 기후의 강도와 빈도가 증가하는 것은 지구의 살아있는 시스템과 인간이 맺고 있는 관계가 해체되고 있음을 보여주는 더 극적인 지표다. 테러 공격의 빈도와 파괴력이 증가하고 있는 것은 제국이 자신의 의지를 신민에게 부과할 수 있는 역량이 해체되고 있음을 보여주는 지표다. 이 각각의 해체는 제국의 관계에서 지구공동체의 관계로 전환해야 하는 절박한 과제를 불러왔다.

우리는 무시할 수 없는 경종의 울림을 들었다. 여기에 우리가 어떻게 반응하는가가 창조가 우리에게 성찰적 의식이라는 선물을 준 것이 좋은 일이었는지 무모한 일이었는지를 판가름하게 될 것이다. 우리 앞의 시험을 통과하려면 우리는 제국의 중독으로부터 스스로를 해방시키고 우리가 받은 선물을 전체에 복무하는 방식으로 현명하게 사용하기 위해 지성과 도덕의 성숙을 보여주어야 한다.

두렵기도 한 순간이지만, 우리는 절망에 빠져 포기하기보다 인간의 역사상 전례가 없었던 창조의 기회가 주어진 순간을 살아가고 있음을 특권으로서 받아들일 수도 있다. 모두를 위한 평화와 정의, 그리고 지구와의 지속가능한 관계를 달성하는 것은 우리가 닿을 수 있는 범위 안에 있다. 우리가 이 기회를 잡지 않는다면 인간을 내재적으로 파괴적인 종이라고 보는 제국의 비관적인 가정이 자기실현적 예언이 될 것이고 우리는 계속해서 거대한 해체의 길을 가게 될 것이다. 하지만 우리가 시험에 통과한다면 아직 알려지지 않은 새로운 가능성들을 탐험하고 실현하는 쪽으로 움직일 수 있을 것이다.

우리의 시대는 제국의 슬픔을 지구공동체의 기쁨으로 바꾸는 시대가 되어야 한다. 후 세대가 우리 시대를 돌아보면서 인류가 인간 본성의 더 높은 잠재력을 실현하는 새 시대를 탄생시키기로 선택한 위대한 전환의 시기였다고 기억할 수 있도록 말이다.

이 과업은 우리가 우리의 미래를 선택할 수 있다는 진실, 우리가 가진 "성찰적 선택"의 역량을 창조의 지속적인 전개에 복무하는 방식으로 사용할 수 있다는 진실을 받아들이는 데서 시작한다. 우리가 오매불망 기다려온 존재는 바로 우리 자신이다.

위대한 전환

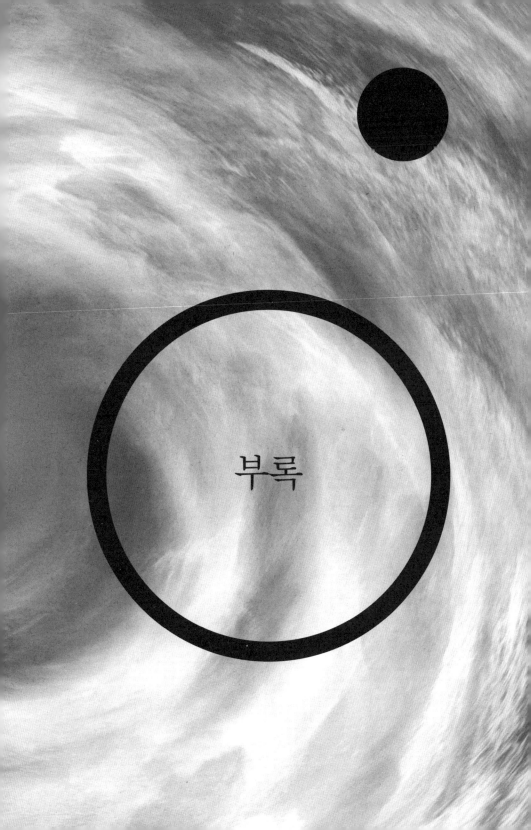

부록

이야기를 바꾸면 문명이 바뀐다

한윤정 한신대 생태문명원 공동대표

글로벌 자본주의의 뿌리 탐구

데이비드 코튼(1937-)은 개인의 삶에서 흔히 회심이라 불리는 전환을 경험했다는 점에서 인류 역사의 '위대한 전환'을 말하는 스토리텔러로서 충분한 자격을 갖추었다. 미국 워싱턴주 출신인 그는 유색인종을 거의 보지 못한 교외 소도시의 백인 보수가정에서 자랐다. 대학에서 경제학 전공을 택했다가 심리학으로 바꾼 그는 스탠퍼드 대학원에서 조직이론을 공부함으로써 조직심리학, 즉 경영학 계통의 전문가가 되었다. 그가 인생의 전반기인 1960-90년대에 주로 했던 일도 미국의 해외 원조와 대외개발 관련 업무였다. 아시아, 아프리카, 남미 국가들이 미국식 경제개발을 성취하도록 도왔으며 하버드 경영대학원에서 가르치기도 했다. 그렇지만 이 과정에서 코튼의 또 다른 자아도 충실히 성장했다. 청년기의 그는 주류 경제학이 인간의 동기와 행동을 제대로 설명하지 못하는 데 회의를 느껴 심리학으로 변경했다. 1950년대 매카시즘 광풍 속에서 보수적 미국인들이 느꼈던 공산주의의 위협에 대해 가난이 공산주의를 선택하도록 만든다는 판단을 내려 제3세계 경제개발에 뛰어들었으나 현장에서 생각이 바뀌었다. 인간은 타율이 아닌 자율에 의해서만 발전할 수 있다는 진리와 함께, 해외차관에 기댄 경제발전은 채권국 금융기관과 대기업에만 막대한 이익을 남길 뿐 현지인의 삶을 피폐하게 만든다는 사실이었다. 1980년대 대처와 레이건 집권기에 본격화한 신자유주의에 반대하는 전 세계적 운동에서 코튼은 점점 중요한 인물이 되었다. 1980년대 후반에 자주 열린 글로벌화 반대 국제 컨퍼런스의 단골 연사였으며 1992년 리우데자네이로에서 유엔 인간환경개발회의(일명 리우회의)가 열렸을 때 회의장 바깥에 모인 1만8000명의 국제 비정부기구포럼의 주도자였다. 당시 '시민조약'이 무르익어 2000년 '지구 헌장'으로 결실을 맺는 과정에 참여했으며 2001년 9월 29일 미국 지구 헌장 선포식에서 기조연설을 했다. 바람직한 경제의 모습을 전파하는 「예스!yes!」 매거진을 창간했으며 로마클럽의 회원이기도 하다.

미국식 경제발전과 신자유주의에 대해 그가 느낀 문제의식은 한마디로 경제가 발전할수록 생태계는 파괴되고 빈부격차는 커지며 사람들은 불행해진다는 것이다. 모든 가치를 화폐로 환원하는 자본주의 경제체제에서 인생의 목적은 일하고 돈을 벌어 소비하는 것인데 그럴수록 대다수 개인은 가난해지고 극소수 자산 보유계급에 부가 집중된다. 그러는 사이 부모로부터 방치된 아이들은 애정 결핍과 폭력, 중독에 노출돼 가정이 파괴되고 공동체가 해체된다. 이런 체제를 만든 주요 원인으로 코튼은 정부의 보호와 지원을 받아 성장했으나 신자유주의 시대가 되면서 정부마저 뛰어넘은 글로벌 대기업을 지목했다. 한국에도 번역된 저서 『경제가 성장하면 우리는 정말 행복해질까』(원서 제목은 『기업이 세계를 지배할 때』, 1995)는 1992년 리우 국제비정부기구포럼부터 1999년 시애틀에서 열린 세계무역기구 각료회의에 맞서 5만 명이 벌인 반세계화 시위까지 글로벌 저항 운동의 중심을 관통했다. 그는 자본주의 경제와는 다른 대안적 시장경제에 대한 구상을 담은 『탈기업 세계: 자본주의 이후의 삶』(1999)이라는 책도 펴냈다. 그러나 상황이 점점 악화함에 따라 현대의 기업과 경제체제를 탄생시키고 유지하게 만든 근본적인 뿌리를 밝혀내자는 의도로 『위대한 전환: 지금 우리가 해야 할 일은 무엇인가』(원서 제목은 『위대한 전환: 제국에서 지구공동체로』, 2006)를 집필하기에 이르렀다. 지배와 착취의 원인을 인류문명의 탄생 이후 5000년간 이어진 '제국'의 원리로 설명하고 그 대안으로 '지구공동체'의 원리를 제안하게 된 것이다.

인류문명을 지배해온 제국의 원리

제국의 원리는 지금까지 문명을 지탱해온 중심 원리이다. 서구 역사에서 볼 때 기원전 3000년 최초의 문명을 건설한 메소포타미아에서 시작해서 이집트, 그리스, 로마를 거쳐 1500년 이후 식민지 정복시대와 근대 산업문명으로 이어지는 기간 동안, 제국의 원리가 세계사를 지배했다. 코튼은 1만 년 전 농업혁명 이후 사람과 자연이 친밀한 관계 속에 살았던 이전 시기까지 태양, 비, 바람, 비옥함과 같은 자연력을 나타내는 여신이 숭배되다가 도시 문명과 남성 군주의 지배가 발달하면서 인간적인 특질을 가진 남신이 두드러진 지위로 떠오르게 된 데 주목한다. 이는 문화인류학자 리안 아이슬러가 젠더 관점에서 인류사를 해석한 책 『성배와 칼』에서 문명 시대 이전 여성성 중심의 파트너십 모델이 문명 시대 이후 남성성 중심의 지배자 모델로 바뀌는 과정을 설명한 데서 가져온 프레임이다. 남성성-지배자-제국의 원리는 위계적 질서를 강조하고 권력에 의한 지배를 행사하며 적대적이고 경쟁적인 생명관, 불완전하고 위험한 인간관을 갖는다. 이에 비해 여성성-파트너십-지구공동체의 원리는 협력하고 공생하는 시스템, 생명과 인간에 대한 존중, 모두의 권리 옹호, 여성성과 남성성의 균형을 추구한다. 지나치게 단순화된 이분법이지만 인류사 대부분이 제국의 원리로 이어진 만큼 현실의 대안으로서 지구공동체의 원리를 창출하려는 시도로 바라보는 게 적합하다. 문명 시대 이전의 파트너십 모델이 5000년 문명의 약점을 보완해서 지구공동체의 원리로 계승돼야 한다는 뜻이다.

남성성-지배자-제국의 원리는 로마제국의 확장, 십자군운동 등에서 두드러졌으며 1500년경 유럽이 장거리 항해를 통해 먼 지역의 땅, 사람, 자원을 지배함으로써 제국적 확장을 도모하는 시기에 현재의 모습을 갖춘다. 근접한 지역에서는 군주가 지휘하는 병력에 의한 전쟁과 무력 지배, 약탈이 이뤄졌으나 원거리 식민지배에서는 모험가, 해적, 나아가 기업체가 앞장서는 경제적 수탈로 바뀐다. 아메리카 식민지 개척의 첨병이던 크리스토퍼 콜럼버스, 에르난도 데 소토, 프란시스코 피사로, 에르난 코르테스 같은 인물은 국왕의 의뢰를 받았으나 본국과는 독립적으로 활동했으며, 범죄 집단의 두목처럼 어떤 잔혹한 행동도 주저하지 않은 채 해외의 땅에서 물질적 부를 획득하는 데 골몰했다. 현지 지도자를 살해하고 토착민을 살육하고 노예화하는 것도 마다하지 않았다. 그렇게 해서 얻은 전리품을 자신의 군주와 나누었다. 합법화된 해적이라고 할 수 있는 사략선을 운영하는 선장들이 식민지를 개척해 노략질하고 자칭 해상질서를 담당하는 가운데 유럽 본국의 왕과 부유한 상인들은 이들에게 투자해 높은 수익을 올린 것이다. 이런 관행에 대한 비판이 높아지자 그 역할은 군주의 칙허를 받은 기업체로 넘어가게 되었다. 1600년 설립된 영국 동인도회사는 인도 지배의 주요 도구였으며 훗날 미국이 되는 초창기 영국 정착 식민지 대다수가 왕실 칙허로 설립된 기업이 세운 것이었다.

지배자-제국의 원리와 파트너십-지구공동체의 원리를 대비해볼 때 미국이란 존재는 굉장히 모순적이다. 제국의 원리에 가장 충실하면서도, 표면적으로는 지구공동체 원리의 토대가 되는 현대 민주주의를 발명한 국가이기 때문이다. 소수의 일방적 지배가 아닌 파트너십에 기반한 민주주의는 문명사에서 아주 짧은 기간, 고대 그리스의 도시국가 아테네에서 발명되고 실험됐을 뿐이다. 아테네 민주주의와 관련, 저자가 특히 주목하는 부분은 솔론의 개혁이다. 기원전 600년경 세습 귀족정이던 아테네에서 생산력이 상승하면서 부가 상층부로 집중되고 빈부격차가 커지자 개혁의 전권을 갖게 된 정치인 솔론은 민주주의로의 개혁을 단행한다. 부채를 갚지 못해 노예가 된 자유민을 풀어주고 개인이 소유할 수 있는 토지의 양을 제한했으며 참정권을 여성, 외국인, 노예를 제외한 모두에게로 확대했다. 이어진 클레이스테네스와 페리클레스 통치기에 최고 통치기구로서 추첨에 의한 500인회 구성, 성인 남성 모두가 참여하는 민회의 권한 확대 등 아테네 민주주의가 형식적으로 완성되지만, 그에 앞서 솔론의 개혁이 중요한 이유는 경제적 불의가 극심해지면서 생겨난 사회적 긴장과 압력에 대해 계층 간 격차를 줄이는 방식으로 대응했기 때문이다. 이는 자국 내의 경제적 간극이 벌어지면 군사를 동원해 외부를 정복하고 전체 생산과 이익을 늘림으로써 분배 문제를 해결하는 전형적인 제국적 대응과는 대조적이라는 것이다. 민주주의가 단지 선거나 권력의 문제가 아니라 경제와 문화의 문제라는 뜻이기도 하다. 구성원들의 자유와 평등, 파트너십이 전제되지 않고는 어떤 민주주의도 굳건하지 못하다. 그러나 아테네 민주주의 역시 제한적이고 불안정했다. 솔론의 개혁에서 시작해 마케도니아의 필리포스에 정복될 때까지 250년간 유지된 민주주의 체제에서 전성기에 31만5000명의 인구 가운데 참정권이 있는 시민은 4만3000명에 불과했고 15만5000명은 노예였을 만큼 부분적인 민주주의였다.

제국과 민주주의가 갈등하는 미국사

미국도 경제적으로 균등한 기회와 정치적 민주주의라는 이상으로 출발했지만 현실은 그렇지 못했다. 멸절에 가까운 선주민 학살은 둘째 치더라도 기회를 찾아 아메리카로 온 이주민들의 현실 역시 민주주의와는 거리가 멀었다. 자산 소유 계급과 농민, 노동자의 대립으로 1676년 버지니아주 제임스타운에서 '베이컨의 반란'이 일어났을 때 반란군에는 백인 자유농과 흑인 자유농, 인디언 노예, 백인 예속 하인, 자유민 백인 노동자가 소속돼 이들 사이의 광범위한 연대가 형성되었으나 반란을 진압하는 과정에서 자산 소유 계급은 계급 대신 인종이라는 경계를 만드는 전략을 썼다. 이는 식민지에서 인종 기반의 노예제가 법제화되고 흑인은 영속적으로 사회 계층의 가장 밑바닥에 놓이는 계기가 된다. 가난한 백인들은 자신의 정체성을 계급보다는 백인이라는 인종으로 규정함으로써 피지배 계급 사이에 악랄한 경계선이 만들어진다. 그 후 한 세기가 지나서 북미의 영국 식민지 주민들은 생명권, 재산권, 집회와 결사의 자유, 배심원에 의해 재판받을 권리를 주장하고 식민지 대표가 참여하지 않은 채 이뤄지는 과세와 지역민의 동의 없는 영국군 주둔을 비난하면서 영국 정부로부터 독립을 쟁취한다. 그러나 생명권, 재산권, 자유 같은 이상은 점차 심화하는 불평등에 의해 가로막힌다.

미국 역사에서 기업의 존재는 문제적이다. 초기 정착지는 경제적인 관할권으로 설립되었다. 본국 식민지라기보다는 왕실이 허시힌 기입 직허로 세워지고 기업 소유자의 이익을 위해 관리되는 기업의 영지라는 게 본질에 가까웠다. 독립된 직후에는 기업설립에 엄격한 제한을 가하는 편이었으나 남북전쟁(1861-65)은 미국 기업사의 전환점이 되었다. 연방정부는 군에 물자를 제공한 민간계약자들의 신세를 지게 되었다. 이후 기업들은 의회 입법과 법원 판결을 통해 공적 논의를 거치지 않고도 자신의 자유로운 행동을 제약하는 법을 하나씩 없애나갔다. 20세기 초입이 되면 기업설립은 기간, 이동성, 목적에 대한 제한 없이 거의 자동으로 인가되었다. 자유로운 기업활동에 힘입어 1860년 영국, 프랑스, 독일에 이어 4위였던 미국의 제조업 생산은 1894년 2위인 영국의 두 배가 넘는 압도적 규모로 1위가 되었다. 그러다가 대공황을 겪고 난 이후에는 국내 시장의 수요를 초과하는 생산품을 흡수해줄 수출시장을 확보하는 것이 국무부의 주요 업무가 되었고, 이를 위한 제국적 팽창과 지배가 미국 외교 정책의 핵심이었다. 미국 경제발전의 주춧돌이 된 서부 확장과 해외 확장은 비슷한 패턴을 보였다. 선교사들이 길을 뚫었고 기업이 뒤따라 들어가서 자원을 추출하고 관리했다. 기업의 진출이 현지 지배층을 부유하게 하기에 그들의 지지를 받았다. 제2차 세계대전 이후에는 선교사가 아니라 원조 기관이 먼저 들어갔다는 게 차이점이다.

미국사는 기업의 역사이자 끊임없는 침략과 팽창의 역사이다. 코튼은 오늘날 사회와 국가에 대한 책무성과 법적 책임을 면제받은 유한책임 상장주식회사의 뿌리가 식민지 정복시대의 사략선까지 거슬러 올라간다고 바라본다. 해적과 상인이 기업으로 바뀌었고 역사의 순간마다 영향력이 증감했지만 자산 소유 계급의 이윤을 위해 수단과 방법을 가리지 않는 본질은 동일하다는 것이다. 특히 제2차 세계대전 이후의 브레튼우즈 체제 확립과 미국 주도하에 만들어진 3대 국제기구인 세계은행, 국제통화기금, 관세 및 무역에 관한 일반협정(나중에 세계무역기구가 됨)은 달러화를 기축 통화로 삼아서 전 세계에 걸친 불평등한 금융 및 무역 체제를 만들어내기 시작한다. 1990년대 이후에는 국제 무역협정을 통해 다른 나라의 국내 법을 고침으로써 규제 완화, 시장개방, 공공자산 민영화 등 기업 친화적 아젠다를 관철시킨다. 성장세가 둔화된 제조업에서 금융으로 초점을 옮긴 자본주의는 자산 소유 계급의 불로소득을 더욱 늘리고 기후위기, 생태계 파괴, 불평등을 확대한다. "새로운 지배자들은 황제의 망토가 아니라 비즈니스맨의 양복을 입고 자신의 권력과 특권에 대한 민주주의의 도전을 수완 있게 회피하기 위해 더 섬세한 전술을 구사한다."

지구공동체 원리의 가능성

여기까지가 인류의 문명이 시작된 이후 5000년간 계속된 제국의 역사이다. 특히 1500년대 이후 500년은 기업이 앞장서서 전 세계에 걸친 제국을 건설하고 지배해왔다. 가장 성공적인 나라가 저자의 모국 미국이다. 그렇다면 어떻게 제국의 역사를 뒤로하고 지구공동체의 역사를 새로 쓸 수 있을까? 자연을 착취하고 불평등을 부추겨온 파괴적 경제를 생태계와 조화를 이루는 '살아있는 경제'로 바꾸는 일이 과연 가능한가? 위대한 혹은 거대한 전환을 위해 어디서부터 변화가 일어나야 할까? 이런 질문에 대한 답변이 이 책의 또 다른 반쪽이다.

저자는 제국의 역사에서 미국을 혹독하고 신랄하게 비판하지만, 미국의 독립선언문과 헌법에 담긴 양도 불가능한 생명권, 자유권, 행복추구권이라는 대담한 가치는 지금도 그 약속을 현실로 만들고자 하는 사람들에게 희망과 영감을 주고 있다고 말한다. 인류사의 숙제였던 노예해방, 여성 참정권 보장이 이뤄졌고 1964년에는 민권법이 통과되면서 인종, 성별, 종교, 국적을 이유로 유권자 등록, 고용, 공공시설 이용에서 차별할 수 없도록 했다. 노동자, 여성, 유색인종의 정의를 위해, 또한 평화와 환경을 지키기 위해 지금까지 벌여온 모든 투쟁은 서로 관련이 없는 것처럼 보일지라도 제국의 문화와 제도와 맞서는 포괄적인 투쟁이 되어 제국의 원리를 넘어서는 원동력을 형성해왔다. 전 지구가 실시간으로 영향을 주고받는 하나의 세계가 되고 문화적 다원주의가 확립된 20세기를 거쳐 21세기에는 '위대한 전환'이 가능한 이유로 저자는 네 가지를 든다. 첫째, 인류의 잠재력을 온전히 실현하도록 이끄는 동력이 우리 본성에 내재되어 있다. 둘째, 상당수 사람이 이미 사회화된 의식 또는 그 이상을 달성했다. (성숙한 의식을 가진 사람들은 지배 권력을 획득하려는 투쟁을 꺼리는 경향이 있지만, 제국의 지배에 도전하는 운동에서 리더십을 발휘하는 데는 강하게 매력을 느낀다.) 셋째, 우리는 생태적 · 사회적으로 절박한 과제에 직면해있다. (대략 1980년 정도에 인간이 지구의 생명 지원시스템에 부과하는 부담이 지속 가능한 한계를 넘었다.) 넷째, 전 지구적 커뮤니케이션 테크놀로지의 혁신이 이뤄지고 상호의존성에 대한 이해가 높아졌다. 즉, 높아진 의식 수준, 전환이 요구되는 절박한 상황, 범세계적 시민운동을 엮어주는 기술 덕분에 가장 좋은 의미의 인간 잠재력을 실현할 수 있는 기회가 왔다는 것이다. 이 중 두 번째 '사회화된 의식 또는 그 이상의 달성'에 대한 설명이 필요하다. 저자는 신생아기부터 노년기까지 인간 개체의 의식이 발달해가는 과정은 더 성숙한 인간사회의 실현 경로와 일치한다고 바라본다. 즉, 개인이나 인류사의 유아기에는 세계를 환상적으로 바라보는 '마법 세계적 의식'이, 아동기에는 약한 자를 지배하고 강한 자에게 굴복하는 '제국적 의식'이 지배적이다. 그러나 인간이나 사회가 점차 성숙함에 따라 '사회화된 의식'(자신이 동일시하는 정체성 집단의 규칙에 따라 살아가며 공정한 보상을 기대함), '문화적 의식'(모두를 위해 작동하는 포용적이고 생명을 긍정하는 사회를 창출함), '영적 의식'(복잡하고 진화해가는 통합적 세계의 공동 창조자로서 기여하며 살아감)이 발전한다. 사회화된 의식 또는 그 이상의 문화적 의식과 영적 의식은 지구공동체 문화를 가능하게 한다.

저자는 '위대한 전환'을 위해서는 문화적 전환, 정치적 전환, 경제적 전환이 필요하다고 보는데 그중에서도 문화적 전환을 출발점으로 삼는다. 그리고 문화적 전환을 위해서는 '이야기'를 바꿔야 한다고 여러 대목에서 강조한다. 인간은 지구상의 모든 생명 가운데 유일하게 이야기를 통해 가치를 창출하고 그에 맞춰 행동하는 존재이기 때문이다. 이는 그가 심리학을 전공했다는 사실을 떠올리면 쉽게 이해가 된다. 저자는 홀로코스트에서 살아남은 심리학자 빅터 프랭클을 인용한다. "모든 것을 빼앗아가더라도 인간에게서 단 하나만은 빼앗을 수 없다. 어떤 상황에서도 자신의 태도를 선택할 수 있는 자유가 그것이다." 저자가 '우아할 정도로 단순한 방법'으로 제시한 전환의 길은 우리의 태도를 선택하는 것, 이를 위해 제국의 이야기를 지구공동체의 이야기로 바꾸는 것이다. "이야기는 열쇠다. 인류의 경로를 다시 잡으려면 우리가 의지해 살아가고 있는 이야기를 바꾸어야 한다."

종교와 과학의 새로운 통합

새로운 이야기의 핵심은 종교와 과학이다. 종교와 과학은 인간의 세계 인식에서 가장 근본적이며 존재와 삶의 의미를 부여하기 때문이다. 근대 이전까지 두 가지는 통합돼 있었다는 사실을 기억할 필요가 있다. 원시종교는 '축의 시대'라 불리는 기원전 6세기에 불교와 유대교를 비롯한 고등 종교로 발전했으며 서구 종교의 근원인 유대교는 후에 기독교, 이슬람교로 분기하면서 세 가지를 통틀어 아브라함계 종교로 불린다. 서구의 주류 종교인 기독교에서 과학의 역할은 근대 이전까지 신의 섭리를 탐구하는 것으로서 자연철학이란 이름을 가졌다. 그러나 르네상스와 인본주의, 과학혁명의 시대를 거치면서 두 가지는 점차 분리됐다. 과학이 우주와 지구, 생명의 작동 원리를 인과율에 따라 설명하면서 눈부시게 발전하는 가운데 종교의 영역은 신의 존재 증명, 과학이 미처 설명하지 못한 신비의 영역에 대한 해설, 사회와 개인의 윤리 차원으로 축소되었다. 동시에 과학도 종교가 제기했던 형이상학적 측면을 삭제한 채, 물질적이고 기계적인 세계관에 따라 사물의 원리와 질서를 탐구하는 전문 영역으로 축소되었다. 가치와 목적을 배제한 근대 과학은 지식과 기술의 폭발을 일으켰으나 인간을 제외한 나머지 자연으로부터 가치를 박탈하고 유물론적 세계관을 확산시켰으며 결과적으로 물질주의, 경제주의로 채워진 세계를 만들어냈다. 그러나 진화론, 양자물리학으로 대표되는 현대 과학의 발전은 종교와 과학을 다시 만나게 한다. 물론 여기서 종교는 제도와 관습으로서의 종교가 아니라 종교가 발견하고 축적해온 세계관과 지혜를 뜻한다.

저자는 새로운 이야기의 바탕으로 현대 과학의 성과를 제시한다. 우리 눈에 단단해 보이는 물체는 아주 작은 에너지 입자들 사이의 관계에 의해 형태가 주어지는 실체란 사실이 드러났다. 난데없이 나타나는 것처럼 보이는 이 입자들은 지속적인 흐름의 상태로 존재하면서 왔다가 사라진다. 하지만 그렇게 유동적인 상태 속에서도 입자들 사이의 관계는 충분히 일관적이어서 왔다가 사라지는 입자들이 형성하는 물체는 명백한 형태를 유지한다. 이런 사실은 생명이 없는 물체(물질)뿐만 아니라 생명에도 통용되는 설명이다. 생명은 유동성과 변화가 두드러질 뿐이다. 가이아이론으로 잘 알려진 린 마굴리스와 그의 아들 도리언 세이건의 공저『생명이란 무엇인가』는 생명을 일컬어 "스스로 방향을 잡아나가는 선택의 역량을 갖게 된, 거침없어진 물질"이라고 정의한다. 물질이 입자이자 파동이라는 발견으로부터 모든 물질은 가장 근원적인 수준에서 유동하며 여기에는 어떤 의도 내지는 방향성이 있다는 결론이 나온다. 생명의 경우, 이 같은 선택의 역량이 더욱 강하지만 생명이 없는 것처럼 보이는 물질일지라도 관계에 의해 매 순간 끊임없이 형태를 생성한다. 저자는 "(물질과 생명을 관통하는 의도라는 것이) 마법은 아니지만 순전히 물리적인 메커니즘보다는 훨씬 신비로우며 기존의 과학으로 이해할 수 있는 수준을 훨씬 넘어서는 무언가가 있다"라고 말한다. 그는 빅뱅과 우주의 탄생, 지구의 형성, 생명의 출현과 진화에로 이어지는 창조의 과정이 불가능에 가까운 우연의 산물이자 일회적인 것으로서 "거대하고 통합적인 영적 지성의 현현"이자 그 영적 지성이 "미실현된 가능성을 계속해서 발견하고 스스로를 알아가는 장대한 여정"임을 시사한다. 이는 종교와 근대 과학의 설명이 가진 한계를 뛰어넘어 두 가지를 통합하고자 한 가톨릭 사제이자 고생물학자 테이야르 드 샤르댕과 역시 가톨릭 사제이면서 문화사학자인 토머스 베리가 제시하는 새로운 우주 이야기를 원용한 것이다.

코튼은 지구상의 모든 물질과 존재는 생동하고 상호의존하며 경쟁적인 동시에 협력적인 관계를 맺는다는 새로운 과학관을 인간사회에 적용하는 일에 주력한다. 그는 이 책을 집필할 당시 미생물학자 호매완과 진화생물학자 엘리자벳 사토리스로부터 깊은 영향을 받았다고 밝혔는데 이들은 생명이란 근본적으로 협력적이고 지역에 뿌리를 두면서 스스로 연결되고 조직화해나가는 실체이며 각 개체는 지속적으로 개체의 이해관계와 전체의 이해관계 사이에서 균형을 잡아나간다는 가설을 펼친다. 이를 저자의 주요 관심사인 경제에 대입하면 글로벌 규모의 제국적 경제 대신 로컬 규모의 지구공동체 경제가 필요하다는 결론이 나온다. 협력적이고 지역에 뿌리를 두면서 개체와 전체의 이해관계 사이에 균형을 이루는 경제는 한마디로 '살아있는 경제'이다. 이런 경제는 구성원 모두의 생활이 충족되도록 보장하고, 필요한 만큼만 취하면서 전체에 대한 책임을 받아들이고, 참여적인 소유와 인권이 보장되고, 아래로부터의 자가 조직적인 원칙에 의해 운영되고, 호혜적인 교환을 가능하게 해줄 보호막을 갖는 경제이다. 현실의 경제체제를 고려할 때 이상적으로 들리지만 이미 협동조합, 사회적 경제, 지역순환경제 등 다양한 이름으로 실천되는 대안적 경제의 모습이기도 하다. 저자는 이런 움직임에 힘을 실어주기 위해 문명적 전환이라는 의미를 부여하고 있다.

지구공동체에서 생태문명으로

코튼이 이 책을 쓴 것은 69세 때이다. 제1차 · 2차 세계대전의 전간기에 미국에서 태어나 '거대한 가속기'의 경제성장과 자본주의의 진화를 현장에서 경험한 그는 미국 주변부의 시각으로 세계의 실상을 보게되었다. 그는 경영학 박사이고 경영대학원 교수를 역임했으나 학계 인물이라기보다 현장 활동가에 가깝다. 이 책에서 비중 있게 언급한 반다나 시바를 비롯해 헬레나 노르베리호지, 매튜 폭스, 조애나 메이시, 존 B. 캅 주니어 등 우리에게도 잘 알려진 인물들과 깊이 교류하면서 글로벌 자본주의에 저항하는 논리와 운동을 펼쳐왔다. 만년의 그가 역사학, 종교학, 심리학, 물리학, 생물학을 넘나들면서 5000년 인류문명이 드리운 제국의 짙은 그림자에 맞서 지구공동체라는 희미한 빛을 제시하고자 집필한 이 책은 견고한 현실을 벽을 깨트리고자 오랫동안 노력해온 열정의 결과물이다. 그가 왜 인간에 대해, 역사에 대해, 문명에 대해 이렇게 장황한 설명을 했는지 알 것 같다. 자신과 같은 생각을 가진 전 세계의 동료들이 어렵사리 붙잡고 있는 대안적 미래의 정당성을 인정하고 용기를 주기 위한 고투이다.

그는 한국어판 서문에서 문명이 탄생한 이후 5000년 동안 계속돼온 권위주의적 통치를 끝내고 인류로서 우리가 진정으로 생명에 복무하는 문명으로 갈 수 있는 잠재력이 무엇일지 고찰하는 과정에서 이 책은 '지구공동체'라는 원리를 제안했으나 지금은 살아있는 지구공동체의 문명을 일컫는 '생태문명'이라는 용어를 주로 사용한다고 소개한다. 그가 쓴 보고서 「생태문명: 이머전시(비상사태)에서 이머전스(창발)로」(2021)에서는 지구공동체라는 개념이 어떻게 생태문명으로 확장되었는지 볼 수 있다. 그는 생태문명을 '살아있는 지구를 위한 미래의 지도'라고 부른다. 인간은 지구의 가장 정교한 지도 제작자이며 개인, 가족, 공동체, 사회 차원의 삶을 선택하는 과정에서 우리의 지도는 문화, 전통, 종교, 이념, 법, 과학에서 그 표현을 찾아낸다고 한다. 지구공동체라는 원리가 구현된 생태문명을 건설하려면 사회 전반에 걸쳐 잘못된 제도를 만들어낸 근본적인 렌즈(이야기)를 바꾸는데 그치지 않고 이를 실행할 수 있는 정교한 지도를 얻어야 한다는 뜻이다. 생태문명을 위해서는 생태계의 원리에 따라 사회를 구성하는 각 분야가 자기충족적으로 운영되면서도 전체 사회와 협력하고 조화를 이루는 체계가 필요하다. 자연 생태계와 인간 문명이 조화를 이룬 문명이며 사회경제적 산물일 수밖에 없는 문명이 시대적 변화에 따라 생태적으로 적응해야 한다는 뜻이기도 하다.

"환경 및 사회의 붕괴가 진행되는 속도를 고려할 때, 우리에게는 이제 전 세계적으로 상호 의존적인 종으로서 인간의 진로를 극적으로 바꿀 수 있는 10년이 있다. 그러한 규모의 변화가 수 세기, 심지어 수천 년이 걸렸던 시절이 있다. 그러나 인간의 변화 속도는 기하급수적으로 증가하고 있고, 우리는 이제 의식적이고 의도적으로 이전에는 상상할 수 없는 속도로 우리에게 필수적인 항로의 변화를 탐색하는 데 필요한 공통 언어와 의사소통 능력을 갖게 되었다. 당면한 위기의 심각성과 우리에게 주어진 기회를 고려할 때, 이것은 단지 지구에서 인류만의 문제가 아니라는 데 주목해야 한다. 생명의 진화는 지구를 특별한 장소로 만들어주는 지속적인 과정이다." 그가 「생태문명」 보고서에서 말한 인간의 진로를 극적으로 바꿀 수 있는 10년은 2020년대(2021-2030)이다. 전 세계의 탄소 중립으로 가기 위한 결정적 시기이다. 상황은 결코 낙관적이지 않지만, 그렇다고 희망을 버릴 이유도 없다.

미주

위대한 전환

1. Joanna Macy, "The Shift to a Life-Sustaining Civilization." 다음의 세 번째 단락. "The Great Turning." 날짜 미상. http://www.joannamacy.net/html/great.html.

프롤로그: 가능성을 찾아서

1. Giovanni Pico della Mirandola, *De hominis dignitate*. 저명한 영국 성공회 신학자 리처드 후커Richard Hooker(1554-1600년)의 번역을 따름.

2. 나의 인생 경로에 대한 상세한 이야기는 나의 홈페이지(http://davidkorten.org/), 또는 내가 쓴 다음 책들의 프롤로그를 참고하라. *When Corporations Rule the World; The Post-Corporate World: Life after Capitalism.*

3. Deirdre Strachan and David C. Korten, "The Overcrowded Clinic" 다음에 수록됨. Frances F. Korten and David C. Korten, *Casebook for Family Planning Management* (Boston: Pathfinder Fund, 1977), 49 – 62.

4. 자세한 내용은 다음에서 볼 수 있다. Frances F. Korten and Robert Y. Siy Jr., *Transforming a Bureaucracy: The Experience of the Philippine National Irrigation Administration* (West Hartford, CT: Kumarian, 1988); Benjamin U. Bagadion and Frances F. Korten, "Developing Irrigators' Organizations: A Learning Process Approach." 다음에 수록됨. *Putting People First: Sociological Variables in Rural Development*, ed. Michael M. Cernea (New York: Oxford University Press, 1985), 52 – 90; David C. Korten, "Community Organization and Rural Development: A

Learning Process Approach," *Public Administration Review*, September/October 1980, 480 – 511.

5. 이들의 주요 연구는 다음을 참고하라. Mae-Wan Ho, *The Rainbow and the Worm: The Physics of Organisms*, 2nd ed. (Singapore: World Scientific, 1998); Elisabet Sahtouris *EarthDance: Living Systems in Evolution* (San Jose, CA: iUniversity Press, 2000). 다음도 참고하라. http://www.ratical.org/LifeWeb/Erthdnce/erthdnce.html; Sidney Liebes, Elisabet Sahtouris, and Brian Swimme, *A Walk through Time: From Stardust to Us: The Evolution of Life on Earth* (New York: John Wiley & Sons, 1998). 엘리자벳 사토리스Elisabet Sahtouris에 대해서는 다음을 참고하라. http://www.ratical.org/LifeWeb/. 호매완Mae-Wan Ho의 저술과 사상에 대해서는 다음을 참고하라. http://www.ratical.org/co-globalize/MaeWanHo/.

6. 지구헌장 운동의 역사는 다음을 참고하라. http://www.earthcharterusa.org/earth_charter.html.

7. Frances Korten and Roberto Vargas, *Movement-Building for Transformation: Bringing Together Diverse Leaders for Connection and Vision* (Bainbridge Island,WA: Positive Futures Network, 2006).

8. 우리가 공동으로 작성한 이 토론 논문은 2002년에 민중중심발전포럼People-Centered Development Forum 홈페이지에 게시되었다. David C. Korten, Nicanor Perlas, and Vandana Shiva, "Global Civil Society: The Path Ahead." http://www.pcdf.org/civilsociety/.

제1부. 우리는 미래를 선택할 수 있다

1장 제국과 지구공동체라는 선택지

1. Michael Lerner, "Surviving the Bush and Sharon Years." 사설. *Tikkun*, March/April 2001.

2. Riane Eisler, *The Chalice and the Blade*, rev. ed. (San Francisco: HarperSanFrancisco, 1995), xix – xxiii.

3. 이 이야기는 내가 니카라과의 중앙아메리카 경영대학원Central American Management Institute에서 교수로 재직하던 동안 존 C. 이키스John C. Ickis와 함께 작성한 수업용 사례를 토대로 재구성한 것이다.

4. Eisler, *Chalice and Blade*.

5. 지구헌장의 상세한 내용은 다음을 참고하라. http://www.earthcharter.org/.

6. 이 책에 설명된 제국과 지구공동체의 주요 내러티브는 다음을 토대로 한 것이다. Korten, Perlas, and Shiva, "Global Civil Society."

7. Eisler, *Chalice and Blade*.

8. Jonathan Schell, *The Unconquerable World: Power, Nonviolence, and the Will of the People* (New York: Metropolitan Books, 2003), 28 – 31.

9. Andrew B. Schmookler, *The Parable of the Tribes: The Problem of Power in Social Evolution*, 2nd ed. (Albany, NY: State University of New York Press, 1994).

10. Viktor E. Frankl, *Man's Search for Meaning*, rev. ed. (New York: Pocket Books, 1984).

11. Ibid., 86 – 87, 157.

12. Ibid., 86 – 87.

2장 선택이 만드는 가능성

1. 다섯 단계로 본 의식의 발달 과정은 주로 로버트 케이건Robert Kegan이 제시한 틀을 따랐지만 도덕적, 감정적 차원에 더 초점을 맞추기 위해 장 피아제Jean Piaget, 에릭 에릭슨Erik Erikson, 로렌스 콜버그Lawrence Kohlberg, 캐롤 길리건Carol Gilligan, 스탠리 그린스펀Stanley Greenspan 등 다른 발달심리학자들의 연구도 참고했다. 케이건이 제시한 범주를 이해하고 서술하는 데는 케이건과 몇 년간 하버드에서 함께 연구한 적이 있는 래리 댈로스Larry Daloz와 샤론 파크스Sharon Parks에게서 도움을 받았다. 세 번째 차원과 네 번째 차원은 케이건의 연구 외에 다음도 참고했다. Eleanor Drago-Severson, *Becoming Adult Learners: Principles and Practices for Effective Development* (New York: Teachers College Press, 2004), 23 – 32. 다섯 번째 차원은 부분적으로 다음을 참고했다. Laurent A. Parks Daloz, "Transformative Learning for Bioregional Citizenship." 다음에 수록됨. *Learning toward an Ecological Consciousness: Selected Transformative Practices*, ed. Edmund O'Sullivan and Marilyn M. Taylor (New York: Palgrave Macmillan, 2004).

2. Robert Kegan, *In over Our Heads: The Mental Demands of Modern Life* (Cambridge, MA: Harvard University Press, 1994), 39.

3. Robert Kegan, *The Evolving Self: Problem and Process in Human Development* (Cambridge, MA: Harvard University Press, 1982), 56.

4. Paul H. Ray and Sherry Ruth Anderson, *The Cultural Creatives: How 50 Million People Are Changing the World* (New York: Harmony Books, 2000).

5. John C. Friel and Linda Friel, *The Soul of Adulthood: Opening the Doors...* (Deerfield Beach, FL: Health Communications, 1995), 120.

6. Kegan, *In over Our Heads*, 40 – 41.

7. 다음을 참고하라. Daniel Maguire, *A Moral Creed for All Christians*, Fortress Press(근간).

3장 우리 앞에 놓인 절박한 과제

1. Frankl, *Man's Search for Meaning*, 179 (1장의 주석 10번을 참고하라)

2. 제74화. 1969년 2월 28일에 첫 방영됨.

3. Worldwatch Institute, *Vital Signs 2003: Trends That Are Shaping Our Future* (New York: W.W. Norton, 2003), 29.

4. Janet L. Sawin, "Making Better Energy Choices." 다음에 수록됨. Worldwatch Institute, *State of the World 2004*, ed. Linda Starke (New York: W.W. Norton, 2004), 29.

5. Christopher Flavin, Worldwatch Institute, *State of the World 2004*, xviii.

6. Worldwatch Institute, *Vital Signs 2003*, 35, 41, 49.

7. World Wildlife Fund for Nature, *Living Planet Report 2002* (Cambridge, UK: WWF, 2002). 다음에서 볼 수 있다. http://www.panda.org/downloads/general/LPR_2002. pdf.

8. Ibid.

9. Chris Bright, "A History of Our Future." 다음에 수록됨. *Worldwatch Institute, State of the World 2004*, 5.

10. Intergovernmental Panel on Climate Change, World Meteorological Association and United Nations Environment Programme, *Third Assessment Report: Climate Change 2001* (Geneva: 2001). 다음에서 볼 수 있다. http://www.ipcc.ch/pub/online. htm.

11. Jonathan Leake, "Britain Faces Big Chill as Ocean Current Slows," *Sunday Times*, May 8, 2005, http://www.timesonline.co.uk/article/0,,2087-1602579,00.html.

12. Intergovernmental Panel on Climate Change, *Third Assessment Report*.

13. Peter Schwartz and Doug Randall, *An Abrupt Climate Change Scenario and Its Implications for United States National Security*, October 2003, 1 – 2, 22. 다음에서 볼 수 있다. http://www.gbn.com/ArticleDisplayServlet.srv?aid=26231.

14. Sawin, "Making Better Energy Choices," 27.

15. James Howard Kunstler, *The Long Emergency: Surviving the Long Catastrophes of the Twenty-first Century* (New York: Atlantic Monthly Press, 2005).

16. Nicholas Varchaver, "How to Kick the Oil Habit," *Fortune*, August 23, 2004, 102.

17. 유한한 지구에서 "오버슈팅에 이은 붕괴"가 인류에게 어떤 시사점을 주는지에 대해서는 다음을 참고하라. Donella H. Meadows et al., *The Limits to Growth* (New York: New American Library, 1972).

18. Worldwatch Institute, *Vital Signs 2003*, 34 – 35.

19. Kunstler, *The Long Emergency*.

20. James Howard Kunstler, "The Long Emergency," *Rolling Stone*, March 24, 2005, http://www.rollingstone.com/politics/story/_/id/7203633.

21. Ibid.

22. 매튜 화이트Matthew White가 종합한 내용을 다음에서 볼 수 있다. http://users.erols.com/ mwhite28/warstat8.htm; 다음도 참고하라. Piero Scaruffi, http://www.scaruffi.com/politics/massacre.html.

23. World Health Organization, *Injuries and Violence Prevention*, n.d., http://www.who.int/violence_injury_prevention/violence/collective/collective/en/index2.html.

24. United Nations, "Land Mine Facts." 다음에 배포된 보도자료. International Conference on Mine Clearance Technology, 2N, July 4, 1996, Copenhagen, http://www.un.org/Depts/dha/mct/facts.htm.

25. Doug Rokke. 다음과의 인터뷰. Sunny Miller, "The War against Ourselves," *YES! A Journal of Positive Futures*, Spring 2003, http://www.yesmagazine.org/article.asp?ID=594.

26. Chalmers Johnson, *The Sorrows of Empire: Militarism, Secrecy, and the End of the Republic* (New York: Henry Holt, 2004), 100.

27. PBS, *Now*. 외상 후 스트레스 장애에 대한 보도. http://www.pbs.org/now/society/ptsd.html.

28. Immanuel Wallerstein, "The Eagle Has Crash Landed," Foreign Policy, July 1, 2002, 60–68.

29. 이 주장은 다음에 유려하게 설명되어 있다. Schell, *Unconquerable World* (1장의 주석 8번을 참고하라).

30. United Nations Development Programme, 2003 Human *Development Report* (New York: Oxford University Press, 2003), 2–8.

31. Luisa Kroll and Lea Goldman, "The World's Billionaires," *Forbes*, March 10, 2005, http://www.forbes.com/billionaires/2005/03/10/cz_lk_lg_0310billintro_bill05.html.

32. Matthew Bentley, "Sustainable Consumption: Ethics, National Indices and International Relations" (박사학위 논문. American Graduate School of International Relations and Diplomacy, Paris, 2003). 다음에 기록된 것을 따름. Flavin, World Watch, *State of the World 2004*, xvii.

33. United Nations, "World Population Prospects: The 2002 Revision," February 26, 2003, vi.

34. 시가총액은 톰슨 파이낸셜Thomson Financial의 데이터스트림Datastream에 가입하면 볼 수 있다.

35. Edward N.Wolff, *Top Heavy: The Increasing Inequality of Wealth in America and What Can Be Done about It* (New York: New Press, 2002), 29 – 30.

36. Nelson D. Schwartz, "*The Dollar in the Dumps,*" *Fortune,* December 13, 2004, 113 – 14.

37. Ibid.

38. Emmanuel Todd, *After the Empire: The Breakdown of the American Order* (New York: Columbia University Press, 2003), 123.

39. Pete Engario and Dexter Roberts, "The China Price," *Business Week,* December 6, 2004, 102 – 12.

40. Barney Gimbel, "Yule Log Jam," *Fortune,* December 13, 2004, 162 – 70.

41. Engario and Roberts, "China Price."

42. Stephen Baker and Manjeet Kripalani, "Software: Will Outsourcing Hurt America's Supremacy?" *Business Week,* March 1, 2004, 84 – 94.

43. "Inside the New China," *Fortune,* October 4, 2004, 92.

44. Engario and Roberts, "China Price."

45. "아르헨티나: 어려운 시절의 희망*Argentina: Hope in Hard Times*"은 마크 드워킨 Mark Dworkin과 멜리사 영Melissa Young이 제작했다. 다음을 참고하라. http://www. movingimages.org/page22.html. "더 테이크*The Take*"는 아비 루이스*Avi Lewis* 와 내오미 클라인*Naomi Klein*이 제작했다. 다음을 참고하라. http://www.nfb.ca/ webextension/thetake/.

4장 변화의 기회

1. 다음에 인용된 것을 따름. Philip H. Duran, "Eight Indigenous Prophecies," http:// home.earthlink.net/~phil-duran/prophecies.htm.

2. Thomas Berry, *The Great Work* (New York: Bell Tower, 1999), 201.

3. 조직화 세포에 대한 설명은 다음을 참고했다. John Feltwell, *The Natural History of Butterflies* (New York: Facts on File, 1986), 23.

4. Elisabet Sahtouris, *EarthDance: Living Systems in Evolution* (San Jose, CA: iUniversity Press, 2000), 206 – 7.

5. Paul Ray and Sherry Anderson. 다음과의 인터뷰. Sarah Ruth van Gelder, "A Culture Gets Creative," *YES! A Journal of Positive Futures*, Winter 2001. 여기에서 레이와 앤더슨은 민권 운동과 광범위한 문화적 각성 사이의 연결고리를 짚어냈다. 이 통찰 덕분에

나는 단순히 가치가 이동한 것을 넘어 훨씬 더 근본적인 무언가가 벌어지고 있었음을 알게 되었다. 이후에 레이와 직접 이야기를 나누면서 그가 연구에서 발견한 결과가 인간 의식이 새로운 차원으로 이동했다는 증거임을 다시금 확인할 수 있었다.

6. Ray and Anderson, *Cultural Creatives* (2장의 주석 4번을 참고하라).

7. 다음에 보도된 것을 따름. Duane Elgin and Coleen LeDrew, "Global Paradigm Report: Tracking the Shift Underway," *YES! A Journal of Positive Futures*, Winter 1997, 19; Duane Elgin with Coleen LeDrew, *Global Consciousness Change: Indicators of an Emerging Paradigm* (San Anselmo, CA: Millennium Project, 1997). 더 상세한 정보는 다음을 참고하라. http://www.awakeningearth.org/.

8. Ronald Inglehart, *Modernization and Postmodernization: Cultural, Economic, and Political Change in 43 Societies* (Princeton, NJ: Princeton University Press, 1997).

9. Parker J. Palmer. 다음과의 인터뷰. Sarah van Gelder, "Integral Life, Integral Teacher," *YES! A Journal of Positive Futures,Winter 1999*, http://www.yesmagazine.org/article.asp?ID=796.

10. "민중의 지구 선언People's Earth Declaration"은 다음 책의 부록에 수록되어 있다. David C. Korten, *When Corporations Rule the World* (West Hartford, CT: Kumarian, and San Francisco: Berrett-Koehler, 1995). 다음도 참고하라. *NGO Documents for the Earth Summit, 1992*, http://www.earthsummit2002.org/toolkits/Women/ngo-doku/ngo-conf/ngoearth5.htm.

11. 지구헌장의 전체 내용과 추가적인 정보는 다음을 참고하라. http://www.earthcharter.org/.

12. Frances F. Korten, "Report from the World Social Forum," *YES! A Journal of Positive Futures*, Spring 2004, http://www.yesmagazine.org/article.asp?ID=710.

13. Patrick E. Tyler, "A New Power in the Streets," *New York Times*, February 17, 2002.

14. Eisler, *Chalice and Blade*.

제2부. 우리가 선택해 온 갈: 제국의 슬픔

서문

1. Cornel West, "Finding Hope in Dark Times," *Tikkun*, July/August 2004, 18.

5장 신이 여성이었을 때

1. Eisler, *Chalice and Blade*, 20.

2. 나는 더 일반적인 표현인 "수렵채집인"보다 "*채집수렵인*"이라는 표현을 사용했다. 초창기

사회 대부분에서 사람들의 생존은 기본적으로 수렵보다 채집에 의존했다는 리언 아이슬러의 지적에 따른 것이다. 수렵을 앞세우는 더 일반적인 표현은 수렵을 주로 담당했다고 여겨진 남성을 식량의 주요 공급자로 상정하면서 채집을 더 많이 담당했다고 여겨진 여성의 역할을 축소하는 편향된 표현이다.

3. Eisler, *Chalice and Blade*, 66.

4. Ibid., 66–69.

5. Edward McNall Burns,*Western Civilizations: Their History and Their Culture*, 5th ed. (New York: W.W. Norton, 1958), 11.

6. *Encyclopaedia Britannica 2003*, deluxe ed. CD, s.v. "Human Evolution"; Philip Lee Ralph et al., *Western Civilizations: Their History and Their Culture*, vol. 1, 9th ed. (New York: W.W. Norton, 1997), 6–8.

7. Jared Diamond, *Guns, Germs, and Steel: The Fates of Human Societies* (New York: W.W. Norton, 1999), 267–68.

8. Burns, *Western Civilizations*, 124.

9. Diamond, *Guns, Germs, and Steel*, 16.

10. Eisler, *Chalice and Blade*, 16–21.

11. Merlin Stone, *When God Was a Woman* (San Diego: Harcourt Brace, 1976), 2–4.

12. Eisler, *Chalice and Blade*, 28.

13. Brian Swimme and Thomas Berry, *The Universe Story* (San Francisco: HarperSanFrancisco, 1992), 168–84.

14. Eisler, *Chalice and Blade*, 28.

15. Sydney Smith. 다음에 수록됨. *Myth, Ritual, and Kingship*, ed. S.H. Hooke (London: Oxford University Press, 1958). 다음에 인용됨. Stone, *When God Was a Woman*, 130.

16. Stone, *When God Was a Woman*, 41–42.

17. Ibid., 11–12.

18. A. Moortgat, *The Art of Ancient Mesopotamia* (London: Macmillan, 1970). 다음에 인용됨. Stone, *When God Was a Woman*, 130.

19. 다음에 인용됨. Stone, *When God Was a Woman*, 34–35.

20. Stone, *When God Was a Woman*, 63–64.

21. Eisler, *Chalice and Blade*, 45.

22. Swimme and Berry, *Universe Story*, 184.

23. Eisler, *Chalice and Blade*, xxiii, 42–48, 51–53.

24. Ibid., 48 – 53.

25. Ibid., 91 – 92.

26. 세계 노예제의 역사는 다음에 수록된 밀튼 멜처Milton Meltzer의 글을 참고하라. *Slavery: A World History* (New York: Da Capo, 1993), 1 – 3.

6장 고대 제국: 지배하거나 지배 당하거나

1. Ilarion (Larry) Merculief, "The Gifts from the Four Directions," *YES! A Journal of Positive Futures*, Spring 2004, 44 – 45. 구두로 이야기된 예언에 대한 그의 연구를 바탕으로 했다.

2. 여기에 참고한 문헌은 다음과 같다. Ralph et al., *Western Civilizations*; Burns, *Western Civilizations*; Diamond, *Guns, Germs, and Steel*; Will Durant, *Heroes of History: A Brief History of Civilization from Ancient Times to the Dawn of the Modern Age* (New York: Simon & Schuster, 2001); *Encyclopaedia Britannica 2003*, deluxe ed. CD; 웹에서도 다양한 자료를 볼 수 있다. 예를 들어, 다음을 참고하라. BBC 인터넷 서비스 역사 컬렉션. http://www.bbc.co.uk/history/ (2005년 9월 10일에 접속함); http://www.historyguide.org/.

3. Ralph et al., *Western Civilizations*, 32 – 33.

4. Burns, *Western Civilizations*, 77.

5. Ralph et al., *Western Civilizations*, 36.

6. Ibid., 44.

7. Burns, *Western Civilizations*, 76.

8. Ralph et al., *Western Civilizations*, 44.

9. Diamond, *Guns, Germs, and Steel*, 411.

10. Burns, *Western Civilizations*, 40.

11. Ibid., 46.

12. Ralph et al., *Western Civilizations*, 118 – 20.

13. Andrew Wallace-Hadrill, *Roman Empire: The Paradox of Power*. BBC 인터넷 서비스 역사 컬렉션. http://www.bbc.co.uk/history/ancient/romans/

14. Ralph et al., *Western Civilizations*, 229.

15. Ibid., 229 – 30.

16. Durant, *Heroes of History*, 143.

17. 약 200년간 이어진 "팍스 로마나" 시기 중 100여 년을 통치했던 이 황제들에 대한 간략한 설명은 다음의 자료를 종합한 것이다. *Encyclopaedia Britannica 2003*, deluxe ed. CD.

18. Ralph et al., *Western Civilizations*, 249.

19. Walter Wink, *Engaging the Powers: Discernment and Resistance in a World of Domination* (Minneapolis: Fortress Press, 1992), 150.

20. Ralph et al., *Western Civilizations*, 711–14.

7장 근현대 제국: 돈의 힘에 의한 전환

1. William Greider, *The Soul of Capitalism: Opening Paths to a Moral Economy* (New York: Simon and Schuster, 2003), 35.

2. *Encyclopaedia Britannica 2003*, deluxe ed. CD, s.v. "Colonialism." 여기에는 1878년 전에 영국, 스페인, 포르투갈에서 독립한 아메리카 대륙 나라들의 영토가 포함되어 있다.

3. Ibid., s.v. "Hernando de Soto."

4. *The Reader's Companion to American History*, s.v. "America in the British Empire" (by Richard S. Dunn), Houghton Mifflin College Division, 온라인판 http://college.hmco.com/history/readerscomp/rcah/html/ah_003000_americainthe.htm (2005년 10월 22일에 접속함).

5. *Encyclopaedia Britannica 2003*, deluxe ed. CD, s.v. "Privateer."

6. Kevin Phillips, *Wealth and Democracy* (New York: Broadway Books, 2002), 11, 14.

7. *Encyclopaedia Britannica 2003*, deluxe ed. CD, s.v. "Morgan, Sir Henry."

8. Ibid., s.v. "Privateer."

9. Ron Harris, *Industrializing English Law: Entrepreneurship and Business Organization, 1720–1844* (Cambridge: Cambridge University Press, 2000), 41–42, 46–47.

10. Ibid.

11. Burns, *Western Civilizations, 467; Encyclopaedia Britannica 1998*, CD, s.v. "British East India Company."

12. *Encyclopaedia Britannica 1998*, CD, s.v. "Opium Wars."

13. Mark Curtis, "The Ambiguities of Power: British Foreign Policy since 1945," *The Ecologist* 26, no. 1 (January/ February 1996): 5–12.

14. Marjorie Kelly, *The Divine Right of Capital: Dethroning the Corporate Aristocracy* (San Francisco: Berrett- Koehler, 2001).

15. Frances Moore Lappé, *Democracy's Edge* (Jossey-Bass, 2005), 109–11.

16. Curtis, "Ambiguities of Power."

17. 이 메커니즘이 어떻게 작동했는지에 대한 내부자의 설명은 다음을 참고하라. John

Perkins, *Confessions of an Economic Hit Man* (San Francisco: Berrett-Koehler, 2004).

18. 현대 무역 협정의 진짜 목적과 그것이 일으킨 결과에 대한 상세한 설명은 다음을 참고하라. Korten, *When Corporations Rule the World*; International Forum on Globalization, ed. John Cavanagh and Jerry Mander, *Alternatives to Economic Globalization: A Better World Is Possible* (San Francisco: Berrett-Koehler, 2002); Lori Wallach and Patrick Woodall, *Whose Trade Organization? Comprehensive Guide to the WTO* (New York: New Press, 2003); Jerry Mander and Edward Goldsmith eds., *The Case against the Global Economy and for a Turn to the Local* (San Francisco: Sierra Club Books, 1996).

19. 화폐가 어떻게 창출되고 조작되는지에 대한 더 상세한 설명은 다음을 참고하라. Korten, *When Corporations Rule the World*, 181 – 85.

20. "Creative Finance," *Forbes*, May 9, 2005, 46.

8장 아테네의 민주주의 실험

1. Lappé, *Democracy's Edge*.

2. Durant, *Heroes of History*, 80; Ralph et al.,*Western Civilizations*, 164.

3. Durant, *Heroes of History*, 76.

4. Burns, *Western Civilizations*, 152.

5. 외국 출생자 중 클레이스테네스Cleisthenes 통치 때 시민권을 부여 받은 사람들이 있지만 그들은 예외다. 그리스의 가장 위대한 철학자 중 한 명인 아리스토텔레스는 아테네 시민이 되지 못했고 이 때문에 플라톤 사망 이후에 플라톤이 세운 교육 기관 아카데미아의 학장 자리에 임명되지 못했다.

6. Eva Keuls, *The Reign of the Phallus: Sexual Politics in Ancient Athens* (Berkeley and Los Angeles: University of California Press, 1993). 다음도 참고하라. Riane Eisler, *Sacred Pleasure: Sex, Myth, and the Politics of the Body* (New York: HarperCollins, 1995), 104 – 7.

7. Durant, *Heroes of History*, 80.

8. Jean L. Cohen and Andrew Arato, *Civil Society and Political Theory* (Cambridge, MA: MIT Press, 1992), 85.

9. *Aristotle: The Politics and the Constitution of Athens*, ed. Stephen Everson (Cambridge University Press, 1996), 16 – 17.

10. Cohen and Arato, *Civil Society*, 7.

11. Burns, *Western Civilizations*, 569.

제3부. 아메리카, 미완의 프로젝트

9장 장밋빛 전망과는 거리가 멀었던 시작

1. *The Reader's Companion to American History*, s.v. "Southern Colonies" (by Peter H.Wood), Houghton Mifflin College Division. 온라인판 http://college.hmco.com/history/readerscomp/rcah/html/ah_080500_southerncolo.htm (2005년 10월 22일에 접속함).

2. Donald S. Lutz, ed., *Colonial Origins of the American Constitution: A Documentary History* (Indianapolis: Liberty Fund, 1998). 이러한 범죄를 포함해 여러 범죄에 대해 어떠한 처벌이 가해지는지를 규정한 공식 문서가 수록되어 있다.

3. Harvey Wasserman, *America Born and Reborn* (New York: Collier Books, 1983), 19.

4. *The Reader's Companion to American History*, s.v. "America in the British Empire" (7장의 주석 4번을 참고하라); Paul Boyer, "Apocalypticism Explained: The Puritans," *Frontline*, PBS, http://www.pbs.org/wgbh/pages/frontline/shows/apocalypse/explanation/puritans.html.

5. Ibid.

6. 식민지 초창기의 종교에 대한 상세한 연구는 다음을 참고하라. Frank Lambert, *The Founding Fathers and the Place of Religion in America* (Princeton, NJ: Princeton University Press, 2003).

7. John Cotton in "Letter to Lord Say and Sele," 1636, http://www.skidmore.edu/~tkuroda/hi321/LordSay&Sele.htm.

8. Lambert, *Founding Fathers and Religion*, 92.

9. 다음에 인용됨. Howard Zinn, *A People's History of the United States 1492 – Present* (New York: Harper-Perennial, 1995), 1, 3.

10. 이와 같은 묘사가 다음에 많이 인용되어 있다. Zinn, *People's History*; Thom Hartmann, *What Would Jefferson Do? A Return to Democracy* (New York: Harmony Books, 2004); *Wasserman, America Born and Reborn*.

11. Zinn, *People's History*, 21.

12. Jack Weatherford, "The Untold Story of America's Democracy," *YES! A Journal of Positive Futures*, Spring 2002, 14 – 17; Hartmann, *What Would Jefferson Do?*

13. Zinn, *People's History*, 11.

14. Ralph et al., *Western Civilizations*, 676 – 77.

15. Zinn, *People's History*, 13 – 16.

16. Priscilla Murolo and A.G. Chitty, *From the Folks Who Brought You the Weekend* (New York: New Press, 2001), 6.

17. Peter Kellman, "The Working Class History Test." 다음에 수록됨. *Defying Corporations, Defining Democracy: A Book of History and Strategies*, ed. Dean Ritz (New York: Apex, 2001), 46–48.

18. Murolo and Chitty, *Folks Who Brought the Weekend*, 21.

19. Murolo and Chitty, *Folks Who Brought the Weekend, 19;* Roger Wilkins, *Jefferson's Pillow: The Founding Fathers and the Dilemma of Black Patriotism* (Boston: Beacon, 2001), 18–19; Zinn, *People's History*, 39–42.

20. Wilkins, *Jefferson's Pillow*, 19–20.

21. Wasserman, *America Born and Reborn*, 76.

10장 민중 권력의 저항이 시작되다

1. 그의 친구인 리처드 러시Richard Rush에게 보낸 서신. 다음에 인용됨. Schell, *Unconquerable World*, 163 (1장의 주석 8번을 참고하라).

2. Leo Huberman, *We, the People: The Drama of America*, rev. ed. (New York: Monthly Review Press, 1947; Modern Reader, 1970), 43–44. 인용은 모던 리더Modern Reader 판본을 기준으로 했다.

3. Thom Hartmann, *Unequal Protection: The Rise of Corporate Dominance and the Theft of Human Rights* (Emmaus, PA: Rodale, 2002), 52–63; Ted Nace, *Gangs of America: The Rise of Corporate Power and the Disabling of Democracy* (San Francisco: Berrett-Koehler, 2003), 41–45; Huberman, *We, the People*, 70.

4. *Encyclopaedia Britannica 2003*, deluxe ed. CD, s.v. "Continental Congress." 선언문은 다음에서 볼 수 있다. http://www.constitution.org/bcp/colright.htm.

5. Schell, *Unconquerable World*, 160–63.

6. Wilkins, *Jefferson's Pillow*, 35–36.

11장 제국의 승리를 보다

1. 다음에 보도된 내용을 따름. CBS News, "Bush and Gore Do New York," October 20, 2000, http://www.cbsnews.com/stories/2000/10/18/politics/main242210.shtml. 부시가 대선 기간에 뉴욕에서 열린 앨 스미스Al Smith의 모금 행사에서 한 연설이다.

2. Wolff, *Top Heavy*, 3, 8 (3장의 주석 35번을 참고하라).

3. Thomas R. Dye, *Who's Running America? The Bush Restoration*, 7th ed. (Upper Saddle River, NY: Prentice Hall, 2002), 204.

4. Huberman, *We, the People*, 75–78.

5. 토머스 제퍼슨Thomas Jefferson이 새뮤얼 커치발Samuel Kercheval에게 보낸 서신, 1816년. 다음에 수록됨. *The Writings of Thomas Jefferson*, ed. A.A. Lipscomb and Albert E. Bergh, 20 vols. (Thomas Jefferson Memorial Association: Washington, DC, 1903-04), 15:39, http://etext.lib.virginia.edu/jefferson/quotations/jeff0600.htm.

6. 다음에 인용된 것을 따름. Zinn, *People's History*, 95.

7. Zinn, *People's History*, 95.

8. Wilkins, *Jefferson's Pillow*.

9. Murolo and Chitty, *Folks Who Brought the Weekend*, 42.

10. Wasserman, *America Born and Reborn*, 53.

11. Wilkins, *Jefferson's Pillow*.

12. Murolo and Chitty, *Folks Who Brought the Weekend*, 43.

13. Phillips, *Wealth and Democracy*, 16 – 17 (7장의 주석 6번을 참고하라).

14. John Kenneth Galbraith, *Money: Whence It Came, Where It Went* (Boston: Houghton Mifflin, 1975), 73.

15. Phillips, *Wealth and Democracy*, 17; William Greider, *Secrets of the Temple: How the Federal Reserve Runs the Country* (New York: Touchstone, 1989), 255.

16. 연방준비제도에 대한 상세하고 권위 있는 설명은 다음을 참고하라. Greider, *Secrets of the Temple*.

17. Wasserman, *America Born and Reborn*, 56.

18. Ibid., 57.

19. Hartmann, *What Would Jefferson Do?*

20. Murolo and Chitty, *Folks Who Brought the Weekend*, 44 – 45.

21. Ibid., 43.

22. 이러한 특성을 파악하는 데 메노모니 네이션 대학College of Menomonee Nation의 홀리 영베어-티베츠Holly Youngbear-Tibbetts 교수에게 큰 도움을 받았다.

23. Zinn, *People's History*, 125 – 26.

24. Stephen F. Knott, *Secret and Sanctioned: Covert Operations and the American Presidency* (New York: Oxford University Press, 1996), 116 – 20; Zinn, *People's History*, 147 – 66; *Encyclopaedia Britannica 2003*, deluxe ed. CD, s.v. "Alamo," "History of Mexico."

25. 다음을 참고하라. *Gangs of America*; Hartmann, *Unequal Protection*.

26. Zinn, *People's History*, 290 – 91.

27. Ibid.

28. 젊은 학자이자 변호사이고 나중에 인디애나 주 출신 상원의원이 되는 앨버트 제레미야 베버리지Albert Jeremiah Beveridge가 한 말로, 다음에 인용되어 있다. Stanley Karnow, *In Our Image: America's Empire in the Philippines* (New York: Random House, 1989), 109.

29. Knott, *Secret and Sanctioned*, 150–52.

30. Michael Parenti, *Against Empire* (San Francisco: City Lights Books, 1995), 38–39.

31. Laurence H. Shoup and William Minter, "Shaping a New World Order: The Council on Foreign Relations' Blueprint for World Hegemony." 다음에 수록됨. *Trilateralism: The Trilateral Commission and Elite Planning for World Management*, ed. Holly Sklar (Boston: South End, 1980), 140–49.

32. 다음에 인용된 것을 따름. Noam Chomsky, *What Uncle Sam Really Wants* (Tucson, AZ: Odonian, 1992), 9–10.

33. Shoup and Minter, "Shaping a New World Order," 140–49.

34. 다음에 종합된 내용을 참고하라. *Parenti, Against Empire*, 37–38.

35. Ibid.

36. "A Chronology of U.S.Military Interventions from Vietnam to the Balkans," *Frontline*, PBS Online and WGBH/Frontline, 1999, http://www.pbs.org/wgbh/pages/frontline/shows/military/etc/cron.html.

37. Perkins, *Economic Hit Man* (7장의 주석 17번을 참고하라).

12장 정의를 위해 투쟁하다

1. 링컨 미모리얼에서 한 "나에게는 꿈이 있습니다 Had a Dream" 연설. 1963년 8월 28일.

2. 흑인의 저항에 대한 상세한 설명은 다음을 참고하라. Zinn, *People's History*, 167–205.

3. Wasserman, *America Born and Reborn*, 78–80.

4. Murolo and Chitty, *Folks Who Brought the Weekend*, 94–95.

5. Ibid., 247–49.

6. Ibid., 250–52.

7. Wasserman, *America Born and Reborn*, 74.

8. Ibid., 75.

9. Sheila Tobias, *Faces of Feminism: An Activist's Reflections on the Women's Movement* (Boulder, CO: Westview, 1997), 22–25.

10. 다음의 자료를 바탕으로 한 숫자임. *The World Almanac and Book of Facts 1997* (New York: St.Martin's); Geoffrey Barraclough, "The Making of the United States: Westward Expansion 1783 to 1890." 다음에 수록됨. *The Times Atlas of World History*, ed. Geoffrey Barraclough (London: Times Books, 1978), 220–21, http://www.globalpolicy.org/empire/history/1979/79westwardexp.htm

11. Murolo and Chitty, *Folks Who Brought the Weekend*, 256.

12. *Houghton Mifflin Encyclopedia of North American Indians*, s.v. "Religious Rights" (Irene S.Vernon). 온라인판. http://college.hmco.com/history/readerscomp/naind/html/na_032700_religiousrig.htm (2005년 11월 17일에 접속함).

13. 농민 민중 운동의 흥망에 대해서는 다음을 참고하라. Lawrence Goodwyn, *The Populist Moment: A Short History of the Agrarian Revolt in America* (Oxford: Oxford University Press, 1978).

14. Zinn, *People's History*, 279–89; Goodwyn, *Populist Moment*.

15. Murolo and Chitty, *Folks Who Brought the Weekend*, 59–60.

16. Ibid., 61–62.

17. Ibid., 61–63.

18. Ibid., 64–66.

19. Huberman, *We, the People*, 207.

20. *Murolo and Chitty, Folks Who Brought the Weekend*, 104–8. 1877년 철도 대파업 때 손상된 철로 사진들이 피츠버그 대학에 소장되어 있다. 다음에서 볼 수 있다. http://www.library.pitt.edu/labor_legacy/rrstrike1877.html.

21. Ibid., 110–12.

22. Huberman, *We, the People*, 235.

23. Murolo and Chitty, *Folks Who Brought the Weekend*, 111–12.

24. Ibid., 110–12.

25. Huberman, *We, the People*, 228.

26. Murolo and Chitty, *Folks Who Brought the Weekend*, 121–27.

27. Huberman, *We, the People*, 231–32.

28. Ibid., 233.

29. Murolo and Chitty, *Folks Who Brought the Weekend*, 150–51.

30. Zinn, *People's History, 375–76; Murolo and Chitty, Folks Who Brought the Weekend*, 177–78.

31. Murolo and Chitty, *Folks Who Brought the Weekend*, 181–84.

32. Ibid., 186 – 93.

33. Ibid., 216.

34. *The World Almanac 1997*, 175.

35. *Wolff, Top Heavy*, 8 – 16.

13장 현실에 경종을 울리다

1. Alan Crawford, *Thunder on the Right: The "New Right" and the Politics of Resentment* (New York: Pantheon Books, 1980), 4 – 5.

2. 다음에 인용된 것을 따름. Francisco Goldman, ""The Evil Was Very Grave…' José Marti's Description of Our 1884 Election Sounds Eerily Contemporary," *The American Prospect*, August 2004, 18.

3. Robert D. Putnam, "The Prosperous Community: Social Capital and Public Affairs," *The American Prospect*, Spring 1993, 2; Robert D. Putnam et al., *Making Democracy Work: Civic Traditions in Modern Italy* (Princeton, NJ: Princeton University Press, 1993).

4. 상류층 사이에서 합의를 이끌고 공동의 로비를 하기 위한 단체들에 대해서는 다음을 참고하라. George Draffan, *The Elite Consensus: When Corporations Wield the Constitution* (New York: Apex, 2003).

5. 다음에 인용된 것을 따름. *Justice for Sale: Shortchanging the Public Interest for Private Gain* (Washington, DC: Alliance for Justice, 1993), 10 – 11.

6. Jean Hardisty, *Mobilizing Resentment: Conservative Resurgence* (Boston: Beacon Press, 1999), 47.

7. Frederick Clarkson "Takin' It to the States: The Rise of Conservative State-Level Think Thanks," *The Public Eye* 13, no. 2/3 (Summer/Fall 1999), http://www.publiceye.org/.

8. Hardisty, *Mobilizing Resentment*, 17; Chip Berlet and Jean Hardisty, *An Overview of the U.S. Political Right: Drifting Right and Going Wrong*, on the Web site of Political Research Associates, http://www.publiceye.org/frontpage/overview.html.

9. Hardisty, *Mobilizing Resentment*, 47.

10. Ibid., 48.

11. Frederick Clarkson, *Eternal Hostility: The Struggle between Theocracy and Democracy* (Monroe, ME: Common Courage, 1997), 20 – 22.

12. 다음에 인용된 것을 따름. Joe Conason, "Taking On the Untouchables," *Salon*, February 29, 2000, http://archive.salon.com/news/col/cona/2000/02/29/right/

index1.html.

13. Clarkson, "Takin' It to States."

14. Clarkson, *Eternal Hostility*, 77. 기독교 우파의 실제 의도에 대한 이 주장은 다음에서도 제기되었다. Hardisty, *Mobilizing Resentment*.

15. 뉴라이트 인사가 직접 기술한 뉴라이트의 초기 역사는 다음을 참고하라. Crawford, *Thunder on the Right*. 저자 크로포드는 반보수주의적 아젠다에 경각심을 느껴서 참여하게 되었다고 밝힌 바 있다.

16. Hardisty, *Mobilizing Resentment*, 32.

17. Ibid., 39.

18. Ibid., 19, 42.

19. Ibid., 42.

20. 퓰리처 상을 수상한 저자의 다음 저술을 참고하라. Susan Faludi, *Stiffed*: The Betrayal of the American Man (New York: HarperCollins, 2000).

21. Korten, When Corporations *Rule the World*, 305 (4장의 주석 10번을 참고하라).

22. Michael Moore, *Stupid White Men* (New York: Regan Books, 2001), 209 – 11.

23. Tom Curry, "Nixon: 30 Years," MSNBC Interactive, August 9, 2004. 다음에서 볼 수 있다. http://www.other-net.info/index.php?p=250#more-250.

24. Ian Christopher McCaleb and Matt Smith, "Bush, in First Address as President, Urges Citizenship over Spectatorship," CNN.com, January 20, 2001, http://archives.cnn.com/2001/ALLPOLITICS/stories/01/20/bush.speech/.

25. George W. Bush. 취임 연설, 2001년 1월 20일. http://www.whitehouse.gov/news/inauguraladdress.html.

26. Richard W. Stevenson, "The Inauguration: The Agenda," *New York Times*, January 21, 2001.

27. David E. Sanger, "The New Administration: The Plan," *New York Times*, January 24, 2001.

28. Douglas Jehl with Andrew C. Revkin, "Bush, in Reversal, Won't Seek Cut in Emissions of Carbon Dioxide," New York Times, March 14, 2001.

29. 이때의 상황은 전 공화당 전략가 케빈 필립스Kevin Phillips가 다음 저서에서 서술한 내용을 참고하라. *American Dynasty: Aristocracy, Fortune, and the Politics of Deceit in the House of Bush* (New York: Viking, 2004).

30. Roger Cohen, "Europe and Bush: Early Storm Clouds to Watch," *New York Times*, March 26, 2001.

31. 이 보고서는 다음 웹사이트에서 볼 수 있다. http://www.newamericancentury.org/ defensenationalsecurity.htm. "팍스 아메리카나"에 대한 촉구는 iv페이지에 나온다.

32. Ibid., 51.

33. 9.11이 가져다준 "기회"에 대해 행정부 당국자들이 한 언급은 다음을 참고하라. David Ray Griffin, *The New Pearl Harbor: Disturbing Questions about the Bush Administration and 9/11* (Northampton, MA: Olive Branch, 2004), 129 – 131.

34. Dave Zweifel, "Republican Stingingly Rebukes Bush," *Progressive Populist*, April 1, 2004, 9.

14장 정신의 감옥

1. Willis W. Harman, *Global Mind Change: The Promise of the 21st Century*, 2nd ed. (Sausalito, CA: Institute of Noetic Sciences, and San Francisco: Berrett-Koehler, 1998), viii.

2. Milton Friedman, *Capitalism and Freedom* (Chicago: University of Chicago Press, 2002), 120.

3. Ibid., 115 – 17.

4. George Gilder, *Wealth and Poverty*, new ed. (San Francisco: ICS Press, 1993), 40.

제4부. 위대한 전환

서문

1. Matthew Fox, (New York: Penguin Group), 76.

15장 종교와 과학, 투쟁 구도를 넘어서

1. Thomas Berry, *Dream of the Earth* (San Francisco: Sierra Club Books, 1988), xi.

2. Ralph et al., *Western Civilizations*, 390 (5장의 주석 6번을 참고하라).

3. Claudia Wallis, "The Evolution Wars," *Time*, August 15, 2005, 27 – 35.

4. Ibid.

5. 다음을 참고하라. Marcus J. Borg, *Meeting Jesus Again for the First Time* (San Francisco: HarperSanFrancisco, 1994); *The God We Never Knew: Beyond Dogmatic Religion to a More Authentic Contemporary Faith* (San Francisco: HarperSan-Francisco, 1998) (특히 3장 "신을 상상하다: 왜 이것이 중요한가Imaging God: Why and How It Matters"를 참고하라).

6. 다음을 참고하라. Borg, *Meeting Jesus Again*, 38.

7. Matthew Fox, *One River, Many Wells: Wisdom Springing from Global Faiths* (New York: Penguin Group, 2000), 101-188.

8. Matthew Fox, *The Coming of the Cosmic Christ* (New York: Harper-Collins, 1988); Borg, *Meeting Jesus Again*.

9. Borg, *Meeting Jesus Again*, 29.

10. Ibid.

11. Biblical Discernment Ministries, *Book Review: The "Left Series*, January 2005, http://www.rapidnet.com/~jbeard/bdm/BookReviews/left.htm.

12. 다음에 인용된 것을 따름. Nicholas D. Kristof, "Jesus and Jihad," *New York Times*, July 17, 2004, 25.

13. Borg, *Meeting Jesus Again*, 30.

14. Fox, *Wrestling with Prophets; Sheer Joy: Conversations with Thomas Aquinas on Creation Spirituality* (New York: Penguin Group, 1992); *Passion for Creation: The Earth-Honoring Spirituality of Meister Eckhart* (Rochester, VT: Inner Traditions, 2000).

15. 고대의 영적 지도자들의 지혜와 현대 과학의 발견 사이의 수렴에 대한 1970년대의 고전적인 두 연구는 다음을 참고하라. Fritjof Capra, *The Tao of Physics* (New York: Bantam, 1977); Gary Zukav, *The Dancing Wu Li Masters: An Overview of the New Physics* (New York: Bantam, 1979).

16. Borg, *Meeting Jesus Again*, 33-34.

17. Candace Pert, "Molecules and Choice," *Shift: At the Frontiers of Consciousness*, September-November 2004, 21-24.

16장 창조의 장대한 여정

1. Willis W. Harman and Elisabet Sahtouris, *Biology Revisioned* (Berkeley, CA: North Atlantic Books, 1998), 166.

2. Lynn Margulis and Dorion Sagan, *What Is Life?* (New York: Simon & Schuster, 1995), 49.

3. Ibid.

4. Ibid.

5. Ibid.

6. Mae-Wan Ho, "Towards a Thermodynamics of Organized Complexity." 다음의 6장. *Rainbow and Worm*, 79-94 (프롤로그의 주석 5번을 참고하라).

7. Margulis and Sagan, *What Is Life?* 41.

8. Steven Rose, *Lifelines: Biology beyond Determinism* (New York: Oxford University Press, 1998), 158.

9. Jon R. Luoma, *The Hidden Forest: The Biography of an Ecosystem* (New York: Henry Holt, 1999), 73.

10. Ibid., 51 – 57.

11. Ibid., 57 – 62.

12. Ibid., 58 – 60.

13. Ibid., 92 – 101.

14. Margulis and Sagan, *What Is Life?*, 23.

15. 인간 뇌의 각 요소들간 상호작용과 기능에 대해 비전문가 독자를 대상으로 한 설명은 다음을 참고하라. Thomas Lewis, Fari Amini, and Richard Lannon, *A General Theory of Love* (New York: Vintage Books, 2001), 19 – 34.

17장 지구공동체의 기쁨으로 가는 길

1. Erich Fromm, *Escape from Freedom* (New York: Rinehart, 1941), 183 – 84.

2. Frankl, *Man's Search for Meaning*, 131 (1장의 주석 10번을 참고하라)

3. *Hardwired to Connect*. 다음에서 볼 수 있다. Institute for American Values, http://www.americanvalues.org/.

4. Commission on Children at Risk, *Hardwired to Connect: The New Scientific Case for Authoritative Communities*. 다음이 공동으로 작성한 보고서. Institute for American Values, Dartmouth Medical School; YMCA of the USA (New York: Institute for American Values, 2003), 14, 33.

5. Natalie Angier, "Why We're So Nice: We're Wired to Cooperate," *New York Times*, July 23, 2002, D1, D8.

6. 예를 들어, 사회적 자본에 대한 로버트 퍼트넘Robert Putnam의 연구를 참고하라.

7. Lewis, Amini, and Lannon, *General Theory of Love*, 20 – 31.

8. Ibid., 22 – 24.

9. Commission on Children at Risk, *Hardwired to Connect*, 16 – 17.

10. 이 절은 다음 저술의 설명을 토대로 작성했다. Justin A. Frank, *Bush on the Couch: Inside the Mind of the President* (New York: Regan Books, 2004).

11. Frankl, *Man's Search for Meaning*, 120 – 30.

12. Fromm, *Escape from Freedom*, 19 – 20.

13. 학습된 무기력에 대해서는 버지니아 커먼웰스 대학의 마케팅-광고학 교수 찰리 쿤스 Charlie Kouns에게서 도움을 받았다.

14. Friel and Friel, *Soul of Adulthood*, 32 (2장의 주석 5번을 참고하라).

15. Fromm, *Escape from Freedom*, 226.

16. William H. Thomas, "What Is Old Age For?" *YES! A Journal of Positive Futures*, Fall 2005, 12 – 16.

17. 이 원칙들에 대한 설명은 재닌 베니우스Janine Benyus와 엘리자벳 사토리스Elisabet Sahtouris 등의 발표를 참고했다. 다음도 참고하라. "How Will We Conduct Business," 다음 책의 7장. Janine M. Benyus, *Biomimicry: Innovation Inspired by Nature* (New York: William Morrow, 1997).

18. Lynn Margulis and Dorion Sagan, *Microcosmos: Four Billion Years of Evolution from Our Microbial Ancestors* (New York: Summit Books, 1986), 248.

19. Elisabet Sahtouris, "The Biology of Globalization" (1998). 다음에서 볼 수 있다. LifeWeb, http://www.ratical.org/ LifeWeb/Articles/globalize.html; 첫 출판 원고에 서 수정됨. 다음에 수록됨. *Perspectives in Business and Social Change*, September 1997.

20. Kegan, *Evolving Self* (2장의 주석 3번을 참고하라), 19.

21. Ed Diener and Martin E. P. Seligman, "Beyond Money: Toward an Economy of Well-Being," *Psychological Science in the Public Interest* 5, no. 1 (July 2004), 10, http://www.psychologicalscience.org/pdf/pspi/pspi5_1.pdf.

22. Ibid., 3.

23. Ibid.

24. Ibid., 10.

25. Ibid.

26. "노스웨스트 환경 감시Northwest Environment Watch"를 이끄는 앨런 더닝Alan Durning 은 "행복의 경제학"(그의 표현이다)에 대한 연구들을 일별해 그의 블로그에 정리하고 있다. http://www.northwestwatch.org/scorecard/.

18장 함께 살아 낼 새로운 시대의 이야기들

1. Michael Lerner, "Closed Hearts, Closed Minds," *Tikkun* 18, no. 5 (September/ October 2003), 10.

2. Schell, *Unconquerable World*, 106 (1장의 주석 8번을 참고하라).

3. 새로운 번영 이야기에 대한 가장 종합적이고 권위 있는 내용을 다음에서 볼 수 있다. International Forum on Globalization. Eds. John Cavanagh and Jerry Mander,

Alternatives to Economic Globalization: A Better World Is Possible (San Francisco: Berrett-Koehler, 2004).

4. 국가 사이의 경제적 관계에 적용되어야 할 원칙들에 대한 더 상세한 설명은 다음을 참고하라. International Forum on Globalization, *Alternatives to Economic Globalization; and David C. Korten, Post-Corporate World*

제5부. 지구공동체를 탄생시키기

19장 아래로부터 리드하기

1. Margaret J. Wheatley, "Restoring Hope to the Future through Critical Education of Leaders," *Vimukt Shiksha* (다음의 회보. Shikshantar, People's Institute for Rethinking Education and Development, Udaipur, Rajasthan, India), March 2001. 다음에서 볼 수 있다. http://www.margaretwheatley.com/articles/restoringhope.html.

2. 다음을 토대로 정리함. Korten, Perlas, and Shiva, "Global Civil Society" (프롤로그의 주석 8번을 참고하라).

3. "살아있는 지역경제를 위한 비즈니스 연맹Business Alliance for Local Living Economies"에 대한 더 상세한 정보는 다음을 참고하라. http://www.livingeconomies.org/. 다음의 "살아있는 경제"에 대한 특별호도 참고하라. *YES! A Journal of Positive Futures*, Fall 2002, http://www.yesmagazine.org/default.asp?ID=48. 미국에서의 대안 경제 운동에 대해서는 다음을 참고하라. Gar Alperovitz, *America beyond Capitalism: Reclaiming Our Weatlh, Our Liberty, and Our Democracy* (New York: John Wiley & Sons, 2004); *Greider, Soul of Capitalism* (7장의 주석 1번을 참고하라); Michael Shuman, Going Local: *Creating Self-Reliant Communities in a Global Age* (New York: Free Press, 1998).

4. 다음을 참고하라. Bainbridge Graduate Institute, http://www.bgiedu.org/; Co-op America, http://www.coopamerica.org/; American Independent Business Alliance, http://www.amiba.net/; New Rules Project, http://www.newrules.org/.

5. Jaime S. Walters, *Big Vision, Small Business: Four Keys to Success without Growing Big* (San Francisco: Berrett-Koehler, 2002).

6. Amanda Griscom Little, "Mayor Leads Crusade against Global Warming," *Grist Magazine*/MSNBC News, June 20, 2005, http://msnbc.msn.com/id/8291649.

7. John Nichols, "Urban Archipelago," *The Nation*, June 20, 2005, http://www.thenation.com/doc/20050620/nichols.

8. Ibid.

9. 다음 웹사이트를 참고하라. http://www.apolloalliance.org/; http://www.thepeacealliance.org/; http://www.peacealliancefound.org/.

10. Michelle Conlin, "The New Gender Gap," *Business Week*, May 26, 2003, 75 – 84.

11. 다음을 참고하라. https://pubmed.ncbi.nlm.nih.gov/3381683/; https://www.verywellmind.com/the-carol-gilligan-theory-and-a-woman-s-sense-of-self-5198408

12. Paul Nussbaum, "The Surprising Spectrum of Evangelicals," *Philadelphia Inquirer*, January 19, 2005, http://www.philly.com/mld/philly/news/breaking_news/11929261.htm.

13. "Evangelical Leaders Adopt Landmark Document Urging Greater Civic Engagement," October 8, 2004. 보도자료. National Association of Evangelicals; Laurie Goodstein, "Evangelicals Open Debate on Widening Policy Questions," *New York Times*, March 11, 2005.

14. National Association of Evangelicals, "For the Health of the Nation: An Evangelical Call to Civic Responsibility. 2004년 10월 7일에 만장일치로 채택됨. http://www.nae.net/images/civic_responsibility2.pdf.

15. Laurie Goodstein, "Evangelical Leaders Swing Influence behind Effort to Combat Global Warming," *New York Times* ,March 10, 2005, A14.

20장 정치적 다수를 형성하기

1. Center for a New American Dream, "Public Opinion Poll," July 2004, Widmeyer Research and Polling (Takoma Park, MD: Center for a New American Dream, 2004). 다음에서 볼 수 있다. http://www.newdream.org/about/PollResults.pdf.

2. Paul H. Ray, "The New Political Compass: The New Political Progressives Are In-Front, Deep Green, against Big Business and Globalization, and beyond Left and Right" (토론용 원고, April 2002), 30, http://www.culturalcreatives.org/Library/docs/NewPoliticalCompassV73.pdf.

3. Center for a New American Dream, "Public Opinion Poll."

4. Center for a New American Dream, 1999 poll. 다음에 인용됨. Juliet B. Schor, *Born to Buy: The Commercialized Child and the New Consumer Culture* (New York: Scribner, 2004), 185.

5. Betsy Taylor, *What Kids Really Want That Money Can't Buy* (New York:Warner Books, 2003). 다음을 참고하라. http://www.newdream.org/publications/bookrelease.php.

6. Gallup Poll, February Wave 1, February 6 – 8, 2004. 조사 방법은 다음을 참고하라. http://brain.gallup.com/documents/questionnaire.aspx?STUDY=P0402008. 결과는 다음에서 볼 수 있다. http://www.pollingreport.com/prioriti.htm.

7. Chicago Council on Foreign Relations, *Global Views 2004: American Public Opinion and Foreign Policy* (Chicago Council on Foreign Relations, 2004), 15, http://www.ccfr.org/globalviews2004/sub/usa.htm.

8. ABC News/Washington Post poll, October 9 – 13, 2003, http://abcnews.go.com/sections/living/US/healthcare031020_poll.html.

9. Ray, "New Political Compass," 30.

10. Harris Poll No. 48, August 10 – 14, 2000, http://www.harrisinteractive.com/harris_poll/index.asp?PID=108.

11. Gallup Poll,March 5 – 7, 2001. 결과는 다음에서 볼 수 있다. PollingReport.com, http://www.pollingreport.com/enviro.htm.

12. Ray, "New Political Compass," 30.

13. New American Dream, "Public Opinion Poll."

14. Chicago Council on Foreign Relations, *Global Views* 2004, 19.

15. Ibid., 36.

16. New American Dream, "Public Opinion Poll."

17. Aaron Bernstein, "Too Much Corporate Power?" *Business Week*, September 1, 2000, 145 – 158.

18. Ibid.

19. 2002년 워싱턴포스트Washington Post 여론조사. 다음에 인용됨. David Sirota, "Debunking 'Centrism,'" *The Nation*, January 3, 2005, 18.

20. Bernstein, "Too Much Corporate Power?"

21. Ibid.

22. 뉴스위크Newsweek 여론조사. 다음이 진행함. Princeton Survey Research Associates, Oct 9 – 10, 2003. 결과는 다음에서 볼 수 있다. PollingReport.com, http://www.pollingreport.com/politics.htm.

23. CBS/뉴욕타임스CBS News/New York Times 여론조사. May 10 – 13, 2000. 결과는 다음에서 볼 수 있다. PollingReport.com, http://www.pollingreport.com/politics.htm.

24. CBS/뉴욕타임스 여론조사, July 11 – 15, 2004. 결과는 다음에서 볼 수 있다. PollingReport.com, http://www.pollingreport.com/institut2.htm.

25. CBS/뉴욕타임스 여론조사. May 10 – 13, 2000.

26. Council for Excellence in Government, "America Unplugged: Citizens and Their Government." 1999년 5월 21일–6월 1일에 진행된 여론조사(1999년 7월 12일에 발표됨). http://www.excelgov.org/index.php?keyword=a432c11b19d490.

27. Harris Poll No. 18, March 10, 2004, http://www.harrisinteractive.com/harris_poll/index.asp?PID=447.

28. 아동존중규약Covenant for Honouring Children에 대한 내용은 다음에서 볼 수 있다. 트라우바도 재단Troubadour Foundation, http://www.troubadourfoundation.org/. 라피 카부키언Raffi Cavoukian이 지구허장을 안기기 위해 작곡, 녹음한 노래 "우리 모두가 속한 곳Where We All Belong"도 이 재단을 통해 들을 수 있다.

29. Bernadette D. Proctor and Joseph Dalaker, Poverty in the United States: 2002 (Washington, DC: U.S. Census Bureau, September 2003), http://www.census.gov/prod/2003pubs/p60-222.pdf.

30. Ronald E. Kleinman et al., "Hunger in Children in the United States: Potential Behavioral and Emotional Correlates," *Pediatrics* 101, no. 1 (January 1998): e3, http://pediatrics.aappublications.org/cgi/content/full/101/1/e3

31. J.M. Twenge, "The Age of Anxiety? The Birth Cohort Change in Anxiety and Neuroticism, 1952–1993," *Journal of Personality and Social Psychology* 79 (2000): 1007–1021.

32. Commission on Children at Risk, Hardwired to Connect, 68 (17장의 주석 4번을 참고하라).

33. Committee for Community-Level Programs for Youth, National Research Council and Institute of Medicine, Jacquelynne Eccles and Jennifer Appleton Gootman, eds., *Community Programs to Promote Youth Development* (Washington, DC: National Academies, 2002), http://www.nap. edu/catalog/10022.html.

34. Commission on Children at Risk, *Hardwired to Connect*, 8.

35. Ibid., 42–43, 68.

36. Michelle Conlin,"UnMarried America," *BusinessWeek*, October 20, 2003, 106.

37. Commission on Children at Risk, *Hardwired to Connect*, 41.

38. UNICEF, *State of the World's Children 2005* (New York: UNICEF, 2004), 속 표지. http://www.unicef.org/sowc05/english/sowc05.pdf.

39. Based on Sharna Olfman, "Introduction." 다음에 수록됨. *Childhood Lost: How American Culture Is Failing Our Kids*, ed. Sharna Olfman, xi–xii (New York: Praeger, 2005).

40. Center for a New American Dream, "Facts about Marketing to Children," n.d., http://www.newdream.org/kids/ facts.php.

41. Schor, *Born to Buy*, 21.

42. Ibid., 48. 쇼어는 이와 같은 지열한 광고의 사례를 39-68페이지에서 다수 제시하고 있다.

43. Ibid., 69 - 97.

44. American Psychological Association, "Report of the APA Task Force on Advertising and Children: Psychological Issues in the Increasing Commercialization of Childhood," February 20, 2004, http://www.apa.org/releases/childrenads.pdf.

21장 창조적 잠재력을 해방시키기

1. "아메리카 스피크America Speaks"의 웹사이트를 참고하라. http://www.americaspeaks.org/.

2. 즉석결선투표제, 비례대표제와 같은 선거 개혁에 대해서는 "투표와 민주주의 센터Center for Voting and Democracy" 웹사이트를 참고하라. http://fairvote.org/

3. Sally Goerner, "Creativity, Consciousness, and the Building of an Integral World," 다음에 수록됨. *The Great Adventure: Toward a Fully Human Theory of Evolution*, ed. David Loye, 153 - 80 (Albany, NY: State University of New York Press, 2004). 특히 175 - 79페이지를 참고하라.

4. "캠퍼스 서약Campus Compact"에 대한 상세한 내용은 다음을 참고하라. http://www.compact.org/.

5. "민주주의 공동 연구Democarcy Collaborative"에 대한 상세한 내용은 다음을 참고하라. http://www.democracycollaborative.org/.

22장 이야기를 바꾸면 미래가 바뀐다

1. Berry, *Great Work* (4장의 주석 2번을 참고하라). 1, 159.

2. Puanani Burgess. 다음에 수록됨. Jack Canfield et al., *Chicken Soup from the Soul of Hawai'i: Stories of Aloha to Create Paradise Wherever You Are* (Deerfield Beach, FL: Health Communications, 2003), 215.

3. 「예스!YES!」 매거진의 주된 목적은 이러한 단체와 기관들의 이야기를 알리는 것이다. (다음을 참고하라 http://www.yesmagazine.org/). 이러한 국제 경험에 대한 더 많은 내용은 다음을 참고하라. David Suzuki and Holly Dressel, *Good News for a Change: How Everyday People Are Helping the Planet* (Vancouver, BC: Greystone Books, 2003); Frances Moore Lappé and Anna Lappé, *Hope's Edge: The Next Diet for a Small Planet* (New York: Jeremy P. Tarcher/Putnam, 2002); International Forum on Globalization, *Alternatives to Economic Globalization*, 253 - 67 (18장의 주석 3번을 참고하라).

4. Larry Rohter, "With New Chief, Uruguay Veers Left, in a Latin Pattern," *New York Times*, March 1, 2005, A3.

5. Vandana Shiva. 다음이 진행한 인터뷰. Sarah van Gelder, "Earth Democracy, *YES! A Journal of Positive Futures*, Winter 2003, http://www.yesmagazine.org/article. asp?ID=570.

찾아보기

위대한 전환

초판 1쇄 인쇄 2024년 3월 4일
초판 1쇄 발행 2024년 4월 16일

지은이 데이비드 C. 코튼
옮긴이 김승진

펴낸이 김남전
편집장 유다형 | 기획편집 이경은 | 디자인 양란희
마케팅 정상원 한웅 정용민 김건우 | 경영관리 임종열 김다운

펴낸곳 ㈜가나문화콘텐츠 | 출판 등록 2002년 2월 15일 제10-2308호
주소 경기도 고양시 덕양구 호원길 3-2
전화 02-717-5494(편집부) 02-332-7755(관리부) | 팩스 02-324-9944
포스트 post.naver.com/ganapub1 | 페이스북 facebook.com/ganapub1
인스타그램 instagram.com/ganapub1

ISBN 979-11-6809-119-1 (93300)

가나출판사는 당신의 소중한 투고 원고를 기다립니다. 책 출간에 대한 기획이나 원고가 있으신 분은 이메일 ganapub@naver.com으로 보내주세요.